Wissenschaftliche Untersuchungen zum Neuen Testament

Begründet von Joachim Jeremias und Otto Michel
Herausgegeben von
Martin Hengel und Otfried Hofius

56

Der Zeuge des Zeugen

Lukas als Historiker der Paulusreisen

von

Claus-Jürgen Thornton

J. C. B. Mohr (Paul Siebeck) Tübingen

Die Deutsche Bibliothek – CIP-Einheitsaufnahme

Thornton, Claus-Jürgen:
Der Zeuge des Zeugen / von Claus-Jürgen Thornton.
– Tübingen: Mohr, 1991
   (Wissenschaftliche Untersuchungen zum Neuen Testament; 56)
   Zugl.: Tübingen, Univ., Diss., 1990 u. d. T.: Thornton, Claus-Jürgen:
   Der Zeuge Lukas
   ISBN 3-16-145737-4
NE: GT

Das Buch wurde von Gulde-Druck GmbH in Tübingen auf alterungsbeständiges Werkdruckpapier der Papierfabrik Buhl in Ettlingen gedruckt und von der Großbuchbinderei Heinrich Koch in Tübingen gebunden.

ISSN 0512-1604

Inhaltsübersicht

Kapitel 2

Das literarische Problem der Wir-Erzählungen in der Apostelgeschichte

Kapitel 3

Das historische Problem der Wir-Erzählungen in der Apostelgeschichte

Einführung

In seiner Polemik gegen die eklektische Schriftauslegung des Valentin-schülers Ptolemaios griff Irenäus von Lyon einmal zu einem sehr anschau-lichen Bild: Er verglich die biblischen Schriften mit dem Werk eines begabten Künstlers, der aus vielen kleinen Steinen das Porträt eines Königs angefertigt hat. Wenn man nun an das Mosaik herangeht und es in seine Einzelteile zerlegt, so kann man die originalen Steine zu einem neuen Bild, etwa einem Hund oder einem Fuchs, zusammensetzen. Mit dieser Metapher ist nach Auffassung des Irenäus das methodische Prinzip ptolemäischer Exegese illustriert, die ihr eigenes Werk als das Porträt des Königs an den Mann zu bringen versuche (*haer* I 8,1). Was Irenäus mit diesem pauschalen Vorwurf, den er in Zusammenhang mit der ptolemäischen Johannesexegese erhebt, vor Augen hat, konkretisiert er an anderer Stelle mit Bezug auf das Doppelwerk des Lukas: Wie schon Markion, so habe auch Valentin weite Teile des Lukasevangeliums als authentische Zeugnisse der Wahrheit ak-zeptiert, den Rest aber verworfen, „als hätte er", nämlich Lukas, „die Wahrheit nicht erkannt" (*haer* III 14,4). Für Irenäus gibt ein solches Ver-fahren keinen Sinn: Entweder man akzeptiert alles, was Lukas geschrieben hat, also das ganze Evangelium und die Apostelgeschichte, oder man ver-wirft es; Unterscheidungen zwischen wahren und unwahren Partien aber führen nur zu Zerrbildern. Man darf getrost bezweifeln, daß die Argu-mentation des Irenäus sonderlichen Eindruck auf seine Gegner gemacht hätte. Markion jedenfalls war der Ansicht, daß, um im Bild des Irenäus zu bleiben, das ursprüngliche ‚Königsporträt' in den kirchlichen Evangelien nur in verfälschter Form, in Gestalt eines Hundes oder Fuchses, enthalten war. Das Original wollte er mit philologischen Mitteln aus dem 3. Evange-lium rekonstruieren, indem er die ‚judaisierenden' Zutaten eliminierte, und die Apostelgeschichte verwarf er ganz.

Es ist ein merkwürdiges Phänomen, daß sich die hier skizzierte Kontroverse bis in manche Details hinein in der neuzeitlichen Acta-Exegese zu wiederholen scheint. Nachdem zunächst gegen Ende des 18. Jahr-hunderts die Zuverlässigkeit des Bildes, das die Apostelgeschichte von der Frühzeit des Christentums vermittelt, zweifelhaft geworden war, mußte früher oder später auch die traditionelle Auffassung, dieses Buch sei das Werk eines Paulusbegleiters, ins Wanken kommen. War dieser Schritt erst einmal vollzogen, so schienen sich damit zugleich neue Möglichkeiten zu eröffnen, nach älterem, originalem Material zu suchen, das der Autor verwendet habe. Das 19. Jahrhundert gehörte dabei den Literarkritikern, die mit viel Scharfsinn Quelle um Quelle aus der Apostelgeschichte herauszulösen versuchten, die der spätere Redaktor des Buches verarbeitet haben soll. Ziegler diagnostizierte im Jahr 1801 beispielsweise die Verwendung früher Formen eines *Kerygma Petrou* oder von *Praxeis Petrou* und formulierte als Gewinn einer solchen Annahme die Folgerung, daß auf diese Weise „seine (sc. des Lukas) Geschichte weit authentischer wird"[1]. Deutlich zeigt sich das neue Interesse, mittels einer kritischen Analyse der Apostelgeschichte die Geschichte des Urchristentums in ihren Grundzügen zu rekonstruieren. Der Optimismus, daß mit Hilfe der literarkritischen Schere fortlaufende historische Darstellungen aus der sekundären Bearbeitung herausgeschnitten werden könnten, hielt sich erstaunlich lange, mußte zuletzt freilich doch der ernüchternden Einsicht weichen, daß 100 Jahre literarkritischer Actaforschung zu keinen greifbaren Ergebnissen geführt hatten: Nicht ein einziger größerer Quellenstrang ließ sich mit leidlicher Sicherheit identifizieren. Unter dem Einfluß der Synoptiker-Forschung richtete sich das Interesse in unserem Jahrhundert darum allmählich auf die sog. ‚kleineren Einheiten', die ‚einzelnen Traditionen', die der Autor der Apostelgeschichte aufgenommen und zu einem Ganzen verbunden habe. Vielleicht ließen sich auf diesem Wege historische Nachrichten von späteren Zutaten absondern? Stand das 19. Jahrhundert im Zeichen der Schere, so das 20. im Zeichen des Hammers: Nur durch einen gewaltigen Schlag ließ sich das harmonische Bild der Apostelgeschichte, deren verzerrende Darstellung zunehmend schmerzlich empfunden wurde, zertrümmern, um dann auf diesen Trümmern neu aufzubauen. Nicht zufällig begegnet uns nun wieder die Mosaik-Metapher. In einem Aufsatz mit dem charakteristischen Titel *The Book of Acts as Source Material for the History of Early Christianity* erklärte Ernst Haenchen programmatisch: Lukas "joins short, compact, picturesque scenes together like the stones of a mosaic"[2]. Ist man erst einmal so weit gelangt, so ist der weitere Weg vorgezeichnet: Nun gilt es die echten, alten Steine von den verfälschenden Füllseln des Redaktors in einer Art Aschenputtelverfahren herauszusieben und dann wieder neu - diesmal ‚richtig' - zusammenzusetzen, um das ‚origi-

---

1   Ueber den Zweck, die Quellen und die Interpolationen der Apostelgeschichte, in: Neuestes theologisches Journal 7,2, 1801, S.152.

2   In: Studies in Luke-Acts. FS P. Schubert, ³1978, S.260; vgl. auch H. Conzelmann, Die Mitte der Zeit, ⁵1964, S.4: Bei Lukas zeige sich die „(positive) Gestaltung eines neuen Geschichtsbildes aus den vorgefundenen, nun als Steinen in einem neuen Mosaik verwendeten Bestandteilen".

nale Porträt', also die tatsächliche Geschichte des frühen Christentums, zu rekonstruieren.

War nun aus den alten Steinen das ursprüngliche Bild wiederhergestellt, so mußte der Gegensatz zur Darstellung des Lukas ins Auge springen. Wie kommt es, daß er so viele Steine an die falsche Stelle setzte, daß er aus dem guten Material ein so schlechtes Porträt anfertigte? Hatte er im Proöm zu seinem Evangelium nicht selbst gesagt, er wolle alles „der Reihe nach" (καθεξῆς, Lk 1,3) aufschreiben? Die Acta-Kritik des 2. Jahrhunderts unterstellte ihm wohl teilweise böse Absichten; wenn Irenäus ihn in Schutz nimmt und sagt, daß Lukas „kein Lügner" sei (*haer* III 14,1), so dürfte die Gegenseite den Vorwurf bewußter Geschichtsfälschung erhoben haben. So weit will heute freilich kaum jemand gehen. Hans Conzelmann meinte zu erkennen, daß der Autor *ad Theophilum* nicht zwischen „chronologischer und heilsmäßiger Bedeutsamkeit"[3] von Geschehenem zu unterscheiden vermochte. Zwar wollte er grundsätzlich Geschichte in ihrer historischen Abfolge erzählen, aber er sei dabei nicht historisch vorgegangen: „er ist nicht moderner, ‚profaner' Historiker; er ist Gläubiger. D.h. wenn sich ihm die heilsgeschichtliche Bedeutung eines Vorganges erschlossen hat, kann er daraus die ‚richtige' Chronologie erschließen"[4]. Gerd Lüdemann brachte das auf den Begriff, daß die Darstellung der Apostelgeschichte zumindest teilweise „dogmatischer Natur und nicht mit kritischer Chronologie zu verwechseln"[5] sei. Zeitlich war Lukas also nahe genug an den berichteten Vorgängen, um authentische Nachrichten erhalten zu können, und doch auch fern genug, um sie willkürlich - nämlich seiner heilsgeschichtlichen, sprich: prinzipiell weder verifizierbaren noch falsifizierbaren Konzeption gemäß - miteinander kombinieren zu können. Lukas fälscht nicht, er *ver*fälscht nur, und das aus entschuldbaren Gründen.

Was auf den ersten Blick wie eine Ehrenrettung des Lukas aussieht, macht ihn uns in Wirklichkeit völlig fremd. Daß Geschichte niemals *sine ira et studio* geschrieben wird und geschrieben worden ist, können wir heute leichter eingestehen als noch vor 50 oder 100 Jahren; bei einem antiken Historiker würden wir das vielleicht noch mehr in Rechnung stellen als bei einem modernen. Aber daß Lukas genügend echt historischen Sinn gehabt haben soll, um authentische Nachrichten und Daten aus der frühen Geschichte des Christentums zu sammeln, ihm jedoch jegliches Interesse abgegangen sei, die Ergebnisse seiner Recherchen in einen ebenfalls

---

3 H. Conzelmann, op. cit., S.27.

4 Ebd.

5 G. Lüdemann, Paulus, der Heidenapostel I, 1980, S.50.

recherchierten - und nicht ,dogmatisch' konstruierten - Zusammenhang zu bringen, das stellt ihn aus der Reihe. Befremdlich wäre das nicht primär deshalb, weil *wir* ein anderes Verhältnis zur Geschichte hätten, sondern weil schon antike Historiker, so subjektiv auch immer ihr Blickwinkel gewesen sein mag, von der Notwendigkeit überzeugt waren, die Ereignisse in ihrer chronologischen Folge darzustellen.[6] Wenn Lukas nicht einmal den Versuch unternommen hätte, den Ablauf des Geschehens historisch zu rekonstruieren, dann stünde er in der Tat einsam da; diese Einsamkeit würde es notwendig machen, für die Auslegung der Apostelgeschichte besondere Regeln aufzustellen. Es ist dann nur konsequent, wenn Philipp Vielhauer gegenüber Eduard Meyer den Vorwurf erhob, daß er „mit den Voraussetzungen eines Althistorikers an die Apg herantritt und ihr das größte Zutrauen entgegenbringt"[7]. Ein bemerkenswerter Vorwurf: Nun wird für die Auslegung biblischer Schriften wieder ein Sonderstatus in Anspruch genommen, den die historisch-kritische Exegese gerade hatte abschaffen wollen.

Wir werden in den folgenden Untersuchungen einen anderen Weg einschlagen. Wenn Gerd Lüdemann - von seinem Interesse her konsequent - apodiktisch erklärt, „eine dem Text nicht entsprechende historisierende Fragestellung"[8] dürfe nicht an die Apostelgeschichte herangetragen werden, so verrät die bloße Tatsache der Tabuisierung eine Position der Schwäche. Lukas wollte Geschichte schreiben, und darum ist es nur fair, ihn an seinen eigenen Ansprüchen zu messen. Welcher Art diese Ansprüche waren, ist freilich strittig. Die Beurteilung dessen, was der Autor der Apostelgeschichte leisten *wollte*, ist jedenfalls auch davon abhängig, was er leisten *konnte*. Von zentraler Bedeutung ist dabei die Frage nach dem zeitlichen und persönlichen Verhältnis des Autors zu den Ereignissen, die er in der Apostelgeschichte beschreibt. War er, wie die kirchliche Tradition versichert, ein zeitweiliger Begleiter des Apostels Paulus? Oder stammt das Buch von einem späteren, den Dingen fernstehenden Anonymus? An der Beantwortung dieser Frage entscheidet sich die literarische, theologische und historische Beurteilung seines Werkes. Wir werden uns hier vorwie-

---

6 Um nur ein Beispiel zu nennen: Im Einleitungsbrief zur Veröffentlichung seiner Briefe schrieb Plinius, er habe sie nicht chronologisch geordnet (*collegi non servato temporis ordine*), weil er ja auch kein Geschichtswerk habe schreiben wollen (*neque enim historiam componebam, ep* I 1,1).

7 P. Vielhauer, Zum „Paulinismus" der Apostelgeschichte, EvTheol 10, 1950/51, S.14 Anm.37.

8 G. Lüdemann, op. cit., S.177.

gend mit der Person des Autors beschäftigen, mit den ältesten Nachrichten über seine Identität und mit den Wir-Erzählungen der Apostelgeschichte. Wenn es sich herausstellen sollte, daß sowohl das äußere Zeugnis als auch die interne Analyse der fraglichen Abschnitte des Buches selbst für die Autorschaft des Paulusbegleiters Lukas sprechen, dann müßte es auch möglich sein, seine literarischen Ansprüche, will sagen: seinen Ort in der antiken Geschichtsschreibung, möglichst präzise zu bestimmen. Wenn es uns begreiflich zu machen gelingt, wie ein Paulusbegleiter die Vorgänge so darstellen konnte, wie die Apostelgeschichte es tut, dann stehen wir vor einem im wesentlichen einheitlichen Bild: Entweder wir akzeptieren es mit seinen Stärken und Schwächen - es besteht weder Anlaß zu Enthusiasmus noch zu Depression -, oder wir verwerfen es. Solange uns keine neuen Quellen zur Kenntnis kommen, werden wir hinter seine Darstellung im großen und ganzen nicht zurückgehen können.

Die vorliegenden Studien gehen auf meine Dissertation zurück, die im September 1989 unter dem Titel *Der Zeuge Lukas. Studien zum Werk eines Paulusbegleiters* an der Evangelisch-theologischen Fakultät der Eberhard-Karls-Universität Tübingen eingereicht und im darauffolgenden Sommersemester angenommen wurde. Für den Druck wurde sie nicht unerheblich überarbeitet. Den Abschnitt über *Das Lukas-Zeugnis des Kanon Muratori* habe ich ebenso weggelassen wie die als Anhang beigegebene Spezialuntersuchung *Der Hafen Phönix und der Aufbruch aus Kreta (Act 27,12f)*, die für eine gesonderte Veröffentlichung vorgesehen ist. Mein Doktorvater, Herr Prof. Dr. Martin Hengel Drs. h.c., hat meine Arbeit zwar zumeist aus der Ferne, aber jederzeit mit ungewöhnlich interessierter Anteilnahme und weitsichtigem Rat begleitet. Ihm verdanke ich viel und danke ich von Herzen.

Kapitel 1

Lukas, der Paulusbegleiter:
Das frühe altkirchliche Zeugnis über den Autor
ad Theophilum

Die altkirchlichen Auskünfte über die Verfasser der vier kanonischen Evangelien stoßen bei den Exegeten weithin auf Skepsis. Daß man im 2. Jahrhundert über Informationen verfügt haben könnte, die uns nicht mehr zugänglich sind, wird heute in der Regel ausgeschlossen. Es hat sich allmählich ein Konsens dahingehend herausgebildet, daß die gängige Zuschreibung der Evangelien an die Apostel Matthäus und Johannes bzw. an die Apostelschüler Markus und Lukas der Kombination neutestamentlicher Nachrichten zu verdanken sei. Auf diese Weise habe man den ursprünglich anonymen Evangelien eine direkte oder doch wenigstens eine indirekte ‚apostolische' Autorität sichern wollen. In seinem 1975 erschienenen Aufsatz über *Die Zuschreibung der Evangelien an apostolische Verfasser* fühlte sich Rudolf Pesch zu der Feststellung genötigt, wir hätten in den Angaben der Alten Kirche „mit einem mehr oder weniger sorgfältigen Rückschlußverfahren auf die Verfasser"[1] zu rechnen.

Im speziellen Falle des Autors *ad Theophilum* tendiert die Skepsis zur unverhohlenen Ablehnung. Für Markus und Matthäus haben wir ja immerhin die relativ frühen Nachrichten bei Papias; über Lukas als den Autor des Doppelwerks hören wir dagegen erst gegen Ende des 2. Jahrhunderts. In seinem Falle scheint der Weg, den das altkirchliche Räsonnieren über die Autoren der Evangelien gehen konnte, mit Händen zu greifen zu sein: „Der Autor des dritten Evangeliums und der Apostelgeschichte gibt im Evangelienprolog Lk 1,1-4 unmißverständlich zu verstehen, daß er kein Augenzeuge, kein Apostel ist. Aufgrund der Wir-Berichte der Apostelgeschichte, die man als Berichte des Autors interpretierte, ließ sich dieser als Paulusschüler identifizieren; und ein Ausschlußverfahren im Kreis der im Corpus Paulinum genannten heidenchristlichen Schüler führt geradlinig zu Lukas, dem geliebten Arzt (Kol 4,14)."[2] Elf Jahre später ging Pesch in seinem Kommentar zur Apostelgeschichte noch einen wichtigen Schritt weiter:

---

[1]   ZKTh 97, 1975, S.68.

[2]   A.a.O., S.69.

„Wir können nicht nur den Gang der Suche nach dem Verfasser der
Apostelgeschichte, wie er sich einer im 2. Jahrhundert aufkommenden (...)
Nachfrage anbot, nachvollziehen, sondern auch als *faktischen Gang* aus den
Zeugnissen der altkirchlichen Tradition selbst belegen.“[3] Mit diesem Urteil
ist all denen, die nach der Möglichkeit ursprünglicher Traditionen[4] über
den Autor *ad Theophilum* fragen, eine kategorische Absage erteilt.

Dieses Verdikt soll hier herausgefordert werden. Die Herausforderung wird sich sowohl auf das vermeintliche Alter der Lukas-Tradition als
auch auf den hypothetischen Gang des altkirchlichen Rückschlußverfahrens
erstrecken. Es wird sich dabei herausstellen, daß die scheinbar endgültige,
negative Beilegung des Problems verfrüht ist.

1. Teil

Die ältesten Nachrichten über den Autor
ad Theophilum

Die frühesten ausdrücklichen Nachrichten über den Autor des Doppel-
werkes an Theophilus befinden sich in dem voluminösen Werk des Lyonneser Bischofs Irenäus *Gegen die Häresien*. Als er im Zusammenhang mit
der Häresie des Simon Magus den Verfasser der Apostelgeschichte erstmals
erwähnt, nennt er Lukas einen „Schüler und Begleiter der Apostel“ (*disci-*

---

3   Die Apostelgeschichte I, 1986, S.26 (Hervorh. v. m.).

4   Angesichts des inflationären Gebrauchs des Begriffs Tradition und der Unklarheit
des damit Bezeichneten täte eine eindeutige Sprachregelung not. Prinzipiell sollte der
Begriff m.E. nur dann verwendet werden, wenn man zugleich Alter und Herkunft der
jeweiligen Überlieferung bestimmt oder wenigstens zu bestimmen bemüht ist und damit
den Weg für eine kritische Prüfung ihres Wahrheitsgehalts freimacht. Andernfalls läuft
man Gefahr, den als ‚Tradition‘ bezeichneten Nachrichten zwar einerseits das geheimnis-
umwitterte Fluidum hohen Alters zuzumessen, sie andererseits aber gerade dadurch jeder
historischen Prüfung zu entziehen. Ich verwende hier den Begriff im Zusammenhang von
Personaltraditionen im allgemeinen oder Lukastraditionen im speziellen nur dann, wenn
es sich um Nachrichten, Angaben oder Informationen handelt, die erkennbar weder einfach erfunden noch aus anderweitigen Sachverhalten erschlossen sind und darüberhinaus
in einer solchen zeitlichen Nähe zur historischen Person stehen, daß authentische Erinnerung an sie bestehen *kann*; über den Wahrheitsgehalt des Berichteten ist damit noch kein
Urteil getroffen. Natürlich kann auch eine erfundene oder erschlossene Nachricht wiederum traditionsbildend sein; aber das steht nicht im Blickpunkt unseres Interesses, und deswegen belasse ich es im allgemeinen bei den weiteren Begriffen ‚Nachrichten, Angaben‘.

pulus et sector apostolorum, I 23,1); fast dieselbe Wendung gebraucht Irenäus später für Lukas als den 3. Evangelisten (*sector et discipulus apostolorum*, III 10,1). Mit keinem Wort geht Irenäus jeweils darauf ein, welche Apostel im einzelnen er im Blick hat. Natürlich denkt er in erster Linie an Paulus, der ja für Irenäus ‚der Apostel' schlechthin ist: Als Beweis dafür, daß „Lukas von Paulus nicht zu trennen und sein Mitarbeiter am Evangelium war" (*Lucas inseparabilis fuit a Paulo et cooperarius eius in Euangelio*), wird in III 14,1 zunächst in groben Zügen der 2. Teil der Apostelgeschichte (Act 16-28) referiert; derselbe Befund ergibt sich für Irenäus dann noch einmal aus den ‚Paulusworten' II Tim 4,10f (V.11: Λουκᾶς ἐστιν μόνος μετ' ἐμοῦ) und Kol 4,14 (Λουκᾶς ὁ ἰατρὸς ὁ ἀγαπητός). Merkwürdigerweise lautet hier allerdings die Konsequenz, daß Lukas „nicht nur Begleiter, sondern auch Mitarbeiter der Apostel, besonders aber des Paulus" gewesen sei (*non solum prosecutor sed et cooperarius fuerit apostolorum, maxime autem Pauli*); davon, daß Lukas Begleiter oder gar Mitarbeiter der Apostel war, ist in den beiden Briefen nichts zu finden. Nun erwähnt Irenäus aber kurz darauf, Lukas habe „uns das, was er von ihnen (sc. den Aposteln) gelernt hat, überliefert, wie er selbst mit den Worten bezeugt: »wie es uns diejenigen überliefert haben, die von Anfang an Augenzeugen und Diener des Wortes gewesen sind« (Lk 1,2)" (III 14,2). Das dürfte ein Hinweis darauf sein, daß Irenäus - wie später Euseb (*h.e.* III 4,6) - die Vorstellung von Lukas, dem „Schüler und Begleiter der Apostel", mit dem Prööm zum 3. Evangelium (παρηκολου-θηκότι ἄνωθεν πᾶσιν, Lk 1,3) in Verbindung brachte.[5] Damit scheint klar zu sein, daß alle Angaben letztlich auf das lukanische Werk selbst, besonders auf das Proömium zum 3. Evangelium und die Wir-Erzählungen der Apostelgeschichte, zurückgehen; bliebe nur noch zu klären, wie das Werk an Theophilus mit dem Namen Lukas in Verbindung gekommen ist. Dazu wenden wir uns nun jener vieldiskutierten Stelle zu, an der Irenäus summarisch auf die Verfasser der vier Evangelien insgesamt zu sprechen kommt.

---

[5] Der Ausdruck *prosecutor* in III 14,1 (statt *sector* = ἀκόλουθος an den beiden anderen Stellen) könnte ein Reflex auf das παρακολουθεῖν in Lk 1,3 sein. Die Anspielungen auf das Evangelienproömium (ἔδοξε κἀμοὶ παρηκολουθηκότι ἄνωθεν πᾶσιν ἀκριβῶς καθεξῆς σοι γράψαι) sind in diesem Abschnitt deutlich: *et reliqua omnia ex ordine cum Paulo refert, omni diligentia demonstrans* etc. und *omnibus his cum adesset Lucas, diligenter conscripsit ea*.

1. Das Evangelienzeugnis in *haer* III 1,1 und die Frage nach den möglichen Quellen des Irenäus[6]

Zu Beginn seines 3. Buches *Gegen die Häresien* (III 1,1) berichtet Irenäus in knappen Worten über die Entstehung der vier Evangelien und ihre Verfasser. Nach III 3,3 ist dieses Buch zur Zeit des römischen Bischofs Eleutherus, also vor ca. 189, geschrieben worden; andererseits dürfte die Romreise des Irenäus im Jahr 177 und seine Übernahme des Bischofsamtes in Lyon bereits zurückliegen. Da das Werk gegen Ende des 2. Jahrhunderts in Ägypten vorlag[7], sollte man es eher in die erste Hälfte der genannten Zeitspanne, vielleicht um 180, datieren. Nach dem Zitat bei Euseb (*h.e.* V 8,2-4) lautete der griechische Text folgendermaßen:

Ὁ μὲν δὴ (*versio latina: ita*) Ματθαῖος ἐν τοῖς Ἑβραίοις τῇ ἰδίᾳ αὐτῶν διαλέκτῳ καὶ γραφὴν ἐξήνεγκεν εὐαγγελίου, τοῦ Πέτρου καὶ τοῦ Παύλου ἐν Ῥώμῃ εὐαγγελιζομένων καὶ θεμελιούντων τὴν ἐκκλησίαν. Μετὰ δὲ τὴν τούτων ἔξοδον, Μάρκος, ὁ μαθητὴς καὶ ἑρμηνευτὴς Πέτρου, καὶ αὐτὸς τὰ ὑπὸ Πέτρου κηρυσσόμενα ἐγγράφως ἡμῖν παραδέδωκεν.
Καὶ Λουκᾶς δέ, ὁ ἀκόλουθος Παύλου, τὸ ὑπ' ἐκείνου κηρυσσόμενον εὐαγγέλιον ἐν βίβλῳ κατέθετο.
Ἔπειτα Ἰωάννης, ὁ μαθητὴς τοῦ Κυρίου, ὁ καὶ ἐπὶ τὸ στῆθος αὐτοῦ ἀναπεσών, καὶ αὐτὸς ἐξέδωκεν τὸ εὐαγγέλιον, ἐν Ἐφέσῳ τῆς Ἀσίας διατρίβων.
„So brachte Matthäus bei den Hebräern in deren eigener Sprache auch eine Evangelienschrift heraus zu der Zeit, als Petrus und Paulus in Rom das Evangelium verkündigten und die Gemeinde gründeten.
Nach deren Tod hat auch Markus, der Schüler und Übersetzer des Petrus, die (mündliche) Predigt des Petrus schriftlich uns übermittelt,

---

6   Ausgewählte Literatur zu *haer* III 1,1: A. Camerlynck, Saint Irénée et le Canon du Nouveau Testament, 1896; J. Chapman, St Irenaeus on the Dates of the Gospels, JThS 6, 1905, S.563-569; J. Hoh, Die Lehre des Hl. Irenäus über das Neue Testament, 1919; A. v.Harnack, Die ältesten Evangelien-Prologe und die Bildung des Neuen Testaments, 1928, S.322-341; ders., Geschichte der altchristlichen Litteratur bis Eusebius II/1, 1897, S.681-700; R. Heard, The ἀπομνημονεύματα in Papias, Justin, and Irenaeus, NTS 1, 1954/5, S.122-129; G.G. Gamba, La Testimonianza di S. Ireneo in *Adversus Haereses III,1,1* e la data di composizione dei quattro vangeli canonici, Sal. 39, 1977, S.545-585; W. Rordorf, Was heißt: Petrus und Paulus haben die Kirche in Rom «gegründet»? Zu Irenäus, Adv. haer. III,1,1; 3,2.3, in: Unterwegs zur Einheit. FS H. Stirnimann, 1980, S.609-616; W.R. Farmer, Jesus and the Gospel, 1982, S.93-110; ders.,The Patristic Evidence Reexamined: A Response to George Kennedy, in: ders. (Hg.), New Synoptic Studies, 1983, S.9-12.

7   POx 405 ist ein Fragment aus *haer* III 9; zu seiner Datierung vgl. C.H. Roberts, Early Christianity in Egypt: Three Notes, JEA 40, 1954, S.94.

und Lukas, der Paulusbegleiter, legte das von diesem gepredigte Evangelium in einem
Buch nieder.

Schließlich gab auch Johannes, der Jünger des Herrn, der auch an seiner Brust gelegen
hatte, das Evangelium heraus, als er im Ephesus Asiens verweilte."

Woher hat Irenäus diese Nachrichten? Daß er sie nicht samt und
sonders einfach erfunden, sondern mindestens eine schriftliche Quelle verarbeitet hat, ist heute wohl unbestritten. Die Matthäus- und Markus-Notizen
ähneln auffällig den entsprechenden Formulierungen bei Papias (bei Eus.
h.e. III 39,15f). Berücksichtigt man, daß Irenäus das Werk des Hierapolitaners gelegentlich selbst zitiert (V 33,4) und wohl auch sonst stillschweigend
benutzt hat[8], so scheint der Schluß unvermeidlich, daß auch das Zeugnis
über die vier Evangelien wenigstens teilweise auf diesen zurückzuführen
sei.[9] Die Aussage über Lukas konnte Irenäus allerdings gewiß nicht bei
Papias finden.[10] Hat er sie möglicherweise im Anschluß an die Markus-
formulierung selbst gebildet?[11] Oder standen ihm neben Papias noch
weitere schriftliche Quellen - etwa Justin[12], alte Evangelienprologe[13] oder
das muratorische Fragment[14] - zur Verfügung?[15] Über bloße Vermutungen

---

8   Vgl. F. Loofs, Theophilus von Antiochien Adversus Marcionem und die anderen
theologischen Quellen bei Irenaeus, 1930, S.325-338.

9   T. Zahn weist angesichts von *haer* III 1,1 ausdrücklich darauf hin, daß Irenäus
„das Werk des Papias gelesen hat (V 33,4)" (Einleitung in das Neue Testament II, [3]1924,
S.181). J. Chapman meint: "the words about Matthew are simply Papias re-written. The
same is quite evident with regard to the words about Mark" (St Irenaeus on the Dates of
the Gospels, JThS 6, 1905, S.567); vorsichtiger urteilt er über die Johannes-Notiz: "The
sentence about St John may be from Papias" (S.568). Vgl. ferner J. Kürzinger, Irenäus
und sein Zeugnis zur Sprache des Matthäusevangeliums, NTS 10, 1963/4, S.110f.

10   B.W. Bacon (Le témoignage de Luc sur lui-même, RHPhR 8, 1928, S.208)
betont zurecht, daß, hätte Papias eine solche Notiz gehabt, sie von Euseb mit Sicherheit
zitiert worden wäre.

11   So J. Chapman, St Irenaeus on the Dates of the Gospels, JThS 6, 1905, S.568.

12   So R. Heard, The ἀπομνημονεύματα in Papias, Justin, and Irenaeus, NTS 1,
1954/5, S.128f.

13   A. v.Harnack, Die ältesten Evangelien-Prologe und die Bildung des Neuen
Testaments, 1928, S.331 und 332 Anm.3; vgl. dagegen jedoch seine Ausführungen in:
Chronologie I, 1897, S.188f (s.u.S.23).

14   Bevor er später Papias als Quelle für die Mt- und Mk-Notizen (und eventuell die
Joh-Notiz) annahm, hatte J. Chapman zunächst überlegt, ob Irenäus die beiden Erstgenannten dem verlorenen Anfang des muratorischen Fragments, das seiner Ansicht nach
vielleicht von Hegesipp stammt, entnommen haben könnte (La chronologie des premières
listes épiscopales de Rome, RBen 18, 1901, S.417).

15   In diesem Sinne, jedoch ohne Identifizierung der mutmaßlichen Zweitquelle,
äußerten sich: P. Corssen, Warum ist das vierte Evangelium für ein Werk des Apostels

kommen wir auf diesem Wege nicht hinaus. Wenn allerdings der Nachweis gelänge, daß Irenäus die genannte Passage nicht aus einer oder mehreren Quellen selbst zusammengestellt, sondern als bereits festgefügte Tradition weitgehend unverändert übernommen hat, so würde die Papias-These ihr Gewicht verlieren. Daß Irenäus die Nachrichten über Markus und Matthäus im Werk des Hierapolitaners zur Kenntnis genommen hat, braucht dabei keineswegs bezweifelt zu werden; sie wären ihm dann freilich nur eine partielle Bestätigung dessen gewesen, was ihm aus einer ganz anderen Quelle bekannt war. Die Frage nach der Herkunft dieser Tradition müßte dann unter veränderten Vorzeichen neu aufgeworfen werden.

Im folgenden will ich nun zeigen, daß Irenäus in *haer* III 1,1 eine vorgeformte Überlieferung aufnimmt. Entgegen der verbreiteten und auch verständlichen Skepsis, daß darüber, „woher Irenäus die Angaben über die Verfasser der Evangelien zugeflossen sein könnten", „nur Vermutungen möglich"[16] seien, wird m.E. die ursprüngliche Herkunft dieser Tradition, ihr ungefähres Alter und sogar ihr Sitz im Leben zu bestimmen sein. Erst nachdem sie in ihrer Eigenständigkeit gesehen ist, kann man nach ihrer Beziehung zu den Papias-Notizen fragen (s.u.S.63-67).

2. Das Evangelienzeugnis als festgefügtes Traditionsstück

(1) Oft ist aufgefallen, daß die *Reihenfolge der Evangelien*, wie III 1,1 sie bietet, für Irenäus ungewöhnlich ist.[17] In III 9,1-11,6, im zusammenfassenden Abschnitt III 11,7 und in IV 6,1 erscheint stereotyp die Folge Matthäus - Lukas - Markus - Johannes. Zwar kann Markus außer in III 1,1 auch in III 16,2ff vor Lukas genannt werden (16,3); doch fällt dieser Abschnitt mit der Reihe Johannes - Matthäus - Paulus - Markus - Lukas - Johannes - Paulus ohnehin völlig aus dem Rahmen.[18] Die Folge Johannes - Lukas - Matthäus - Markus (III 11,8) ist, wie zurecht festgehalten wurde[19], durch den Kontext der Evangeliensymbole bestimmt.

Johannes erklärt worden? I. Die Presbyter des Irenaeus, ZNW 2, 1901, S.222f; J. Hoh, Die Lehre des Hl. Irenäus, 1919, S.14.

[16]   H. v.Campenhausen, Die Entstehung der christlichen Bibel, 1968, S.229 Anm.243.

[17]   J. Hoh, op. cit., S.16; A. Benoît, Saint Irénée, 1960, S.113 Anm.3.

[18]   Die Einfügung der kurzen Mk-Stelle in III 16,3 ist durch die Stichwortanknüpfung *Filius Dei* motiviert.

[19]   J. Hoh, op. cit., S.16.

Warum weicht Irenäus in III 1,1 von seiner üblichen Sequenz ab? André Benoît nahm an, Irenäus gehe es an dieser Stelle - im Unterschied zu den übrigen Texten - um die Feststellung der chronologischen Ordnung; daraus erkläre sich die Umstellung von Lukas und Markus gegenüber der bei ihm sonst üblichen Reihenfolge.[20] Das ist jedoch kaum überzeugend: Zwar ist die Notiz in III 1,1 insofern ausdrücklich chronologisch, als Matthäus der früheste und Johannes der späteste Evangelist ist; denn Matthäus schrieb noch zu Lebzeiten der Apostel Petrus und Paulus, Markus (und offenbar auch Lukas) nach deren Tod, und erst im Anschluß an diese beiden (ἔπειτα) verfaßte auch Johannes sein Evangelium. Aber das zeitliche Verhältnis von Markus und Lukas, die gegenüber der sonst bei Irenäus zu beobachtenden Reihenfolge vertauscht sind, wird ja gerade nicht ausdrücklich bestimmt.[21] Wie in der Matthäus-Notiz Petrus vor Paulus genannt wurde, so wird nun der Petrusschüler Markus vor dem Paulusschüler Lukas aufgeführt; aber Lukas wird Markus zeitlich nicht nachgeordnet (z.B. εἶτα, ἑξῆς), sondern einfach zur Seite gestellt (καὶ Λουκᾶς δέ), so daß er - wie sonst auch - vor ihm hätte genannt werden können.

Halten wir zunächst fest: Für Irenäus haben die 4 Evangelien üblicherweise die - sonst äußerst selten belegte[22] - Reihenfolge Matthäus - Lukas - Markus - Johannes.[23] Ein Grund, davon in III 1,1 abzuweichen, ist nicht ersichtlich.

(2) Gerade in der Reihe, die Lukas vor Markus nennt, dürfte Irenäus die *zeitliche Abfolge der Evangelien* erblickt haben.[24] Josef Hoh meinte zwar, sie sei „am besten aus der Anordnung in seinem Bibelexemplar"[25] zu erklären. Jedoch ist es äußerst zweifelhaft, ob es schon im 2. Jahrhundert

---

20 A. Benoît, Saint Irénée, 1960, S.113 Anm.3.

21 Vgl. T. Zahn, Geschichte des Neutestamentlichen Kanons II/1, 1890, S.364 Anm.1: „Das einzige Zweifelhafte ist, ob Mr. vor Lc. oder Lc. vor Mc. geschrieben haben soll. Diese beiden Evv. hat Irenäus nämlich nicht durch eine Zeitangabe mit einander verknüpft".

22 Sie erscheint nur noch in einer erweiterten Fassung des sog. Ambrosiaster in den *Quaestiones Veteris et Novi Testamenti CXXVII* (CSEL 50, S.430f; s.u. Anm.24) und in einer Rezension des *Verzeichnisses der 60 kanonischen Bücher*; vgl. dazu T. Zahn, Geschichte des Neutestamentlichen Kanons II/1, 1890, S.368f und S.289 Anm.1.

23 So auch H. v.Campenhausen, Die Entstehung der christlichen Bibel, 1968, S.228f in Anm.242 zu S.228.

24 Anders verhält es sich beim Ambrosiaster, der ausdrücklich feststellt, daß es sich bei der Reihe Mt - Lk - Mk - Joh nicht um eine zeitliche Ordnung, sondern um eine Rangfolge handelt (*Euangelium ordinatione colligitur magis quam tempore*, CSEL 50, S.430).

25 J. Hoh, Die Lehre des Hl. Irenäus über das Neue Testament, 1919, S.18.

einen Kodex gegeben haben kann, der alle vier Evangelien beinhaltete. In der neuesten Untersuchung zu dieser Sache kommen Colin H. Roberts und T.C. Skeat jedenfalls zu dem Ergebnis: "a second-century codex of all four Gospels seems unlikely"[26].

Während Markus erst nach dem Tod des Petrus[27] sein Evangelium verfaßte (III 1,1), dürfte Lukas nach Meinung des Irenäus noch zu Lebzeiten des Paulus, und zwar am Ende der zweijährigen römischen Gefangenschaft des Apostels, geschrieben haben. In III 14,1 heißt es, Lukas habe „immer mit Paulus gepredigt und ist von ihm ‚geliebter‘ genannt worden und hat mit ihm evangelisiert und *creditus est referre nobis Evangelium*"; der Ausdruck ist schwierig, dürfte aber so zu verstehen sein, daß Paulus ihn mit der Abfassung des Evangeliums betraut habe.[28] Dann aber scheint der

---

26   The Birth of the Codex, 1983, S.66.

27   A. Camerlynck wollte ἔξοδος als Hinweis darauf verstanden wissen, daß Petrus und Paulus bis ans Ende der Welt gingen (Saint Irénée et le Canon du Nouveau Testament, 1896, S.30). Das ist sicher nicht richtig: Gemeint ist der Tod der beiden Apostel. Vgl. T. Zahn, Einleitung in das Neue Testament II, ³1924, S.184f.

28   Die nächstliegende, weil wörtliche Übersetzung wäre: „Lukas ..., der, wie man glaubte, uns das Evangelium berichtet"; aber das ergibt keinen Sinn. E. Klebba übersetzte: „Wenn aber Lukas, ... der, wie wir glauben, auch der Verfasser eines Evangeliums ist ..." (Des heiligen Irenäus fünf Bücher gegen die Häresien I, BdK, 1912, S.266). Ein solches Verständnis der Stelle ist aber sprachlich anfechtbar und auch sachlich ausgeschlossen. Denn zum einen müßte dann anstelle des Perfekts *creditus est* das Präsens *creditur* und statt des Präsens *referre* das Perfekt *rettulisse* stehen (vgl. Tac. *hist* III 11,1: Dort ist von einem Brief die Rede, den, wie man damals glaubte, Saturnin an Vitellius geschrieben habe [*Saturninus ad Vitellium scripsisse credebatur*]; ähnlich *hist* II 86,2). Zum anderen würde dann an dieser Stelle ein Vorbehalt gegenüber der Verfasserangabe zum Ausdruck kommen, der (a) bei Irenäus nirgends erkennbar ist und der (b) in der Auseinandersetzung mit den Gegnern des Irenäus - in diesem Zusammenhang werden Markioniten und Valentinianer genannt (III 14,4) - gar kein Thema ist. *Ad (a):* Daß der Autor *ad Theophilum* Lukas heißt, ist für Irenäus völlig selbstverständlich und zu Beginn des 3. Buches häufig genug ausgesprochen worden; auf eine Zusammenstellung der Belege kann ich hier verzichten. *Ad (b):* Für Irenäus steht außer Frage, daß das Evangelium Markions ein verstümmeltes *Lukas*evangelium ist (III 11,7; 12,12; 14,4). Deshalb streitet er mit seinen Gegnern auch nicht über den Autor des 3. Evangeliums, sondern über den Umfang dieser Schrift; folgerichtig mündet der Abschnitt über Lukas in das Fazit: Man kann sein Evangelium nur ganz oder gar nicht verwenden (III 14,4). Ein Vorbehalt gegenüber der Identität des Autors wäre in der Argumentation von III 13-14 fehl am Platze. Deshalb scheint es mir naheliegend zu sein, die Aussage *Lucas ... creditus est referre nobis Euangelium* dahingehend zu verstehen, daß es Lukas „anvertraut wurde, uns das Evangelium (sc. des Paulus) zu berichten". Man mag dagegen einwenden, daß *creditus est* im lateinischen Irenäus zwar in der Regel diese Bedeutung hat (vgl. *haer* II 17,1; III 15,2; 17,3; 24,1; IV 26,4; V 20,1), sonst aber korrekterweise unpersönlich und mit dem Dativ der Person konstruiert wird; an unserer Stelle wäre demnach *cui creditum fuit referre nobis Euangelium* zu erwarten. M.E. sind hier aber A. Rousseau und L. Doutreleau

Heidenapostel als noch am Leben, selbst jedoch am Schreiben gehindert vorgestellt zu sein.

In jedem Fall deckt sich die Reihe, die Lukas vor Markus stellt, mit der chronologischen Ordnung der vier Evangelien bei jenen rätselhaften ‚alten Presbytern', über die Klemens Alexandrinus im 6. Buch seiner *Hypotyposen* berichtete. Sie hielten die beiden Evangelien mit den Genealogien (also Matthäus- und Lukasevangelium) für die ältesten; danach sei das Evangelium des Markus, schließlich das des Johannes entstanden (bei Eus. *h.e.* VI 14,5-7).[29]

Wahrscheinlich hat also Irenäus die chronologische Ordnung der Evangelien mit Matthäus - Lukas - Markus - Johannes festgelegt. Von dieser Reihenfolge geht er in III 1,1 ab, wo Markus vor Lukas genannt wird. Auch dort scheint die Folge an der zeitlichen Ordnung der Evangelien interessiert zu sein, wenn dies auch im Verhältnis von Markus und Lukas nicht explizit zum Ausdruck gebracht wird. *Diese* Chronologie weicht allerdings von der des Irenäus ab - und provoziert damit die Frage, warum er hier so formuliert hat.

(3) Wiederholt wurde beobachtet, daß die Verben in III 1,1 bei Matthäus, Lukas und Johannes im Aorist stehen, bei Markus hingegen im Perfekt (παραδέδωκεν). Aus der Perspektive irenäischer Autorschaft läßt sich dieser Sachverhalt m.E. nicht befriedigend erklären. (Gerade auch Papias, der gern als Kronzeuge für die Markus-Notiz angerufen wird, verwendet den Aorist.) Gewiß, „vom Standpunkt des Berichterstatters Ir. liegt eine fortdauernde Wirkung einer in der Vergangenheit abgeschlossenen Handlung vor."[30] Aber gilt dasselbe nicht auch für die anderen Evangelien? Auch die weitergehende Erklärung G. Gambas, durch das Perfekt werde

---

im Recht, wenn sie in ihrer Retroversion ins griechische *creditus est referre nobis Euangelium* als einen Gräzismus auffassen und mit πιστευθεὶς τὸ ἀπαγγεῖλαι ἡμῖν τὸ εὐαγγέλιον wiedergeben (SC 211, S.263); ein solcher Gräzismus - *creditus est* mit Akkusativobjekt - ist übrigens auch an einer Stelle bei Silius Italicus belegt (*Punica* XIII 508; vgl. Oxford Latin Dictionary, hg.v. P.G.W. Glare, 1982, S.456 s.v. *credo* 1.c). Denn Irenäus, der in III 13,1-3 wiederholt auf das Apostelkonzil zu sprechen kam, dürfte an unserer Stelle auf Gal 2,7 (πεπίστευμαι τὸ εὐαγγέλιον) anspielen: Paulus wurde das *Evangelium* (an die Heiden) anvertraut, und Lukas wurde die *Aufzeichnung* dieses Evangeliums anvertraut. Richtig übersetzen darum die französischen Herausgeber: „Luc, qui ... s'est vu confier la mission de nous rapporter cet Évangile" (SC 211, S.263).

[29]   W.R. Farmer hält diese Reihenfolge übrigens für historisch zutreffend (The Patristic Evidence Reexamined, in: ders. [Hg.], New Synoptic Studies, 1983, S.3-15). Der Beitrag ist weitgehend identisch mit Farmers früheren Ausführungen in: Jesus and the Gospel, 1982, S.93ff.

[30]   J. Hoh, Die Lehre des Hl. Irenäus über das Neue Testament, 1919, S.10.

für das Markusevangelium die legitime und authentische Überlieferung des petrinischen Evangeliums, die durch den zeitlichen Abstand zwischen dem Tod des Apostels und der Abfassung des 2. Evangeliums in Frage gestellt sein könnte, sichergestellt[31], vermag nicht zu befriedigen. Müßte man dann nicht auch bei Lukas ein Perfekt erwarten?[32]

Auf der Sprachebene des Irenäus gibt es schlechterdings keine vernünftige Erklärung für das Perfekt. Einsichtig wird es aber, wie wir weiter unten (S.20f) zeigen werden, wenn wir die Evangeliennotiz als eine festgeformte Überlieferung betrachten, die Irenäus aufgenommen hat.

(4) Nur an der hier diskutierten Stelle heißt Lukas schlicht ὁ ἀκόλουθος Παύλου. Wir haben bereits gesehen, daß Irenäus Lukas normalerweise als einen „Schüler und Nachfolger der Apostel" (I 23,1; ähnlich III 10,1) bzw. „Nachfolger und Mitarbeiter der Apostel" (III 14,1) bezeichnet.[33] Auch wenn er dabei in erster Linie an Paulus denkt, durfte doch gerade im Zusammenhang des Evangelienzeugnisses der Verweis auf die übrigen Apostel, mit denen Lukas Umgang gehabt haben soll, nicht fehlen; denn die Inkongruenz zwischen der Zwölfzahl der Apostel (bzw. Dreizehnzahl, wenn man Paulus mitrechnet) und der Vierzahl der apostolischen Evangelien, die den von Irenäus bekämpften Häretikern einen Freiraum für die Fälschung ‚apostolischer Evangelien' etwa unter dem Namen des Apostels Thomas, Judas etc. schuf, wäre leicht zu beheben gewesen, wenn Irenäus in III 1,1 gemäß seiner sonstigen Gewohnheit Lukas zu einem Schüler der Apostel gemacht hätte.

(5) Die Formulierung Ἰωάννης ὁ μαθητὴς τοῦ Κυρίου ist nicht die bei Irenäus sonst übliche. Freilich wird Johannes in *Adversus Haereses* insgesamt 18 Mal ‚Herrnjünger' genannt. Davon heißt er zweimal schlicht ‚sein Jünger' (III 16,8; 22,2; vgl. *dem* 43; 94), die übrigen 16 Erwähnungen verteilen sich wie folgt:

---

[31]   Vgl. G.G. Gamba, La Testimonianza di S. Ireneo, Sal. 39, 1977, S.575f.

[32]   J. Chapman paraphrasierte: "*After their death* their actual words would have been lost, had not Mark und Luke (already) written them down. This is the force of the perfect παραδέδωκε" (St Irenaeus on the Dates of the Gospels, JThS 6, 1905, S.567). Daß Markus und Lukas im Sinne des Evangelienzeugnisses *vor* dem Tod der beiden Apostel geschrieben haben sollen, kann ich nicht sehen. Aber selbst wenn es so wäre: Wieder bliebe unerklärlich, warum das Perfekt nicht auch in der Lukas-Notiz erscheint.

[33]   Ganz ähnliches gilt übrigens auch für Polykarp von Smyrna. Irenäus bringt ihn in erster Linie mit dem Herrnjünger Johannes in Verbindung, vergißt jedoch nie hinzuzufügen, daß er auch mit anderen Aposteln (die nie näher spezifiziert werden) Umgang hatte (*haer* III 3,4; vgl. die Briefe an Florin und Victor bei Eus. *h.e.* V 20,6; 24,16).

(a) Ἰωάννης ὁ τοῦ Κυρίου μαθητής (I 16,3; II 22,5, wo der Lateiner allerdings *Iohannes discipulus Domini* schreibt; III 3,4) bzw. *Iohannes Domini discipulus* (II 2,5; 22,3; III 11,1; 16,5; IV 20,11; V 18,2; 26,1);

(b) Ἰωάννης ὁ μαθητὴς τοῦ Κυρίου (I 8,5 *bis*; III 1,1); bzw. *Iohannes discipulus Domini* (IV 30,4; V 33,3).

In 11 von 16 Fällen wird Johannes also ‚des Herrn Jünger' genannt, 5 Mal ‚der Jünger des Herrn'.[34] Bei der zuletzt genannten Konstruktion ist Irenäus jedoch jeweils von einer Quelle abhängig:

I 8,5 ist ein Zitat aus dem Johanneskommentar des Ptolemaios. Ob auch der einleitende Satz ptolemäische Formulierung ist oder von Irenäus im Anschluß an Ptolemaios gebildet wurde, spielt dabei keine Rolle.

In IV 27,1-31,3 verarbeitet Irenäus bekanntlich die Predigt eines ‚gewissen Presbyters' (IV 27,1) - vielleicht handelt es sich um Polykarp?[35] -, die er zwar selbst mitanzuhören pflegte, aber in diesem Umfang kaum aus dem Gedächtnis zu reproduzieren imstande war. Sie lag ihm wohl schriftlich vor.[36]

Auch in V 33,3 wird eine überkommene Nachricht zitiert. Sie geht auf ‚die Presbyter' zurück. Ob Irenäus sie auch unabhängig von Papias erhalten hat oder sie nur bei diesem las (V 33,4), ist ein alter Streit, der hier nicht entschieden werden muß.

Lediglich in III 1,1 formulierte Irenäus unabhängig von einer Vorlage Ἰωάννης ὁ μαθητὴς τοῦ Κυρίου - wenn man nicht auch diesen Passus auf eine schriftliche Quelle zurückführen will.[37]

---

[34] Die attributive Stellung des Genitivs (ὁ τοῦ Κυρίου μαθητής) entspricht gegenüber der scheinbar prädikativen Stellung (ὁ μαθητὴς τοῦ Κυρίου) einem besseren griechischen Sprachgebrauch. Am Evangelienzeugnis fällt übrigens auf, daß durchweg die scheinbar prädikative Stellung bevorzugt wird: Μᾶρκος, ὁ μαθητὴς καὶ ἑρμηνευτὴς Πέτρου; Λουκᾶς, ὁ ἀκόλουθος Παύλου; Ἰωάννης, ὁ μαθητὴς τοῦ Κυρίου.

[35] Der lateinische Text von IV 27,1 lautet: *Quemadmodum audivi a quodam presbytero, qui audierat ab his qui apostolos viderant, et ab his qui didicerant.* Demnach hätte Irenäus die folgende midraschartige Exegese von einem Presbyter gehört, der sie seinerseits wiederum von Apostelschülern habe - Polykarp gilt Irenäus sonst aber selbst als Apostelschüler. Dem armenischen Text von IV 27,1 zufolge hat Irenäus aber die Predigt von einem Presbyter, der die Apostel selbst gesehen hat, gehört. T. Zahn (Art. Irenäus v. Lyon, RE 9, 1901, S.409) sah in dem Presbyter Polykarp von Smyrna.

[36] So mit Harnack (Chronologie I, 1897, S.339 in Anm.2 zu S.333) gegen T. Zahn (art. cit., S.409).

[37] Zwingend ist dieses stilistische Argument sicher nicht, aber ein gewisser Indiz-Charakter kann ihm gerade bei einer so stehenden Formel nicht gut abgesprochen werden. Dagegen spricht auch nicht die Formulierung des Irenäus in seinem Brief an

(6) Der auffallende Ausdruck ῎Εφεσος τῆς ᾽Ασίας ist einmalig bei Irenäus. Zwar kann er gelegentlich einen Ort durch eine Provinzbezeichnung oder einen Nachbarort eindeutig bestimmen, doch formuliert er dann anders: *Tyrus civitas Phoenicae* (I 23,2) oder etwa *Antiochia ea quae est apud Daphnen* (I 24,1), jeweils zur Unterscheidung von den zahlreichen anderen Städten gleichen Namens.

Wie es scheint, konnte die Verbindung eines Ortsnamens mit der Landschafts- oder Provinzbezeichnung vier Zwecke verfolgen:

(a) Sie diente meistens zur Identifikation eines bestimmten Ortes im Falle mehrerer namensgleicher Orte (Joh 2,1.11; 4,46; 21,2: Κανὰ τῆς Γαλιλαίας; Act 22,3: Ταρσὸς τῆς Κιλικίας; IgnSm 11,1 [vgl. Phil 10,1; Pol 7,1]: ᾽Αντιόχεια τῆς Συρίας; IgnPhld pr.: Φιλαδέλφια τῆς ᾽Ασίας; ActPhil 108 (2).148: ῾Ιεράπολις τῆς ᾽Ασίας[38]).

(b) Sie diente zur Erläuterung der geographischen Lage eines kleinen und den Lesern voraussichtlich unbekannten oder nur namentlich bekannten Ortes (Joh 12,21: Βηθσαϊδὰ τῆς Γαλιλαίας; Mt 2,1.5: Βηθλέεμ τῆς ᾽Ιουδαίας; Mt 21,11: Ναζαρὲθ τῆς Γαλιλαίας).

(c) Sie kann im Kontext aus verschiedenen Gründen erforderlich sein: so in den Reiseberichten Act 13,13ff (13,14: Πέργη τῆς Παμφυλίας) und MartAndr (prius) 3 (Πάτραι τῆς ᾽Αχαίας), um den Fortgang der Reise zu unterstreichen, und MartAndr (alt) 1 (Πάτραι τῆς ᾽Αχαίας)[39], weil dort der Prokonsul Achaias eingeführt wird.

(d) Gelegentlich scheint diese Konstruktion eine feierliche Betonung mit sich zu führen: So vielleicht schon in Mt 21,11; 2,1.5 und Act 22,3, gewiß aber bei Ignatius in den jeweiligen Briefpräskripten: Τράλλεις τῆς ᾽Ασίας, Φιλαδέλφια τῆς ᾽Ασίας, Σμύρνα τῆς ᾽Ασίας und schließlich ῎Εφεσος τῆς ᾽Ασίας.

Soweit ich die frühchristliche Literatur überprüft habe[40], erscheint die letztgenannte Formulierung neben *haer* III 1,1 nur an dieser einen Ignatius-

---

Bischof Victor von Rom (bei Eus. *h.e.* V 24,16), wo es heißt: μετὰ ᾽Ιωάννου τοῦ μαθητοῦ τοῦ κυρίου ἡμῶν. Sowohl die genetivische Konstruktion als auch die Zufügung des ἡμῶν erzwingen die veränderte Wortfolge.

[38]   Benutzte Ausgabe: Acta Apostolorum Apocrypha II/2, hg.v. R.A. Lipsius/M. Bonnet, hier S.41 Z.12 und S.90 Z.5.

[39]   Benutzte Ausgabe: op. cit., Bd.II/1, hier S.47 Z.11 und S.58 Z.21f.

[40]   Die Untersuchung umfaßte die Schriften des NT, der apostolischen Väter, der Apologeten, Tertullians und Klemens' von Alexandrien. ῎Εφεσος τῆς ᾽Ασίας erscheint noch einmal im *Chronicon Paschale* (ed. L. Dindorf, 1832): Die sterblichen Überreste des Timotheus, des heiligen Jüngers des Apostels Paulus, der auch zum ersten Bischof im Ephesus Asiens gewählt worden war, wurden nach Konstantinopel überführt (Bd.I, S.542 Z.7-11). Auch hier handelt es sich um feierliche Redeweise.

Stelle. Da es kein zweites Ephesus gab, von dem man dasjenige in Asien hätte unterscheiden müssen, so kann es sich nur um eine besondere und feierliche Redeweise handeln. Ein Anlaß dazu ist im unmittelbaren Kontext der Irenäus-Stelle nicht zu erkennen, wohl aber, wie wir noch sehen werden, in seiner mutmaßlichen Vorlage.

(7) In den Passagen und Fragmenten aus dem irenäischen Werk, die auf griechisch erhalten sind, erscheint ἔπειτα nach meiner Zählung insgesamt 28mal. Dabei steht es fast immer an zweiter Stelle in einer Reihung:

(a) 6mal erscheint die Folge πρῶτον ... ἔπειτα (I 2,3; 9,1; 11,5; 12,1; IV 5,3; V 30,1);

(b) 17mal erscheint es einfach an zweiter Stelle (I 1,1; 2,2; 8,1*bis*; 8,3; 9,1; 11,1; 13,5; 16,2.3; 17,1; III 21,2; V 2,3; 3,2; 26,2; 31,2);

(c) einmal erscheint es sowohl an zweiter als auch an dritter Stelle (I 9,4);

(d) einmal erscheint es nach εἶτα an dritter Stelle (I 21,3);

(e) im Evangelienzeugnis steht es an vierter, in der Bischofsliste (III 3,3) an achter Stelle.

Das zeigt, daß Irenäus eine begonnene chronologische Auflistung durch ἔπειτα weiterführt. An dritter Stelle kann er dann noch einmal εἶτα bzw. ἔπειτα setzen, schließt aber normalerweise durch ein loses δέ an.

Es scheint mir deutlich zu sein, daß die sprachliche Gestalt der Reihenbildung in III 1,1 (und 3,3) für Irenäus untypisch ist.

(8) Dazu kommen nun noch einige weitere Besonderheiten.

Ἔξοδος ist in den uns erhaltenen griechischen Textpartien von *Adversus Haereses* ein Hapaxlegomenon, und auch das lateinische Äquivalent *excessus* erscheint sonst nicht mehr.[41] Wo ein lateinisches *egressio* (IV 33,13), *exodus* (IV 15,1; 16,1; 20,12) oder *exitus* (IV 29,2; 36,5; V 20,1) ein ursprüngliches ἔξοδος wiedergeben dürfte, hat es jedenfalls nirgends die Bedeutung ,Tod'. Die Aussage des ältesten Evangelienprologs, Markus habe nach dem Tod des Petrus sein Evangelium geschrieben (*post excessionem ipsius Petri*)[42], deutet auf überlieferte Formelsprache. Die Angabe widerspricht im übrigen der Nachricht aus dem alten Presbyterkreis (s.o.S.15), daß Markus noch zu Lebzeiten des Petrus geschrieben habe (bei Eus. *h.e.* VI 14,6f). Das ist bemerkenswert: An der einzigen Stelle, an der Irenäus von der ihm geläufigen und bei den Presbytern des Klemens

---

41 Vgl. den Index von B. Reynders, Lexique comparé du texte grec et des versions latine, arménienne et syriaque de l'„Adversus Haereses" de Saint Irénée, 2 Bde., 1954, s.v. ἔξοδος und *excessus*.

42 Text bei J. Regul, Die antimarcionitischen Evangelienprologe, 1969, S.29f.

bezeugten Reihenfolge der Evangelien abweicht, datiert er auch das Markusevangelium entgegen der Meinung der Presbyter in die Zeit nach dem Tod des Petrus.

Die Charakterisierung des Johannes als des Jüngers des Herrn, ὁ καὶ ἐπὶ τὸ στῆθος αὐτοῦ (sc. τοῦ κυρίου) ἀναπεσών (vgl. IV 20,11), ist fast wörtlich identisch mit den Worten des Polykrates von Ephesus: Ἰωάννης, ὁ ἐπὶ τὸ στῆθος τοῦ κυρίου ἀναπεσών (bei Eus. *h.e.* III 31,3 = V 24,3). Diese Übereinstimmung ist um so auffälliger, als Joh 21,20 die finite Verbform verwendet (ὃς καὶ ἀνέπεσεν ἐν τῷ δείπνῳ ἐπὶ τὸ στῆθος αὐτοῦ).[43] Vermutlich liegt auch hier formelhafte Sprache zugrunde.

Sämtliche Formulierungen für die Buchveröffentlichung (γραφὴν ἐκφέρειν, ἐγγράφως παραδιδόναι, ἐν βίβλῳ κατατιθέναι, τὸ εὐαγγέλιον ἐκδιδόναι) sind einmalig bei Irenäus; normalerweise sagt er γράφειν (I pr.3; 8,4; 9,4; 23,2 u.ö.), συγγράφειν (I pr.2), ἀναγράφειν (I 25,5) oder συντάσσεσθαι (V 33,4).

Freilich kann damit nicht bewiesen werden, daß Irenäus Wort für Wort aus einer schriftlichen Quelle übernommen habe. Doch nimmt man all die oben aufgeführten Einzelbeobachtungen zusammen, so ist zumindest der Versuch erlaubt, das Evangelienzeugnis bei Irenäus als eine im wesentlichen schriftlich fixierte Tradition zu verstehen, die der Autor von *Adversus Haereses* in sein Werk eingegliedert hat. Nur muß dann wahrscheinlich gemacht werden, woher eine solche Überlieferung stammen könnte.

3. Das Evangelienzeugnis als römische Gemeindeüberlieferung

Ist der traditionelle Charakter des Evangelienzeugnisses bei Irenäus erst einmal erkannt, so ergibt sich seine Herkunft gleichsam von selbst. Die Aussage, daß Markus die Predigt des Petrus „uns schriftlich übergeben hat" (ἐγγράφως ἡμῖν παραδέδωκεν), verweist auf die Gemeinde, für die das Evangelium zunächst geschrieben worden sein soll und in der es in praktischem Gebrauch steht. Ebendies wird durch das Perfekt angezeigt, und das bei Matthäus, Lukas und Johannes fehlende ἡμῖν hat ursprünglich nicht die

---

43 In einem Papyrus aus dem 6. Jh., der vielleicht Teil eines Kaiserbriefes über Johannes von Ephesus und Polykarp von Smyrna ist, wird ebenfalls auf die Mahlszene im Johannesevangelium Bezug genommen: ἀνακλιθῆναι στέρνοις (Die Inschriften von Ephesos I, 1979, Nr.45 A Z.4). Hier steht ἀνακλιθῆναι statt ἀναπεσεῖν und στέρνος statt στῆθος.

Christenheit schlechthin im Blick, sondern ist das ‚Wir' einer konkreten Ortsgemeinde.[44] Daß es sich dabei um die römische Gemeinde handelt, für die das Markusevangelium geschrieben wurde, sagt die kirchliche Überlieferung fast einmütig.[45]

Auch die Matthäus-Notiz läßt an Rom denken. Wenn das älteste Evangelium zu der Zeit geschrieben worden sein soll, „als Petrus und Paulus in Rom das Evangelium verkündigten und die Gemeinde gründeten", dann wird mit diesen Worten der Bezug zu dieser Gemeinde hergestellt. Rom wird dadurch gegenüber dem judenchristlichen Matthäusevangelium besonders hervorgehoben. Durch die Zweitstellung des Markusevangeliums, das durch die Schriften des Matthäus und Lukas eigentlich fast überflüssig geworden war[46], wird Rom noch einmal geehrt.

Schließlich ist aber auch der ganze Abschnitt III 1-5, der als Einleitung zum dritten Buch des Irenäus fungiert, eindeutig von römischer Tradition geprägt. Das gilt insbesondere von der Sukzession der römischen Bischöfe, die Irenäus in III 3,3 auflistet. Zunächst schreibt Irenäus, man könne in jeder Gemeinde die Bischöfe, die von den Aposteln eingesetzt wurden, und ihre Nachfolger bis in die Gegenwart hinein aufzählen. Da es zu weitschweifig sei, alle diese Sukzessionen aufzuführen, wolle er sich auf „die sehr große und sehr alte und von allen anerkannte" Gemeinde beschränken, die von den beiden Aposteln Petrus und Paulus in Rom gegründet und aufgebaut worden ist (III 3,2). Der Beginn dieser Liste (θεμελιώσαντες οὖν καὶ οἰκοδομήσαντες οἱ μακάριοι ἀπόστολοι τὴν ἐκκλησίαν, III 3,3) erinnert auffällig an die analoge Formulierung im Evangelienzeugnis, Matthäus habe sein Evangelium zu der Zeit geschrieben, „als Petrus und Paulus in Rom das Evangelium verkündigten und die Gemeinde gründeten" (τοῦ Πέτρου καὶ τοῦ Παύλου ἐν Ῥώμῃ εὐαγγελιζομένων καὶ θεμελιούντων τὴν ἐκκλησίαν); das könnte auf einen literarischen Zusammenhang zwischen Evangelienzeugnis und Bischofsliste

---

44 Übrigens ist die Markus-Notiz neben der Verwendung des Perfekts und dem ἡμῖν auch dadurch von den anderen drei abgehoben, daß nur in ihr das Wort εὐαγγέλιον nicht fällt.

45 Das setzt wohl schon Papias (bei Eus. *h.e.* III 39,15) voraus. In diesem Sinne versteht Harnack auch das *in partibus Italiae* des ältesten Prologs zum Mk (Die ältesten Evangelien-Prologe, 1928, S.331). Vgl. ferner den späteren Nachtrag zu Ephraems Kommentar zu Tatians Diatessaron (SC 121, S.409); Epiph. *pan* LI 6,10; Hieron. *vir inl* VIII. Die spätere, konkurrierende Meinung verlegt die Abfassung nach Alexandrien (vgl. Eus. *h.e.* II 16,1 und den in seiner Echtheit umstrittenen Brief des Klemens an Theodoros I 18 - II 1 [ed. M. Smith, Clement of Alexandria and a Secret Gospel of Mark, 1973, S.446ff]).

46 Vgl. M. Hengel, Die Evangelienüberschriften, 1984, S.49.

hinweisen, dem wir noch nachgehen werden. Nachdem Irenäus die zwölf Bischöfe bis Eleutherus aufgezählt hat (III 3,3), kommt er auf Polykarp von Smyrna zu sprechen, der „von Aposteln eingesetzt worden ist für Asien als Bischof der Gemeinde von Smyrna"[47]. Auch die in III 3,4 angeführten Nachrichten über diesen Märtyrer, den Irenäus in frühester Jugend erlebt hatte, dürften wenigstens teilweise aus Rom stammen, wo Polykarp sich unter Aniket eine Weile aufgehalten hatte.[48] Die Begegnung mit Markion, den der greise Bischof als den „Erstgeborenen Satans" (vgl. PolPhil 7,1) zurückgewiesen haben soll, ist hier leichter denkbar als in Kleinasien (wo hätte sie dort stattfinden sollen?).[49] Die Erwähnung der Tradenten, die Polykarp die Geschichte von Johannes und Kerinth im Bad von Ephesus haben erzählen hören, läßt an einen römischen Vermittler wie etwa den Presbyter Florin denken, der den Bischof von Smyrna noch aus Kleinasien kannte (so Irenäus bei Eus. h.e. V 20,4ff). Schließlich sind auch die Angaben über verschiedene Häretiker in III 4,3 allesamt auf Rom bezogen: Valentin kam nach Rom unter Hygin, erlebte seine Blüte unter Pius und blieb bis Aniket; Kerdon kam ebenfalls unter Hygin zur römischen Gemeinde, und Markion erreichte dort den Höhepunkt seiner Wirksamkeit zur Zeit des Aniket.

Halten wir zunächst fest: Das Zeugnis über die 4 Evangelien und ihre Autoren scheint eine römische Gemeindetradition zu sein, die Irenäus etwa bei einem Besuch in Rom kennengelernt haben konnte. Bevor wir der entscheidenden Frage nachgehen, welches ihr ursprünglicher ‚Sitz im Leben' war, wollen wir untersuchen, in welchem Zusammenhang Irenäus sie vorgefunden haben mag. Angesichts der gehäuften Verwendung römischer Überlieferungen in der Einleitung zum dritten Buch ist die Überlegung angebracht, ob Irenäus hier vielleicht insgesamt einer römischen Quelle folgt, zu der eben auch die Evangeliennotiz gehört haben könnte. Die Schlüsselposition in dieser Frage nimmt die Bischofsliste ein, der wir uns nun zuwenden.

---

47   ὑπὸ ἀποστόλων κατασταθεὶς εἰς τὴν Ἀσίαν ἐν τῇ ἐν Σμύρνῃ ἐκκλησίᾳ ἐπίσκοπος (III 3,4).

48   So auch im Brief des Irenäus an Victor von Rom bei Eus. h.e. V 24,12ff.

49   Anders A. v.Harnack, Die ältesten Evangelien-Prologe, 1928, S.335 Anm.1: „Irenäus berichtet nicht, daß Polykarp den Marcion in Rom getroffen hat; also hat die Zusammenkunft höchst wahrscheinlich in Asien stattgefunden." Das will mir nicht einleuchten; vgl. auch H. Boehmer, Zur altrömischen Bischofsliste, ZNW 7, 1906, S.336 Anm.1: „Daß Polykarp damals mit Marcion in R o m zusammen getroffen sei, sagt Irenaeus l.c. nicht ausdrücklich, ist aber sehr wahrscheinlich." So interpretierte übrigens auch schon Hieronymus (vir inl XVII).

4. Die Bischofsliste in *haer* III 3,3[50]

In ihren Untersuchungen zur altrömischen Bischofsliste gelangten namentlich Joseph Barber Lightfoot, John Chapman und Adolf von Harnack zu dem Ergebnis, Irenäus habe vor allem in den Anfangskapiteln seines 3. Buches aus einer - später auch Epiphanius vorliegenden - „alten Urkunde"[51] geschöpft. Zum Grundbestand dieser Quelle soll in erster Linie die Bischofsliste mit ihren Bemerkungen über Clemens und das Martyrium des Telesphorus (III 3,3) gehört haben, ferner die Notizen über die Häretiker Valentin, Kerdon und Markion (III 4,3) sowie die Nachricht, Markellina habe unter Aniket in Rom gelehrt (I 25,6). Darüber hinaus wies Harnack die Polykarp-Traditionen in III 3,4 dieser Quelle zu. Schließlich hielt er es für „möglich, wenn es auch nicht sehr wahrscheinlich gemacht werden kann, dass auch die chronologischen Angaben über die Entstehung des Matthäus- und Marcus-Evangeliums (...) auf die Urkunde zurückzuführen sind"[52]. Diese These wird im folgenden zu präzisieren und zu korrigieren sein.

---

[50] Ausgewählte Literatur zur römischen Bischofsliste: A.C. Mc.Giffert, The earliest papal catalogue, ThLZ 12, 1887, Sp. 435-436; J.B. Lightfoot, The Apostolic Fathers I/1, ²1890, S.201-345; F.X. Funk, Zur Frage nach dem Papstkatalog Hegesipps, in: ders., Kirchengeschichtliche Abhandlungen und Untersuchungen I, 1897, S.373-390; A. v.Harnack, Geschichte der altchristlichen Litteratur bis Eusebius, 2. Teil: Die Chronologie, Bd. I: Die Chronologie der Litteratur bis Irenäus nebst einleitenden Untersuchungen, 1897, S.70-230; A. Ehrhard, Die altchristliche Litteratur und ihre Erforschung von 1884-1900, 1.Abt., 1900, S.255-258; T. Zahn, Forschungen zur Geschichte des neutestamentlichen Kanons und der altkirchlichen Literatur VI, 1900, S.228-250; J. Chapman, La chronologie des premières listes épiscopales de Rome. [I], RBen 18, 1901, S.399-417; II.III, RBen 19, 1902, S.13-37.145-170; H. Boehmer, Zur altrömischen Bischofsliste, ZNW 7, 1906, S.333-339; O. Bardenhewer, Geschichte der altkirchlichen Literatur I, ²1913, S.385-392; H. Lietzmann, Petrus und Paulus in Rom, ²1927; E. Caspar, Die älteste römische Bischofsliste. Kritische Studien zum Formproblem des eusebianischen Kanons sowie zur Geschichte der ältesten Bischofslisten und ihrer Entstehung aus apostolischen Sukzessionenreihen, 1926; T. Klauser, Die Anfänge der römischen Bischofsliste, BZThS 8, 1931, S.193-213; H. v.Campenhausen, Lehrerreihen und Bischofsreihen im 2. Jahrhundert, in: In memoriam Ernst Lohmeyer, hg.v. W. Schmauch, 1951, S.240-249; L. Koep, Art. Bischofsliste, RAC 2, 1954, Sp.407-415; H. Kemler, Hegesipps römische Bischofsliste, VigChr 25, 1971, S.182-196; P. Lampe, Die stadtrömischen Christen in den ersten beiden Jahrhunderten, ²1989, S.341-343; J. Hofmann, Die amtliche Stellung der in der ältesten römischen Bischofsliste überlieferten Männer in der Kirche von Rom, HJ 109, 1989, S.1-23.

[51] A. v.Harnack, Chronologie I, 1897, S.189.

[52] Ebd.; später vermutete er als Quelle des Irenäus ältere Evangelienprologe (s.o. S.11 mit Anm.13) bzw. Papias.

4.1. Irenäus und die Bischofsliste bei Epiphanius

Ausgangspuhkt dieser Quellentheorie ist die Aufzählung der römischen Bischöfe bei Epiphanius. Der zypriotische Bischof eröffnet seine Darlegungen über die Häretikerin Markellina mit den Worten: Ἦλθεν δὲ εἰς ἡμᾶς ἤδη πως Μαρκελλίνα τις ... ἐν χρόνοις Ἀνικήτου, „des Bischofs von Rom in der Nachfolge des Pius (μετὰ τὴν διαδοχὴν Πίου) und der früheren" (*pan* XXVII 6,1). In einem Exkurs über die Amtsvorgänger Anikets (6,2-7) nennt Epiphanius zunächst die Apostel Petrus und Paulus als die ersten Bischöfe der römischen Gemeinde; dann folgen Linus, Kletus und Clemens. Nach einigen Worten über Clemens zählt Epiphanius die komplette Folge der Bischöfe in Rom (ἡ τῶν ἐν Ῥώμῃ ἐπισκόπων διαδοχή) folgendermaßen auf: Petrus und Paulus, Linus und Kletus, Clemens, Euarestus, Alexander, Xystus, Telesphorus, Hygin, Pius, Aniket, „der oben im Katalog genannt worden war" (6,7). Damit leitet Epiphanius auf seine einleitende Aussage zurück; mit 6,8 setzt die Behandlung der Häresie Markellinas ein.

Sowohl die Bischofsliste als auch die Markellina-Notiz erinnern auffällig an entsprechende Aussagen des Irenäus.

Irenäus gibt die Sukzession der römischen Gemeindeleiter folgendermaßen wieder: „Nachdem nun die seligen Apostel die Gemeinde gegründet und aufgebaut hatten, übergaben sie Linus das bischöfliche Amt ... Seine Nachfolge übernimmt Anenkletus. Nach ihm, an dritter Stelle von den Aposteln her, erbt Clemens das Bischofsamt". Zur Zeit dieses Clemens habe es in Korinth einen Aufruhr gegeben, der die römische Gemeinde dazu veranlaßte, den Korinthern „einen vorzüglichen Brief" zu schreiben. „Die Nachfolge dieses Clemens übernimmt Euarestus und die des Euarestus Alexander, danach, als sechster von den Aposteln her, wird Xystus eingesetzt, nach ihm Telesphorus, der auch ein ruhmvolles Zeugnis abgelegt hat. Danach Hygin, dann Pius, nach ihm Aniket. Nachdem Soter die Nachfolge Anikets übernommen hatte, hat nun Eleutherus an zwölfter Stelle von den Aposteln her das bischöfliche Amt inne."[53] Die Unterschiede zwischen

---

[53] III 3,3: θεμελιώσαντες οὖν καὶ οἰκοδομήσαντες οἱ μακάριοι ἀπόστολοι τὴν ἐκκλησίαν, Λίνῳ τὴν τῆς ἐπισκοπῆς λειτουργίαν ἐνεχείρισαν ... Διαδέχεται δὲ αὐτὸν Ἀνέγκλητος. Μετὰ τοῦτον δὲ τρίτῳ τόπῳ ἀπὸ τῶν ἀποστόλων τὴν ἐπισκοπὴν κληροῦται Κλήμης ... Τὸν δὲ Κλήμεντα τοῦτον διαδέχεται Εὐάρεστος, καὶ τὸν Εὐάρεστον Ἀλέξανδρος, εἶθ᾽ οὕτως ἕκτος ἀπὸ τῶν ἀποστόλων καθίσταται Ξύστος, μετὰ δὲ τοῦτον Τελεσφόρος, ὃς καὶ ἐνδόξως ἐμαρτύρησεν. ἔπειτα Ὑγῖνος, εἶτα Πίος, μεθ᾽ ὃν Ἀνίκητος. διαδεξαμένου τὸν Ἀνίκητον Σωτῆρος, νῦν

beiden Listen sind minimal: Epiphanius rechnet - im Gegensatz zu Irenäus - die beiden Apostel als erste Bischöfe mit; außerdem heißt bei ihm der Nachfolger des Linus nicht Anenkletus oder, wie die lateinische Übersetzung von *Adversus Haereses* schreibt, Anacletus, sondern einfach Kletus.

Auch die Nachricht über Markellina ist bei Irenäus zu finden: Sie sei unter Aniket nach Rom gekommen und habe die Lehre des Karpokrates verbreitet (I 25,6).

Nun ist zwar Irenäus häufig die Vorlage für Epiphanius, so daß auch im Falle der Bischofsliste und der Markellina-Notiz eine direkte Abhängigkeit angenommen werden könnte. Allerdings heißt es bei Irenäus, daß Markellina *Romam ... venit*, während Epiphanius ἦλθεν δὲ εἰς ἡμᾶς formuliert. Lightfoot verstand den Ausdruck so, daß Markellina ‚zu uns', d.h. also nach Rom, gekommen sei, und folgerte aus der Verwendung der 1. Person, daß Epiphanius in *pan* XXVII 6,1ff eine alte römische Quelle exzerpiere, zu der auch der folgende Bischofskatalog gehört habe.[54] Da Irenäus mit Epiphanius im wesentlichen übereinstimmt, muß auch ihm diese Quelle vorgelegen haben, wobei er die Sukzessionsliste in Buch III, die Markellina-Notiz im Zusammenhang der Ketzerdarstellung in Buch I verwendete. Diese These bürgerte sich rasch ein; war die Existenz eines solchen römischen Dokumentes erst einmal angenommen, so ließ sich ihr Grundbestand durch einen Vergleich mit weiteren Passagen aus Irenäus und Epiphanius, eventuell auch aus dem pseudotertullianischen *Carmen adversus Marcionem* (III 272-302) und dem *Catalogus Liberianus* noch erweitern. Auf diese ‚alte Urkunde' könnten dann, wie Harnack wenigstens erwog, auch die Matthäus- und Markus-Notizen zurückzuführen sein. Umstritten blieb vor allem, ob diese Urkunde auf die Zeit Anikets (Lightfoot, Chapman) oder die seines Nachfolgers Soter (Harnack) zurückgehen soll und ob Hegesipp als ihr Autor angesehen werden dürfe.

Karl Holl hat in seiner Epiphanius-Ausgabe dieses Hypothesengebäude attackiert, indem er zu zeigen versuchte, daß Lightfoot und seine Nachfolger einem philologischen Mißverständnis aufgesessen seien: „ἦλθεν εἰς ἡμᾶς ist nicht zu übersetzen »es ist z u uns gekommen« (das müßte πρὸς ἡμᾶς heißen), sondern bedeutet nach stehendem (übrigens auch sonst verbreitetem) Sprachgebrauch des Epiph. (...): »es ist *auf uns oder an uns gekommen, die Kunde ist an uns gelangt«.* Die seit Lightfoot (...) eingebürgerte Annahme, daß Epiph. hier eine in Rom verfaßte Quelle

---

δωδεκάτῳ τόπῳ τὸν τῆς ἐπισκοπῆς ἀπὸ τῶν ἀποστόλων κατέχει κλῆρον Ἐλεύθερος (griech. Text bei Eus. *h.e.* V 6,1-5).

54   The Apostolic Fathers I/1, ²1890, S.328ff.

gedankenlos ausschreibe, wird damit hinfällig"[55]. Gewiß ist Holls Angriff in dieser Form insofern nicht fair, als es natürlich auch dem vorzüglichen Philologen Lightfoot nicht entgangen war, daß ἦλθεν εἰς ἡμᾶς prinzipiell mit "the tradition has reached our times"[56] übersetzt werden kann; Lightfoot hatte diese Übersetzung in *pan* XXVII 6,1 freilich wegen der Härte des Ausdrucks für unvertretbar gehalten. Da Epiphanius jedoch ἔρχεσθαι εἰς ἡμᾶς tatsächlich häufig in diesem Sinne verwendet[57] (einen Beleg dafür, daß dieser Ausdruck bei ihm ‚es ist zu uns gekommen' meint, hat noch niemand beigebracht), kann die Anstößigkeit der sprachlichen Konstruktion in XXVII 6,1 kein ausreichendes Indiz für die Verwendung einer zeitgenössischen römischen Quelle sein. Vielmehr folgt Epiphanius auch an dieser Stelle Irenäus: Von ihm hat der zypriotische Bischof die Nachricht, daß Markellina unter Aniket nach Rom kam, dort die Lehren des Karpokrates verbreitete und die Selbstbezeichnung ‚Gnostiker' aufbrachte (vgl. *haer* I 25,6 mit *pan* XXVII 6,1.8). Damit erübrigt sich aber auch die Vermutung, Epiphanius habe die Bischofsliste einer alten Quelle entnommen, die die Sukzession bis Aniket verzeichnete. Daß der Katalog an dieser Stelle abbricht, ist kein Hinweis auf die Zeit seiner Abfassung; es ist vielmehr darauf zurückzuführen, daß Epiphanius in diesem Zusammenhang, der durch die Ankunft Markellinas in Rom zur Zeit des Bischofs Aniket bestimmt ist, an der weiteren Sukzession nicht interessiert ist. Woher er den Katalog genommen hat, wissen wir nicht; vielleicht hat er Irenäus und eine zweite Quelle (Euseb?) miteinander kombiniert. Jedenfalls hatte Epiphanius keine Vorlage, die älter wäre als Irenäus und mit deren Hilfe die Quelle des Irenäus in Umrissen zu rekonstruieren wäre.

4.2. Irenäus und die Frage nach der Bischofsliste Hegesipps

Hat sich die mutmaßliche Epiphanius-Quelle als ein Irrtum der Forschung erwiesen, so könnte damit die Annahme eines alten römischen Dokumentes, auf das Irenäus möglicherweise zurückgegriffen hat, insgesamt hinfällig werden. Nun gibt es jedoch einen weiteren Autor, der unabhängig

---

[55] K. Holl (Hg.), Epiphanius (Ancoratus und Panarion) I, 1915, S.308. Zur Bestätigung seiner Auffassung verwies Holl auf das Stichwort ἔρχεσθαι im Index, den er nicht mehr liefern konnte; vgl. die Belegstellen in der übernächsten Anmerkung.

[56] J.B. Lightfoot, op. cit., S.329 Anm.1.

[57] Lightfoot selbst (ebd.) verwies auf *pan* XXVIII 6 (τι παραδόσεως πρᾶγμα ἦλθεν εἰς ἡμᾶς und ἡ παράδοσις ἡ ἐλθοῦσα εἰς ἡμᾶς); vgl. ferner ἤδη δὲ ἦλθεν εἰς ἡμᾶς καὶ βιβλίον (XXXVIII 2,4); ἡ ἐλθοῦσα εἰς ἡμᾶς φάσις (XXVIII 8,1); εἰς ἡμᾶς ἐλθοῦσα γνῶσις (XXX 13,1).

von Irenäus eine römische Bischofsliste zu kennen scheint. Auf seiner Reise nach Rom kam Hegesipp, wie er dem Referat Eusebs zufolge in seinen *Hypomnemata*[58] berichtete, mit sehr vielen Bischöfen zusammen; von allen habe er die gleiche Lehre erhalten. Nach einigen Bemerkungen über den 1. Clemensbrief habe er wörtlich geschrieben: „Und die Kirche der Korinther blieb ‚im rechten Wort'[59] bis zu der Zeit, als Primus Bischof in Korinth war. Mit ihnen traf ich auf meiner Seereise nach Rom zusammen, und ich verkehrte mit den Korinthern einige Zeit, in der wir uns gemeinsam ‚am rechten Wort' erfreuten. In Rom angekommen, διαδοχὴν ἐποιησάμην bis Aniket, dessen Diakon Eleutherus war. Und auf Aniket folgt (διαδέχε-ται) Soter, auf diesen Eleutherus. In jeder Ämterfolge (διαδοχή) und in jeder Stadt verhält es sich so, wie das Gesetz und die Propheten und der Herr es verkündigen."[60] Wenn διαδοχὴν ἐποιησάμην bedeutet, daß Hegesipp sich eine Sukzessionsliste angefertigt hat, dann käme er als Quelle für Irenäus in Betracht. Diese Auffassung vertraten etwa Joseph Barber Lightfoot[61], John Chapman[62] und Hans von Campenhausen[63].

Nun bestehen freilich gewichtige Zweifel daran, daß Hegesipp überhaupt von einer Bischofsliste gesprochen haben kann. Daß Euseb einen solchen Katalog, wenn er ihn bei Hegesipp gefunden hätte, wohl kaum übergangen hätte, ließe sich vielleicht noch dadurch erklären, daß er

---

58 So nenne ich im folgenden Hegesipps 5bändiges Werk, obwohl es sich bei der Bezeichnung *Hypomnemata* vermutlich weder um den Titel (bzw. einen Bestandteil des Titels) noch um eine Gattungsbezeichnung handelt; vgl. dazu M. Durst, Hegesipps „Hypomnemata" - Titel oder Gattungsbezeichnung?, RQ 84, 1989, S.299-330.

59 Zum Begriff ὀρθὸς λόγος vgl. L. Abramowski, διαδοχή und ὀρθὸς λόγος bei Hegesipp, ZKG 87, 1976, S.321-327: ὀρθὸς λόγος sei geradezu gleichbedeutend mit dem, was Hegesipp kurz darauf als das Gesetz, die Propheten und den Herrn bezeichnet, also mit der Schrift.

60 Καὶ ἐπέμενεν ἡ ἐκκλησία ἡ Κορινθίων ἐν τῷ ὀρθῷ λόγῳ μέχρι Πρίμου ἐπισκοπεύοντος ἐν Κορίνθῳ. οἷς συνέμιξα πλέων εἰς 'Ρώμην καὶ συνδιέτριψα τοῖς Κορινθίοις ἡμέρας ἱκανάς, ἐν αἷς συνανεπάημεν τῷ ὀρθῷ λόγῳ. γενόμενος δὲ ἐν 'Ρώμῃ διαδοχὴν ἐποιησάμην μέχρις 'Ανικήτου. οὗ διάκονος ἦν 'Ελεύθερος, καὶ παρὰ 'Ανικήτου διαδέχεται Σωτήρ, μεθ' ὃν 'Ελεύθερος. ἐν ἑκάστῃ δὲ διαδοχῇ καὶ ἐν ἑκάστῃ πόλει οὕτως ἔχει ὡς ὁ νόμος κηρύσσει καὶ οἱ προφῆται καὶ ὁ Κύριος (bei Eus. *h.e.* IV 22,2f).

61 The Apostolic Fathers I/1, ²1890, S.201-345. Zunächst läßt er völlig offen, ob Irenäus aus Hegesipp schöpft oder eine eigene Tradition hat (S.205), tendiert aber später offensichtlich dazu, in Hegesipps Liste das von Irenäus und Epiphanius benutzte ‚Original' zu sehen (S.332).

62 La chronologie des premières listes épiscopales, RBen 18, 1901, S.410-414.

63 Lehrerreihen und Bischofsreihen, in: In memoriam E. Lohmeyer, 1951, S.247.

entweder sachliche Gründe hatte, ihn zu übergehen, oder daß Hegesipp ihn nicht in seine *Hypomnemata* aufgenommen hatte. Aber das Zitat selbst weckt Bedenken. Der Ausdruck διαδοχὴν ποιεῖσθαι ist problematisch: Kann διαδοχή ,Sukzessions*liste*' heißen? Man würde zumindest διαδοχὴ τῆς ἐπισκοπῆς oder διαδοχὴ τῶν ἐπισκόπων erwarten; außerdem steht διαδοχή, wo es die Auflistung der Bischöfe meint, üblicherweise mit dem Artikel. Und müßte statt ποιεῖσθαι nicht eher παρατίθεσθαι (vgl. Eus. *h.e.* V 5,9; Jos. *vit* 1,6) stehen? Darüber hinaus weicht Rufins Übersetzung der Kirchengeschichte Eusebs von dem griechischen Text erheblich ab: *Cum autem venissem Romam, permansi inibi, donec Aniceto Soter et Soteri successit Eleutherus* („Nachdem ich aber nach Rom gekommen war, blieb ich dort, bis auf Aniket Soter und auf Soter Eleutherus folgte"). Teilweise geht diese Abweichung gewiß auf das Konto des Übersetzers bzw. seiner Vorlage: Die Worte zwischen der ersten und der zweiten Erwähnung Anikets sind einfach ausgelassen. Aber warum schreibt Rufin *permansi inibi*? Hat er wirklich διαδοχὴν   ἐποιησάμην bei Euseb gelesen? Angesichts dieser unleugbaren Schwierigkeiten schlug Adolf von Harnack, dem sich Theodor Zahn anschloß, vor, ἐποιησάμην zwar beizubehalten, statt διαδοχήν aber etwa διατριβάς („ich hielt mich auf") zu lesen.[64] Das würde bedeuten, daß Hegesipp von einer Abfolge der römischen Bischöfe gar nicht gesprochen hätte. Außerdem wäre er dann nicht erst unter Aniket nach Rom gekommen, sondern unter dessen Episkopat abgereist.

Allerdings sagt Euseb an anderer Stelle, Hegesipp sei *nach seinen eigenen Worten* unter Aniket nach Rom gekommen und dort bis zur Zeit des Eleutherus geblieben (*h.e.* IV 11,7). Da er diese Auskunft vermutlich dem oben zitierten Abschnitt entnahm, so hat er bei Hegesipp jedenfalls nicht διατριβή gelesen. Vielleicht ist darum διαδοχή beizubehalten, statt ποιεῖσθαι aber ein anderes Verb zu lesen?[65] Sollte die strittige Hegesipp-Stelle ursprünglich besagen, er habe in Rom eine Bischofsliste *vorgefunden*? In diesem Fall könnte man annehmen, daß Irenäus und Hegesipp

---

[64]   A. v.Harnack, Chronologie I, 1897, S.181 mit Anm.3 unter Verweis auf dieselbe Formulierung bei Eus. *h.e.* IV 11,11 (bei Harnack versehentlich 13,11); VI 19,16; T. Zahn, Forschungen zur Geschichte des neutestamentlichen Kanons und der altkirchlichen Literatur VI, 1900, S.243-246. A.C. Mc.Giffert (The earliest papal catalogue, ThLZ 12, 1887, Sp.435f) will stattdessen διαγωγὴν ἐποιησάμην lesen.

[65]   A. Ehrhard (Die altchristliche Litteratur und ihre Erforschung, 1900, S.256) schlägt διαδοχὴν ἐνοησάμην vor. E. Caspar (Die älteste römische Bischofsliste, 1926, S.235f) will ebenfalls διαδοχήν beibehalten, verzichtet jedoch darauf, Vermutungen über das anstelle von ἐποιησάμην zu setzende Verb anzustellen; sinngemäß soll es ,feststellen' heißen.

unabhängig voneinander Einblick in sie hatten. Diese These wird etwa von
H. Boehmer[66] und Theodor Klauser[67] vertreten.

Die Annahme einer Textverderbnis - ob im Text Eusebs oder bereits
in der Hegesipp-Handschrift, die Euseb benutzte, kann hier offenbleiben -
scheint mir unausweichlich zu sein; daran, daß Hegesipp von einer διαδοχή in Rom gesprochen hat, kann es in meinen Augen aber keinen begründeten Zweifel geben. Denn er verwendet danach sowohl das Verb διαδέχεσθαι als auch das Substantiv διαδοχή, und die Ergänzung durch Soter
und Eleutherus dürfte doch wohl nahelegen, daß er zuvor die Bischofsfolge
angesprochen hatte. Außerdem bezeugt er sein prinzipielles Interesse an
bischöflicher Sukzession, wenn er die Jerusalemer Bischofsfolge mit dem
Herrnbruder Jakobus beginnen läßt und dessen Cousin Symeon ausdrücklich als den zweiten Bischof bezeichnet (bei Eus. *h.e.* IV 22,4). Hegesipp
setzt also vermutlich die römische Bischofssukzession bis Aniket voraus;
aber was er über sie sagt, ob er etwa selbst eine Liste erstellt oder vorgefunden hat, scheint mir aus seinen unklaren (und aus dem Zusammenhang
gerissenen) Worten nicht zu entnehmen zu sein.[68]

4.3. Die Bischofsliste bei Irenäus als römische Gemeindetradition

Mit der Absage an die Epiphanius-Quelle und der Ungewißheit bezüglich der Bischofsliste Hegesipps sind wir nun darauf angewiesen, aus den
Worten des Irenäus selbst Klarheit darüber zu gewinnen, ob er in III 3,3
eine festgefügte schriftliche Tradition aufgenommen hat. Herbert Kemler
hat dies neuerdings bestritten: Er nimmt zwei verschiedene Listen für

---

66   Zur altrömischen Bischofsliste, ZNW 7, 1906, S.333-339 (bes. S.337-339).

67   Die Anfänge der römischen Bischofsliste, BZThS 8, 1931, S.212: „Es wird also
vorläufig bei der Annahme bleiben dürfen, daß Irenäus tatsächlich irgendeine Liste fertig
vor sich gehabt hat. Wenn aber Irenäus sich auf eine Vorlage stützen konnte, dann wird
wohl für Hegesipp dasselbe gelten müssen." Und: „In welcher Form dieser von Hegesipp eingesehene und von Irenäus ausgeschriebene Katalog in Rom selbst zuerst existiert
hat, ob er im Archiv der Gemeinde ruhte oder im Rahmen der Liturgie, dann freilich mit
anderer Sinnbedeutung, eine Rolle spielte, das ist ein Problem, dessen Lösung uns wenigstens vorläufig versagt scheint." Zu meinem Lösungsvorschlag s.u.S.38 Anm.84.

68   Es scheint mir müßig zu sein, über den ursprünglichen Wortlaut dieser Passage zu
spekulieren. Allerdings muß zweierlei festgehalten werden: Auffällig sind das Fehlen des
Artikels vor διαδοχή und die absolute Verwendung dieses Begriffs. Wenn Hegesipp
nicht zuvor schon von der Bischofssukzession gesprochen hat, so müßte man hier τὴν
διαδοχὴν τῶν ἐπισκόπων bzw. τῆς ἐπισκοπῆς oder τὴν διαδοχὴν ἐπισκοπικήν (vgl. vermutlich Iren. *haer* IV 26,2) erwarten. Möglicherweise ist ἐποιησάμην
als Verschreibung von ἐπισκοπικήν (bzw. τῶν ἐπισκόπων/τῆς ἐπισκοπῆς) und
des darauffolgenden Verbs aufzufassen.

Irenäus und Hegesipp an; erstere wurde von Euseb zitiert, während letztere wegen einer abweichenden - laut Kemler mit Jakobus einsetzenden - Sukzessionsidee übergangen worden sei. Irenäus aber habe seine Liste „allein auf der Grundlage der lokalrömischen Überlieferung erstellt"[69].

Nun gibt es aber Indizien dafür, daß Irenäus eine schriftliche Vorlage aufgreift. Theodor Klauser hat m.E. überzeugend dargelegt, „daß Irenäus in den präsentischen Sätzen eine vor ihm liegende Quelle ausschreibt und gewissermaßen zitiert"[70]. Der gelegentliche Übergang in den Aorist lasse sich am besten erklären, wenn Irenäus an den entsprechenden Stellen kommentierend in seine Quelle eingreift. Ein solcher Eingriff in die mutmaßliche Vorlage ist bei der Erwähnung Anikets zu beobachten; statt der bis dahin durchgängig parataktischen Reihung im Präsens fährt Irenäus mit einem absoluten Genetiv im Aorist fort (διαδεξαμένου τὸν 'Ανίκητον Σωτῆρος).[71] Die hypothetische Quelle hätte demnach mit Aniket geendet. Bis Aniket reicht aber auch die von Hegesipp vorausgesetzte Sukzession. Diese Übereinstimmung ist kaum zufällig; sie könnte die Annahme rechtfertigen, daß Irenäus eine bis Aniket reichende Vorlage hatte, die er durch die Zufügung von Soter und Eleutherus bis in seine Gegenwart verlängerte.

Diese Annahme kann durch eine weitere Beobachtung unterstützt werden. In seinem Brief an Viktor, in dem der Bischof von Lyon seinen römischen Amtskollegen zur Mäßigung im Osterfeststreit aufruft, schreibt Irenäus: Schon in früheren Zeiten habe es in der Streitfrage unterschiedliche Auffassungen und Gewohnheiten gegeben, und dennoch hätten die Vorfahren alle im Frieden miteinander gelebt, „unter ihnen auch die vor Soter lebenden Presbyter, die der Kirche vorstanden, an deren Spitze du nun stehst, nämlich Aniket und Pius, Hygin und Telesphorus und Xystus" (bei Eus. *h.e.* V 24,14). Auch dieser rückläufige Auszug aus der Bischofsliste, bei der Eleutherus unerwähnt bleibt und Soters Amtszeit nur als *terminus ante quem* hinzugefügt ist, setzt mit Aniket ein.

---

69   H. Kemler, Hegesipps römische Bischofsliste, VigChr 25, 1971, S.189.

70   T. Klauser, Die Anfänge der römischen Bischofsliste, BZThS 8, 1931, S.212.

71   Schon H. Boehmer hatte diesen Sachverhalt notiert und daraus gefolgert: „Es scheint darnach, als habe die Urkunde, die er (sc. Irenäus) brauchte, nur bis Aniket gereicht, und als habe er selber die beiden letzten Namen hinzugefügt." (Zur altrömischen Bischofsliste, ZNW 7, 1906, S.339) Daß Soter mit einem Partizip Aorist an Aniket angeschlossen wird, scheint P. Lampe (Die stadtrömischen Christen, ²1989, S.342f) übersehen zu haben: Er folgt zwar insofern Klausers sprachlicher Beobachtung, als er annimmt, Irenäus habe „einen nackten Namenskatalog im Präsens (...) durch historische und literargeschichtliche Zwischenbemerkungen im Präteritum" unterbrochen, weshalb sich „Tradition und Redaktion relativ einfach voneinander trennen" (S.342 Anm.114) lassen; dennoch soll die Irenäus vorliegende Liste bereits bis Eleutherus gereicht haben.

Ein drittes Quellenindiz kommt hinzu. In der Sukzessionsliste beginnt die Zählung der Bischöfe mit Linus. Clemens wird ausdrücklich als der dritte, Xystus als der sechste, Eleutherus als der zwölfte Bischof bezeichnet. Bei der Datierung der Häretiker in III 4,3 wird Hygin folgerichtig als der achte[72], Aniket als der zehnte Bischof gezählt. Im ersten Buch jedoch, als Irenäus Kerdons Ankunft in Rom in die Zeit des Episkopats Hygins datiert, nennt er diesen den *neunten* Bischof Roms (I 27,1).[73] Diese Stelle geht, wie längst gesehen wurde, auf eine häresiologische Quelle zurück, die Irenäus in I 23ff verarbeitete[74]; möglicherweise handelt es sich dabei um Justins Syntagma. Jedenfalls muß diese Vorlage bereits eine Zählung der römischen Bischöfe gehabt haben, die wohl Petrus als den ersten Bischof mitrechnete. Hätte Irenäus nun die Liste in III 3,3 selbst zusammengestellt, so hätte er wohl die Ordnungszahl seiner Quelle in I 27,1 gemäß seinen eigenen Forschungsergebnissen korrigiert. Der Widerspruch ist einsichtiger, wenn Irenäus - etwas achtlos im Detail - zweimal eine Quelle zitierte.

Es scheint mir daher wahrscheinlich zu sein, daß Irenäus den in III 3,3 wiedergegebenen Katalog der römischen Bischöfe in seiner Abfolge bis Aniket schriftlich vor sich hatte. Es gilt nun zu überlegen, in welchem Zusammenhang er ihn vorgefunden haben kann und ob sich eine Verbindung mit der Evangeliennotiz plausibel machen läßt.

5. Die literarische Quelle des Irenäus in *haer* III 1,1 und 3,3

Wir hatten oben bereits festgestellt, daß Irenäus in den ersten fünf Kapiteln seines dritten Buches in gehäuftem Maße römische Tradition verarbeitet. Zweifellos kann er das eine oder andere bei einem Besuch in

---

[72] Die lat. Übersetzung zählt Hygin als den 8. Bischof; Eusebs Zitat hat demgegenüber die Ordnungszahl 9 (*h.e.* IV 11,1). Einer von beiden hat also den ursprünglichen Text geändert, und das kann m.E. nur Euseb gewesen sein: Die ursprüngliche Ordnungszahl in III 4,3 kann deshalb nicht 9 gelautet haben, weil dort die Folge Hygin - Pius - Aniket angesprochen und Aniket ausdrücklich als der 10. Bischof bezeichnet wird; Irenäus muß Hygin den 8. Bischof genannt haben, sonst hätte er sich binnen 2 Sätzen kläglich widersprochen. Umgekehrt hatte Euseb allen Grund, in *h.e.* IV 11,1 die 8 in eine 9 umzuwandeln, weil er unmittelbar darauf (IV 11,2) *haer* I 27,1 zitiert, wo Irenäus Hygin tatsächlich als 9. Bischof zählt; Euseb paßt also die Zählung im 1. Zitat an das zweite an.

[73] E. Caspar hielt I 27,1 für eine Textkorrumpierung; ursprünglich habe Hygin auch dort der 8. Bischof geheißen (Die älteste römische Bischofsliste, 1926, S.241ff). Doch sprechen die lat. Übersetzung und Euseb übereinstimmend gegen diese Harmonisierung.

[74] Vgl. P. Perkins, Ireneus and the Gnostics, VigChr 30, 1976, S.197f.

Rom mündlich erfahren oder auch in schriftlicher Form erhalten haben und die einzelnen Elemente nun selbständig zusammenstellen. Aber es gibt beachtliche Hinweise darauf, daß eine Verbindung zwischen etlichen dieser Traditionen schon vor Irenäus bestand, daß er also tatsächlich eine ‚alte Urkunde' vorliegen hatte. Die Umrisse dieses hypothetischen Dokumentes gilt es nun herauszuarbeiten. Stringent ‚beweisen' kann man die Existenz einer solchen Quelle sicherlich nicht; aber ihre Annahme gewinnt in dem Maße an Plausibilität, wie es uns gelingt, ein schlüssiges Bild von dieser Vorlage zu zeichnen.

5.1. Rom und Kleinasien

Zunächst einmal stechen die deutlichen Parallelen zwischen der Liste der römischen Bischöfe (III 3,3) und den Polykarp-Traditionen (III 3,4) ins Auge. Auf römischer Seite stehen die Apostel Petrus und Paulus, die Linus als den ersten Bischof einsetzten, dessen Sukzession ursprünglich bis auf Aniket herabverfolgt wurde. Auf der anderen Seite wird Polykarp erwähnt, der „von Aposteln für Asien als Bischof in der Gemeinde in Smyrna eingesetzt" wurde; die betonte Hervorhebung κατασταθεὶς εἰς τὴν Ἀσίαν ἐν τῇ ἐν Σμύρνῃ ἐκκλησίᾳ ἐπίσκοπος läßt Polykarp als Repräsentanten ganz Kleinasiens erscheinen.[75] Auf beiden Seiten wird eine Schrift besonders erwähnt. Hier der römische 1. Clemensbrief - eine ἱκανωτάτη   γραφή -, dort nur der Philipperbrief des Polykarp, eine ἐπιστολὴ ... ἱκανωτάτη, obwohl Irenäus doch zahlreiche Briefe des Polykarp kennt.[76] Beide Male wird die Lektüre mit fast identischen Worten empfohlen. Nicht nur der römische Bischof Telesphorus hat ein glorreiches Zeugnis abgelegt (ὃς καὶ ἐνδόξως ἐμαρτύρησεν), sondern auch Polykarp erlitt das Martyrium (ἐνδόξως καὶ ἐπιφανέστατα μαρτυρήσας ἐξῆλθεν τοῦ βίου); und sowohl auf römischer als auch auf kleinasiatischer Seite wird betont, daß durch die erwähnte Sukzession „die Verkündigung der Wahrheit" (τὸ κήρυγμα τῆς ἀληθείας) auf uns gekommen sei.

Die Argumentation ist jeweils identisch: Durch die Benennung der Zwischenglieder ist die authentische Tradition von den Aposteln bis in die Gegenwart gesichert. In seiner Einleitung zur römischen Sukzessionsliste hatte Irenäus gesagt, in *jeder* Ortskirche könnten die Bischöfe von den

---

[75] Schon Hieronymus, der in *vir inl* XVII über Eusebs Kirchengeschichte auf Irenäus zurückgeht, schrieb: *Polycarpus, Iohannis apostoli discipulus et ab eo Smyrnae episcopus ordinatus, totius Asiae princeps fuit.*

[76] Vgl. seinen Brief an Florin bei Eus. *h.e.* V 20,8.

Aposteln an aufgeführt werden (III 3,1). Da dies jedoch im Rahmen seines (dritten) Buches zu weitschweifig sei, wolle er sich auf Rom beschränken (III 3,2). Gewiß denkt er daneben zunächst an Smyrna; denn er erwähnt später „alle Kirchen in Asien und die Nachfolger Polykarps bis auf den heutigen Tag" (αἱ κατὰ τὴν ᾽Ασίαν ἐκκλησίαι πᾶσαι καὶ οἱ μέχρι νῦν διαδεδεγμένοι τὸν Πολύκαρπον, III 3,4), die man als Zeugen für die Apostolizität der Predigt Polykarps anrufen könne. Vielleicht hat Irenäus darüber hinaus auch Ephesus im Blick gehabt; zum Abschluß seines Abschnittes über Polykarp erwähnt er „die Gemeinde in Ephesus, die von Paulus gegründet wurde; Johannes aber blieb bei ihnen bis zur Zeit Trajans". Das könnte seine eigene Hinzufügung sein (vgl. II 22,5), aber wir wissen es leider nicht. Zumindest die Verbindung von römischer und smyrnäischer Sukzession aber ist nicht erst das Werk des Irenäus, sondern war ihm bereits vorgegeben; das belegt das - in bezug auf die römische Sukzession - abweichende und darum von Irenäus unabhängige Zeugnis Tertullians: „Die Kirche der Smyrnäer berichtet, Polykarp sei von Johannes aufgestellt, die der Römer, daß Clemens von Petrus eingesetzt wurde."[77]

Diese Parallelisierung zwischen Rom und Smyrna kann nur auf Polykarps Zusammentreffen mit Aniket in Rom zurückgehen, das in III 3,4 angesprochen wird. Einen Einblick in den Anlaß dieser Reise gibt uns Irenäus in seinem Brief an Bischof Viktor von Rom (bei Eus. *h.e.* V 24,12-17): Der römische und der kleinasiatische Bischof hätten dort in erster Linie die Passafrage, daneben auch einige weitere Punkte diskutiert (περὶ ἄλλων τινῶν μικρὰ σχόντες πρὸς ἀλλήλους, V 24,16). Was den Streit um Art und Dauer des Fastens[78] angeht, so habe man sich geeinigt:

---

[77] *Hoc enim modo ecclesiae apostolicae census suos deferunt, sicut Smyrnaeorum ecclesia Polycarpum ab Iohanne collocatum refert, sicut Romanorum Clementem a Petro ordinatum est* (praescr 32,2). Tertullian fährt fort: „Entsprechend geben auch die übrigen Kirchen an, wer von den Aposteln ins Bischofsamt eingesetzt wurde." (32,3) M. Bévenot versuchte den abenteuerlichen Nachweis zu führen, daß Irenäus in III 3,3 Linus und Anenkletus nicht als Bischöfe gezählt habe und Clemens der dritte Bischof nach Petrus und Paulus sei; so habe ihn Tertullian verstanden, und seine nur scheinbar von Irenäus abweichende Aussage sei darum in Wirklichkeit auf diesen zurückzuführen (Clement of Rome in Irenaeus's Succession-List, JThS NS 17, 1966, S.98-107). Das ist barer Unfug; zur Kritik vgl. die Antwort von D.F. Wright, Clement and the Roman Succession in Irenaeus, JThS NS 18, 1967, S.144-155. Tatsächlich liegt bei Tertullian eine andere, ‚lateinische' Form der Bischofliste zugrunde, die nicht nur Clemens an die erste Stelle rückt, sondern auch Paulus herausnimmt. Schon Hieronymus berichtet, daß *plerique Latinorum secundum post apostolum putent fuisse Clementem* (vir inl XV). Vgl. dazu auch u. Anm.84 zu S.38.

[78] Vgl. dazu T. Zahn, Das Schreiben des Irenaeus an Victor, Forschungen zur Geschichte des neutestamentlichen Kanons IV, 1891, S.283-308 (hier bes. 295f.298ff).

Der eine sei bei dem Brauch geblieben, den er von seinen Amtsvorgängern (οἱ πρὸ αὐτοῦ πρεσβύτεροι) überliefert bekommen habe, der andere bei dem, was er „mit Johannes, dem Jünger unsres Herrn, und mit den übrigen Aposteln, mit denen er Umgang hatte" (ebd.), einzuhalten pflegte. Mit diesem Kompromiß, in dem beide Seiten die Legitimität der jeweils abweichenden Tradition anerkannten, habe die ganze Kirche Frieden gehabt.

Daraus wird deutlich, daß es sich bei der Begegnung Anikets mit Polykarp nicht lediglich um eine lokale Auseinandersetzung zwischen Rom und Smyrna handelte; die von Rom beeinflußte Christenheit im Westen und die von ganz Kleinasien standen sich gegenüber. Als der hervorragendste Vertreter Kleinasiens nahm der Bischof von Smyrna es damals in die Hand, die Verhandlungen mit Rom zu führen. Daß er sich auf den ‚Herrnjünger' Johannes und einige weitere ‚Apostel'[79] berufen konnte, machte die Stärke seiner Position aus; daß er als alter Mann die Fahrt nach Rom auf sich nehmen mußte, demonstriert dagegen die kirchliche Vormacht Roms.

5.2. Bischofssukzession und Evangelienzeugnis

Der Kontrast zwischen römischer (Aniket) und kleinasiatischer Tradition (Polykarp), dem wir im Zusammenhang mit der Bischofssukzession begegnen, prägt nun auch das Evangelienzeugnis. Das Evangelium des Matthäus als das erste und in hebräischer Sprache verfaßte Evangelium steht vorweg. Markus und (mit Abstrichen[80]) Lukas, die Schüler der ‚römi-

---

[79]   Für Irenäus ist der ‚Herrnjünger Johannes', der der Lieblingsjünger (neben III 1,1 vgl. IV 20,11) und zugleich Verfasser des 4. Evangeliums (neben III 1,1 vgl. II 2,5; 22,3), der Apokalypse (z.B. IV 20,11; V 35,2) und der Johannesbriefe ist (III 16,5.8), identisch mit dem Zebedaiden und Apostel Johannes. Sicher zu Unrecht: Denn Polykrates von Ephesus (bei Eus. h.e. V 24,2) bezeichnete den Lieblingsjünger als ‚Priester' (vgl. übrigens haer IV 20,11: Der ‚Herrnjünger' Johannes, der dort mit dem Lieblingsjünger identifiziert wird, habe in Apk 1,12-16 „die priesterliche und herrliche Ankunft" des Gottesreiches geschaut). Bei Irenäus ist allerdings auffallend, daß er Johannes den Aposteltitel außer in I 9,2.3 nur indirekt (im Zusammenhang mit den Evangelien der Apostel) beilegt und ihn auch nie expressis verbis als Zebedaiden bezeichnet, wie er umgekehrt den Zebedaiden (III 12,3.5.15) nicht ‚Herrnjünger' nennt. Vielleicht leitete Polykarp seine Autorität von dem Presbyter Johannes her, den Papias auch ‚Herrnjünger' nennt (bei Eus. h.e. III 39,4); zum Ganzen vgl. jetzt M. Hengel, The Johannine Question, 1989.

[80]   Lukas erscheint gegenüber Markus und Johannes etwas abgesetzt. Bei Markus steht das auf Rom weisende ἡμῖν, bei Johannes das betonte Ἔφεσος τῆς Ἀσίας; bei Lukas erscheint keine Ortsangabe. Ferner werden Markus und Johannes durch καὶ αὐτός, das auch in anderen Reihungen erscheint (vgl. Sen. suas 6,17.18.19: Livius ... Bassus Aufidius et ipse ... Cremutius Cordus et ipse), hervorgehoben, während es bei Lukas fehlt. Das bedeutet, daß das dritte Evangelium für die Argumentation im Grunde genommen entbehrlich war und vermutlich um der Vollständigkeit willen in das Schrei-

schen' Apostel Petrus und Paulus, repräsentieren die römische Tradition. Der Evangelist Johannes, der sein Evangelium in Ephesus herausgab, steht für Kleinasien; deswegen heißt es bei ihm so betont Ἔφεσος τῆς Ἀσίας. Die Evangeliennotiz als ganze, und nicht nur die Nachrichten über Matthäus und Markus, die Harnack aufgrund der Papias-Parallelen zu Unrecht von den Mitteilungen über Lukas und Johannes abtrennte, fügt sich deshalb nahtlos in den Zusammenhang der hypothetischen ,Urkunde' ein: Bei dem Treffen zwischen Aniket und Polykarp hat der römische Bischof seine Tradition auf Petrus und Paulus, die ,geistigen Väter' des Markus und Lukas, zurückgeführt; die Apostel haben die römische Gemeinde begründet, deren apostolisches Fundament durch die lückenlose Sukzession der Bischöfe bis in die Gegenwart erhalten ist. Polykarp dagegen berief sich auf Johannes, der sein Evangelium ,im Ephesus Asiens' herausgab und somit der Garant der kleinasiatischen Tradition war, die durch Polykarp bis in die Zeit Anikets hinein repräsentiert wird. Mit diesem beiderseitigen Rückgriff auf die unanfechtbaren ,apostolischen' Autoritäten war eine einheitliche Regelung in der Fastenfrage ausgeschlossen; die Bedeutung der Unterschiede wurde zugunsten einer fragwürdigen apostolischen Harmonie heruntergespielt, bis sie unter Viktor erneut - nun aber mit größerer Wucht - hervorbrachen.

5.3. Bischofssukzession, Evangelienzeugnis und der 1. Clemensbrief

Die Verbindung zwischen römischer und smyrnäischer Bischofssukzession einerseits und Evangelienzeugnis andererseits, die ich hier auf historischem Wege wahrscheinlich zu machen suchte, läßt sich auch literarisch erweisen. Daß der Hinweis auf die gemeindegründende Predigt des Petrus und Paulus in Rom die beiden Abschnitte III 1,1 und 3,3 äußerlich miteinander verklammert, haben wir bereits festgestellt. Es läßt sich aber noch ein weitergehender Zusammenhang beobachten. Im Rahmen der Bischofsliste kommt Irenäus auf jenen ,Aufruhr' in Korinth zu sprechen, der Anlaß zum 1. Clemensbrief wurde: „Als nun unter diesem Clemens ein nicht geringer Aufruhr (στάσις) unter den Brüdern in Korinth entstand, sandte die Gemeinde in Rom den Korinthern einen äußerst bedeutenden Brief; sie versöhnte diese in Frieden und erneuerte ihren Glauben". Anlaß zu diesem Brief hatte der Streit um das Bischofsamt in Korinth gegeben (44,1: ἔρις ... περὶ τοῦ ὀνόματος τῆς ἐπισκοπῆς); eine Gruppe jüngerer Gemeindeglieder hatte sich gegen die amtierenden Presbyter

---

ben aufgenommen wurde. Und das wiederum bedeutet, daß die Vierevangeliensammlung zu dieser Zeit *de facto* bereits eine abgeschlossene Größe war.

aufgelehnt, die Mehrheit auf ihre Seite gebracht und die Gemeindeleiter abgesetzt. Das, so hatten damals die Römer argumentiert, hätten auch ‚unsere Apostel' (καὶ οἱ ἀπόστολοι ἡμῶν, 44,1) - zweifellos ist an Petrus und Paulus gedacht (vgl. 5,4f) - im voraus gewußt und deshalb nicht nur in allen Dörfern und Städten (κατὰ χώρας ... καὶ πόλεις) ihre Erstlinge als Bischöfe und Diakone (42,4f in Anspielung auf Jes 60,17) eingesetzt, sondern zugleich Anweisung gegeben, „daß nach deren Tod andere erprobte Männer diesen Dienst (λειτουργία) übernehmen (διαδέχεσθαι) sollten" (44,2). Daß diese Leute (oder wiederum deren Nachfolger) in Korinth abgesetzt worden waren, hatte die Römer zum Eingreifen bewegt; energisch hatten sie sich für die Wiedereinsetzung der legitimen Gemeindeleiter stark gemacht. Hier ist die Idee der späteren Bischofsliste gleichsam vorformuliert: Nicht die Apostel selbst sind die ersten Bischöfe, sondern ihre ‚Erstlinge', und nach deren Tod sollen wiederum andere folgen; die Stichworte καθιστάνειν (42,4f; 43,1; 44,2f), λειτουργία (44,2f.6) und διαδέχεσθαι (44,2) erscheinen alle wieder in der Bischofsliste.[81]

Nun haben Adelin Rousseau und Louis Doutreleau im Kommentar zu ihrer Irenäus-Ausgabe (SC 210, S.213-217) darauf aufmerksam gemacht, daß der 1. Clemensbrief auch im Vorspann zur Evangeliennotiz benutzt worden ist: Dort schreibt Irenäus, die Apostel seien nach der Auferstehung des Herrn mit heiligem Geist bekleidet worden. Erfüllt mit Wissen über alle Dinge (de omnibus adimpleti), hätten sie die vollkommene Erkenntnis gehabt (perfecta agnitio); sie seien dann bis an das Ende der Erde ausgezogen (exierunt) und hätten das Evangelium gepredigt (euangelizantes). Die Nähe zu I Clem 42,3 ist so augenfällig, daß dieser Brief unmittelbar als Vorbild gedient haben muß: πληροφορηθέντες διὰ τῆς ἀναστάσεως τοῦ κυρίου ἡμῶν Ἰησοῦ Χριστοῦ ... ἐξῆλθον εὐαγγελιζόμενοι κτλ. Kurz darauf, in Zusammenhang mit der Einsetzung der Bischöfe durch die Apostel, ist auch von der πρόγνωσις τέλεια der Apostel die Rede (44,2). Begegnet derselbe Abschnitt (I Clem 42-44) sowohl in der Einleitung zum Evangelienzeugnis als auch in der Bischofsliste, so ist der Schluß wohl unumgänglich, daß beide in ein und demselben Zusammenhang mit Hilfe des 1. Clemensbriefes formuliert wurden.

Diese Beobachtung erlaubt weitere Folgerungen. Bei Irenäus ist eine Verwendung des 1. Clemensbriefes sonst nämlich nicht zu erkennen. Dagegen erwähnt Euseb ausdrücklich, Hegesipp habe, bevor er auf seinen

---

[81] Auf die auffälligen Gemeinsamkeiten zwischen *haer* III 3,3 und I Clem hatte schon R.M. Grant hingewiesen (Early Episcopal Succession, in: StPatr 11 = TU 108, 1972, S.179-184). Er hatte daraus gefolgert, daß entweder Irenäus oder seine Quelle, die Hegesipp gewesen sein könnte, I Clem benutzte (S.182f).

Aufenthalt in Korinth, seine Ankunft in Rom und die διαδοχή bis Aniket zu sprechen kam, einige Bemerkungen über den Brief der römischen Gemeinde gemacht (*h.e.* IV 22,1). An anderer Stelle erfahren wir von Euseb, daß Hegesipp auf die στάσις in Korinth Bezug nahm (*h.e.* III 16); wir dürfen annehmen, daß er es im Kontext des oben angesprochenen strittigen Passus aus den *Hypomnemata* tat. Möglicherweise fügte er hinzu, daß die Korinther der Forderung der Römer Folge leisteten und die vom Dienst Suspendierten wieder in ihr Amt einsetzten, „und die Gemeinde der Korinther blieb im ,rechten Wort' bis zu der Zeit, als Primus Bischof in Korinth war"; so wäre der Zusammenhang des Hegesipp-Zitates wiederhergestellt. Diese auffällige Übereinstimmung zwischen Hegesipp und Irenäus erlaubt die Vermutung, daß beide letztlich auf demselben Dokument fußen.

5.4. Das Alter der Quelle des Irenäus

Wir haben zu zeigen versucht, daß Irenäus in den einleitenden Kapiteln seines dritten Buches vermutlich einen größeren Quellenstrang verarbeitet hat, zu dem jedenfalls das Evangelienzeugnis, die Liste der römischen Bischöfe bis Aniket und wenigstens teilweise die Polykarp-Traditionen gehört haben. Da zu letzteren auch die Zurückweisung Markions durch den Bischof von Smyrna gehört und die Zählung der römischen Bischöfe in III 4,3 mit der von III 3,3 übereinstimmt, dürften auch die Bemerkungen über Valentin, Kerdon und Markion zu dieser Vorlage zu rechnen sein. Wir haben ferner gesehen, daß es sich um eine römische Quelle handelt, die mit Hilfe von I Clem 42-44 auf die Begegnung Anikets mit Polykarp konzentriert war. Es stellt sich nun die Frage, ob dieses Dokument unmittelbar in den Zusammenhang dieses Bischofstreffens gehört oder rückblickend auf dieses Ereignis zu sprechen kam, ob es also zur Zeit Anikets oder Soters verfaßt wurde.

Wenn die Erwähnung von Polykarps Martyrium bereits zur Vorlage des Irenäus gehörte, erübrigt sich jede weitere Erörterung. Immerhin könnte es sich dabei auch um eine Ergänzung handeln, mit der Irenäus seine Quelle auf den neuesten Stand bringt. Dennoch erscheint mir ihr Entstehen zur Zeit Soters wahrscheinlicher. Die Formulierung des Irenäus in seinem Brief an Bischof Viktor, „auch die vor Soter lebenden Presbyter" an der Spitze der römischen Gemeinde, „nämlich Aniket und Pius, Hygin und Telesphorus und Xystus", hätten die kleinasiatische Fastenpraxis ihren Gemeinden nicht gestattet und dennoch den Brauch anderer Gemeinden respektiert, ist merkwürdig. Warum übergeht er Eleutherus und schreibt nicht einfach: ,auch deine Amtsvorgänger'? Möglicherweise - aber darüber läßt sich nichts Sicheres sagen - konnte sich Viktor für sein schroffes Vorgehen gegen die Kleinasiaten auf Eleutherus berufen. Zu dessen Zeit hatte die montanistische Bewegung offenbar zu Spannungen zwischen Kleinasien und Rom geführt, die einige lyonnesische Märtyrer in Briefen an die asiatischen und phrygischen Christen einerseits und an Eleutherus andererseits im Interesse des kirchlichen Friedens zu überwinden trachteten (Eus. *h.e.* V 3,4). Demgegenüber mag sich Irenäus auf Soter berufen haben, der dann den zwischen Aniket und Polykarp geschlossenen Kompromiß für verbindlich angesehen hätte. Man könnte sogar in Erwägung ziehen, ob Soter selbst der Verfasser des Dokumentes war; in seinem Brief an Bischof Dionysius von Korinth scheint er, wie das Antwortschreiben vermuten läßt, den Korinthern die Lektüre des 1. Clemensbriefes ans Herz gelegt zu haben.[82] Aber diese Überlegung muß eine unbeweisbare Hypothese bleiben.[83]

Wir haben Evangeliennotiz und Bischofsliste in ihrer schriftlichen Gestalt mit einiger Wahrscheinlichkeit in die Zeit vor Irenäus, vielleicht in die Soters, zurückverfolgt. Damit ist freilich noch nicht das letzte Wort über ihre Entstehungszeit gesagt. Ich nehme an, daß schon die häresiologische Quelle, die Irenäus in *haer* I 23ff verwendete, d.h. wahrscheinlich Justins Syntagma, nach Bischöfen datierte und ihnen Ordnungszahlen zuwies.[84] Und auch das Evangelienzeugnis hat eine nachvollziehbare Vorgeschichte. Darüber wird uns die Form dieses Textes Aufschluß geben.

---

[82]   Dionysius schrieb, daß I Clem schon seit alters in Korinth verlesen wurde und zusammen mit Soters Brief auch in Zukunft verlesen werde (bei Eus. *h.e.* IV 23,11). Das klingt nach einer Reaktion auf eine Ermahnung Soters, I Clem zur Hand zu nehmen.

[83]   Wenn das Dokument z.Zt. Soters verfaßt wurde und, wie oben vermutet, Hegesipp es kannte, dann wäre er erst unter Soter nach Rom gekommen und hätte dort die Folge der Bischöfe bis Aniket festgestellt; Euseb hätte dann das Zitat in *h.e.* IV 22,3, was immer er bei Hegesipp las, dahingehend mißverstanden, daß Hegesipp bereits unter Aniket in Rom war.

[84]   So schon H. Lietzmann, Petrus und Paulus in Rom, [2]1927, S.27. Daß es sich bei der häresiologischen Quelle des Irenäus um Justins verlorenes Syntagma handeln dürfte, das dieser in seiner *Apologie* (26,8) erwähnt, ist eine verbreitete Annahme. Neben der inhaltlichen Verwandtschaft, die zwischen dem Simon-Magus-Stoff bei Justin und Irenäus besteht (vgl. K. Beyschlag, Simon Magus und die christliche Gnosis, 1974, S.17), sprechen dafür einige Gemeinsamkeiten, die die Organisation des Stoffs und die Gedankenführung betreffen: (1) Justin gibt die Herkunft Simons, Menanders und Markions an (*apol* 26,2.4.5; vgl. 56,1; 58,1; *dial* 120,6); in gleicher Weise operiert Irenäus in I 23ff (z.B. I 23,1.5; 27,2), während er über die Herkunft der Valentinianer, dem eigentlichen Gegenstand seiner Ketzerbekämpfung, kein Wort verlor. (2) Für Justin sind Simon und sein Schüler Menander die Begründer der Häresie (*apol* 26,4), ebenso für Irenäus (I 23,2.5). (3) Justin verweist auf „alle, die von diesen ihren Ausgang genommen haben" (πάντες οἱ ἀπὸ τούτων ὁρμώμενοι, *apol* 26,6; mit diesem Ausdruck (*occasionem*

accipere) bringt Irenäus die Häretiker in eine genealogische Beziehung (z.B. I 24,1; 27,1; 28,2). Wenn diese Elemente allesamt auf Justins Syntagma zurückgehen, dann läßt sich mit gutem Grund auch die Datierung Kerdons in den Episkopat Hygins (I 27,1) und also die Zählung der römischen Bischöfe dieser Quelle zuschreiben. Irenäus operiert in I 23ff mit dem Begriff διαδέχεσθαι (*succedere*), um die Genealogie der Häretiker anschaulich zu machen: Menander war der *successor* Simons (I 23,5), Markion der Diadoche Kerdons (I 27,2), und insgesamt sind alle Häretiker *discipuli et successores* Simons (I 27,4). Dieser Sukzessionsidee korrespondiert die διαδοχή der römischen Bischöfe, in der Hygin die 9. Stelle einnimmt (I 27,1). Der Begriff ‚Sukzession' fällt in Justins Apologie zwar nicht; aber er trifft sein Denken so gut (und ist für die Sukzession der Propheten von Mose über Josua bis hin zu Johannes d.T. in *dial* 52,3; 75,3; 113,3 belegt), daß ich seine Verwendung durch Irenäus auf Justins Syntagma zurückführen möchte. Für Justin stehen sich in der Weltgeschichte 2 Mächte gegenüber: Auf der einen Seite Gott und sein Geist, der die wahre Frömmigkeit und Tugend lehrt und durch den die Propheten auf Christus hinwiesen; auf der anderen Seite Satan, der „Anführer der bösen Dämonen" (*apol* 28,1), durch die er die Gottlosigkeit und Ausschweifung verbreitete. In der Zeit nach Christus haben die Dämonen Simon und Menander hervorgebracht, die sich selbst Götter nannten; diese sind die wahren Erben der alten Asebie und Ausgangspunkt aller Häretiker. Die (katholischen) Christen dagegen gehen auf die ‚Schüler' Christi - der Ausdruck γνώριμος (*apol* 50,12) erinnert an philosophische Schultradition - zurück. Diese Vorstellung von zwei konkurrierenden ‚Schulen', mit der Justin operiert, wird durch die Idee zweier Sukzessionen prägnant zum Ausdruck gebracht: Simon Magus, der von den bösen Dämonen inspiriert war, gab die Lehre an seinen Schüler Menander weiter; durch die ungebrochene Kette von Nachfolgern ist sie bis in die Gegenwart bei den Häretikern wirksam. Die Jünger Christi (hier wird v.a. an Simons Gegenspieler Petrus gedacht sein) gaben die göttliche Lehre, die sie empfangen haben, ebenfalls weiter, und durch die Sukzession der Bischöfe ist sie noch unverfälscht in der Kirche erhalten. Hatte Justin diesem Gedanken in seinem Syntagma Ausdruck verliehen, so erklärt sich auch, warum er darin Hygin als 9. Bischof zählte: Er mußte - im Gegensatz zur Bischofsliste bei Irenäus - Petrus mitrechnen, weil Christus (und nicht die Apostel!) der Lehrer (vgl. *apol* 12,9; 13,3; 15,5; 21,1; 32,2) und damit Schulgründer war. Auf Rom bezogen lautet die Analogie demnach: Petrus, der Schüler Christi, gab dessen göttliche Lehre an seine Nachfolger weiter, durch die sie in der (katholischen) Kirche bis in die Zeit Justins unverfälscht erhalten blieb; Simon Magus, von den bösen Dämonen hervorgebracht, gab deren gottlose Lehre an seine Nachfolger weiter, durch die sie bis zu Markion, einem Magier wie Simon und Menander, gelangt ist. Woher stammt nun die Idee zu dieser Argumentationsform? H. von Campenhausen vermutet, sie sei von den Häretikern entwickelt, dann von der katholischen Kirche aufgegriffen und gegen jene gewendet worden (Lehrerreihen und Bischofsreihen, in: In memoriam E. Lohmeyer, 1951, S.240ff). Dagegen meint G. Lüdemann, daß „diese Terminologie aus dem Kampf des Irenäus bzw. seiner Vorgänger gegen die ψευδωνύμη (*sic!*) γνῶσις zu begreifen ist. Man kehrte das Traditionsprinzip gegen die Gnostiker und führte alle auf Simon Magus zurück. Damit war ihr Ursprung zwar in die apostolische Zeit verlegt, ihr Anspruch auf apostolischen Ursprung aber von vornherein erledigt" (Untersuchungen zur simonianischen Gnosis, 1975, S.37). Ich stimme Lüdemann hier zu: Für keinen uns bekannten Häretiker läßt sich ausmachen, wie er die Sukzessionsidee zu seinen Gunsten und gegen die Kirche hätte nutzbar machen können. Zwar beriefen sich etliche Häretiker auf Jünger Jesu und geheime Unterweisungen; aber weder Basilides noch Valentin bestritten, daß auch die (katholischen) Christen

6. Das Evangelienzeugnis als bibliothekarische Liste[85]

Das Evangelienzeugnis bei Irenäus ist eine Auflistung, die über die Autoren von vier thematisch zusammengehörigen Büchern und - zumindest teilweise - über die zeitliche Reihenfolge ihrer Entstehung kurze Auskunft gibt. Zum Vergleich setze ich einige formal verwandte Texte daneben:

(a) Cicero *leg* III 6,14:

Ab Academia magis ista (sc. de re publica dissertationes) manarunt Platone principe. post Aristoteles inlustravit omnem hunc civilem in disputando locum, Heraclidesque Ponticus profectus ab eodem Platone. Theophrastus vero institutus ab Aristotele habitavit ut scitis in eo genere rerum, ab eodemque Aristotele doctus Dicaearchus huic rationi studioque non defuit. post a Theophrasto Phalereus ille Demetrius, de quo feci supra mentionem, mirabiliter doctrinam ex umbraculis eruditorum otioque non modo in solem atque in pulverem, sed in ipsum discrimen aciemque produxit.

„Von der Akademie vor allem sind diese (Studien über den Staat) ausgegangen, Platon an der Spitze. Dann untersuchte und beleuchtete Aristoteles dieses Thema Staat, und Heraklides Ponticus, ebenfalls im Anschluß an Platon. Von Aristoteles unterwiesen beschäftigte Theophrast sich, wie ihr wißt, ständig mit dieser Frage, und auch Dikaiarch entzog sich, vom selben Aristoteles angeleitet, diesen Fragen und Studien nicht. Dann führte, von Theophrast ausgehend, jener schon oben erwähnte Demetrios von Phaleron auf bewunderungswürdige Weise die Wissenschaft aus den dunklen, ruhigen Gelehrtenstuben hinaus nicht nur in die Sonne und den Staub, sondern geradezu in Gefahr und Kampf."

(b) Vitruv *arch* VII pr.11f.14:

(11) *Namque primum Agatharchus Athenis Aeschylo docente tragoediam [ad] scaenam fecit et de ea commentarium reliquit. Ex eo moniti Democritus et Anaxagoras de eadem re*

---

auf Jesu Lehre zurückgingen. Markion wiederum, der die (katholische) Lehre für völlig verfälscht hielt, reklamierte zwar die ursprüngliche Lehre Christi für sich; doch nahm er gerade keinen schulmäßig vermittelten Zugang zu ihr in Anspruch, sondern stellte ‚das ursprüngliche Evangelium' mit philologischen Mitteln wieder her. Der umgekehrte Vorgang ist hingegen leicht nachvollziehbar: Schon die Pastoralbriefe operieren mit der Idee schulmäßiger Übermittlung der ‚gesunden Lehre', die den neuerungssüchtigen Falschlehrern entgegengestellt wird (II Tim 4,3; vgl. Hebr 2,3). Daß ausgerechnet der ehemalige Platoniker Justin diese Idee systematisierte und zu einem Instrument im Kampf gegen die Häretiker auszubauen begann, ist angesichts der Tatsache, daß diese Form des Traditionsdenkens v.a. in Philosophenschulen beheimatet war, nicht überraschend. Ich halte sowohl die argumentative Verwendung der Sukzessionsidee als auch die Erstellung der römischen Sukzessionsliste für sein Werk.

[85] Literatur zu Bibliothekslisten: C. Wendel, Die griechisch-römische Buchbeschreibung verglichen mit der des Vorderen Orients, 1949, S.24-75; ders., Art. Bibliothek, RAC 2, 1954, Sp.231-274 (hier 268-271).

scripserunt ... (12) Postea Silenus de symmetriis doricorum edidit volumen ... (14) Fuficius enim mirum de his rebus primus instituit edere volumen etc.

„Zuerst nämlich schuf Agatharchos in Athen, als Aischylos eine Tragödie aufführte, eine Dekoration und hinterließ darüber eine Schrift. Von ihm angeregt, schrieben Demokrit und Anaxagoras über den gleichen Stoff ... Später hat Silenus über dorische Symmetrien ein Buch herausgegeben ... Sonderbarerweise hat nämlich Fuficius als erster über dieses Gebiet ein einbändiges Buch herausgegeben."

(c) Agathemeros *geogr inf* I 1 (GGM II S.471 = FGH 1 T 12a):

Ἀναξίμανδρος ὁ Μιλήσιος, ἀκουστὴς Θάλεω, πρῶτος ἐτόλμησε τὴν οἰκουμένην ἐν πίνακι γράψαι. μεθ' ὃν Ἑκαταῖος ὁ Μιλήσιος, ἀνὴρ πολυπλανής, διηκρίβωσεν ὥστε θαυμασθῆναι τὸ πρᾶγμα. Ἑλλάνικος γὰρ ὁ Λέσβιος, ἀνὴρ πολυΐστωρ, ἀπλάστως παρέδωκε τὴν ἱστορίαν. εἶτα Δαμάστης ὁ Σιγειεὺς τὰ πλεῖστα ἐκ τῶν Ἑκαταίου μεταγράψας Περίπλουν ἔγραψεν. ἑξῆς Δημόκριτος καὶ Εὔδοξος καὶ ἄλλοι τινὲς Γῆς Περιόδους καὶ Περίπλους ἐπραγματεύσαντο.

„Anaximandros aus Milet, ein Hörer des Thales, hat es als erster unternommen, eine Erdkarte zu zeichnen. Nach ihm hat Hekataios aus Milet, ein sehr weitgereister Mann, die Sache mit bewundernswerter Genauigkeit ausgeführt. Hellanikos aus Lesbos, ein sehr kundiger Mann, hat seine Forschungen ohne Karte überliefert. Danach hat Damastes aus Sigeion einen Periplus verfaßt, indem er das meiste aus dem Werk des Hekataios übernahm. In der Folge haben Demokritos und Eudoxos und einige andere Landkarten und Periploi ausgearbeitet."

(d) Erotian, *Vocum Hippocraticarum collectio* (ed. E. Nachmanson, Uppsala 1918, S.4 Z.24ff):

Ξενόκριτος γὰρ ὁ Κῷος, γραμματικὸς ὤν, ὥς φησιν ὁ Ταραντῖνος Ἡρακλείδης, πρῶτος ἐπεβάλετο τὰς τοιαύτας ἐξαπλοῦν φωνάς. Ὡς δὲ. καὶ ὁ Κιτιεὺς Ἀπολλώνιος ἱστορεῖ, καὶ Καλλίμαχος ὁ ἀπὸ τῆς Ἡρο- φίλου οἰκίας. μεθ' ὅν φασι τὸν Ταναγραῖον Βακχεῖον ἐπιβαλεῖν τῇ πραγματείᾳ κτλ.

„Xenokritos aus Kos, ein Grammatiker, hat sich nach den Worten des Heraklides von Tarent als erster daran gemacht, derartige Begriffe zu erklären. Wie aber auch Apollonios aus Kition berichtet, (hat) auch Kallimachos aus der Schule des Herophilos (darüber gearbeitet). Nach ihm, so heißt es, habe sich Bakcheios aus Tanagra an ein solches Werk gemacht" etc.

(e) *Vita Ptolemaei* (Catalogus Codicorum Astrologorum Graecorum, Bd. VIII: Codicum Parisinorum, T. III, Brüssel 1912, S.95; leichter zugänglich in: Die Fragmente des Eudoxos von Knidos, S.3 T 5):

Πρῶτος δὲ παρ' Ἕλλησιν ὁ Χῖος Οἰνοπίδης τὰς ἀστρολογικὰς μεθό- δους ἐξήνεγκεν εἰς γραφήν, ἐγνωρίζετο δὲ κατὰ τὰ τέλη τοῦ Πελοπον- νησιακοῦ πολέμου, καθ' ὃν καιρὸν καὶ Γοργίας ἦν ὁ ῥήτωρ καὶ Ζή- νων ὁ Ἐλεάτης καὶ Ἡρόδοτος, ὡς ἔνιοι φασιν, ὁ ἱστορικὸς ὁ Ἁλικαρ-

νασσεύς. μετὰ δὲ τὸν Οἰνοπίδην, Εὔδοξος ἐπὶ ἀστρολογίᾳ δόξαν ἤνεγ-
κεν οὐ μικράν, συνακμάσας Πλάτωνι τῷ φιλοσόφῳ καὶ Κτησίᾳ τῷ
Κνιδίῳ ἰατρικήν τε ἀσκοῦντι καὶ ἱστορίαν ἀναγράφοντι.

„Als erster unter den Griechen hat Oinopides aus Chios die Grundsätze der Astronomie
schriftlich dargelegt; er war bekannt gegen Ende des peloponnesischen Krieges, zur Zeit
des Redners Gorgias und Zenons aus Elea und, wie einige sagen, Herodots, des Historikers aus Halikarnass. Nach Oinopides brachte Eudoxos der Astronomie bedeutenden
Ruhm; seine Blüte fällt in die Zeit des Philosophen Platon und des Ktesias aus Knidos,
der die Arzneikunst ausübte und ein Geschichtswerk verfaßte."

Diese Listen haben folgende Eigentümlichkeiten:

(1) Sie führen Werke verschiedener Autoren zu demselben Thema auf.

(2) Der erste Autor wird meist als Protagonist hervorgehoben (πρῶτος,
primum).[86]

(3) Mitunter werden Autoren zeitlich näherbestimmt durch Synchroni-
sierung mit bekannten Ereignissen oder Personen.

(4) Die Autoren werden in chronologischer Ordnung aufgeführt.[87]

(5) Sie werden durch allgemeine Partikel wie μετά, εἶτα, ἑξῆς; *post,
postea* in ein relatives Zeitsystem gebracht.

(6) Zumeist wird jedem Autor ein schlichter Hauptsatz gewidmet.

(7) Es wird Sorge getragen, durch Variation des Verbs die Liste nicht
monoton werden zu lassen.

Betrachtet man diese Charakteristika, so ist die Verwandtschaft dieser
Listen mit dem Evangelienzeugnis bei Irenäus augenfällig. Lediglich die
Tatsache, daß Matthäus als erster sein Evangelium geschrieben habe, wird
nicht *expressis verbis* hervorgehoben, ist aber sachlich vorausgesetzt; denn
Hebräisch ist die Ursprache, und zudem wird die Abfassung des Matthäusevangeliums mit der mündlichen Predigt des Petrus und Paulus in Rom syn-
chronisiert, während Markus und Lukas nach deren Tod geschrieben haben
sollen. Matthäus ist also der Protagonist. Im monarchianischen Prolog zum
Evangelium wird dies übrigens explizit gesagt: *Mattheus ex Iudaea sicut in
ordine primus ponitur, ita evangelium in Iudaea primus scripsit.*[88]

---

[86] Vgl. etwa Diog. Laert. I 11,116: Theopomp habe gesagt, Pherekydes habe „als
erster über die Natur und die Götter geschrieben" (πρῶτον περὶ φύσεως καὶ θεῶν
[῞Ελλησι] γράψαι).

[87] Zur chronologischen Anordnung in Grammatiker- und Medizinerindices vgl. O.
Kroehnert, Canonesne poetarum scriptorum artificum per antiquitatem fuerunt?, 1897,
S.46.61.

[88] Text bei J. Regul, Die antimarcionitischen Evangelienprologe, 1969, S.40; vgl.
auch Epiph. *pan* LI 4,12.

Bei den zitierten Werken handelt es sich um Quellenlisten, „die namentlich bei compilatorischer oder enzyklopädischer Literatur gern vorangesetzt werden, auch wenn der Verfasser nichts oder nur einen kleinen Teil von den aufgezählten Werken mit Augen gesehen hat"[89]. Franz Susemihl hat gezeigt, daß solche „kurzen pinakographischen Tabellen" letztlich auf „die Πίνακες des Kallimachos"[90] zurückgehen. Die Untersuchungen Otto Regenbogens haben noch einmal bestätigt, daß diese „zusammenfassende(n) Verzeichnisse von Autoren bestimmter Gebiete und Quellen-Verzeichnisse"[91] „naturgemäß im engsten Zusammenhang mit den Sachgruppen der Pinakes und mit den Bibliotheksverzeichnissen"[92] stehen. Die glänzende Arbeit Rudolf Blums über Kallimachos und die Literaturverzeichnung bei den Griechen[93] hat dessen Ergebnisse im wesentlichen bestätigt und weitergeführt. Sie sollen hier im Kern, da sie für uns von großer Bedeutung sind, vorgestellt werden:

(1) Die unzähligen Buchrollen, die Ptolemaios I. Philopator für die in seinem Museion eingerichtete alexandrinische Bibliothek anschaffen ließ, wurden von Zenodot alphabetisch geordnet, dementsprechend in den Bücherschränken abgelegt und schließlich inventarisiert. Zur Orientierung wurden an den Schränken Tafeln, Pinakes genannt, angebracht, die deren Inhalt anzeigten. Pinakes dieser Art wurden z.B. in den Bibliotheken von Rhodos[94] und Memphis[95] gefunden. Ihr Schema ist denkbar einfach: Zunächst erscheint der Name des Autors im Genetiv, ohne jede Zusätze, dann der Buchtitel, schließlich gegebenenfalls die Buchzahl.

(2) Der inventarisierte Buchbestand wurde nun von Kallimachos katalogisiert (die ‚ersten Pinakes' oder der ‚Abschriften-Katalog'). Hier wurde der Autor aufgeführt, soweit möglich seine Herkunft, Vatersnamen

---

[89]   O. Regenbogen, Art. Πίναξ. 3. Literarisch, PRE 1.R. XX/2, 1950, Sp.1454.

[90]   Geschichte der griechischen Litteratur in der Alexandrinerzeit II, 1892, S.674 und 675.

[91]   Art. cit., Sp.1453 (im Original gesperrt).

[92]   Ebd.

[93]   Kallimachos und die Literaturverzeichnung bei den Griechen, AGB 18, 1977, Sp.11-360; vgl. auch ders., Die Literaturverzeichnung im Altertum und Mittelalter, AGB 24, 1983, Sp.1-256.

[94]   Der Text des Katalogs, der aus der Wende des 2. zum 1. vorchristlichen Jh. stammt, findet sich z.B. bei M. Segre, Epigraphica. I: Catalogo di libri da Rodi, Rivista di filologia e d'istruzione classica. NS 13, 1935, S.215. Zum Katalog vgl. auch R. Blum, Kallimachos, Sp.249-255.

[95]   Text bei L. Mitteis/U. Wilcken, Grundzüge und Chrestomathie der Papyruskunde I/2, 1912, Nr.155 (S.182-184).

und Geburtsort, seine Blütezeit und Tätigkeit, gegebenenfalls auch weitere Einzelheiten, z.b. sein Spitzname, je nachdem Kallimachos diesbezügliche Informationen erhalten konnte. Blum hebt ausdrücklich hervor: „Die biographischen Angaben stellten also nicht, wie man gemeint hat, nachträgliche Bereicherungen des Katalogs dar"[96].

(3) Danach wurden dann von Kallimachos selbst oder von seiner Schule die zweiten Pinakes, die einen Werke-Katalog in Buchform darstellten, veröffentlicht als Hilfsmittel für die gelehrte Arbeit. Aus diesen, die sich von dem Abschriften-Katalog kaum unterschieden, schöpften direkt oder indirekt unzählige spätere Autoren.

(4) Genannt wurde der Name des Autors, über dessen Person Angaben wie Beiname, Lehrer oder Beruf hinzugefügt wurden; dann der Sachtitel, die Anfangsworte des Textes und die Zeilenzahl. Die wenigen Fragmente aus Bibliothekskatalogen, die auf Papyrus gefunden wurden, bestätigen im wesentlichen, daß die Pinakes des Kallimachos richtungweisend waren.

Für die Beurteilung der Evangeliennotiz bei Irenäus könnten folgende Punkte von besonderem Interesse sein:

(1) In Bibliotheken gab es neben Werkverzeichnissen einzelner Autoren auch Sachgruppenverzeichnisse[97], wie etwa die Listen der Schriftsteller über Kuchenbäckerei oder Fischfang bei Athenaios zeigen (XXIV 643 E). Ein besonders instruktives Beispiel liefert uns Quintilian in seiner *Institutio Oratoria*: Die Aufzählung der griechischen und lateinischen Schriftsteller, die dem angehenden Rhetor zu Studium und Nachahmung empfohlen werden, ordnet er nach den verschiedenen Gattungen der Poesie (X 1,46-72.85-100), nach Historikern (X 1,73-75.101-104), Rednern (X 1,76-80.105-122) und Philosophen (X 1,81-84.123-131). Eventuellen Angriffen gegen die Auswahl, die er unter den Poeten traf, begegnet er mit dem Satz: „In der Tat weiß keiner so wenig über sie (sc. die Poeten) Bescheid, daß er nicht eine Liste aus einer Bibliothek nehmen und in seine eigenen Bücher einfügen könnte."[98]

(2) Die Autoren wurden in der Regel (meist nur nach dem ersten Buchstaben) alphabetisch, gelegentlich aber auch rückläufig alphabetisch

---

96   Kallimachos, 1977, Sp.314.

97   Vgl. dazu auch R. Blum, Literaturverzeichnung, 1983, Sp.33f.

98   X 1,57: *... ut non indicem certe ex bibliotheca sumptum transferre in libros suos possit.* Vgl. X 1,105: Daß er in seiner Auswahl manchen guten Historiker übergangen hat, hat seinen Grund darin, daß Quintilian die verschiedenen Literaturgattungen nur oberflächlich berührt und nicht Bibliotheken durchsucht (*non bibliothecas excutimus*).

angeordnet (z.B. Athen. I 13 b.c; I 5 a.b)[99]; letzteres trifft beim Evangelienzeugnis zu, dürfte aber Zufall sein.

(3) Die Anordnung in Tetralogien ist für die Werke Platons und Demokrits belegt.[100] Ob die Beschränkung auf die Vierzahl der Evangelien in irgendeinem Zusammenhang mit dem tetralogischen Dispositionsprinzip steht, muß aber bezweifelt werden.

(4) In allen Einzelheiten stimmt das Evangelienzeugnis mit der Konvention der (ersten) Pinakes des Kallimachos überein: die Erwähnung der sprachlichen Gestalt des Matthäusevangeliums im Zusammenhang mit seinem Abfassungsort und die zeitliche Einordnung in die *Akme* des Petrus und Paulus; die Nennung der Lehrer bei Markus und Lukas; die Charakterisierung des Johannes als Herrnjünger sowie der Entstehungsort des Matthäus-, Markus- und Johannesevangeliums.

Nehmen wir den ursprünglichen ‚Sitz im Leben' solcher Listen als Abschriften-Kataloge einer Bibliothek zum Vorbild, so scheint mir der Analogieschluß naheliegend, die Evangeliennotiz bei Irenäus in direktem Zusammenhang mit der römischen Gemeindebibliothek zu sehen. Bevor wir uns dieser zuwenden, müssen wir aber auch die Herkunft der Sukzessionsliste klären.

7. Die Bischofsliste als Diadochenliste

Formal gesehen handelt es sich bei dem Katalog der römischen Bischöfe um eine Diadochenliste, wie sie vorwiegend in philosophiegeschichtlichen Arbeiten Verwendung fanden.[101] Dort dienten sie als Leitfaden für die Darstellung der „G e s c h i c h t e   e i n e r   p h i l o s o - p h i s c h e n   S c h u l e mit besonderer Betonung des äußeren Verlaufes ihrer Entwicklung, der für die Schule wichtigen Handlungen und Erlebnisse ihrer Mitglieder, der Abfolge von Lehrern und Schülern"[102]. Bekannt sind uns derartige Listen vor allem durch die Philosophen-Viten des Diogenes Laertius (3. Jh. n.Chr.); doch schon im 2. vorchristlichen Jahr-

---

99 Vgl. R. Blum, Kallimachos, 1977, Sp.250.253.

100 Diog. Laert. IX 7,45ff und III 56-61; vgl. dazu R. Blum, Kallimachos, Sp.212ff und O. Regenbogen, Art. Πίναξ, PRE XX/2, Sp.1441f.

101 Vgl. F. Ueberweg/K. Praechter, Grundriss der Geschichte der Philosophie I, 131953, S.18-23; O. Regenbogen, art. cit., Sp.1448-1453.

102 F. Ueberweg/K. Praechter, op. cit., S.18.

hundert blühte die Gattung der *Diadochai*.[103] In den Papyri von Hercula-
neum sind uns z.T. recht umfangreiche Fragmente aus einer *Syntaxis der
Philosophen* des Epikureers Philodem (1. Jh. v.Chr.) erhalten. In einem
Teil dieses Werkes, der über die Akademie handelte (PHerc 1021 und 164),
exzerpierte Philodem aus einigen älteren Darstellungen der Geschichte der
platonischen Schule; in den nun folgenden Abschnitten zitierte er, wie
Konrad Gaiser wahrscheinlich zu machen sucht[104], aus dem Werk des
Diokles von Magnesia (Ende 2. Jh. v.Chr.?), der seinerseits auf Timaios
von Tauromenium zurückgehen dürfte: „Speusipp hat nun also von Platon
selbst und als kranker Mann die Schulleitung übernommen (διεδέ[ξ]ατο
τὴν δ[ιατριβή]ν). ... Und er verschied, nachdem er acht Jahre lang den
Peripatos innegehabt hatte." (PHerc 1021 col.6 Z.28-30.39-40) „Die jungen
Männer stimmten darüber ab, wer sie führen sollte, und wählten Xenokrates von Chalkedon, während Aristoteles in die Fremde nach Mazedonien
gegangen war, Menedemos aus Pyrrha und Herakleides aus Herakleia aber
nur um wenige Stimmen unterlagen." (col.6 Z.41 - col.7 Z.6) Unter
Xenokrates' Schülern wird später auch Polemon von Athen genannt, „der
die Schulleitung übernahm" (ὅ[ς διεδέξατο τὴ[ν διατριβήν]). Doch
waren solche Listen nicht auf Philosophenschulen beschränkt.[105] In den
Oxyrhynchus-Papyri ist uns eine Diadochenliste der alexandrinischen
Bibliotheksvorsteher erhalten, die Teil einer im 1. vor- oder nachchristlichen Jahrhundert zusammengestellten Chrestomathie ist (POx X Nr.1241
col.II Z.1-17)[106]:

ⸯΑπολλώ(ν[ι]ος Σίλλεως, Ἀλεξανδρεύς, ὁ [κ]αλούμενος Ῥόδιος, Καλλι[ι]μά-
χου γνώριμος. οὗτος ἐγένετο καὶ διδάσκαλος τοῦ πρώτου βασιλέως.
τοῦτον δ[ι]εδέξατο Ἐρατοσθένης, μεθ' ὃν Ἀριστοφάνης Ἀπέλλου Βυζάν-
τιος καὶ Ἀρίσταρχος. εἶτ' Ἀπολλώνιος Ἀλεξανδρεὺς ὁ ἰδογράφος κα-
λούμενος. μεθ' ὃν Ἀρίσταρχος Ἀριστάρχου Ἀλεξανδρεύς, ἄνωθεν δὲ

---

[103] K. Gaiser (Philodems Academica, 1988, S.25) nennt folgende Autoren des 2.
und 1. Jh.s v.Chr.: Sotion (tätig ca. 210-170), Antisthenes von Rhodos (um 200?),
Herakleides Lembos (ca. 170-150), Sosikrates von Rhodos (Mitte 2. Jh.), Alexander
Polyhistor (75-50), Jason von Nysa (um 50), Nikias von Nikaia (1. Jh., vielleicht auch
nachchristlich).

[104] Op. cit., S.110-118. Die folgenden Übersetzungen basieren auf dem Text, den K.
Gaiser für die ersten 27 (von 49) Kolumnen von Philodems Akademie-Buch neu ediert
hat (op. cit., S.144-284). Ich verzichte darauf, die ergänzten Buchstaben im deutschen
kenntlich zu machen.

[105] Zu dem Werk *Leben und Schulen und Schriften von Ärzten* des Soranos von
Ephesus (frühes 2. Jh. n.Chr.) vgl. R. Blum, Literaturverzeichnung, 1983, Sp.41.

[106] Zu den speziellen textlichen und historischen Problemen dieser Liste, die uns hier
nicht zu interessieren brauchen, vgl. R. Blum, Kallimachos, 1977, Sp.183ff.

Σαμοθράξ. οὗτος καὶ διδ[ά]σκαλος [ἐ]γένε[το] τῶν τοῦ Φιλοπάτορος τέκνων. μεθ᾽ ὃν Κύδας ἐκ τῶν λογχοφ[ό]ρων.

„Apollonios, Sohn des Silleus, aus Alexandrien, auch Rhodier genannt, ein Freund des Kallimachos; dieser war auch ein Lehrer des ersten Königs. Auf ihn folgte Eratosthenes, nach ihm Aristophanes, Sohn des Apelles, aus Byzanz und Aristarchos; dann Apollonios aus Alexandrien, der auch ‚der Eidograph' genannt wird, nach ihm Aristarchos, Sohn des Aristarchos, aus Alexandrien, ursprünglich aber aus Samothrake; dieser war auch Lehrer der Kinder des (Ptolemaios V.) Philopator. Nach ihm Kydas von den Lanzenträgern."

Die Nähe dieses Textes zur Bischofsliste bei Irenäus ist evident. Sein Grundgerüst ist eine Abfolge von Namen, die einmal durch διαδέχεσθαι, danach durch einfache Partikel wie μετά, καί, εἶτα miteinander verbunden sind. Gelegentlich erscheinen Einschübe wie Vatersname, Herkunftsbezeichnung und Beiname sowie biographische Informationen. Die Liste wurde wohl aufgrund der Unterlagen im Archiv der Bibliothek von Alexandria zusammengestellt und gilt, wenn auch nicht als fehlerfrei, so doch im wesentlichen als zuverlässig.[107]

Auch im Falle der Bischofsliste liegt die Analogie nahe, ihre Herkunft im römischen Gemeindearchiv zu suchen. Diesem müssen wir uns nun zuwenden.

8. Das römische Kirchenarchiv

Unser Wissen über christliche Gemeindearchive bis zum Ende des 2. Jahrhunderts ist äußerst spärlich. Ihre Existenz wird erstmals von dem Kirchenschriftsteller Apollonius in seiner antimontanistischen Streitschrift ausdrücklich bezeugt. Als er gegen die Verbrechen des Montanisten Alexander polemisiert, verweist er diejenigen, die an Einzelheiten interessiert sind, auf den ὀπισθόδομος (bei Eus. *h.e.* V 18,6); dieser wird ausdrücklich vom öffentlichen Archiv Asiens (τὸ τῆς Ἀσίας δημόσιον ἀρχεῖον, ebd. 18,9) unterschieden. Ὀπισθόδομος bezeichnet eigentlich den hinteren Teil eines Tempels, der - wie im Falle des Athenetempels in Athen - als staatliche Schatzkammer genutzt werden konnte (Demosth. XIII 14; XXIV 136). Doch diente dieses Zimmer auch als Bibliothek; darauf dürfte die Überlieferung anspielen, Heraklit habe sein Werk Περὶ φύσεως

---

107 H. Herter urteilte: „trotz mannigfacher Versehen ist eine gute Tradition unverkennbar" (Art. Kallimachos aus Kyrene, PRE Suppl. Bd. V, 1931, Sp.390).

im Tempel der Artemis deponiert.[108] An unserer Stelle ist es das Hinter-
zimmer eines christlichen Gottesdienstgebäudes, das als Archiv diente.
Dort wurden die Daten über das Gemeindeleben aufbewahrt. Doch liegen
die Einzelheiten im Dunkeln.

Das gilt auch für das Archiv der römischen Gemeinde. „Daß es ein solches - und zwar schon frühe - gegeben hat, unterliegt keinem Zweifel"[109],
wie Adolf von Harnack bemerkte. Aber hinsichtlich der Zeit seiner
Gründung, hinsichtlich seines Bestandes und seiner Organisation haben wir
vor dem 3. Jahrhundert kein explizites Zeugnis. Für das 2. Jahrhundert sind
wir also auf hypothetische Rekonstruktionen angewiesen. Für das, was in
unserem Zusammenhang von Interesse ist, lassen sich allerdings plausible
Vermutungen anstellen.

8.1. Die römische Gemeindebibliothek[110]

(1) „Die christlichen Gemeinden bedurften für ihre Gottesdienste u.
für den Unterricht der Katechumenen von vornherein eines gewissen
Büchervorrates"[111]. Berücksigt man die ökonomischen Verhältnisse
der frühchristlichen Gemeinden, so ist es dabei noch nicht einmal
ausgemacht, ob sie „durchweg sämtliche Texte des Alten Testamentes
besaßen"[112]. Auch innerhalb der stadtrömischen Gemeinden - für das 1.
Jahrhundert sind uns mindestens 8 Hausgemeinden bezeugt[113] - muß je nach
dem sozialen Status der Gruppe mit Unterschieden gerechnet werden.
Gewiß gehörten der Pentateuch, der Psalter und einige prophetische
Schriften zum Grundstock jeder Gemeindebibliothek; am Ende des 1.
Jahrhunderts setzt der 1. Clemensbrief schon eine beträchtliche Bibliothek
voraus, zu der auch Judith und Esther gehörten (vgl. I Clem 55,4-6).

---

[108] Diog. Laert. IX 1,6; Tatian *or ad Graec* 3,1. Auch die von Nehemia begründete
Bibliothek (II Makk 2,13-15) wird man sich im Jerusalemer Tempel zu denken haben.

[109] Die Mission und Ausbreitung des Christentums in den ersten drei Jahrhunderten
II, [4]1924, S.829.

[110] Literatur: H. Leclercq, Art. Bibliothèques, DACL II/1, 1925, Sp.842-904; E.D.
Roberts, Notes on Early Christian Libraries in Rome, Spec. 9, 1934, S.190-194; C.
Wendel, Art. Bibliothek, RAC 2, 1954, Sp.231-274 (hier 246-248); E. Plümacher, Art.
Bibliothekswesen. II. Von der griechisch-römischen Antike bis zur Neuzeit, TRE VI,
1980, S.413-426; R. Blum, Die Literaturverzeichnung im Altertum und Mittelalter, AGB
24, 1983, Sp.1-256 (hier 79-132); M. Hengel, Die Evangelienüberschriften, 1984, S.37-
40.

[111] C. Wendel, art. cit., Sp.246.

[112] M. Hengel, Zur urchristlichen Geschichtsschreibung, [2]1984, S.13.

[113] P. Lampe, Die stadtrömischen Christen, [2]1989, S.301f.

Dazu kamen bald weitere Schriften: zunächst natürlich der Römerbrief des Paulus, dann das Markusevangelium, das ja für sie geschrieben
worden war. Gegen Ende des 1. und zu Beginn des 2. Jahrhunderts ist damit
zu rechnen, daß auch die Hauptschriften des heutigen Neuen Testaments,
vor allem die Sammlung der Paulus-Briefe und die übrigen Evangelien, in
römischen ‚Gemeindebesitz'[114] kamen. Vom Brief der Römer an die Gemeinde von Korinth (I Clem) wurde zweifellos eine Abschrift aufbewahrt.
Auch der Brief des Ignatius von Antiochien wanderte nach der Lektüre
nicht in den Papierkorb, sondern in die Bibliothek. Dort vermutet Adolf
von Harnack[115] auch den bekannten Brief Markions, auf den Tertullian[116]
Bezug nimmt. Auch die Schriften Justins, der in Rom lebte und schrieb,
werden nicht nur in privaten Kreisen zirkuliert sein. Gleiches gilt für den
Hirt des Hermas, der nach dem Zeugnis des Muratorischen Fragments[117]
und des *Catalogus Liberianus*[118] vom Bruder des römischen Bischofs Pius
in Rom verfaßt wurde. Hermas wurde beauftragt, von dem ihm geoffen-
barten Himmelsbrief zwei Abschriften zu machen, die durch Clemens und
Grapte den auswärtigen Gemeinden bzw. den Witwen und Waisen mitgeteilt werden sollten, während Hermas selbst ihn den römischen Presbytern
vorzulesen habe (*vis* II 4,3). Das Original kam wohl ins Archiv.[119] Später

---

[114] Der Ausdruck ist hier und im folgenden nicht zur Beschreibung eines juristischen
Titels gebraucht, sondern impliziert nur, daß die genannten Schriften den römischen
Gemeindegliedern zur Verfügung standen. P. Lampe hat in seiner großartigen Arbeit über
Die stadtrömischen Christen in den ersten beiden Jahrhunderten gezeigt, daß es in den
stadtrömischen Gemeinden des 1. und 2. Jh.s keinen Korporativbesitz gab (S.310-313).
„Vielmehr waren alle kirchlich genutzten Besitzungen de jure individuelles Privat-
eigentum (besessen oder gemietet), das man brüderlich zur Verfügung stellte" (S.310).

[115] Die Mission und Ausbreitung des Christentums II, ⁴1924, S.829.

[116] *Marc* I 1,6; IV 4,3; vgl. *carn* 1,2.

[117] *pastorem vero nuperrime temporibus nostris in urbe Roma Hermas conscripsit
sedente [in] cathedra urbis Romae ecclesiae Pio episcopo fratre eius* (Z.73-77).

[118] *sub huius* (sc. *Pii*) *episcopatu frater eius Ermes librum scripsit, in quo mandatum
continetur, quae ei praecepit angelus, cum venit ad illum in habitu pastoris* (zitiert nach A.
v.Harnack, Chronologie I, 1897, S.145).

[119] Die Frage, seit wann es ein Zentralarchiv (nicht anstelle, sondern neben den
Archiven der Einzelgemeinden) der stadtrömischen Christenheit gegeben hat, ist natürlich
nur sehr hypothetisch zu beantworten. Wie P. Lampe mit guten Gründen wahrscheinlich
zu machen suchte, ist schon in der 1. Hälfte des 2. Jh.s mit gelegentlichen Konventen der
Presbyter einzelner Hausgemeinden zu rechnen (Die stadtrömischen Christen, ²1989,
S.334ff); gemeinsam unterhielt man u.a. „eine zentrale Sammelstelle für Spenden" und
„einen zentralen Kassenfond" (S.339). Die Herausbildung eines monarchischen
Episkopats ab der Mitte des 2. Jh.s wäre wohl kaum möglich gewesen, wenn es nicht
schon zuvor eine zentrale Institution gegeben hätte, die bestimmte praktische Aufgaben
im Namen aller stadtrömischen Christen erfüllte. Zur Durchführung einer solchen Arbeit

kamen Soters Brief an die Gemeinde von Korinth und das Antwortschreiben des Dionysius hinzu (bei Eus. *h.e.* II 25,8; IV 23,9ff). In welchem
Maße auch auswärtige Literatur (unter Absehung der später als kanonisch
geltenden) gesammelt wurde, kann hier offengelassen werden, obwohl dies
gerade von der Zeit der Auseinandersetzung mit den Häretikern an äußerst
wahrscheinlich ist. Mag für diese Büchersammlung zunächst noch ein
Bücherschrank (*arma*) ausgereicht haben, so bedurften die Gemeinden bald
eines eigenen Raumes.[120] Der Bestand zur Zeit des Irenäus muß mindestens
folgende Schriftengruppen umfaßt haben:

(a)   ,das Gesetz und die Propheten', d.h. die LXX;

(b)   die im Laufe der Zeit gesammelten Schriften des apostolischen und
frühen nachapostolischen Zeitalters, die zur Zeit des Irenäus den
unbestrittenen Hauptbestand des ,Neuen Testaments' bildeten;

(c)   die Briefe, die der Gemeinde von auswärts zukamen (z.B. IgnRöm[121];
der Brief des Dionysius von Korinth an die Römer; der Brief der Märtyrer
von Lyon [bei Eus. *h.e.* V 1,1-4,3] etc.);

(d)   Abschriften der Briefe, die die römische Gemeinde selbst versandte
(z.B. I Clem; Soters Brief an die Korinther);

(e)   weitere christliche Literatur, die von Gliedern der Gemeinde verfaßt
wurde (z.B. wohl Justins Werke; PastHerm).

Des weiteren ist anzunehmen, daß auch weitere auswärtige Schriften
aus dem christlichen Literaturbetrieb, darüber hinaus Außerchristliches
(z.B. Homer, Xenophon, Platon[122] etc.; jüdische Sibyllinen, Orakel des
Hystaspes[123]) in den Bestand aufgenommen wurden.

---

bedurfte es eines Archivs, dessen Wurzeln m.E. in der 1. Hälfte des 2. Jh.s zu suchen
sind. Gerade die Tatsache, daß Hermas zwar Abschriften für die auswärtigen Gemeinden
und die stadtrömischen Witwen und Waisen (*vis* II 4,3; s.u.S.54 Anm.133), nicht aber
für die einzelnen Hausgemeinden anfertigen soll, dürfte wohl ein Hinweis darauf sein,
daß es einen solchen zentralen Ort für alle Gemeinden Roms zu seiner Zeit bereits gab.

[120]   H. Leclerq, Art. Bibliothèques, DACL II/1, 1925, Sp.854.

[121]   Analog dazu bewahrte die Gemeinde von Korinth den 1. Clemensbrief auf, den
sie noch um 170 regelmäßig verlas (nach Dionysius von Korinth bei Eus. *h.e.* IV 23,11).

[122]   Gerade Platon spielt in der Argumentation des Justin eine erhebliche Rolle (vgl.
C. Andresen, Justin und der mittlere Platonismus, ZNW 44, 1952/3, S.157-195). Auch
Irenäus nennt ihn mehrfach (*haer* I 25,6; II 14,3-4; 33,2; III 25,5); es ist umstritten, ob er
ihn nur über Doxographien zur Kenntnis genommen hat (so W.C. van Unnik, Two
Notes on Irenaeus, VigChr 30, 1976, S.209) oder auch mit einer Monographie wie etwa
der des Albinus Didascalicus gearbeitet hat, die die Kenntnis der Hauptdialoge voraus-
setzte (so J.H. Waszink, Some Observations on the appreciation of "the philosophy of
the barbarians" in early Christian literature, FS C. Mohrmann, 1963, S.41-56).

[123]   Zum Ganzen vgl. M. Hengel, Die Evangelienüberschriften, 1984, S.37f mit
Anm.87 und 88.

(2) Da die meisten dieser Schriften regelmäßig in den Gemeinden verlesen wurden, mußten sie in der Bibliothek vorhanden sein. Das gilt selbstredend für die heiligen Schriften (*a* und *b*). Aber auch die Verlesung des Hirten des Hermas und des 1. Clemensbriefes wird von Euseb (*h.e.* III 3,6 und 16) für viele Gemeinden bezeugt.[124] Über die Verbreitung der Ignatianen spricht schon der (1.) Philipperbrief des Polykarp. Diese ganze Literatur hätte überhaupt nicht überleben können, wenn sie nicht in die Obhut von Gemeindebibliotheken, durch ihre regelmäßige Verlesung zu Ansehen und infolgedessen in andere Gemeinden gekommen wäre.

Neben dem Gottesdienst wurde die Herausbildung der theologischen Wissenschaft der zweite Sitz im Leben christlicher (und außerchristlicher) Literatur. Sowohl die Apologetik gegenüber dem römischen Staat und dem Heidentum als auch der antihäretische Kampf erforderten ein großes Maß an Argumentationsmitteln, das nur durch umfangreiche Buchbestände zu erlangen war.[125] Gewiß war die Reisetätigkeit vieler Theologen schon des 2. Jahrhunderts nicht zuletzt dadurch bestimmt, daß sie in relativ großen kirchlichen Bibliotheken an Schriften gelangen konnten, die sonst nicht zugänglich waren. Über das größte christliche Archiv verfügte zu dieser Zeit wohl die römische Gemeinde. In seiner Arbeit über *Die Mission und Ausbreitung des Christentums* gibt Harnack eine beeindruckende Übersicht über christliche Theologen und Kirchenleute, die Rom bereisten.[126] Auf dem Weg in die Hauptstadt machte Hegesipp nach eigenen Angaben in Korinth halt, wo er offensichtlich den 1. Clemensbrief vorfand (bei Eus. *h.e.* IV 22,1). Sein Urteil, einige sog. apokryphe Schriften seien zu seiner Zeit von Häretikern geschrieben worden (ebd. 22,9), beweist sein Interesse für die christliche Literatur. Die „Forschungsreise"[127] über Korinth nach

---

[124] IgnRöm 3,1 („Niemals seid ihr auf jemand neidisch gewesen, andere habt ihr gelehrt!") dürfte bereits eine Anspielung auf I Clem sein, wo den Korinthern ausführlich die Gefahr von Neid und Eifersucht vor Augen geführt wurde (c.3-6).

[125] Manche spätere Gemeindebibliothek wird durch Stiftungen aus Privatbibliotheken gewachsen sein. Alexander, zunächst Bischof in Kappadokien (Eus. *h.e.* VI 11,2), gründete später als Bischof von Jerusalem die dortige Gemeindebibliothek (VI 20,1), der er offenbar seine privaten Buchbestände überließ. Um welche Art von Schriften es sich dabei handelte, ist umstritten. R. Blum (Literaturverzeichnung, 1983, Sp.213) vermutet, „daß Bischof Alexander hauptsächlich Briefe von Bischöfen und anderen hervorragenden Kirchenmännern seiner Zeit sowie Akten, Resolutionen und dergleichen sammelte, Literaturwerke aber nur, falls sie zusammen mit Briefen überliefert waren. ... Die von Alexander errichtete Bibliothek wäre dann nach heutigen Begriffen eher ein Archiv gewesen."

[126] Die Mission und Ausbreitung des Christentums I, ⁴1924, S.381.

[127] F.X. Funk, Zur Frage nach dem Papstkatalog Hegesipps, in: ders., Kirchengeschichtliche Abhandlungen und Untersuchungen I, 1897, S.373.

Rom, wo er dann viele Jahre blieb, war gewiß nicht zuletzt von literarischen Bildungsinteressen bestimmt.

Betrachten wir nun Irenäus, so ist von vornherein anzunehmen, daß er sich in der römischen Gemeindebibliothek umgetan hat. Die Moskauer Handschrift des Polykarpmartyriums zitiert neben der Polykarp-Markion-Episode eine zweite Passage, die „in den Schriften des Irenäus" stehen soll: Diesem - in seinen uns bekannten Schriften nicht verifizierbaren - Zitat zufolge soll sich Irenäus in der Todesstunde Polykarps in Rom aufgehalten und vom Tod des verehrten Bischofs durch Posaunenstöße erfahren haben. Ich sehe keinen triftigen Grund, die Echtheit dieses Zitats grundsätzlich zu bezweifeln; aber auch wenn die Nachricht falsch sein sollte, so ist doch in jedem Fall anzunehmen, daß er auf dem Wege von Kleinasien nach Gallien in der westlichen Metropole haltgemacht hat.[128] Da er eine gewisse Bildung erlangt hatte und als Bischof später eine nicht unerhebliche Bibliothek besaß - zu der übrigens nach der Moskauer Handschrift auch das Polykarpmartyrium gehörte -, ist die Vermutung naheliegend, er habe sich auch unter den Büchern umgesehen, die in den römischen Gemeinden vorhanden waren. Ist dies zunächst lediglich eine - wenn auch plausible - Vermutung, so gewinnt sie erheblich an Wahrscheinlichkeit, wenn wir die von ihm in *Adversus Haereses* nachweislich verwendeten Schriften betrachten. Den 1. Clemensbrief erwähnt er in III 3,3 im Rahmen der Bischofsliste, wo er - wie wir oben gesehen haben - aus einer römischen Urkunde schöpft. Von den Ignatianen zitiert Irenäus nur einen Brief, und zwar - ohne Angabe der Quelle - den an die Römer (V 28,4). Das kann natürlich Zufall sein, muß aber nicht. Von Justin erwähnt er die Schrift gegen Markion (IV 6,2) sowie das problematische Syntagma (I 28,1).[129] Darüber hinaus zitiert er den

---

[128] Aus dem Zeugnis der Lyonneser Märtyrer über Irenäus, das als Empfehlungsschreiben an Eleutherus anzusehen ist, ist jedenfalls nicht zu entnehmen, daß Irenäus noch nie in Rom gewesen sei.

[129] Justin schreibt: Ἔστι δὲ ἡμῖν καὶ σύνταγμα κατὰ πασῶν τῶν γεγενημένων αἱρέσεων συντεταγμένον (*apol* 26,8). E. Barnikol bezweifelte, daß Justin das Werk als sein eigenes ausgeben wollte: Justin könnte auf eine Schrift verweisen, die ‚uns Christen in Rom' zur Verfügung steht; dabei soll es sich um das von Irenäus (*haer* IV 6,2) erwähnte Syntagma gegen Markion handeln, das „einige Zeit vor Justins Apologie im Osten verfaßt" worden sei (Verfaßte oder benutzte Justin das um 140 entstandene, erste und antimarcionitische Syntagma gegen die Häresien?, ThJb[H] 6, 1938, S.19). So ist die ähnliche Formulierung II Makk 2,14 gemeint, Judas habe alle Bücher, die durch den Krieg verlorengegangen sind, wieder gesammelt, καὶ ἔστιν παρ' ἡμῖν. Doch würde man dann auch bei Justin παρ' ἡμῖν erwarten (vgl. z.B. Eus. *h.e.* IV 3,1: καὶ παρ' ἡμῖν τὸ σύγγραμμα, nämlich die Apologie des Quadratus). Vgl. auch die Formulierung des Photius in seiner Besprechung der Werke Justins (*bibl* cod.125): Ἔστι δὲ αὐτῷ καὶ ὁ περὶ Θεοῦ μοναρχίας.

Hirten des Hermas, ohne ihn jedoch explizit zu nennen (IV 20,2; *dem* 4). Freilich kann Irenäus diese Schriften auf vielfachem Wege erhalten haben, doch ist die starke Verwendung spezifisch ‚römischer' Literatur auffällig; die Annahme ist berechtigt, er habe sie in der dortigen Gemeindebibliothek eingesehen und sich möglicherweise Abschriften für die Kirche in Lyon anfertigen lassen. In einer Zeit, in der christliches Schrifttum noch am offiziellen Buchmarkt vorbei vertrieben wurde[130], läßt sich dessen Erhaltung nur auf solche Weise plausibel machen.

Ich fasse zusammen: Die römischen Gemeinden haben seit ihrem Bestehen einen gewissen Büchervorrat besessen, der zunächst wohl jeweils in einem einzigen Bücherschrank untergebracht war. Ab dem Beginn des 2. Jahrhunderts mußten angesichts der wachsenden Zahl von Schriftrollen regelrechte Gemeindebibliotheken zustandegekommen sein. Noch vor der Mitte des Jahrhunderts ist vielleicht mit der Existenz einer Zentralbibliothek zu rechnen. Sie zog gebildete Christen nach Rom, die literarisches Interesse und auch selbst schriftstellerische Ambitionen hatten. Erst dadurch wurden so voluminöse Werke wie *Adversus Haereses* und später die theologische Arbeit eines Hippolyt überhaupt möglich.

(3) Eine Bibliothek bedarf von Anfang an einer gewissen Organisation. Man kann nicht einfach Schriftrollen sammeln, ohne sich über Autor und Gegenstand Rechenschaft abzulegen und dem Benutzer eine Orientierung anzubieten. Deswegen wurden kurze Notizen über die Person des Autors und sein Werk niedergelegt. Eine solche Notiz setzt ganz deutlich der 1. Clemensbrief voraus; denn der Brief selbst nennt den Namen nicht, er muß also der Aufschrift des Buches bzw. dem Pinax der Bibliothek entnommen sein. Auch die Nachricht, der Hirt des Hermas sei während des Episkopats des Pius von dessen Bruder verfaßt worden (s.o.S.49), kann am besten auf die Gemeindebibliothek zurückgeführt werden. Dasselbe gilt für das Evangelienzeugnis bei Irenäus: Es geht auf eine Eintragung zurück, die bei der Sammlung der 4 Evangelien gemacht wurde.

8.2. Das römische Aktenarchiv

Eine Gemeinde von der Größe der römischen war gewiß nicht leicht zu verwalten. Um die Mitte des 3. Jahrhunderts gab es neben dem (monarchischen) Bischof nicht weniger als 46 Presbyter, 7 Diakone, ebensoviele Subdiakone, 42 Akoluthen, 52 Exorzisten, Lektoren und Türsteher und

---

[130] Vgl. H.L.M. van der Valk, On the Edition of Books in Antiquity, VigChr 11, 1957, S.8.

über 1500 Witwen und Hilfsbedürftige, die versorgt werden mußten (Cornelius bei Eus. *h.e.* VI 43,11). Eine solche organisatorische Leistung konnte nicht ohne Karteien, Listen und dergleichen, also ein ausgedehntes Aktenarchiv, erbracht werden. Dieses aber war keine Neuerung des 3. Jahrhunderts. Dionysius von Korinth erwähnt den römischen Brauch, auch auswärtigen Gemeinden materielle Hilfe zukommen zu lassen und etwa die Christen, die in den Bergwerken arbeiten, zu unterstützen, ein Brauch, der von Anfang an[131] bestanden haben soll und durch Soter noch erweitert wurde (bei Eus. *h.e.* IV 23,10); irgendjemand muß für die Einsammlung und Verteilung eines solchen diakonischen Projektes verantwortlich gewesen sein. Justin erwähnt den kirchlichen Brauch, für Waisen und Witwen, Kranke, Gefangene und *peregrini* Geld zu sammeln, das zunächst beim Gemeindevorsteher deponiert wurde.[132] Der Hirt des Hermas nennt 2 römische Presbyter namentlich: Clemens, den Schriftführer für die auswärtige Korrespondenz, und Grapte, die für die Witwen- und Waisenunterstützung verantwortlich war.[133] Schon in früher Zeit gab es also verschiedene Aufgabengebiete, die bestimmten Personen zumindest teilweise auf Lebenszeit übertragen wurden. Diese Amtspersonen wurden schon zur Zeit des 1. Clemensbriefes als Bischöfe und Diakone bezeichnet (vgl. I Clem 44,2ff), ohne daß innerhalb dieses Presbyteriums eine hierarchische Ordnung bestanden hätte. Deswegen mußten die jeweiligen Arbeitsbereiche festgelegt und die Kompetenzen voneinander abgegrenzt werden. Nur durch Zufall wissen wir eben, daß Clemens für die auswärtige Korrespondenz zeichnungsberechtigt, Grapte für die innere Diakonie zuständig war. Offenbar wurden also die Namen der jeweiligen Amtsträger, gelegentlich wohl auch persönliche Daten festgehalten und in den Akten vermerkt.

Bei der Erstellung einer Sukzessionsliste der römischen Bischöfe konnte aus solchen Unterlagen geschöpft werden. Es sind wohl kaum Namen erfunden worden[134], sondern es wurde der Versuch unternommen,

---

131 Das könnte nach den Darlegungen P. Lampes über den durchschnittlichen sozialen Status der stadtrömischen Christen im 1. Jh. eine Übertreibung sein (Die stadtrömischen Christen, ²1989, S.36ff und speziell S.79f). Strittig ist, wie die Aussage des Ignatius, die römische Gemeinde „führe den Vorsitz in der Agape" (προκαθημένη τῆς ἀγάπης, IgnRöm pr.), zu interpretieren ist: auf die hervorragende Mildtätigkeit oder auf die zahlreichen Martyrien der stadtrömischen Christen (vgl. P. Lampe, op. cit., S.71)?

132 τὸ συλλεγόμενον παρὰ τῷ προεστῶτι ἀποτίθεται, *apol* 67,6.

133 Πέμψει οὖν Κλήμης εἰς τὰς ἔξω πόλεις, ἐκείνῳ γὰρ ἐπιτέτραπται. Γραπτὴ δὲ νουθετήσει τὰς χήρας καὶ τοὺς ὀρφανούς (*vis* II 4,3).

134 So auch P. Lampe, op. cit., S.343. L. Abramowski hält demgegenüber etwa den 2. römischen Bischof Anenkletus für eine freie Erfindung aufgrund des mißverstandenen

aufgrund der bestehenden Daten eine Liste zu rekonstruieren.[135] Das Beispiel des Clemens, der später als der 3. Bischof gezählt wurde, zeigt uns, wie dabei vorgegangen wurde: Der Zeichnungsberechtigte für die auswärtige Korrespondenz, der wohl nur ein Presbyter neben mehreren war, wird zu *dem* Bischof der römischen Gemeinde ‚befördert'. Daß ausgerechnet der Name dieses Korrespondenten herausgegriffen wurde, zeigt noch einmal, daß die Sukzessionsliste ursprünglich an der *unverfälschten Weitergabe der Lehre* interessiert war (vgl. oben Anm.84 zu S.38).

Es ist deutlich geworden, daß Irenäus zu Beginn seines dritten Buches Informationen verwertet, die letztlich auf das römische Gemeindearchiv zurückgehen. Die Evangeliennotiz haben wir, wie zu sehen war, im Zusammenhang mit der Sammlung der vier Evangelien in Rom zu sehen. Deren Datierung muß uns nun beschäftigen.

9. Die Sammlung der vier Evangelien und das Alter der Evangeliennotiz

9.1. Die Entstehung des Tetra-Euangelions

„Eine abgegrenzte *Evangeliensammlung* existiert erst seit Irenäus, der den sog. Vier-Evangelien-Kanon theologisch zu rechtfertigen sucht und eben damit seine Neuheit beweist"[136]. Dieses Diktum Philipp Vielhauers ist

---

‚Paulus'-Wortes Tit 1,7: δεῖ γὰρ τὸν ἐπίσκοπον ἀνέγκλητον εἶναι (Irenaeus, *Adv. Haer.* III 3,2: Ecclesia Romana and Omnis Ecclesia; and ibid. 3,3: Anacletus of Rome, JThS NS 28, 1977, S.103f). Wenn man tatsächlich einen Bischofsnamen fälschen oder erfinden wollte: Warum verwendete man nicht einen der zahlreichen Namen in Röm 16? Welchen Sinn sollte es haben, den Namen eines römischen Bischofs aus einem nach *Kreta* gerichteten Schreiben herauszulesen? H. v.Campenhausen geht nicht so weit, die Namen der ältesten römischen Bischöfe für freie Erfindung oder Fälschung zu halten; „aber sie sind auch nicht zuverlässiger als das unkontrollierte und für uns jedenfalls ganz unkontrollierbare gut hundertjährige Gedächtnis der damaligen römischen Gemeinde." (Lehrerreihen und Bischofsreihen, In memoriam E. Lohmeyer, 1951, S.248) Unsere Überlegung, daß man bei Erstellung der Liste auf Unterlagen im Aktenarchiv zurückgreifen konnte, relativiert jedenfalls die Begriffe ‚unkontrolliert' und ‚Gedächtnis', auch wenn das Ergebnis für uns ‚unkontrollierbar' bleibt.

[135] Die Ersetzung des Anenkletus bei Irenäus durch Kletus und Anakletus im *Catalogus Liberianus* und im ps.tertullianischen *Carmen adversus Marcionem* (Epiphanius hat nur Kletus) geht wohl auf einen Abschreibefehler zurück; vgl. den Parallelfall I Chron 2,9, wo die LXX den Ram des masoretischen Textes durch Ram und Aram ersetzt.

[136] P. Vielhauer, Geschichte der urchristlichen Literatur, 1975, S.783.

als Reaktion gegen die Frühansetzung des Redaktors des Tetra-Euangelions durch Theodor Zahn und Adolf von Harnack zu verstehen, die dessen Arbeit zwischen 100 und 120[137] bzw. 120 und 140[138] datierten. Irenäus zum Urheber der Vierevangeliensammlung zu machen, ist aus zwei Gründen mit Sicherheit falsch. Zum einen: Irenäus rechtfertigt wohl die Vierzahl, aber er braucht nicht mehr zu erörtern, *welche* vier es sind. Denn, so legt er in *haer* III 11,7 dar, die Ebioniten erkennen nur das Evangelium des Matthäus an (vgl. I 26,2), die Markioniten ein - wenn auch ‚redigiertes' - Lukasevangelium, die ‚Doketen' im weitesten Sinne bevorzugen das des Markus, und die Valentinianer stützen sich vornehmlich auf das des Johannes. Mit der einen Ausnahme Markions und seiner Schüler, so jedenfalls Irenäus, „stützen sich nämlich alle, die sich mit einer fälschlich so genannten Gnosis aufblähen, auf die Schriften, verkehren aber ihre Interpretation"[139]. Die Argumentation des Irenäus gegen die Häretiker ist nur zu verstehen unter der Voraussetzung, daß der Dissens im wesentlichen nicht auf der *Verwendung unterschiedlicher Schriften* beruht, sondern in der *unterschiedlichen Verwendung derselben Schriften* besteht. Deswegen spielen weitere (gnostische) Evangelienschriften bei Irenäus kaum eine Rolle. Nur an zwei Stellen erwähnt er solche Werke namentlich, einmal das *Evangelium des Judas* (I 31,1) und einmal das *Evangelium Veritatis* (III 11,9).[140] Das Judas-Evangelium kannte er selbst wohl nicht. Das *Evangelium Veritatis* der Valentinianer trat aber auch in deren Sinne nicht in Konkurrenz zu den vier Evangelien, von denen sie Gebrauch machten[141], sondern bot eine höhere Wahrheit, die zu begreifen nur einem kleinen Kreis vorbehalten war. Diese Geheimlehren ans Licht zu bringen, ist

---

137 T. Zahn, Das Evangelium des Matthäus, ⁴1922, S.9.

138 A. v.Harnack, Chronologie I, 1897, S.694; ders., Entstehung und Entwickelung der Kirchenverfassung und des Kirchenrechts in den zwei ersten Jahrhunderten, 1910, S.222-232.

139 *Reliqui vero omnes falso scientiae nomine inflati Scripturas quidem confitentur, interpretationes vero convertunt* (III 12,12).

140 Darüber hinaus wirft Irenäus den Anhängern des ‚Magiers' Markus vor, sie erdichteten „eine Fülle apokrypher und unechter Schriften" (πλῆθος ἀποκρύφων καὶ νόθων γραφῶν, ἃς αὐτοὶ ἔπλασαν, I 20,1); dem Zusammenhang nach zu urteilen handelt es sich dabei teilweise um Kindheitsevangelien. Dem Valentinianer Ptolemaios wird zur Last gelegt, er lese u.a. aus ἄγραφα vor (I 8,1); wie die Zusammenstellung mit dem Verb ἀναγινώσκειν lehrt, handelt es sich dabei nicht um ‚ungeschriebene Überlieferung', sondern um apokryphe Schriften.

141 J.F. McCue, Orthodoxy and Heresy: Walter Bauer and the Valentinians, VigChr 33, 1979, S.118-130, betont, daß in den von Irenäus referierten valentinianischen Schriftzitaten "we have reference to the four gospels" (S.122 Anm.12).

deswegen ein wichtiger Programmpunkt des Irenäus: Er will, wie er schon im Vorwort betont, „die Lehren offenlegen, die bislang verborgen waren, nun aber durch Gottes Gnade ans Licht gekommen sind"[142]. Wenn aber selbst die Valentinianer die vier Evangelien anerkannt haben, so muß deren Sammlung schon geraume Zeit vor Irenäus stattgefunden haben.[143]

Ein zweiter Punkt kommt hinzu. Wir haben oben (S.15) schon bemerkt, daß die Reihenfolge der Evangelien bei Irenäus mit einer Tradition der ‚alten Presbyter', wie sie von Klemens Alexandrinus zitiert wird, übereinstimmt. Das ist sicher nicht zufällig. Irenäus hat seine Evangeliensammlung wohl aus Kleinasien mitgebracht, wo sie in dem rätselhaften Presbyterkreis schon bestanden hatte.

Bekanntlich ist die Frage, ob wir mit der Ansetzung des Tetra-Euangelions vor die Mitte des 2. Jahrhunderts, genauer gesagt vor Markion, zurückgehen können, außerordentlich umstritten. Protest gegen die alte Frühansetzung wurde nachdrücklich von Hans von Campenhausen erhoben, der „alle Spekulationen über einen - sei es in Kleinasien, sei es in Rom - entstandenen ‚Vierevangelienkanon' vor Markion" für „grundlos" erklärte und darin „(willkürliche) Rücktragung einer für diesen Zeitraum anachronistischen Vorstellung"[144] sieht. Vielmehr weiß er sich mit K.L. Carroll[145] und John Knox[146] darin einig, daß dieser ‚Kanon' als Reaktion auf Markion geschaffen wurde.[147] Wir können diese Frage hier nicht weiterverfolgen, da sie uns zu weit in das Gebiet der Kanongeschichte führen würde und in unserem Zusammenhang nur untergeordnete Bedeutung hat. Es darf hier lediglich festgehalten werden, daß eine abgegrenzte Sammlung von 4 Evangelien jedenfalls schon vor Irenäus bestand und mit hoher Wahrscheinlichkeit zumindest in die 50er Jahre des 2. Jahrhunderts zurückgeht.

---

[142] Μηνῦσαι τὰ μέχρι μὲν νῦν κεκρυμμένα, ἤδη δὲ κατὰ τὴν χάριν τοῦ Θεοῦ εἰς φανερὸν ἐληλυθότα διδάγματα (I pr.2; vgl. I 31,4 u.ö.).

[143] A. v.Harnack, Chronologie I, 1897, S.682, schreibt zurecht: „Des Irenäus' bekannte Ausführungen ... in III, 1 und namentlich III, 11 stellen es ausser Zweifel, dass für ihn die Vierzahl der Evangelien eine längst ausgemachte, feststehende Sache gewesen ist." Vgl. ders., Das Neue Testament um das Jahr 200, 1889, S.45.

[144] H. v.Campenhausen, Die Entstehung der christlichen Bibel, 1968, S.168f und bes. S.184-187 in Anm.39 zu S.184.

[145] K.L. Carroll, The Creation of the Fourfold Gospel, BJRL 37, 1954/5, S.68-77.

[146] J. Knox, Marcion and the New Testament, 1942, S.140-157; er läßt den Zeitraum zwischen 150 und 175 offen und nimmt als Ort der Entstehung des Tetra-Euangelions Rom an (S.152).

[147] H. v.Campenhausen, op. cit., S.201 Anm.111.

9.2. Die Verbreitung und Sammlung der vier Evangelien

Maßgeblich für unseren Zusammenhang ist die Frage, wann unsere vier Evangelien in Rom vorhanden waren. Ihre Sammlung ist ja ein Vorgang, der von dem ihrer Abgrenzung von anderen gleichartigen Schriften wohl zu unterscheiden ist. Freilich ist die methodische Schwierigkeit auf diesem Gebiet besonders eklatant. Direkte Zeugnisse wie die bei Papias und Irenäus sind im 2. Jahrhundert spärlich oder jedenfalls, da die große Masse der christlichen Literatur dieser Epoche verlorengegangen ist, uns selten erhalten. So läßt sich die Verbreitung der Evangelien nur über ihre Verwendung durch andere Autoren sicher nachweisen. Das wirft jedoch zwei Probleme auf: Zum einen kann man ein Buch kennen, ohne es zu benutzen, so daß aus dem Fehlen von Zitaten oder Anspielungen nicht von vornherein auf Unkenntnis dieser Schrift geschlossen werden darf; das so beliebte *argumentum e silentio* ist hier äußerst fragwürdig. Zum anderen beginnen christliche Autoren neutestamentliche Schriften erst da wörtlich und mit Einleitungsformeln zu zitieren, wo sie wirklich zur ,Schrift', zum heiligen Buch neben dem Alten Testament, geworden sind; zuvor geht man ebenso frei mit dem vorliegenden Wortlaut um wie Matthäus und Lukas mit dem des Markusevangeliums, so daß die jeweilige Quelle meist nicht sicher bestimmt werden kann.[148] Sie kann ein Evangelium sein, ist jedoch auch als eigenständige Verarbeitung älterer mündlicher Tradition denkbar. Ein direkter Ausfluß dieser methodischen Problematik sind die verschiedenen Ergebnisse, zu denen Édouard Massaux[149] und Helmut Köster[150] zwar nicht genau zur selben Zeit, aber unabhängig voneinander[151] gelangt sind. Als Beispiel greife ich die Frage nach dem Einfluß des Matthäusevangeliums auf den 1. Clemensbrief heraus. Massaux faßt seine Untersuchungen folgendermaßen zusammen: „Les analyses faites convergent vers la conclusion que Clément Romain connaît l'évangile de *Mt.* et a subi son influence; certains textes (I Cl., XV, 2; XXVII, 5; XLVI, 7-8) démontrent une dépendance littéraire ..."[152]. Dieselben Texte führt wiederum Köster einmal auf eine uns unbekannte Quelle zurück (I Clem 15,2), ein andermal sieht er „die

---

148 Vgl. dazu die zusammenfassenden Bemerkungen von W.-D. Köhler, Die Rezeption des Matthäusevangeliums in der Zeit vor Irenäus, 1987, S.517-536.

149 Influence de l'Évangile de saint Matthieu sur la littérature chrétienne avant saint Irénée, 1950.

150 Synoptische Überlieferung bei den Apostolischen Vätern, 1957.

151 Das betont H. Köster, op. cit., S.2 Anm.1.

152 Op. cit., S.35.

Wiedergabe eines schon im Judentum geltenden Grundsatzes"[153] (I Clem 27,5), und schließlich nimmt er die Bekanntschaft des Clemens mit einer weiterentwickelten Gestalt von Q an (I Clem 46,8). Auf diesem Wege scheint eine konsensfähige Auffassung nicht erlangt werden zu können. Mit gutem Grund urteilt Wolf-Dietrich Köhler in besonnener Zurückhaltung: „Die Frage nach der Benutzung des Mt muß für den I Clem offenbleiben. Eine solche Benutzung ist keinesfalls eindeutig nachzuweisen, aber durchaus auch nicht auszuschließen und kann an einigen Stellen immerhin als gut möglich bezeichnet werden. Auch für die anderen kanonischen Evangelien läßt sich keine Gewißheit über Benutzung oder Nichtbenutzung erreichen."[154]

Exkurs: Zur Argumentation Helmut Kösters

Bevor wir uns dieser Frage auf anderem Wege nähern, scheint es mir aufschlußreich zu sein, uns in diesem Zusammenhang Kösters Argumentation vor Augen zu führen. Zunächst liegt ihm viel daran, die ältesten Schriften der Apostolischen Väter von den synoptischen Evangelien fernzuhalten. Weder der 1. Clemensbrief noch die Ignatianen sollen „literarische Abhängigkeit von einem Evangelium beweisen" (S.60); das wird erst für den 2. Clemensbrief und den Philipperbrief Polykarps zugegeben (S.109.115). Da Clemens und Ignatius aber synoptische Tradition verwenden, muß diese in ihrer primären Gestalt ,freie Überlieferung' gewesen sein, die teils schriftlich, teils mündlich in Liturgie, Katechese und anderen Funktionen des Gemeindelebens umlief. Unsere heutigen Evangelien sind nur ein mehr oder weniger zufälliger Ausfluß aus diesem breiten Überlieferungsstrom; sie kommen „während der 1. Hälfte des 2. Jh. allmählich in Gebrauch", „allerdings zunächst nur als irgendwelche Quellen unter vielen anderen ohne besondere Autorität" (S.241). Bis zur Mitte dieses Jahrhunderts „läßt sich noch die gesamte Verwandtschaft mit den synoptischen Evangelien auf ältere hinter die Synoptiker zurückgehende Überlieferung zurückführen" (S.123). Der große Wendepunkt, wo nicht mehr die ,freie Überlieferung' Norm für die Evangelien ist, sondern diese sich gegen jene durchsetzt, soll bei Justin erreicht sein: „die Geschichte der Tradition ist bei Justin mithin erstmalig eine Geschichte der Auslegung unserer Evangelien" (S.267).

Kösters Argumentation ist eine *petitio principii*. Um die Dominanz der ,freien Überlieferung' bis in die Mitte des 2. Jahrhunderts behaupten zu können, muß er die Bekanntschaft des Clemens und Ignatius mit Evangelienbüchern leugnen. Freilich können diese Schriften auch nicht bei Justin und Polykarp plötzlich wie Phönix aus der Asche aufsteigen. Also müssen sie vorher doch bekannt, aber nur von untergeordneter Bedeutung gewesen sein. So meint Köster zu sehen, „wie wenig die synoptischen Evangelien, *auch wenn sie schon bekannt waren*, irgendeine besondere Stellung innehatten, und wie sehr die Geschichte der Tradition bei den AVV [sc. den Apostolischen Vätern] eine neben den synoptischen Evangelien liegende Geschichte ist, die weit zurückreicht bis in die

---

153 Op. cit., S.20; die Seitenzahlen werden im folgenden in den Text eingefügt.

154 W.-D. Köhler, Die Rezeption des Matthäusevangeliums in der Zeit vor Irenäus, 1987, S.72.

Quellen der Entstehung der synoptischen Evangelien hinein" (S.267, Hervorh. v. m.).
Wenn die Evangelien also doch schon bekannt waren, wie läßt sich dann sicher
behaupten, daß die synoptische Überlieferung bei Clemens und Ignatius von ihnen
unabhängig ist? Schon Lukas und vor allen Dingen Matthäus beweisen doch durch die
Art und das Maß ihrer Benutzung des Markusevangeliums, daß dieses für sie nicht
irgendeine Quelle ,unter vielen anderen ohne besondere Autorität' war. Wieso hat Köster
keine Schwierigkeit, in unserem ältesten Evangelium die maßgebliche Vorlage für die
wenig späteren Autoren Lukas und Matthäus zu sehen, die einen großen Teil des
Materials lieferte und vor allem den Aufriß der Jesusgeschichte entscheidend prägte, aber
für die Jahrzehnte nach Matthäus den Synoptikern lediglich eine periphere Randexistenz
zuzubilligen? Schließlich aber kann Köster auf die Frage, wann die vier Evangelien
gesammelt vorlagen, gar keine Antwort geben. Ob und wann diese vor ca. 150 bekannt
waren, läßt er bewußt offen. Der Grund dafür ist sein Desinteresse an dieser Sache. Es
ist deswegen nicht erstaunlich, daß er sie in seiner voluminösen Einleitung in das Neue
Testament[155] gar nicht erst aufgreift.

Wann also lagen unsere Evangelien gesammelt in Rom vor? Lassen
wir Tatian, dessen Evangelienharmonie von ihm selbst Diatessaron (vgl.
Eus. h.e. IV 29,6) genannt wurde und die Vierzahl der anerkannten Evangelien[156] sowie deren Identität wohl voraussetzt, beiseite, so haben wir doch
bei seinem Lehrer in Rom, Justin, einen genauen Anhaltspunkt. Insgesamt
15mal bezeichnet er die Evangelien als ἀπομνημονεύματα τῶν ἀποστόλων, ein Name, den er im Anschluß an Philosophen-Memorabilien
„aus Gründen antignostischer Polemik"[157] selbst geprägt haben dürfte. Eine
solche Wortschöpfung, die nur an einer Stelle erläutert wird (ἅτινα
καλεῖται εὐαγγέλια, apol 66,3), ist doch nur dann sinnvoll, wenn die
Leser ohne weiteres verstehen können, was damit gemeint ist. Wenn Justin
also an einer Stelle die Apomnemoneumata auf die Apostel und ihre Schüler[158], an anderer Stelle ein Wort aus dem Markusevangelium *expressis*

---

155 H. Köster, Einführung in das Neue Testament im Rahmen der Religionsgeschichte und Kulturgeschichte der hellenistischen und römischen Zeit, 1980.

156 H. v.Campenhausen, Die Entstehung der christlichen Bibel, 1968, S.205 Anm.
133, schreibt übertrieben skeptisch: „Das Wort διὰ τεσσάρων bezeichnet bekanntlich
einen harmonischen Begriff (die Quarte) und weist als solcher nicht unbedingt auf vier
Evangelien." Die Bezeichnung Diatessaron war doch wohl jedem Christen verständlich,
auch wenn er von Musiktheorie keine Ahnung hatte. Die Pointe des Titels dürfte gerade
in seiner Doppelbedeutung liegen, die die Vierzahl der Evangelien als eine harmonische
Einheit interpretiert.

157 L. Abramowski, Die »Erinnerungen der Apostel« bei Justin, in: Das Evangelium
und die Evangelien, hg.v. P. Stuhlmacher, 1983, S.352.

158 *dial* 103,8: ἐν γὰρ τοῖς ἀπομνημονεύμασιν, ἅ φημι ὑπὸ τῶν ἀποστόλων αὐτοῦ (sc. Ἰησοῦ) καὶ τῶν ἐκείνοις παρακολουθησάντων συν-
τετάχθαι, γέγραπται ὅτι (es folgt Lk 22,44).

verbis auf die Apomnemoneumata des Petrus zurückführt[159], so setzt er voraus, daß die Leser die Tradition von den je zwei Evangelien *ex apostolis* (Matthäus und Johannes) und *ex apostolicis* (Markus und Lukas[160]) kennen.[161] Damit kommen wir aber bereits in die Zeit Markions. Markion kannte wohl die vier Evangelien, doch ist umstritten, ob er auch mit der Tradition über ihre Verfasser vertraut war. Trotz von Campenhausens Einspruch[162] erscheint mir diese Annahme plausibel: Daß er das dritte Evangelium auswählte, welches er dann seiner redaktionellen Arbeit unterzog, läßt sich am besten verstehen, wenn es „schon für ihn durch Titel und Tradition einem Paulusschüler zugeschrieben"[163] war. Auch für die

---

[159] *dial* 106,3: γεγράφθαι ἐν τοῖς ἀπομνημονεύμασιν αὐτοῦ (sc. Πέτρου) mit Verweis auf Mk 3,16f. P. Pilhofer (Justin und das Petrusevangelium, ZNW 81, 1990, S.60-78) bestreitet neuerdings wieder im Anschluß an ältere Forscher (vgl. vor allem A. v.Harnack, Bruchstücke des Evangeliums und der Apokalypse des Petrus, ²1893, S.37-40), daß Justin in *dial* 106,3 auf das Markusevangelium Bezug nehme, und rechnet stattdessen mit einer Verwendung des Petrusevangeliums. Ich muß hier auf Pilhofers (ohnehin fragwürdige) Argumente für eine Verwendung des EvPetr durch Justin im einzelnen nicht eingehen, da bereits seine Interpretation von *dial* 106,3 nachweislich falsch ist: Justin führt an besagter Stelle die Umbenennung des (Simon in) Petrus und die der Zebedaiden in *Boanerges* = Donnersöhne auf die Apomnemoneumata des Petrus zurück. Unter den kanonischen Evangelien hat nur Markus diese Stelle (Mk 3,16f); in dem - nur fragmentarisch erhaltenen - EvPetr ist keine derartige Nachricht erhalten. Pilhofer vermutet allerdings: „Es ist sehr wahrscheinlich, daß der Verfasser des Petrusevangeliums ›seine eigene‹ Umbenennung von Simon in Petrus erzählt hat. Ob dies dagegen auch für die Söhne Zebedäi gilt, können wir nicht wissen." (art. cit., S.68) Ist letzteres schon reichlich hypothetisch, so ist ersteres mit Sicherheit auszuschließen. Justin spricht von der Umbenennung des (Simon in) Petrus (μετωνομακέναι αὐτὸν Πέτρον), nicht von der Verleihung eines Bei- oder Zweitnamens (ἐπικαλεῖν). Tatsächlich ist einzig bei Markus, bei dem Petrus zunächst durchweg Simon heißt, mit 3,16 (καὶ ἐπέθηκεν ὄνομα τῷ Σίμωνι Πέτρον) eine Umbenennung vollzogen: Mit einer Ausnahme - in Gethsemane spricht Jesus ihn noch einmal vertraulich mit ,Simon' an (14,37) - nennt er den Apostel fortan konsequent Petrus; nie aber wird er, wie das in allen anderen kanonischen Evangelien zumindest gelegentlich der Fall ist, ,Simon Petrus' genannt (vgl. nur Mt 16,16; Lk 5,8; Joh 1,40) - dann wäre ,Petrus' nämlich ein Beiname. Und was lesen wir am Ende unseres Fragments des Petrusevangeliums? „Ich aber, Simon Petrus ..." (XIV 60): Das EvPetr *kann* die ,Umbenennung' (*dial* 106,3) des Simon in Petrus gar nicht berichtet haben, weil es Petrus als Beinamen verwendet.

[160] Auch H. v.Campenhausen, Die Entstehung der christlichen Bibel, 1968, S.199 in Anm.101 zu S.198, erklärt, mit den Apostelbegleitern in *dial* 103,8 „können nur Markus und Lukas gemeint sein".

[161] So auch M. Hengel, Die Evangelienüberschriften, 1984, S.15.

[162] Op. cit., S.187f.

[163] M. Hengel, Die Evangelienüberschriften, S.16; vgl. auch S.11 zur *subscriptio* εὐαγγέλιον κατὰ Λουκᾶν in P[75] aus dem frühen 3. Jh., dessen Vorlage ebenfalls weit ins 2. Jh. zurückreichen muß.

Zeit vor Markion, aus der uns ein sicheres literarisches Zeugnis des 2. Jahrhunderts aus der römischen Gemeinde fehlt, können wir uns lediglich von Vermutungen leiten lassen. Wenn Lukas und Matthäus bereits das Markusevangelium vorliegen hatten, so scheinen Evangelienschriften sehr rasch in den Gemeinden zirkuliert zu sein. Daß das 4. Evangelium spätestens um 125 in Ägypten bekannt war, hat uns ein Glücksfund (P52) gelehrt. Wie soll es bei den bekanntermaßen intensiven Kontakten zwischen Kleinasien und Rom nicht bald nach seiner Abfassung in die Gemeinde der Hauptstadt gelangt sein? Darauf weist auch Irenäus, der den Brauch Roms und Kleinasiens, die Eucharistie auszutauschen, wohl unter Xystus anheben läßt (bei Eus. *h.e.* V 24,14f), also vielleicht in den 20er Jahren des 2. Jahrhunderts. Muß man nicht annehmen, daß zu solchen ökumenischen Beziehungen auch der Austausch von Evangelienschriften gehört, wie ja auch der Kleinasiate Papias das römische Markusevangelium ganz selbstverständlich kennt? Die Bedenken, die gegen eine solch frühe Sammlung von Evangelienschriften erhoben werden, gründen in dem Irrtum, Sammlung bedeute Kanonisierung. In Wirklichkeit setzt die Kanonisierung von Schriften voraus, daß diese schon lange in Gebrauch waren und in Ansehen standen. Diese allgemeinen Überlegungen, die jenseits der verhärteten Fronten der Kanonsdebatte an der historischen Plausibilität orientiert sind, führen uns in die Nähe dessen, was Wolf-Dietrich Köhler am Ende seiner erschöpfenden Untersuchungen über die Rezeption des Matthäusevangeliums zu bedenken gibt: „Es ist ernsthaft mit der Möglichkeit zu rechnen, daß auch schon den Apostolischen Vätern der Evangelienstoff in keiner anderen Form vorlag als z.B. Justin."[164]

9.3. Das Alter des Evangelienzeugnisses bei Irenäus

Vieles spricht dafür, daß die Sammlung der 4 kanonischen Evangelien schon vor Markion in Rom vorlag. Diese römische Sammlung wäre dann durch die Liste bei Irenäus *haer* III 1,1 beschrieben und erläutert worden. Dazu paßt der völlig unpolemische Charakter dieser Notiz; man vergleiche damit nur den späteren Prolog zum Lukasevangelium, der pointiert antimarkionitisch ist.[165] Solche Differenzen hat unser Evangelienzeugnis noch nicht im Blick. Es ist geschrieben worden, um den Christen der Gemeinde in Rom kurze Auskunft über die Autoren der dort gesammelten Evangelien zu geben. Das wird ca. zwischen 120 und 135 der Fall gewesen sein.

---

164 Die Rezeption des Matthäusevangeliums in der Zeit vor Irenäus, 1987, S.530.

165 Gegen J. Regul, Die antimarcionitischen Evangelienprologe, 1969, S.77-84.

10. Das Evangelienzeugnis bei Irenäus und die Papiasnotizen

Fragen wir nun noch einmal nach dem Verhältnis des Evangelienzeugnisses bei Irenäus zu den entsprechenden beiden Notizen bei Papias. Die Behauptung literarischer Abhängigkeit bietet nach dem bisher Gesagten keine befriedigende Antwort mehr. In beiden Fällen haben wir wohl eher spärliche Reste einer einst verbreiteten, von Ort zu Ort leicht verschieden ausgeprägten Tradition zu sehen, einen kleinen Ausschnitt aus der φωνὴ ζῶσα, an der Papias so brennend interessiert war. Er selbst führt seine Überlieferung hinsichtlich der ersten beiden Evangelien auf den Presbyter Johannes zurück. Woher hatte aber dieser seine Information? Und woher schöpften die Gemeindebibliothekare in Rom ihre Auskünfte?

In seiner schon öfters zitierten Abhandlung über *Die Evangelienüberschriften* hat Martin Hengel m.E. überzeugend dargelegt, „daß mit der Verbreitung einer Schrift durch Abschriften in anderen Gemeinden ihr aus praktischen Gründen entweder ein passender kurzer Sachtitel oder aber der Name eines Autors, oder beides, beigelegt wurde"[166]. Wir können dieses Urteil von unseren Untersuchungen her nicht nur bestätigen, sondern sogar noch etwas weiterführen: Nicht nur der Name des Autors, sondern auch zusätzliche Information über seine Person und sein Werk wurde mitgeteilt, die die Autorität der jeweiligen Schrift sichern und ihre Eigenart festhalten sollte. Das ist ganz im Stil der pinakographischen Biobibliographie.

Im Falle des MATTHÄUS war die Person durch ihren Apostolat bereits hinreichend identifiziert und autorisiert. Was aber seine Evangelienschrift betrifft, so wird die ursprünglich ‚hebräische' Abfassung hervorgehoben. Nun ist die gelegentliche Angabe bezüglich der Sprache eines Buches guter pinakographischer Brauch, wo es um die Echtheitskritik der unter dem

---

[166] Op. cit., S.33. Übrigens bemerkt H.-M. Schenke zu der Spruchsammlung NHC II 2-7, die in der *subscriptio* den sekundären Titel ‚Philippusevangelium' erhielt: „Wie lange oder wie bald nach seiner Konzipierung unser Florilegium im Verständnis seiner Benutzer zum Philippus-Evangelium geworden ist, ist unbekannt. Dabei setzen wir als selbstverständlich voraus, daß der Schöpfer unseres Textes selbst, also der Exzerpist oder Kompilator, sein Werk noch nicht so verstanden hat, sondern als das, was es wirklich ist, nämlich als - vielleicht einfach privates - Exzerpt. Die nächstliegende Annahme dürfte sein, daß das Neu-Verständnis des Textes unmittelbar mit seiner ‚*Veröffentlichung' und allgemeinen Verbreitung* zusammenhängt, so daß man sagen könnte: Was immer er vorher gewesen ist, verbreitet wurde er als ‚Evangelium nach Philippus'" (Neutestamentliche Apokryphen I, hg.v. W. Schneemelcher, [6]1990, S.152; Hervorh. v. m.).

Namen eines bestimmten Verfassers umlaufenden Werke geht.[167] In unserem Fall geht es aber um die ursprüngliche Sprache einer jetzt nur noch auf griechisch bekannten Schrift. Wozu also die Angabe? Josef Kürzinger[168], dem sich Ulrich Luz[169] anschloß, behauptete, unter διάλεκτος - bei Papias heißt es Ἑβραΐδι διαλέκτῳ, bei Irenäus ἐν τοῖς Ἑβραίοις τῇ ἰδίᾳ αὐτῶν διαλέκτῳ - sei nicht die Sprache, sondern die rhetorische Darstellungsweise zu verstehen. Doch ist das ganz unwahrscheinlich. Papias geht es darum, die Unterschiedlichkeit der griechischen Versionen des ‚Matthäusevangeliums' zu erklären; das gelingt ihm, indem er auf ein ‚hebräisches' Original und etliche, unabhängig voneinander entstandene Übersetzungen verweist. Bei Irenäus aber bezeichnet ἡ διάλεκτος immer die Sprache (haer I pr.3; 10,2; III 21,2bis), so daß zumindest er seine Vorlage in diesem Sinne verstanden haben muß. Warum die Nachricht über die ursprünglich auf ‚hebräisch' verfaßte Schrift des Matthäus weitergegeben wurde, läßt sich nicht mehr ausmachen. Wie gesagt, Papias (bzw. der Presbyter, falls auch diese Notiz auf ihn zurückgeht) erklärt so die Abweichungen unter den griechischen Versionen, bei Irenäus dürfte sie ein Ausweis hohen Alters sein. Man wird an das Bellum Iudaicum des Josephus erinnert, der im Proömium sein griechisches Werk als Übersetzung eines aramäischen Originals ausgibt (bell I pr.1,3), auch wenn davon keine Spur mehr zu erkennen ist.

Über die Person des MARKUS waren verschiedene biographische Nachrichten im Umlauf. Zunächst wird er als „Übersetzer"[170] bzw. „Schüler und Übersetzer" (Iren. haer III 1,1) des Petrus bezeichnet. Sowohl nach Papias - wenn auch hier nicht explizit - als auch nach dem Evangelienzeugnis bei Irenäus soll Markus nach dem Tode des Petrus sein Evangelium geschrieben haben; das entspricht offenbar lokalrömischer Überlieferung. Aufgrund einer Tradition von den alten Presbytern teilt Klemens Alexandrinus mit, Markus habe zwar in Rom sein Evangelium geschrieben, dieses sei aber noch zu Lebzeiten des Petrus entstanden (bei Eus. h.e. VI 14,6-7). Nach anderer Überlieferung soll Petrus das Evangelium ausdrücklich

---

167 Z.B. Diog. Laert. I 10,112; vgl. R. Blum, Kallimachos, 1977, Sp.294.311.

168 J. Kürzinger, Irenäus und sein Zeugnis zur Sprache des Matthäusevangeliums, NTS 10, 1963/4, S.108-115; Das Papiaszeugnis und die Erstgestalt des Matthäusevangeliums, BZ NS 4, 1960, S.32f.

169 U. Luz, Das Evangelium nach Matthäus I, 1985, S.63.

170 Papias (bei Eus. h.e. III 39,15); Tert. Marc IV 5,3; Hieron. vir inl VIII. Man geht immer davon aus, Markus habe Petrus bei der Formulierung des Griechischen unterstützt. Doch ist immerhin zu überlegen, ob es sich nicht um das Lateinische handelt, dessen Petrus wohl nicht mächtig war.

bestätigt haben.[171] Hier haben wir wohl eine alexandrinische Lokaltradition vor uns, die - unter Rückgriff auf Markus und sein von Petrus sanktioniertes Evangelium - der Gemeinde ein apostolisches Fundament sichern soll. Eine weitere Nachricht über Markus betrifft dessen ‚Spitznamen'. Sowohl der älteste Evangelienprolog[172] als auch Hippolyt (*ref* VII 30,1) nennen ihn ὁ κολοβοδάκτυλος, den ‚Stummelfinger'.[173] Auch dieses Element ist wohl römischer Herkunft, wie die Verwendung bei Hippolyt nahelegt. Übrigens ist die Verzeichnung von Bei- bzw. Spitznamen in der Pinakographie nicht eben selten.[174] Auch die weitergehenden literarkritischen Bemerkungen bei Papias gehören durchaus in das Milieu der Biobibliographie.[175]

Was nun die Person des LUKAS betrifft, so hätte der Presbyter Johannes vielleicht auch über diesen etwas zu sagen gewußt. Doch lag es gar nicht im Gesichtskreis des Papias, den Presbyter über den dritten Evangelisten zu befragen; interessierte er sich doch für die Erinnerungen der Jünger, die mit dem irdischen Jesus Umgang gehabt hatten. Markus wird erwähnt, weil

---

[171] Klemens Alexandrinus bei Eus. *h.e.* II 15,1-2.

[172] Text bei J. Regul, Die antimarcionitischen Evangelienprologe, 1969, S.29f.

[173] Der älteste Evangelienprolog zum Mk gibt als Erklärung für den Spitznamen an, Markus habe im Vergleich zu seinem hohen Wuchs vergleichsweise kleine Finger gehabt; das ist natürlich Unsinn. Im sog. monarchianischen Prolog zum Mk heißt es, er habe sich, nachdem er zum Glauben gekommen war, den Daumen abgeschnitten, um für das Priesteramt ungeeignet zu sein. Dagegen machte J.L. North auf eine andere Praxis der Selbstverstümmelung aufmerksam: Sueton etwa erwähnt, Augustus habe einen römischen Ritter mitsamt seinem Vermögen verkauft, weil dieser seinen beiden Söhnen den Daumen abgeschnitten habe, um sie vor dem Kriegsdienst zu bewahren (*Aug* 24,1), und Ammianus Marcellinus weiß zu berichten, daß solche Kriegsdienstverweigerer in manchen Gegenden *murci* (Verstümmelte) heißen (XV 12,3). North vermutet, daß der Spitzname des Markus auf ein böswilliges Wortspiel (*Marcus - murcus*) zurückgeht, das seinen sachlichen Hintergrund in Act 13,13 habe: "the young man did not deserve the honourable cognomen he bore, but in view of his desertion of his comrades in their evangelistic campaign had earned the insolent pun murcus: he was not better than a shirker, a deserter, and needed a name to match" (Μάρκος ὁ κολοβοδάκτυλος: Hippolytus, Elenchus, vii. 30, JThS NS 28, 1977, S.505). Der Gedanke an ein solches Wortspiel ist intelligent, aber wenig plausibel; denn erstens ist die Prägung und Tradierung eines derart disqualifizierenden Spottnamens kaum wahrscheinlich zu machen, und zweitens schreibt das lateinische Argument *colobodactylus*, nicht *murcus*, so daß man annehmen müßte, daß der Name bald ins Griechische übersetzt wurde und dann nicht mehr verstanden wurde - das ist allzu hypothetisch.

[174] R. Blum, Kallimachos, 1977, Sp.236. S. z.B. Athen. XV 669 d-e: Daß der Dichter und Redner Dionysius den Spitznamen ‚Chalkus' erhielt, weil er den Athenern die Einführung der Bronzemünze empfahl, teilte Kallimachos in seinem Rhetorikerindex mit.

[175] Vgl. R. Blum, Kallimachos, Sp.310ff.

in dessen Evangelium etwas von der authentischen Erinnerung des Petrus aufbewahrt war. Lukas aber geht auf Paulus zurück, der erst nach Ostern zur Gemeinde stieß.

Auf die Person des JOHANNES können wir hier nicht eingehen. Bei ihm fließen gute Traditionen, frühe Legendenbildung, Verwechslung durch Homonymie etc. so eng ineinander, daß es mir fraglich scheint, ob wir in dieser Frage überhaupt noch festen Boden unter die Füße bekommen können.

Betrachten wir diese biographischen Notizen über die Autoren der vier Evangelien, so können wir folgendes festhalten:

(1) Spätestens ab dem Zeitpunkt, da eine Evangelienschrift über die Grenze ihrer ‚Heimatgemeinde' hinaus Verbreitung fand, bestand ein Interesse, nicht nur Autor und Titel, sondern auch weitere Einzelheiten über die Abfassung der Schrift zu erfahren. Da etwa schon Lukas und Matthäus das Markusevangelium nur wenige, äußerstenfalls 20 bis 30 Jahre nach dessen Entstehen vorliegen hatten, scheint eine zumindest partielle Verbreitung dieser Schrift bald stattgefunden zu haben. Für die übrigen Evangelien besteht kein Grund zu einer entgegengesetzten Annahme; im Gegenteil, der berühmte P[52] weist das Johannesevangelium schon um 125 in Ägypten nach. Es ist folglich davon auszugehen, daß Nachrichten über die Evangelisten binnen weniger Jahre nach dem Erscheinen ihres Buches, d.h. also unter Umständen oder sogar in der Regel noch zu deren Lebzeiten, umliefen.

(2) Diese mündlichen Überlieferungen waren vielfältiger, als unsere Kenntnis heute von ihnen ist. Die wenigen Autoren, die uns Einblick geben, reproduzieren ja nicht ihr gesamtes Wissen, sondern nur den sie an einer bestimmten Stelle interessierenden Ausschnitt. Die Tatsache, daß der Spitzname des Markus erstmals bei Hippolyt erwähnt wird, spricht nicht gegen dessen Authentizität. Auch Papias und Irenäus können ihn gekannt haben, doch bestand für sie kein Grund, ihn im jeweiligen Kontext zu erwähnen. Nur wer wenig weiß, schreibt alles, was er weiß.

(3) Freilich haben diese Überlieferungen auch Veränderungen und Verfälschungen erfahren. Die Johannes-Legende wuchs schon im 2. Jahrhundert so wild, daß Dionysius von Alexandrien sich im 3. Jahrhundert gezwungen sah, sie kritisch zu sichten und auf zwei verschiedene Johannes zurückzuführen (bei Eus. *h.e.* VII 25). Neben Fehlinformationen aufgrund von Homonymien, Mißverständnissen etc. ist gelegentlich auch mit der Umbildung vorhandener oder Erfindung neuer Nachrichten zu rechnen, wo ein apologetisches Interesse einer Gemeinde bestand. Es ist mir nicht zweifelhaft, daß die römische Tradition, Markus habe nach dem Tod des

Petrus sein Evangelium geschrieben, glaubwürdiger ist als die alexandrinische, die die Schrift durch den Apostel sanktioniert sein läßt. Daß die zeitgenössische Einleitungswissenschaft das bestätigt, kommt lediglich als äußeres Indiz zu jenem inneren, das von leitenden Interessen aus urteilt, hinzu.

11. Die ältesten Nachrichten über den Autor
ad Theophilum

Wir sind am Ende unserer Überlegungen zur Evangeliennotiz bei Irenäus angelangt. Bevor wir uns an die Aufgabe machen, den Wert des Lukas-Zeugnisses einer kritischen Prüfung zu unterziehen, stellen wir nun die ältesten Nachrichten über den Autor *ad Theophilum* im Überblick zusammen.

(1) Als älteste Aussage über den 3. Evangelisten hat uns Irenäus die Bezeichnung ‚Paulusbegleiter' aufbewahrt; sie wird in der Sache sowohl vom muratorischen Fragment[176] (*cum eum Paulus ... adsumpsisset*, Z.4f) als auch vom ältesten Lukas-Argument[177] (Παύλῳ παρακολουθήσας) bestätigt.

(2) Daß „dieser Lukas von Paulus nicht zu trennen (*inseparabilis*) und sein Mitarbeiter (*cooperarius*) im Evangelium war" (III 14,1), schließt Irenäus ausdrücklich aus den Wir-Berichten der Apostelgeschichte. Die Bestätigung dafür findet er in den ‚Paulusbriefen' II Tim 4,10f und Kol 4,14. Der erste Text (Λουκᾶς ἐστιν μόνος μετ' ἐμοῦ) belegt ihm, daß Lukas immer mit dem Apostel verbunden und *inseparabilis* von Paulus

---

[176] Nach dem Faksimile von S.P. Tregelles (Canon Muratorianus, 1867, Beilage zu S.10) lautete der - vom Schreiber bereits korrigierte - Text zum Lukasevangelium folgendermaßen (offensichtliche und wahrscheinliche Versehen sind in Klammern korrigiert): *Tertio (Tertium) euangelii librum secundo (secundum) Lucan Lucas iste medicus post ascensum Christi cum eo (eum) Paulus quasi ut iuris studiosum secundum (secum?) adsumsisset numeni (nomine?) suo ex opinione concribset (conscripsit). Dominum tamen nec ipse vidit in carne. Et idem prout as(s)equi potuit ita et a<d> nativitate Iohannis incipet (-it) dicere.* (Z.3-8) Zur Apostelgeschichte heißt es: *Acta autem omnium apostolorum sub uno libro scribta (scripta) sunt. Lucas obtime (optimo) Theofile (-ilo) conprindit (comprendit) quia sub praesentia eius singula gerebantur sicut et semote passionem Petri evidenter declarat sed et profectionem Pauli ab urbe ad Spaniam proficescentis* (Z.34-39). Die Wiederherstellung des richtigen Textes und seine Interpretation sind äußerst umstritten; vgl. dazu den betreffenden Abschnitt in meiner maschinenschriftlichen Dissertation, S.53-72 (mit Bibliographie S.53 Anm.169).

[177] Text bei J. Regul, Die antimarcionitischen Evangelienprologe, 1969, S.30-34.

war, der zweite (Λουκᾶς ὁ ἰατρὸς ὁ ἀγαπητός) bietet keine im Zusammenhang erforderliche Information. Es ist seltsam, daß Irenäus nicht
Phlm 24 zitiert, wo Lukas als συνεργός bezeichnet wird; das wäre ein
willkommener Beleg für die Bezeichnung *cooperarius* gewesen. Stattdessen
zitiert Irenäus nur die Arzt-Notiz, die ihm keinen gedanklichen Fortschritt
bringt. Das dürfte ein Indiz dafür sein, daß ihm diese Stellen-Kombination
bereits vorgegeben war. Wenn Harnacks Vermutung stimmt, Markion habe
die Notiz ὁ ἰατρὸς ὁ ἀγαπητός hinter dem Namen des Lukas aus Kol
4,14 gestrichen, so wäre das „schwerlich zufällig"[178]; es könnte ein Beleg
dafür sein, daß schon Markion diese Kombination kannte und ablehnte. Sie
wird in der Sache sowohl vom muratorischen Fragment (*Lucas iste medicus*) als auch vom Lukas-Argument (ἰατρὸς τῇ τέχνῃ) vorausgesetzt.

(3) Darüber hinaus bezeichnet Irenäus den Autor *ad Theophilum* als
einen ‚Schüler und Nachfolger der Apostel' (I 23,1; III 10,1). Auch diese
Vorstellung dürfte ihm bereits vorgelegen haben. Das zeigt sein nicht sehr
geschickter Versuch, sie mit der anderen Überlieferung von Lukas, dem
Paulusbegleiter, zu verbinden: Er differenziert nach dem Grad der
Zugehörigkeit und nennt Lukas einen *prosecutor ... apostolorum, maxime
autem Pauli* (III 14,1). Dabei stellt Irenäus einen recht künstlichen Zusammenhang mit Lk 1,2 her (III 14,2; s.o.S.9); künstlich deswegen, weil Lukas
dort ja nicht seine eigenen Gewährsleute, sondern diejenigen seiner Vorgänger zu nennen beabsichtigt. Auch das älteste Lukasargument kombiniert
die Attribute ‚Apostelschüler' und ‚Paulusbegleiter', konstruiert hier aber
eine chronologische Abfolge: Lukas soll ein „Apostelschüler" gewesen sein,
der „später dem Paulus bis zu dessen Martyrium nachgefolgt" sei
(μαθητὴς ἀποστόλων γενόμενος καὶ ὕστερον Παύλῳ παρακολουθήσας μέχρις τοῦ μαρτυρίου αὐτοῦ). Woher die Bezeichnung
‚Apostelschüler' stammen könnte, werden wir noch erörtern (s.u.S.73-75).

(4) Einzig der älteste Evangelienprolog weiß weitere Einzelheiten aus
dem Leben dieses Lukas zu berichten: Er soll aus dem syrischen Antiochien
stammen und sei ledig und kinderlos geblieben; sein Evangelium soll er in
Achaia geschrieben haben, zu einem späteren Zeitpunkt sei dann die
Apostelgeschichte entstanden. Im Alter von 84 Jahren sei er in Böotien
gestorben.[179] Woher diese Nachrichten stammen und ob bzw. inwieweit sie
zuverlässig sind, läßt sich für uns nicht mehr kontrollieren. Die antiochenische Herkunft des Lukas könnte mit dem sog. »westlichen« Text von Act
11,28 (συνεστραμμένων δὲ ἡμῶν) in Zusammenhang stehen.

---

[178] Marcion: Das Evangelium vom fremden Gott, ²1924, S.124*; vgl. S.51.

[179] Der sog. Monarchianische Prolog (Text bei J. Regul, op. cit., S.45-47) hat als
Lebensalter 74 Jahre und als Todesort Bithynien.

(5) Alles weitere, was wir gelegentlich über Lukas erfahren: daß sein Evangelium später als die Schriften des Matthäus und des Markus entstanden sei[180], daß er sich Paulus nach dem Apostelkonzil angeschlossen habe und bis zuletzt bei ihm geblieben sei (Iren. *haer* III 14,1), daß er die Apostelgeschichte für Theophilus geschrieben habe und dort darüber berichtet, was sich in seiner Gegenwart ereignete (KanMur Z.35-37) usw., ist sicher dem Werk des Lukas, und zwar vornehmlich den beiden Proömien und den Wir-Erzählungen der Apostelgeschichte, entnommen.

Wir kommen zum Schluß. Es hat sich gezeigt, daß eine Reihe von Aussagen über Lukas nicht erst von Irenäus ,erfunden' worden sind. Das Attribut ,Paulusbegleiter' geht zumindest auf das 1. Drittel des 2. Jahrhunderts zurück. Die Identität dieses Lukas mit dem Mitarbeiter und Arzt des Paulus wird möglicherweise schon von Markion vorausgesetzt, und auch die Bezeichnung ,Apostelschüler' hatte Irenäus wahrscheinlich schon vorliegen. Das meiste übrige haben er und andere sicher dem Werk des Lukas entnommen. Diese Form der Nachrichtenbeschaffung ist übrigens normaler pinakographischer Brauch, wie Rudolf Blum im Blick auf Kallimachos und seine Gehilfen festhält: „Da sie außer den Werken der Autoren meistens keine anderen Quellen für deren Leben und Schaffen hatten, suchten sie, wie ihre Vorgänger (sc. die Peripatetiker), aus den Texten möglichst viel herauszulesen. Gelegentliche Fehlschlüsse waren dabei unvermeidlich."[181] Wir haben nun zu prüfen, ob der Kern der ,Lukaslegende', daß der Paulusbegleiter Lukas das Doppelwerk an Theophilus geschrieben habe, ein solcher Schluß aus den Texten ist oder ob hier historische Erinnerung an die Person des Mannes enthalten sein kann, dessen Name für fast ein Drittel des Neuen Testaments steht.

2. Teil

Lukas, der Paulusbegleiter: Der Wert der Tradition

Wir haben im zurückliegenden Teil nach den ältesten Nachrichten über den Verfasser des 3. Evangeliums und der Apostelgeschichte gefragt. Ob diese Daten glaubwürdig sind oder nicht, ist eine Frage, die hier nicht voreilig eingetragen werden darf, wenn wir unsere Wahrnehmung nicht

---

[180] So der Evangelienprolog unter ausdrücklichem Hinweis auf Lk 1,1 (πολλοί).

[181] R. Blum, Literaturverzeichnung, 1983, Sp.24.

von vornherein von ‚konservativ'-apologetischen oder ‚progressiv'-kritizistischen Interessen trüben lassen wollen. Diese Frage kann nur nach sorgfältiger Prüfung äußerer *und* innerer Kriterien beantwortet werden; das soll im weiteren Verlauf dieser Arbeit versucht werden. An dieser Stelle geht es uns lediglich um die äußere Bezeugung; m.a.W. wir stellen die Frage, ob es sich beim altkirchlichen Zeugnis über Lukas, den Paulusbegleiter, um eine „erschlossene oder überlieferte Annahme"[182] handelt. Die Kategorien ‚erschlossen' und ‚überliefert' haben nichts mit der Wahrheitsfrage zu tun. Auch eine alte Tradition kann falsch sein, und ebensosehr muß man die Möglichkeit zugestehen, daß eine erschlossene Annahme richtig sein kann; sonst wäre unsere ganze historische Arbeit zwecklos. Wichtig ist die Unterscheidung nur deshalb, weil ein Wissen, das die Alten durch Nachdenken und Kombinieren gewonnen haben, keine Autorität in sich hat, die über unser eigenes Urteilsvermögen hinausginge. Wo sie aber Nachrichten haben, die ihnen durch Erzählung oder auf sonst irgendeine Weise zugeflossen sind, besteht die Möglichkeit, daß historische Erinnerungen aufbewahrt wurden, die uns Heutigen durch den Abstand der Zeit und die Spärlichkeit der Quellen natürlich längst verlorengegangen sind.

Unsere bisherigen Untersuchungen ermöglichen uns zunächst die Korrektur einiger verbreiteter Behauptungen. Die gängige Auffassung, es bleibe uns „als einzige ins 2. Jh. zurückgehende Nachricht, daß der Arzt Lukas der Verf. von Lk-Apg sei"[183], hat sich als ebenso unzutreffend erwiesen wie die Datierung dieser Information ans „Ende des 2. Jh."[184]. Die älteste Nachricht über Lukas, die sich im Evangelienzeugnis bei Irenäus befindet, geht vielmehr auf den Anfang des 2. Jahrhunderts zurück und spricht von Lukas, dem Paulusbegleiter. Möglicherweise setzt schon Markion die Identifikation dieses Lukas mit dem Arzt gleichen Namens bei Paulus (Phlm 24), den Deuteropaulinen (Kol 4,14) und den Pastoralbriefen (II Tim 4,11) voraus; ob diese Gleichsetzung ihrerseits wiederum ‚erschlossen oder überliefert' ist, läßt sich nicht mehr ermitteln. Es bleibt uns hier zu prüfen, ob die älteste Nachricht über ‚Lukas, den Paulusbegleiter', eine vom literarischen Werk der beiden unabhängige Überlieferung ist.

Wenden wir uns noch einmal der eingangs referierten Position Rudolf Peschs zu, die wir nun auf ihre Stichhaltigkeit überprüfen können. Da er in der Sache mit Henry Cadbury weitgehend übereinstimmt, dieser jedoch die altkirchlichen Zeugnisse ausführlicher diskutiert hat, werde ich mich an

---

182 W.G. Kümmel, Einleitung in das Neue Testament, 21 1983, S.117.

183 A.a.O., S.116.

184 A.a.O., S.117.

dessen Darstellung orientieren.[185] Cadbury kam zu dem Ergebnis, daß sich die altkirchlichen Auskünfte über den Autor des 3. Evangeliums und der Apostelgeschichte *vollständig* aus der lukanischen und paulinischen Literatur haben erschließen lassen. Zunächst formulierte er wohl noch vorsichtig: "Whether any actual knowledge about the author of the Third Gospel and Acts was handed down from early times or not, the first statements made about it can be *largely* explained as inferences from the text."[186] Nachdem er den möglichen Gang der Kombination nachgezeichnet hat, läßt er diesen Vorbehalt dann weitgehend fallen: "It is therefore possible that this tradition is *merely* the earliest conjecture without any independent value."[187] Wie wir zu Beginn gesehen haben, läßt Pesch auch noch die letzte Einschränkung Cadburys ("possible") fahren. Daß ich in der ersten Aussage mit Cadbury völlig einig bin, geht aus dem bisher Gesagten klar genug hervor. Strittig ist nur das "merely".

Cadbury hält es für denkbar, daß die Zuschreibung an Lukas aufgrund folgender Kombination entstanden ist[188]:

(a) Aufgrund der Anforderungen des ausgehenden 2. Jahrhunderts muß ein kirchliches Evangelium von einem Apostel oder Apostelschüler geschrieben sein;

(b) das 3. Evangelium stammt vom Verfasser der Apostelgeschichte;

(c) dieser gibt sich durch die Wir-Stücke in Acta als Begleiter des Paulus zu erkennen;

(d) aufgrund der Aussagen über die Gefährten des Paulus während seiner - römischen - Gefangenschaft (Kol 4,10ff; Phlm 23f; II Tim 4,9ff) wird dieser Begleiter durch ein kluges Auswahlverfahren in Lukas vermutet.

Diese Theorie wirkt zunächst bestechend, doch birgt sie mehr Schwierigkeiten in sich, als Cadbury selbst meint[189] und Kümmel[190], der ihm hier folgt, wahrhaben will:

---

[185] The Identity of the Editor of Luke and Acts. I. The Tradition, in: The Beginnings of Christianity II, 1922, S.209-264; er stellt zunächst die Traditionen dar (S.209-250), dann wertet er sie aus (S.250-264).

[186] Art. cit., S.260 (Hervorh. v. m.).

[187] Art. cit., S.262 (Hervorh. v. m.).

[188] Ähnlich z.B. H.-M. Schenke/K.M. Fischer, Einleitung in die Schriften des Neuen Testaments II, 1979, S.160; K.-H. Ohlig, Die theologische Begründung des neutestamentlichen Kanons in der Alten Kirche, 1972, S.63.

[189] Er gesteht zu, man könne nur raten, warum gerade Lukas ausgewählt wurde, und läßt offen, "exactly what passages were used, (or) what inferences and conjectures were drawn from them in order to assign the Third Gospel and Acts to Luke" (art. cit., S.261).

[190] W.G. Kümmel, Einleitung in das Neue Testament, 21.1983, S.117.

(1) Cadbury setzt voraus, daß die Evangelien ursprünglich anonym überliefert wurden; erst als man im ausgehenden 2. Jahrhundert ein kanonisches Evangelium auf eine apostolische Autorität zurückführen zu müssen glaubte, habe man das dritte Evangelium dem Paulusbegleiter Lukas zugeschrieben. Da das Lukaszeugnis bei Irenäus aber auf den Beginn des 2. Jahrhunderts zurückzuführen ist, entfällt dieses Argument. Möglicherweise hat Basilides zu dieser Zeit sein Evangelium unter eigenem Namen veröffentlicht.[191]

Nun ist auch Jürgen Wehnert unlängst von dieser Spätdatierung der Evangelienzuschreibungen abgekehrt. Er kam zu dem Schluß, daß im Falle des 2. und 3. Evangelisten „die Evangelienzuschreibungen (möglicherweise nach dem Vorbild der bereits unter apostolischen Verfassern bekannten Mt und Joh) kaum später als 120 n.Chr. (in Rom?) erfolgt sein und sich danach schnell und widerspruchslos durchgesetzt haben"[192] dürften; dennoch hält er sie für einen „Akt ‚schriftgelehrter' Auslegung" der Paulinen sowie des 1. Petrusbriefes, womit man „dem Traditionsgedanken des frühen 2. Jh.s zu entsprechen"[193] versucht habe. Diese These gilt es nachzuprüfen.

(2) Daß ein kanonisches Evangelium im ausgehenden 2. Jahrhundert auf einen Apostel oder Apostelschüler zurückgeführt werden mußte, äußert Tertullian unmißverständlich: „In erster Linie stellen wir fest: Das Zeugnis des Evangeliums hat die Apostel zu Urhebern; ihnen wurde dieses Amt, das Evangelium zu verkündigen, vom Herrn selbst aufgetragen. Wenn auch Apostelschüler (Evangelien verfaßt haben), so doch nicht allein, sondern zusammen mit den Aposteln; denn die Predigt von Schülern könnte als Ruhmsucht verdächtigt werden, wenn ihr nicht die Autorität der Lehrer zur Seite steht, ja vielmehr die Autorität Christi, die die Apostel zu Lehrern gemacht hat."[194] Die Frage ist lediglich, ob die Norm die Praxis - nämlich

---

[191] Origenes schreibt: Ἤδη δὲ ἐτόλμησε καὶ Βασιλείδης γράψαι κατὰ Βασιλείδην εὐαγγέλιον (*hom 1 in Lucam*); allerdings gibt es „keinen Anhaltspunkt dafür, daß Origenes es gesehen hat" (E. Mühlenberg, Art. Basilides, TRE V, 1980, S.296). Es ist deshalb nicht sicher, ob schon Basilides seinem Evangelium diesen Titel gegeben hat. Vgl. dazu auch H.C. Puech/B. Blatz in: Neutestamentliche Apokryphen I, hg.v. W. Schneemelcher, ⁶1990, S.317f.

[192] Die Wir-Passagen der Apostelgeschichte, 1989, S.65.

[193] Ebd.

[194] *Constituimus inprimis euangelicum instrumentum apostolos auctores habere, quibus hoc munus euangelii promulgandi ab ipso domino sit impositum. Si et apostolicos, non tamen solos, sed cum apostolis, [et postapostolicos] quoniam praedicatio discipulorum suspecta fieri posset de gloriae studio, si non adsistat illi auctoritas magistrorum, immo Christi, quae magistros apostolos fecit. (Marc IV 2,1).*

die Zuschreibung der vier Evangelien an je zwei Apostel und Apostel-schüler - hervorgebracht hat oder ob nicht umgekehrt die Tatsache, daß die Kirche eben Evangelien von Aposteln *und Apostelschülern* zu besitzen glaubte, zur Formulierung des kirchlichen Maßstabs geführt hat.

Die kirchlichen Evangelien handeln vom irdischen Wirken Jesu, seiner Lehre, seinen Taten und seinem Geschick. Vornehmlich ein Jünger Jesu, der den Herrn begleitet, gehört und erlebt hat, konnte geeignet erscheinen, ein solches Evangelium zu schreiben. Das ist eine Überlegung, die sich aus der Logik der Sache ergeben kann; sie setzt nicht unbedingt ein Räsonnement über kirchliche Normen oder theologische Legitimität voraus. Wenn nach der Darstellung der Apostelgeschichte an die Stelle des Judas Iskariot einer in den Zwölferkreis eintreten soll, „der während der ganzen Zeit, in der der Herr Jesus bei uns ein- und ausging, beginnend mit der Johannestaufe bis zu dem Tag, an dem er von uns hinweggenommen wurde, mit uns war und Zeuge seiner Auferstehung wurde" (Act 1,21f), so ist diese Anforderung an den ‚neuen Mann' auch ohne Rekurs auf eine ausgefeilte Traditionstheorie plausibel. Freilich konnte die Frage, in welchem Verhältnis jemand zum irdischen Jesus gestanden hatte, zum Kriterium für die Legitimität der durch ihn repräsentierten theologischen oder kirchlichen Tradition werden; sie konnte es, und sie wurde es, weil sie es wohl werden mußte. Wenn die Kirche für die beiden späteren Evangelien apostolische Verfasserschaft reklamierte, so ist diese Tatsache vollständig erklärlich aus dem inneren Gang eines notwendigen kirchlichen Traditionsdenkens. Ob sie auch historische Gründe hatte, diese Evangelien den Aposteln Matthäus und Johannes zuzuschreiben, und gegebenenfalls welche es gewesen sein mochten, ist eine andere Frage, die ich hier ausklammern will.

Ganz anders steht es um die beiden Evangelien, die von Apostel-*schülern* geschrieben sein sollen. Daß jemand, der den Herrn nicht selbst gesehen hatte, ein Evangelium über das Erdenleben Jesu geschrieben habe, war ein Gedanke, der sich nicht von selbst nahelegen konnte.[195] Gewiß, man berief sich für das 2. Evangelium auf die Autorität des Petrus und für das dritte auf die des Paulus. Aber petrinische Tradition nahmen auch die Anhänger des Basilides für sich in Anspruch, der ein Schüler des Petrus-Dolmetschers Glaukias gewesen sein soll; und paulinische Tradition

---

[195] B.W. Bacon stellte völlig richtig fest, daß die Zuschreibung des 3. Evangeliums an Lukas „était ... loin de répondre aux exigences théoriques requises pour les écrits canoniques (en fait, l'expression «les apôtres *et leurs compagnons*» a dû être forgée spécialement pour rejoindre ce cas [sc. den des Lukas] et celui de Marc)" (Le témoignage de Luc sur lui-même, RHPhR 8, 1928, S.224).

reklamierten für sich auch die Valentinianer, deren Schulgründer Hörer des Theodas, eines Freundes des Apostels Paulus, gewesen sein soll.[196] Auf diesem Hintergrund steht zu erwarten, daß die nur mittelbar apostolische Herkunft des Markus- und Lukasevangeliums für die Kirche ein gewisses Problem darstellen würde. Tatsächlich läßt sich im Falle des 2. Evangeliums deutlich zeigen, daß diese Schwierigkeit auch empfunden wurde. Im Evangelienzeugnis bei Irenäus wird behauptet, Markus habe nach dem Tod des Petrus sein Evangelium aufgezeichnet; auch die Worte des Presbyters, den Papias zitiert, setzen wohl voraus, daß der Apostel zur Zeit der Abfassung des 2. Evangeliums bereits gestorben war.[197] Einer späteren Überlieferung zufolge, die Klemens Alexandrinus von ,den Presbytern' erhalten hat, soll Markus noch zu Lebzeiten des Apostels geschrieben haben; dieser habe ihn weder davon abgehalten noch dazu ermuntert (bei Eus. h.e. VI 14,7). Klemens selbst aber glaubt, Petrus habe die Schrift des Markus offiziell bestätigt (bei Eus. h.e. II 15,2); dazu fügt sich die oben zitierte Stellungnahme Tertullians: „Wenn auch Apostelschüler Evangelien verfaßt haben, so doch nicht allein, sondern zusammen mit den Aposteln; denn die Predigt von Schülern könnte als Ruhmsucht verdächtigt werden, wenn ihr nicht die Autorität der Lehrer zur Seite steht, ja vielmehr die Autorität Christi, die die Apostel zu Lehrern gemacht hat." Da manchen Kritikern am 2. Evangelium damit immer noch nicht Genüge getan war, wurde

---

[196] Klemens Alexandrinus schreibt, die Schulhäupter der Häretiker seien erst z.Zt. Hadrians aufgetreten, „so wie Basilides, auch wenn er Glaukias als seinen Lehrer beansprucht, den Übersetzer Petri, wie sie (sc. die Basilidianer) stolz behaupten. Desgleichen sagen sie auch, daß Valentin Hörer des Theodas gewesen sei; dieser sei aber ein Schüler des Paulus gewesen" (καθάπερ ὁ Βασιλείδης, κἂν Γλαυκίαν ἐπιγράφηται διδάσκαλον, ὡς αὐχοῦσιν αὐτοί, τὸν Πέτρου ἑρμηνέα. ὡσαύτως δὲ καὶ Οὐαλεντῖνον Θεοδᾶ διακηκοέναι φέρουσιν. γνώριμος δ' οὗτος γεγόνει Παύλου, strom VII c.XVII 106,4 = GCS 172, S.75 Z.15-18). Der Wortlaut dürfte darauf hinweisen, daß nicht schon Basilides selbst, sondern „erst die Basilidianer Glaukias zum Dolmetscher des Petrus erhoben" (M. Hengel, Probleme des Markusevangeliums, in: Das Evangelium und die Evangelien, hg.v. P. Stuhlmacher, 1983, S.250 in Anm.64 zu S.249). Vgl. auch Hippol. ref VII 20,1: Βασιλείδης τοίνυν καὶ Ἰσίδωρος, ὁ Βασιλείδου παῖς γνήσιος καὶ μαθητής, φασὶν εἰρηκέναι Ματθίαν αὐτοῖς λόγους ἀποκρύφους, οὓς ἤκουσε παρὰ τοῦ σωτῆρος κατ' ἰδίαν διδαχθείς.

[197] Nach Papias (bei Eus. h.e. III 39,15) soll der Presbyter gesagt haben: Μᾶρκος μὲν ἑρμηνευτὴς Πέτρου γενόμενος, ὅσα ἐμνημόνευσεν, ἀκριβῶς ἔγραψεν. Kurz darauf wird noch einmal hervorgehoben, daß Markus nach der Maßgabe seines Gedächtnisses geschrieben habe (γράψας ὡς ἀπεμνημόνευσεν). Das läßt darauf schließen, daß Petrus zu dieser Zeit bereits tot gewesen sein soll. Zum Ganzen vgl. M. Hengel, Probleme des Markusevangeliums, in: Das Evangelium und die Evangelien, hg.v. P. Stuhlmacher, 1983, S.244-252.

Markus im antimarkionitischen Kampf des 3. Jahrhunderts kurzerhand zu einem Mitglied des erweiterten Jüngerkreises und folglich zu einem Augenzeugen Jesu gemacht.[198] Wir können hier eine ganz folgerichtige Entwicklung beobachten, im Laufe derer die Authentizität des 2. Evangeliums zunächst dadurch unterstrichen wird, daß Petrus in steigendem Maße als sein Garant herangezogen wird, schließlich dadurch, daß Markus selbst als Primärzeuge vorgestellt wird.[199] Man kann nicht sagen, daß es der Kirche leichtgefallen sei, ihr 2. Evangelium zu verteidigen. Wenn es in den 20er oder 30er Jahren des 2. Jahrhunderts tatsächlich anonym vorgelegen hätte, so hätte man sich viel Mühe sparen können, indem man es gleich einem Apostel, nämlich Petrus, zuschrieb. Einer solchen Zuschreibung konnte nur eines entgegenstehen, und zwar die verbreitete und nicht zu übergehende Überlieferung, daß Markus der Verfasser sei.

Nicht viel anders verhält es sich mit dem 3. Evangelisten. Gewiß, im Proömium gibt der Autor für unsere Begriffe unmißverständlich zu verstehen, daß er kein Augenzeuge der Geschichte Jesu war. Aber man mußte es seinen Worten nicht entnehmen; sehr penibel war die altkirchliche Exegese nicht, wenn es um vitale kirchliche oder theologische Interessen ging. Wenn die Kirche in der Zuschreibung dieses Evangeliums freie Hand gehabt hätte, so wäre es durchaus möglich gewesen, es trotz der Selbstaussage in Lk 1,2 einem Jünger Jesu zuzuweisen. Der antimarkionitische Dialog *de recta in deum fide* (I 5) jedenfalls macht neben Markus auch Lukas zu einem Mitglied des 72er-Kreises.[200]

Schließlich ist noch ein weiteres festzuhalten: Sämtliche Evangelienschriften, die etwa bis zur Mitte des 2. Jahrhunderts entstanden, wurden entweder unter eigenem Namen (so vielleicht Basilides[201]) oder ohne Autorenangabe unter dem Namen bestimmter Gruppen (Nazaräer-, Ägypterevangelium) oder aber pseudonym unter den Namen solcher Personen herausgegeben, die Jesus gekannt haben (EvThom, Protev). Letzteres war zweifellos die Regel. Es gibt *kein einziges Evangelium*, das man fälschlich einem Apostelschüler zugeschrieben hätte. Wenn die Kirche in der Benennung ihres 2. und 3. Evangeliums durch keine Tradition gebunden gewesen wäre, warum hätte einzig sie sich mit zweitrangigen Zeugen begnügen sollen? Und falls Basilides, der das Lukasevangelium sicher kannte und

---

[198] Adamantius *dial* I 5 (GCS 4 S.10 Z.14f).

[199] Zur altkirchlichen Markus-Überlieferung vgl. M. Hengel, Entstehungszeit und Situation des Markusevangeliums, in: Markus-Philologie, hg.v. H. Cancik, 1984, S.3ff.

[200] Vgl. auch Epiph. *pan* LI 6,11.

[201] Zu den umstrittenen Evangelien des Kerinth, des Apelles und des Bardesanes s. H.C. Puech/B. Blatz in: Neutestamentliche Apokryphen I, ⁶1990, S.317-319.

benutzte[202], sein Evangelium unter seinem eigenen Namen veröffentlichte: Könnte das einen anderen Grund haben als den, daß er auch das (2. und) 3. Evangelium unter nicht-apostolischen Verfassernamen kannte?

(3) Selbst wenn man bereit wäre, diese Anfragen abzutun, so käme im Falle des 3. Evangelisten sogleich die nächste Schwierigkeit hinzu. Das Zeugnis bei Irenäus, „Lukas, der Paulusbegleiter, hat das von diesem gepredigte Evangelium in einem Buch niedergelegt", enthält ein offenbar unbeachtetes Problem. Das Lukasevangelium handelt ja von der Geschichte Jesu. Da Paulus aber selbst den Herrn nicht gesehen hat, ja in der frühen Zeit der nachösterlichen Gemeinde diese sogar verfolgt hat, wie konnte er da Garant für die lukanische Darstellung der - ihm selbst nur mittelbar zugekommenen - *historia Jesu* sein? Die Formulierung bei Irenäus, die in beinahe hilfloser Weise das - dort allerdings sinnvolle! - Verhältnis zwischen Petrus und dem Markusevangelium für Paulus und das Lukasevangelium reproduziert, dokumentiert die Schwierigkeit, die Überlieferung von Lukas, dem Paulusbegleiter, mit seiner Autorschaft in bezug auf das *Evangelium* zusammenzubringen. Sinnvoll wäre es gewesen, Paulus als Kronzeugen für *Acta* in Anspruch zu nehmen; aber eben das geschieht weder im Evangelienzeugnis bei Irenäus noch im muratorischen Fragment. Es ist nur folgerichtig, daß wir zwar apokryphe Paulusakten und -briefe sowie eine apokryphe Paulusapokalypse haben, aber *kein Evangelium* unter seinem Namen. Evangelienschriften wurden unter die Autorität des Petrus, Philippus, Thomas, Matthias, Maria, Jakobus oder gar unter die Gemeinschaft der Zwölf gestellt, also unter die Autorität von Jüngern oder Verwandten Jesu, die dessen irdischen Weg mitgegangen sind. Paulus war in dieser Hinsicht ein schlechter Kronzeuge. Das sah auch Tertullian, wenn er gegen die Markioniten und ihr Evangelium argumentierte: „Lukas war kein Apostel, sondern Apostelschüler, nicht Lehrer, sondern Schüler und damit geringer als sein Lehrer, gewiß in dem Maße zweitrangig (*posterior*), wie er Nachfolger eines späteren (*posterior*) Apostels, unstreitig des Paulus, war"[203], und fortfährt, daß selbst ein Evangelium unter des Paulus Namen

---

202 Das Wenige, was wir über das Evangelium des Basilides wissen, enthält Hinweise auf Lk 3,1; 4,19; 16,19ff und vermutlich 23,40f und ferner „ausdrückliche Verweise auf Johannes und die Paulusbriefe" (E. Mühlenberg, Art. Basilides, TRE V, 1980, S.296). Darüber hinaus scheint man annehmen zu dürfen, „daß die Geschichte des Lebens Jesu einschließlich der Passion mit den kanonischen Evangelien übereinstimmte" (ebd.).

203 *Porro Lucas non apostolus, sed apostolicus, non magister, sed discipulus, utique magistro minor, certe tanto posterior, quanto posterioris apostoli sectator, Pauli sine dubio* (Marc IV 2,4).

und aus seiner Hand nicht hinreichend wäre für den Glauben (*non sufficeret ad fidem*), wenn es nicht mit den Vorgängern übereinstimmte. Deshalb sei Paulus seinerzeit nach Jerusalem gegangen, um mit den ursprünglichen Aposteln (*auctores*) zu konferieren und in seinem Evangelium durch sie bestärkt zu werden. Wie Paulus ohne die Zustimmung der Jerusalemer Apostel vergeblich sich bemüht hätte, so auch Lukas, falls sein Evangelium nicht mit den vorangegangenen übereinstimmte: „Wenn also selbst der, der Lukas erleuchtet hat, die Autorität der Vorgänger sowohl für seinen Glauben als auch seine Predigt wünschte, um wieviel mehr muß ich sie für das Evangelium des Lukas verlangen, welche für das Evangelium seines Lehrers nötig war?"[204] Eben weil dieser Schatten auf dem 3. Evangelium lag, daß es sich für die Geschichte des irdischen Jesus nur auf Paulus berufen konnte, wurde Lukas wohl im Verlaufe der markionitischen Auseinandersetzungen in der Kirche zum ‚Schüler der Apostel' gemacht - eine Pauschalbezeichnung, die das Lukasevangelium trotz seiner Verwendung durch Markion für die Kirche retten sollte, um den Preis freilich, daß es den Evangelien der Apostel Matthäus und Johannes und des Petrusschülers Markus an Wert nachstehen sollte. Die ältesten Prologe zum 3. Evangelium verbinden die traditionelle Bezeichnung des Lukas als Paulusbegleiter und die aus der Not geborene Charakterisierung als Schüler der Apostel, indem sie eine chronologische Abfolge konstruieren: μαθητὴς ἀποστόλων γενόμενος καὶ ὕστερον Παύλῳ παρακολουθήσας; Irenäus löst dagegen die Spannung, indem er im Grad der Zugehörigkeit differenziert (*prosecutor ... apostolorum, maxime autem Pauli*, s.o.S.68). Der antimarkionitische Dialog *de recta in deum fide* geht nur den nächsten Schritt in dieser Richtung, wenn er Lukas zu einem der 72 Jünger Jesu macht (s.o.S.75).

(4) Man könnte nun dagegen einwenden, daß der 3. Evangelist durch die Wir-Erzählungen der Apostelgeschichte als Paulusbegleiter erkennbar war und man insofern keine ganz freie Hand hatte in der Wahl seines Namens. Aber auch dieser Einwand greift nicht. Denn zum einen wissen wir nicht, ob Acta schon zu der Zeit, als das 3. Evangelium unter dem Namen des Lukas bekannt war, zur Kenntnis genommen wurde. Die Verwendung von Acta kann jedenfalls vor Justin nicht sicher nachgewiesen werden. Freilich, ich möchte annehmen, daß man etwa im Rom der 20er Jahre des 2. Jahrhunderts nicht nur das Lukasevangelium, sondern auch die

---

[204] *Igitur si ipse inluminator Lucae auctoritatem antecessorum et fidei et praedicationi suae optauit, quanto magis eam euangelio Lucae expostulem, quae euangelio magistri eius fuit necessaria? (Marc IV 2,5).*

Apostelgeschichte wohl kannte. Nur scheint es mir fraglich zu sein, ob man in diesem Fall aus den beiden Büchern tatsächlich folgern mußte, daß sie von ein und derselben Person geschrieben worden waren. Bereits Kerdon, der angebliche Lehrer Markions, soll ein - allerdings verkürztes - Lukas-evangelium und einige, wenn auch redigierte Paulusbriefe akzeptiert, „die Apostelgeschichte und die Apokalypse" jedoch „als falsch zurückgewiesen" haben[205]; auch Markion selbst konnte auf das Lukasevangelium zurück-greifen, ohne damit zugleich Acta in Kauf nehmen zu müssen, und gegen Ende des 2. Jahrhunderts akzeptierten die Severianer zwar das Gesetz, die Propheten und die Evangelien, lehnten aber die Paulusbriefe und die Apostelgeschichte ab (bei Eus. *h.e.* IV 29,5). Auch in späterer Zeit gab es noch Leute, die Lukas zwar das Evangelium beließen, die Apostelgeschich-te aber teils dem römischen Clemens, teils Barnabas zuschrieben.[206] Es wäre also zweifellos möglich gewesen, Acta einem Paulusbegleiter, das 3. Evangelium aber einem Apostel zuzuweisen, wenn die Überlieferung es nicht bereits mit dem Namen eines Paulusschülers verbunden hätte. Es fällt überhaupt auf, daß der Name des Lukas· sehr viel enger am Evangelium haftet als an Acta. Nirgends wird eine umgekehrte Übertragung erkennbar. Wie aber sollte man dem 3. Evangelium entnehmen, daß es von einem Paulusbegleiter geschrieben wurde?

(5) Aber selbst dann, wenn die Kirche von der Apostelgeschichte her auf einen Paulusbegleiter als Verfasser des 3. Evangeliums geschlossen hätte, so bliebe immer noch völlig unerfindlich, wie man bei der Suche nach einem geeigneten Verfasser ausgerechnet auf den Namen des Lukas kommen konnte. Wenn Cadbury zur Frage nach dem Autor meint: "Why the early church answered 'Luke' we can only guess"[207], so setzt er die

---

[205] *Solum euangelium Lucae nec tamen totum recipit. Apostoli Pauli neque omnes neque totas epistolas sumit. Acta Apostolorum et Apocalypsim quasi falsa reicit* (PsTert. *haer* VI 1).

[206] Johannes Chrysostomus berichtet zu Beginn seiner 1. Homilie über die Apostelgeschichte (400 n.Chr.), Acta sei vielen unbekannt, sowohl das Buch selbst als auch sein Autor (πολλοῖς τουτὶ τὸ βιβλίον οὐδ' ὅτι ἔνι γνώριμόν ἐστιν, οὔτε αὐτό, οὔτε ὁ γράψας αὐτὸ καὶ συνθείς, PG 60, S.13). Photius berich-tet, noch im 9. Jh. schrieben einige die Apostelgeschichte dem Clemens zu, andere Barnabas, andere dem Evangelisten Lukas (*amphiloch* 123: τὸν δὲ συγγραφέα τῶν Πράξεων οἱ μὲν Κλήμεντα λέγουσιν τὸν 'Ρώμης, ἄλλοι δὲ Βαρνάβαν, καὶ ἄλλοι Λουκᾶν τὸν εὐαγγελιστήν); Photius entscheidet sich für letzteres, weil Act 1,1 auf ein früheres Werk über die Taten des Herrn verweist und die Erzählung von der Himmelfahrt Christi eine Art Klammer zwischen diesen beiden Büchern bildet.

[207] The Identity of the Editor of Luke and Acts. I. The Tradition, in: The Beginnings of Christianity II, S.261.

Richtigkeit seiner Kombinations-Theorie schon voraus. Tatsächlich können wir die Gründe für eine solche Zuschreibung nicht einmal erraten. Es boten sich wahrlich bedeutendere Personen an: In erster Linie wäre an Silas/Silvanus zu denken, der in Act 15,22-18,11 eine nicht unerhebliche Rolle spielt und als Jerusalemer dem Bericht des Evangeliums sehr viel näher stand; in den Paulusbriefen erscheint er als Mitverfasser der Thessalonicherbriefe, und durch seine Verbindung mit Petrus (I Petr 5,12) wäre ihm auch der Zugang zur Jesustradition gesichert gewesen. Daß die namentliche Erwähnung des Silas in der Apostelgeschichte unverbunden neben den Wir-Erzählungen steht, wäre kein Argument gegen seine Autorschaft gewesen; auch im Esrabuch erzählt Esra teilweise in der 1. Person, teilweise wird in der 3. Person über ihn erzählt, und dennoch wurde er für den Autor des Buches gehalten.[208] Neben Silas wäre auch Timotheus in Betracht gekommen.[209] Was sollte aber auf Lukas deuten? In Phlm 24 rangiert er ebenso unter ‚ferner liefen' wie in Kol 4,14. Lediglich II Tim 4,11 (Λουκᾶς ἐστιν μόνος μετ' ἐμοῦ) hebt ihn hervor. Dieser Brief aber ist erheblich (m.E. mindestens 20, eher sogar 30-40 Jahre) jünger als die lukanischen Schriften. Will man allen Ernstes annehmen, das 3. Evangelium und Acta seien bis zum Beginn des 2. Jahrhunderts anonym geblieben, dann habe jemand aus völlig unerfindlichen Gründen die Bedeutsamkeit des zuvor marginalen Paulusbegleiters Lukas gesteigert, und wiederum etwa 2 Jahrzehnte später habe man daraufhin seinen Namen für das Doppelwerk beansprucht?

Tatsächlich ist die beliebte These, die Zuschreibung des 2. Evangeliums an Markus sei aus I Petr 5,13 (Μᾶρκος ὁ υἱός μου), die des dritten an Lukas aus II Tim 4,11 (Λουκᾶς ἐστιν μόνος μετ' ἐμοῦ) ‚entwickelt' worden, kaum plausibel. Niemand unternimmt auch nur den leisesten Versuch der Begründung, warum man gegen Ende des 1. Jahrhunderts (I Petr ist wohl ca. Mitte der 90er Jahre anzusetzen) und zu Beginn des 2. Jahrhunderts (II Tim) Markus und Lukas so pointiert herausstellte. Wenn sich die Brieffälscher mit Personalangaben den Anschein des Echten geben wollten, so konnte - ich halte das freilich nicht für wahrscheinlich - die Verbindung zwischen Petrus und Silas/Silvanus in I Petr 5,12 dem Bericht von Act 15 entnommen werden; aber wozu die Erwähnung des Markus? Dasselbe gilt für die Nennung des Lukas in II Tim 4,11: Welches Motiv mochte der Briefschreiber gehabt haben, ausgerechnet ihn zum

---

[208] Vgl. dazu die ausführliche Erzählanalyse u.S.111ff.176

[209] Die Differenzierung zwischen den ‚sie', zu denen nach Act 20,4 offenbar Timotheus gehört, und den ‚wir' in 20,5 hätte dem nicht entgegengestanden: οὗτοι konnte auch auf Tychikus und Trophimus begrenzt werden (s.u.S.90).

‚letzten Getreuen' des Apostels zu stilisieren? So wenig diese Fragen unter der angegebenen Voraussetzung zu beantworten sind, so merkwürdig ist auf der anderen Seite der ‚Zufall', daß die Kirche auf der Suche nach geeigneten Verfassernamen für zwei ihrer Evangelien ausgerechnet in solchen Briefen ‚fündig' geworden sein soll, die um Jahrzehnte *jünger* sind als die beiden Evangelien. Wer mit einer solchen Kette von Seltsamkeiten nichts anzufangen weiß, tut besser daran, den umgekehrten Sachverhalt anzunehmen: Eben weil die Verfasser des 1. Petrus- und des 2. Timotheus-briefes Markus und Lukas bereits als Autoren von Evangelienschriften kennen, hatten sie Grund dazu, diese beiden im Namen des Petrus (I Petr) und Paulus (II Tim) hervorzuheben. Schon Karl Schrader hatte zu II Tim 4,11, wo außer Lukas (ἔστιν μόνος μετ' ἐμοῦ) auch Markus (ἔστιν γάρ μοι εὔχρηστος εἰς διακονίαν) lobend hervorgehoben wird, bemerkt: „Die angeblichen Verfasser evangelischer Memorabilien werden hier vor allen Andern gerühmt."[210] Ob der Verfasser der Pastoralbriefe auch bereits die Apostelgeschichte voraussetzt, kann m.E. nicht mehr sicher entschieden werden; falls ja, so wurde sie jedenfalls in recht freier Weise verwendet.[211]

Es gibt nach alledem keinen hinreichenden Grund, in der Überlieferung von der Person des Autors Lukas bewußte Fiktion aus kirchenpolitischen Interessen heraus zu sehen. Damit gewinnt aber die altkirchliche Versicherung, Lukas, der Paulusbegleiter, habe das Evangelium verfaßt, an Bedeutung. Das äußere Zeugnis ist gerade deswegen, weil ein Paulusbegleiter für die Abfassung einer ‚Geschichte Jesu' schwerlich als geeignet erscheinen konnte, stark; es deutet darauf hin, daß hier historische Erinnerung erhalten ist. Wenn dem keine gewichtigen inneren Gründe entgegen-

---

[210] Der Apostel Paulus V, 1836, S.431. Die Erwähnung der ‚Bücher' und ‚Pergamente' in V.13 hält Schrader gar für eine deutliche Anspielung auf die Schriften des Lukas und Markus: „Bei Lucas und Markus fallen dem Verfasser natürlich die Bücher, die Hypotyposen, Memorabilien, Evangelien ein" (ebd.), die unausgesprochen den „verfälschten Abschriften der Ketzer", ihren „verstümmelten Briefe(n)" und „unechten Evangelien" (S.432) gegenübergestellt werden.

[211] M. Dibelius nahm an, II Tim setze die Kenntnis der Apostelgeschichte voraus (Die Pastoralbriefe, ⁴1966, hg.v. H. Conzelmann, S.95). A. Strobel stellte eine Fülle von sprachlichen und inhaltlichen Übereinstimmungen zwischen den Pastoralbriefen und Acta zusammen. Er deutete diese Parallelen allerdings nicht im Sinne literarischer Abhängigkeit, sondern erklärte sie dadurch, daß Lukas neben dem 3. Evangelium und Acta auch die Pastoralbriefe verfaßt habe; II Tim 4,11 wertete er als Hinweis auf den Verfasser des Briefes (Schreiben des Lukas? Zum sprachlichen Problem der Pastoralbriefe, NTS 15, 1968/9, S.191-210). Diese Annahme halte ich für verfehlt; dagegen spricht schon die völlig andersgeartete Konzeption der Romreise des Paulus in II Tim (s. dazu auch u.S.219-221 mit Anm.39 zu S.221).

stehen, gibt es keinen Anlaß, an seiner Glaubwürdigkeit zu zweifeln. Einem dieser Gründe, die in der Debatte um den Autor des dritten Evangeliums und der Acta diskutiert werden, nämlich den Wir-Stücken, werden wir in den beiden folgenden Kapiteln nachgehen.

Kapitel 2

Das literarische Problem der Wir-Erzählungen in der Apostelgeschichte

Die Wir-Erzählungen der Apostelgeschichte gehören zu den spannendsten und faszinierendsten Kapiteln der neutestamentlichen Wissenschaft. Solange man die traditionelle Zuschreibung des Doppelwerks an Lukas fraglos hinnahm, wurden diese Textpartien als Augenzeugenberichte des Verfassers aufgenommen; zumindest der gesamte Paulus-Teil des Buches galt dann als eine historische Quelle ersten Ranges, die nicht nur über den äußeren Verlauf der Wirksamkeit des Heidenapostels, sondern auch über seine Theologie Aufschluß geben konnte. Sobald jedoch gewichtige Zweifel daran aufkamen, daß ein Paulusbegleiter die unter dem Namen des Lukas auf uns gekommenen Bücher geschrieben haben könne, veränderte sich das Bild von diesem Schriftsteller drastisch. Die verblüffenden Schwankungen, denen es unterworfen war, spiegeln sich in der Auslegung der Wir-Stücke, die nun zu einem außerordentlichen Problem wurden. Wie sollte man erklären, daß einer, der Paulus nie gekannt hat, einzelne Abschnitte aus dem Leben dieses Apostels in Wir-Form erzählt? Die Lösungsvorschläge, die in den vergangenen 200 Jahren unterbreitet wurden, lassen an Vielfalt keine Wünsche offen. Vom Gedanken eines Quellenrelikts, das der arglose, Vorlage um Vorlage kopierende Schreiberling zu tilgen unterließ, führte der Weg zur Annahme verschiedener literarischer Zwecke, die der geschickt operierende Schriftsteller durch die Wir-Erzählungen zu erreichen suche, sei es, daß er nach dem Modell der alttestamentlichen Historiographie seinen Gewährsmann zu Wort kommen lassen wolle, sei es, daß er nach dem Vorbild der hellenistischen Geschichtsschreibung seine See-Erfahrung dokumentiere, sei es, daß er sich den literarischen Gepflogenheiten antiker Seefahrts-Erzählungen anpasse. Die Reihe der angebotenen Interpretationsmodelle ließe sich noch verlängern. In jedem einzelnen Fall ist mit der Deutung der Wir-Erzählungen zugleich eine exakte Bestimmung der kulturellen Heimat des Autors *ad Theophilum* verbunden: Entweder ist er ein literarisch unfähiger Pseudoschriftsteller oder ein Historiker, sei es alttestamentlich-jüdischen, sei es griechisch-hellenistischen Zuschnitts, oder aber ein Unterhaltungs- und Erbauungsschriftsteller. Mit der Frage nach der historischen Identität des Autors *ad Theophilum* steht also immer zu-

gleich seine literarische und theologische Identität auf dem Spiel. Nur so ist
es zu erklären, daß ausgerechnet in seinem Falle - anders als bei den drei
anderen Evangelisten - fast in jeder Monographie über sein Werk, oft schon
gleich zu Beginn, festgehalten wird, daß der Name Lukas nur aus praktischen Gründen Verwendung finden werde. Offenbar ist damit schon eine
Vorentscheidung getroffen, die den weiteren Gang der Untersuchung nicht
unerheblich mitbestimmt. Wenn es sich demnach zeigt, daß das historische
Vorurteil von solcher Bedeutung für das literarische Urteil ist, dann müßte
das die historisch-kritischen Exegeten nachdenklich stimmen. Was Martin
Dibelius über die Quellenkritik der Apostelgeschichte geschrieben hat, gilt
nach unserem gegenwärtigen Stand für die wissenschaftliche Beschäftigung
mit Texten insgesamt: „Es kommt ... darauf an, daß man nicht von vornherein mit Sachkritik, mit Fragen nach Möglichkeit oder Unmöglichkeit
des Vorgangs, an den Text herangeht, sondern zunächst fragt, *was der
Autor beabsichtigt und mit welchen Mitteln er arbeiten kann.*"[1] Tut man das
nicht, so läuft man Gefahr, in einen neuen Dogmatismus zu verfallen; aus
einer solchen Verengung der Perspektive hatte die historisch-kritische
Exegese gerade herausführen wollen. Um diesen methodischen Fehler zu
vermeiden, habe ich die literarische Behandlung der Wir-Stücke von der
historischen Betrachtung abgetrennt. Erst wenn wir gehört haben, was
diese Texte sagen wollen, ist unser historisches Urteil über sie gefragt.

1. Teil

Die Apostelgeschichte als Ich-Erzählung
des Autors ›Lukas‹

Beginnen wir mit einem kurzen inhaltlichen Überblick über den 2.
Teil der Apostelgeschichte (Act 13-28), in den die Wir-Erzählungen ein-
gebettet sind[2]; dabei folgen wir im allgemeinen der alexandrinischen Textform, die im Novum Testamentum Graece[26] zugrundegelegt ist, berücksichtigen gegebenenfalls aber auch wichtige Varianten des »westlichen«

---

[1] Aufsätze zur Apostelgeschichte, [5]1968, S.95 (Hervorh. v. m.).

[2] Zur Variante des »westlichen« Textes, der den Wir-Erzähler bereits in Act 11,28
(συνεστραμμένων δὲ ἡμῶν) zu Wort kommen läßt, s.o.S.68 und u.S.268f. Zur text-
geschichtlichen Erweiterung der Wir-Erzählungen insgesamt vgl. die Untersuchungen
von J. Wehnert, Die Wir-Passagen der Apostelgeschichte, 1989, S.5-46.

Textes.[3] Es soll uns an dieser Stelle lediglich darum gehen nachzuvollziehen, welche Vorstellung der Verfasser der Apostelgeschichte von den berichteten Vorgängen hatte; die Erörterung historischer Fragen sowie Sachkritik sparen wir uns für das 3. Kapitel auf.

Nach Act 13f brachen Barnabas und Paulus als Missionsdelegierte der antiochenischen Gemeinde zur sog. 1. Missionsreise auf. Von Seleukia, dem Hafenort Antiochiens, setzten sie an die Ostküste Zyperns, der Heimat des Barnabas (4,36), über. Erst nach ihrer Ankunft in Salamis wird der Missionsgehilfe Johannes Markus - vermutlich der Vetter des Barnabas (Kol 4,10) - erwähnt (13,5), dessen Mutter ein Haus in Jerusalem besaß (12,12); wir erfahren nicht, ob er schon seit dem Aufbruch aus Antiochien - so nenne ich im folgenden die syrische Metropole zur Unterscheidung vom phrygischen Antiochia - in Begleitung der beiden Missionare war oder in Salamis neu hinzukam. Nachdem die drei die Insel von Ost nach West durchquert hatten, brachte ein Schiff sie an die pamphylische Küste. Während Johannes sich von ihnen trennte und nach Jerusalem zurückkehrte, gelangten „die Leute um Paulus" (οἱ περὶ Παῦλον, 13,13) - ist neben Barnabas an einen weiteren Begleiter gedacht? - nach Perge in Pamphylien. Ohne daß es dort zur Verkündigung des Evangeliums gekommen wäre, führte der Weg sie weiter ins ‚pisidische' Antiochia (Ἀντιόχεια ἡ Πισιδία)[4]; dort

---

3 Neben dem Apparat des NTG[26] und dem Novum Testamentum Domini Nostri Jesu Christi Latine III, hg.v. I. Wordsworth/H.I. White, 1954, wurden folgende ‚Rekonstruktionen' der »westlichen« Apostelgeschichte herangezogen: F. Blass, Acta apostolorum sive Lucae ad Theophilum liber alter, 1895; T. Zahn, Die Urausgabe der Apostelgeschichte des Lucas, Forschungen zur Geschichte des neutestamentlichen Kanons IX, 1916; A.C. Clark, The Acts of the Apostles, 1933; M.E. Boismard/A. Lamouille, Le Texte occidental des Actes des Apôtres, 2 Bde., 1984. Zwar bin ich nicht der Auffassung, die »westliche« Textform gehe auf eine Erstauflage der Apostelgeschichte zurück, der der Autor (Blass, Zahn, Boismard/Lamouille) oder ein späterer Redaktor (Clark) eine überarbeitete Auflage habe folgen lassen, die mehr oder weniger direkt in der alexandrinischen Textform greifbar sein soll; dennoch halte ich es für denkbar, an einzelnen Stellen sogar für wahrscheinlich, daß im »westlichen« Text ursprüngliche Lesarten erhalten sind. Wenn meine (u.S.330-334 vorgeschlagene) Konjektur von Act 27,12 richtig ist, wäre im übrigen der definitive Beweis erbracht, daß der »westliche« Text, dort vertreten durch den Codex von Fleury, den (an dieser Stelle verderbten) alexandrinischen voraussetzt. Zur neueren Diskussion um den »westlichen« Text vgl. B. Aland, Entstehung, Charakter und Herkunft des sog. westlichen Textes untersucht an der Apostelgeschichte, ETL 62, 1986, S.5-65; G. Bouwman, Der Anfang der Apostelgeschichte und der ‚westliche' Text, in: Text and Testimony. FS A.F.J. Klijn, 1988, S.46-55.

4 Zu der Möglichkeit, Πισίδιος als Adjektiv aufzufassen, vgl. New Documents Illustrating Early Christianity IV 90. C.J. Hemer interpretiert die Formulierung im Sinne der tatsächlichen geographischen Gegebenheiten: "'The Pisidian Antioch' is an informal manner of allusion to a city of Phrygia on the Pisidian border." (The Book of Acts in the

gewannen Paulus und Barnabas viele Juden und Proselyten für das Christentum. Als daraufhin andere Juden gegen die Predigt des Paulus Position bezogen, wandten sich die beiden Missionare an die Heiden und hatten bei ihnen großen Erfolg. In der ganzen Gegend breitete sich das Wort Gottes aus. Von Juden aus Antiochia verjagt, zogen Paulus und Barnabas in Richtung Südosten und gelangten nach Ikonium. Dort mußten sie sich der drohenden Steinigung durch Flucht entziehen. So kamen sie nach Lykaonien, und zwar zunächst nach Lystra, wo Paulus dann doch gesteinigt wurde, anschließend nach Derbe. Damit war der Schlußpunkt der Reise erreicht. Der Rückweg führte wieder über Lystra, Ikonium, Antiochia und schließlich Perge, wo es nun zur Predigt kam (14,25). Im nahegelegenen Attalia - dem »westlichen« Text zufolge soll auch dort das Evangelium verkündigt worden sein (14,25) - schifften sich die Missionare ein und kehrten ins syrische Antiochien zurück. Dort beriefen sie eine Gemeindeversammlung ein und erstatteten Bericht über ihre Missionstätigkeit, die auch die Heiden einbezogen hatte.

An der Frage der Heidenmission sollte sich nun ein Streit entzünden (c.15). Einige Christen aus Judäa kamen nach Antiochien und vertraten dort die Auffassung, daß die Beschneidung unabdingbare Voraussetzung für das Heil sei. Nachdem es in dieser Sache zu einem heftigen Konflikt mit Paulus und Barnabas gekommen war, ordneten die antiochenischen Christen an, daß die beiden Missionare und einige andere Gemeindemitglieder (καί τινες ἄλλοι ἐξ αὐτῶν, 15,2) nach Jerusalem reisen und die Angelegenheit dort mit den Aposteln und Presbytern klären sollten. In Jerusalem angekommen, wurde eine Versammlung anberaumt. Nachdem zunächst Petrus und anschließend Paulus und Barnabas zu Wort gekommen waren, formulierte Jakobus einen Lösungsvorschlag: Die gesetzesfreie Heidenmission sei prinzipiell zu befürworten; allerdings sollten die Heiden jegliche Befleckung durch Götzen, Unzucht sowie durch den Verzehr von

---

Setting of Hellenistic History, 1989, S.201) Dies ist ein Beispiel dafür, wie vorschnell eingetragene historische Fragestellungen den Blick für die Aussageabsicht eines Autors versperren können. Der Autor *ad Theophilum* notiert in c.13f jeweils das Erreichen einer neuen Landschaft: zuerst Pamphylien (Πέργη τῆς Παμφυλίας, 13,13), zuletzt die lykaonischen Städte (αἱ πόλεις τῆς Λυκαονίας) Lystra und Derbe (14,6); die dazwischenliegenden Stationen, nämlich (die tatsächlich phrygischen Städte) Antiochia und Ikonium, hat er (zu Unrecht) zu Pisidien gerechnet. Das beweist die Beschreibung des Rückwegs: Von Derbe kehrten die Missionare nach Lystra, Ikonium und Antiochia zurück (14,21); „und nachdem sie Pisidien durchreist hatten, kamen sie nach Pamphylien" (14,24). Ἀντιόχεια ἡ Πισιδία ist also gleichbedeutend mit der - durch den »westlichen« und den byzantinischen Text gebotenen - Variante Ἀντιόχεια τῆς Πισιδίας. Diese Feststellung hat Folgen für die Deutung von Act 16,6 (s.u.S.88 mit Anm.7).

Ersticktem - diese Klausel fehlt im »westlichen« Text - und Blutigem meiden. Dieser Vorschlag fand die Zustimmung der Jerusalemer Apostel, Presbyter und der gesamten Gemeinde. Sie beschlossen, zwei Leute in führender Position, Judas Barsabbas und Silas, mit Paulus und Barnabas nach Antiochien zu senden und ihnen einen Brief an die heidenchristlichen Gemeinden in „Antiochien, Syrien und Kilikien" (15,23) mitzugeben, in dem diesen der Jerusalemer Beschluß mitgeteilt werden sollte. Gemeinsam reisten die Jerusalemer Abgesandten mit den Antiochenern in die syrische Metropole und überreichten dort das Schreiben der Jerusalemer.

Nach einiger Zeit beschlossen Paulus und Barnabas, die auf der ersten Reise gegründeten Gemeinden zu besuchen (15,36). Da Barnabas Johannes Markus mitnehmen wollte, der beim letzten Mal vorzeitig nach Jerusalem zurückgekehrt war, kam es zum Konflikt mit Paulus. Die beiden Missionare gingen getrennte Wege: Barnabas brach mit Markus nach Zypern auf, während Paulus Silas zum Begleiter wählte, „Syrien und Kilikien durchreiste" (15,41) und dabei ‚die Gemeinden' stärkte (15,37-41); um welche Gemeinden es sich dabei handelte, wird nicht ausdrücklich gesagt.[5] Diesmal von Osten her kommend, erreichte Paulus zunächst Derbe und dann Lystra. Dort traf er auf Timotheus, den Sohn einer jüdischen Mutter, die Christin geworden war, und eines griechischen Vaters; da der Apostel ihn mit auf die Reise nehmen wollte, beschnitt er ihn „mit Rücksicht auf die Juden in jenen Gegenden" (16,3). Zu dritt brachen sie von Lystra auf; unterwegs überreichten sie den Christen verschiedener Städte, die nicht näher spezifiziert werden, die Beschlüsse des Apostelkonzils (16,1-4); vermutlich soll man an Ikonium und Antiochia denken.[6]

---

5 Offenbar soll man doch - jedenfalls nach dem Text von NTG[26] - an einen Teil derjenigen Gemeinden denken, die auf der 1. Reise gegründet worden waren (s. folgende Anm.) und in denen das - an die Gemeinden Antiochiens, Syriens und Kilikiens gerichtete (15,23) - Aposteldekret übergeben worden sein soll (16,4). Act 15,41 wäre dann eine Art Überschrift für 16,1-5. Der Erzähler würde in diesem Fall einige Städte, die er zuvor noch zu Pisidien und Lykaonien rechnete (s.o. Anm.4), jetzt zu Syrien zählen, um einen Ausgleich mit der Adresse des Aposteldekrets herzustellen. Dem »westlichen« Text zufolge fand seine Übergabe bereits in 15,41 statt; bei den Gemeinden Syriens und Kilikiens könnte dann u.a. etwa an Tarsus (Act 9,30) gedacht sein. Paulus würde erst mit 16,1 das Missionsgebiet der vorigen Reise (Derbe, Lystra) betreten. Allerdings wird in 16,4 auch in diesem Gebiet, an das das Aposteldekret gar nicht gerichtet war, seine Übergabe erwähnt. Eine logische Schwierigkeit bleibt also in jedem Fall bestehen.

6 Nach Act 15,36 wollten Paulus und Barnabas κατὰ πόλιν πᾶσαν, in der sie das Wort des Herrn gepredigt hatten, nach dem Befinden der Brüder sehen. Da Barnabas Zypern übernahm (15,39), blieben für Paulus Perge, Antiochia, Ikonium, Lystra und Derbe. Einen Abstecher nach Perge, der der Reiseroute des Paulus zuwidergelaufen

Schließlich verließen sie offenbar die Missionsgebiete der voran-gegangenen Reise[7] und betraten Neuland: Sie durchzogen „das phrygische und galatische Land" (τὴν Φρυγίαν καὶ Γαλατικὴν χώραν, 16,6), da sie an der Predigt in Kleinasien vom heiligen Geist gehindert wurden; schließlich gelangten sie auf die Höhe von Mysien und wollten nach Bithynien weiterziehen, doch auch davon hielt sie der Geist Jesu ab. So blieb ihnen nur noch der Weg ans Meer nach Alexandria Troas.

Dort hatte Paulus die bekannte nächtliche Erscheinung eines Maze-doniers, der den Apostel zu sich auf europäischen Boden ruft. „Als er die Vision gehabt hatte, da begehrten wir sogleich, nach Mazedonien zu reisen; denn wir folgerten: ‚Gott hat uns gerufen, ihnen das Evangelium zu verkündigen.'" (16,10) Etwas anders erzählt hier der D-Text: „Als er nun erwacht war, beschrieb er uns die Vision, und wir erkannten, daß der Herr uns gerufen hat, denen in Mazedonien das Evangelium zu verkünden." Damit beginnt die erste Wir-Erzählung. Die Reise führte von Troas zur Insel Samothrake, tags darauf nach Neapolis und von dort nach Philippi, wo die Missionare bei Lydia zu Gast waren. Kurze Zeit später, noch bevor Paulus und Silas verhaftet wurden, verschwindet das ‚Wir' wieder (16,18). Nachdem Paulus und Silas aus der Haft in Philippi freigekommen waren, reisten sie über Amphipolis und Apollonia nach Thessaloniki, wo sie mindestens drei Wochen verbrachten (17,2). Erst in Beröa, der nächsten Station, wird auch Timotheus wieder erwähnt (17,14): Silas und Timotheus blieben in der mazedonischen Stadt zurück, während Christen aus Beröa Paulus ans Meer und dann offenbar mit dem Schiff nach Athen brachten (17,16ff); D fügt hinzu, daß Paulus an Thessalien vorbeifuhr, da er an der

---

wäre, soll man sich aber wohl kaum vorstellen; der Erzähler wird es der Route des Barnabas zugeschlagen haben.

[7] C.J. Hemer hat neuerdings wieder die Auffassung vertreten, bei ἡ Φρυγία καὶ Γαλατικὴ χώρα (16,6) sei an Ikonium und Antiochia gedacht; V.6 wäre dann die Weiterführung des in V.1 (Derbe, Lystra) begonnenen Besuches bei den neuen Ge-meinden (The Book of Acts in the Setting of Hellenistic History, 1989, S.281f; ihm folgt R. Riesner, Die Frühzeit des Paulus, 1990, S.240f [§ 15.2]). Eine solche Auslegung wird dem Text aus mehreren Gründen nicht gerecht: (1) Das in 15,36 erwähnte Vor-haben, man wolle die auf der vorigen Reise gegründeten Gemeinden besuchen (15,36), findet seine natürliche Entsprechung in 16,5: „Die Gemeinden nun wurden gestärkt im Glauben und nahmen täglich an Zahl zu." Das ursprünglich gesteckte Ziel ist hier also erreicht; demgegenüber markiert 16,6 einen neuen Abschnitt. (2) Wären Ikonium und Antiochia erst mit 16,6 im Blick, so fragt man sich, welche Städte dann in 16,4 gemeint sein sollen (s. vorige Anm.). (3) Schließlich haben wir oben (S.85 Anm.4) gesehen, daß der Autor der Apostelgeschichte die (tatsächlich phrygischen) Städte Ikonium und Antiochia offenbar zu Pisidien rechnete; also kann er sie nicht plötzlich unter ἡ Φρυγία καὶ Γαλατικὴ χώρα subsumieren, auch wenn dies sachlich zutreffen mag.

Verkündigung des Wortes gehindert war. In Athen angekommen, ließen die Reisebegleiter aus Beröa Paulus dort allein zurück und kehrten mit dem Auftrag heim, Silas und Timotheus sobald als möglich nachzusenden. Von Athen ging Paulus nach Korinth, wo er die nächsten eineinhalb Jahre lebte und wirkte (18,1ff); zunächst arbeitete er bei Aquila und Priskilla für seinen Lebensunterhalt, dann, als Silas und Timotheus aus Mazedonien nachgekommen waren, widmete er sich ganz der Mission. Nach 18 Monaten reiste Paulus schließlich in Begleitung von Priskilla und Aquila von Kenchreä (18,18), dem Hafenort Korinths an der Ägäis, nach Ephesus (18,19f), dann allein weiter nach Cäsarea (18,22), offenbar auch nach Jerusalem (18,22; vgl. den »westlichen« Text in 18,21) und schließlich zurück ins syrische Antiochien (18,22). Was derweil Silas und Timotheus taten, die zuletzt in Korinth erwähnt worden waren, wird uns vorenthalten.

In Antiochien hielt Paulus sich eine Weile auf, bevor er - allein? - zur sog. 3. Missionsreise aufbrach (18,23). Diese führte ihn zunächst durch „das galatische Land", dann durch Phrygien (διερχόμενος καθεξῆς τὴν Γαλατικὴν χώραν καὶ Φρυγίαν, 18,23). Dem »westlichen« Text zufolge wollte Paulus nun eigentlich wieder nach Jerusalem gehen, wurde jedoch vom ,Geist' angewiesen, in die Asia zurückzukehren (19,1). So durchquerte Paulus das Hochland und gelangte schließlich nach Ephesus, wo er mindestens 2 Jahre und 3 Monate blieb (19,8-10). Hier hören wir nun erstmals wieder von Timotheus, den Paulus zusammen mit Erastus nach Mazedonien schickte (19,22). Einige Zeit später kam Paulus nach (20,1). Er reiste durch die (D: alle) ,Gebiete' Mazedoniens und ermahnte die Christen. Schließlich erreichte er ,Griechenland' (Ἑλλάς), wo er ein weiteres Vierteljahr zubrachte (20,2-3a). Den genauen Ort erfahren wir nicht.

Im folgenden (20,3b-6) ist die Darstellung der Apostelgeschichte recht unklar. Nach allen Textzeugen außer D wollte sich Paulus von Hellas aus eigentlich nach Syrien einschiffen (vgl. 18,18ff); doch ein Anschlag, von dem der Apostel offenbar Wind bekommen hatte, zwang ihn umzuplanen. Er beschloß, durch Mazedonien zurückzukehren. Im Codex Vaticanus, dessen Lesart in seiner korrigierten Fassung (von einer unbedeutenden Ausnahme abgesehen) im NTG[26] übernommen ist, heißt es nun (V.4-6): „Es begleitete(n?) ihn aber (συνείπετο δὲ αὐτῷ) Sopater, Sohn des Pyrrhus, aus Beröa; von den Thessalonichern aber Aristarch und Sekundus; und Gaius Derbaios und Timotheus; von den Kleinasiaten aber Tychikus und Trophimus; diese aber (οὗτοι δέ) gingen voraus (προελθόντες, B*: kamen hinzu [προσελθόντες]) und warteten auf uns in Troas. Wir aber segelten nach den Tagen der ungesäuerten Brote von Philippi ab und kamen binnen 5 Tagen zu ihnen nach Troas, wo wir 7 Tage zubrachten." Wer ging

hier eigentlich wem und von wo an voraus? Und wer begleitete Paulus von
wo nach wo? Folgende Möglichkeiten scheinen mir denkbar: (1) ‚Diese' in
V.5 ist auf Paulus und die Sieben zu beziehen. In diesem Falle hätten wir es
mit insgesamt zwei Reisegruppen zu tun: Die in V.4 Genannten wählten den
Landweg über Mazedonien und Thrakien nach Alexandria Troas, während
die Wir-Gruppe von Philippi aus per Schiff nachkam. (2) ‚Diese' meint alle
außer Paulus und Sopater; dann wären Sopater und Paulus zunächst nach
Philippi und (a) von dort entweder zu zweit und auf dem Landweg oder (b)
per Schiff und in Begleitung mindestens einer weiteren Person (‚Wir') nach
Troas gereist, während die sechs übrigen wohl auf dem Seeweg von Hellas
nach Troas vorausgegangen wären. (3) Mit ‚diesen' sind lediglich Tychikus
und Trophimus gemeint, so daß Paulus, Sopater, Aristarch, Sekundus,
Gaius Derbaios und Timotheus nach Philippi und von dort (a) durch Thrakien oder (b) per Schiff nach Troas gelangten. Wir haben es also entweder
mit zwei oder mit drei Reisegruppen zu tun, deren jeweilige Zusammensetzung nicht eindeutig ist; vor allem ist unklar, ob der Wir-Erzähler schon
in Philippi bei Paulus war oder erst in Troas mit ihm zusammentraf. Im
Sinne der 1. Möglichkeit ist vielleicht der Codex Gigas zu verstehen, der
συνείπετο zu Beginn von V.4 pluralisch interpretiert (*et comitati sunt*)
und mit einem Teil des »westlichen« Textes sowie dem Mehrheitstext „bis
nach Asien" (*usque in Asiam*) hinzufügt. In V.5 läßt er δέ hinter οὗτοι
weg. Die Variante 2a wird vermutlich vom Codex Laudianus vorausgesetzt, der συνείπετο singularisch versteht (e: *comitabatur*) und ebenfalls
„bis nach Asien" einfügt; in V.5 liest er προσελθόντες. Die Peschitta, die
δέ sowohl hinter συνείπετο als auch hinter οὗτοι wegläßt und ebenfalls
„bis nach Asien" liest, denkt vielleicht an 2b. Die 3. Möglichkeit ist wohl
überall dort vorauszusetzen, wo συνείπετο pluralisch verstanden und in
V.5 προσελθόντες statt προελθόντες gelesen wird; dabei dürfte der Codex Alexandrinus, der in V.4 ἄχρι τῆς ᾿Ασίας einfügt und zwischen
Τιμόθεος und ᾿Ασιανοί einen kleinen Abstand läßt, eher an 3a denken,
der Codex Sinaiticus eher an 3b. Eine ganz andere, vierte Variante liegt im
Codex Bezae vor: Hier wollte Paulus offenbar noch länger in Hellas bleiben; erst auf den Anschlag hin wollte er sich per Schiff nach Syrien begeben, wurde aber vom ‚Geist' angewiesen, stattdessen durch Mazedonien
zurückzukehren. „Als er nun bis nach Asien fortgehen wollte, (da gingen)
Sopater ... und Timotheus, die Epheser Eutychos und Trophimus, diese
gingen voraus und warteten auf *ihn* in Troas. Wir aber usw." Hier reisten
die Sieben[8] offenbar von Hellas per Schiff nach Troas, während Paulus in

---

8   Im Sinne des Schreibers kommt vielleicht *Doub(e)rios - v.l.* für *Derbaios* - als 8.
Person hinzu; denn der in Stichen geordnete Text beginnt nach *Gaios* eine neue Zeile.

Philippi zur Wir-Gruppe stieß und gemeinsam mit ihnen nach Kleinasien segelte. Überschauen wir diese verschiedenen Möglichkeiten in bezug auf den Wir-Erzähler, so wird nicht deutlich, ob er in Philippi oder erst in Alexandria Troas wieder zu Paulus stieß - dann wäre er ohne den Anschlag und die Änderung der Reiseroute aus dem Rennen gewesen?[9] - oder ob er sich etwa schon vorher (aber seit wann?) bei dem Apostel befunden hat.

Wie dem auch sei, in Troas vereinigten sich die beiden Gruppen jedenfalls wieder. Den Rest der Reise bestritten sie alle zusammen, wenn man eine kurze und nebensächliche Trennung (20,13) einmal beiseiteläßt. Erst in Jerusalem verschwindet der Wir-Erzähler wieder, nachdem Paulus mit Jakobus und den Ältesten zusammengetroffen war. Weniger als 12 Tage später war Paulus bereits vor dem Statthalter Felix in Cäsarea (24,11). Dort blieb er zwei Jahre lang in Gefangenschaft, bis Festus die Nachfolge des Felix antrat (24,27). Dieser brachte den Stein wieder ins Rollen. Ca. zwei Wochen nach seinem Amtsantritt nahm er die steckengebliebene Untersuchung wieder auf (25,1.6). Offensichtlich dauerte es noch einige Zeit, bis die Reise nach Rom angetreten werden konnte. Bei ihr war der Wir-Erzähler wieder dabei (27,1-28,16); sie wird ca. 6 Monate gedauert haben. In der Hauptstadt des Reiches war Paulus dann berechtigt, zwei Jahre in seiner eigenen Mietwohnung zu leben und Besucher zu empfangen (28,10).

Versuchen wir nun, uns aufgrund dieses ersten Überblicks ein vorläufiges Bild von dem Wir-Erzähler zu machen:

(1) Auf seiner 2. Missionsreise begegnete Paulus spätestens in Alexandria Troas dem Wir-Erzähler, mit dem er vielleicht nur einige Tage zusammen war. Für die nächsten Jahre waren beide getrennt. Entgegen seiner ursprünglichen Planung traf Paulus auf der Rückfahrt von seiner 3. Reise die Entscheidung, über Mazedonien nach Jerusalem zu reisen. Möglicherweise - der Text von Acta könnte das jedenfalls zu verstehen geben - kam der Wir-Erzähler nur deshalb noch einmal mit Paulus zusammen. Die Reise von Philippi nach Jerusalem dauerte nur wenige Wochen. Zwei Jahre lang war Paulus dann in Gefangenschaft, und erst anläßlich seiner Reise nach Rom war der Wir-Erzähler diesmal längere Zeit, vielleicht 5 oder 6 Monate, mit dem Apostel verbunden. Die zwei Jahre in Rom schließen die Wirksamkeit des Apostels ab. Von den ca. 14 Jahren zwischen dem Beginn der zweiten Missionsreise und dem Ende des Romaufenthaltes hat der Wir-Erzähler demnach vielleicht nur ein dreiviertel Jahr im Umfeld des Paulus verbracht. Namentlich für die langen Aufenthalte des Paulus in Griechen-

---

[9]   Das könnte möglicherweise die Konsequenz sein, wenn man, wie etwa G. Stählin, den Wir-Erzähler erst wieder ab Philippi bei Paulus sein läßt (Die Apostelgeschichte, [5]1975, S.264).

land und Ephesus beansprucht er keine Augenzeugenschaft. Durch den
Wortlaut von Act 20,3ff könnte er möglicherweise zu verstehen geben, daß
er nur durch Zufall noch einmal mit dem Apostel zusammentraf.

(2) Freilich ist dieses Bild sogleich wieder insofern zu korrigieren, als
der 2. Teil der Apostelgeschichte ausschließlich an Paulus interessiert ist.
Nur für ihn lassen sich vollständige Reisen nachzeichnen. Alle anderen
kommen und gehen oft unbemerkt: Auf der 1. Reise erscheint Johannes
Markus erst beiläufig in Salamis; wann er hinzugekommen ist, erfahren wir
nicht. Silas begleitete Paulus auf der 2. Reise von Beginn an; dennoch wird
zunächst nur über Paulus erzählt (vgl. den Singular in 15,40-16,3). Bis zur
Ankunft des Silas in Korinth werden seine Reise-Etappen lückenlos aufgeführt; dort verliert sich dann seine Spur unbemerkt (18,5). Noch nach-
lässiger wird Timotheus behandelt: Zwar erfahren wir, daß er in Lystra zu
Paulus stieß (16,1-3) und den Apostel bis nach Philippi begleitete, doch
dann wird er plötzlich übergangen (16,19-17,13). Fortan ist nur noch von
Paulus und Silas die Rede, bis Paulus von Beröa nach Athen fährt und Silas
und Timotheus allein zurückläßt (17,14). Es wird später kurz notiert, daß
die beiden Mitarbeiter zu Paulus nach Korinth kommen (18,5), aber dann
ist auch Timotheus von der Bildfläche verschwunden, bis Paulus ihn einige
Jahre später von Ephesus nach Mazedonien sendet (19,21). Zuletzt tritt
Timotheus als Begleiter auf der Jerusalemreise in Erscheinung; es wird uns
nicht mitgeteilt, wo er sich dem Apostel wieder anschloß. Ob er in
Jerusalem bzw. Cäsarea blieb oder gleich wieder abreiste - wir erfahren es
nicht. Wenn die Mitarbeiter des Paulus nur sporadisch genannt werden, so
ist mit der Möglichkeit zu rechnen, daß auch der Wir-Erzähler mehr Zeit
mit Paulus verbracht hat, als er zu erkennen gibt.

(3) Werfen wir noch einen Blick auf das Tätigkeitsfeld des Wir-
Erzählers, so gliedert es sich in drei Aspekte:

(a) Immer befindet er sich zugleich mit anderen Personen im Reise-
gefolge des Paulus sind. In c.16 werden Silas und Timotheus ausdrücklich
genannt, in 20,4 Sopater, Aristarch, Sekundus, Gaius, Timotheus, Tychikus
und Trophimus, in 27,2 Aristarch.

(b) Die Predigt des Evangeliums gehört mit zu seinem Aufgaben-
gebiet: 16,10ff charakterisiert das Tun, an dem er mitwirkt, als εὐαγγελί-
ζεσθαι (16,10) , als λαλεῖν (16,13 wie Paulus 16,14) und καταγγέλλειν
ὁδὸν σωτηρίας (16,17), weshalb ihn die Magd mit dem Wahrsagegeist
auch mit zu den „Dienern des höchsten Gottes" (16,17) rechnen kann.[10]

---

[10] Diesen Aspekt hat E. Plümacher m.E. unterbewertet: Die Wir-Leute spielen in
seinen Augen „keine aktive Rolle", „sie sind bloße ... Statisten" (Art. Apostelgeschichte,
TRE III, 1978, S.514).

(c) Schließlich erscheint er auch im Rahmen der gottesdienstlichen Mahlgemeinschaft in Alexandria Troas (20,7f). Ob er dort wie Paulus Gast ist oder zu der dortigen Gemeinde gehört, wird nicht ersichtlich.

Damit ist das fragmentarische Bild nachgezeichnet, das die Wir-Stücke von ihrem Erzähler vermitteln. Offenbar will er etwas über sich mitteilen; aber es entstehen keine klaren Konturen, die ihm ein unverwechselbares Gesicht gäben. Daraus entsteht für uns das Problem seiner Identität.

1. Der Wir-Erzähler und der Verfasser der Apostelgeschichte

Über 1700 Jahre lang beschäftigte diese Frage kaum jemanden. Denn man kannte die Apostelgeschichte als ein Werk des Lukas, und dieser Lukas war aufgrund seiner dreimaligen Erwähnung im *Corpus Paulinum* kein völlig unbeschriebenes Blatt. So las man die Wir-Stücke in Acta als Erzählungen dieses Augenzeugen, der eigene Erlebnisse in seinem Doppelwerk mitverwertete. Wenn er in der 1. Person zu erzählen beginnt, „so macht dieser Lukas", wie Irenäus folgerte, „selbst deutlich, daß er von Paulus nicht zu trennen und sein Mitarbeiter am Evangelium war" (*haer* III 14,1).

1.1. Der Autor *ad Theophilum* als Kompilator?
Die Anfänge der Kritik der Wir-Stücke im 19. Jahrhundert

Die historische Kritik an diesem Bild setzte damit ein, daß sie das dritte Evangelium und Acta dem Paulusbegleiter Lukas abzusprechen sich gezwungen sah. Der wirkliche Autor der beiden Bücher müsse vielmehr (mindestens) eine Generation später angesetzt werden, könne also weder Lukas noch ein anderer Paulusbegleiter gewesen sein. Was hat dann das ‚Wir' zu bedeuten? Will man die moralische Integrität des Autors nicht in Zweifel ziehen, so scheint es am sichersten, das ‚Wir' als ein Versehen zu interpretieren. Vielleicht hat er aus Unbedachtheit eine in Wir-Form gehaltene Quelle unredigiert übernommen und so unbeabsichtigt den Eindruck erwecken können, er schreibe als Augenzeuge? Dann wollte er seine Teilnahme also gar nicht andeuten?

1.1.1. Bernhard Ludwig Koenigsmann

Die traditionelle Ansicht, der Autor des Doppelwerks sei wenigstens zeitweise ein Begleiter des Apostels Paulus gewesen, wurde erstmals im ausgehenden 18. Jahrhundert erschüttert. Im Jahr 1798 veröffentlichte Bernhard Ludwig Koenigsmann seine Abhandlung *de fontibus commentariorum sacrorum, qui Lucae nomen praeferunt deque eorum consilio et aetate*; David Julius Pott druckte sie vier Jahre später im 3. Band seiner *Sylloge commentationum theologicarum*[11] wieder ab. Sie ist großenteils eine Interpretation des Prologs zum 3. Evangelium; von dort aus geht Koenigsmann dann die Fragen nach den Quellen, dem Zweck und der Abfassungszeit der »lukanischen« Schriften an. Dabei setzt er anscheinend zweierlei voraus: daß »Lukas« ein bloßer Kompilator sei und folglich spät, nämlich in der ersten Hälfte des zweiten Jahrhunderts[12], geschrieben habe.

Lk 1,1-4 soll von Anfang an als Vorwort für das Evangelium *und* die Apostelgeschichte geschrieben worden sein. »Lukas« sehe in diesen Eingangsversen bereits auf eine Vielzahl ($\pi o \lambda \lambda o \acute{\iota}$) von Vorgängern für *beide* Teile des Doppelwerks zurück: Apostel (die $\alpha \grave{\upsilon} \tau \acute{o} \pi \tau \alpha \iota$) hätten Evangelien, ihre Schüler (die $\grave{\upsilon} \pi \eta \rho \acute{\varepsilon} \tau \alpha \iota$) Apostelakten verfaßt. Unter $\pi \alpha \rho \alpha \delta \iota \delta \acute{o} \nu \alpha \iota$ (Lk 1,2) sei also nicht mündliche, sondern schriftliche Überlieferung (*litteris tradere*) zu verstehen. Auf diese ursprünglichen Werke greifen unter anderem unsere beiden ersten Evangelien zurück, die folglich zu den $\pi o \lambda$-$\lambda o \acute{\iota}$ gehören. »Lukas« habe sein Doppelwerk geschrieben, indem er alle ($\pi \tilde{\alpha} \sigma \iota \nu$) Evangelien der Apostel und alle Acta der Apostelschüler genau studiert ($\pi \alpha \rho \eta \kappa o \lambda o \upsilon \theta \eta \kappa \acute{o} \tau \iota$) und dann hintereinander ($\kappa \alpha \theta \varepsilon \xi \tilde{\eta} \varsigma$) aufgezeichnet habe. Er wird somit, wenn man so sagen darf, zum ersten Verfasser einer Evangelien- und Acta-Harmonie; seine schriftstellerische Leistung ist rein redaktioneller Natur. Damit ist die Frage nach dem Zweck des Doppelwerks gleichsam schon beantwortet: Weil die Kompilationen der $\pi o \lambda \lambda o \acute{\iota}$ teils unvollständig, teils verstümmelt sind und die originalen Werke der Apostel und Apostelschüler nur auszugsweise wiedergeben, bedurfte es einer vollständigen Zusammenarbeit dieser ursprünglichen literarischen Zeugen; dies und nichts anderes wollte »Lukas« leisten.

Ist diese These so weit richtig, so müssen sich die Spuren der einzelnen Quellen im »lukanischen« Werk noch nachweisen lassen. Koenigsmann zählt eine Reihe von Hebraismen auf der einen, Latinismen auf der anderen Seite auf, die ihm die Verwendung zweier Quellen beweisen und den Schluß erlauben, „daß unser Autor jedem Schriftsteller seinen Stil gelassen hat"[13]. Die vielfältige inhaltliche und stilistische Verwandtschaft des 3. Evange-

---

11   1802, S.215-239; Zitate aus dieser lateinischen Untersuchung werden im folgenden im Text übersetzt, in den Anmerkungen gebe ich den originalen Wortlaut wieder.

12   A.a.O., S.237.

13   „Ex qua sermonis dissimilitudine satis apparet, suam cuique scriptori dictionem a Nostro esse relictam" (S.231).

liums mit den ersten beiden Evangelien erkläre sich daraus, daß alle drei dieselbe oder jedenfalls doch drei weitgehend identische Fassungen *einer* evangelischen Urschrift (*archetypus*) - der dritten Quelle - benutzt haben.

Schließlich nennt Koenigsmann als vierte nachweisbare Quelle die Wir-Stücke der Apostelgeschichte, die ein Apostelschüler abgefaßt habe. „Lukas ist nun in jenem Eifer, seine Vorlagen treu wiederzugeben, sogar so weit gegangen, daß er ab Act 16,10 den Autor, dessen Bericht er kopiert, nicht selten in eigener Person erzählen ließ, als sei nicht dieser, sondern er selbst der Begleiter auf den dort erzählten Reisen gewesen. Denn daß er für einen solchen Begleiter nicht angesehen werden will, hat er im Vorwort zum Gesamtwerk eindeutig gesagt, wo er sich ganz deutlich von denen unterscheidet, die bei dem Geschehen dabei waren."[14]

Die Gründe, warum Koenigsmanns Interpretation des Proömiums und sein Gesamtverständnis des »lukanischen« Werkes unannehmbar sind, brauche ich im einzelnen nicht aufzuführen; die Forschung der letzten hundert Jahre ist hier zurecht andere Wege gegangen. Es ist mir an dieser Stelle nur wichtig, die Voraussetzungen für seine Erklärung der Wir-Stücke zu resümieren. Sie liegen nicht in einer kritischen Analyse der betreffenden Passagen, sondern in Koenigsmanns Vorverständnis der Arbeitsweise - reine Kompilation - und der Datierung des »Lukas«, für die er im Proömium Bestätigung zu finden glaubte.

1.1.2. Friedrich Daniel Ernst Schleiermacher

Ein umfassendes theoretisches Fundament für die Kritik der Wir-Stücke wurde erstmals von Friedrich Daniel Ernst Schleiermacher gelegt. Obwohl er sich in Einzelfragen weitgehend an Koenigsmann anschloß, bedeutet doch die Konzeption als ganze, in die sich die Kritik jener Passagen einfügt, eine Neuerung, die auf die weitere Forschung von enormem Einfluß sein sollte. Wir müssen uns daher mit seinem Entwurf ausführlich auseinandersetzen.

Schleiermachers Argumentation läßt sich etwa so zusammenfassen: Der Autor des 3. Evangeliums hat auch die Apostelgeschichte geschrieben. Deutet der Verfasser der Acta in den Wir-Stücken seine persönliche Teilnahme an den dort berichteten Ereignissen an, so hat ein Paulusbegleiter

---

14 „Et Lucas quidem in illo exemplarium suorum fideliter exprimendorum studio usque eo processit, ut sineret etiam inde ab Act.XVI,10. auctorem narrationis, a se repetitae, haud raro ex sua persona loqui, quasi non tam hic, quam ipse, itinerum ibi expositorum fuisset comes. Nam pro tali haberi se nolle, abunde declarat in totius operis prooemio, ubi se ab iis, *qui rei gestae interfuere*, liquido prorsus discernit." (S.231f)

das dritte Evangelium geschrieben. Das aber ist undenkbar. Also muß sich für das sporadische ‚Wir' eine andere Erklärung finden lassen. Wie aber kommt Schleiermacher zu der Überzeugung, ein Begleiter des Paulus könne das 3. Evangelium nicht geschrieben haben?

In seiner ersten Abhandlung über die synoptische Frage, der 1817 erschienenen, Wilhelm Martin Leberecht de Wette gewidmeten Untersuchung *Ueber die Schriften des Lukas, ein kritischer Versuch. Erster Theil*[15], stellt Schleiermacher den 3. Evangelisten als einen Kompilator dar, der mehrere, jeweils in sich abgeschlossene ‚Aufsätze' zusammengestellt habe. Er sei also „von Anfang bis zu Ende nur Sammler und Ordner schon vorhandener Schriften, die er unverändert durch seine Hand gehen läßt"[16].

Wie man sich den Weg von der mündlichen Überlieferung über die ersten ‚Aufsätze' zu unseren Evangelien im einzelnen vorzustellen habe, trug Schleiermacher in seinen Vorlesungen über die *Einleitung ins Neue Testament* im Sommer 1829 und im Winter 1831/32 vor, die aufgrund seiner Entwürfe und einiger Hörernachschriften posthum herausgegeben wurden.[17] Die Apostel hatten, so Schleiermacher, zumindest in den ersten Jahrzehnten nach Jesu Tod und Auferstehung mit der Verkündigung (κή-ρυγμα) und der „Anordnung der kirchlichen Angelegenheiten" (Ermahnung) „genug zu thun" (228). Gleichwohl bedurfte es darüber hinaus, vor allem außerhalb Palästinas, auch einiger Nachrichten über Jesu Leben und Lehre als Hilfsmittel der apostolischen Tätigkeit. „Um die Bekanntschaft mit der Person Christi, wo er nicht gelebt hatte, zu ersetzen, mußten Notizen gegeben werden von seiner öffentlichen Erscheinung, von seiner Lehrthätigkeit und seinem Wunderthun, von der Catastrophe, die seinen Tod herbeiführte, und von seiner Auferstehung; diese Hauptpuncte bezogen sich auf das κήρυγμα. In Bezug auf das ermahnende Moment aber als Fundament und Beleg waren Aussprüche und Reden Christi nothwendig" (206f). Dieses erzählende Amt versahen die εὐαγγελισταί; sie mögen teils selbst Augenzeugen der Geschichte Jesu gewesen sein und ihren Erzählvorrat durch Austausch mit anderen Autopten vermehrt haben, teils überhaupt nur aus den Berichten anderer geschöpft haben.

Viele dieser ‚Evangelisten', so Schleiermacher weiter, werden unabhängig voneinander solche mündlichen Erzählzyklen niedergeschrieben haben, in anderen Fällen mochte es Notizen von Zuhörern geben. Diese ersten schriftlichen Abfassungen waren keine zusammenhängenden Schilderungen

---

15 Friedrich Schleiermacher's sämmtliche Werke I/2, 1836, S.1-220.

16 A.a.O., S.219.

17 Friedrich Schleiermacher's sämmtliche Werke I/8, 1845; darauf beziehen sich die Seitenangaben im folgenden Text.

des Lebens Jesu, sondern thematisch orientierte Einzelsammlungen, z.B. Zusammenstellungen der Wunder Jesu, seiner Gleichnisse etc. Das Bedürfnis nach einer zusammenhängenden Darstellung des Lebens Jesu kam wohl erst in einer Zeit auf, als kaum noch Augen- und Ohrenzeugen am Leben waren, d.h. „nach dem jüdischen Kriege am Ende des apostolischen Zeitalters" (232, im Original gesperrt). Nun gab es offensichtlich zwei Möglichkeiten: Entweder konnten es nun Kompilatoren unternehmen, aus den zahlreichen Einzelschriften einen umfassenden Bericht über Jesu Wirken zu schaffen, oder ein noch lebender Anfangszeuge fand nun die „gewisse Ruhe und Muße" (218), um Selbsterlebtes aufzuzeichnen. In diesem Falle würde dem Werk eine biographische Geschlossenheit eignen, die den Kompilationen abgehen mußte. Betrachtet man nun unter diesem Blickwinkel die 4 kanonischen Evangelien, so stehen sich die Synoptiker und das Johannesevangelium in ihrer Darstellung des Lebens Jesu antagonistisch gegenüber; „entweder man muß das Evangelium Johannis für ein späteres Machwerk halten, oder man muß sich überzeugen, daß die andern drei nicht unmittelbar apostolischen Ursprungs sind" (283). Schleiermacher zögert nicht, sich zugunsten des vierten Evangeliums zu entscheiden; „denn das Evangelium des Johannes trägt so unverkennbare Spuren der Aechtheit und athmet so sehr auf jedem Blatt den Augenzeugen und persönlichen Theilnehmer, daß man sehr von Vorurtheilen eingenommen sein muß und aus der natürlichen Richtung hinausgeschoben, um an der Aechtheit zu zweifeln" (283).

Ziehen wir nun aus diesem Ergebnis Schlüsse über den Verfasser des »lukanischen« Doppelwerks, so kann er kein Paulusbegleiter gewesen sein; „denn wenn ein solcher ein Evangelium schreiben wollte, so hatte er viel Gelegenheit, unmittelbar an die Autopten zu kommen. Paulus selbst war keiner; aber denken wir einen Begleiter desselben mit der Absicht, ein Evangelium zu schreiben und zwar als das Resultat von eingezogenen Erkundigungen, so begreife ich nicht, wie es ihm nicht sollte möglich gewesen sein, mit oder durch Paulus nach Jerusalem zu kommen und die Apostel selbst zu befragen" (239) - ein Vorgehen, das für die Synoptiker insgesamt in Abrede gestellt werden mußte.

War der Autor *ad Theophilum* also kein Paulusbegleiter, so hat er nicht nur das Evangelium, sondern auch die Apostelgeschichte aus Quellen zusammengestellt. Dieses methodische Vorgehen bekennt der Evangelist selbst in Lk 1,1-4, so daß sich der Prolog von Anfang an auf beide Bücher bezogen haben muß.[18] Dann aber gehen auch die Wir-Stücke im zweiten Teil der Acta auf schriftliche Quellen zurück. Schleiermacher kann sich das

---

18 1817 hatte Schleiermacher noch geäußert, die „Zueignungsschrift" könne „nicht als gemeinschaftlich für beide Bücher angesehen werden" (SW I/2,S.14).

nur so erklären, daß »Lukas« für diesen Teil zahlreiche kurze Augenzeugenberichte zur Verfügung hatte, die bald in der 1., bald in der 3. Person
abgefaßt waren. „Nun kann man sich das leicht auch bei Erzählungen von
Augenzeugen denken, daß der Eine sich selbst mehr mit einschließt, der
Andre aber nicht" (350). Damit entfällt auch jeder Grund dafür, einen
literarischen Zusammenhang zwischen den 3 Wir-Stücken zu behaupten:
Die Tatsache, daß die erste Wir-Erzählung in Philippi abbricht (16,17) und
die zweite ebendort einsetzt (20,5), sei „etwas Zufälliges" (349); das letzte
Wir-Stück in c.27f sei „ganz offenbar ein Reisejournal, welches unmittelbar, nachdem die Reise vollbracht war, niedergeschrieben" (363) worden
ist, und stehe darum in keinerlei Zusammenhang mit den andern beiden.[19]

Dreh- und Angelpunkt der Schleiermacherschen Argumentation ist
die These, das 4. Evangelium sei apostolischer Herkunft und das dritte
folglich eine späte Kompilationsarbeit durch einen, der dem irdischen Jesus
und seinen Begleitern fernstand. Demgegenüber erscheint die innere Kritik
der Wir-Erzählungen als sekundär und gleichsam nachträglich - zur Unter-
mauerung - zusammengestellt:

(a) daß ein Augenzeuge in Acta hätte deutlicher auf seine Person
hinweisen müssen (348);

(b) daß die Funktion eines in Philippi bleibenden Augenzeugen nicht
bestimmt werden könne (348f);

(c) daß ein Paulusbegleiter dessen Briefe hätte kennen und besser über
das Leben des Apostels hätte Bescheid wissen müssen (367-370).

Freilich bedarf jede dieser kritischen Anfragen einer sorgfältigen
Prüfung. Schleiermacher konnte sich einer solchen enthoben fühlen, da für
ihn die Sache aufgrund seiner Gesamtkonzeption ohnehin erledigt war.

1.2. Der Autor *ad Theophilum* als nachlässiger Schriftsteller?
Auf der Suche nach Analogien

Schleiermachers These, die Wir-Stücke seien unredigierte Überbleib-
sel aus schriftlichen Vorlagen, wurde bereitwillig rezipiert. Besonderes
Interesse mußte an der Frage aufkommen, wer denn der wirkliche Verfas-

---

[19]   Schwanbeck behauptet, Schleiermacher habe im Anschluß an de Wette die Wir-
Berichte auf Timotheus zurückgeführt (Ueber die Quellen der Schriften des Lukas, 1847,
S.93). Zunächst hat Schleiermacher diese Ansicht vielleicht vertreten; im 1. Vorlesungs-
entwurf von 1829 hatte er zu Act 16,9ff bemerkt, „Timotheus oder wer sonst" (SW I/8,
S.354 Anm.1) habe die Wir-Quelle verfaßt. Im Text von 1831/2 bestreitet er aber einen
literarischen Zusammenhang zwischen den drei Passagen; zudem fällt kein Name mehr.
Im übrigen hat sich nicht Schleiermacher auf de Wette, sondern de Wette auf Schleiermacher gestützt.

ser der Wir-Stücke sei. In der Vorrede zu seiner Untersuchung *Ueber die Schriften des Lukas* hatte Schleiermacher bereits 1817 bemerkt, daß „das Ansehn unseres Schriftstellers nicht zu verlieren sondern zu gewinnen (scheint), wenn man sein Werk auf frühere Werke *ursprünglicher und geistbegabter Augenzeugen des geschehenen* zurückführt"[20]. Nun wollte man natürlich wissen, wer der ‚geistbegabte Augenzeuge' war, der den Apostel bei seiner Europamission und auf seinen Reisen nach Jerusalem und Rom begleitet hatte. Schleiermacher selbst hatte den Namen Timotheus ins Spiel gebracht. Viele Spätere, die die ursprüngliche literarische Einheit aller drei Wir-Stücke behaupteten, folgten ihm darin.[21] Aber auch Silas[22], Titus[23], Lukas[24] und Epaphroditus[25] wurden genannt, wobei Silas auch einmal mit Titus[26] oder Lukas[27] identifiziert wurde.

---

[20]   SW I/2, S.XV (Hervorh. v. m.).

[21]   F. Bleek, Rez. E.Th. Mayerhoff, Historisch-kritische Einleitung in die petrinischen Schriften, ThStKr 9, 1836, S.1026. 1032f; M. Ulrich, Kommt Lukas wirklich in der Apostelgeschichte vor?, ThStKr 10, 1837, S.374; W.M.L. de Wette, Lehrbuch der historisch-kritischen Einleitung in die kanonischen Bücher des Neuen Testaments, ⁴1842, S.204f; W. Beyschlag, Die Bekehrung des Apostels Paulus, ThStKr 37, 1864, S.215.

[22]   E.A. Schwanbeck, Ueber die Quellen der Schriften des Lukas, 1847.

[23]   So wohl zuerst L. Horst, dessen *Essai sur les sources de la deuxième partie des Actes des Apôtres* (Straßburg 1849) ich nicht gesehen habe; ferner M. Krenkel, Paulus, 1869, S.213-215 (unabhängig von Horst); J.J. Kneucker, Die Anfänge des Römischen Christenthums, 1881, S.13-15.

[24]   A.F. Gfrörer, Geschichte des Urchristenthums II/2, 1838, S.243-247; F.C. Baur, Paulus, der Apostel Jesu Christi I, ²1866, S.16f; H.J. Holtzmann, Ueber den sogenannten Wirbericht der Apostelgeschichte, ZWTh 24, 1881, S.408-420; C. Clemen, Die Apostelgeschichte im Lichte der neueren text-, quellen- und historisch-kritischen Forschungen, 1905, S.35.

[25]   J.A. Blaisdell, The Authorship of the "We" Sections of the Book of Acts, HThR 13, 1920, S.136-158 (bes. 148ff).

[26]   W. Seufert, Titus Silvanus (ΣΙΛΑΣ) und der Verfasser des ersten Petrusbriefes, ZWTh 28, 1885, S.367ff.

[27]   G. Kohlreiff (Chronologia sacra, 1724, S.99) verzeichnet unter den Ereignissen des Jahres 4552 nach Erschaffung der Welt (= 44 n.Chr.): „Paulus adsciscit sibi Silam, s. Siluanum, h.e. *Lucam*, Euangelistam, Act. XV,40. unde is ex eo tempore loquitur in prima Persona, Act. XVI,10.seqq. Lucas idem, quod Sanctus Silas: quemadmodum lucus sancta silua". Jeweils ohne Kenntnis der·(des) Vorgänger(s) vertraten dieselbe Auffassung mit derselben Begründung (*lucus* = Hain, *silva* = Wald, also Lukas = Silas) C.C. Hennell (Untersuchung über den Ursprung des Christenthums, 1840, S.104 A.a) und G. van Vloten (Lucas und Silas, ZWTh 10, 1867, S.223-224). Für Kohlreiff und Hennell ist Silas alias Lukas freilich nicht nur der Wir-Erzähler, sondern damit zugleich Verfasser der Apostelgeschichte.

Diese Form der Quellenhypothese konnte so lange ohne weitere Begründung propagiert werden, wie der Autor des dritten Evangeliums und der Apostelgeschichte als ein literarisch impotenter Kompilator galt. Doch hatte Wilhelm Martin Leberecht de Wette bereits in der ersten Auflage seines *Lehrbuchs der historisch-kritischen Einleitung* von 1826 festgestellt: „Wenn Lukas, wie allerdings glaublich, schriftliche Quellen benutzt hat, so hat er sie frey bearbeitet und in ein Ganzes verschmolzen; denn überall (mit wenigen Ausnahmen) ist Zusammenhang und Rückbeziehung, und die Eigenthümlichkeit des Schriftstellers ist von Anfang bis zu Ende dieselbe."[28] Von diesem Urteil über die literarische Leistung des Autors *ad Theophilum* wich er auch dann nicht ab, als ihm die Übernahme einer fremden Denkschrift durch »Lukas« zunehmend zur Gewißheit wurde[29]; nachdenklich fügte er in der 4. Auflage von 1842 hinzu, daß es „schwer erklärlich bleibt, warum in obigen Stellen die erste Person stehen geblieben ist"[30]. Natürlich mußte nun der Versuch unternommen werden, das ,schwer Erklärliche' dennoch zu erklären. Es ist das Verdienst Eugen Schwanbecks, sich dieser Herausforderung in seinem 1847 erschienenen Buch *Ueber die Quellen der Apostelgeschichte* gestellt zu haben. Zwar wich er vom Bilde des Kompilators nicht wirklich ab und ging so hinter de Wettes kritische Selbstzweifel zurück; er versuchte nun allerdings, Analogien aus der Literaturgeschichte beizubringen. Für sachlich notwendig befand er solche Nachweise freilich nicht; denn man könne sich eigentlich mit der „*a priori* angenommenen Möglichkeit"[31] begnügen, daß es „in dem Kindesalter wie in der Untergangsperiode der Historiographie den Geschichtschreibern nicht gelingen will, die sprachliche Färbung ihrer Quellen zu bewältigen, ihren Werken den Stempel ihrer eigenen Individualität deutlich und kräftig aufzudrücken, sondern ... bei ihnen überall die Sprache ihrer Quelle unter der schwachen Tünche ihrer eigenen Diction hervorblickt"[32]. Wenn

---

[28] Lehrbuch der historisch-kritischen Einleitung in die kanonischen Bücher des Neuen Testaments, [1]1826, S.206 (= [2]1830, S.207).

[29] In der 1. Auflage von 1826 hatte de Wette geschrieben: „Es bleibt aber noch die Möglichkeit übrig, daß jene Stellen, wo der Erzähler von sich selber als Theilnehmer der Geschichte redet, einer fremden, von ihm eingeschalteten Denkschrift angehören." ([1]1826, S.204) Diesen Satz hat er zwar unverändert in die 2. Auflage übernommen ([2]1830, S.205); zugleich sprach er sich aber stärker für die Annahme einer schriftlichen Quelle in Act 13-28 aus und machte dabei den „Umstand" geltend, „daß der zweite Theil von Cap. XIII. an ein geschichtlicheres Gepräge trägt" (S.206).

[30] Op. cit., [4]1842, S.207.

[31] E.A. Schwanbeck, Ueber die Quellen der Apostelgeschichte, 1847, S.188.

[32] A.a.O., S.187.

Schwanbeck dennoch Belege anführt, so nur um der Skeptiker willen, „um unsere Ansicht gegen solche Zweifel zu schützen, und *zur völligen Evidenz zu erheben*"[33]. Zunächst verweist er pauschal auf Analogien aus arabischen Geschichtsschreibern und aus lateinischen Annalisten des Mittelalters. Sodann führt er Beispiele aus dem sächsischen Annalisten an, der die Chronik Thietmars von Merseburg und andere Augenzeugenberichte ausgeschrieben und dabei gelegentlich ein ‚Wir' oder ‚Ich' aus der Quelle stehengelassen hat. Ein ähnliches Verfahren findet Schwanbeck in den *Annales Mediolanenses* und in diversen Stadtchroniken.

Auch wenn nicht alle seine Belege zutreffen[34], so muß man darin Schwanbeck doch recht geben, daß mittelalterliche Chronisten ihre in Ich-Form abgefaßten Quellen unredigiert übernehmen konnten.[35] Das gestand auch Eduard Lekebusch, Schwanbecks erster Kritiker, ein.[36] Er lehnte es freilich ab, den „gewandten, elegant schreibenden Verfasser der Apostel-geschichte" mit den „form- und geschmacklosen mittelalterlichen Chroni-sten"[37] auf eine Stufe zu stellen. Gewiß, die polemische Disqualifikation der Chronisten trägt nichts zur Sache bei. Lekebusch hatte aber insofern recht mit seiner Kritik, als er die Zulässigkeit des Vergleichs abstritt. In der Tat müßten Analogien aus dem literarisch-kulturellen Umfeld des Autors *ad Theophilum*, also aus der antiken Erzählliteratur, beigebracht werden, die die unredigierte Übernahme von Ich-Erzählungen als ein Phänomen dieses Literaturzweiges erweisen würden.

Diesen Nachweis meinte Carl Clemen führen zu können. Er wollte in dem ‚Wir', das er übrigens dem Paulusbegleiter Lukas zuschrieb, weniger (betrügerische) Absicht als vielmehr „eine gerade in dieser Beziehung auch bei andern Schriftstellern vorkommende Nachlässigkeit"[38] sehen. Über die

---

33   A.a.O., S.188 (Hervorh. v. m.).

34   Zu den *Annales Mediolanenses* bemerkt F.-J. Schmale (Italische Quellen über die Taten Kaiser Friedrichs I. in Italien und der Brief über den Kreuzzug Kaiser Friedrichs I., 1986): „Wenn sich manches mit dem von Otto Morena Erzählten grundsätzlich deckt, so gibt es doch keinen wirklich eindeutigen Beleg dafür, daß der Mailänder das Werk Ottos Morena gekannt haben könnte." (S.15)

35   O. Lorenz, Deutschlands Geschichtsquellen im Mittelalter seit der Mitte des dreizehnten Jahrhunderts I, ³1886, verweist auf das Beispiel des Chronisten Bernhard Witte von Liesborn († 1520), „der die Reisen, welche er in seiner Quelle fand, von sich selbst (*sic!*) erzählt" (S.5). Darin sieht Lorenz ein Zeichen dafür, daß „der Begriff des litterarischen Eigenthums ... völlig in den Hintergrund" getreten sei (ebd.).

36   Die Composition und Entstehung der Apostelgeschichte, 1854, S.136ff.

37   A.a.O., S.138.

38   C. Clemen, Die Apostelgeschichte im Lichte der neueren text-, quellen- und historisch-kritischen Forschungen, 1905, S.33.

mittelalterlichen Chronisten hinaus nennt er in erster Linie Diodorus Siculus, der mehrfach ein ἡμεῖς aus seinen Quellen stehengelassen habe, und Josephus.[39] Doch gehen diese Hinweise an der Sache vorbei.

Mit seinem Verweis auf DIODOR stützt sich Clemen auf die Analyse Curt Wachsmuths, der die Βιβλιοθήκη ἱστορική (ca. 40/20 v.Chr.) des Sikelioten für „ein Aggregat von Excerpten" erklärt, das den Universalhistoriker als einen „reinen Kompilator"[40] erweise. Zur Unterstützung seiner These nennt Wachsmuth auch einige Beispiele, in denen Diodor die 1. Person aus der zugrundeliegenden Quelle übernommen haben soll.

(1) In IV 20,2f gibt Diodor die Anekdote von einer schwangeren Arbeiterin aus Ligurien wieder; die Geschichte soll sich „in unseren Tagen" (καθ' ἡμᾶς) zugetragen haben. Durch Strabo (III 4,17) wissen wir nun freilich, daß Diodor an dieser Stelle von Poseidonios abhängig ist, der die Episode von seinem massaliotischen Gastfreund Charmoleon erfahren haben will. Daraus folgert Wachsmuth, Diodor habe Poseidonios derart gedankenlos kopiert, daß er sogar die Zeitangabe καθ' ἡμᾶς abgeschrieben habe. Nun bleibt aber erstens unbeweisbar, daß καθ' ἡμᾶς auch bei Poseidonios gestanden habe. Wenn dem allerdings so wäre, so hätte Diodor dennoch das sachliche Recht, die Zeitangabe unverändert zu übernehmen: Sie ist unpräzise genug, um auch im Munde des ca. 40 Jahre nach Poseidonios schreibenden Diodor noch Sinn zu ergeben.

(2) Ähnlich verhält es sich mit der Versicherung Diodors, die Stadt Luceria sei „bis in unsere Tage" (ἕως τῶν καθ' ἡμᾶς χρόνων, XIX 72,9) von den Römern als Operationsbasis in Kriegen gegen Nachbarvölker genutzt worden. Wachsmuth kann diese Aussage nur auf der Zeitebene der postulierten Quelle, vielleicht Fabius Pictor, verstehen, da Luceria z.Zt. Diodors völlig unbedeutend gewesen sei. Allerdings bediente sich Pompeius noch im Bürgerkrieg (im Jahr 49 v.Chr.) der Stadt (Cäsar *bell civ* I 24,1)[41]; inwieweit sie auch sonst noch strategische Bedeutung besaß, wissen wir nicht. Jedenfalls kam Russel M. Geer zu dem Schluß, "the passage (sc. XIX 72,9) cannot be used, as it has been, to prove a source contemporary with the war against Hannibal"[42].

(3) Um fast dieselbe Wendung geht es in V 25,1: Das freundschaftliche Verhältnis zwischen dem keltischen Stamm der Häduer und den Römern habe, so Diodor, „bis in unsere Zeit" (μέχρι τῶν καθ' ἡμᾶς χρόνων) angedauert. Auch diese Aussage ergebe, so Wachsmuth, nur Sinn auf der Zeitebene des Poseidonios, den Diodor hier ausschreibt; 40 Jahre später enthalte die Angabe hingegen „den lächerlichsten Schnitzer" (op. cit., S.96). Aber auch nach der Niederlage der vereinigten Gallier unter Vercingetorix stach der Stamm der Häduer als in besonderem Maße romtreu hervor, was ihnen unter Claudius als erster gallischer Völkerschaft das *Ius honorum* einbrachte.[43] Diodors Aussage muß somit keineswegs als Anachronismus gewertet werden.

(4) Die beiden letzten Beispiele sind in besonderer Weise geeignet, die Arbeitsweise des Sikelioten zu beleuchten. In III 38,1 behauptet er, die nun folgende Darstellung über

---

39   Ebd.; vgl. ders., Paulus. Sein Leben und Wirken I, 1904, S.257.

40   C. Wachsmuth, Einleitung in das Studium der alten Geschichte, 1895, S.94.

41   Vgl. Philipp, Art. Luceria, PRE XIII/2, 1927, Sp.1565f.

42   Diodorus of Sicily IX, LCL, S.IX.

43   Vgl. Ihm, Art. Aedui, PRE I/1, 1893, Sp.475.

den arabischen Golf den königlichen Aufzeichnungen in Alexandria und Augenzeugenberichten zu verdanken. Nun wissen wir freilich durch den Vergleich mit Photius, daß
Diodor an dieser Stelle aus Agatharchides von Knidos schöpft. Die Vermutung liegt
nahe, daß auch der Quellenverweis auf das Werk *De Erythreo Mare* (GGM I S.111ff)
zurückzuführen ist. Diese Annahme, wenn sie denn richtig ist, beweist jedoch nicht, daß
Diodor gedankenlos seine Quelle kopiere; sie wirft vielmehr ein bezeichnendes Licht auf
das Verständnis von historischer Forschung, das den Sikelioten charakterisiert. Während
der bessere Strom historiographischer Tradition zwischen Primärquellenforschung und
der Verwendung sekundärer Quellen scharf trennt, gilt Diodor das eine so viel wie das
andere: Wenn er Agatharchides ausschreibt, der sich auf Primärquellen stützt, so bedeutet
das für Diodor dasselbe, als habe er selbst die königlichen Aufzeichnungen verwendet.

(5) Dieses - nicht nur für unseren Wissenschaftsbegriff - dilettantische Verhältnis
zu Quellen verdeutlicht das letzte Beispiel. Einmal zitiert Diodor aus der Schrift des
Demetrios von Phaleron Περὶ Τύχης (XXXI 10). Am Ende des Zitats kommentiert er:
Da die Prophezeiung des Demetrios sich 150 Jahre später auf wunderbare Weise erfüllt
habe, wolle er, Diodor, das an dieser Stelle zu Sagende nicht übergehen. Ein Blick auf
Polybius (XXIX 21) lehrt uns, daß der Sikeliote hier gänzlich von dem Megalopoliten
abhängig ist: Nicht nur übernimmt er das Demetrios-Zitat von Polybius, so daß klar ist,
daß er selbst Περὶ Τύχης niemals gelesen hat; sondern auch im nachfolgenden Kommentar orientiert er sich an seiner Quelle. Heißt es bei Polybius: ἐγὼ δὲ ... οὐκ ἔκρινον ἀνεπιστάτως παραδραμεῖν ..., ἀλλ' αὐτός τε τὸν πρέποντα λόγον
ἐπιφθέγξασθαι καὶ Δημητρίου μνησθῆναι (XXIX 21,8), so schreibt Diodor:
διόπερ καὶ ἡμεῖς ἐκρίναμεν τῇ περιστάσει ταύτῃ τὸν ἁρμόζοντα
λόγον ἐπιφθέγξασθαι καὶ τῆς ἀποφάσεως τῆς Δημητρίου μνησθῆναι
(XXXI 10). Die Nähe zum Original ist frappant; dennoch kopiert Diodor es nicht, sondern er paraphrasiert. Wenn er die Meinungsäußerung seines Vorbildes übernimmt, dann
offenbart sich darin nicht seine literarische Unfähigkeit, sondern sein Mangel an geistiger
Originalität. Indem er seine Quelle umformuliert, beweist er, daß er nicht ahnungslos
Dinge aus ihr übernimmt, die er sich nicht mit sachlichem Recht zueigen machen zu
können glaubt. Das dokumentiert gerade diese Stelle aufs deutlichste: Schreibt nämlich
Polybius, er sei Augenzeuge der Erfüllung dieser Prophezeiung geworden (... οὐκ
ἔκρινον ἀνεπιστάτως παραδραμεῖν, ἅτε γεγονὼς αὐτόπτης τῆς πρά-
ξεως), so läßt Diodor diese Aussage weg. Das beweist deutlich, daß Diodor nichts aus
seinen Quellen übernimmt, wozu er kein sachliches Recht in Anspruch nehmen kann.

Blicken wir zu JOSEPHUS hinüber, so unterstellt Clemen ihm, er habe zum Teil
Querverweise (z.B. καθὼς καὶ ἐν ἄλλοις δεδηλώκαμεν) aus seinen Quellen mit-
abgeschrieben; das zeige sich gerade dort, wo sie sich als unrichtig erweisen. Nun finden
sich auch bei anderen Autoren falsche Querverweise, ohne daß dies mit der Verwendung
von Quellen erklärt werden könnte (z.B. Herodian IV 8,5; V 3,9). Aber selbst wenn -
was nie zu beweisen sein wird - Josephus Verweise aus seinen Quellen übernommen
hätte, so wäre er doch subjektiv der Ansicht gewesen, daß er tatsächlich an anderer Stelle
(ob aus der Quelle oder nicht, tut nichts zur Sache) Entsprechendes geschrieben habe. Er
hätte sich also allenfalls geirrt; das aber kann dem besten Schriftsteller passieren.

Viele weitere Texte könnten in diesem Zusammenhang angeführt werden. Auf dem
Höhepunkt der literarkritischen Forschungsmethode meinte man allenthalben, an der Verwendung der 1. Person die Benutzung von Quellen nachweisen zu können. Alfred Klotz

zählte nicht weniger als 12 Stellen aus Polybius auf, in denen er mit diesem Mittel diverse Vorlagen wie z.B. Philinos erkennen wollte, ferner zwei aus dem *Bellum Alexandrinum* und eine aus Sallust. Er hielt damit den Beweis für erbracht, „daß einem ungeschickten Schriftsteller ... derartige Versehen ... ohne weiteres zugetraut werden dürfen"[44]. Nun wird man heute die Quellenfrage zweifellos vorsichtiger beurteilen müssen. Tatsache ist jedenfalls, daß sämtliche von Klotz genannten Belege entweder zwanglos interpretierbar sind im Sinne von „wir Griechen" (Polyb I 63,4; 88,7; IV 38,4.5.7; VII 9,1) bzw. „wir Römer" (PsCäsar *bell Alex* 3,1; 19,6; Sall. *Iug* 91,7) oder fließender Übergang von der indirekten in die direkte Rede sind (Polyb I 79,12; V 104,10f; XI 31,6; XV 19,5; XXIV 12,4; XXIX 19,8), was im Griechischen durchaus möglich ist (vgl. Act 1,4f; 14,22; Appian *Karth* 78,364ff; *Num* 4,3).

Im übrigen gebe ich zu bedenken: Auch wenn die von Clemen genannten Beispiele hier widerlegt werden konnten, so sind doch Fälle schriftstellerischer Nachlässigkeit in der Weise denkbar, daß ein Autor auch einmal zu Unrecht die 1. Person aus seiner Quelle übernimmt. Wenn er dabei aber Geschehnisse als eigene Erlebnisse und Erfahrungen ausgäbe, die in die *Vita* seines Vorbildes gehören, so hätten wir es mit einer völlig anderen Qualität von Verfälschung zu tun, die nicht mehr mit Irrtum oder Dilettantismus zu erklären wäre.

Halten wir als Fazit fest: Zumindest aus der hellenistisch-römischen Historiographie gibt es nicht ein einziges Beispiel dafür, daß ein Autor versehentlich und fälschlich die in Ich-Form abgefaßte autobiographische Erzählung eines anderen ohne Änderung der Erzählform übernommen habe. In dem Maße, wie man im Autor *ad Theophilum* nicht mehr einen geistlosen Kompilator, sondern einen Schriftsteller zu sehen begann, der seine Quellen in seine eigene Diktion umgießt, mußte diese Deutung der Wir-Erzählungen ihre Plausibilität einbüßen.[45]

1.3. Der Autor *ad Theophilum*
und das ‚Vorbild der alttestamentlichen Geschichtsschreibung'

Die Tendenzkritik, die dem Autor *ad Theophilum* zu einem höheren literarischen Ansehen verhalf, mußte notwendig zu einer veränderten Beurteilung der Wir-Stücke führen. Schon im Jahre 1854 wandte Eduard

---

44   A. Klotz, Cäsarstudien, 1910, S.195.

45   Das bedeutet nicht, daß diese Erklärung ganz aufgegeben wurde. Sie wird heute noch etwa durch W.G. Kümmel vertreten (Einleitung in das Neue Testament, ²¹1983, S.151f); die Folgerung muß dann lauten, daß die Apostelgeschichte kein wirkliches Geschichtswerk und ihr Autor kein Historiker sei (S.129). Auch wenn Kümmel diese Konsequenz auf sich nimmt, so bleiben an anderer Stelle die Schwierigkeiten bestehen: Einerseits soll »Lukas« die Wir-Quelle unverändert übernommen haben, ohne den Schein der Augenzeugenschaft erwecken zu wollen, also wohl: versehentlich, andererseits stelle Acta „sprachlich eine Einheit" (S.152) dar.

Zeller gegen de Wette ein, daß, wenn »Lukas« denn seine Quellen im allgemeinen frei bearbeite, es dann „um so unwahrscheinlicher (sei), dass das
ἡμεῖς, welches nur dem ganz mechanischen Abschreiber entgehen konnte,
von dem Verfasser nicht bemerkt wurde; d.h. dieses ἡμεῖς ist nicht aus
Nachlässigkeit, sondern absichtlich stehen geblieben"[46]. Damit ließ sich
aber das Problem dieser Erzählungen nicht länger auf die Frage reduzieren, wessen Quelle der Autor verwendet hat; da er sie offenbar unverändert
übernommen hat, so mußte darin eine gewisse Absicht liegen, und diese
war nur durch den Nachweis literarischer Vorbilder zu erkennen.

1.3.1. Die literarkritische Schule

Es waren Adolf Hilgenfeld[47] und Heinrich Julius Holtzmann[48], die als
erste in diese Richtung gingen. Sie versuchten nicht, das ‚Wir' der Apostelgeschichte mit der literarischen Unfähigkeit des Quellenkompilators zu
erklären, sondern beanspruchten für »Lukas« - solange über die Identität
des Autors nichts ausgesagt werden kann, lasse ich es bei den Anführungs-
strichen - ein *sachliches Recht* dazu, in Wir-Form zu erzählen. Als Vorbilder verwiesen sie vor allem auf alttestamentliche Analogien, insbesondere
auf Esra und Nehemia. Dort dominiert die Erzählung über Esra und Nehemia in der Er-Form, doch stellenweise geht sie unvermittelt in das ‚Ich'
Esras (Esr 7,27-9,15) bzw. Nehemias (Neh 1,1-7,5; 12,31-13,31) über.
Man vermutet nun, daß der Autor des Buches Esra-Nehemia in den Ich-
Erzählungen Esras Memoiren und die Denkschrift Nehemias benutzt hat,
ohne sie von der ersten in die dritte Person umzusetzen. Analog könnte man
sich das Vorgehen des Autors der Apostelgeschichte vorstellen, der die in
Wir-Form verfaßte Quelle einer seiner Figuren, und zwar die des Lukas,
übernommen hat. „Unser Verfasser", so folgerte Holtzmann, „schliesst
sich, indem er das ἡμεῖς der aufgenommenen Wirstücke einfach stehen
lässt, der alttestamentlichen Geschichtschreibung an."[49]

---

[46] Die Apostelgeschichte nach ihrem Inhalt und Ursprung kritisch untersucht, 1854,
S.457. Zeller glaubt, „der Verfasser der Apostelgeschichte ... (habe) die erste Person in
einem älteren Berichte vorgefunden, den er in dieser Gestalt aufnahm, um sich mit dem
älteren Berichterstatter zu identificiren" (S.456). Der ursprüngliche Wir-Bericht soll auf
den Paulusbegleiter Lukas zurückgehen (S.460.516).

[47] A. Hilgenfeld, Historisch-kritische Einleitung in das Neue Testament, 1875,
S.607; vgl. ders., Die Apostelgeschichte nach ihren Quellenschriften untersucht. Art. VI,
ZWTh 39, 1896, S.189f.

[48] H.J. Holtzmann, Ueber den sogenannten Wirbericht der Apostelgeschichte,
ZWTh 24, 1881, S.408-420.

[49] Art. cit., S.418.

Eduard Norden nahm diesen Faden auf und propagierte - unter Heranziehung weiterer Texte aus dem antiken Judentum (z.B. äthHen) - eine *festgefügte Literaturform*, deren gattungsspezifisches Merkmal die Verwendung authentischer Memoiren durch einen späteren Redaktor sei, der seine Quelle unverändert übernimmt und ergänzt. So habe der Paulusbegleiter Lukas, der das 3. Evangelium verfaßte, eine Erzählung über seine Reisen mit Paulus geschrieben, die ungefähr Act 16-21.27f umfaßte, eine Erzählung, die wie andere antike Texte aus der Hypomnema-Literatur teilweise in Wir-Form gehalten war. Der spätere Redaktor habe diese Lukas-Memoiren aufgenommen und nach dem Vorbild der Redaktoren von Esra-Nehemia, Tobit usw. die 1. Person seiner Quelle beibehalten.[50]

Nun hinkt der Vergleich zwischen der Apostelgeschichte und den anderen Erzähltexten, die in diesem Zusammenhang genannt werden, schon an einigen äußerlichen Punkten. In den Büchern Esra-Nehemia, Tobit etc. ist es jeweils die *Hauptperson*, die gelegentlich in der 1. Person, und zwar immer auch im Singular (!), erzählt und deren Quelle vom späteren Redaktor übernommen worden sein soll. In Analogie dazu müßten die in Acta verwerteten Memoiren von Paulus, nicht aber von einer Randfigur wie Lukas stammen. Darüber hinaus erscheint Lukas selbst namentlich nicht, während Esra, Nehemia etc. sowohl Ich-Erzähler sind als auch vom jeweiligen Redaktor in der 3. Person abgebildet werden.[51] Ferner ist die literarkritische Betrachtung der ,Belegtexte' äußerst problematisch. Bei Esra und Nehemia mag die Annahme authentischer Denkschriften noch angehen[52]; das ,Ich' Henochs und Tobits läßt sich aber gewiß nicht auf alte Quellen zurückführen, und wenn Hilgenfeld überlegte, ob auch das sporadische ,Ich' Josephs im *Protevangelium Iacobi* „Zeichen einer überarbeiteten Quellenschrift"[53] sei, so stellt sich beim Gedanken an Joseph-Memoiren unweigerlich ein Gefühl der Erheiterung ein. Schließlich hat auch unser Bild vom Autor der Apostelgeschichte Veränderungen erfahren, die die Ablösung einer Lukas-Quelle von den späteren Zutaten eines

---

50 E. Norden, Agnostos Theos, 1913, S.327-331.

51 Das hatte bereits A. Wikenhauser, Die Apostelgeschichte und ihr Geschichtswert, 1921, S.73 gegen E. Norden eingewandt.

52 Nach der Analyse von J.R. Porter bildete die Denkschrift über Nehemia, im Stile einer Königsinschrift verfaßt, den Ausgangspunkt des späteren Esra-Nehemia-Buches. Daran schloß sich die erbauliche Esrageschichte an, die entweder eine authentische Esradenkschrift als zweite Quelle mitverwertete oder sie in Nachahmung von Nehemias Denkschrift *ad hoc* bildete. Die Endredaktion datiert er in die Mitte des 4. Jh.s v.Chr. (Old Testament Historiography, in: Tradition and Interpretation, hg.v. G.W. Anderson, 1979, S.160f.

53 A. Hilgenfeld, Historisch-kritische Einleitung in das Neue Testament, S.607.

Redaktors problematisch machen: Harnacks Nachweis, daß die Sprache des
Wir-Erzählers in Acta mit der des übrigen Buches und des 3. Evangeliums
identisch sei[54], wurde fast allgemein akzeptiert und macht es wohl kaum
möglich, zwischen dem Verfasser der Wir-Stücke und einem abschließen-
den Redaktor zu unterscheiden.

1.3.2. Ein traditionsgeschichtlicher Erklärungsversuch

An diesem Punkt setzt nun die jüngste Dissertation über *Die Wir-
Passagen der Apostelgeschichte* von Jürgen Wehnert[55] an: Er hält es für
ausgemacht, „daß Harnacks Untersuchungen zur Apg die literarkritische
Deutung der WPP (sc. Wir-Passagen) praktisch erledigt haben" (102).
Aber selbst wenn jemand an ihr festhalten zu können glaubte, so „wäre die-
ses Argument in Bezug auf den Schriftsteller Lukas anachronistisch, da ihm
keine historisch-kritische Sichtweise des AT unterstellt werden darf" (149).
Das ist in der Tat völlig richtig: Woher sollte »Lukas« denn wissen, daß
etwa der Redaktor der Esra- und Nehemia-Erzählungen authentische
Memoiren seiner beiden Helden verarbeitet hat? Wie sollte er also zu dem
Schluß kommen, daß er mit der Wir-Quelle eines Paulusbegleiters in gleicher Weise verfahren dürfe? Wehnert distanziert sich deshalb folgerichtig
von der Behauptung, »Lukas« habe seinen Wir-Stücken die schriftlichen
Memoiren eines Paulusbegleiters zugrundegelegt. Freilich scheint damit
der Weg nicht versperrt zu sein, „an mündliche Mitteilungen" eines Informanten, der näherhin in Silas zu sehen sei, „zu denken, die in sprachlich
weithin überarbeiteter Gestalt in der Apg Aufnahme gefunden haben"
(189). Wehnert stützt sich hier hauptsächlich auf das Danielbuch, in dem
über Daniel alias Beltschazar zunächst in der 3. Person berichtet wird (c.1-
6), bevor sich ab 7,2 das ‚Ich' Daniels zu Wort meldet. Der Übergang von
der Er- in die Ich-Erzählung soll hier dem in Act 16,8ff strukturell so
verwandt sein, daß Wehnert darin das unmittelbare Vorbild für den Autor
ad Theophilum erblicken möchte: Die Er-Erzählung (Dan 1,1-6,29; Act
15,36-16,8) mündet jeweils in die Einleitung zu einem Visionsbericht (Dan
7,1; Act 16,9a); darauf folgt eine Vision (Dan 7,2-15; Act 16,9b) samt Au-
dition (Dan 7,16-28a; Act 16,9c). Die folgende Erzählung wird in der Ich-
Form dargeboten (Dan 7,28b-9,27; Act 16,10-17), bevor sie wieder in die
Er-Form zurückgelenkt wird (Dan 10,1; Act 16,18ff). Der Analogieschluß
lautet nun: „So wie dort Daniel phasenweise das Wort ergreift und den

---

54   A. v.Harnack, Beiträge zur Einleitung in das Neue Testament I, 1906, S.28-60;
IV, 1911, S.1-21.

55   GTA 40, 1989; darauf beziehen sich die Seitenangaben im Text.

Fremdbericht des Verfassers durch einen Eigenbericht ablöst, so auch hier
Silas, der das luk. Referat durch persönliche Einschübe durchbricht." (157)
    Dieser Vergleich, das hat Jürgen Wehnert völlig richtig gesehen, ist
überhaupt nur dann zulässig, wenn der Autor *ad Theophilum* das Danielbuch für das Werk eines späteren Redaktors halten konnte, der seinen Prot-
agonisten ohne ausdrückliche „Lektürehilfe" (144) - z.B. eine Zitationsformel - zwischenzeitlich das Wort ergreifen ließ. Wehnert hält diese
Voraussetzung denn auch für gegeben: „das Buch als ganzes erhebt also
nicht den Anspruch, von Daniel verfaßt worden zu sein" (156). Leider
begründet Wehnert nicht, wie er zu diesem Urteil gelangt; an diesem
zentralen Punkt seiner Argumentation wünscht man sich mehr als eine
bloße Zusicherung.[56] Tatsächlich dürfte das Urteil, wie wir noch sehen
werden, falsch sein. Aber auch wenn wir es für den Augenblick hinnehmen
wollten, so wäre die angebliche Analogie zur Erzählweise der Apostelgeschichte immer noch nicht einsichtig zu machen: In den ersten 6 Kapiteln
des Danielbuches wird über Daniels Geschick zur Zeit Nebukadnezars (c.1-
4), Belsazers (5) und Darius' (6) in der 3. Person erzählt. Abschließend
heißt es dann, daß Daniel große Macht hatte im Reich des Darius und
schließlich Kyrus die Herrschaft übernahm (6,29 LXX *diff.* MT und Theodotion). In 7,1 wird dann zeitlich zurückgegriffen: „Im 1. Jahr Belsazers,
des Königs der Chaldäer, sah Daniel ein Traumgesicht, und es ereigneten
sich die Visionen an der Kopfseite seines Bettes, und er schrieb den Traum
auf." Die Vision von den 4 Tieren und dem Menschensohn wird nun in der
1. Person erzählt (7,2-28).[57] Auch die sich anschließende 2. Vision, die in
das 3. Jahr Belsazers fällt, wird in der Ich-Form erzählt (8,1-27), desgleichen Daniels Bußgebet und die anschließende Belehrung durch Gabriel, die
ins 1. Jahr des Darius datiert werden (9,1-27). Bis hierher haben wir es also
mit einem Rückblick auf eine Zeit zu tun, über die die fortlaufende Erzählung schon längst hinausgekommen war (6,29). Erst in 10,1 ist der Zeitpunkt, bis zu dem die Ereignisse dargestellt worden sind (6,29), wieder
erreicht, und hier erscheint dann für einen Moment die 3. Person: „Im 3.
Jahr (MT und Theodotion; LXX: 1. Jahr) des Königs Kyros von Persien
wurde Daniel, der auch Beltschazar heißt, etwas geoffenbart, was wahr ist,

---

56 Man könnte sich für diese Auffassung vielleicht auf einen Beleg aus der rabbinischen Literatur berufen: Nach bBB 14b sollen die Bücher Hesekiel, das Dodekapropheton, Daniel und die Estherrolle von den Männern der großen Versammlung „geschrieben"
worden sein. L. Ginzberg hat allerdings darauf hingewiesen, daß כתב hier die Bedeutung von ,edieren' anzunehmen scheine (The Legends of the Jews VI, ³1946, S.387
Anm.15; vgl. S.368 Anm.89). Daniels Autorschaft sollte nicht in Frage gestellt werden.

57 7,28 entspricht 7,15 und gehört damit noch zum Visionsbericht.

und durch die Erscheinung wurde ihm große Kraft und Verständnis gegeben." Daran schließt sich nun in Ich-Form die letzte große Vision an (c.10-12), die nur einmal (12,6 MT und LXX; anders Theodotion) durch die Er-Form durchbrochen wird. Daniel wird aufgefordert, „diese Worte zu verbergen und das Buch zu versiegeln bis zur Zeit der Vollendung" (ἔμφραξον τοὺς λόγους καὶ σφράγισον τὸ βιβλίον ἕως καιροῦ συντελείας, 12,4). Aus diesem Traumbuch Daniels, so würde man folgern müssen, hat der Redaktor des Danielbuches zitiert, wobei er an 2 Stellen, nämlich in 10,1 und 12,6, abkürzend, kommentierend oder erläuternd eingegriffen hätte. Dieses Zitat macht der Redaktor ausdrücklich kenntlich, wenn er in 7,1 sagt, Daniel habe seine Vision *aufgezeichnet* (Δανιηλ ... ἔγραψεν), und danach die Ich-Erzählung Daniels einsetzen läßt. Damit ist den Lesern eine eindeutige ‚Lektürehilfe' gegeben: Während der Zeit, über die in den ersten 6 Kapiteln erzählt wird, hat Daniel ein Traumbuch geführt, aus dem der Autor des Buches zitiert. Hätte sich der Autor *ad Theophilum* das Danielbuch zum Vorbild genommen, so würde man im Sinne Wehnerts in Analogie zu Dan 7,1 Σιλᾶς ἔγραψεν (etwa 16,9: καὶ ὅραμα διὰ τῆς νυκτὸς τῷ Παύλῳ ὤφθη ὡς ἔγραψεν ὁ Σιλᾶς) erwarten; und selbst wenn er das täte, wäre die Analogie zum Danielbuch immer noch nicht gegeben, weil die Vision des Paulus die Fortsetzung des Geschehens und der Erzählung bewirkt. Aber der Autor der Apostelgeschichte zitiert ja gar niemanden - und deshalb bleibt die Frage bestehen, wen die Leser für den Wir-Erzähler halten sollen.

1.3.3. Das ‚Vorbild der alttestamentlichen Geschichtsschreibung'[58]

Den hier dargestellten Thesen, die für das Verständnis der Wir-Erzählungen in der Apostelgeschichte auf das Vorbild der Bücher Esra-Nehemia, Daniel usw. verweisen, ist eines gemeinsam: Sie setzen voraus, daß die intendierten Leser dieser Bücher den Erzähler der Gesamterzählung vom sporadisch auftretenden Ich-Erzähler unterscheiden, anders gesprochen, daß sie z.B. den Ich-Erzähler Esra nicht zugleich für den Autor des ganzen Buches halten würden. Diese Voraussetzung aber ist in keinem der genannten Fälle gegeben.

Beginnen wir mit dem DANIELBUCH. Nach dem oben skizzierten Modell könnten die Leser die Erzählung als das Werk eines späteren Redaktors begreifen, der in der zweiten Hälfte seines Buches weitläufig aus einem (angeblichen) Traumbuch Daniels zitiert. Die Leser würden den Titel des

---

58 Zum Wechsel zwischen Er- und Ich-Bericht vgl. auch W. Speyer, Religiöse Pseudepigraphie und literarische Fälschung im Altertum, JAC 8/9, 1965/6, S.96ff.

Buches (Δανιηλ) nicht als Hinweis auf den Autor, sondern lediglich auf die Hauptperson, also das Thema, begreifen. Unter dem in 12,4 erwähnten βιβλίον, das Daniel aufzeichnen soll, wäre dann nicht das ganze Daniel-buch, sondern das ab 7,2 zitierte Traumbuch, also die Quelle des Autors, zu verstehen. Freilich ist dieses durchaus denkbare Modell nicht eben wahr-scheinlich. Denn wenn der Autor schon teils hebräisch (1,1-2,4a; 8,1-12,13), teils aramäisch (2,4b-7,28) schreibt, warum beschränkt er das Ara-mäische nicht auf die erste Hälfte des Buches, um die angebliche Daniel-quelle in c.7ff schon durch die hebräische Sprache als ein altes Dokument kenntlich zu machen? Und für die Leser des griechischen Buches: Wenn schon durch 12,4 (ἔμφραξον τοὺς λόγους καὶ σφράγισον τὸ βιβλίον ἕως καιροῦ συντελείας) eine Verfasserfiktion vorgetragen wird, warum fügt der Autor des Buches nicht eine Auffindungslegende[59] an, die erklärt, warum und wie ausgerechnet er in den Besitz von Daniels Traumbuch gelangt ist? Gerade der Schluß des Buches, der den Lesern begreiflich machen soll, warum das angeblich im 6. Jahrhundert v.Chr. geschriebene Buch erst zur Zeit der Makkabäer zum Vorschein kommt, macht es wahrscheinlich, daß die Leser unter dem βιβλίον Daniels das *ganze* Buch und nicht nur die Visionsaufzeichnungen verstehen würden. So hat es nachweisbar Josephus verstanden: Am Ende seiner Behandlung der Danielgeschichte (*ant* X 186ff) betont er, Daniel habe uns „eine Schrift hin-terlassen, in der er uns die Genauigkeit und Zuverlässigkeit seiner Pro-phetie deutlich macht" (κατέλιπε δὲ γράψας, ὅθεν ἡμῖν ἀληθὲς τὸ τῆς προφητείας αὐτοῦ ἀκριβὲς καὶ ἀπαράλλακτον ἐποίησε δῆλον, X 269); kurz zuvor hatte Josephus „das Buch"[60] erwähnt, „das er schrieb und uns zurückließ" und das „bei uns noch jetzt gelesen wird" (τὰ γὰρ βιβλία, ὅσα δὴ συγγραψάμενος καταλέλοιπεν, ἀναγι-νώσκεται παρ᾽ ἡμῖν ἔτι καὶ νῦν, X 267). Da er an früherer Stelle - im Zusammenhang des Traumes Nebukadnezars (Dan 2) - auf „das Buch Daniels" (τὸ βιβλίον ... τὸ Δανιήλου, X 210), das sich unter den heiligen Schriften befinde, hingewiesen hat, ist gesichert, daß er das ganze Buch (und nicht nur die Visionen in c.7-12) auf Daniel zurückführte.[61]

---

59 Zu solchen Auffindungslegenden vgl. u.S.128 Anm.100.S.136f.168.172f mit Anm.213.

60 Τὰ βιβλία muß nicht eine Mehrzahl von Büchern meinen, sondern kann auch ein einziges Buch bezeichnen; das singularische ἀναγινώσκεται ist *constructio ad sensum*. Die Annahme, Josephus habe eventuell spätere Zusätze zu Daniel im Blick gehabt, erübrigt sich damit.

61 Das gilt selbst für Porphyrius, der im 12. Buch *Gegen die Christen* (ed. Harnack, 1916) zurecht die Echtheit des Danielbuches bestritt und es in das 2. Jh. v.Chr. datierte: Seiner Meinung nach sei das Buch nicht „von ihm, dessen Name in der Überschrift steht,

Übrigens ist auch in der rabbinischen Tradition einmal vom „Buch Daniels, das nach ihm benannt wurde" (ספר דניאל שנקרא על שמו, bSan 93b), die Rede. Man hat das Buch also tatsächlich, wie die Überschrift zu verstehen geben konnte, als ein Werk Daniels gelesen, der über sich zunächst (wie z.B. Mose in Exodus bis Numeri) in der 3. Person schreibt und dann eigene Visionsaufzeichnungen (wie Mose seine große Rede im Jordantal gegenüber Suf, Dtn 1,1ff) in der 1. Person zitiert.

Ähnlich verhält es sich mit dem ESRABUCH. Zur Zeit des »Lukas«, als die spätere Buchtrennung in Esra und Nehemia noch nicht vollzogen war[62], bildete es noch eine Einheit mit der Nehemiageschichte. In Esr 7,1 wird Esra erstmals namentlich erwähnt und seine Reise von Babel nach Jerusalem festgestellt (7,1-10). Danach wird ein Brief zitiert, den Artaxerxes an Esra gerichtet und ihm mitgegeben haben soll (7,11-26). Daran schließt sich unmittelbar ein Gotteslob Esras in Ich-Form an (7,27-28a), woraufhin die Erzählung in der 1. Person Esras weitergeht (7,28b-9,15). Ab 10,1 wird über Esra wieder in der 3. Person erzählt. Vor der Nehemiageschichte, die sich an Esr 10 anschließt, steht als Überschrift „Worte Nehemias, des Sohnes Hachalias" (Λόγοι Νεεμια, υἱοῦ Αχαλια). Die Nehemiageschichte wird dann teilweise in der 1. Person Nehemias (Neh 1,1-7,5; 12,31-13,31), dazwischen in der 3. Person dargeboten.

Die rabbinische Tradition über den Autor von Esra-Nehemia ist nicht ganz einheitlich. Nach bBB 15a habe Esra sein Buch (= Esr-Neh) und die Genealogien der Chronik bis zu seiner eigenen Zeit geschrieben, Nehemia habe das Chronikbuch vollendet. Wird Esra als der Autor aufgefaßt, so scheint sich eine Parallele zur Apostelgeschichte zu ergeben: Wie Esra in Neh 1,1ff einen seiner Helden in Ich-Form erzählen läßt, so könnte Lukas in Act 16,10ff eine Figur haben sprechen lassen. Aber wiederum ist dem entgegenzuhalten, daß Esra mit der Überschrift „Worte Nehemias, des Sohnes Hachalias", eine eindeutige ‚Lektürehilfe' gibt. Freilich soll auch

---

verfaßt worden" (*ab ipso, cuius inscriptus est nomine, esse compositum*), sondern von einem Zeitgenossen des Antiochus IV. Epiphanes (F 43 A [aus dem Prolog zum Danielkommentar des Hieronymus]). Er hielt das Werk also für ein Pseudepigraphon; vgl. dazu P.M. Casey, Porphyry and the Origin of the Book of Daniel, JThS NS 27, 1976, S.15-33. Zuvor hatte übrigens schon Julius Africanus in einem Brief an Origenes *Über die Susanna-Geschichte* diesen Vorspann zum Danielbuch als eine „jüngere und fingierte Schrift" (σύγγραμμα νεωτερικὸν καὶ πεπλασμένον) und als „Fälschung" (κίβδηλον) bezeichnet (ed. Reichardt S.78f).

62 Die griechische Zweiteilung des Werkes wird erstmals von Origenes bezeugt (bei Eus. *h.e.* VI 25,2); er nennt die beiden Bücher 1. und 2. Esra. „Man wird annehmen dürfen, daß die Zweiteilung in der griechischen Überlieferung, also wohl in Alexandrien ihren Ursprung hatte." (A.H.J. Gunneweg, Esra, 1985, S.19).

eine abweichende Meinung über den Verfasser von Esra-Nehemia nicht
verschwiegen werden. Nach bSan 93b habe nicht Esra, sondern Nehemia
das Buch geschrieben: „Merke, alle Taten Esras hat Nehemia, der Sohn
Hachalias, aufgeschrieben. Und aus welchem Grund wird das Buch nicht
nach dem Namen Nehemias, des Sohnes Hachalias, benannt?" R. Jeremia b.
Abba beantwortete die Frage unter Berufung auf Neh 5,19, wo Nehemia
sich Verdienst einheimsen wolle; R. Josef vermutete, es sei ihm deswegen
nicht zugesprochen worden, weil er seine Vorfahren verunglimpft habe
(Neh 5,15). Warum man Esra sein Buch absprechen wollte, wird daraus
nicht ersichtlich. Deutlich ist jedenfalls, daß auch die abweichende Lehr-
meinung voraussetzt, daß der Titel (‚Esra') normalerweise den Autor
bezeichnet. Auch »Lukas« hätte es so verstehen müssen.

Es ist freilich noch nicht einmal wahrscheinlich, daß »Lukas« das
kanonische Buch Esra-Nehemia überhaupt gekannt hat. Vielmehr scheint in
seiner Zeit eine Schrift weitere Verbreitung gehabt zu haben, die teilweise
mit 2. Chronik (c.35f) und Esra-Nehemia (Esr 1-10, Neh 8) parallel geht,
teilweise aber auch eigenen Traditionen folgt. Dieses 3. Esrabuch - LXX
nennt es Εσδρας α΄, Hieronymus 3. Esra - bildet bekanntlich die Quelle
des Josephus für seine Darstellung der Esrageschichte (*ant* XI 1-158); es ist
nicht sicher, ob er das kanonische Esrabuch überhaupt zur Kenntnis genommen hat.[63] Auch in 3. Esra wird über Esra zunächst in der 3. Person
erzählt (c.8,1ff), bevor dann das ‚Ich' Esras zu Wort kommt (8,25-87).
Diese Erzählung deckt sich weitgehend mit Esr 7,27-9,15; die Ich-Erzählung Nehemias fehlt ganz.

Wie im Falle des Danielbuches, so mußte »Lukas« auch hier den
Namen im Titel, also Esra, für den Verfasser halten. Blicken wir wieder zu
Josephus hinüber. Dieser zitiert in *ant* XI 123-130 den Brief des Xerxes (III
Esr 8,9: Artaxerxes) an Esra und erwähnt anschließend, Esra habe den
Brief den Juden in Babylon vorgelesen und denen in Medien eine Kopie
(ἀντίγραφον) zugeschickt, das Original habe er hingegen behalten (τὴν
ἐπιστολὴν ... κατέσχεν, XI 131). Das schreibt Josephus wohl mit
Rücksicht darauf, daß Esra als der zukünftige Historiker dieser Ereignisse
den Brief für sein Buch noch benötigt (III Esr 8,9-24). Mag man dies noch
als unsichere Interpretation auffassen, so schafft jedenfalls ein Passus aus

---

63 K.-F. Pohlmann (Studien zum dritten Esra, 1970, S.114.126) stellt dies in
Abrede; W. Rudolph (Esra und Nehemia samt 3. Esra, 1949, S.XVIf) urteilt positiv.
S.J.D. Cohen vertrat zuletzt die Auffassung, Josephus müsse das kanonische Esrabuch
in irgendeiner Form - sei es im Masoretischen Text, durch die LXX oder durch eine
vermittelnde Quelle - gekannt haben (Josephus in Galilee and Rome, 1979, S.42f).

der Schrift gegen Apion (I 40) Klarheit: Vom Tod Moses an bis in die Zeit
des Artaxerxes, so schreibt Josephus da, haben „die Propheten nach Mose
die Geschichte der Ereignisse *ihrer Zeit* in 13 Büchern aufgeschrieben" (οἱ
μετὰ Μωυσῆν προφῆται τὰ κατ᾽ αὐτοὺς πραχθέντα συν-
έγραψαν ἐν τρισὶ καὶ δέκα βιβλίοις). Damit ist eindeutig, daß bei
Josephus kein Raum bleibt für einen späteren Kompilator des Esrabuches.
Der Titel des Buches weist auf den Verfasser. Wir haben keinerlei Grund
zu der Annahme, daß »Lukas« es anders verstanden haben könnte.

Analoges gilt für das Buch TOBIT. Wenn uns hier auch keine Traditionen über den angeblichen Verfasser vorliegen, so ist doch deutlich, daß
auch in diesem Fall - in Analogie zu Daniel und Esra - der Titel auf den
Autor bezogen wurde.[64] In 12,20 werden Tobit und sein Sohn aufgefordert, Gott zu preisen und alles, was sich ereignet hat, aufzuschreiben (γράψατε πάντα τὰ συντελεσθέντα εἰς βιβλίον, B, A). Das Buch wird
also als eine Gemeinschaftsarbeit von Vater und Sohn vorgestellt; aufgeschrieben hat es der Vater (Ἐγὼ Τωβιτ, 1,3), der in c.13 seinen Lobpreis anfügt (Τωβιτ ἔγραψεν, 13,1) und in 14,3-11 seinem Sohn letzte
Anweisungen gibt. In den Schlußversen des Buches (14,11-15) wird der
Tod Tobits und seines Sohnes nachgetragen. Die Autorschaft Tobits wird
für den damaligen Leser dadurch ebensowenig in Frage gestellt wie im
Falle des Schlußkapitels des Deuteronomiums. Wie die 5 Bücher Moses von
Mose stammen und der Bericht über seinen Tod (Dtn 34,5-12) ein bloßer
Nachtrag durch Josua ist (bBB 15a), so wurde das Buch Tobits durch eine
Art Postskript ergänzt.[65]

Worin konnte dann das ‚Vorbild der alttestamentlichen Geschichtsschreibung' für den Autor *ad Theophilum* bestehen? Falls er, was ich beides
für nahezu ausgeschlossen halte, das Danielbuch als Werk eines späteren

---

[64] Vgl. M. Hengel in einer Diskussion im Anschluß an seinen Vortrag über
*Anonymität, Pseudepigraphie und «literarische Fälschung» in der jüdisch-hellenistischen
Literatur*: „Auch die anonyme Novelle kann in gewissem Sinne als Pseudepigraphon
betrachtet werden. Sie hat zwar keinen Verfasser, wohl aber einen Titelhelden. Im
Zweifelsfalle galt er als der Verfasser; bei Jona und Tobias ist das eindeutig."
(Pseudepigrapha I, 1972, S.319)

[65] Das hier wiedergegebene Bild ergibt sich aus der Version des Buches in den
Codices Vaticanus (B) und Alexandrinus (A). In der Version des Codex Sinaiticus (S)
scheint 12,20 (γράψατε πάντα ταῦτα τὰ συμβάντα ὑμῖν) so interpretiert
worden zu sein, daß Tobit zwar der Erzähler, sein Sohn Tobias aber der Schreiber des
Buches ist. Dafür sprechen zwei charakteristische Veränderungen gegenüber der anderen
Textrezension: An Stelle von Τωβιτ ἔγραψεν schreibt S in 13,1 καὶ εἶπεν. Den Tod
Tobits, den B und A erst in 14,11 berichten, erwähnt S bereits in 14,2 und läßt die
testamentarischen Schlußworte Tobits in einer Rückblende folgen (14,3-11).

Redaktors las und das kanonische Esrabuch kannte, so konnte er dem jeweils entnehmen, daß er aus der Ich-Erzählung eines seiner Akteure zitieren darf. Wie dort aber das Zitat jeweils ausdrücklich gekennzeichnet ist (Dan 7,1: ἔγραψεν; Neh 1,1: Λόγοι Νεεμια υἱοῦ Αχαλια), so hätte auch »Lukas« eine eindeutige ‚Lektürehilfe' geben müssen. Man würde dann bei ihm, etwa vor Act 16,1, Λόγοι Τιμοθέου bzw. Σιλᾶ (oder wen auch immer man für den Wir-Erzähler halten soll) bzw. Τιμόθεος/Σιλᾶς ἔγραψεν erwarten.

Sehr viel wahrscheinlicher las »Lukas« das Danielbuch als Buch Daniels, 3. Esra[66] als Werk Esras und das Tobitbuch als Erzählung Tobits. Dann konnte er dem ‚Vorbild der alttestamentlichen Geschichtsschreibung' lediglich entnehmen, daß ein Autor über sich abwechselnd unter Nennung seines Namens und in der 1. Person (Singular *und* Plural!) erzählen kann. Übertragt man dieses ‚Vorbild' auf die Wir-Stücke der Apostelgeschichte, so nähme der Autor in Kauf, daß für seine Leser nur Paulus (Act 15,40; 16,9), Silas (15,40) und Timotheus (16,1-3) als Wir-Erzähler in Frage kommen *und damit zugleich als Verfasser des ganzen Buches aufgefaßt würden.* Paulus, der wie Esra, Daniel und Tobit die Hauptfigur des Buches ist und damit in erster Linie in Betracht käme, scheidet schon deshalb aus, weil gelegentlich zwischen ihm und dem Wir-Erzähler unterschieden wird (erstmals in 16,17: κατακολουθοῦσα τῷ Παύλῳ καὶ ἡμῖν). Als nächster käme der zuletzt hinzugekommene Timotheus in Frage; auch in den Büchern Esra, Daniel und Tobit bezieht sich das erstmals auftretende ‚Ich' immer auf den zuletzt Genannten. Dagegen würde auch nicht Act 20,4f streiten: Falls die Leser der Apostelgeschichte nach dem Vorbild der alttestamentlichen Geschichtsschreibung Timotheus für den Wir-Erzähler halten sollten, könnte sich οὗτοι - wie von manchen Handschriften offenbar auch vorausgesetzt (s.o.S.90) - dort eben nur auf Tychikus und Trophimus beziehen.[67] Wesentlich schwieriger läßt sich Silas, für den Wehnert wieder eine Lanze gebrochen hat, als Wir-Erzähler denken. Schon in der Voraussetzung, von der Wehnerts Aktantenanalyse[68] ausgeht, zeigt sich die

---

66 Wir wissen nicht genau, ob uns 3. Esra vollständig oder nur als Fragment vorliegt, ob es eine sekundäre Kompilationsarbeit ist oder einen Ausschnitt aus einer alten griechischen Übersetzung des chronistischen Werkes darstellt, bei dem Anfang und Ende weggebrochen sind. Noch viel weniger können wir wissen, in welcher Gestalt »Lukas« es gekannt haben mag. Jedenfalls wird er dem Buch nichts anderes entnommen haben als Josephus - daß es nämlich eine Geschichtsdarstellung Esras ist, der über sich abwechselnd in 1. und 3. Person erzählte.

67 So wohl zuerst M. Ulrich, Kommt Lukas wirklich in der Apostelgeschichte vor?, ThStKr 10, 1837, S.375.

68 J. Wehnert, Die Wir-Passagen der Apostelgeschichte, 1989, S.130-136.

petitio principii: »Lukas« deute mit keiner Silbe an, daß die aus Paulus, Silas und Timotheus bestehende Reisegruppe zwischen Act 16,4 und 17,14 irgendwann vergrößert oder verkleinert worden sei; also kommen *a priori* nur Paulus, Silas und Timotheus als Wir-Erzähler in Frage. Es wäre doch aber gerade zu zeigen gewesen, daß der Einsatz der Wir-Erzählung in 16,10 nicht als Hinweis darauf verstanden werden soll, daß (mindestens) eine weitere Person hinzugekommen ist. Aber selbst wenn nur einer dieser drei als Berichterstatter aufgefaßt werden sollte, so könnten die Leser ihn jedenfalls erst lange nach dem Ende der ersten, ja eventuell sogar erst zu Beginn der zweiten Wir-Erzählung (und auch das nur unter der Voraussetzung, daß Timotheus in Act 20,4f vom Wir-Erzähler unterschieden werden muß) als Silas identifizieren, was ihnen - das ‚Vorbild der alttestamentlichen Geschichtsschreibung' immer mitgesetzt - wenig vertraut vorkommen konnte. (Den Lesern wäre einiges Kopfzerbrechen erspart worden, wenn die Erzählung bereits in 15,41 in die Wir-Form übergegangen wäre und, wie bei den alttestamentlichen ‚Vorbildern', wenigstens einmal ein ‚Ich' aufgetreten wäre, das wirkliche Klarheit verschafft.)

Die Annahme, Silas sei der Wir-Erzähler, bringt nicht nur literarische, sondern auch unüberwindliche historische Probleme mit sich. Die Apostelgeschichte erwähnt Silas nach dem Apostelkonzil nur auf der sog. 2. Missionsreise: Er wirkt mit Paulus und Timotheus in Philippi (16,12ff), Thessaloniki (17,1ff) und Beröa (17,10ff). Dort läßt Paulus seine beiden Mitarbeiter zurück (17,14), fährt allein nach Athen (17,16ff) und trifft schließlich in Korinth ein (18,1). Silas und Timotheus kommen später dorthin nach (18,5). Die wenigen Daten, die uns im *Corpus Paulinum* über Silas/Silvanus vorliegen, stehen mit Acta in weitestgehender Übereinstimmung: Silvanus wird neben Paulus und Timotheus in den Präskripten der beiden Thessalonicherbriefe erwähnt; in I Thess 2,1f erinnert Paulus an die Zeit der Gemeindegründung, als er mit Silas und Timotheus aus Philippi gekommen war und sie in Thessaloniki das Evangelium verkündigt hatten, bevor die Reise nach Athen weiterging (3,1). In II Kor 1,19 spricht Paulus davon, wie er zusammen mit Silvanus und Timotheus die Gemeinde in Korinth gegründet hatte. Die Stationen Philippi - Thessaloniki - Athen - Korinth stimmen, auch in dieser Reihenfolge, bei Paulus und in Acta überein. Die Unterschiede sind dagegen minimal. Abgesehen davon, daß Paulus nichts von Beröa sagt (dazu hatte er freilich auch keinen Anlaß), bestehen sie nur in dem einen Punkt: Während Silas und Timotheus nach der Darstellung der Apostelgeschichte *zusammen in Beröa zurückblieben* und später *gemeinsam zu Paulus nach Korinth* kamen, wissen wir durch I Thess 3,1-5, daß Paulus in Wirklichkeit *mit Timotheus nach Athen* kam und ihn von dort wieder nach Thessaloniki sandte. Das ist gewiß eine völlig unbedeutende Differenz, zumal »Lukas« auch sonst kein eigenständiges Interesse an der Geschichte der Mitarbeiter des Paulus zeigt; Timotheus etwa ist zwischen Philippi und Beröa, wo nur von Paulus und Silas die Rede ist (Act 16,19-17,13), völlig von der Bildfläche verschwunden, bevor er in 17,14 unvermittelt wieder genannt wird. Die »lukanische« Aussage: „Silas und Timotheus blieben (in Beröa) zurück" (Act 17,14) wird nur dann unverständlich, wenn man Silas für den Informanten des »Lukas« hält; denn Silas hätte ja wohl wissen müssen, daß Timotheus eben nicht mit ihm in Beröa zurückgeblieben ist. Oder muß man nun auch noch annehmen, »Lukas« hätte der Erzählung des Silas nicht richtig zugehört? Ferner: Weder bei Paulus noch in der Apostelgeschichte wird Silas/Silvanus über die Korinthmission hinaus erwähnt. Diese erstaunliche Übereinstimmung erlaubt den Schluß, daß Silas nur auf der 1. Europareise in Begleitung des Paulus war. Der Wir-Erzähler der Apostelgeschichte erzählt aber auch von der Jerusalem- und der Romreise, die Silas offenbar nicht miterlebt hat. Wie sollte er dann der Berichterstatter in Act 20f.27f sein? J. Wehnert versucht das Problem durch die Annahme zu lösen, daß Silas „für die in der zweiten und dritten WP (sc. Wir-Passage) enthaltenen Überlieferungen als Informant auftreten konnte, ohne selbst an den dort geschilderten Paulusreisen teilgenommen haben zu müssen (Lukas wäre in diesem Fall von Informationen aus zweiter Hand abhängig, ohne daß dies in der Stilisierung der WPP [sc. Wir-Passagen] - die ja vor allem die Verläßlichkeit des Berichtes verbürgen will - zum Ausdruck kommt)."[69] Über die Plausibilität einer solchen Erklärung mag jeder selbst urteilen; für ein solches Vorgehen, wie es »Lukas« hier unterstellt wird, gibt es jedenfalls keine einzige, noch nicht einmal eine fehlgedeutete alttestamentliche Analogie.

Geht man von den propagierten literarischen Vorbildern aus, so müßte der Analogieschluß für Acta lauten: Unter der Voraussetzung, daß die Apostelgeschichte ursprünglich anonym erschienen ist, würde die Lektüre des Buches Timotheus (oder, weniger wahrscheinlich, Silas) als Wir-Erzähler nahelegen; damit müßte dieser aber zugleich als (angeblicher) Verfasser des ganzen Buches angesehen werden.[70] Daß uns diese Annahme vor unüberwindliche Probleme stellt, wird noch näher zu erörtern sein; im Moment genügt es festzuhalten, daß ‚das Vorbild der alttestamentlichen Geschichtsschreibung' in dem hier verhandelten Sinne nicht zur Erklärung der Wir-Stücke in Acta herangezogen werden kann.

1.4. Ergebnis

Wir haben im zurückliegenden Abschnitt verschiedene Thesen zurückgewiesen, wonach der Erzähler der Wir-Stücke in der Apostelgeschichte vom Autor des Buches zu unterscheiden sei. Die älteste Quellenhypothese führte die Augenzeugen-Erzählungen auf das Reisejournal eines Paulusbegleiters zurück, das der Autor *ad Theophilum* übernommen habe;

---

69   J. Wehnert, Die Wir-Passagen der Apostelgeschichte, 1989, S.189.

70   Diese Konsequenz hat C.C. Hennell, der im übrigen Silas mit Lukas identifiziert (s.o.S.99 Anm.27), gesehen und auf sich genommen: Da zu Beginn des ersten Wir-Stückes anscheinend nur Silas und Timotheus bei Paulus waren, „schrieb entweder Paulus, Silas oder Timotheus die Apostelgeschichte". Paulus und Timotheus scheiden wegen Act 20,4 aus. „Also war Silas der Verfasser" (Untersuchung über den Ursprung des Christenthums, 1840, S.104 Anm.a).

wenn er es unterließ, seine Vorlage von der Ich-Form in die Er-Form zu übertragen, so wirft dieser beispiellose Vorgang ein bezeichnendes Licht auf seine (mangelnden) literarischen Fähigkeiten. Er konnte dann nur noch als ein unselbständiger Kompilator diverser Quellen erscheinen, dem jegliche schriftstellerische Eignung abgeht. Dieses Urteil wird heute allgemein als verfehlt betrachtet; damit muß aber auch jene - prinzipiell weder beweisbare noch widerlegbare - Erklärung für die Wir-Erzählungen der Apostelgeschichte als gescheitert betrachtet werden. Ein zweiter literarkritischer Entwurf, dem neuerdings eine traditionsgeschichtliche Variante sekundiert, versuchte, die Unterscheidung zwischen Autor und Wir-Erzähler dadurch plausibel zu machen, daß sie auf Analogien aus dem Bereich der alttestamentlich-jüdischen Geschichtsschreibung hinwies, in denen diese Differenzierung literarisch praktiziert worden sein soll; doch ließ sich diese Annahme in keinem der genannten Fälle aufrechterhalten. Wir könnten aus diesen Untersuchungen den Schluß ziehen, daß, da keine andere plausible Erklärung zur Verfügung steht, in den Wir-Erzählungen der Apostelgeschichte der Verfasser des Buches - ob zurecht oder zu Unrecht, steht hier noch gar nicht zur Debatte - über sich selbst erzählt.

Freilich stünde eine solche apologetische Argumentation prinzipiell auf schwachen Füßen. Sie würde sich zwischen etlichen, mehr oder weniger plausiblen Erklärungsmöglichkeiten für die vermeintlich plausibelste aussprechen; die Entscheidung läge damit im Ermessen des jeweiligen Betrachters. Tatsächlich handelt es sich aber bei der Frage, ob der Autor der Apostelgeschichte mit dem Wir-Erzähler identisch ist oder nicht, um ein grundsätzliches Problem. Das hat Jürgen Wehnert erkannt, und es ist ihm zu danken, daß er die erzähltheoretischen Implikationen seines Auslegungsmodells dargelegt hat.[71] In Auseinandersetzung damit werden wir eine erzähltheoretische Analyse der Apostelgeschichte zu leisten imstande sein, die beweisen wird, daß der Autor *ad Theophilum* in den Wir-Stücken Selbsterlebtes zu berichten beansprucht.

2. Erzähltheoretische Analyse der Apostelgeschichte

Die Annahme, daß „jede Verwendung der 1. Pers. im Erzähltext" jeweils auf den „Verfasser als sprechendes Subjekt verweisen muß" (50), hält Wehnert für eine Frucht der antiken Klassik. In der griechischen und römischen Erzählkunst sei ein ,Erzähl- bzw. Lektüremodell' (vgl.143)

---

[71] J. Wehnert, op. cit., S.139ff; darauf beziehen sich die Seitenangaben im Text.

entwickelt worden, das „Subjekte und Objekte der Darstellung sorgfältig
auseinanderhält" (143). Liest man die Apostelgeschichte auf diesem Hintergrund, so mußten die Wir-Erzählungen als Berichte des Autors über seine
eigenen Erlebnisse gelesen werden. Diese Interpretation, die wohl von
Irenäus „begründet" (143) wurde, erweise sich „als unmittelbarer Ausdruck seines *kulturellen Kontextes*" (143, Hervorh. v. m.), der durch die
‚klassische Literatur' geprägt war.

Durch einen garstigen Graben getrennt, stehe diesem kulturellen
Kontext ein zweiter gegenüber, der als „hell.-jüd." (146) bezeichnet wird.
Dieser „andere Kulturkreis" (145) habe ein anderes, nämlich ein ‚biblisches
Erzählmodell' hervorgebracht, das sich vom ‚klassischen Erzählmodell'
grundlegend unterscheide. In jüdischer und christlicher Erzähltradition
könne ein „Verfasser unvermittelt von einer bis dahin bruchlos durch-
gehaltenen Außenperspektive in die Binnenperspektive" (140) wechseln,
„d.h., eine Person, die er zuvor zum Objekt seiner distanzierten auktorialen
Erzählung gemacht hatte, tritt nun selber als Berichterstatter auf und löst
den Autor gleichsam ab, ohne daß dies durch ein zusätzliches *Textsignal*",
nämlich eine Zitationsformel, „erklärt wird" (140; Hervorh. v. m.). Dieses
Phänomen habe zur Folge, daß in dieser Erzähltradition zwei ‚Ich', das des
Autors und das einer Figur, *unvermittelt* nebeneinanderstehen können.
Eine solche „Kollision zweier Erzählsubjekte" (142.143) mußte „klassischen Schriftstellern als stilistische, ja ästhetische Fehlleistung" (148)
anmuten, weil der griechisch-römische Literaturbetrieb „diese spezielle
Form literarischer Stilisierung nicht nur nicht kennt, sondern sie gleichsam
als Barbarismus empfindet" (140) und darin „einen Verstoß gegen die
Grundregeln klassischer Literaturproduktion" (140) erblicken mußte. An
diesem biblischen Erzählmodell habe sich der Verfasser der Apostelgeschichte orientiert und in den Wir-Stücken Silas als Redner eingeführt;
dadurch entstehe „das unverbundene Nebeneinander zweier erzählender
Subjekte im luk. Doppelwerk", nämlich „Autor-Ich vs. Wir-Ich"[72].

Man mag sich wundern, daß die längst überwunden geglaubte antago-
nistische Gegenüberstellung von ‚griechisch-römisch' und ‚hellenistisch-
jüdisch' sich als ausgesprochen zählebig erweist. In der hier vorgelegten
Variante, wenn die Analyse denn zuträfe, würde sie katastrophale Folgen
haben: Ein und derselbe Text in ein und derselben Sprache würde nach dem
Willen des Autors grundverschiedene Aussagen machen, je nachdem Autor
und Leser dem einen oder dem anderen oder zwei verschiedenen ‚Kultur-
kreisen' angehören. Kein ‚Textsignal', sondern eine außerhalb des Textes

---

72   J. Wehnert, op. cit., S.142; bei Wehnert steht versehentlich „Doppelwelwerk".

liegende Qualität, nämlich die vom Autor unkontrollierbare ‚kulturelle Identität' seiner Leserschaft und die von den Lesern gegebenenfalls nicht erkennbare ‚kulturelle Identität' des Autors, würde darüber entscheiden, über wen eine Ich-Erzählung Aussagen zu treffen beabsichtigt. Die Möglichkeit sinnvoller Kommunikation wäre damit ausgeschlossen, die Praxis von Exegese - als Text(!)-Auslegung - eine *contradictio in adiecto*. Daß die Produktion und Rezeption von Literatur kulturspezifischen Einflüssen unterliegt, kann und soll gar nicht bestritten werden. Kulturspezifisch ist aber nicht ein ‚Erzählmodell', sondern sind Erzähl*form* und Erzähl*weise*. Wenn diese Behauptung zutrifft, dann müßte es möglich sein, ein ‚Erzählmodell' zu entwerfen, das Erzählungen aus verschiedenen Kulturräumen zu integrieren vermag. Ausgehend von einigen Einsichten der modernen Erzähltheorie werde ich im folgenden ein solches Modell skizzieren und an einigen Beispielen demonstrieren, daß es sowohl ‚griechisch-römische' als auch ‚jüdisch-christliche' Erzähltexte hinreichend zu beschreiben vermag.

2.1. Der Verfasser der Apostelgeschichte und der Wir-Erzähler

Die Apostelgeschichte ist eine Erzählung. Sie ist, präziser gesagt, das, was die alten Lehrer der Rhetorik als eine διήγησις (vgl. auch Lk 1,1) zu bezeichnen sich angewöhnt haben: ein literarisches Werk erzählender Art, gleichgültig, ob die Erzählung als historisch oder als fiktiv aufzufassen sei.[73] Eine solche *Diegesis* ist aus zahlreichen Einzelerzählungen, Geschichten, zusammengesetzt, die die Rhetoriker - zur Unterscheidung von der Großgattung διήγησις - διηγήματα nannten.[74] Das deutsche Wort ‚Erzählung' ist ambivalent; wo die Unterscheidung wichtig ist, werde ich deshalb auf die griechischen Begriffe zurückgreifen.

2.1.1. Erzähltheoretische Grundlegung

Die Apostelgeschichte ist eine *Diegesis*. Sie besteht aus einer Vielzahl von *Diegemata*, die zumeist in der 3., mitunter jedoch auch in der 1. Person

---

[73] Der Unterschied war ohnedies nur ein gradueller: Plinius erwähnt einmal ein Ereignis, das *materia vera* sei, aber *simillima fictae* (*ep* IX 33,1); vgl. Cic. *fam* V 13,6 (*haec quasi fabula rerum eventorumque nostrorum*). Übrigens soll ein Jünger des R. Shᵉmuel b. Naḥmani die Auffassung vertreten haben, Hiob habe nie existiert und sein Buch sei ein Märchen (bBB 15a).

[74] So z.B. Hermogenes (ca. 160-225 n.Chr.) im 2. Kapitel seiner *Progymnasmata* (hg.v. L. Spengel, Rhetores Graeci II, 1854, S.4 Z.25-27): διήγησις μὲν ἡ ἱστορία Ἡροδότου ..., διήγημα δὲ τὸ κατὰ Ἀρίονα (sc. Hdt. I 24); vgl. Aphthonius Sophistes (4. Jh. n.Chr.) *progymn* c.2 (loc. cit., S.22 Z.2-4).

erzählt werden. Die neuere Erzählforschung bezeichnet eine *Diegesis*, innerhalb derer einzelne *Diegemata* in Ich- oder Wir-Form erzählt werden, als Ich-Erzählung.[75] In einer Ich-Erzählung erscheint das ,Ich' in einer doppelten Funktion: Es ist sowohl erzählendes als auch erlebendes ,Ich'. Beide sind durch den zeitlichen Abstand, der zwischen dem beschriebenen Geschehen und der Gegenwart des Berichtens liegt, voneinander getrennt; durch die Gleichheit der Person sind sie miteinander verbunden. Insofern kann man von der „Identität des Ich in seiner Differenz"[76] sprechen. Diese Spannung bewirkt die Zweidimensionalität der Ich-Erzählung, die sie grundlegend von der Er-Erzählung unterscheidet. „Zählt die Kategorie der Erzählform zu denen, die das Erzählen in seiner Substanz mitbestimmen, so hat eine systematische Analyse epischer Texte bei ihr anzusetzen."[77]

2.1.1.1. Das erzählende Ich (Narrator). Jede Ich-Erzählung wird von einem einzigen Berichterstatter (Narrator) erzählt. Er ist meist ein Individuum, doch kann auch eine Gruppe diese Funktion übernehmen; im Ebioniten-Evangelium sind es z.B. die 12 Jünger, die die Geschichte Jesu erzählen. Dieser Berichterstatter erzählt seinen Lesern (bzw. Zuhörern) eine Geschichte. Dabei führt er verschiedene handelnde Personen (Actores) ein, die er in indirekter oder auch in direkter Rede zu Wort kommen lassen kann. In letzterem Falle kann ein Rollen-Erzähler in Ich-Form erzählen. In

---

[75]   Der Unterschied zwischen Ich- und Er-Erzählung wird genaugenommen dahingehend definiert, „daß der Ich-Erzähler (auch) von sich selbst erzählt, der Er-Erzähler hingegen grundsätzlich von anderen" (J.H. Petersen, Kategorien des Erzählens, Poetica 9, 1977, S.175). Antike Erzähler konnten über sich freilich auch unter Nennung ihres Namens in der 3. Person, also in der Er-Form, erzählen. Die Erzählung über sich selbst nenne ich im folgenden ,Selbsterzählung', die Selbsterzählung in Ich-Form ,Ich-Erzählung'. In der älteren Erzählforschung wurde die Ich-Erzählung übrigens als Erzählung des Autors oder eines Rollenerzählers definiert, der Ereignisse als selbsterlebt ausgibt (z.B. W. Kayser, Das sprachliche Kunstwerk, [18]1978, S.203). Seit K. Hamburgers grundlegender Arbeit über *Die Logik der Dichtung*, [3]1977, läßt sich diese weite Fassung des Begriffs nicht mehr aufrechterhalten. Auch wenn ihre Lokalisierung der Ich-Erzählung im System der Dichtung teilweise auf starke Kritik gestoßen ist, so hat sich ihre kategoriale Unterscheidung zwischen Ich- und Er-Erzählung doch allgemein Geltung verschafft; vgl. etwa D. Gutzen/N. Oellers/J.H. Petersen, Einführung in die neuere deutsche Literaturwissenschaft, [6]1989, S.17-19; J. Vogt, Aspekte erzählender Prosa, [4]1979, S.32-36; J.H. Petersen, art. cit., S.171-179.

[76]   J.H. Petersen, art. cit., S.175 (im Original gesperrt).

[77]   J.H. Petersen, art. cit., S.180.

der Regel[78] werden solche Zitate durch die sog. Inquit-Formel kenntlich gemacht, im Griechischen häufig gefolgt von ὅτι; freilich ist dabei in Rechnung zu stellen, daß indirekte Rede im Griechischen gelegentlich fließend, also ohne die Inquit-Formel, in die *oratio recta* übergehen kann, ohne daß dies dem Zitatcharakter Abbruch täte.[79] Außerhalb von Zitaten kann nur der Narrator selbst, da er ja die gesamte Geschichte erzählt, in der 1. Person sprechen. Er kann sich etwa direkt an seine Leser bzw. Zuhörer wenden (z.B. *supra diximus*), über seine Erzählweise und Informanten äußern oder das Erzählte kommentieren; er kann sich auch selbst als handelnde Person einführen.

2.1.1.2. Das erlebende Ich (Actor). In der Ich-Erzählung ist der Narrator auch als handelnde Person (Actor) am vergangenen Geschehen beteiligt. Grammatikalisch gesprochen heißt das, daß er als das sprachliche und logische Subjekt oder Objekt eines Handlungsverbs in einem Vergangenheitstempus in Erscheinung tritt. Das scheint an und für sich selbstverständlich zu sein. Doch gibt es häufig Fälle, in denen die Verwendung der 1. Person keinen Hinweis auf eigene Erlebnisse des Berichterstatters darstellt. Wenn etwa Sallust sich einmal anschickt, diejenigen afrikanischen Völker aufzuzählen, „mit denen wir Krieg führten oder Freundschaft pflegten" (*Iug* XVII 1), so hat er natürlich keine eigenen Kriegserfahrungen im Auge; ‚wir' steht hier für ‚wir Römer', eine als zeit- und raumübergreifend, im wesentlichen mit sich identisch empfundene Gruppe, an deren Geschick Sallust gleichsam partizipiert, auch wo er persönlich nicht beteiligt war.

2.1.1.3. Autor und Ich-Erzähler. In der Bestimmung dessen, was eine Ich-Erzählung konstituiert, haben wir bislang die Person des Autors völlig außer acht gelassen. Man konnte vielleicht den Eindruck gewinnen, als hätten wir den Begriff des Autors einfach durch den des Berichterstatters ersetzt. Das ist jedoch keineswegs der Fall. Der Narrator *erzählt* die *Diegesis*, dem Autor kommt die Aufgabe zu, diese Erzählung *aufzuzeichnen*. Mit dem Begriff Autor meine ich hier übrigens noch gar nicht den realen Schreiber eines Textes, sondern die Person, die als Verfasser fungiert; damit bleiben auch pseudonyme und pseudepigraphische Schriften in unsere Überlegungen einbezogen. Autor und Narrator *können* miteinander

---

[78] Im Falle des ‚inneren Monologs' beispielsweise kann die Inquit-Formel auch wegfallen; aber das ist für die Analyse antiker Erzähltexte, in denen dieses Mittel nicht erscheint, unerheblich.

[79] Vgl. die oben S.104 genannten Beispiele.

identisch sein; es ist aber ebenso möglich, daß ein Autor die Ich-Erzählung eines anderen aufschreibt. Dieser Vorgang ist uns aus dem Ich-Roman bestens vertraut. Dort ist der Narrator eine vom Autor geschaffene fiktive Gestalt, die die gesamte Erzählung vorträgt; der Autor erscheint gleichsam nur als Sekretär, der die Erzählung zu Papier bringt.

2.1.1.4. Die Apostelgeschichte als Ich-Erzählung. Betrachten wir die Apostelgeschichte auf dem Hintergrund dieser erzähltheoretischen Erörterungen, so handelt es sich bei ihr um eine Ich-Erzählung. Narrator ist diejenige individuelle Gestalt oder diejenige Gruppe, die in den Wir-Stücken über eigene Erlebnisse erzählt; der Wir-Erzähler ist also zugleich Erzähler der ganzen Apostelgeschichte. Als Autor meldet sich in Act 1,1 ein ‚Ich' zu Wort, das diese Geschichte für einen gewissen Theophilus aufgezeichnet hat; dieser Autor ist identisch mit dem des 3. Evangeliums. Die Frage ist, ob der Narrator vom Autor des Werkes *ad Theophilum* zu unterscheiden ist oder nicht. Wenn wir auf den folgenden Seiten griechisch-römische und jüdisch-christliche Ich-Erzählungen mit Hilfe unseres Erzählmodells analysieren werden, so wollen wir nicht nur dessen universelle Gültigkeit anhand konkreter Beispiele unter Beweis stellen, sondern zugleich Hinweise darauf gewinnen, nach welchen Kriterien sich Identität oder Nicht-Identität zwischen Autor und Narrator bestimmen lassen. Auf diesem Hintergrund kann dann die Frage angegangen werden, in welchem Verhältnis das ‚Ich' des Autors der Apostelgeschichte zum gelegentlichen ‚Wir' des Narrators steht.

2.1.2. Autor und Erzähler in griechischen und römischen Ich-Erzählungen

Griechische und römische Erzählliteratur wurde nicht anonym herausgegeben; der Autor einer Erzählung pflegte sich zunächst zu Beginn seines Buches vorzustellen. Vom Werk des Hekataios von Milet ist uns der Einleitungssatz überliefert: Ἑκαταῖος ὁ Μιλήσιος ὧδε μυθεῖται (FGH 1 F 1). Herodot[80] und Thukydides folgten diesem Beispiel. Da „die Werke dieser Zeit keine Titel in unserem Sinne hatten", stellte der einlei-

---

[80] Nach Ptolemaios Chennos (1. Jh. n.Chr.) soll der Thessaler Plesirrhoos, der Geliebte Herodots, das Proömium des Herodot geschrieben haben (bei Phot. *bibl* cod.190). Man könnte überlegen, ob sich hinter dieser Nachricht eine Erinnerung daran verbirgt, daß Herodot den Anfang seines Werkes erst später angefügt hat oder Plesirrhoos Herausgeber des unvollendeten Werkes war (vgl. K.-H. Tomberg, Die Kaine Historia des Ptolemaios Chennos, 1968, S.153 Anm.56). M.E. dürfte es sich eher um eine jener erfundenen Spitzfindigkeiten handeln, die so ganz dem Geschmack einer halbgebildeten Mittelschicht entsprach, für die die καινὴ ἱστορία geschrieben war.

tende Satz mit der Nennung des Verfassernamens „zugleich den Titel und
die Inhaltsangabe des Werkes"[81] dar. Diese Praxis hielt sich in der
Geschichtsschreibung[82] über 200 Jahre lang, bis sie bei Polybius „endgiltig
aufgegeben"[83] ist; nur im Roman, der die altehrwürdigen historiographischen Vorbilder imitiert, erscheint sie noch einmal (bei Chariton von
Aphrodisias). Polybius ist das erste sichere Beispiel für den Buchtitel eines
historischen Werkes, der den Namen des Verfassers und das Thema nannte;
der Titel (Πολυβίου ἱστορίαι), der aus praktischen Gründen außen an
der Buchrolle in Form eines sog. σίλλυβος[84] (*titulus, index*) angebracht
und im Kolophon[85] wiederholt wurde, kann hier keine spätere Hinzufügung
sein, weil Polybius seinen Namen weder im Proömium noch überhaupt
im Verlauf der ersten 23 Bücher - soweit sie uns erhalten sind - erwähnt.
Normalerweise aber nannte ein Autor seinen Namen sowohl im Titel als
auch im Verlauf des Proömiums (z.B. Josephus, Appian).

In allen hier genannten Fällen war der Verfasser zugleich Berichterstatter. Die Praxis, einen vom Autor verschiedenen Narrator einzuführen, findet sich nur in solchen Erzählungen, in denen wir von einem Roman
sprechen würden. Häufig wird zu diesem Zweck eine kurze Rahmenhand-
lung konstruiert: Achilleus Tatios etwa behauptet zu Beginn seines Romans
Leukippe und Kleitophon, in seiner Jugend dem Romanhelden begegnet zu
sein. Fast das gesamte Werk stellt sich als die Erzählung dieses Kleitophon
dar (ab I 3,1); Kleitophon ist also Narrator. Zumindest in einem Falle
wurde auf eine Rahmenerzählung verzichtet: In der Eselsgeschichte *Lucius
oder der Esel* stellt sich der (fiktive) Ich-Erzähler im Laufe der Erzählung
als „Lucius von Patras", Bruder des Elegiendichters Gaius, „Verfasser
einiger historischer und anderer Schriften" (c.55), vor. Wer für den Autor
gehalten werden sollte, wissen wir nicht; das Buch wurde später fälschlicherweise Lukian von Samosata zugeschrieben. Vielleicht hatte Lukian

---

81   K. v.Fritz, Die griechische Geschichtsschreibung I, 1967, S.105 und S.448.

82   Ich kann an dieser Stelle auf Entstehung und Entwicklung des Buchtitels im allgemeinen nicht eingehen und beschränke mich auf einige wenige Bemerkungen zum Titel
historischer Werke; zum Problem vgl. M. Hengel, Die Evangelienüberschriften, 1984,
S.28-30 mit weiteren Literaturhinweisen.

83   H. Lieberich, Studien zu den Proömien in der griechischen und byzantinischen
Geschichtsschreibung I, 1899, S.19; vgl. D. Earl, Prologue-form in Ancient Historiography, ANRW I.2, 1972, S.842-856.

84   Vgl. Th. Birt, Die Buchrolle in der Kunst, 1907, S.237-239.

85   Im Innern der Rolle ist der Titel vor Verlust besser geschützt. Der Kolophon zum
zweiten Buch von Charitons Roman *Über (Chaireas und) Kallirhoe* ist auf einem Papyrus
aus der 2. Hälfte des 2.Jh.s n.Chr. (PMichaelidae 1) erhalten: „Des Chariton von Aphrodisias Erzählungen über Kallirhoe zweites Buch".

die ursprünglichen griechischen *Metamorphosen* verfaßt, die in der pseudolukianischen Fassung der Geschichte in gekürzter Form erhalten sind und das Modell für die *Metamorphosen* des Apuleius bildeten.[86] Auch in der verlorengegangenen Originalfassung, die Photius noch vorgelegen hatte (*bibl* cod.129), wurde der Narrator als Lucius von Patras vorgestellt. Photius, in dessen Exemplar die Verfasserangabe möglicherweise fehlte[87], referierte es als Werk eines Lucius von Patras; er hielt also den Narrator für den Autor.[88] Bei Lucius Apuleius, der aus dem nordafrikanischen Madaura stammt, ist das Verhältnis zwischen Autor und Narrator von hintersinniger Zweideutigkeit. Der Erzähler schickt sich zu Beginn ausdrücklich an, seine Identität preiszugeben (*exordior. quis ille?*, I 1,2), verschweigt dann allerdings zunächst seinen Namen; er erwähnt lediglich, daß er aus Griechenland stamme und in Rom Latein gelernt habe (I 1,2-4), daß seine Mutter thessalischer Abstammung sei und er über sie mit Plutarch und dem Philosophen Sextus verwandt sei (I 2,1). Erst gegen Ende des 1. Buches erfahren die Leser seinen Namen (Lucius, I 24,4), und seine Herkunft wird genauerhin auf Korinth festgelegt (II 12,2), auch wenn er nicht ausdrücklich als ,Lucius von Korinth' bezeichnet wird. Durch die Nennung der *patria* scheinen Autor (Lucius Apuleius aus Madaura) und Erzähler (Lucius, offenbar aus Korinth) trotz gleichen Vornamens eindeutig unterschieden zu sein. Für das letzte Buch, das mit seinem Bekenntnis zum Isis-Kult biographische Bezüge zum Autor aufweist, hält Apuleius jedoch eine besondere Überraschung parat: Der Erzähler wird hier indirekt als „Bürger aus Madaura" bezeichnet (XI 27,8), so daß die säuberliche Trennung zwischen Autor und Erzähler wieder ins Wanken gerät. John J. Winkler hat sehr anschaulich und überzeugend beschrieben, wie die *Metamorphosen* des Apuleius gerade aus dem Spannungsverhältnis zwischen Autor und Erzähler eine Dimension erhalten, die jenseits der Alternative ,autobiographische oder fingierte Ich-Erzählung' liegt.[89]

---

[86] Zum ganzen Komplex der Eselsgeschichte vgl. B.E. Perry, The Ancient Romances, 1967, S.211-225.

[87] So B.E. Perry, op. cit., S.224. Da Photius keinen Hinweis darauf gibt, daß ihm das Buch anonym vorgelegen und er den Verfasser aus der Schrift selbst erschlossen habe, dürfte m.E. bereits der Schreiber des Exemplars, das Photius vorlag, den Namen Lucius in den Titel genommen haben.

[88] Vgl. B.E. Perry, op. cit., S.212.217.

[89] Vgl. J.J. Winkler, Auctor & Actor: A Narratological Reading of Apuleius's *Golden Ass*, 1985, S.199: "The author writes throughout as if he really were Lucius (though most readers must assume that this is a fiction)".

2.1.3. Erzähler und Autor in jüdischen und christlichen Ich-Erzählungen

Von ganz anderen Voraussetzungen geht die alttestamentliche Erzählliteratur aus.[90] Die literarische Gestalt des Autors, der eine Erzählung aus
verschiedenen Quellen zusammenstellt und niederschreibt, ist ihr zunächst
ganz fremd. In den Erzählzyklen über Saul und Samuel (I Sam 1-15), über
Davids Aufstieg (I Sam 16 - II Sam 5) und über Davids Thronfolge (II Sam
6 - I Reg 2) haben wir die ältesten Beispiele größerer und zusammenhängender Erzählstücke im alten Israel vor uns.[91] In diesen drei Erzähl-
komplexen können wir eine Entwicklung beobachten, die von einer relativ
lockeren Sammlung von Einzelgeschichten (Samuel-Saul-Geschichten), die
noch „keine planvolle Gestaltung"[92] verrät, über eine schon deutlich ein-
heitlichere Komposition (Aufstiegsgeschichte), die freilich noch „nicht als
zusammenhängend konzipiertes und gestaltetes Werk der Geschichtsschreibung gelten"[93] kann, zu einem geschlossenen Geschichtswerk führt
(Thronfolgegeschichte), das in Buchform hätte publiziert werden können;
zumindest im Falle der Thronfolgegeschichte ist die planvoll gestaltende
Hand eines Verfassers erkennbar, der eine zusammenhängende Darstellung
der Ereignisse gibt und schriftlich aufzeichnet. Als Autor jedoch ist er nie
in Erscheinung getreten. Der spätere Redaktor der Samuel- und Königs-
bücher nahm seine literarische Arbeit dankbar auf, ohne der Herkunft
seiner Quelle Erwähnung zu tun. Die einzigen Bücher, die der Redaktor
gelegentlich erwähnt, sind „das Buch der Könige Israels" (I Reg 14,19 u.ö.)
und „das Buch der Könige Judas" (I Reg 14,29 u.ö.), auf die er seine Leser
für weitergehende Information verweist; die Namen ihrer Verfasser nennt
er freilich ebensowenig wie seinen eigenen. Wenn einem Buch ein Titel
gegeben wurde (z.B. ‚Josua'), so sollte damit nicht der Autor, sondern die
Hauptperson, also das Thema, bezeichnet werden.

Diese Beobachtung gilt auch für diejenigen Bücher des Alten Testaments, die wir als Ich-Erzählungen bezeichnen können. Die Namen der
Propheten, die über den jeweiligen Büchern stehen, wollen zunächst gewiß
nichts weniger als Autorenangaben sein. Wenn das Amosbuch mit den

---

[90]   Zur alttestamentlichen und hellenistischen Geschichtsschreibung vgl. D.E. Aune,
The New Testament in Its Literary Environment, 1987, S.96-109.

[91]   Vgl. dazu R. Rendtorff, Beobachtungen zur altisraelitischen Geschichtsschreibung anhand der Geschichte vom Aufstieg Davids, in: Probleme biblischer Theologie.
FS G. v.Rad, 1971, S.428-439.

[92]   R. Rendtorff, art. cit., S.430.

[93]   R. Rendtorff, art. cit., S.432.

Worten einsetzt: „Worte des Amos ..., die er gesehen hat über Jerusalem in den Tagen Usias, des Königs von Juda, und in den Tagen Jerobeams ..., des Königs von Israel, zwei Jahre vor dem Erdbeben", dann sollte damit wohl kaum der Verfasser des Buches bezeichnet werden. Wer es aufgezeichnet hat, spielte keine Rolle; wichtig war, daß es die prophetischen Aussprüche des Amos enthält. Tatsächlich ist das Buch Resultat eines langen Traditions- prozesses, der mit dem Propheten und seinen Schülern einsetzte und über Generationen hinweg zur Formung des vorliegenden Werkes führte.[94] Maßgebend waren dabei nicht literarische Gesichtspunkte; von leitendem Interesse war die thematische Gruppierung des Stoffes unter theologischem Blickwinkel. So war es möglich, daß die Erzählung über Amos (Am 1,1ff; 7,10-17) und die Ich-Erzählung des Propheten (5,1ff; 7,1-9; 8,1ff; 9,1ff), je nach der Herkunft und der Erzählform des Materials[95], unausgeglichen nebeneinander stehenbleiben konnten. In dieser Hinsicht war niemandem an einer einheitlichen Gestaltung des Buches gelegen.

Der hier skizzierte Prozeß der *Formung* des Amosbuches ist charak- teristisch für die *Form* der alttestamentlichen Prophetenbücher insgesamt; bezeichnenderweise macht gerade das Jonabuch, eine einheitlich konzipier- te Novelle in Er-Form, eine Ausnahme. Sonst wechseln in der Regel Erzäh- lungen *über* den Propheten und Ich-Erzählung *des* Propheten in buntem Reigen ab. Sobald der Prozeß der Traditionsformung abgeschlossen war und zur Bildung eines Buches geführt hatte, mußte der - unter erzähltheo- retischen Gesichtspunkten eher zufällige - Vorgang seiner Gestaltung aller- dings erzählpraktische Konsequenzen haben: Das Buch wurde als das Werk *eines* Autors aufgefaßt. Ausgehend von der griechischen Literatur kam Justin auch im Blick auf die alttestamentlichen Prophetenbücher zu dem Schluß, daß es „ein einzelner ist, der alles aufschreibt, (verschiedene) Figuren aber" - z.B. Gott, Christus oder die Völker - „das Gesagte vortra- gen" (ἕνα μὲν τὸν τὰ πάντα συγγράφοντα ὄντα, πρόσωπα δὲ τὰ διαλεγόμενα παραφέροντα, *apol* 36,2). Mußte jedes Propheten- buch von einem einzigen Verfasser herrühren, so konnte man den Autor nur im jeweiligen Ich-Erzähler (Narrator), also im Propheten selbst, erblicken, der dann über sich teilweise in der 3. Person, teilweise in Ich- Form erzählte. Dieses Beispiel machte Schule. Wir haben oben bereits gese-

---

94   Vgl. dazu H.W. Wolff, Dodekapropheton 2. Joel und Amos, 1969, S.129-138.

95   H.W. Wolff bemerkt z.B. zu den Ich-Erzählungen der Zyklenniederschrift: „Die fünf Berichte über Visionen in 71-8 81-2 91-4 sind auf Grund ihres autobiographischen Stils sicher auf Amos selbst zurückzuführen." (op. cit., S.130) Die Er-Erzählung in 7,10-17 führt er auf die älteste Amos-Schule zurück: „Der Verfasser muß ein Augen- und Ohrenzeuge gewesen sein." (S.131)

hen, daß im Falle der Bücher Esra, Daniel und Tobit der gelegentliche Ich-Erzähler, der damit Narrator der ganzen Erzählung ist, für den Autor gehalten wurde, der über sich auch unter Nennung seines Namens erzählte. In der koptisch-gnostischen PAULUSAPOKALYPSE[96] ist Paulus der Berichterstatter, der über sich abwechselnd in Er- und Ich-Form erzählt; er soll auch als Autor des Buches gelten. Entsprechendes gilt etwa für das APOKRYPHON DES JOHANNES.[97] Inwieweit bei dem Wechsel zwischen Er- und Ich-Form weiterhin die (zufällige) sprachliche Gestalt des überlieferten Quellenmaterials eine Rolle spielte, braucht uns hier nicht zu interessieren. Tatsache ist, daß sich die außerordentliche Verbreitung dieser Erzählform in jüdischen (z.B. äthHen) und christlichen Erzähltexten (z.B. die gnostischen AKTEN DES PETRUS UND DER 12 APOSTEL[98]) nicht durchgängig mit den äußerlichen Voraussetzungen und Bedingungen von Literaturproduktion in diesen Kreisen erklären läßt; teilweise liegt sicher bewußte Nachahmung alttestamentlicher Vorbilder vor.

In den genannten Fällen erscheint der Autor (als literarische Funktion) nicht ausdrücklich; nach dem Vorbild der Prophetenbücher ließ er sich jeweils dadurch erschließen, daß er gelegentlich in Ich-Form erzählt.[99] Es gibt aber auch genügend Beispiele dafür, daß der Autor explizit als Verfas-

---

[96] Übersetzung von W.-P. Funk in: W. Schneemelcher (Hg.), Neutestamentliche Apokryphen in deutscher Übersetzung II, [5]1989, S.630-633.

[97] Übers. bei J.M. Robinson (Hg.), The Nag Hammadi Library in English, 1977, S.99-116.

[98] Übers. von H.-M. Schenke in: W. Schneemelcher (Hg.), Neutestamentliche Apokryphen II[5], S.374-380. Narrator dieser Akten ist Petrus (p.1), der teilweise in 1. Person, teilweise in 3. Person über sich erzählt. Da der Kolophon nur das Thema nennt und der Anfang verlorengegangen ist, können wir nicht sicher sagen, ob er auch als Autor gedacht werden soll; aber es ist doch recht wahrscheinlich.

[99] Im Testament Hiobs, einer wohl einheitlich konzipierten Schrift (vgl. B. Schaller, Zur Komposition und Konzeption des Testaments Hiobs, in: Studies on the Testament of Job, hg.v. M.A. Knibb/P.W. van der Horst, 1989, S.46-92) vielleicht aus dem 1. oder 2. Jh. n.Chr., fehlt in der ursprünglichen Fassung die literarische Gestalt des Autors. Ich-Erzähler ist ein gewisser Nereus, angeblich ein Bruder Hiobs: „Nachdem die drei (Töchter Hiobs) ihre Lieder beendet hatten - dabei waren der Herr und ich, Nereus, der Bruder des Job ... -, da setzte ich mich in Jobs Nähe auf mein Lager. Und ich hörte, wie die eine (Tochter) der anderen die Wunder deutete. Und ich schrieb das Buch voll mit sehr vielen Deutungen der Lieder von den drei Töchtern meines Bruders ..." (LI 1-4; vgl. LIII 1). Dieser Hinweis auf ein anderes Buch des Nereus wird von einer Handschrift (‚V'), die auch sonst viele sekundäre Erweiterungen aufweist (vgl. S.P. Brock, Testamentum Iobi, 1967, S.9), interessanterweise umgearbeitet: „Und ich schrieb dieses Buch auf mit Ausnahme der Lieder" etc. Damit wird der Ich-Erzähler ausdrücklich zum Autor des TestHiob gemacht. Zum TestHiob vgl. die Einleitung und deutsche Übersetzung von B. Schaller, Das Testament Hiobs, JSHRZ III/3, 1979.

ser hervortritt. Das gnostische ÄGYPTEREVANGELIUM[100] wird in der sog. Sphragis als ein Werk Seths ausgegeben: „Der große Seth schrieb dieses Buch" (col.III 68,10; vgl. 68,1-2). Seth ist auch Narrator, der über sich unter Nennung seines Namens erzählt.

Von besonderem Interesse sind für uns jene Ich-Erzählungen, in denen zwischen Autor und Narrator unterschieden wird. Im PROTEVANGELIUM IACOBI, das gegen Ende des zweiten Jahrhunderts in griechischer Sprache, wahrscheinlich unter dem Titel Γένεσις Μαρίας[101], geschrieben wurde, erzählt der zunächst ungenannte Narrator über Joseph in 3. Person (c.9,1-18,1). In 18,2 wechselt die Erzählung unvermittelt in die 1. Person über: „18,1 ... und er (sc. Joseph) zog aus, um eine hebräische Hebamme in der Gegend von Bethlehem zu suchen. 2 Ich aber, Joseph, ging umher etc." Kurze Zeit später trifft Joseph eine Hebamme; es entwickelt sich ein Gespräch. „19,1 Und ich sagte zu ihr: ‚...' Da sagte die Hebamme zu ihm etc." Bis 21,1 wird über Joseph dann wieder in der 3. Person erzählt. Joseph ist dadurch als Narrator ausgewiesen, der über sich abwechselnd in der 3. und in der 1. Person erzählt. Am Ende des Buches, in der Sphragis, meldet sich dann der (angebliche) Autor zu Wort: „Ich aber, Jakobus, der diese Geschichte geschrieben hat" (25,1). Die Leser sollen sich also denken, Joseph habe die Geschichte von der jungfräulichen Empfängnis seines Adoptivsohnes Jesus dem Jakobus, seinem leiblichen Sohn aus erster Ehe, erzählt, und dieser habe sie nun seinerseits schriftlich niedergelegt.

Ähnlich verhält es sich mit der sog. 2. JAKOBUSAPOKALYPSE[102]: Autor soll der Priester Mareim, ein Verwandter des Theudas, des angeblichen Vaters Jacobi des Gerechten, sein (V 44,16f). Narrator ist Theudas (Rahmenerzählung V 44,21-45,27;61,1-62,15.31-33), der die aus dem Munde Jacobi vernommene Erzählung von dessen Vision zitiert (46-60) und das Martyrium des Herrnbruders berichtet (61,1ff).

Zurückhaltung ist geboten bei unvollständig erhaltenen Texten, die keine sichere Erzählanalyse erlauben. Häufig wird in diesem Zusammenhang auf die JOHANNESAKTEN verwiesen. Narrator ist dort ein namentlich nicht genannter Schüler des Johannes, der

---

[100] Übers. bei J.M. Robinson (Hg.), op. cit., S.195-205; in der Sphragis wird behauptet, Seth habe das Buch im Gebirge versteckt, damit es erst am Ende der Zeiten zum Vorschein komme: das Inventar einer typischen Auffindungslegende.

[101] So PBodm 5; vgl. POx 3524, wo allerdings nur -ας erhalten ist. Zum Ganzen vgl. É. de Strycker, Die griechischen Handschriften des Protevangeliums Iacobi, in: Griechische Kodikologie und Textüberlieferung, hg.v. D. Harlfinger, 1980, S.577f.

[102] Übers. von W.-P. Funk in: W. Schneemelcher (Hg.), Neutestamentliche Apokryphen I[6], S.269-275.

gelegentlich in Wir-Form erzählt (c.18f.60f.72f.110.111.115) und einmal auch als Ich hervortritt (c.61). Um wen es sich handelte und ob man sich ihn auch als Autor zu denken hat, kann aufgrund des fragmentarischen Bestandes der Acta Iohannis - wohl weniger als zwei Drittel sind in griechischer Originalsprache erhalten[103] - nicht sicher entschieden werden. Waren Autor und Narrator identisch[104], so genügte ein Titel mit Verfasserangabe oder die Namensnennung im Prolog. Falls aber Autor und Narrator voneinander verschieden waren, so würde ich Knut Schäferdieks Vermutung zustimmen: „Dieser als vertrauter Begleiter des Apostels sich gebende angebliche Berichterstatter muß im verlorenen Anfangsteil der Schrift eingeführt worden sein, und daß dies unter dem Namen des vermeintlichen Johannesschülers Leukios der kleinasiatischen Johannestradition geschah, ist angesichts der gegebenen Indizien sicher keine abseitige Vermutung."[105]

---

103 Vgl. K. Schäferdiek in: W. Schneemelcher (Hg.), Neutestamentliche Apokryphen II, [5]1989, S.144.

104 Davon gehen E. Junod und J.-D. Kaestli im Kommentarband zu ihrer Ausgabe der Johannesakten aus: „A la différence des auteurs des autres Actes apocryphes, notre auteur a manifestement voulu donner l'impression qu'il avait lui-même pris part aux événements rapportés et qu'il appartenait au cercle des intimes de l'apôtre." (Acta Iohannis [II], S.532) Diese Auffassung ist bei ihnen dadurch begünstigt, daß die Unterscheidung zwischen Autor und Erzähler ihnen grundsätzlich nicht geläufig zu sein scheint; das belastet ihre literarische Theorie über die Johannesakten (s. die folgende Anm.).

105 K. Schäferdiek, a.a.O., S.93 (vgl. S.156: „Wahrscheinlich hat sich zu Beginn der Schrift auch der häufig im Wir-Stil redende Erzähler, vermutlich unter dem Namen eines fiktiven Johannesschülers Leukios [...], vorgestellt."). Das wichtigste Indiz ist sicher die Besprechung eines ‚Wanderungen der Apostel' genannten Buches durch Photius, das die Akten des Petrus, Johannes, Andreas, Thomas und Paulus enthielt und von Leukios Charinos verfaßt sein soll (γράφει δὲ αὐτάς, ὡς δηλοῖ τὸ αὐτὸ βιβλίον, Λεύκιος Χαρῖνος, *bibl* cod.114); hinzu kommt, daß Innozenz I. im Jahre 405 die Petrus- und Johannesakten „von einem gewissen Leukios" herleitete (*quae a quodam Leucio scripta sunt, ep* 6,7, zitiert nach: H. Denzinger/Schönmetzer, Enchiridion Symbolorum, [36]1976, Nr.213) und Turibius von Astorga um 440 Leukios als Verfasser der ActJoh nennt (PL 54 Sp.694). E. Junod und J.-D. Kaestli, die die genannten Texte ausführlich besprachen (L'histoire des Actes apocryphes des apôtres du IIIe au IXe siècle, 1982, S.94-97.133-145), haben dagegen Einspruch erhoben, einen ursprünglichen Zusammenhang zwischen Johannesakten und Leukios zu behaupten: Ihrer Meinung nach ist der legendäre Johannesschüler Leukios erst im Verlauf des 4. Jh.s durch die Manichäer zum Autor der Sammlung apokrypher Apostelgeschichten befördert worden (op. cit., S.137-143); der Ich-Erzähler der Johannesakten sei ursprünglich ein namenloser ‚fiktiver Augenzeuge' gewesen (vgl. die vorige Anm. und op. cit., S.143). Daß es einen ‚fiktiven Anonymus' aus erzähltheoretischen Gründen gar nicht geben kann, werde ich unten (S.142ff) zeigen. An dieser Stelle gebe ich nur zu bedenken: Die Worte des Photius (ὡς δηλοῖ τὸ αὐτὸ βιβλίον) machen deutlich, daß *die Lektüre des Buches* ihn auf den Namen des Autors gebracht hat. Junod/Kaestli, die diese Angabe zu Unrecht für einzigartig bei Photius halten, rechnen mit einem sekundären Vorwort, Epilog oder einer Randglosse im Exemplar des Photius (S.142f), die die Verfasserangabe enthielten. Das aber wäre nicht δηλοῖ τὸ αὐτὸ βιβλίον: In *bibl* cod. 112-113 erwähnt Photius im Zusammenhang der (Pseudo-)Klementinen, daß in manchen Handschriften die *Epistula Clementis* durch eine *Epistula Petri* ersetzt sei; daraus folgert er, daß es neben der

Ich schließe die Analyse jüdisch-christlicher Ich-Erzählungen ab. Es
hat sich gezeigt, daß das erzähltheoretische Modell der modernen Erzählforschung geeignet ist, griechisch-römische und jüdisch-christliche Ich-
Erzählungen hinreichend zu beschreiben. Die Annahme eines ‚biblischen'
Erzählmodells' muß damit zurückgewiesen werden. Wenn in den - zunächst
anonymen - jüdischen und christlichen Erzählungen in gehäuftem Maße
Berichte über eine Person und Ich-Berichte dieser Person abwechseln, so
verdankt sich das Entstehen einer solchen Erzählform den spezifischen
Produktionsbedingungen dieses Literaturzweiges; sobald (und zwar in
hellenistischer Zeit[106]) die Frage nach dem Autor virulent wurde, konnte er
nur im (sporadisch auftretenden) Ich-Erzähler erblickt werden. Wir haben
aber auch festgestellt, daß der Narrator der ganzen *Diegesis* nicht notwendig mit dem Autor identisch ist; wir werden zu prüfen haben, wie es sich
damit im Falle der Apostelgeschichte verhält.

2.1.4. Der Autor der Apostelgeschichte als Narrator

Der Wir-Erzähler der Apostelgeschichte, so viel können wir vorab
schon festhalten, ist zugleich der Erzähler der ganzen Geschichte. Die
Frage ist zunächst nicht, wer er ist, sondern in welchem Verhältnis er zum
Autor des Buches steht. Wir haben gesehen, daß der angebliche Autor des
Protevangeliums Iacobi („Ich aber, Jakobus") sich ausdrücklich vom
Narrator („Ich aber, Joseph") unterscheidet. Beide Male wird der Name
genannt. Wäre der Name ‚Jakobus' in der Sphragis weggelassen, so würde
man den Narrator Joseph automatisch für den Autor halten; hätte der Autor
zu Beginn der Ich-Erzählung den Namen Joseph nicht hinzugefügt, so
würde die Passage c.18,2-19,1 im Zusammenhang mit der späteren
Verfasserangabe auf den Leser unsinnig wirken. In den ursprünglichen

---

klementinischen Ausgabe der Petrusakten auch eine petrinische gegeben habe: καὶ ἡ
(sc. ἐπιστολὴ τοῦ Πέτρου) μὲν δηλοῖ Πέτρον τὰς οἰκείας συγγράψασ-
θαι πράξεις. Auf eine solche Auswertung von Indizien würde ich auch die Verfasserangabe zu den ‚Wanderungen der Apostel' zurückführen: M.E. wurde entweder Leukios
vom Autor der ActJoh als Ich-Erzähler eingeführt, oder der Ich-Erzähler wurde im Verlauf des Buches einmal mit Leukios angeredet; da die Sammlung der 5 apokryphen Apostelakten Photius ohne Verfasserangabe vorlag, hielt er - wie im Falle der Eselsgeschichte
Lukians (s.o.S.123f) - den sporadischen Ich-Erzähler für den Autor.

[106] Zur Herausbildung der Vorstellung vom literarischen Eigentum im Judentum vgl.
W. Speyer, Die literarische Fälschung im heidnischen und christlichen Altertum, 1971,
S.150f. M. Hengel stellt fest: Das „Signum des Verfassers" erscheint erstmals bei Sirach
(50,27) und ist „wohl schon von hellenistischen Gebräuchen beeinflußt" (Judentum und
Hellenismus, [3]1988, S.242).

Metamorphosen Lukians nannte sich der Autor wohl im Titel des Buches; den Erzähler (‚Lucius von Patras’) läßt er sich im Verlauf der Erzählung selbst vorstellen. Photius (oder der Schreiber seines Exemplars), dem das Werk offenbar titellos vorlag, hielt den Erzähler darum für den Autor (s.o.S.124 mit Anm.87). Das bedeutet also: Wird nur der Autor oder nur der Narrator oder keiner von beiden namentlich erwähnt, so halten die Leser beide für identisch. *Die Ich-Erzählung des Narrators wird dann zwangsläufig als ein autobiographischer Bericht des Autors aufgefaßt.*

Der Text der Apostelgeschichte ist vollständig; er führt das ‚Ich’ des Autors (Act 1,1) und das ‚Wir’ des Narrators an. Da der Narrator nicht namentlich genannt wird, sind Autor und Narrator - ganz unabhängig von der Frage, ob Acta ursprünglich einen Titel mit Verfasserangabe gehabt hat oder nicht - identisch. Der Autor *ad Theophilum* ist zugleich Narrator wie Josephus, Esra oder Daniel.

Gegen die Identität von Autor-Ich in Act 1,1 und implizitem Narrator-Ich in Act 16,10ff etc., die hier erzähltheoretisch bewiesen wurde, machte J. Wehnert 4 Gründe geltend[107]:
1. In Lk 1,2f unterscheidet sich der Verfasser des Doppelwerks von den Augenzeugen; also könne er sich in Act 16,10ff nicht plötzlich selbst als Augenzeugen einführen. Das setzt freilich voraus, daß Lk 1,1-4 von Anfang an auch auf Acta hin konzipiert wurde, was erst noch zu beweisen wäre.
2. Bei Prolog und Wir-Erzählung handle es sich „um zwei völlig verschiedene Textsorten” (137); deshalb stehe das ‚Ich’ dort in keinem Zusammenhang mit dem ‚Wir’ hier. Das ist - erzähltheoretisch gesehen - Unfug.[108] Unterschiedlich ist jeweils das Erzählverhalten des Autor-Narrators, das dort auktorial, hier neutral ist. Auch das ‚Ich’ im Proömium des Polybius ist dasselbe wie in XXXVI 11.
3. Das Verfasser-Ich sei Teil eines anderen ‚Wir’ (Lk 1,1f: ἡμῖν = uns Christen), das in keinem Zusammenhang mit dem ‚Wir’ der Wir-Stücke stehe. Das ist richtig; was damit bewiesen werden soll, ist mir unklar. In Lk 1,1f identifiziert sich der Autor mit einer als zeit- und raumübergreifend gedachten Gruppe (‚wir Christen’), deren Erlebnisse er sich zueigen macht (vgl. o.S.121). Eine solche uneigentliche Redeweise liegt in den Wir-Erzählungen der Apostelgeschichte nicht vor. „Wir fuhren von Troas ab” (Act 16,11) ist als allgemeine Aussage etwa im Sinne von ‚wir Christen’ sinnlos; der Satz kann nur von einer geschichtlich-konkreten Gruppe ausgesagt werden, zu der der Erzähler gehörte (‚ich und weitere Reisegenossen’).

---

107 Die Wir-Passagen der Apostelgeschichte, 1989, S.136-139; darauf beziehen sich die Seitenangaben im folgenden Text.

108 S.M. Praeder bemerkte zurecht: "First person comments are not the same as first person narration. First person commentary is the role of ancient historians at the time of narration ... First person narration refers to the roles of ancient historians as prior participants in the narrated events." (The Problem of First Person Narration in Acts, NT 29, 1987, S.208f).

4. Auch bei Jesus Sirach sei das Prolog-Ich (= der Enkel) mit dem ‚Ich' des Textes (= Jesus Sirach) nicht identisch. Hierbei handelt es sich allerdings um keinen erzählenden, sondern um einen belehrenden Text, für den andere Vertextungsregeln gelten. Außerdem wird hier im Prolog ausdrücklich gesagt, daß der Enkel nur als Übersetzer und Herausgeber fungiert; er grenzt sich also deutlich von seinem Großvater ab. Ohne diese Abgrenzung hätte er das Werk auch für sich vereinnahmen können.

Wehnerts Schlußfolgerung, „Prolog-Ich und implizites ‚Ich' der WPP [sc. Wir-Passagen] haben folglich nichts miteinander zu tun" (139), ist falsch.

Wir haben damit das Ziel, das wir uns zu Beginn gesetzt haben, erreicht: In den Wir-Stücken erzählt der Narrator der Apostelgeschichte, der mit dem Autor identisch ist, über sich selbst. Daraus folgt, daß der Autor bei seinen Lesern den Eindruck erwecken wollte, er habe phasenweise am berichteten Geschehen selbst teilgenommen. Wer dieser Autor zu sein beanspruchte, muß uns später beschäftigen (s.u.S.142-148). Zunächst müssen wir uns mit einem Einwand auseinandersetzen, der die hier gezogene Konsequenz in Abrede stellt.

2.2. Das Ich des Erzählers als historisches Aussagesubjekt

In den Wir-Stücken der Apostelgeschichte erzählt der Autor-Narrator von sich in der 1. Person. Einige neuere Kommentatoren wollen darin weniger einen - berechtigten oder angemaßten - Hinweis auf die Beteiligung des Autors am Geschehen erblicken als vielmehr ein *stilistisches Mittel*. Wolle man nicht annehmen, so Willi Marxsen, »Lukas« habe „selbst den (irrigen) Eindruck der Augenzeugenschaft bei seinen Lesern wecken"[109] wollen, so sei es „wahrscheinlicher, daß der Verfasser gerade um der Lebendigkeit der Darstellung willen dieses Wir selbst *geschaffen* hat". Scheint Marxsen die Ich-Form als adäquates Mittel zur Spannungserzeugung vorauszusetzen, so erkennt Gottfried Schille die Beispiellosigkeit des so definierten »lukanischen« Vorgehens immerhin an, erhebt »Lukas« nun aber in den Rang eines Innovators auf dem Gebiet des λεκτικόν: „Lukas hat (sc. in Act 16,10) ... die Szene noch dadurch gesteigert, daß er *ein neuartiges Stilmittel antiker Historiographie* zum erstenmal eingesetzt hat."[110] Das ist

---

[109] W. Marxsen, Einleitung in das Neue Testament, ⁴1978, S.168 und 169.

[110] G. Schille, Die Apostelgeschichte des Lukas, ³1989, S.338 (Hervorh. v. m.). Prinzipiell gilt der Satz: Je weniger man kennt, desto eher erscheint einem etwas als neuartig. Schilles (fast?) völlige Unkenntnis antiker Geschichtsschreibung dokumentiert sich in dem Satz: „Übrigens lehrt uns *ein Blick auf die antike Historiographie*, daß die römische Öffentlichkeit nach dem Jüdischen Krieg vorübergehend für das gute jüdische Erbe ein hohes Maß Verständnis aufzubringen bereit war" (op. cit., S.42; Hervorh. v. m.).

viel der Ehre; man wird sie weniger der Genialität des »Lukas« als der regen Phantasie des Kommentators zurechnen müssen.[111] Die Absurdität solcher Aussagen gründet darin, daß das ‚Wir' zu einem *Stilmittel*[112] erklärt wird. Der Begriff ‚Ich-Erzählung' bezeichnet aber, wie wir sahen, nicht einen Erzähl*stil*, sondern eine Erzähl*form*. Ein Erzähler kann im Stile eines Augenzeugen berichten, und das mag in der Ich-Form geschehen. Die Personalpronomina verweisen auf eine Person, im Fall der Wir-Stücke auf den Autor-Narrator[113], und die Frage ist nur, zu welchem Zweck sie das tun.

Die in den verschiedensten Variationen vorgetragene Auffassung, durch die Wir-Form wolle der Autor „den Leser ... gleichsam persönlich teilnehmen lassen"[114], bedarf einer erzähltheoretischen Kommentierung. Spannungserzeugung ist nicht das Resultat einer bestimmten Erzähl*form*, sondern eines Erzähl*verhaltens*. Unter Erzählverhalten versteht man das Verhältnis des Erzählers zum erzählten Gegenstand. Es ist *auktorial* in solchen „Passagen, in denen sich der Erzähler selbst ins Spiel bringt und kommentierend, reflektierend, urteilend eingreift"[115]. *Neutral* ist es, wenn der Erzähler „sozusagen auf jede individuelle Optik verzichtet und die Dinge soweit wie möglich sich selbst überläßt"[116]. Beim *personalen Erzählverhalten* „wählt er die Optik einer oder mehrerer seiner Gestal-

---

[111] Das Votum Schilles lehrt in besonders eindrucksvoller Art, welches Beharrungsvermögen Forschungshypothesen haben. Konstant ist die These: Ein Paulusbegleiter kann das »lukanische« Doppelwerk nicht geschrieben haben. Variabel ist die Begründung: Der Autor ist immerhin vom geistlosen Kompilator zu einem durch seine Neuschöpfung stilistisch wegweisenden Historiker geworden.

[112] Auch M. Dibelius verwendete den Begriff ‚Wir-Stil' (Aufsätze zur Apostelgeschichte, hg.v. H. Greeven, [5]1968, S.71.92.95.169 u.ö.); bei ihm ist ‚Stil' jedoch gleichbedeutend mit dem, was wir heute als ‚Form' bezeichnen. J. Wehnert verwendet die Begriffe ‚Ich-Form' und ‚Ich-Stil' *promiscue* (z.B. op. cit., S.147 zu Sach und Dan). Er spricht übrigens auch abwechselnd von ‚auktorialer Erzählform' und ‚auktorialer Erzählperspektive' (S.147); tatsächlich bezeichnen die Begriffe Erzähl*form* und Erzähl*perspektive* zwei verschiedene Kategorien der Erzählforschung, und ‚auktorial' kann weder das eine noch das andere sein, sondern das Erzähl*verhalten*. Eine gute Orientierung für eine sinnvolle Verwendung erzähltheoretischer Begriffe gibt J.H. Petersen, Kategorien des Erzählens, Poetica 9, 1977, S.167-195.

[113] Vgl. J. Link, Literaturwissenschaftliche Grundbegriffe, [2]1979, S. 288: „Auch der Gebrauch der Personalpronomina ist im historischen Diskurs an die Pragmatik gebunden: die 1. Person (abgesehen von direkter Rede von Figuren) kann sich daher nur auf den realen Schreiber des Textes beziehen. Alle übrigen Figuren werden in der 3. Person abgebildet. Die 2. Ps. bleibt unbenutzt."

[114] E. Haenchen, Das »Wir« in der Apostelgeschichte und das Itinerar, ZThK 58, 1961, S.329-366, wiederabgedr. in und zitiert nach: ders., Gott und Mensch. Gesammelte Aufsätze, 1965, S.227-264, hier S.255f.

[115] D. Gutzen/N. Oellers/J.H. Petersen, Einführung in die neuere deutsche Literaturwissenschaft, [6]1989, S.19.

[116] J.H. Petersen, Kategorien des Erzählens, Poetica 9, 1977, S.188.

ten", so daß „der Leser also das Geschehen mit den Augen einer Figur auf(nimmt)"[117].
Bernd Effe hat dieses personale Erzählverhalten in der antiken Erzählliteratur, v.a. im
Roman, untersucht und kam dabei zu dem Ergebnis, daß es zu einer „enorme(n) Verstär-
kung des Spannungsmoments"[118] führt. Wenn die Wir-Erzählungen in Acta auf die
Leser lebendiger oder spannender wirken als andere Partien, so ist das nicht auf die
Erzählform, sondern auf das Erzählverhalten zurückzuführen. Ein Beispiel für ein
solches personales Erzählverhalten in den Wir-Stücken ist Act 27,20: „Als sich während
mehrerer Tage weder Sonne noch Sterne zeigten und ein gewaltiger Sturm uns zusetzte,
da schwand uns schließlich alle Hoffnung auf Rettung." Der Erzähler versetzt sich in die
vergangene Gefahrensituation, als wäre sie nicht längst schon ausgestanden; dadurch läßt
er seine Leser an der Dramatik des Geschehens teilhaben. Die Wirkung wäre dieselbe,
wenn in Er-Form erzählt würde. Hätte der Erzähler dagegen so formuliert: ‚Während
mehrerer Tage zeigten sich weder Sonne noch Sterne, und ein gewaltiger Sturm setzte
uns zu; damals erschien uns die Lage hoffnungslos', so wäre der (zunächst neutralen)
Erzählung durch den auktorialen Kommentar (‚damals') die Dramatik genommen.

2.2.1. Gibt es eine ‚fiktive Ich-Erzählung'?

In seiner bahnbrechenden *Geschichte der Autobiographie*[119] unter-
schied Georg Misch kategorial zwischen der Autobiographie und dem
phantastischen Ich-Bericht. Sie sollen verschiedenen Quellen entspringen:
Während die Autobiographie das „Verstehen ‚des Lebens', d.h. des von
Menschen gelebten Lebens und der geistesgeschichtlichen Welt, in der wir
Menschen leben" (10), zum Ziel und „ihre Grundlage in dem ebenso
fundamentalen wie rätselhaften psychologischen Phänomen, das wir Selbst-
Bewußtsein nennen" (10f), habe, sei der phantastische „Ichbericht als eine
Naturform des erfinderischen Dichtens" (62) aufzufassen. Er soll „auf allgemeinen psychologischen Bedingungen der erfindenden Erzählung" beruhen und habe daher „als etwas Ursprüngliches oder Natürliches zu gelten"
(60). Als Beleg für diesen psychologisierenden Befund gelten Misch vor
allem alte ägyptische und babylonische Erzählungen, die die Ich-Erzählung
als eine Möglichkeit volkstümlichen und ‚primitiven' Erzählens erweisen
sollen: „jeder, der die Wonne naiven Erzählens kennt, weiß es aus seiner
Jugend und beobachtet es an den Erzählungen der Kinder wieder, wie die
Ichdarstellung sich leichter und lustvoller ergibt als das objektivierende
Sichversetzen in eine dritte Person. Wo die Phantasie in starken Erregungen schwelgt, glaubt der Erzähler so gut wie seine Hörer an die erdichteten

---

[117] Ebd.

[118] B. Effe, Entstehung und Funktion ‚personaler' Erzählweisen in der Erzählliteratur
der Antike, Poetica 7, 1975, S.143.

[119] G. Misch, Geschichte der Autobiographie I/1, ³1949 (¹1907); darauf beziehen
sich die Seitenzahlen im folgenden Text.

Abenteuer und imponiert sich und den andern damit, so Unglaubliches selbst erlebt zu haben. Etwas Positives ist hier am Werke: die Lebendigkeit des produktiven Vorstellens." (60)

Dieser Konzeption zufolge ist der phantastische Ich-Bericht durch zweierlei charakterisiert:

(1) Das ‚Ich' suggeriert Selbsterlebtes; „die Fiktion der Urkundlichkeit soll in dem Fabulieren der Phantasie, die schon alle Skepsis gegen sich hat, die Illusion der höher geschätzten Wirklichkeit erzeugen." (59)

(2) Eine solche Fiktion gilt freilich nicht als Täuschungsmanöver, sondern als ‚etwas Ursprüngliches oder Natürliches'; es ist damit jeder moralischen Wertung entzogen.

Damit könnte ein Erklärungsmodell für einen Teil der Wir-Stücke der Apostelgeschichte gefunden sein, das die Fingiertheit dieser Passagen zu denken ermöglicht, ohne den Autor zum Lügner oder Fälscher zu machen. An den Wir-Erzählungen in Act 16 und 20f ist gewiß nichts Phantastisches oder Abenteuerliches; aber die Seefahrtsabenteuer in Act 27f könnten im Sinne Mischs als ein phantastischer Ich-Bericht aufgefaßt werden, bei dem ‚die Phantasie mit dem Erzähler durchgegangen ist'. Mag er schließlich selbst, mögen auch seine Leser geglaubt haben, daß sich das alles wirklich ereignet hat; wir, kritisch, wie wir sind, müßten solchen ‚Geschichtchen' den Glauben verweigern. Wir werden Mischs These im folgenden auf ihre literaturgeschichtliche und sprachtheoretische Plausibilität hin befragen.

2.2.2. Die phantastische Ich-Erzählung

Mischs psychologisierende Analyse der Ich-Erzählung krankt an dem simplen Fehler, daß er keinen Unterschied zwischen der Ich-Rede eines Rollen-Erzählers und der Ich-Erzählung des Narrators macht. Die von ihm selbst genannten Texte phantastischen Inhalts, wie z.B. die Erzählung eines ägyptischen Kaufmanns von der Insel des Schlangenkönigs[120], werden nicht vom Narrator erzählt, sondern eben vom Kaufmann selbst. Der Narrator tendiert zunächst dazu, sich der Verantwortung für Seemannsgarn zu entziehen, indem er selbst solche Geschichten gar nicht - noch nicht einmal über andere in 3. Person - erzählt; vielmehr läßt er sie von einem Actor in Ich-Form vortragen.

Odysseus' sagenhafte Erlebnisse im Land der Phäaken berichtet nicht HOMER über seinen Helden, sondern er läßt sie diesen selbst erzählen.[121]

---

[120] Übers. in: The Literature of Ancient Egypt, hg.v. W.K. Simpson,1972, S.50-56.

[121] Das hob schon K. Hamburger, Die Logik der Dichtung, ³1977, S.263 gegen Misch hervor.

Damit überträgt der Narrator Homer die Verantwortung für solche Mär seiner Hauptfigur. Diesen würde der Tadel treffen, wenn die Leser die Geschichte für unglaubwürdig und erlogen halten würden. Es ist nur konsequent, wenn der kritische Lukian, den solche Phantastereien ärgerten, den homerischen Odysseus (und nicht den Dichter selbst!) als „Archegeten und Lehrer der Griechen in derlei Lügengeschichten" (*ver hist* I 3) beschimpfte. Ben Edwin Perry hat ganz recht, wenn er bemerkt: "Homer, poet though he was, felt the responsibility of an historian when it came to telling about the visit to Hades and the encounters of Odysseus with the Cyclops and Circe. For that reason, and because he nevertheless wants his audience to enjoy hearing those yarns, he makes Odysseus himself responsible for the telling of them. Nobody could refute what Odysseus had said about himself and his own experiences, and if he was a shameless liar no one would be injured or embarrassed in consequence of that guilt; but anyone could challenge or refute and embarrass Homer, had he told the same things about Odysseus."[122]

Dieses methodische Verfahren machte Schule. Im achten Buch seiner *Philippika*, das unter dem Titel Θαυμάσια auch eine separate Existenz führte, läßt THEOPOMP (FGH 115) eigens den Waldgeist Silenos (F 74-75) auftreten, in dessen Schilderung des sagenhaften Landes Meropis[123] die philosophisch-politische Utopie des Autors Wirklichkeit wird. Dionys von Halikarnass kritisierte Theopomp übrigens für die Silenos-Geschichte, nicht weil der Historiker gelogen hätte, sondern weil diese Geschichte unnötig, unangebracht und äußerst kindisch sei.[124]

Das Vorbild Homers beeinflußte auch die Romanschriftstellerei. ACHILLEUS TATIOS behauptet, in seiner Jugend dem Helden des Romans begegnet zu sein (I 2,1). Annähernd das ganze Werk ist nun Ich-Erzählung dieses Kleitophon (ab I 3,1). Die zahlreichen Romanfragmente in Ich-Form lassen auf ähnliche Rahmenerzählungen schließen.[125] Eines anderen Mittels bediente sich ANTONIOS DIOGENES in seinen *Wundern jenseits von Thule*. Der Ich-Erzähler Deinias von Arkadien soll einen Bericht seiner Erlebnisse aufgeschrieben haben und sich ein Exemplar in sein Grab geben lassen, das

---

[122] B.E. Perry, The Ancient Romances, 1967, S.325f.

[123] F 75. Zu Meropis vgl. F. Gisinger, Art. Meropia.1, PRE 1.R. XV/1, 1931, Sp.1056-1065.

[124] *Pomp* 6,11 (ed. Usener/Radermacher VI 248,2-5).

[125] Vgl. z.B. das Herpyllis-Bruchstück (PDubl C 3, abgedr. bei F. Zimmermann, Griechische Roman-Papyri und verwandte Texte, 1936, S.68-78): Der Liebhaber selbst erzählt in Ich-Form (zunächst Ich, dann Wir), auch über eine Seefahrt und Schiffbruch.

später in den Besitz des Antonios gelangt sei.[126] „Die Ich-Erzählung als Bericht nicht des Verfassers selbst, sondern eines Gewährsmannes galt als das adäquate Ausdrucksmittel für fiktive Geschichten, für die der Verfasser sozusagen keine Gewähr übernehmen wollte"[127].

Erst relativ spät begegnet uns die Lügenerzählung, in der der Narrator unglaubliche Erlebnisse von sich selbst berichtet. Als Archegeten betrachtet man gerne KTESIAS VON KNIDOS, der in persische Gefangenschaft geriet, jahrelang als Leibarzt am Hof des Artaxerxes lebte und schließlich um 398/7 v.Chr. in seine karische Heimat zurückkehrte. Namentlich seine *Indica*, die uns allerdings nur durch Exzerpte bekannt sind, haben ihm schon in der Antike den Ruf eines schamlosen Lügners eingebracht. „Er schrieb, was er weder gesehen noch von einem, der die Wahrheit gesprochen hätte, gehört hat", urteilte Lukian (*ver hist* I 3) und trat damit dem expliziten Eigenanspruch des Ktesias entgegen, daß er die Dinge teils selbst gesehen, teils von Augenzeugen erfahren habe. Wenn er Greife, Hundsköpfe und andere Fabeltiere in Indien ansiedelt, so ist das für den Späteren, der Indien in weiterem Umfang kennengelernt hat, pure Lüge, Phantasterei. Zur Zeit des Ktesias aber war diese Welt noch so fremd, daß der phantastische Schein der Geschichten oft auf Un- oder Mißverständnis des Neuen zurückgehen mag. Damit soll keine Lanze für Ktesias gebrochen werden: In seinen *Persica* tritt er uns deutlich als ein eitler Pseudohistoriker entgegen, der vor Verfälschungen keinen Moment zurückschrickt[128] und ohne jeden historischen Sinn Geschichtsromane entwirft. Aber daß er sagenhafte Berichte über Indien je in Ich-Form vorgetragen habe, etwa um dem Phantastischen den Schein der Wirklichkeit zu geben oder weil seine ‚Phantasie in starken Erregungen schwelgte', ist nirgends nachweisbar. Im Gegenteil: Aelian (*n.a.* XVII 29 = FGH 688 F 45b) referiert einmal zwei Geschichten aus Ktesias' *Indica* über Elefanten. Nach der ersten setzte der indische König im Krieg Elefanten ein, die auf Befehl die feindlichen Mauern eindrückten. Der zweiten zufolge entwurzelten Elefanten Palmen, indem sie sich auf die Bäume warfen. Die erste Geschichte hat Ktesias ausdrücklich vom Hörensagen: καὶ λέγει μὲν ταῦτα Κτησίας, ἀκοῦσαι γράφων. Die andere hat er in Babylon selbst gesehen: ἰδεῖν δὲ ἐν Βαβυλῶνι ὁ αὐτὸς λέγει. Weitere Beispiele ließen sich anführen;

---

[126] Phot. *bibl* cod.166; vgl. T. Hägg, The Novel in Antiquity, 1985, S.118-121.

[127] K. Plepelits, Achilleus Tatios. Leukippe und Kleitophon, 1980, S.33; zum Phänomen der Rahmenerzählung vgl. K. Hamburger, Die Logik der Dichtung, ³1977, S.266f.

[128] F. Jacoby (Art. Ktesias von Knidos, PRE 1.R. XI/2, 1922, Sp.2048) macht darauf aufmerksam, daß Ktesias auch Quellen erfindet.

sie würden zeigen, daß, wenn Ktesias wiederholt versichert, daß er die Dinge teils selbst gesehen, teils von Autopten erfahren habe, „diese Behauptung im ganzen richtig ist"[129].

Greifbar ist uns der phantastische Reisebericht in Ich-Form erstmals bei EUHEMEROS VON MESSENE (um 300 v.Chr.). Er nimmt die Tradition der Staatsromane, die im Anschluß an Platon, Xenophon und Theopomp im 4. vorchristlichen Jahrhundert beliebt wurden, auf, kleidet sie aber offensichtlich erstmals - über die *Hyperboräer* des Hekataios von Abdera wissen wir nichts Genaues - in die Form eigener Erlebnisse; zugleich wendet er diese Tradition dahingehend um, daß nicht mehr die Staatsutopie, sondern ein religionsphilosophischer Gedanke den eigentlichen Inhalt bildet.

Seine ἱερὰ ἀναγραφή eröffnet Euhemeros mit dem Bericht über eine angebliche Reise, die ihn in das Meer östlich von Arabien geführt habe. Dort will er eine Gruppe von drei Inseln entdeckt haben, deren Hauptinsel, Panchaia, er genauer beschreibt. Auf einer goldenen Stele habe er das ‚Grundgesetz' des Staates von Panchaia gefunden: die für alle Zukunft vorbildlichen Taten der ersten Könige von Panchaia, nämlich Uranos, Kronos und Zeus. Sie seien Sterbliche gewesen wie wir, wenn auch von besonderer Einsicht und Kraft; dank ihrer verständnisvollen und klugen Politik seien sie Könige geworden und später in den Rang von Göttern erhoben worden. Dieser aufgeklärte Gedanke, der offensichtlich durch die Person Alexanders d.Gr. und die Reaktion auf ihn nahegelegt wurde, bildet das eigentliche Zentrum des Buches.

Um mit seiner religionsphilosophischen These Anklang zu finden, mußte Euhemeros daran gelegen sein, die von ihm ‚entdeckten' Inseln für wirklich auszugeben. Entgegen der von ihm aufgegriffenen Tradition früherer Staatsutopien hält er darum alles Wunderbare und Märchenhafte von seiner Schilderung fern: Weder sind die Menschen in Panchaia besonders gesund oder langlebig noch besitzt ihr Land ausgesprochen wunderhafte Eigenschaften. Soweit uns die Schilderung Panchaias (v.a. durch die Exzerpte Diodors in V 46-51 und VI 1) bekannt ist, enthielt sie nichts, was nicht auch in einem wissenschaftlichen Werk jener Zeit über Arabien hätte stehen können. Wir müssen deshalb annehmen, Euhemeros habe seine ‚Reise' möglichst naturgetreu vorgetäuscht und in seiner Beschreibung alles Märchenhafte bewußt vermieden „aus Furcht, es möchte die Rahmenerzählung, statt dem Kerne Glauben zu verschaffen, ihn vielmehr verdächtigen und in das Reich poetischer Phantastik verweisen"[130].

---

129 F. Jacoby, art. cit., Sp.2037.

130 F. Jacoby, Art. Euemeros von Messene, PRE 1.R. VI/1, 1907, Sp. 961f.

In hellenistischer Zeit scheint das Genre der Reisefabulistik geblüht zu haben[131], ohne daß uns nähere Einzelheiten überliefert wären. Einen etwas detaillierteren Einblick haben wir erst wieder in die phantastische Ich-Erzählung eines gewissen JAMBULOS. Aus dem Referat Diodors (II 55-60) wird folgendes Grundgerüst deutlich: Jambulos wird auf einer Karawanen-reise nach Arabien gefangengenommen und mit einem Gefährten als Sühn-opfer aufs Meer geschickt. Am Äquator stoßen sie auf die sieben Sonnen-inseln, wo sie paradiesische Zustände antreffen: Es gibt einen überfließen-den Reichtum an Wasser und Lebensmitteln, die Menschen leben in einer Art Urkommunismus und üben sexuelle Promiskuität, die Alten wählen selbst den Zeitpunkt des Todes und gehen ihm freudig entgegen; dank einer gespaltenen Zunge kann jeder gleichzeitig zwei Gespräche führen. Nach 7 Jahren werden Jambulos und sein Gefährte, da sie mit ihrer griechischen Erziehung den Bewohnern der Sonneninseln offensichtlich zu ,barbarisch' sind, verstoßen und gelangen nach Indien an den Hof des Königs; von dort kehren sie schließlich nach Griechenland zurück.

Deutlich verrät die politische Utopie des Jambulos stoische Züge. Einerseits greift er Gemeinplätze aus der utopischen Literatur auf (ein Land, »wo Milch und Honig fließt«; Urkommunismus; sexuelle Promis-kuität etc.), andererseits erfindet er selbst märchenhafte Wunschträume (gespaltene Zunge). Lukian traf mit seinem Kommentar den Nagel auf den Kopf: „Er erfand eine Lüge, die für alle offensichtlich ist, zugleich schrieb er aber eine Geschichte, die nicht unangenehm zu lesen ist" (*ver hist* I 3). So soll man die Geschichte wohl auch verstehen: als einen Traum, eine Utopie, und nicht als Geo- oder Ethnographie, eine Utopie freilich von einer Wirk-lichkeit, die menschlicher ist und lebenswerter als die eigene.[132]

Nicht immer diente die fingierte Ich-Erzählung einem ernsthaften - utopischen oder philosophischen - Gedanken. Lukian erwähnt „viele ande-

---

131 Vgl. T. Hägg, The Novel in Antiquity, S.117f.

132 Die Frage, ob Jambulos nur Narrator oder auch Autor sei, kann nicht sicher beantwortet werden. Diodor und Lukian halten ihn für den Autor; ansonsten aber ist nichts über ihn bekannt, weder πατρίς noch Vatersname werden erwähnt. Sollte aber der Name des Verfassers verlorengegangen sein, so mußte der Narrator für den Autor gehalten werden. Entscheiden läßt sich das freilich nicht mehr. Sollte das Buch jedenfalls einen anderen Autor genannt haben, so hätten wir hier vielleicht das erste Beispiel dieser Art vor uns, dem die - vielleicht auf Lukian zurückgehenden - ursprünglichen *Metamorphosen*, Pseudo-Lukian in *Lucius oder der Esel* und vielleicht Petronius in seinem *Satyricon* folgten. Unsicher ist die Datierung der phantastischen Erzählung des Timokles, die entweder in hellenistische Zeit oder ins 2. Jh. n.Chr. gehört. „Der Verfasser scheint die Ichform angewandt zu haben, indem er sich Chlonthakonthlos nannte." (W. Aly, Art. Timokles. 6, PRE 2.R. VI/1, 1936, Sp.1262; vgl. auch W. Speyer, Die literarische Fälschung im heidnischen und christlichen Altertum, 1971, S.30)

re", die „ihre angeblichen Reisen und zufälligen Verirrungen in unbekannte
Länder beschrieben haben, worin sie von ungeheuer großen Tieren, wilden
Menschen und seltsamen Sitten und Lebensweisen Unglaubliches erzählen"[133]. Oft genug mag es einzig um die Unterhaltung des Lesers gegangen
sein. Das ist jedenfalls das Ziel der parodistischen *Wahren Geschichte* des
Lukian selbst, die uns gerade durch ihre Übertreibung ein Bild des Genres
vermittelt. Wenn der Autor bekennt, über Dinge schreiben zu wollen, „die
ich weder selbst gesehen noch von andern gehört habe" und denen die Leser
folglich „nicht den geringsten Glauben beizumessen haben", so spiegelt sich
in der Verkehrung der explizite Anspruch der Vorgänger.

2.2.3. Authentische und fingierte Ich-Erzählung

Die Tatsache, daß in der Ich-Erzählung zwischen authentischer und
fingierter Erzählung nicht immer unterschieden werden kann, nahm Käte
Hamburger zum Anlaß, einen kategorialen Unterschied zwischen Ich- und
Er-Erzählung zu behaupten. Fiktion, so führte sie in ihrer Abhandlung
über *Die Logik der Dichtung*[134] aus, liege nur in der Er-Erzählung vor. In
ihr wird den Lesern eine Welt vorgestellt, die nicht die unsere ist, eine Welt
des Scheins, in die der Leser während des Lesens hineingenommen wird.
Ganz anders hingegen die Ich-Erzählung; sie kreiert keine Scheinwelt,
sondern beschreibt oder fingiert die Wirklichkeit unserer Welt und erhält
so ein historisches Gepräge: „es gehört zum Wesen jeder Ich-Erzählung,
daß sie sich selbst als Nicht-Fiktion, nämlich als historisches Dokument
setzt" (246). Das ‚Ich', das da erzählt, will ein *historisches* Aussagesubjekt
sein, d.h. ein Aussagesubjekt, „auf dessen individuelle Person es wesens-
mäßig ankommt" (38); „das Ich der Ich-Erzählung ist ein echtes Aussagesubjekt" (247). Die Wurzel *jeder* Ich-Erzählung, so betont Hamburger in

---

[133] *Ver hist* I 3. Vgl. Tac. *ann* II 24,4: Nachdem Germanicus viele Schiffe bei einem
Sturm im Ärmelkanal verloren hatte (23,1-24,3), waren viele in alle Winde zerstreut
worden. „Wer aus weiter Ferne heimkehrte, erzählte Wunderdinge: von der Gewalt der
Wirbelstürme und unbekannten Vögeln, von Meerungeheuern, von Zwittergestalten aus
Mensch und Tier, die sie wirklich gesehen oder auch in der Angst sich eingebildet hatten"
(*ut quis ex longinquo revenerat, miracula narrabant ... visa sive ex metu credita*, II 24,4);
Albinovanus Pedo erwähnt in seinem Bericht über dieselbe Reise Meerungeheuer (bei
Sen. *suas* I 15). Vgl. bSan 94a: „Rabina sagte: Hieraus ist zu entnehmen, daß, wenn
jemand sich ängstigt, sein Geist etwas sieht, obgleich er nichts sieht". Fabelhafte
Mischgestalten aus Mensch und Tier erwähnt Tacitus in *german* 46,4; Plinius berichtet
Abenteuerliches über die Atlasbewohner, die teilweise buchstäblich ‚kopflos' sein sollen
(*n.h.* IV 59; V 45f).

[134] 31977; die Seitenzahlen im Text beziehen sich auf dieses Buch.

ausdrücklichem Widerspruch zu Misch, ist demnach die Autobiographie. Ob wir eine solche Erzählung für authentisch oder romanhaft halten, liegt am Wirklichkeitsgehalt des Erzählten selbst. Die Ich-Erzählung ist kein „Garant für die Glaubhaftigkeit des Erzählten, vor allem unwirklich-wunderbarer Begebenheiten" (260), sondern umgekehrt hängt die Glaubwürdigkeit des ‚Ich' vom Wirklichkeitsgehalt des Erzählten ab. Dieser aber ist abhängig von unserer eigenen Wirklichkeitserfahrung. Daraus folgt zum einen, daß es zwischen ‚echter' und ‚fingierter' Ich-Erzählung unendlich viele Abstufungen, eine „Skala von Fingiertheitsgraden" (248), gibt, so daß wir gelegentlich nicht einmal sicher entscheiden können, ob Autobiographie oder romanhaftes Gebilde vorliegt. Zum anderen kann sich unser Urteil ändern, wenn sich unsere Kenntnis der Wirklichkeit ändert - im Gegensatz zur Fiktion, die immer und für alle Zeiten als Fiktion kenntlich ist. So wurde z.B. Pytheas von Marseille, griechischer Geograph und Entdecker des europäischen Nordwestens ungefähr zur Zeit Alexanders des Großen, im Altertum vielfach als Lügner bezeichnet. Er war bis zum 62. Breitengrad vorgedrungen und hatte Unglaubliches von seiner Reise berichtet, was etwa einem Strabo - er nennt Pytheas einen ἀνὴρ ψευδίστα-τος (I 4,3) - nur als Lug und Trug erscheinen konnte; Polybius bezweifelte sogar, ob diese Reise jemals stattgefunden habe.[135] Heute wird Pytheas zurecht als eine ernstzunehmende Ausnahmeerscheinung auf dem Gebiet der antiken Geographie gefeiert. Umgekehrt wurde beispielsweise des Euhemeros Reise zu den Inseln im arabischen Golf von Diodor für bare Münze genommen, obwohl wir sie als fingiert bezeichnen müssen.

2.2.4. Ergebnis

Die Wir-Erzählungen der Apostelgeschichte enthalten nichts, was antike Leser nicht für völlig realistisch gehalten hätten. Sie konnten darin nur einen Bericht über die wirklichen Erlebnisse des Autors erblicken. Hätte der Autor die in Wir-Form geschilderten Reisen gar nicht mitgemacht, so wären seine Erzählungen darüber - auch nach antikem Verständnis - Lügen. War er aber jeweils mit von der Partie, so haben wir es noch keineswegs notwendig mit reinen Tatsachenberichten zu tun. Die Alternative: ‚Authentisch oder gefälscht' vereinfacht den in Wirklichkeit komplizierten Zusammenhang viel zu sehr; die ‚Skala von Fingiertheitsgraden' läßt unendlich viele Abstufungen zu. Wir könnten dem Autor etwa seine

---

[135] Die Testimonien zu Pytheas sind bequem zusammengestellt bei C.H. Roseman, Pytheas of Massalia, 1988, S.44-182; vgl. die Fragmente auf S.183-224 mit eingehendem Kommentar.

Teilnahme an der Romreise glauben, ohne damit automatisch die Authentizität der Paulusreden an Bord oder der Schlangenbiß-Episode auf Melite in Kauf zu nehmen. Wenn aber bereits die Reiseteilnahme des Autors fingiert wäre, so wäre das ‚Ich' des Erzählers vollständig fingiert; da es - wie Euhemeros - seine Fingiertheit zu verbergen sucht, müßten wir die ganze Apostelgeschichte, da sie insgesamt Erzählung dieses (dann fingierten) ‚Ich' ist, als eine Fälschung etwa in der Art der Johannesakten oder des Petrusevangeliums betrachten. Um wessen ‚Ich' geht es aber?

2.3. Die Identität des Ich-Erzählers in der Apostelgeschichte

Im Zuge unserer Betrachtungen haben wir gesehen, daß das ‚Ich', das sich hinter dem ‚Wir' der »lukanischen« Wir-Stücke als Actor verbirgt, der Autor-Narrator selbst ist. Weder der Text der Apostelgeschichte noch die Überschriften der ältesten Acta-Handschriften, aber die (fast) einhellige Tradition nennt diese Person »Lukas«. Die Frage, die uns nun beschäftigen muß, lautet: Geht diese Tradition auf den Autor selbst zurück, oder haben spätere Leser sie begründet? Anders formuliert: Hat der Autor (oder der Empfänger der Widmung, der den Autor kannte) das Buch unter dem Namen des Lukas ediert, oder erschien es ursprünglich anonym? Ich will auf den folgenden Seiten versuchen, in Weiterführung des bisher Erarbeiteten eine sichere Entscheidung zugunsten der ersten Alternative zu treffen.

2.3.1. Der Narrator als Person

Da es die Eigenart des Ich-Erzählers ist, daß ihm „Personalität eignet"[136], stellt er sich seinem Publikum vor; die Leser müssen wissen, wer da über sich erzählt. In seiner großen Untersuchung über den Ich-Roman wies Bertil Romberg ausdrücklich auf diese Tatsache hin: "It is not some vague and insubstantial 'I' that is speaking. A pronoun has been made flesh."[137] In aller Regel bedeutet das, daß der Name des Narrators, darüber hinaus meist auch weitere Daten über seine Person mitgeteilt werden, die das unverwechselbare Bild eines Individuums vermitteln. Das kann auf verschiedene Weise geschehen: sei es auf der Titelseite (Thomas Mann, *Die Bekenntnisse des Hochstaplers Felix Krull*), sei es im Vorwort (Jonathan Swift, *Gullivers Reisen*; dort läßt der Autor einen fiktiven Herausgeber Daten über den Narrator referieren) oder sei es innerhalb der Erzählung (dort meist am

---

137 B. Romberg, Studies in the Narrative Technique of the First-Person Novel, 1962, S.84.

Anfang, gelegentlich auch am Ende[138]). Das gilt auch dann, wenn der Narrator als Actor nur eine Nebenrolle spielt: "Even in those first-person novels in which the narrator is not the main character, it is customary for him to begin with some data about himself."[139]

Wir haben bereits (o.S.122f) gesehen, daß antike Historiker, die ja zugleich Berichterstatter sind, sich im Proömium und/oder im Titel namentlich einführten. Aber auch in solchen Ich-Erzählungen, die entweder titellos oder ohne Verfasserangabe erschienen, wird der Ich-Erzähler - der dann für den Autor gehalten wird - seinen Lesern vorgestellt: Bevor Esras Ich-Erzählung einsetzt, macht er sich - so verstehen es seine Leser - bekannt (Esr 7,1-10); dasselbe gilt für Daniel (Dan 1,6 und insgesamt c.1-6) und Tobit (Tob 1,1f). Ist der Narrator eine den intendierten Lesern bekannte Gestalt, so mag der Name genügen (z.B. das Petrusevangelium). Ist der Narrator ein Kollektiv, so kann die Gruppe durch Nennung ihrer Funktion eindeutig identifiziert sein: Das Ebioniten-Evangelium als Erzählung der zwölf Jünger braucht deren Namen nicht genannt zu haben.

2.3.2. Der Titel von Acta

Aus dieser Beobachtung ergeben sich überraschende und weitreichende Konsequenzen für die Apostelgeschichte. Wie wir bereits notiert haben, gibt sich der Autor-Narrator durch das ‚Ich' in Act 1,1 als Individuum zu erkennen; als Actor tritt er aber nur innerhalb eines Kollektivs (‚Wir') in Erscheinung. Hinter jeder einzelnen Gestalt der mit ‚Wir' bezeichneten Gruppe könnte sich demnach das ‚Ich' des Autors verbergen. Selbst wenn die intendierten Leser also über die Zusammensetzung der Reisegruppe um Paulus genauestens Bescheid wüßten, gäbe ihnen der Text des Buches keinerlei Anhaltspunkt, wer von ihnen der Autor-Narrator sei. Nun haben wir aber gesehen, daß der Narrator einer Ich-Erzählung für den Leser identifizierbar sein muß. Ist er es nicht durch den Text der Erzäh-

---

138 J.J. Winkler (Auctor & Actor: A Narratological Reading of Apuleius's *Golden Ass*, 1985, S.135-140) hat sehr anschaulich beschrieben, wie die *Metamorphosen* des Apuleius Spannung beziehen aus der allmählichen Selbstentlarvung des Narrators: Der Name des Erzählers sowie soziale Herkunft, Charakter und weitere biographische Daten werden sukzessive preisgegeben, so daß die Leser erst am Ende des 1. Buches eine Vorstellung von der Person des Narrators haben (s.o.S.124). Noch länger dauert es, bis sie erfahren, daß es sich um eine autobiographische Erzählung handeln soll: Zunächst erscheint die Erzählung als eine Geschichtensammlung, dann als eine Geschichte, die der Narrator selbst von anderen gehört hat, und schließlich, zu Beginn des 3. Buches, wird deutlich, daß es sich um seine eigene Geschichte handelt.

139 B. Romberg, op. cit., S.84.

lung, so kommt nur der Titel in Frage.[140] *Also muß Acta von Anfang an einen Titel gehabt haben, der den Namen des Autors nannte.*[141] Man wird der Unausweichlichkeit dieser Konsequenz einen Text entgegenhalten wollen, der scheinbar ihr Gegenteil beweist: die antiochenische Rezension der IGNATIUSAKTEN, eine Fälschung aus dem 4. oder 5. Jahrhundert.[142] Im Gegensatz zur römischen Rezension werden hier einige Abschnitte der Romreise des Ignatius in Wir-Form erzählt (c.5: 488,9-489,14; c.6: 489,18-490,4); zum Schluß betonen die Erzähler ausdrücklich, Augenzeugen des Martyriums gewesen zu sein: τούτων αὐτόπται γενόμενοι κτλ. (c.7: 493,7). Weder der Titel[143] noch die Erzählung nennen Namen. Kann der Narrator demnach doch unbekannt bleiben, etwa gerade dann, wenn es sich um eine Fälschung handelt?

Dazu gibt es zweierlei zu bemerken. Zum einen handelt es sich bei dem ,Wir' in den antiochenischen Ignatiusakten wohl um ein Kollektiv: Die Leser sollen sich eine Gruppe von Leuten denken, die die Martyriumsgeschichte erzählt (c.7); diese Gruppe, die als Narrator fungiert, ist aber durch die bloße Tatsache, daß sie Ignatius auf der Reise nach Rom begleitete und seinen Prozeß und Tod miterlebte, ausreichend identifiziert. Der Fall liegt hier anders als bei »Lukas«, der sich als individueller Narrator von den übrigen Actores, die mit ihm zur Reisebegleitung des Paulus

---

[140] Wir haben oben (S.101 mit Anm.34) auf die Mailänder Annalen aus dem 12. Jh. aufmerksam gemacht, in denen der Autor über sich wenigstens so viel mitteilt, „daß er während der Belagerung der Stadt im Mai 1161 zu jenen gehört habe, die als Verantwortliche für den Getreide-, Wein- und Warenverkauf sowie für die Preisüberwachung gewählt wurden" (F.-J. Schmale, Italische Quellen über die Taten Kaiser Friedrichs I. in Italien und der Brief über den Kreuzzug Kaiser Friedrichs I., 1986, S.15); im Proömium behauptet er, Ereignisse zu beschreiben, *que vidi et veraciter audivi* (op. cit., S.240 Z.5), und später erzählt er über sich (S.272 Z.29ff). Der Text der Erzählung nennt den Namen des Mailänders nicht; also muß er in der Überschrift des „titellos überlieferten Werk(es)" (F.-J. Schmale, op. cit., S.15) gestanden haben.

[141] Nur scheinbar läßt sich die Unausweichlichkeit dieser Folgerung vermeiden. Theoretisch sind zwei weitere Möglichkeiten denkbar: (1) Nur eine einzige Person war bei allen drei Reisen, von denen die Wir-Stücke erzählen, dabei, *und* die intendierten Leser wußten, um wen es sich handelt. (2) Mit dem Einsatz des ,Wir' kommt keine Gruppe, sondern eine einzelne Person hinzu, *und* die intendierten Leser wußten, um wen es sich handelt. Beide Hypothesen sind in ihrem ersten Teilsatz eher unwahrscheinlich; in ihrem zweiten Teilsatz muten sie den Lesern ein Wissen zu, das es fraglich macht, warum der Autor für dermaßen detailliert informierte Leser überhaupt zur Feder greifen sollte.

[142] Text bei J.B. Lightfoot, The Apostolic Fathers II/2, [2]1889, S.477-495; Hinweise auf die Ignatiusakten im folgenden mit Seiten- und Zeilenzahl dieser Ausgabe.

[143] Die Titel der griechischen Handschriften (vgl. dazu J.B. Lightfoot, op. cit., S.589) und der lateinischen und syrischen Übersetzungen sind weitgehend gleichlautend: „Martyrium des heiligen Märtyrers Ignatius Theophoros" (op. cit., S.477).

gehören, unterscheidet. Zum zweiten aber - und diese Tatsache wird leicht übersehen, weil Lightfoot nicht den vollständigen Text abdruckte - werden die Erzähler der antiochenischen Ignatiusakten tatsächlich noch genauer identifiziert: Nach c.4, als die Reisegruppe um Ignatius in Smyrna eingetroffen ist, fügt diese Rezension nämlich - im Unterschied zur römischen - den in Smyrna (!) geschriebenen (IgnRöm 10,1) Römerbrief des Ignatius ein, auf den Lightfoot lediglich hinweist. Liest man diesen Brief an der betreffenden Stelle mit, so sagt dort Ignatius am Ende: „Bei mir ist neben vielen anderen auch Krokos, der mir teure Name" (10,1). Danach folgt in den Akten der Aufbruch aus Smyrna nach Italien (c.5), und auf diesem Reiseabschnitt erscheint zum ersten Mal das ‚Wir', das die Reisebegleiter bezeichnet. Wer anderes sollte als Narrator verstanden werden als Krokos und die „vielen anderen"?[144]

2.3.3. Der Name des Autors

Der Narrator muß für die intendierten Leser identifizierbar sein. Die Nennung des Namens, die im ursprünglichen Titel von Acta gestanden hat, reichte nur dann aus, wenn Theophilus und der durch ihn repräsentierte Leserkreis wissen konnten, welche Person dadurch bezeichnet werden soll. Polybius, der, wie wir noch sehen werden (s.u.S.175f), über seine Taten zunächst unter bloßer Nennung seines Namens ohne jede weitere Charakterisierung seiner Person berichtete, bemerkte einmal: „Zum Glück kommt uns dabei die merkwürdige Tatsache zustatten, daß bis auf unsere Zeit, soweit uns bekannt ist, noch niemand diesen Namen erhalten hat." (XXXVI 12) Trägt ein Narrator einen verbreiteten Namen, so muß er sich durch weitere Daten zu erkennen geben. Meist ist das die πατρίς[145], darüberhinaus gelegentlich der Vatersname.[146] Der Visionär Johannes, der einen im Christentum des 1. Jahrhunderts ausgesprochen häufigen Namen trägt, identifiziert sich durch einige biographische Details (Apk 1,9).

---

[144] Zu den Johannesakten, deren Ich-Erzähler sich am Anfang seines Buches vorgestellt haben dürfte, s.o.S.128f mit Anm.105.

[145] Der Scholiast zu Thukydides (ed. Hude, 1927) bemerkt zu I 1,1 (Θουκυδίδης Ἀθηναῖος): „Gewiß erwähnt er zu Beginn seine Herkunft, um sich von seinen gleichnamigen Zeitgenossen (z.B. I 118) zu unterscheiden (teils aus ebendiesem Grund, teils auch, damit sich kein anderer sein Werk zueigen machen kann)" (πάντως μέμνηται τοῦ οἰκείου ὀνόματος κατ᾿ ἀρχάς, ἀντιδιαστέλλων ἑαυτὸν τῶν ὁμωνύμων ἐν τοῖς ἔτεσιν ‹ἅμα μὲν τῆς αὐτῆς αἰτίας ἕνεκεν, ἅμα δὲ καὶ τοῦ μὴ ἕτερόν τινα τὸ αὐτοῦ σφετερίσασθαι σύνταγμα› τὸ πρόσωπον).

[146] Velleius lobte Hesiod dafür, daß er den Fehler Homers vermieden und im Gegensatz zu diesem seine *patria* und *parentes* mitgeteilt habe (I 7,1).

Welcher Name stand auf dem Titelblatt von Acta, und für wen wollte der Autor gehalten werden? Die Überlieferung schreibt das Buch einem gewissen Lukas zu; ferner ist der im *Corpus Paulinum* 3mal genannte Lukas unseres Wissens der einzige Träger dieses Namens im frühen Christentum. Unter der Voraussetzung, daß die vier Evangelien und Acta ursprünglich anonym erschienen seien, rechnete man bei dieser Verfasserangabe ‚mit einem mehr oder weniger sorgfältigen Rückschlußverfahren' (s.o.S.7) aufgrund der paulinischen Briefe. Ich habe oben (S.78ff) bereits Zweifel daran geäußert, daß man bei einem solchen hypothetischen Verfahren auf den Namen »Lukas« hätte kommen können. Da wir nun wissen, daß die Apostelgeschichte gar nicht anonym erschienen sein *kann*, kommt noch eine weitere Schwierigkeit hinzu: Man müßte nun nämlich auch erklären, wie es gelingen konnte, die ursprüngliche Verfasserangabe so spurlos zu ersetzen. John Knox, der die Möglichkeit ursprünglicher Evangelientitel zugestand, machte es sich in dieser Beziehung etwas zu einfach: "whatever titles the books (sc. die Evangelien) had separately were discarded in favor of this title (sc. Evangelium nach Matthäus, Markus, Lukas, Johannes) for the collection as a whole"[147]. Wie man sich eine solche Ersetzung des Verfassernamens vorstellen soll, ist mir unklar. Im Falle der Apostelgeschichte, die vom Zeitpunkt ihres Erscheinens an in zahlreichen Abschriften mit Titel und Verfasserangabe verbreitet wurde, ist ein solcher Gedanke schlechterdings abwegig: Der Titel müßte dann einen anderen Namen genannt haben, der in allen Exemplaren verlorenging (was mehr als unwahrscheinlich ist) oder unterdrückt wurde (aber warum?); die nun anonyme Schrift hätte durch einstimmigen Beschluß (wer hätte einen solchen treffen können?) eine neue Verfasserangabe, nämlich »Lukas«, erhalten, die sich in ausnahmslos *allen* Exemplaren durchsetzte.[148] Eine solche Hypothese ist jenseits historischer Plausibilität; außerdem würde sie das Problem nur vom Paulusbegleiter Lukas als (vorgeblichem) Autor der Apostelgeschichte auf einen anderen Reisegefährten des Apostels - z.B. Silas[149], Timotheus[150], Barnabas oder Clemens (s.o.S.78 Anm.206) - verlagern.

---

[147] Marcion and the New Testament, 1942, S.141.

[148] Zur Titelvielfalt vgl. M. Hengel, Die Evangelienüberschriften, 1984, S.29f mit Anm.65 und 67 (dort weitere Literatur)

[149] So G. Kohlreiff, Chronologia sacra, 1724, S.99 (s.o.S.99 Anm.27) und C.C. Hennell, Untersuchung über den Ursprung des Christenthums, 1838, S.104 (s.o.S.99 Anm.27 und S.116 Anm.70); zu den historischen Problemen dieser Auffassung s.o.S.115f.

[150] Das muß dem Versuch von U. Borse, Die Wir-Stellen der Apostelgeschichte und Timotheus, SNTU 10, 1985, S.63-92, entgegengehalten werden. Er erkennt die Identität von Autor und Narrator an, identifiziert ihn nun aber im Anschluß an die älteste Fassung

Es ist daher in hohem Maße wahrscheinlich (m.E. sogar sicher), daß Acta - und damit auch das dritte Evangelium - vom Augenblick seiner Publikation an den Namen des Lukas, der der geliebte Arzt des Paulus sein wollte, im Titel trug. Ein solches Ergebnis mag in einer Forschungssituation, in der „das Junktim von Festlegung des Viererkanons und Einführung der Überschriften"[151] beinahe schon den Rang eines Dogmas einnimmt, unerhört klingen. Tatsächlich entspricht es nur dem, was in der Mitte des letzten Jahrhunderts einem prominenten Vertreter der kritischen Tübinger Schule, der die Apostelgeschichte keineswegs für ein Werk des Paulusbegleiters Lukas hielt, als ‚unzweifelhaft‘ galt. Eduard Zeller hat sich in so wohltuender Klarheit zu diesem Thema geäußert, daß ich ihn hier ausführlich zu Wort kommen lassen will: „Alles spricht ... dafür, dass nur Lukas von Anfang an als Verfasser der Apostelgeschichte genannt wurde. Schon der Prolog der beiden lukanischen Schriften macht es sehr unwahrscheinlich, dass sie anonym erschienen sein sollten, denn wer wird seinen Lesern den nennen, dem er sein Buch dedicirt hat, seinen eigenen Namen aber verschweigen? oder wenn die Dedikation eine blos fingirte sein sollte, welchen Zweck hätte die Fiktion haben können, als den Ursprung der Schrift zu beglaubigen, die dann aber keine anonyme sein durfte? Ebenso setzt das ‚Wir‘ voraus, dass dem Leser bekannt war, wer so in der ersten Person redet; woher anders aber, als aus der Ueberschrift, konnte ihm diess bekannt sein? Diese hat daher aller Wahrscheinlichkeit nach schon den Namen des Verfassers enthalten. Dann kann aber dieser Name nur der des Lukas gewesen sein, denn von jedem andern müsste sich doch in der Ueber-

---

der Quellenhypothese mit Timotheus. Borse postuliert eine Grundfassung, in der Timotheus bis Act 20,4 in 3. Person geschrieben habe; in 20,5 habe der Wir-Bericht begonnen. In der Überarbeitung der Grundschrift habe er auch in 16,10ff das ‚Wir‘ und in 20,4 seinen Namen sekundär eingefügt. Borse erneuert und variiert damit die alte These E.Th. Mayerhoffs (Historisch-critische Einleitung in die petrinischen Schriften, 1835, S.1-30), daß Timotheus nicht nur die Wir-Berichte, sondern die gesamte Apostelgeschichte verfaßt habe. Der Name des Lukas sei vielleicht hinzugekommen, so Mayerhoff, weil er periphere redaktionelle Arbeit geleistet habe: „Ist nun nach diesem Allen Timotheus als Verfasser der Apostelgeschichte erwiesen, so könnte der Antheil des Lucas daran nur ein ganz untergeordneter gewesen sein, man dürfte ihn nur als einen Abschreiber des Timotheus betrachten, zu dessen Erzählungen er höchstens hier und da einige Worte hinzuthat" (26f). Demnach stammt auch das Evangelium von Timotheus, und Lukas wäre auch hier allenfalls der Bearbeiter (27), falls sein Name nicht eher allein durch die Tradition in diesen Zusammenhang geraten ist (29). Weder Mayerhoff noch Borse unternehmen auch nur den leisesten Versuch der Erklärung, wie es zu einer so spurlos gelungenen Ersetzung des Autornamens (noch dazu vom bedeutenden Timotheus zum ‚kleinen‘ Lukas!) gekommen sein soll.

[151] M. Hengel, Die Evangelienüberschriften, 1984, S.13.

lieferung irgend eine Spur erhalten haben. Das scheint daher unzweifelhaft, dass sich unsere Schrift schon bei ihrem ersten Erscheinen für ein Werk des Lukas ausgab."[152] Wenn das zutrifft, dann bleiben uns genau zwei Möglichkeiten übrig: Entweder Lukas ist wirklich der Autor *ad Theophilum*, oder ein Unbekannter hat unter dem Namen dieses Paulusbegleiters geschrieben. Der Erörterung dieser Alternative wenden wir uns nun zu.

2. Teil

Die ›lukanischen‹ Wir-Stücke als antike Selbsterzählungen

Der Verdacht, der Autor der Apostelgeschichte könnte in den Wir-Stücken *fälschlich* Augenzeugenschaft beanspruchen, geht wohl schon auf das 2. Jahrhundert zurück. Im Kampf gegen die Markioniten und Valentinianer schrieb Irenäus mit Bezug auf diese Erzählungen: „Daß nämlich dieser Lukas ein unzertrennlicher Begleiter des Paulus und sein Mitarbeiter am Evangelium war, macht er selbst deutlich, nicht um sich zu brüsten, sondern von der Wahrheit selbst geleitet." Und kurz darauf: „Da Lukas bei all dem zugegen war, hat er es genau aufgeschrieben, so daß er weder als lügnerisch noch als überheblich befunden werden kann" (*haer* III 14,1). In der Zurückweisung gibt Irenäus uns Einblick in das, was seine kirchlichen und theologischen Gegner vorgetragen haben.

Erst Karl Schrader hat in neuerer Zeit wieder den Verdacht auf Fälschung erhoben. Im ersten Band seines fünfteiligen Werkes *Der Apostel Paulus*, der 1830 erschienen war, hatte er im Autor der Apostelgeschichte noch den Paulusbegleiter Lukas erblickt, „der seine Gegenwart durch das in

---

[152] Die Apostelgeschichte nach ihrem Inhalt und Ursprung kritisch untersucht, 1854, S.459f; vgl. auch M. Dibelius, Aufsätze zur Apostelgeschichte, [5]1968, S.92: „man kann nicht gut zwei Bücher dem Theophilus widmen und selbst als Autor im Dunkeln bleiben." Wenn immer wieder der Diognetbrief als Gegenzeuge angerufen wird, dann ist das schlicht unsachlich: Diese Schrift war, bevor sie in Straßburg verbrannte, in einem einzigen Codex aus dem 13./14. Jh. erhalten. Daß in diesem Exemplar kein Verfasser genannt wurde, heißt nicht, daß die Schrift ursprünglich anonym erschien: Der Name ist vielmehr verlorengegangen.

seiner Geschichte bis an das Ende gebrauchte wir zu erkennen giebt"[153]. Sechs Jahre später, im letzten Teil desselben Werkes, revidierte er seine frühere Auffassung. Nun war es ihm wahrscheinlich, daß der Autor *ad Theophilum* in den Wir-Erzählungen zu Unrecht „bemerklich machen will, daß er die Begebenheiten, welche er erzähle, zum Theil als Augenzeuge wisse, und sie überhaupt ihm nicht fern lägen"[154]. Möglichkeit und Zweck einer solchen Fälschung scheinen auf der Hand zu liegen: „Alles dieses konnte, wer auch ohne Paulus die Reise gemacht, genau beschreiben und dadurch seiner übrigen Erzählung *den Anstrich der treusten Wahrheit* geben und andere Erzählungen unterdrücken."[155] Mit diesem Vorgehen, das uns ungeheuerlich anmutet, folge unser Autor einer verbreiteten Konvention. „Es darf dies nicht befremden, weil eine solche Handlungsweise bei den christlichen Schriftstellern nur gar zu gewöhnlich in den ältesten Zeiten war."[156] Leider ging Schrader nicht darauf ein, an welche Autoren man zu denken habe. Hatte er spätere Apostelakten vor Augen? Wie etwa der Verfasser der Johannesakten vorgibt, ein Schüler des Apostels zu sein, so könnte sich der Autor der Apostelgeschichte als Paulusbegleiter ausgegeben haben, um der Tendenz seiner Darstellung die höheren Weihen eines Augenzeugenberichts zu geben.

In unserer Zeit hat Philipp Vielhauer den Verdacht auf Fälschung am konsequentesten aufrechterhalten. Zunächst stellte er völlig richtig fest, daß ›Lukas‹ - da wir nun wissen, daß sich der Autor selbst so genannt hat, setze ich den Namen in einfache Anführungszeichen - in den Wir-Erzählungen „seine zeitweilige Teilnahme an den Paulusreisen - zu Recht oder zu Unrecht - andeuten wollte"[157]. Da sich der Verfasser aber in so kompakten historischen Irrtümern über das Leben des Paulus befinde und auch theologisch weit vom Apostel entfernt sei, könne er unmöglich ein Paulusbegleiter sein. „Der Verfasser der Apg hat demnach *das literarische Mittel des Eigenberichts* verwendet, um Augenzeugenschaft für einige Abschnitte des Lebens des Paulus zu fingieren."[158]

Ob die ›lukanischen‹ Wir-Stücke echte oder gefälschte Augenzeugenberichte sind, läßt sich nicht allein auf der Ebene literarischer Untersuchung entscheiden; hier kommen historische Überlegungen ins Spiel, die

---

[153] K. Schrader, Der Apostel Paulus I, 1830, S.175.

[154] K. Schrader, Der Apostel Paulus V, 1836, S.549.

[155] A.a.O., S.556 im Blick auf Act 20,5ff (Hervorh. v. m.).

[156] A.a.O., S.549.

[157] P. Vielhauer, Geschichte der urchristlichen Literatur, 1975, S.390.

[158] A.a.O., S.391 (Hervorh. v. m.).

wir uns für das 3. Kapitel aufsparen werden. Im Augenblick muß uns die Frage beschäftigen, ob der Eigenbericht, wie ›Lukas‹ ihn verwendet, tatsächlich ein angemessenes literarisches Mittel ist, um Autopsie zu fingieren. Sollte es sich zeigen, daß die ›lukanischen‹ Wir-Erzählungen keineswegs der Praxis antiker Fälschung entsprechen, so wäre der Verdacht auf fingierte Augenzeugenschaft zwar noch nicht ausgeräumt; aber Vielhauers These würde an Plausibilität einbüßen. Wir werden uns im folgenden der Erzählkonvention zuwenden, der ›Lukas‹ in den Wir-Stücken folgt.

1. Selbsterzählungen in der antiken Geschichtsschreibung

Wenn wir wissen wollen, an welche Erzählkonvention ›Lukas‹ sich in den Wir-Stücken anschließt, so kann uns nur ein möglichst umfassender Vergleich mit ähnlichen Texten weiterhelfen. Freilich wirft das sofort die Frage auf, welche Texte ‚ähnlich‘ und nach welchen Kriterien sie zu vergleichen sind. In seiner Untersuchung *By Land and By Sea: The We-Passages and Ancient Sea Voyages*[159] ging Vernon K. Robbins vom *Thema* der ›lukanischen‹ Wir-Erzählungen aus. Da sie überwiegend Schiffsreisen zum Gegenstand haben, verglich er ihre Erzählform mit der antiker Seefahrtberichte. Er zitierte Passagen aus über 20 antiken Werken, in denen solche Erzählungen zuweilen in Ich-, meist jedoch in Wir-Form wiedergegeben werden; daraus schloß er, die Darstellung in der 1. *pluralis* gehöre zu den festen Topoi antiker Seefahrtberichte: "when a sea voyage begins the narration shifts, without explanation, to first person plural"[160]. Für Acta bedeute das, daß ›Lukas‹ in den Wir-Stücken festgefügter literarischer Konvention folge: Das ‚Wir‘ deute nicht auf die Teilnahme des Erzählers, sondern entspreche einfach der Gepflogenheit antiker Seefahrtberichte.

Robbins' These hat ausgesprochen provozierend gewirkt. Der Widerspruch, der von verschiedenen Seiten erhoben worden ist[161], entbindet uns von der Aufgabe, uns eingehend mit seiner abwegigen Argumentation

---

[159] In: Perspectives on Luke-Acts, hg.v. C.H. Talbert, 1978, S.215-242; ihm pflichtet jetzt R.I. Pervo, Profit with Delight, 1987, S.57, bei.

[160] Art. cit., S.227 in bezug auf den *Periplus* Hannos, das Fragment aus dem 3. Syrischen Krieg (FGH 160), die antiochenischen Ignatiusakten und die Apostelgeschichte.

[161] Vgl. zuletzt C.K. Barrett, Paul Shipwrecked, in: Scripture: Meaning and Method. FS A.T. Manson, 1987, S.52-56; J. Wehnert, Die Wir-Passagen der Apostelgeschichte, 1989, S.114-117.

auseinanderzusetzen.[162] Entscheidend scheint mir hier der methodische Einwand zu sein, daß die Erzählform nicht durch das jeweilige Thema bestimmt ist, sondern durch den poetologischen Kontext, d.h. durch die Gattung des ganzen Werkes. Über das Thema ‚Seereise' wird in einem Periplus anders erzählt als in einem Geschichtswerk, und auch innerhalb der Großgattung ‚Geschichtserzählung' ist zwischen verschiedenen Genera zu unterscheiden, in denen jeweils andere Erzählformen als normativ empfunden werden können. Von seiner Gefangennahme durch Vespasian erzählte Josephus in seiner *Autobiographie* in der 1. Person (*vit* 13,75), in seiner *Geschichte des Jüdischen Krieges* hingegen in der 3. Person (*bell* III 8,392-398). Hier folgte er einer anderen Erzählkonvention als dort, obwohl der verhandelte Gegenstand derselbe ist; die literarische Tradition, der er sich verpflichtet weiß, gab ihm verschiedene Erzählformen für autobiographische und für historiographische Werke vor. Bevor wir die ›lukanischen‹ Wir-Stücke mit anderen Texten vergleichen können, müssen wir also zunächst die Gattung der Apostelgeschichte näherbestimmen.

1.1. Die Apostelgeschichte als antikes Geschichtswerk

Wir haben Acta oben (S.119) als eine *Diegesis*, also als die Darstellung einer Geschichte, bezeichnet. Im Anschluß an den Grammatiker Asklepiades von Myrleia[163] (ca. 100 v.Chr.) unterschieden die antiken Rhetoriker je nach dem Wahrheitsgehalt des Gegenstandes zwischen drei *genera* von Erzählung: zwischen dem εἶδος μυθικόν, dem εἶδος δραματικόν und dem εἶδος ἱστορικόν. Das Gebiet der mythischen Erzählung beinhaltet Mythen und Fabeln und stellt ψευδὴς ἱστορία dar. Schon für die antiken Literaturkritiker handelt es sich hierbei nicht um Geschichte im Sinne von *history*, sondern von *story*. Sueton verwendet einmal den Begriff der *historia fabularis* (*Tib* 70,3) für diesen Literaturzweig. Zum ‚Dramatischen' gehören Komödie und Tragödie, nach manchen Rhetoriklehrern auch der

---

162 Als Beispiele für die Schilderung eigener Schiffsreisen in 3. Person nenne ich nur Xenophon (*anab* III 1,8: ὁ μὲν δὴ Ξενοφῶν ... ἐξέπλει) und Cäsar (*bell Gall* IV 28f mit Sturm und Schiffbruch). Was sich vielleicht zeigen ließe, ist dies, daß bei Beginn einer Schiffahrt die Erzählung häufig vom Singular in den Plural übergeht; vgl. dazu die *Vita Porphyrii* des Markus Diaconus (z.B. c.6: κατελθὼν εἰς Ἀσκάλωνα καὶ εὑρὼν πλοῖον ἀνήχθην, καὶ ... ἐγενόμεθα εἰς Θεσσαλονίκην; danach geht es wieder in der 1. Sing. weiter; vgl. c.26).

163 Von ihm haben die Rhetoriker die Unterscheidung zwischen ἀληθὴς ἱστορία, ψευδὴς ἱστορία und ὡς ἀληθὴς ἱστορία (bei Sextus Empiricus *math* I 12,252f) übernommen; vgl. dazu C.W. Müller, Chariton von Aphrodisias und die Theorie des Romans in der Antike, AuA 22, 1976, S.115f.

Roman: Es handelt sich um Geschichten, die sich nie wirklich zugetragen haben, aber sich hätten ereignen können, die also dem wirklichen Leben nachgebildet sind (ἱστορία ὡς ἀληθής). Die historische Erzählung im strikten Sinne behandelt wirklich Geschehenes (ἱστορία ἀληθής). Daß die Apostelgeschichte als eine διήγησις ἱστορική aufzufassen sei, ist weitgehend anerkannt und braucht hier nicht weiter erörtert zu werden.

Das Gebiet der historischen Erzählung wurde von Asklepiades unter thematischen Gesichtspunkten weiter differenziert: Sie konzentriert sich entweder auf Personen (περὶ τὰ πρόσωπα θεῶν καὶ ἡρώων καὶ ἀνδρῶν ἐπιφανῶν) oder auf Orte und Zeiten (περὶ τοὺς τόπους καὶ χρόνους) oder auf Begebenheiten (περὶ τὰς πράξεις), ist also (Auto-) Biographie, Geo- bzw. Chronographie oder Historiographie im engeren Sinne. Acta gehört, wie der - wenn auch sekundäre - Titel πράξεις τῶν ἀποστόλων zu Recht sagt, zu letzterem Gebiet. Wir werden deshalb zum Vergleich historische Werke im Sinne unseres modernen Begriffs von Geschichtsschreibung heranziehen und Autobiographien (wie z.B. die *Vita* des Josephus) ebenso beiseitelassen wie etwa die Periplus-Literatur.[164]

Es ist dieser Hintergrund der antiken Geschichtsschreibung, auf dem heute der Verdacht auf Fälschung erhoben wird. Wurde von einem Historiker erwartet, daß er zumindest teilweise aus eigener Anschauung berichten könne, so mochte ›Lukas‹, wie Alfons Weiser meint, „durch den Wir-Stil *gemäß antiker historiographischer Konvention* den Eindruck von Augenzeugenschaft und damit zuverlässiger Berichterstattung"[165] erwecken wollen. Diese Annahme setzt freilich voraus, daß die Wir-Erzählungen der Apostelgeschichte nicht nur in ihrem Anspruch auf Autopsie des Erzählers, sondern auch in Erzählform und Erzählweise den Gepflogenheiten antiker Geschichtsschreibung entsprechen. Ob dies tatsächlich der Fall ist, werden wir im folgenden zu prüfen haben. Dazu müssen wir uns zunächst einen Überblick über das Entstehen zeitgenössischer Geschichtsschreibung und die damit verbundenen Erwartungen an einen Historiker verschaffen.

1.2. Zeitgenössische Geschichtsschreibung in der Antike

Cicero nannte die Geschichtsschreibung einmal eine *nuntia vetustatis*, eine Künderin alter Dinge (*or* II 9,36), und der Rhetoriklehrer Aphthonius

---

[164] Auch Philo erzählt stellenweise recht breit über sich, v.a. über seine Rolle in der Gesandtschaft zu Caligula (*leg ad Gaium* §§180-206.349-372). Aber die Schrift ist nicht der Darstellung dieser Ereignisse gewidmet, sondern ein Traktat *de virtute*; deshalb ist ein Vergleich mit der Apostelgeschichte nicht sinnvoll.

[165] A. Weiser, Die Apostelgeschichte II, ÖTK V/2, 1985, S.406 (Hervorh. v. m.).

Sophistes definierte den historischen Diskurs als denjenigen, „der eine *alte* Erzählung beinhaltet"[166]. In der Tat ist es keineswegs selbstverständlich, daß es so etwas wie ‚zeitgenössische Geschichtsschreibung' gibt. Benötigen die potentiellen Leser denn Aufklärung über das, was sich zu ihren Lebzeiten ereignet hat? Und umgekehrt: Ist es für den Historiker, der sich einem zeitgeschichtlichen Thema widmet, nicht riskant, sich der Kritik von Lesern auszusetzen, die ihrerseits persönliche Erinnerungen an das Geschehene haben und in manchen Einzelheiten besser Bescheid wissen mögen?

1.2.1. Die Anfänge bei den Griechen

Gehen wir zu den Anfängen der Geschichtsschreibung bei den Griechen zurück, so wurde die Gegenwart jedenfalls zunächst ausgeklammert. HERODOT, den Cicero als den „Vater der Geschichtsschreibung" (*leg* I 1,5) bezeichnete, stellte die Perserkriege nur bis zum Jahr 478 v.Chr., also ungefähr bis zu seiner Geburt, dar; die späteren kriegerischen Unternehmungen gegen die Perser wie die Schlachten am Eurymedon (465 v.Chr.) und bei Salamis auf Zypern (450 v.Chr.) wurden von ihm nicht mehr behandelt.

Warum diese Beschränkung? Wir berühren hier das alte Verständnis von Geschichtsschreibung bei den Griechen. Im einleitenden Satz seines Werkes gibt Herodot den Zweck seines Schreibens damit an, „daß weder, was von Menschen hervorgebracht wurde, im Laufe der Zeit *vergessen* werde, noch die großartigen und staunenswerten Leistungen, ob sie nun von Hellenen oder von Barbaren hervorgebracht wurden, *ungerühmt* seien, darüber hinaus auch, weshalb sie miteinander Krieg führten". Es fällt die Doppelung des Themas auf, die dann auch das ganze Werk bestimmt. Auf der einen Seite geht es Herodot um die menschlichen Kulturleistungen: ihre Sitten und Gebräuche, ihre Erfindungen und Bauwerke. Sie will er vor dem Vergessen bewahren, ihren Ruhm will er singen. Andererseits will Herodot den Krieg zwischen Persern und Griechen beschreiben und seine Ursachen aufzeigen. Letzteres wird dann den Rahmen bilden, in den er das ethnologische, kulturanthropologische, geographische und weiteres Material einbaut, das er auf seinen ausgedehnten Reisen teilweise selbst gesammelt hat und das mit dem Krieg in geringer oder gar keiner Verbindung stand. Sowohl die Art der Darstellung als auch ihr Zweck lehnen sich an das Epos an. Auch bei Homer bildet ein großer Krieg den Rahmen, und auch die epische Dichtung will im Vortrag die denkwürdigen Ereignisse der Ver-

---

[166] *progymn* c.2 (ed. L. Spengel, Rhetores Graeci II, S.22 Z.6f.: das διήγημα ἱστορικόν ist τὸ παλαιὰν ἔχον ἀφήγησιν).

gangenheit für die Gegenwart erneuern, ihr Gedächtnis wachhalten[167] und ihren Ruhm singen.[168] Nirgendwo tritt deutlicher zutage, daß „bei den Griechen die Geschichtsschreibung ihre innere Form vom Epos hat"[169]. Insofern ist es verständlich, wenn man in der Antike zu der Auffassung kommen konnte, Homer sei der älteste Historiker[170] und Herodot habe ihm nachgeeifert.[171]

Ist es das erklärte Ziel der Geschichtsschreibung, die großen Errungenschaften und Geschehnisse der Vergangenheit vor dem Vergessen zu bewahren, so hat die Gegenwart darin keinen Platz. Sie steht den Zeitgenossen unmittelbar vor Augen, und noch ist das Bedeutende und Bewahrenswerte von seinem eher belanglosen Beiwerk nicht zu trennen. Dies zu tun, so wird man Herodot weiterdenken müssen, wird Aufgabe der kommenden Generation sein.

Läßt sich herodoteische Geschichtsschreibung demnach mit Begriffen wie „Sammlung, Erhaltung"[172] charakterisieren, so erblickt Dionys von Halikarnass darin die Eigenart *sämtlicher* Historiker vor Thukydides. „Sie alle hatten dasselbe Ziel: die lokalen Aufzeichnungen und Berichte von Völkern und Städten, seien sie in Tempeln oder an ungeweihten Orten niedergelegt, allgemein bekannt zu machen, und zwar so, wie sie sie selbst empfangen haben, ohne ihnen etwas hinzuzufügen oder wegzunehmen."[173] Mit

---

[167] Vgl. noch Plinius d.Ä., dessen *Bella Germanica* nach den Aussagen seines Neffen (Plin. *ep* III 5,4) folgenden Ursprung haben sollen: Als der ältere Plinius Soldat in Germanien war, sei ihm im Traum Drusus Nero erschienen, habe ihm seine *memoria* anvertraut und ihn gebeten, „er möge ihn vor dem Unrecht des Vergessenwerdens (*iniuria oblivionis*) in Schutz nehmen".

[168] Zu ἀκλεής (‚ungerühmt') in Herodots Proömium vgl. das Singen der κλέα ἀνδρῶν (*Ilias* IX 189; *Od* VIII 73) bzw. der κλεῖα προτέρων ἀνθρώπων (Hesiod *theog* 100) als die Bestimmung der Aufgabe des Epikers. Auch in seinem Bericht über den Tod des älteren Plinius, den der Neffe für eine historische Behandlung des Themas durch Tacitus zur Verfügung stellt, hat Plinius das Ziel der *immortalis gloria* seines Onkels vor Augen (*ep* VI 16,1). Vgl. zum Ganzen H. Strasburger, Homer und die Geschichtsschreibung, 1972, S.33 mit Anm.33.

[169] W. Schadewaldt, Die Anfänge der Geschichtsschreibung bei den Griechen. Herodot · Thukydides, 1982, S.36.

[170] Tatian nennt Homer ποιητῶν καὶ ἱστορικῶν ... πρεσβύτατος (*or ad Graecos* 31,1). Zum Ganzen vgl. H. Strasburger, Homer und die Geschichtsschreibung, 1972.

[171] Dion. Hal. *Pomp* 3,11 (ed. Usener/Radermacher VI 236,14) nennt Herodot Ὁμήρου ζηλωτής.

[172] H. Strasburger, Die Entdeckung der politischen Geschichte durch Thukydides, in: H. Herter (Hg.), Thukydides, WdF 98, 1968, S.423.

[173] *Thuk* §5 (ed. Usener/Radermacher V 331,3-8).

THUKYDIDES aber begegnet uns etwas Neues. Rein äußerlich gesehen, beschreibt der Athener erstmals Gegenwart, Ereignisse, die er nicht nur selbst miterlebt, sondern teilweise auch mitgestaltet hat. Das hebt auch Dionys hervor: „Er setzte die Darstellung nicht aus zufälligen Gerüchten zusammen, sondern er schrieb über das, wo er selbst dabei war, aus eigener Erfahrung; wo er aber durch sein Exil verhindert war, zog er Erkundigungen bei denen ein, die am besten unterrichtet waren."[174] Doch die Neuerung ist tiefgreifender; sie betrifft das Verständnis von Geschichte und damit die Aufgabe der Geschichtsschreibung. Thukydides begreift die Historie als einen Ablauf von Ereignissen nach unveränderlichen, da anthropologisch begründeten Gesetzen: Geltungstrieb ($\phi\iota\lambda\sigma\tau\iota\mu\iota\alpha$), Habgier ($\pi\lambda\epsilon\sigma\nu\epsilon\xi\iota\alpha$) und Furcht ($\delta\epsilon\sigma\varsigma$) der Menschen führen so lange zu Machtkonzentration, bis zwei konkurrierende Machtzentren ihren Konflikt mit kriegerischen Mitteln austragen; am Ende steht das Chaos, und damit ist der Boden für die Neuverteilung von Macht bereitet. Gegenwärtige Geschichte, den *Peloponnesischen Krieg*, beschreibt Thukydides nicht einfach deshalb, weil er als Akteur und Zeitgenosse mit ihm besser als mit anderen Kriegen vertraut wäre, sondern weil dieses schreckliche Geschehen die bislang größte Umwälzung darstellt[175]; damit ist der peloponnesische Krieg in besonderer Weise geeignet, ein Paradigma für die unveränderlichen Motoren der Geschichte abzugeben. Diese am konkreten Einzelfall zu erkennen und in der Zukunft frühzeitig diagnostizieren zu können - eine Fähigkeit, die sich Thukydides zu Beginn selbst zuschrieb[176] -, soll der Nutzen für die Leser sein.[177] Etwas zugespitzt könnte man sagen: Geschichtsschreibung im Sinne

---

[174] *Thuk* §6 (ed. Usener/Radermacher V 332,20-23): οὐκ ἐκ τῶν ἐπιτυχόντων ἀκουσμάτων τὰς πράξεις συντιθείς, ἀλλ᾽ οἷς μὲν αὐτὸς παρῆν, ἐξ ἐμπειρίας, ὧν δ᾽ ἀπελείφθη διὰ τὴν φυγήν, παρὰ τῶν ἄριστα γινωσκόντων πυνθανόμενος.

[175] Rein psychologisch betrachtet, mag diese Unterscheidung sinnlos erscheinen; übrigens weiß auch Thukydides, daß „die Menschen, solange sie in einem Krieg kämpfen, ihn immer für den größten halten" (I 21,2). Die Unterscheidung ist aber wichtig, was die Bestimmung der Aufgabe des Historikers betrifft: Thukydides will das herodoteische Programm der ‚Erhaltung' nicht einfach in die Gegenwart verlängern, sondern will die Gegenwart deuten.

[176] Thukydides „begann zu schreiben, sobald man zu den Waffen griff, und ahnte, daß der Krieg groß werden würde und bemerkenswerter als alle vorangegangenen, und zwar aus der Erkenntnis heraus, daß beide (sc. Sparta und Athen) auf dem Gipfel ihrer militärischen Macht standen und die übrigen Hellenen entweder schon mit der einen oder anderen Seite paktierten oder es zumindest beabsichtigten." (I 1,1)

[177] Thukydides schreibt für diejenigen, „die eine klare Vorstellung (τὸ σαφὲς σκοπεῖν) von dem haben wollen, was geschehen ist und was aufgrund der mensch-

des Thukydides will nicht so sehr informieren als vielmehr das scheinbar Vertraute neu verstehen lehren.[178] Sie behandelt also *per definitionem* Zeitgeschichte.

1.2.2. Die Anfänge bei den Römern

Bekanntlich sind uns von den ältesten Werken der römischen Historiographie lediglich Fragmente erhalten. Von Fabius Pictor, dem Archegeten auf diesem Gebiet, haben wir immerhin so viele Reste, daß wir den Aufbau seines - in griechischer Sprache geschriebenen - Geschichtswerkes in Grundzügen kennen: Er begann bei Äneas, dem sagenhaften Ahnherrn der Römer, und führte die Darstellung bis in die Gegenwart hinab; dabei erzählte er auch von seiner eigenen Rolle im Geschehen, beispielsweise von seiner Leitung der römischen Gesandtschaft zum Orakel nach Delphi im Jahr 216 v.Chr., so daß sein Werk autobiographische Züge trug. Ihn und den fast gleichzeitigen L. Cincius Alimentus charakterisierte Dionys von Halikarnass später so: „Jeder von ihnen beschrieb aufgrund seiner persönlichen Erfahrung (ἐμπειρία) eingehend (ἀκριβῶς) diejenigen Ereignisse, bei denen er zugegen war, die Urgeschichte nach der Gründung Roms hingegen behandelte er summarisch (κεφαλαιωδῶς)" (*ant* I 6,2). Damit beschrieb Dionys nicht nur die Arbeitsweise Pictors und Cincius', sondern der frühen römischen Historiker (Cassius Hemina, Piso Frugi, Cato Censor) und Epiker (Naevius, Ennius) insgesamt: Immer wird bei der Gründung Roms eingesetzt und bis in die Gegenwart erzählt. „Wie nach einem ungeschriebenen Gesetz fängt zwar jeder Autor wieder ganz von vorne an, komprimiert jedoch den zeitgeschichtlichen Teil des Vorgängers und fügt als letzten und breitesten Abschnitt die bisher nicht behandelte jüngste Zeitgeschichte hinzu."[179]

1.2.3. Von Polybius bis Tacitus

POLYBIUS lebte in dem Bewußtsein, daß unter seinen und seiner Zeitgenossen Augen Einzigartiges sich vollziehe: Mit der Herrschaftsüber-

---

lichen Ordnung (κατὰ τὸ ἀνθρώπινον) solcher und ähnlicher Dinge wieder einmal geschehen wird" (I 22,4).

[178] In diesem Sinne dürfte der Ausdruck τῶν γενομένων τὸ σαφὲς σκοπεῖν anstelle von τὰ γενόμενα σαφῶς σκοπεῖν zu verstehen sein (I 22,4).

[179] W. Kierdorf, Catos ‹Origines› und die Anfänge der römischen Geschichtsschreibung, Chiron 10, 1980, S.208; vgl. B. Gentili/G. Cerri, History and Biography in Ancient Thought, 1988, S.44f.

nahme der Römer über die gesamte Ökumene komme die Geschichte zu ihrer Vollendung.[180] Dem Wirken der Tyche, die in der Gegenwart alle Fäden zusammengeführt und auf ein einziges Ziel hin verbunden hat, muß der Historiker nachspüren. Folglich kann er nur Universalhistoriker sein, und er muß Zeitgeschichte schreiben.[181] Polybius verzichtet darum auf die Darstellung der frühen römischen Geschichte. Die Voraussetzungen, die römische Geschichte seit dem Beginn des 1. Punischen Krieges (264-241 v.Chr.) bis zum Jahr 220, berichtet er zusammenfassend in den ersten beiden Büchern, in denen er sich eng an Aratos anschließt. Die eigentliche, ausführliche Darstellung aber setzt im 3. Buch ca. mit dem Jahr 220 ein, „weil die folgende, den Gegenstand unseres Geschichtswerks bildende Zeit nur so weit hinaufreicht, daß sie teils mit unserem eigenen Leben, teils mit dem unserer Väter zusammenfällt, wir sie infolgedessen selbst erlebt haben oder von Augenzeugen davon haben berichten hören" (IV 2,2).

Wer sollte sich um die Geschichtsschreibung kümmern? „Um die Geschichte wird es dann gut bestellt sein, wenn entweder die praktischen Staatsmänner diese Aufgabe ergreifen, nicht wie jetzt als Nebenbeschäftigung, sondern ungeteilt und ganz, aus der Erkenntnis heraus, daß dies für sie das Schönste und Dringendste ist, und sich daher ganz diesem Beruf widmen; oder wenn die Geschichtsschreiber die praktische Kenntnis der Staatsgeschäfte und des Kriegswesens als eine unerläßliche Voraussetzung für ihre Arbeit betrachten. Ich sehe vorher kein Ende des Dilettantismus, den wir jetzt an den Historikern feststellen müssen" (XII 28,3-5).

Ersteres, ‚der Politiker als Historiker', wurde in römischer Zeit - mit Ausnahme des Livius - die Regel: Geschichtsschreibung wurde zu einer Art Altersbeschäftigung für Politiker, die sich aus dem öffentlichen Leben zurückgezogen hatten und nun ‚Politik mit anderen Mitteln' betrieben.[182] Unter dem Einfluß von Polybius[183] schrieb SEMPRONIUS ASELLIO, der in den Jahren 134/133 v.Chr. Militärtribun unter P. Scipio d.J. im spanischen Numantia gewesen war, „über die Geschehnisse, an denen er aktiv beteiligt war" (*resque eas, quibus gerendis ipse interfuit, conscripsit*, HRR I S.181 F 6 = Gell. *n.a.* II 13,3). In seinem Proömium rechtfertigte er sein Unter-

---

[180] Vgl. I 4,2: ἡ τῶν ὅλων πραγμάτων συντελεία.

[181] XII 25 e.7: γράφειν τὰς ἐπιγινομένας πράξεις; vgl. Tac. *ann* V 9,2: *temporis eius scriptores*.

[182] Vgl. dazu U. Knoche, Das historische Geschehen in der Auffassung der älteren römischen Geschichtsschreiber, in: Römische Geschichtsschreibung, hg.v. V. Pöschl, WdF 90, 1969, S.250f.

[183] Vgl. M. Gelzer, Der Anfang römischer Geschichtsschreibung, Hermes 9, 1934, S.46; D. Flach, Einführung in die römische Geschichtsschreibung, 1985, S.82ff.

nehmen folgendermaßen: „Die Annalenbücher stellten immer nur dar, was
geschehen ist und in welchem Jahr es sich ereignet hat, und zwar so, wie
man ein Tagebuch schreibt, das die Griechen ἐφημερίς nennen. Ich aber
sehe, daß es nicht ausreicht, nur das mitzuteilen, was geschehen ist, sondern
man muß auch zeigen, in welcher Absicht gehandelt wurde."[184] Den
Annalenwerken[185], die er kurz darauf als ‚Fabeln für Knaben' bezeichnet,
stellt Asellio die Geschichtswerke (*historiae*) gegenüber, die die inneren
Zusammenhänge des Geschehens zu analysieren versuchen. Mit dieser
Unterscheidung war nicht von vornherein die Zuordnung von *annales* und
älterer Geschichte bzw. *historiae* und Zeitgeschichte verbunden; tatsächlich
hatte Asellios Werk jedoch diese Auswirkung. „Mit seiner wichtigen Ent-
scheidung, sich auf die Zeitgeschichte zurückzuziehen, gab er selbst erst das
Beispiel, das Schule machen sollte und sicherlich dazu beitrug, die römi-
schen Vorstellungen vom Wesen der Historien zu prägen. Jedenfalls ge-
wöhnten sich die Römer im Verlauf des ersten Jahrhunderts v.Chr. an, den
Namen ‚Historien' den Darstellungen der Zeitgeschichte vorzubehalten."[186]
SALLUST, im Urteil des Tacitus der glänzendste römische Historiker (*ann*
III 30), wandte sich nach seinem Rückzug aus dem politischen Leben im
Jahr 44 v.Chr. der Geschichtsschreibung zu. Neben zwei Monographien
über die *Verschwörung Catilinas* und den *Jugurthinischen Krieg* verfaßte
er eine - die Jahre 78-67 v.Chr. umfassende - Zeitgeschichte, die *Historiae*,
von denen leider nur Fragmente übriggeblieben sind. Auch CICERO dachte
über ein Geschichtswerk nach. In seinem Dialog *De legibus* fordern ihn
seine Freunde dazu auf, Geschichte zu schreiben, weil nur er die römische
Historiographie auf das Niveau der griechischen heben könne. Quintus
wünscht, Cicero würde - in Anlehnung an die Annalistik - bei den ältesten
Zeiten anfangen; doch weiß er, daß Cicero, falls er überhaupt Zeit und
Muße für ein solches Unternehmen fände, lieber die Geschichte seiner Zeit,
an der er selbst beteiligt war, schreiben würde. Atticus befürwortet die
Beschränkung auf die Zeitgeschichte, weil sich in dieser Epoche die bedeu-

---

[184] *annales libri tantum modo quod factum, quoque anno gestum sit, ea demonstra-*
bant, id est quasi qui diarium scribunt, quam Graeci ἐφημερίδα *vocant. nobis non modo*
satis esse video, quod factum esset, id pronuntiare, sed etiam, quo consilio quaque
ratione gesta essent, demonstrare (HRR I S.179 F 1 = Gell. *n.a.* V 18,8).

[185] Asellio dürfte sich hierbei kaum gegen Historiker wie Fabius Pictor oder Cato, die
wir als ‚Annalisten' bezeichnen, gewandt haben, auch nicht gegen die Pontifikalannalen,
sondern gegen „eher antiquarisch ausgerichtete Vorgänger vom Schlage eines Gnaeus
Gellius, Cassius Hemina oder vielleicht auch Sempronius Tuditanus" (D. Flach, op. cit.,
S.83).

[186] D. Flach, op. cit., S.84.

tendsten Ereignisse abgespielt hätten.[187] Natürlich konnte Zeitgeschichtsschreibung neben dem Lobpreis römischer Machttaten auf außenpolitischem Gebiet auch innenpolitische Zwecke verfolgen und dabei nicht zuletzt der Selbstrechtfertigung und -darstellung des Autors dienen. Der Diktator SULLA arbeitete nach Niederlegung seiner Vollmachten im Jahre 79 v.Chr. an seinen *Commentarii*, die nach seinem raschen Tode Cornelius Epicadus vollendete (Suet. *gramm* 12). Durch CÄSAR wurde diese Form schriftstellerischer Betätigung auf literarische Höhen gehoben.

Das Konzept vom ,Historiker als Politiker' wurde Wirklichkeit, als die römischen Kaiser (und gelegentlich auch Generäle) es sich zur Gewohnheit machten, die künftigen Historiker ihrer Taten gleich mit auf die Feldzüge zu nehmen. Einige Beispiele werden wir später nennen (s.u.S.180.283-5).

Für die Zweiteilung der Geschichtsschreibung in Zeitgeschichte und ältere Geschichte im 1. vor- und nachchristlichen Jahrhundert ist eine Passage aus den *Noctes Atticae* des Gellius aufschlußreich. Gellius referiert dort Verrius Flaccus, einen Grammatiker aus augusteischer Zeit. „Einige", so der Grammatiker, „vertreten die Auffassung, daß sich die Geschichtsschreibung (*historia*) von der Annalistik (*annales*) durch folgendes unterscheide: Während beide Geschehnisse erzählen (*rerum gestarum narratio*), handelt die Geschichtsschreibung im eigentlichen Sinne von dem, woran der Erzähler aktiv beteiligt war (*quibus rebus gerendis interfuerit is qui narret)*" (V 18,1). Verrius Flaccus habe seine Zweifel hinsichtlich dieser These geäußert, hielt es aber nicht für gänzlich abwegig, „daß das griechische Wort ἱστορία die Kenntnis gegenwärtiger Dinge bezeichnet" (*rerum cognitio praesentium*, V 18,2). Sicherlich war das keine unanfechtbare Auffassung; unter Berufung auf Sempronius Asellio möchte Gellius lieber nach der Darstellungsweise differenzieren: *Historia* sei *rerum gestarum vel expositio vel demonstratio*, die Annalen gliedern nach Jahren, die Tagebücher (ἐφημερίδες) nach Tagen. Aber noch im 4. Jahrhundert meint der Vergil-Kommentator Servius: „Die *historia* behandelt diejenigen Zeitabschnitte, die wir wahrgenommen haben (*vidimus*) oder hätten wahrnehmen können - der Begriff kommt von ἱστορεῖν, d.h. wahrnehmen (*videre*) -, die *annales* aber behandeln diejenigen Zeitabschnitte, die unsere Generation nicht kennengelernt hat."[188] Und an den (nicht sicher authentischen) Titeln

---

[187] Quintus über Cicero: *Ipse autem aequalem aetatis suae memoriam deposcit, ut ea conplectatur quibus ipse interfuit.* Und dazu Atticus: *Sunt enim maxumae res in hac memoria atque aetate nostra (leg* I 3,8).

[188] Serv. Gramm. *comm in Aen* I 373: *inter historiam et annales hoc interest: historia est eorum temporum quae vel vidimus vel videre potuimus, dicta* ἀπὸ τοῦ ἱστορεῖν,

der beiden Hauptwerke des Tacitus, den zunächst geschriebenen - vom
Gliederungsprinzip her annalistischen! - *Historien* über die Regierungszeit
der Flavier (69-96 n.Chr.) und den späteren *Annalen* über die Zeit
zwischen dem Tod des Augustus und dem Tod Neros (14-68 n.Chr.), ist zu
erkennen, daß die alte Unterscheidung zwischen Zeitgeschichte und älterer
Geschichte weiterhin Gültigkeit besaß; die Darstellung der jüngsten
Vergangenheit, nämlich der Zeit Nervas und Trajans, wollte Tacitus sich
übrigens für seine alten Tage aufbewahren (*hist* I 1,4). Daß die Beschäftigung mit der Zeitgeschichte dabei als die Geschichtsschreibung *par
excellence* galt, will ich am Beispiel des Josephus, der Lukas zeitlich und im
religiös-kulturellen Milieu besonders nahesteht, demonstrieren.

JOSEPHUS vertrat beide Bereiche der Geschichtsschreibung. In seinem
Bellum Iudaicum beschäftigte er sich im wesentlichen mit Zeitgeschichte,
in der späteren *Archäologie* - zweifellos in Anlehnung an das gleichnamige,
ebenfalls 20bändige Werk des Dionys von Halikarnass konzipiert - behandelte er die jüdische Geschichte von ihrem Anfang bis zum Vorabend des
Jüdischen Krieges.

Interessant sind seine Ausführungen zur Historiographie im Prolog
des *Bellum*. Vehement polemisiert er gegen den Antiquarismus seiner Zeit.
Zum einen erlebt er die Gegenwart als so ereignisreich, daß die Vergangenheit daneben unbedeutend erscheint (I pr. 4,13): Deutlich klingen die Worte
eines Thukydides, Polybius und Cicero an. Darüber hinaus, so polemisiert
Josephus gegen diejenigen Historiker, die sich mit längst vergangenen
Zeiten beschäftigen, können sie ihren Vorläufern ohnehin nicht das Wasser
reichen; denn im Gegensatz zu ihnen schrieben diese als Zeitgenossen:
„Jeder von ihnen bemühte sich, die Geschichte seiner Zeit zu schreiben;
dabei verlieh die Tatsache, daß sie an den Ereignissen teilhatten, ihrer Darstellung Klarheit, und die Lüge galt bei den Informierten als scheußlich" (I
pr. 5,14). Aus beidem folgert Josephus, daß sich nur derjenige Lob und An-
erkennung verdiene, der sich einem neuen Thema zuwendet und Zeitgeschichte für die Nachwelt aufzeichnet. Ein solcher Historiker formt nicht
die οἰκονομία und τάξις seiner Vorgänger - also das individuelle Gepräge, das die Autoren ihren Büchern gaben - um, sondern gibt seiner
Darstellung ein eigenes, unverwechselbares Gewand (τὸ ἴδιον). Freilich
ist Josephus für die Vorgeschichte in Buch I auf ältere Historiker angewiesen; für die herodianische Zeit stand teilweise Nikolaus von Damaskus Pate.[189] Das Herz des *Bellum* sind aber die eigenen Erlebnisse des

---

id est videre; annales vero sunt eorum temporum, quae aetas nostra non novit (ed. G.
Thilo/H. Hagen, Vol.I, S.125f).

[189] Vgl. T. Rajak, Josephus, 1983, S.33f.

Josephus, in deren Darstellung er sich sowohl selbst ein Denkmal setzt als auch gegenüber Angriffen aus dem eigenen jüdischen Lager verteidigt.

1.2.4. Die Anforderungen an einen Gegenwartshistoriker

Welche Anforderungen sind an einen Historiker zu stellen, der zeitgeschichtliche Vorgänge beschreibt? Wenden wir uns nun nochmals Polybius zu. In seinen zahlreichen methodischen Exkursen stellt er ein Konzept vor, das in der Folgezeit weitgehend unverändert gültig blieb.

(1) An erster Stelle steht die *persönliche Erkundung*, und zwar in doppelter Hinsicht.

(a) Polybius geht es nicht vorrangig um persönliche Teilnahme im Sinne von Augenzeugenschaft; wer Universalhistorie betreiben will, kann darauf unmöglich exklusiven Wert legen. Und auch wenn Autopsie wichtig und wünschenswert ist - galten die Augen ihm doch als die zuverlässigsten Sinnesorgane des Menschen[190] -, so ist sie doch wertvoll nur für den, der die beobachteten Vorgänge versteht und zu deuten weiß. Was nützt es dem Laien, wenn er etwa eine Seeschlacht mitverfolgt, über die angewandten Taktiken und Manöver aber nicht Bescheid weiß? Er wird das Gesehene weder begreifen noch beurteilen können. Er ist, „obwohl anwesend, so gut wie abwesend" (XII 28a.10). Deshalb benötigt der Historiker eigene Erfahrung[191] (αὐτοπάθεια) auf den verschiedensten Gebieten, besonders in militärischen und politischen Dingen; er muß aber auch weitgereist sein, die entscheidenden Orte des Geschehens gesehen haben, das Gelände und die Entfernungen kennen. Nicht ohne Stolz, gelegentlich auch mit einem Anflug von Hochmut streicht Polybius seine militärische und politische Erfahrung heraus und verweist auf seine ausgedehnten Reisen nach Libyen und Iberien, nach Gallien und auf dem Atlantik (III 59,7); dagegen geißelt er die Studierstuben-Mentalität eines Timaios (XII 28,6). Nur wer dank eigener Erfahrung und Sachkenntnis das aktuelle Geschehen verstanden hat, kann es auch entsprechend verständlich zur Darstellung bringen. „Daher waren die älteren Geschichtsschreiber der Meinung, die Erzählung müsse so lebendig sein, daß man bei einem Bericht über politische Vorgänge sofort ausriefe, der Verfasser habe bestimmt im politischen Leben gestanden und auf diesem Gebiet Erfahrungen gesammelt; bei Kriegen und Kämpfen, er sei selbst Kriegsteilnehmer gewesen und habe dem Feind ins

---

[190] So XII 27,1 im Anschluß an ein Diktum Heraklits. Dasselbe erscheint übrigens auch bei einem anonymen Historiker bei Luk. *hist conscr* 29; ähnlich schon Herodot (I 8) und verschiedentlich auch Philo (z.B. *spec leg* IV 60).

[191] Vgl. G. Avenarius, Lukians Schrift zur Geschichtsschreibung, 1956, S.35ff.

Auge gesehen; bei Dingen aus dem privaten Leben, er habe eine Ehe
geführt und Kinder aufgezogen; und ebenso bei allen anderen Bereichen
des menschlichen Lebens. Solche Lebendigkeit ist aber natürlich nur bei
Autoren zu finden, die selbst etwas erlebt und auf diesem Wege geschichtliches Verständnis gewonnen haben" (XII 25h.5-6).

(b) Wo es möglich ist, sollte der Historiker bei dem Berichteten auch
selbst zugegen gewesen sein (ἐμπειρία). Polybius zitiert zustimmend ein
Diktum des Ephoros: „Wenn es möglich wäre, bei allen Ereignissen selbst
anwesend zu sein, so wäre dieses Wissen besser als jedes andere" (XII 27,6).
Bei einem Vorblick auf den eigentlichen Gegenstand seiner Erzählung, die
Zeit von 220 v.Chr. an, brüstet sich Polybius: „Für das meiste war ich nicht
nur Augenzeuge, sondern teils Mitwirkender, teils sogar mit der Leitung
beauftragt"[192]. Auch sonst streicht er seinen (in Wirklichkeit eher bescheidenen) Anteil am Geschehen geflissentlich heraus.

(2) Nach der persönlichen Erkundung kommt *die Befragung von Teilnehmern.*[193] „Denn da sich die Ereignisse gleichzeitig an vielen Stellen
zutragen und ein und derselbe Mensch nicht zugleich an mehreren Orten
anwesend sein kann, es nicht einmal möglich ist, alle Teile der Welt und die
Eigentümlichkeiten eines jeden Landes aus eigener Anschauung kennen-
zulernen, bleibt nur übrig, möglichst viele zu befragen, nur den zuverlässi-
gen Gewährsleuten zu glauben und die Berichte, die man erhält, einer
scharfen Kritik zu unterziehen" (XII 4c.5-6). Auch beim Erwerb und der
Verarbeitung von Information aus zweiter Hand bedarf es im übrigen einer
umfassenden Sachkenntnis aufgrund eigener Erfahrung, ohne die es kein
Verstehen der Vorgänge gibt (XII 28a.9-10).

(3) Erst an dritter Stelle folgt das *Quellenstudium.*[194] Dabei handelt es
sich zum einen um Primärquellen wie Urkunden (z.B. Hannibals Erztafel
III 33,17f; 56,4), Briefe (XVI 15,8) und Verträge (III 22-25), andererseits
ist der Historiker aber auch auf Sekundärquellen angewiesen. Trotz seiner
Polemik gegen den ‚Schreibtisch-Historiker' kam auch Polybius nicht
umhin, die Werke anderer Geschichtsschreiber zu verwenden.

Wie nachhaltig die Wirkung von Polybius' praxisorientierten Ausführungen zur Geschichtsschreibung in der gesamten Folgezeit waren, brauche

---

[192] III 4,13: τῶν πλείστων μὴ μόνον αὐτόπτης, ἀλλ᾽ ὧν μὲν συνεργὸς
ὧν δὲ καὶ χειριστὴς γεγονέναι. Vgl. Jos. *Ap* I 55: πολλῶν μὲν αὐτουργὸς
πράξεων, πλείστων δ᾽ αὐτόπτης γενόμενος und Velleius *hist rom* II 104,3:
spectator, tum pro captu mediocritatis meae adiutor fui.

[193] Polybius nennt sie einmal sogar das κυριώτατον τῆς ἱστορίας (XII 4c.3).

[194] XII 25 i.2: τρίτον εἶναι μέρος τῆς ἱστορίας καὶ τρίτην ἔχειν τάξιν
τὴν ἐκ τῶν ὑπομνημάτων πολυπραγμοσύνην.

ich hier nicht näher auszuführen.[195] Die Konzeptionen eines Dionys von Halikarnass (*Epistula ad Cn. Pompeium*) oder Lukian (*Quomodo historia conscribenda sit*) spiegeln den bleibenden Rang wider, den vor allem Augenzeugenschaft und persönliche Erfahrung unter den Anforderungen an den Historiker einnehmen.

1.3. Erzählform und Erzählweise

Ein Historiker, der über ein zeitgeschichtliches Thema schreibt und damit gegebenenfalls auch auf sein eigenes Verhältnis zu den verhandelten Vorgängen zu sprechen kommt, kann dies auf ganz verschiedene Weise tun. Es ist uns bewußt, daß ein und derselbe Sachverhalt sprachlich verschieden realisiert werden kann. Der Satz: ‚Paulus und ich reisten von Troas nach Philippi', besagt dasselbe wie die Satzfolge: ‚Paulus reiste von Troas nach Philippi. Ich begleitete ihn dabei.' Gleichwohl wird hier anders erzählt als dort. Umgekehrt kann wiederum ein und derselbe sprachliche Ausdruck ganz verschiedene Sachverhalte bezeichnen. Die Satzfolge: ‚Paulus reiste von Troas nach Philippi. Auch ich habe diese Reise gemacht', kann einerseits bedeuten, daß der Ich-Erzähler den Apostel auf dessen Reise begleitet hat; andererseits mag er damit aber lediglich sagen wollen, daß er diese Reise überhaupt einmal (vielleicht zu einem späteren Zeitpunkt) unternommen hat und darum über den Streckenverlauf unterrichtet ist. Hat er ersteres im Sinn, so steht es ihm frei, seine Erzählung im Singular (‚Dort predigte er das Evangelium') oder im Plural (‚Dort predigten wir das Evangelium') fortzusetzen; der zweite Satz (‚Auch ich habe diese Reise gemacht') hat dann aber jeweils eine andere Funktion. Offenbar gibt es also verschiedene Darstellungsweisen, die es nun zu untersuchen gilt.

1.3.1. Narrativer und deskriptiver Erzählmodus

Erzählen heißt, geschichtlichen Wandel darzustellen.[196] Mit den Mitteln der Sprache wird ein Übergang von Zustand 1 zu Zustand 2 abgebildet. Dazu müssen mindestens zwei Fakten benannt werden, die in zeitlicher

---

[195] Vgl. dazu P. Scheller, De hellenistica historiae conscribendae arte, 1911; G. Avenarius, Lukians Schrift zur Geschichtsschreibung, 1956, *passim* und zusammenfassend S.165-178.

[196] Ich verwerte im folgenden einige Ergebnisse der ungemein hilfreichen Analyse von W.-D. Stempel (Erzählung, Beschreibung und der historische Diskurs, in: R. Koselleck/W.-D. Stempel, Hg., Geschichte - Ereignis und Erzählung, 1973, S.325-346), auf die ich nachdrücklich hinweisen möchte.

Abfolge stehen, logisch aufeinander bezogen sind und zusammen eine Ereignisbedeutung konstituieren. Der Satz: ‚Paulus fuhr von Troas ab und kam nach Philippi', formuliert die Fakten ‚Aufbruch des Paulus aus Troas' und ‚Ankunft desselben in Philippi' und konstituiert so die Ereignisbedeutung ‚Reise des Paulus von Troas nach Philippi'. Diese Ereignisbedeutung kann nun für den Fortgang der Erzählung als neues Faktum zur Verfügung stehen. Fährt man fort: ‚Dort predigte er das Evangelium', so besteht die Möglichkeit, die neue Ereignisbedeutung als ‚Reise des Paulus nach Philippi zwecks Predigt des Evangeliums' aufzufassen. Notwendig ist dies freilich nicht; die Reise mag aus ganz anderen Gründen erfolgt sein. Der hier vorgestellte *narrative Erzählmodus* läßt diese Frage offen.

Deshalb bedarf die Erzählung auch *deskriptiver Elemente*. Sie geben die Qualität eines Faktums an, explizieren es, kommentieren oder interpretieren. In dem Satz: ‚Paulus fuhr von Troas ab und kam nach Philippi, wo er am Abend des zweiten Tages eintraf', benennt der Nebensatz kein neues Faktum, sondern qualifiziert das zweite. Die Fortsetzung: ‚Dort predigte er das Evangelium; denn dazu war er gekommen', bringt zunächst ein neues Faktum (narrativer Erzählmodus) und expliziert es dann (deskriptiver Erzählmodus). Das beschreibende Datum sichert so die Ereignisbedeutung (nach dem Verständnis des Erzählers), die durch ein rein narratives Erzählen lediglich als Möglichkeit zur Verfügung gestanden hätte. Darum ist es gerade der deskriptive Erzählmodus, der es dem Historiker erlaubt, den Sinn des Geschehens herauszuarbeiten.

Beschreibungen können, müssen aber nicht zur Bildung narrativer Aussagen verwendet werden. In der Satzfolge: ‚Paulus fand in Troas ein Schiff und segelte in Richtung Philippi ab. Der Wind war günstig', ist der zweite Satz deskriptiv und nicht an der Ereignisbildung beteiligt. Fährt man allerdings fort: ‚So erreichte er Philippi schneller als erwartet', dann wird das Beschreibungselement funktional für die Ereignisbildung beansprucht.

In jeder Erzählung können wir damit zwischen (1) rein narrativen Elementen, (2) rein deskriptiven Aussagen und (3) deskriptiven Daten, die zur Bildung narrativer Aussagen verwendet werden, unterscheiden.

1.3.2. Selbstaussage, Selbstbeschreibung und Selbsterzählung

Übertragen wir diese Erzählanalyse auf den speziellen Fall der Selbsterzählung in historischer Literatur, so ergibt sich folgendes Bild:

(1) Rein deskriptive Elemente, die sich mit der Person des Erzählers befassen - ich nenne sie im folgenden *Selbstaussagen* - sind (a) entweder bloße Faktenaussagen, oder (b) sie fallen aus dem Berichtszeitraum, oder

(c) sie sind autobiographische Exkurse, die für die Ereignisfolge - im Sinne des Erzählers - bedeutungslos sind.

(a) Der klassische Ort für die bloße Faktenaussage ist das Proömium des Historikers. Dort thematisiert er sein Verhältnis zur dargestellten Geschichte so, daß es als Hintergrund für die gesamte Erzählung verstanden werden soll. Damit sichert er sich vor den Lesern die Kompetenz, die seiner Darstellung Autorität verleihen soll.

Thukydides schreibt in seinem 1. Proömium: „Thukydides aus Athen schrieb die Geschichte des Krieges, in dem die Peloponnesier und die Athener miteinander kämpften ... Die Kriegstaten habe ich nicht so aufzuschreiben für angemessen erachtet, wie ich sie zufällig in Erfahrung bringen konnte, oder nach bloßem Gutdünken, sondern ich beschrieb Ereignisse, bei denen ich selbst anwesend war, und legte mit aller möglichen Genauigkeit jeweils das dar, was ich von anderen in Erfahrung bringen konnte" (I 1,1; 22,2). Im zweiten Proömium ist er etwas detaillierter: Dort erinnert er sich zunächst, daß dieser Krieg nach der Überzeugung vieler 27 Jahre dauern sollte, und fährt dann fort: „Ich habe ihn ganz miterlebt, alt genug zum Begreifen und voller Aufmerksamkeit, um etwas Genaues zu wissen. Nach meinem Feldzug bei Amphipolis war ich 20 Jahre lang aus meinem Land verbannt. Da ich aufgrund meines Exils sowohl mit der peloponnesischen als auch mit der athenischen Seite zu tun hatte, war ich imstande, in Ruhe den Lauf der Dinge zu beobachten" (V 26,3).

Neben das Proömium kann die Sphragis am Schluß des Geschichtswerkes treten, wo der Autor noch einmal sein Verhältnis zur Geschichte darlegen kann. So beschließt Ammian seine *Res Gestae* mit den Worten: „Dieses habe ich als ein ehemaliger Soldat und Grieche vom Prinzipat des Kaisers Nerva bis zum Tode Valens' nach dem Maß meiner Fähigkeiten aufgeschrieben" (XXXI 16,9).

Aber auch innerhalb der fortlaufenden Darstellung kann sich der Autor durch Selbstaussagen Kompetenz sichern. In II 47,3 berichtet Thukydides den Ausbruch der Pest in Athen im Sommer des Jahres 430 v.Chr. Als er sich nun anschickt, die Symptome und den Krankheitsverlauf darzustellen, fügt er hinzu: „Denn ich wurde selbst infiziert und sah andere leiden" (II 48,3). Nicht das Schicksal des Athener Generals, sondern die Sachkenntnis des Historikers steht hier zur Debatte. Die Beteuerung, der Autor habe dieses oder jenes Ereignis selbst mitangesehen oder miterlebt, ist die geläufigste Form der bloßen Faktenaussage.

In allen diesen Fällen wird kein Wandel dargestellt, dem der Erzähler als erlebendes Ich unterworfen gewesen wäre. Er benennt lediglich ein Faktum, das seine *Empirie* (s.o.S.162) sichert. Von Selbst*erzählung* kann hier also nicht gesprochen werden.

(b) Erzählt ein Autor über sich selbst, fällt das Erzählte aber aus dem Berichtszeitraum, so liegt ebenfalls keine Selbsterzählung in unserem Sinne vor. Auch derartige Selbstaussagen thematisieren Erfahrungen des Autors, die ihm Kompetenz sichern sollen. Häufig handelt es sich dabei um Reisen, die ein Autor unternommen hat, um sich an Ort und Stelle ein Bild von den äußeren Umständen, unter denen sich die dargestellten Ereignisse abspielten, zu machen. Ein zeitlicher Bezug zum Geschehen ist aber nicht gegeben.

Ca. Mitte des 2. Jahrhunderts n.Chr. verfaßte Appian von Alexandrien in Rom seine *Römische Geschichte*. Er schrieb fast ausschließlich über Geschehnisse zur Zeit der Republik und des frühen Prinzipats (Augustus). Nur ganz selten verlängerte er die Linien bis in die Zeit Trajans. Für autobiographische Selbstdarstellung bleibt also gar kein Raum. Nur einmal, in einem allerdings nur bruchstückhaft erhaltenen Abschnitt aus dem letzten, dem ‚arabischen‘ Buch, erzählt er über ein eigenes Erlebnis während des jüdischen Aufstands in Ägypten (115-117 n.Chr.): „Als ich einst vor den Juden im ägyptischen Krieg floh und durch das peträische Arabien bis zu einem Fluß ging, wo mich ein Boot erwartete, das mich nach Pelusium hinüberbringen sollte, führte mich auf dem Weg bei Nacht ein Araber" (F 19,1).[197] Die Geschichte erzählt Appians glückliche Rettung, die er als Beleg für die mantische Begabung arabischer Bauern referiert. Der genaue Zusammenhang dieser Anekdote ist nicht überliefert; aber es ist deutlich, daß er in seiner Geschichtsdarstellung auf das Thema der Mantik in Arabien zu sprechen kam, ein Phänomen, dessen Realität er durch ein, wenn auch viel späteres, persönliches Erlebnis untermauern will.

Selbstaussagen dieser Art thematisieren nicht das Konkret-Einmalige des historischen Moments, sondern die zeitüberdauernden Umstände, unter denen sich das Einmalige realisiert. Sie sollen demonstrieren, daß der Autor im Besitz analoger Erfahrungen ist, die Polybius einst als die *Autopathie* (s.o.S.161f) des Historikers bezeichnete.

(c) Jeder Historiker, der in die Ereignisse verflochten war, über die er schreibt, gibt dem Leser autobiographische Information. Sie hat aber nur insoweit einen berechtigten Platz in der historischen Literatur, als sie für die Ereignisfolge von Belang ist. Autobiographische Exkurse, die in die Ereignisfolge erzählerisch nicht integriert werden, sind als ein - der Gattung ‚Geschichtserzählung‘ fremdes - Element zu betrachten und aus dem Gebiet der Selbsterzählung auszuschließen.

Beispiele dieser Art finden wir in der *Römischen Geschichte* des Velleius Paterculus. Als etwa Gaius Cäsar, ältester Enkel und Adoptivsohn

---

[197] Übers. O. Veh/K. Broderson, Appian von Alexandria. Römische Geschichte, Erster Teil. Die römische Reichsbildung, BGL 23, 1987, S.418.

des Augustus, seine Mission in die Ostprovinzen des römischen Reiches antrat, war Velleius zeitweilig in seinem Gefolge. Am Euphrat traf Gaius mit dem Partherkönig zusammen (II 101,1). „Dieses Schauspiel ... zu Beginn meiner Laufbahn als *tribunus militum* mitansehen zu dürfen, bescherte mir das Glück" (101,2). Diese reine Faktenaussage ist für Velleius Ausgangspunkt für einen autobiographischen Exkurs, in dem er Einzelheiten über seinen militärischen Werdegang aufzählt. Abrupt wechselt er dann wieder in die laufende Darstellung über: „Zuerst speiste der Partherkönig bei Gaius auf unserem Ufer, darauf dieser beim König auf dem feindlichen" (101,3).

Kennzeichen solcher autobiographischer Exkurse ist, daß sie spurlos aus dem Kontext entfernt werden können.

Alle Arten von Selbstaussagen werden übrigens immer in der 1. Person gemacht; der kategoriale Unterschied zur Selbsterzählung sticht besonders dort ins Auge, wo ein Autor über sich in der 3. Person erzählt.

(2) Deskriptive Daten, die sich mit der Person des Erzählers befassen und die zur Bildung narrativer Aussagen verwendet werden, bezeichne ich im folgenden als *Selbstbeschreibung*.

Der Unterschied zwischen Selbstaussage und Selbstbeschreibung läßt sich am besten anhand eines weiteren Passus aus Velleius' *Historia Romana* illustrieren. In II 104,2 notiert Velleius, daß Tiberius im Jahr 4 n.Chr. nach Germanien geschickt wurde. Darauf folgt ein kurzer Überblick über die Anfänge der Germanenkriege. Velleius erwähnt, daß er selbst als *praefectus equitum* mit Tiberius nach Germanien gereist sei und dort 9 Jahre lang teils Zuschauer, teils Mitwirkender „seiner allerhimmlischsten Taten" wurde (104,2-4). Dann greift er den Erzählfaden wieder auf: „Sogleich betrat er Germanien ..." (105,1).[198] Hätte er hier formuliert: ‚Sogleich betraten *wir* Germanien ...', so wären die autobiographischen Daten in die Ereignisbildung integriert worden; wir hätten sie dann als Selbstbeschreibung auffassen müssen. So aber handelt es sich um Selbstaussagen, die die fortlaufende Darstellung unterbrechen.

(3) Nur die rein narrativ erzeugten Aussagen über den Erzähler will ich im folgenden als *Selbsterzählung* bezeichnen; die Bestimmung der Erzählform (Ich- oder Er-Form) einer *Diegesis* entscheidet sich also daran, ob die narrativ erzeugten Aussagen über den Erzähler in der 1. oder in der 3. Person dargeboten werden.

---

[198] Das ist der Einfachheit halber so übersetzt; im lateinischen wird zunächst passivisch konstruiert (*intrata protinus Germania*), bevor dann Tiberius in der 3. Person Singular erscheint.

1.3.3. Die Form der Selbsterzählung

Wir haben bereits gesehen, daß antike Historiker über sich sowohl unter Nennung ihres Namens als auch in der 1. Person erzählen können. Bei der folgenden Analyse antiker Selbsterzählungen werden wir die Texte nach ihrer Erzählform in ‚Selbsterzählungen in Er-Form' (1.5.), ‚Selbsterzählungen in einer Kombination von Er- und Ich-Form' (1.6.) und ‚Selbsterzählungen in Ich-Form' (1.7.) klassifizieren. Authentische und fingierte Selbsterzählungen werden dabei gleichermaßen zum Zuge kommen. Unser Augenmerk wird der Frage gelten, in welcher Weise antike Historiker und Geschichtsfälscher der Tatsache Rechnung tragen, daß sie als Zeitgenossen und Teilnehmer der erzählten Ereignisse gelten wollen.

1.4. Die Tendenz zur Vermeidung von Selbsterzählungen

Die erste Antwort auf diese Frage mag überraschen. Die Selbsterzählung ist keineswegs so verbreitet, wie man aufgrund der Hochschätzung von Augenzeugenschaft erwarten würde. Häufig thematisiert ein Historiker sein Verhältnis zur dargestellten Geschichte allenfalls durch Selbstaussagen.

XENOPHON, der das thukydideische Werk in den *Hellenica* fortführt, nennt sich dort nicht ein einziges Mal, obwohl er jahrelang engen Kontakt zu dem Spartanerkönig Agesilaos gehabt hatte und mit diesem durch Asien und Europa gereist war. Während er über diesen sehr viel zu erzählen weiß, verliert er über sich (fast?) kein Wort. Lediglich einmal, in Gestalt des „Anführers der Truppen des Kyros" (III 2,7), dürfte sich Xenophon selbst abgebildet haben, ohne sich freilich zu erkennen zu geben.

Interessant ist das Beispiel einer kleinen Schrift über den trojanischen Krieg, die sog. *De Excidio Troiae Historia* des Phrygiers DARES. Sie liegt uns in einer lateinischen Version aus dem 6. Jahrhundert n.Chr. vor und geht wohl auf ein griechisches Original aus dem 1. Jahrhundert v. oder n.Chr. zurück[199]; im (gefälschten) Einleitungsbrief an Sallust berichtet Pseudo-Nepos, wie er die Schrift des Phrygiers in Athen gefunden und dann eine wörtliche Übersetzung ins Lateinische angefertigt habe. Tatsächlich aber nahm der frühmittelalterliche Übersetzer eine grundlegende redaktionelle Neugestaltung vor: Der ursprüngliche Dares ist wohl in c.11-43 erhalten, Teile des Proömiums wurden in den Brief und in c.12*init.*44 aufgenommen; dagegen wurden c.1-10 aus verschiedenen lateinischen Quellen zusammen- und dem Büchlein vorangestellt.[200]

---

[199] Vgl. R.M. Frazer, The Trojan War, 1966, S.11-13.

[200] Vgl. O. Schissel von Fleschenberg, Dares-Studien, 1908, S.84-157.

Im griechischen Proömium hatte Dares, ein Begleiter des Trojaners Antenor (c.44), seine Kriegsteilnahme behauptet (*Dares ... ait se militasse*, c.12). Im Verlauf der Erzählung führt der Autor diese Fiktion allerdings nie in Selbsterzählungen aus. Selbst dort, wo Antenor und seine Begleiter ins Geschehen eingreifen (c.37.41), taucht Dares nicht auf. Wie leicht wäre es gewesen, sich unter den *ceteri* um Antenor und Aeneas namentlich einzuführen und dann in Wir-Form fortzufahren (c.41)! Doch scheint der Fälscher die Selbsterzählung nicht als ein probates Mittel empfunden zu haben, der Fiktion eigener Teilnahme zusätzliche Überzeugungskraft zu verleihen.

1.5. Die Tendenz zur Selbsterzählung in Er-Form

THUKYDIDES war der erste Historiker, der - wenn auch in sehr zurückhaltendem Maße - von seinem eigenen Anteil am Geschehen erzählte. Im Eröffnungssatz seiner *Geschichte des peloponnesischen Krieges* führt er sich namentlich ein. Als er auf sein Kommando bei Amphipolis zu sprechen kommt, liest sich das so: Eukles, der athenische General, habe Hilfe erbeten „von dem anderen General an der thrakischen Küste, Thukydides, dem Sohn des Olorus, der dies aufgeschrieben hat" (IV 104,4). Es folgt zunächst eine Selbstbeschreibung: „Er war damals in Thasos, einer Inselkolonie von Paros, die eine halbtägige Segelreise von Amphipolis entfernt war." Mittels eines Temporalsatzes[201] wird die Selbstbeschreibung in die Selbsterzählung übergeführt: „Sobald er von den Ereignissen gehört hatte, segelte er schnell mit 7 Schiffen nach Amphipolis ..." (ebd.). Es folgt nun die Erzählung vom Verlust von Amphipolis und von der Besetzung des benachbarten Eion (IV 104,5-107,1). Dieses Kommando bedeutete das Ende von Thukydides' militärischer Karriere; er wurde aus Athen verbannt und griff nicht mehr in das Geschehen ein.

Insgesamt 3mal trifft Thukydides Selbstaussagen (in den beiden Proömien und in II 48,3). An der einzigen Stelle, wo er von sich erzählt, leitet er sein Eingreifen in das Geschehen durch eine Selbstbeschreibung ein.

Ganz anders als in seinen *Hellenica* und ohne die Zurückhaltung des Thukydides erzählt XENOPHON von sich in der *Anabasis*.[202] Mit Vorliebe schreibt er dort über sich und weiß seine Taten dabei in ein glanzvolles

---

[201] Temporale Nebensätze sind nach W.-D. Stempel „als narrative Artikulationen auszuschließen" (Erzählung, Beschreibung und der historische Diskurs, S.330).

[202] Nach Plutarch (*de gloria Athen* 345 E) soll Xenophons *Anabasis* unter dem Pseudonym ,Themistogenes von Syrakus' erschienen sein (vgl. *hell* III 1,2). Wenn das richtig ist, so wären die Erzählungen über Xenophon keine Selbsterzählungen; aber wir wissen es nicht sicher.

Licht zu rücken. Durchgehend wählt er die Er-Form. Eine Ausnahme scheint nur der Schluß darzustellen: „Die Archonten des königlichen Gebietes, das wir durchquerten, sind ...” (ἄρχοντες δὲ οἵδε τῆς βασιλέως χώρας ὅσην ἐπήλθομεν κτλ., VII 8,25); es folgen die Namen, Entfernungsangaben und die Reisedauer. Diese statistischen Angaben werden freilich fast einhellig einem späteren Kommentator zugeschrieben.[203]

Xenophon verzichtet auf jedwede Selbstaussage. Seine erste Nennung erfolgt durch ein temporales Partizip: „Als ihn (sc. Kyros) Xenophon aus Athen vom griechischen Heere aus sah, ritt er heran, so daß er mit ihm zusammentreffen mußte, und fragte, ob er etwas zu befehlen habe” (I 8,15). Noch einmal erwähnt er sich kurz in II 5,41. Erst in III 1,4-10 folgt eine etwas breitere Selbstbeschreibung: „Im Heere befand sich ein gewisser Xenophon aus Athen; der war mitgezogen, weder als Oberst noch als Hauptmann noch als Soldat, sondern Proxenos hatte ihn von zu Hause kommen lassen, da er von lange her sein Gastfreund war.” (III 1,4) Daran schließt sich eine längere Erklärung an, wie er zur Armee des Kyros in dessen Krieg gegen Artaxerxes gekommen war. In III 1,11 nimmt Xenophon dann den in III 1,3 verlassenen Erzählfaden wieder auf, in den er seine Person miteingeflochten hat.

Unter Zugrundelegung seiner alljährlichen Generalstabsberichte an den Senat verfaßte CÄSAR vermutlich im Jahr 52 v.Chr. seine 7 Bücher *Commentarii belli Gallici*; sie wurden später von Hirtius durch ein 8. Buch ergänzt. Auch Cäsar, fast durchgehend Akteur des Geschehens, schreibt in der Er-Form. Die einzige[204] Ausnahme, die auch Robbins - mit falscher

---

[203] Vgl. H.R. Breitenbach, Art. Xenophon von Athen, PRE 2.R. IX/2, 1967, Sp. 1651. Dagegen hält E. Schwartz (Einiges über Assyrien, Syrien, Koilesyrien, in: Ph. 86, 1931, S.373-399) die Athetese des Schlusses für „unbegründet” (S.379 Anm.3).

[204] In I 44,8 (*interpellaremus*) und V 1,2 (*consuevimus* und *utimur*) steht das ‚Wir’ für die Römer insgesamt. Auf die letztgenannte Passage stützt sich folgendes Fehlurteil K. Bergers: „Der für die Apostelgeschichte kennzeichnende Übergang von der 3. Person (...) in die 1. Person bei den Wir-Berichten hat ihre Analogie *etwa* in Caesars ‚Bellum Gallicum’ (*z.B.* V 1), wo Schlachtschilderungen und Reisen in der 1. Person dargestellt werden.” (Hellenistische Gattungen im Neuen Testament, ANRW II 25.2,1984, S.1275; Hervorh. v. m.) Dazu ist folgendes anzumerken: (1) Cäsar erzählt durchweg in Er-Form unter Nennung seines Namens, und zwar auch in V 1. (2) Thema in V 1 ist weder eine Schlachtschilderung noch eine Reise, sondern der Schiffsbau. (3) „Z.B.” suggeriert, daß weitere Beispiele (über das falsche Beispiel hinaus) zur Unterstützung der These gegeben werden könnten. Das trifft für Cäsar nicht zu. (4) Zu „etwa”: Im Anschluß an V.K. Robbins (By Land and By Sea: The We-Passages and Ancient Sea Voyages, in: Perspectives on Luke-Acts, hg.v. C.H. Talbert, 1978, S.225-227) nennt Berger noch vier weitere Texte: Der Verweis auf den *Periplus* Hannos ist falsch (der erste Satz, der in Er-Form steht, ist der karthagische Sendungsbeschluß, der als Überschrift fungiert; der gesamte

Stellenangabe - zitiert[205], scheint in dem berühmten Britannienexkurs V 12-14 vorzuliegen. Tatsächlich wechselt dort die Erzählung in die 1. *pluralis* über. Nachdem zunächst geo-, topo- und ethnographische Details beschrieben wurden (V 12,1-13,3), wird die Meinung einiger Schriftsteller angeführt, auf bestimmten Inseln herrsche zur Zeit der Wintersonnenwende 30 Tage lang Nacht. Im Anschluß daran heißt es: „Wir konnten darüber durch Nachfragen nichts erfahren, außer daß wir nach bestimmten Messungen mit der Wasseruhr feststellten, daß die Nächte kürzer sind als auf dem Festland."[206] Die Mehrheit der Cäsarforscher hält diese Passage freilich für eine Interpolation[207]; wem sie zuzuschreiben ist und wann sie in den Text gelangte, ist unklar.[208] Cäsar selbst hat die Ich-Erzählung jedenfalls konsequent vermieden. „Seine Schilderung erhält dadurch eine Glaubwürdigkeit, auf die gerade ein Eigenbericht bedacht sein muß."[209]

Auch Cäsar verzichtet auf jegliche Selbstaussage. Als er zum ersten Mal ins Geschehen eingreift, führt er sich in einem Temporalsatz ein und erzählt dann von seinem Aufbruch aus Rom und dem Erscheinen vor Genf (I 7,1). Immer wieder von neuem ermöglicht die Selbstbeschreibung den Übergang in die Selbsterzählung.

Text ist Wir-Erzählung), zu den übrigen Texten (Fragment aus dem 3. syrischen Krieg; Ignatiusakten; *Acta Petri und der 12 Apostel*) s.u.S.292-294 und o.S.144f.127 Anm.98.

[205] V.K. Robbins, art. cit., S.225; mit welchem Recht er *bell Gall* V 13,4, wo von Seefahrt keine Rede ist, einen "voyage account" nennt und daraus folgert, daß "an autobiographical feature is allowed within historiography, especially in battles and a voyage" (S.225), bleibt sein Geheimnis.

[206] *Nos nihil de eo percontationibus reperiebamus, nisi certis ex aqua mensuris breviores esse quam in continenti noctes videbamus* (V 13,4).

[207] Zum Stand der Diskussion vgl. den Forschungsüberblick bei H. Gesche, Caesar, EdF 51, 1976, S.83-87. Umstritten ist besonders, ob auch c.12 und/oder c.14 zur Interpolation zu rechnen sind.

[208] T. Berres (Die geographischen Interpolationen in Cäsars Bellum Gallicum, Hermes 98, 1970, S.154-177) will V 13 wegen der Wir-Passage einem Teilnehmer an der Britannienexkursion zuschreiben; A. Klotz (Cäsarstudien, 1910, S.135-148) hielt eine solche Folgerung für die Absicht des späten Interpolators: „Hier gibt sich der Verfasser als einen Teilnehmer an der Expedition Cäsars aus; es liegt also bewußte Fälschung vor." (146) Beide gehen von einer unrichtigen Voraussetzung aus: Der Verfasser der Interpolation tritt als Autor ja gar nicht hervor, er will im Gegenteil unerkannt bleiben. Ob er dabei war oder nicht: Er schreibt im Namen Cäsars und ist somit auch als potentieller Teilnehmer nicht identifizierbar. Die Passage sagt also nur so viel aus, daß der Interpolator - im Gegensatz zu Cäsar - die Ich-Form in der Geschichtsschreibung für adäquat hielt.

[209] D. Rasmussen, Caesars Commentarii, 1963, S.71. Vgl. auch G. Misch, Geschichte der Autobiographie I/1, ³1949, S. 250: Der Er-Form „liegt eine gesunde Absicht zu Grunde ...: sich an die Sachen zu halten und sie allein sprechen zu lassen."

Werfen wir noch einen Blick auf JOSEPHUS. Im Proömium zu seinem *Bellum Judaicum* stellt er sich seinen Lesern vor: „... ich, Josephus, Sohn des Matatias, aus Jerusalem, ein Priester, der ich zu Beginn des Krieges selbst gegen die Römer gekämpft und in seinem späteren Stadium notgedrungen an ihm teilgenommen habe" (I pr. 1,3). Und später: „Denn auch von meinem eigenen Geschick werde ich nichts verbergen" (I pr. 8,22). Der Eintritt des Josephus in die Geschichte des Jüdischen Krieges erfolgt im November des Jahres 66 n.Chr. Nach der Niederlage des Cestius hielten die jüdischen Aufständischen eine Versammlung im Tempel ab, um weitere Heerführer für den Krieg zu ernennen. Als siebten und letzten in der Liste nennt Josephus sich selbst: „Das Kommando erhielt ... in den beiden Galiläa Josephus, der Sohn des Matatias, zu dessen Distrikt auch Gamala, die am besten befestigte Stadt dieser Gegend, geschlagen wurde" (II 20,568). Nach dieser Selbstbeschreibung[210] fährt er nun fort, von seinen ersten Amtshandlungen in Galiläa zu erzählen (II 20,569ff).

Vermutlich gehört hierher auch ein pseudonymes Werk, das in vielem der Geschichte des Dares verwandt ist: die Ἐφημερὶς τοῦ Τροικοῦ πολέμου des Kreters DICTYS.[211] Auch sie ist uns nur in einer - vermutlich aus dem 4. Jahrhundert stammenden - lateinischen Übersetzung erhalten. In einem vorangestellten Brief an einen gewissen Q. Aradius Rufus gibt sich L. Septimius als der Übersetzer aus. Die Schrift sei ursprünglich von einem Teilnehmer am Krieg um Troja, dem von Homer nicht erwähnten Kreter Dictys, verfaßt worden. Nachdem sie unter Nero aus dem Grab des Kreters wiederaufgetaucht sei, habe Septimius sie später ins Lateinische übertragen, und zwar die ersten fünf Bücher vollständig, wenn auch frei, die übrigen über die Rückkehr der Griechen aber habe er in eines zusammengefaßt.

Der folgende Prolog erzählt die Auffindungslegende etwas ausführlicher: Auf Anordnung des Kreterkönigs Idomeneus und des Meriones von Molus habe Dictys, der beide auf dem Kriegszug begleitet habe, die *Annales belli Troiani* in phönizischer Sprache abgefaßt. Nach seinem Tod seien sie ihm in sein Grab gegeben worden; von dort seien sie im 13. Jahr Neros[212]

---

210 Es handelt sich hier um ein beschreibendes Datum, weil die Wahl der Sieben das Faktum ,Ernennung weiterer Heerführer' expliziert; vgl. dazu Stempels Regel b (,Solidarität der Fakten') zur Bildung narrativer Aussagen, die verletzt ist, wenn die synthetisierende Aussage die Ereignisbedeutung nennt (,Ernennung der Heerführer') und die analytische ein Moment daraus (,Wahl des Josephus'), art. cit. [S.162 Anm.196], S.329.

211 Man mag Dictys aus heutiger Sicht für einen Romanschreiber halten; in seinem Sinne ist er jedenfalls (wenn auch ein fälschender) Historiker.

212 Malalas nennt einmal die Zeit Neros (V 132,19), ein andermal die des Claudius (X 250,1). A.S. Graf von Stauffenberg hält die Erwähnung des Claudius nicht für eine

durch ein Erdbeben zum Vorschein gekommen.[213] Nero habe dann ihre Übertragung ins Griechische veranlaßt.[214]

Die Fiktion dieser Legende, die das Büchlein einem erfundenen Zeitgenossen des Trojanischen Krieges zuschreibt, ist offensichtlich. Doch hat sich immerhin *ein* Element der Legende bewahrheitet: Der lateinischen Version liegt in der Tat eine griechische Fassung zugrunde, die wesentlich knapper ist als die spätere Übersetzung. Während die Diskussion um die Sprache des Originals im 19. Jahrhundert noch hin- und herwogte, haben zwei griechische Papyrusfunde aus den Jahren 1899/1900 und 1966 (POx 2539 und PTebt 268) die Frage nun endgültig geklärt. Damit liegt es auch nahe, eine Abfassung des griechischen Originals in der 2. Hälfte des 1. Jahrhunderts n.Chr. anzunehmen, wie durch die Auffindungslegende angedeutet wird.

Wie Cäsar berichtet auch Dictys fast durchgehend von den Taten der ‚Unseren’, wodurch sich die (griechischen) Leser mit dem Geschick ihrer heroischen Vorfahren verbunden fühlen können. Nur wenige Male kommt der Erzähler auf sich selbst zu sprechen. In I 13 meldet sich das fingierte ‚Ich’ erstmals zu Wort: Nach der Erwähnung von Idomeneus und Meriones flicht Dictys ein, er habe sich in ihrem Gefolge befunden und wolle teils aufgrund der Berichte des Odysseus, teils aus eigener Anschauung eine genaue Darstellung liefern.[215] Ähnlich äußert er sich noch zweimal in V 17 und VI 10: Jeweils spricht er - ganz wie Thukydides an den drei oben (S.165) besprochenen Stellen - als der Schriftsteller, der die Zuverlässigkeit seines Werkes dokumentieren möchte.

---

konkurrierende Tradition, sondern für einen Fehler des Malalas (Die römische Kaisergeschichte bei Malalas, 1931, S.209).

[213] Eine ähnliche Auffindungslegende bezeugt Photius für den verlorengegangenen Roman des Antonius Diogenes (s.o.S.136f): Der Erzähler Deinias habe seine Geschichte in zwei Exemplaren aufschreiben lassen und angeordnet, daß eines in sein Grab gegeben werden; dort sei es dann von Alexander d.Gr. wiederentdeckt worden (*bibl* cod.166).

[214] Diese Verbindung von ‚Auffindung’ einer uralten, in archaischer Sprache verfaßten Schrift und anschließender ‚Übersetzung’ muß schon im Töpferorakel vorgelegen haben. Die um 130 v.Chr. in Ägypten entstandene griechische Schrift wird auf die Zeit des Königs Amenophis (18. Dynastie) zurückgeführt, vor dem der Töpfer seine Prophetie vorgetragen haben soll; der König habe die Worte aufzeichnen und in seiner Schatzkammer verwahren lassen. Die griechische Schrift wird am Schluß als eine Übersetzung aus dem Ägyptischen ausgegeben (PRainer Z.54-56 nach der Edition von L. Koenen, Die Prophezeiungen des „Töpfers”, ZPE 2, 1968, S.208); am (verlorengegangenen) Anfang muß dann auch erklärt worden sein, wer wie in den Besitz des Dokuments kam.

[215] *Eorum ego secutus comitatum ea quidem, quae antea apud Troiam gesta sunt, ab Ulixe cognita quam diligentissime rettuli et reliqua, quae deinceps insecuta sunt, quoniam ipse interfui, quam verissime potero exponam.*

Nur zweimal greift Dictys mit ‚Ich' und ‚Wir' aktiv in das Geschehen ein. Im letzten Buch der lateinischen Übersetzung, wo zunächst die Heimkehr der Helden nach dem Kriegsende berichtet wird, konstatiert er mit dürren Worten: „So kehrten auch wir mit König Idomeneus nach Kreta, dem väterlichen Boden, unter den größten Glückwünschen der Bürger zurück."[216] Kurz darauf erzählt Dictys dann von seiner Reise zum Orakel des Apollo: Im Jahr nach der Rückkehr nach Kreta „komme ich mit zwei anderen zum Orakel des Apollo, um Hilfe zu erbitten"[217]. Dort erhält er einen Bescheid. „Als wir dann mit dem Schiff abreisen wollen, werden wir von denen, die bei Delphi waren, abgehalten"[218]. Die beiden Begleiter segelten dennoch los und wurden vom Blitz erschlagen. Von Dictys ist bis zum Schluß nicht mehr die Rede.

Diese Passagen aus dem 6. Buch (Selbstbeschreibung - Selbsterzählung) scheinen zu belegen, daß die fingierte Teilnahme des Erzählers durch ‚Wir'- oder ‚Ich-Berichte' demonstriert werden soll. Tatsächlich tragen sie diesen Schluß aber nicht. In 5 Büchern fehlen solche Partien gänzlich; hier wird die Fiktion *expressis verbis* propagiert (I 13), die laufende Erzählung enthält sich jeglicher autobiographischer Berichterstattung. Auffallenderweise erscheint die Ausnahme ausgerechnet im 6. Buch, das, wie bereits erwähnt, auf die Redaktion des Übersetzers zurückgeht.[219] Eine Redaktion, die mehrere vorliegende Bücher in eines zusammenfaßt, schließt natürlich eine weitgehende sprachliche Neugestaltung mit ein. Wie Dictys selbst (bzw. der unter diesem Namen schreibende Autor) die betreffenden Stellen formuliert hat, wissen wir nicht. Es scheint mir aber am naheliegendsten anzunehmen, er habe wie seine historischen Vorbilder Thukydides und Cäsar unter Nennung seines Namens in der 3. Person geschrieben[220]; ‚Ich' und ‚Wir' in VI 2.11 gingen dann auf das Konto des Übersetzers.

---

[216] *Ita nos quoque cum Idomeneo rege Cretam patrium solum summa gratulatione civium remeavimus* (VI 2). Es handelt sich hier um eine Selbstbeschreibung, weil sie nur ein Moment aus der vorherigen Aussage, daß alle Griechen ihre zurückkehrenden Könige wiedereinsetzten, explizitert.

[217] *cum duobus aliis ad oraculum Apollinis remedium petitum venio* (VI 11).

[218] *dein navigare cupientes ab his, qui apud Delphos erant, prohibemur* (VI 11).

[219] *... residua* (sc. *volumina*) *de reditu Graecorum quidem in unum* (sc. *librum*) *redegimus*, sagt Septimius am Ende des einleitenden Briefes.

[220] R.M. Frazer (The Trojan War, 1966, S.11) stellt zu Recht den Vergleich mit Cäsar an: "Caesar's *Gallic War* is a military record written in a simple prose style by a man who took part in the events which he describes; and this is exactly what Dictys' Trojan War purports to be".

1.6. Selbsterzählungen in einer Kombination von Er- und Ich-Form

Aus dem 5. Buch der *Origines* des CATO ist uns ein Fragment erhalten, in dem der Autor über ein Kriegserlebnis folgendermaßen berichtet: „Am nächsten Tag griffen wir an und kämpften mit gerader Front, mit Fußvolk, Reiterei und Flügeltruppen gegen die Legionen der Feinde"[221]. Leider wissen wir den genauen Zusammenhang dieses Zitats nicht; vor allem ist unklar, ob das Bruchstück in Catos Erzählung gehört oder in eine Rede, die er als Rechenschaftsbericht vor dem Senat hielt. Bekanntlich fügte Cato des öfteren eigene Reden in sein Geschichtswerk ein; allein zehn Fragmente aus der für die Rhodier sind erhalten. Alan E. Astin bemerkt zu dem oben zitierten Satz, "the use of the first person in a military fragment suggests that in accounts of his own activities Cato identified himself quite clearly, whether or not he actually referred to himself by name"[222]. Man wird die Frage nach der Erzählform offenlassen müssen.

Auf festem Boden stehen wir erst bei POLYBIUS. Über weite Strecken seines *opus magnum* bleibt er der traditionellen Erzählweise treu: Die zahlreichen Selbstaussagen, etwa über seine Reisen und Dokumentenfunde, werden in Ich-Form dargeboten - wie bei Thukydides, nur daß Polybius wesentlich häufiger, und keinesfalls auf die Proömien konzentriert, davon Gebrauch macht; sobald er aber aktiv ins Geschehen eingreift, führt er sich namentlich in die Handlung ein: „Sie wählten eine Gesandtschaft, bestehend aus Lykortas, Polybius und Arat" etc. (XXIV 6,3). Die Identifizierung mit dem Autor ist (neben dem Titel) nur dadurch möglich, daß sich Polybius hier als Sohn dessen beschreibt, der die Waffengeschenke aus Ägypten mitgebracht hatte; dieser aber war „mein Vater Lykortas" (XXII 12 und 3). Auch im folgenden spricht Polybius des öfteren in Er-Form von seinem - in Wirklichkeit eher bescheidenen - Anteil am Geschehen[223]; beschreibende Daten sichern gelegentlich, daß die Leser über die jeweilige Funktion seiner Person informiert sind (z.B. XXVIII 12,4ff).

Das Bild ändert sich schlagartig in XXXVI 11.[224] Berichtete Polybius eben noch von einem Brief des Manilius an die Achäer des Inhalts, sie sollten „Polybius von Megalopolis nach Lilybaion senden", und vom

---

[221] *Postridie signis conlatis aequo fronte peditatu equitibus atque alis cum hostium legionibus pugnavimus* (HRR I S.88f F 99).

[222] Cato the Censor, 1978, S.213.

[223] XXVIII 3,8; 6,9; 7,8-13; 12,4; 13,1ff; XXIX 23,3-24,16; XXXI 12,1.7; 14,3; 23,3-25,1; XXXII 3,14; XXXV 6.

[224] Auf diese Passage hat D.E. Aune, The New Testament in Its Literary Environment, 1987, S.124 aufmerksam gemacht.

folgenden Sendungsbeschluß der Achäer, so fährt er nun unvermittelt in der 1. *pluralis* fort: „Wir aber ... segelten ab. Nach Korkyra gekommen ..., segelten wir wieder zur Peloponnes zurück"[225]. Der ungewöhnliche Wechsel der Erzählform veranlaßt den Autor zu einer ausführlichen Erläuterung (XXXVI 12): Da er in die nun zu berichtenden Ereignisse in besonderem Maße verwickelt gewesen sei, wolle er zwischen der Erzählung in Ich- und Er-Form abwechseln. Denn er wolle weder durch allzu häufiges Nennen seines Namens dem Leser Anstoß geben noch durch ein dauerndes ‚Ich' oder ‚Wir' als arrogant erscheinen. Vielmehr werde er bald diese, bald jene Erzählform wählen, und zwar alles zu seiner Zeit (μεταλαμβάνειν ἀεὶ τὸ τῷ καιρῷ πρέπον, XXXVI 12,3). Von den folgenden Büchern ist leider so wenig erhalten, daß wir keinen sicheren Eindruck erhalten können von dem, was in seinen Augen ‚der passende Ort' für die Ich- und die Er-Erzählung ist. Nur einmal noch, am Ende des gesamten Werkes, erzählt Polybius in 1. Person, als er von Rom nach Hause reist (XXXIX 8).[226]

Immerhin geht es an beiden Stellen um Reisen des Polybius, über die er anderswo freilich auch in Er-Form berichten kann (XXVIII 12,4; 13,9). Auch der sekundäre Schluß zur *Anabasis* des Xenophon hat das Reisen zum Thema, desgleichen die beiden Abschnitte bei Dictys. Sind etwa Reiseberichte ‚der passende Ort' für die Ich-Form?

Wir haben oben (S. 112) schon beobachtet, daß 3. ESRA als angebliches Werk Esras so wie Polybius zunächst die Er-, dann die Ich-Form und schließlich wieder die Er-Form verwendet. In III Esr 8,1 wird Esra, durch einen temporalen Partizipialsatz in die Zeit des Artaxerxes situiert, namentlich eingeführt und den Lesern ausführlich vorgestellt (8,1-7). Nach der Wiedergabe des Briefes, den Artaxerxes ihm geschrieben hatte (8,8-24), folgt ein Gebet Esras in Ich-Form (8,25-27); dann zählt er die jüdischen Anführer auf, die mit ihm von Babylon nach Jerusalem zogen (8,28-40). Der folgende Reisebericht ist teils Ich-, teils Wir-Erzählung Esras (8,41-60). In Jerusalem erfährt Esra von den ‚Mischehen' der Israeliten (Ich-Erzählung 8,65-70), woran sich ein Bußgebet Esras anschließt (8,71-87). Mit 8,88 geht die Erzählung wieder in die Er-Form über.

Das Buch TOBIT eröffnet mit einem überschriftartigen Einleitungssatz, der den Autor - ähnlich wie bei Herodot, Thukydides etc. - vorstellt: „Buch der Worte/Geschichte Tobits, des Sohnes Tobiels ..., der zur Zeit des

---

[225] XXXVI 11,2-4: (2) ἡμεῖς δὲ ... ἐξεπλεύσαμεν. (3) ἀφικόμενοι δ᾽ εἰς Κέρκυραν ... (4) ... αὖθις ἀπεπλεύσαμεν εἰς τὴν Πελοπόννησον.

[226] Auch der Abschnitt XXXVIII 21, eine Anekdote Polybius' mit Scipio, steht in Wir-Form, ist aber unklar überliefert.

Assyrerkönigs Salmanassar aus Thisbe ... verschleppt wurde" (Tob 1,1f).
Danach stellt sich Tobit in Ich-Form (Ἐγὼ Τωβιτ) als ein gottesfürchtiger
und frommer Mann vor und erzählt die weitläufige Vorgeschichte von
seiner Eheschließung mit Hanna, der Geburt seines Sohnes Tobias, seiner
Deportation nach Ninive, der Flucht vor Sanherib und seiner schließlichen
Rückkehr nach Ninive (1,3-22). In c.2 beginnt dann die eigentliche
Geschichte seiner Erblindung, die mit einem Gebet Tobits schließt (3,1-6).
Die Erhörung des Gebets wird in Er-Form notiert (3,16f); diese wird bis
zum Schluß beibehalten.

1.7. Selbsterzählungen in Ich-Form

Vermutlich in den ersten Monaten des Jahres 30 n.Chr. verfaßte
VELLEIUS PATERCULUS eine kurzgefaßte *Historia Romana* in 2 Büchern,
die von den Anfängen Roms bis ins Jahr 29 n.Chr. reichte. Anlaß der
Abfassung ist das Konsulat seines ehemaligen Vorgesetzten M. Vinicius,
dem das Werk auch gewidmet ist. Leider ist der größte Teil des ersten
Buches mitsamt dem Anfang verloren.

Die Anfänge der römischen Geschichte bis 146 v.Chr. behandelte
Velleius offenbar äußerst summarisch. Je näher er seiner eigenen Zeit und
vor allem dem Prinzipat des Tiberius kommt, desto breiter und detail-
reicher wird die Erzählung. „Die Darstellung der Ereignisse ab II 49" -
dem Ausbruch des Bürgerkriegs - „beruht zu einem großen Teil auf
eigenen Erinnerungen und Erlebnissen des Autors."[227] Velleius war als
tribunus militum in Thrakien und Mazedonien stationiert (II 101,2f),
begleitete im Jahr 1 n.Chr. C. Caesar, den Enkel und Adoptivsohn des
Augustus, auf dessen Reise von Rom in die orientalischen Provinzen (II
101,1). Von 4-12 n.Chr. nahm er als *praefectus equitum* an den Germa-
nienfeldzügen des Tiberius teil (II 104,3). Im Jahr 14 schließlich wurden
sein Bruder und er Prätoren. Alle diese Daten haben wir aus dem Werk des
Velleius. Das zeigt, daß unser Autor, wie Albrecht Dihle nicht ohne Süffi-
sanz bemerkte, „oft und gern von sich spricht"[228].

Fast durchweg bringt Velleius seine Person in Selbstaussagen ins Spiel.
Häufig redet er M. Vinicius an, gelegentlich spricht er von seinen eigenen
Vorfahren (II 69,5; 76,1 u.ö.). Zwei Beispiele für autobiographische Ex-
kurse habe ich oben (S.166f) bereits erwähnt. Gelegentlich erzählt Velleius

---

227 C. Kuntze, Zur Darstellung des Kaisers Tiberius und seiner Zeit bei Velleius
Paterculus, 1985, S.24.

228 A. Dihle, Art. Velleius Paterculus, PRE 2.R. VIII/1, 1955, Sp.639.

ein Geschehen, bei dem er anwesend war, ohne Nennung seiner selbst und fügt dann kommentierend hinzu, daß er Augenzeuge des Berichteten sei.[229]
Nur ein einziges Mal erzählt er von sich selbst. Als der römische Senat die Kriegführung in Pannonien beschlossen hatte, übertrug Augustus den Oberbefehl seinem Stiefsohn Tiberius (II 111,2). „Auch in diesem Krieg hatte meine Bescheidenheit einen speziellen Auftrag" (II 111,3): Obwohl selbst nicht senatorischen Ranges, „führte ich einen Teil des Heeres, das mir in Rom von Augustus übergeben worden war, zu seinem Sohn" (111,3). Wieder begegnet uns das vertraute Schema von Selbstbeschreibung und Selbsterzählung.

Die *Historia Romana* des Velleius ist eine - noch dazu eilig zusammengeschriebene - kurze Erstfassung, die als Grundlage für eine längere, die ‚eigentliche' Darstellung dienen soll.[230] Diese ist offenbar nie geschrieben worden. Es wäre interessant zu wissen, welcher Erzähltechnik er sich dort bedient hätte. Hätte er überhaupt von sich gesprochen? Und wenn ja, in welcher Form hätte er es getan?

Vermutlich im Jahre 392 n.Chr. schloß AMMIANUS MARCELLINUS die ersten 25 Bücher seiner *Res Gestae* ab, in denen er - in Fortsetzung der taciteischen *Historien* - die römische Kaisergeschichte von Nerva (96) bis zum Tode Julians (363) behandelte. Erst später führte er das Werk in 6 weiteren Büchern bis zum Tode Valens' (378) fort. Die ersten 13 Bücher sind nicht erhalten.

Das Jahrzehnt zwischen 353 und 363, das Gegenstand der Bücher 14-25 ist, hatte Ammian als junger Mann - er war 357 noch ein *adolescens* (XVI 10,21) - miterlebt; als Soldat war er teilweise auch mit von der Partie. Wo er selbst am Geschehen beteiligt war, erzählt er in der Ich-Form.

Ammian erscheint erstmals im Jahre 353 im Gefolge des Ursicinus in Nisibis (Mesopotamien): Von dort wird Ursicinus, „dem wir durch kaiserlichen Befehl unterstellt waren" (*cui nos obsecuturos iunxerat imperiale praeceptum*, XIV 9,1), im darauffolgenden Jahr abberufen. Ammian begleitet den Vorgesetzten auf seiner Reise von Antiochien nach Mailand (*Mediolanum itineribus properavimus magnis*, XIV 11,5). Der Kaiser erteilt seinem Heerführer den Befehl, nach Köln zu reisen, um dort den

---

[229] Häufig steht in diesen Erzählstücken das Verb *videre* (II 101,2; 111,4; 113,2; 115,5; vgl. 104,3 *spectator ... fui*). Freilich dürfte es Velleius dabei weniger darauf ankommen, die Glaubwürdigkeit seines Berichts zu untermauern; durch den persönlichen Kontakt mit M. Vinicius war das ohnehin kaum nötig. Vielmehr tragen diese Passagen eher memoirenhaftes Gepräge.

[230] Er nennt sie einen *transcursus* (II 99,4) im Gegensatz zum *iustum opus* (II 99,3; 103,4 u.ö.).

Usurpator Silvanus unschädlich zu machen; Ursicinus darf einige Tribunen mitnehmen, ferner auch zehn Leibwächter (*protectores domestici*), „zu denen auch ich mit meinem Kollegen Verinianus gehörte" (*inter quos ego quoque eram cum Veriniano collega*, XV 5,22). Die gemeinsame Reise wird in Wir-Form erzählt (XV 5,23f). Auch im Jahr 357 finden wir Ammian noch im Gefolge des Ursicinus. Von Constantius II. nach Illyrien beordert, erhält Ursicinus in Sirmium den weitergehenden Befehl, in den Osten aufzubrechen. Aus dem Kreis seiner Begleiter werden die Älteren zu Truppenführern befördert, „wir Jüngere erhielten den Befehl, ihm zu folgen" (*adolescentes eum sequi iubemur*, XVI 10,21). Ammian bleibt im Umfeld des Ursicinus (XVIII 4,7; 6,5) und zieht schließlich mit ihm nach Mesopotamien (XVIII 6,7f), wo Kriegsvorbereitungen gegen die Perser getroffen werden. Bis zum Fall Amidas, den er als Augenzeuge erlebte (XIX 1-9), ist der Antiochener am Ort des Geschehens. Zweimal erhält er dabei einen Sonderauftrag, wovon er in der 1. *singularis* berichten kann (XVIII 6,10-13 und 6,21-7,2). Durch einen Überfall der Perser von Ursicinus getrennt (8,1-10), schlägt sich Ammian mit seinem Kollegen Verinianus nach Amida durch (8,11-14), das von den Persern zerstört wird. Mit Ursicinus trifft er nicht wieder zusammen.

Ammian nennt sich in den uns erhaltenen Büchern nie mit Namen. Er führt sich mit einer beschreibenden Aussage als Untergebener des Ursicinus ein (XIV 9,1) und kann dann in die Wir-Erzählung übergehen (XIV 11,5). Das nächste beschreibende Datum ist seine Funktion als *protector domesticus* im Gefolge des Ursicinus (XV 5,22), eine Funktion, die er bis zu seinem vorläufigen Verschwinden (XIX 9) innehat. In der Folge erzählt er gelegentlich in Wir-Form (XVI 10,21; XVIII 4,7; 6,5.7-8.14-17; 8,1-10), seltener in Ich-Form (XVIII 6,10-13; 6,21-7,2 und 8,11-14 sind teils Ich-, teils Wir-Erzählung).

Anders liegt der Fall bei Julians Perserfeldzug im Jahre 363. Am 5. März brach der Kaiser aus Antiochien auf (XXIII 2,4), überquerte den Tigris und traf Anfang April in Kerkusium ein (5,1). Dort überschritt er den Abora (5,5), wo eine Flotte mit Verpflegung eintraf (5,6). „Auf dem Weitermarsch gelangten wir von dort zu dem Ort Zaitha" (5,7). Von diesem Moment an bis zur Rückkehr nach Antiochien (XXV 10,1) erzählt Ammian häufig in Wir-Form, ohne je durch eine beschreibende Aussage seine Funktion zu verdeutlichen oder durch ein ‚Ich' hervorzutreten. So ist bis heute unklar und umstritten, von welchem Moment an und in welcher Eigenschaft er den Persienfeldzug Julians begleitete. In der Darstellung dieses Krieges in den letzten drei Büchern des ursprünglich geplanten Werkes haben wir *die einzige echte Parallele zur Erzählweise des ›Lukas‹ in Acta* vor uns.

1.8. Die Selbsterzählung in der griechischen und römischen Geschichtsschreibung

(1) Die Selbsterzählung war in der griechisch-römischen Historiographie keineswegs so häufig, wie man aufgrund der konstanten Hochschätzung der Autopsie erwarten sollte. Das geläufigste Mittel, das eigene Verhältnis zur erzählten Geschichte zu thematisieren, war die *Selbstaussage*.

(a) Der primäre Ort, an dem Historiker ihren biographischen Bezug zur Geschichte darlegten und so ihren generellen Anspruch auf fachliche Kompetenz untermauerten, war das Proömium. In aller Regel wurde dort festgestellt, daß man bei bestimmten Ereignissen zugegen war (παραγενέσθαι/*interesse*) bzw. an ihnen teilgenommen habe (παρατυγχάνειν) und somit selbst hatte sehen können (ὁρᾶσθαι), was sich zugetragen hatte. Was wir an biographischen Nachrichten über die Autoren verlorengegangener Geschichtswerke haben, dürfte größtenteils deren Proömien entnommen sein. Von Quintus Fabius Pictor (HRR I S.5-39), dem Vater der römischen Geschichtsschreibung, wissen wir, daß er am Krieg der Römer gegen Gallien in Norditalien (225 v.Chr.) teilgenommen hat (F 23 = Oros. IV 13,5: *qui eidem bello interfuit*), desgleichen am Krieg gegen die Ligurer (F 24 = Plin. *n.h.* X 71); Lucius Cincius Alimentus (HRR I S.40-43) erwähnte seine Gefangennahme durch Hannibal (F 7 = Liv. XXI 38,2); Quintus Dellius, der über den Partherfeldzug Mark Antons berichtete, hatte an diesem Krieg teilgenommen (HRR II S.53 F 1), Kriton, der Hofarzt Trajans, an dessen Dakerkriegen (FGH 200 F 8: πολεμοῦντί τε αὐτῷ καὶ περὶ τὴν ἀρχὴν καθισταμένῳ συγγενόμενος). Die Gleichmäßigkeit solcher Daten geht wohl auf stereotype Formulierungen in den Proömien zurück.

Dieser Brauch wurde auch von solchen Autoren nachgeahmt, denen wenig an wahrheitsgemäßer Erzählung gelegen war. Dares will wenigstens teilweise am Trojanischen Krieg teilgenommen haben (*partim proelio interfuisse*, c.12) und beschreibt angeblich, was er gesehen (*vidisse*) und gehört hat (*audisse*, c.12). Das soll seiner (gefälschten) Darstellung den Vorzug vor Homer geben, der zwei Generationen später anzusetzen sei.[231] Der anonyme Historiker der Partherkriege, der nach den Worten Lukians Korinth nie verlassen hatte, ja nicht einmal nach Kenchreä gelangt war, soll sein Buch mit dem vielzitierten Diktum Heraklits, daß die Augen zuverlässiger seien als die Ohren, eröffnet und dann hinzugefügt haben:

---

[231] Das hebt PsNepos im einleitenden Brief an Sallustius Crispus hervor: *per id ipsum tempus vixit et militavit* - im Gegensatz zu Homer, der viel später geboren sei. Vgl. auch Aelian *v.h.* 11,2: ... Δάρητα ... πρὸ Ὁμήρου ... γενέσθαι.

„Ich schreibe nun also, was ich gesehen habe, nicht, was ich gehört habe" (γράφω τοίνυν ἃ εἶδον, οὐχ ἃ ἤκουσα, *hist conscr* 29).

(b) Innerhalb der laufenden Darstellung schienen Selbstaussagen zunächst nur insoweit angebracht, als am gegebenen Ort spezielle Sachkenntnis reklamiert werden sollte. Ob Thukydides seine Erkrankung an der Pest, ob Polybius, Velleius Paterculus oder Diodorus Siculus ihre ausgedehnten Reisen erwähnten oder ob Nikolaus von Damaskus von seiner Begegnung mit den zu Augustus reisenden indischen Gesandten sprach (FGH 90 F 100 = Strabo XV 1,73), immer geht es um die eigene Anschauung, die dem Historiker die sachgemäße Darstellung eines partiellen Ereignisses erlaubt.

Auch in diesem Punkt griffen Schwindelautoren auf die bewährten Muster authentischer Berichterstattung zurück. Aus den *Aigyptiaka* des Apion von Oasis (1. Jh. n.Chr.), einem Werk über ägyptische Geschichte und Kultur, ist uns durch Gellius (*n.a.* VI 8,1ff) eine unglaubliche Episode über die leidenschaftliche Liebe zwischen einem Delphin und einem Jungen bekannt. Gellius leitet sie mit den Worten ein: „Er sagt, er habe das alles und vieles andere selbst gesehen" (*omnia sese ipsum multosque alios vidisse dicit*, VI 8,4), und zitiert dann Apion: „Ich habe selbst wiederum in der Nähe von Dikaiarchia einen Delphin gesehen (αὐτὸς ... εἶδον), der sich in einen Jungen namens Hyakinth verliebte" (*n.a.* VI 8,5 = FGH 616 F 6). Danach folgt die Geschichte, die übrigens ähnlich schon von Duris von Samos erzählt worden war.[232] An anderer Stelle erzählte Apion von einem bemerkenswerten ‚Vorfall' im Circus Maximus. „Da ich zufällig in Rom war, wurde ich Augenzeuge (*spectator fui*) dieser Begebenheit" (*n.a.* V 14,6 = FGH 616 F 5): Der Sklave Androcles sollte einem Löwen zum Fraß vorgeworfen werden. Die hungrige Bestie stürzte sich jedoch keineswegs auf ihr Opfer, sondern begrüßte es aufs freundlichste. Als sich alle über das Ereignis wunderten, gab Androcles des Rätsels Lösung preis: Er hatte einmal einem Löwen einen Dorn aus der Tatze gezogen, und dabei habe es sich um ebendieses Tier gehandelt, das ihn nun hatte zerfleischen sollen. Der Löwe aber habe seinen einstigen Retter wiedererkannt und darum gegrüßt. Androcles wurde begnadigt und lebte von da an mit dem Löwen zusammen. Am Ende der Geschichte fügte Apion hinzu: „Später pflegten wir Androcles und den Löwen, den er an einer dünnen Leine mit sich führte, zu sehen (*videbamus*), wie sie in der Stadt ihren Einkaufsbummel machten" (*n.a.* V 14,30). Das Motiv dieser volkstümlichen Legende begegnet uns übrigens in christianisierter Form auch in den Paulusakten.[233]

---

[232] Bei Duris hieß der Knabe Dionysios aus Jasos (FGH 76 F 7).

[233] Vgl. den noch immer nicht edierten koptischen Papyrus in der Übersetzung von R. Kasser (in: Neutestamentliche Apokryphen II⁵, S.241-243). Paulus soll zu Beginn

(2) Erzählte ein Autor von sich selbst, so führte er sich entweder mit einem beschreibenden Temporalsatz ein (Thukydides, Cäsar) oder erläuterte sein Eintreten in die Geschichte durch eine beschreibende Parenthese (Ammian in XIV 9,1, Josephus). Das war natürlich auch dort der Fall, wo ein Autor log (Dictys). Mit der *Kombination aus Selbstbeschreibung und Selbsterzählung* wird der Tatsache Rechnung getragen, daß „das erste der ereignisbildenden Fakten (...) gar nicht anders als fusioniert, d.h. aus einem impliziten (Anfangs-)Zustand entwickelt begriffen werden kann"[234].

Einzig die Darstellung von Julians Perserfeldzug bei Ammianus Marcellinus macht hierin eine Ausnahme: Die Erzählung geht unvermittelt in die Wir-Form über, ohne daß den Lesern etwas über die Umstände, unter denen der Autor zum Troß des Kaisers stieß, mitgeteilt würde.

(3) Wo Historiker *über sich selbst erzählten*, redeten sie über sich und ihre Rolle im Geschehen zunächst und zumeist unter Nennung ihres Namens wie über einen Fremden. Cäsar und Josephus sind die beiden letzten uns bekannten Vertreter dieser Erzählform.

Zuvor haben wir in Polybius das erste Beispiel dafür, wie die durchgängige Er-Form durch die Ich-Erzählung durchbrochen wird. Leider wissen wir zu wenig über die genauen Hintergründe dieses formalen Umbruchs Bescheid, vor allem deshalb nicht, weil uns aus dem 3. Jahrhundert v.Chr. so außerordentlich wenig erhalten geblieben ist. Vielleicht haben schon die Alexanderhistoriker den Anfang gemacht, vielleicht die ältesten römischen Historiker; wir wissen es nicht. Bei Polybius erscheint jedenfalls zum ersten Mal nachweisbar die Ich-Erzählung. Leiten ihn inhaltliche Gründe? Oder ist es lediglich das Prinzip des *variatio delectat*? Jedenfalls scheint die starre Beibehaltung der Er-Form zunehmends in Auflösung geraten zu sein. Die sekundären Zusätze zu Xenophons *Anabasis* und zu Cäsars *Bellum Gallicum* zeigen uns, daß Spätere die Ich-Form auch dort für angemessen hielten, wo der dergestalt kommentierte Autor noch konsequent darauf verzichtet hatte. Das Beispiel des Dictys, wo die Ich-Form vielleicht erst auf den Übersetzer zurückgeht, könnte auf dasselbe Phänomen deuten. In einigen Fällen können wir auch anhand der handschriftlichen Überlieferung diese Tendenz beobachten.

---

seines Aufenthalts in Ephesus einen Löwen getauft haben. Der Hamburger Papyrus (p.4,18-5,18) erzählt dann, wie der Apostel später *ad bestias* verurteilt wird und von dem getauften Löwen zerfleischt werden soll; doch sie erkennen sich gegenseitig wieder.

[234] W.-D. Stempel, Erzählung, Beschreibung und der historische Diskurs, in: Geschichte - Ereignis und Erzählung, hg.v. R. Koselleck/W.-D. Stempel, 1973, S.331.

Etwas anders steht es um den Wechsel zwischen Er- und Ich-Form in der jüdischen Historiographie. Sowohl bei Esra als auch bei Daniel werden Schriftstücke bzw. Quellen zitiert, in denen der Erzähler entweder direkt angesprochen (Esra) oder in Ich-Form zitiert wird (Daniel); dadurch ist jeweils der Übergang geschaffen, um in die Ich-Form zu wechseln. Bei Tobit liegt der umgekehrte Fall vor. Hier beginnt der Autor mit der Ich-Erzählung; im Anschluß an ein Gebet fährt die Erzählung, die sich nun auf den Sohn konzentrieren soll, in der 3. Person fort. Die Kombination aus Er- und Ich-Erzählung, die bei Polybius ein einmaliger Fall in der griechisch-römischen Geschichtsschreibung sein dürfte (von den erwähnten Zusätzen zu Xenophon und Cäsar abgesehen), scheint besonders bei jüdischen und christlichen Erzählern verbreitet gewesen zu sein.

Über die Anfänge der konsequenten Ich-Form in Selbsterzählungen wissen wir kaum Bescheid.[235] Das liegt vor allem daran, daß uns die Masse der römischen Historiographie nicht erhalten ist. Das einzige Werk Sallusts, das von zeitgenössischen Vorgängen handelte, nämlich die *Historien*, sind verlorengegangen. Die Darstellung der jüngsten Vergangenheit, in der Tacitus sicherlich auch auf sich selbst zu sprechen gekommen wäre, ist leider nie geschrieben worden. So ist das kleine Büchlein des Velleius Paterculus das erste Werk römischer Geschichtsschreibung, das nachweislich die Ich-Form wählte: Hier schildert einer - wenn auch nur ganz am Rande - seine eigene Beteiligung am Geschehen, ohne sich im Laufe der Erzählung je beim Namen zu nennen. Vielleicht trägt dafür der Charakter des Bändchens eine gewisse Mitverantwortung: Denn wenn die Schrift dem Marcus Vinicius gewidmet ist und darüber hinaus nur die Vorarbeit für ein umfassenderes Werk sein soll, so war sie zweifellos nicht für die breite Öffentlichkeit, sondern für den Vorgesetzten und vielleicht dessen engeren Freundeskreis gedacht. Für einen solch ausgewählten Kreis kann man anders erzählen. So schreibt Plinius an Tacitus, dem er einen brieflichen Bericht über den Tod seines Onkels zur weiteren literarischen Verwendung überläßt: „Nimm daraus das Wichtigste; es ist nämlich ein Unterschied, ob

---

[235] K. Berger scheint allerdings Genaueres zu wissen: Die *Hypomnemata* des Pyrrhos (FGH 229) seien in Ich-Form abgefaßt gewesen (Hellenistische Gattungen im Neuen Testament, ANRW II 25.2, 1984, S.1245f). Von Pyrrhos ist nicht ein wörtliches Zitat erhalten. Wie so manches in diesem voluminösen Beitrag sind die Ausführungen zu Reisebericht und Itinerar (S.1274f) und zur Gattung (!) des Hypomnema (S.1245f) eilig zusammengetragen und fast durchweg unsinnig; daß Hypomnema kein Gattungsbegriff ist, hat jetzt M. Durst gezeigt (Hegesipps „Hypomnemata" - Titel oder Gattungsbezeichnung?, RQ 84, 1989, S.299-330).

man einen Brief oder ein Geschichtswerk, ob man für einen Freund oder
für alle schreibt."[236]

Auch Ammianus Marcellinus, der zweite römische Historiker, der von
sich konsequent in Ich-Form erzählt, schreibt für einen ausgewählten
Leserkreis. Zwar ist das große Werk keine private, sondern eine für die
Öffentlichkeit bestimmte Schrift. Aber als Vertreter eines gebildeten
Heidentums in einer christianisierten römischen Welt avisiert er eine kleine
Gruppe von Zuhörern, die der heidnischen Senatspartei nahestanden. Vor
ihnen las er in Rom sein Werk vor.

2. Die ›lukanischen‹ Wir-Stücke als antike Selbsterzählungen

Wir haben auf den zurückliegenden Seiten versucht, uns einen Überblick über zeitgenössische Geschichtsschreibung bei Griechen und Römern
zu verschaffen. Dabei waren wir bemüht, mit Hilfe einer erzähltheoretisch
geklärten Begrifflichkeit das Phänomen antiker Selbsterzählung differenziert zu betrachten und zu analysieren. Die bislang gewonnenen Ergebnisse
gilt es nun für eine Untersuchung der Wir-Erzählungen in der Apostelgeschichte fruchtbar zu machen.

2.1. Mußte der Verfasser der Apostelgeschichte
ein Paulusbegleiter sein?

Die primäre Anforderung an den Gegenwartshistoriker ist seine
Autopsie. Wer über zeitgenössische Ereignisse schrieb, sollte das berichtete
Geschehen hautnah miterlebt haben. Je nach dem Thema, das sich ein
Historiker vornimmt, bedeutet Augenzeugenschaft zweierlei: Behandelt ein
Geschichtsschreiber ein partikulares Ereignis, z.B. einen bestimmten Feldzug oder Krieg, so sollte er an ihm beteiligt gewesen sein und den Gang der
Dinge vor Ort miterlebt haben. Josephus kritisiert die römischen Historiker, die über den Jüdischen Krieg geschrieben haben, ohne an ihm teilgenommen zu haben, und Lukian karikiert einen Historiker der Partherkriege, der nie einen Fuß aus Korinth gesetzt hat. Je universeller das Thema
ist, desto weniger kann ein Historiker an den einzelnen Ereignissen beteiligt
sein. Augenzeugenschaft bedeutet hier lediglich möglichst große Vertraut-
heit mit den Vorgängen und die fachliche Qualifikation, um die histori-

---

[236] *Aliud est enim epistulam aliud historiam, aliud amico aliud omnibus scribere* (*ep*
VI 16,22); vgl. Cic. *fam* XV 21,4 (s.u.S.191).

schen Prozesse zu verstehen und entsprechend darzustellen. Herodian, der eine Geschichtsdarstellung der Jahre 180-238 n.Chr. gibt, schreibt in seinem Vorwort: „Ich habe aufgeschrieben, was ich nach dem Tod des Marcus (sc. Mark Aurel) während meines ganzen Lebens gesehen und gehört habe (ἃ δὲ ... εἶδόν τε καὶ ἤκουσα), wobei ich durch meine Amtszeit am Kaiserhof und im öffentlichen Dienst teilweise selbst Anteil hatte (πείρᾳ μετέσχον)" (I 2,5). Letzteres ist ihm wichtig, weil er durch seine frühere berufliche Tätigkeit Einblick in die Staatsgeschäfte hatte; er entspricht damit der Forderung des Polybius (s.o.S.157), daß ein Historiker, wenn er nicht selbst als führender Politiker tätig war, „die praktische Kenntnis der Staatsgeschäfte und des Kriegswesens als eine unerläßliche Voraussetzung für seine Arbeit betrachten" soll. Aktiv beteiligt war Herodian nie, weder an den Partherkriegen Caracallas noch an denen des Alexander Severus. Infolgedessen erzählt er von sich kein einziges Mal; dennoch definiert er das Ziel seiner Geschichtsschreibung dahingehend, daß er „die Taten (πράξεις) vieler Könige über einen Zeitraum von 70 Jahren aufschreiben" wolle, „die ich selbst gesehen habe" (ἃς αὐτὸς οἶδα, II 15,7).[237] Augenzeugenschaft bedeutet hier schlicht das genaue Beobachten der politischen Vorgänge, das Miterleben im Sinne aufmerksamer und kritischer Zeitgenossenschaft, also das, was Demosthenes mit dem Wort παρακολουθεῖν beschrieb (z.B. XVIII 172; XIX 257).

Mußte der Autor der Apostelgeschichte selbst aktiv am Geschehen beteiligt gewesen sein, um seinen Lesern als kompetent zu erscheinen? Ich meine nicht. ›Lukas‹ wollte eine Geschichte der Ausbreitung des Christentums schreiben; der Bogen führt von der Ankündigung des Auferstandenen, daß 11 (bzw.12) Menschen im entlegenen Israel seine Zeugen sein werden „bis ans Ende der Welt" (1,8), bis in die Hauptstadt des römischen Reiches, wo Paulus, ‚der dreizehnte Zeuge' (Burchard), zwei Jahre lang ungehindert das Evangelium verkündigt (28,31). Ein solches Thema konnte auf vielerlei Weise dargestellt werden. Daß ›Lukas‹ sich ab c.13 fast ausschließlich auf Paulus konzentriert, war seine freie Entscheidung; in seinem Thema als solchem war diese Beschränkung nicht angelegt. Dieses Thema aber umfaßte Ereignisse, die zeitlich und räumlich weit auseinanderlagen; man vergleiche damit einmal die vier (bzw. sieben) Jahre von Josephus' *Jüdischem Krieg* und die zwei Jahre der (allein uns erhaltenen)

---

237 Nur zweimal erwähnt er, daß er - jeweils unbedeutende Einzelheiten - im wörtlichen Sinne mitangesehen habe: Im Jahre 192 erlebte er eine Vorführung im Amphitheater in Rom mit, in der Commodus seine Treffsicherheit als Bogenschütze unter Beweis stellte (I 15,4), 12 Jahre später war Herodian unter den Zuschauern der säkularen Spiele des Severus (III 8,10); er schreibt jeweils εἴδομεν.

ersten 41/2 Bücher der taciteischen *Historien*. Die Behandlung der urchristlichen Missionsgeschichte durch ›Lukas‹ konnte m.E. auch dann gerechtfertigt erscheinen, wenn er zwar - wie Herodian - an den erzählten Begebenheiten nicht aktiv beteiligt gewesen wäre, durch seine Verbundenheit
mit den christlichen Gemeinden und der Geschichte des Christentums aber
zu einer solchen Darstellung qualifiziert war. Immerhin konnte er auch ein
Evangelium verfassen, ohne Jesus von Nazareth gekannt zu haben. Man
kann vielleicht umgekehrt sagen: Ein Autor, der nicht nennenswert an den
berichteten Ereignissen beteiligt gewesen war, hätte eine wesentlich
universellere Bearbeitung dieses Themas (Act 1,8) leisten müssen, die sich
in ihrer 2. Hälfte nicht nahezu ausschließlich auf Paulus konzentriert.

2.2. Das Fehlen einer Selbstaussage des ›Lukas‹

Präsentierte ›Lukas‹ sich freilich nicht nur als einen ‚Zeugen der Zeit',
sondern auch als einen aktiv an den Ereignissen Beteiligten, so würde dies
nicht nur sein selektives Vorgehen rechtfertigen - soll doch der Historiker
vor allem darüber schreiben, wo er zugegen war und was er gesehen hat
(μάλιστα μὲν παρόντα καὶ ἐφορῶντα, Luk. *hist conscr* 47) -, sondern zugleich seiner Darstellung zusätzliche Autorität verleihen. Wir haben
oben (S.162 Anm.192) bereits drei fast gleichlautende Aussagen von Polybius, Josephus und Velleius Paterculus zitiert, die neben ihrer Augenzeugenschaft ihre aktive Beteiligung am Geschehen hervorhoben.

Die geläufige Form, dieser Tatsache Ausdruck zu verleihen, ist die
Selbstaussage. Sie hat bei Thukydides noch den einen Zweck, die fachliche
Qualifikation des Historikers zu untermauern, gerät aber in hellenistisch-
römischer Zeit zunehmends zu einem Mittel, memoirenhafte Züge und
autobiographische Anekdoten in das Geschichtswerk einzubauen. Diese
Tendenz ist schon beim ältesten römischen Historiker, bei Quintus Fabius
Pictor (HRR I S.5ff), zu beobachten (F 24 = Plin. *n.h.* X 71); sie tritt uns bei
Polybius entgegen, der gelegentlich auf Unterredungen mit Scipio zu
sprechen kommt, begegnet uns verstärkt bei Velleius, ist in der *Römischen
Geschichte* Appians von Alexandrien zu sehen (s.o.S.166) und wird von
Lukian auch bei den Historikern der Partherkriege hervorgehoben (*hist
conscr* 28.29). Für diese Tendenz können vielleicht zwei Gründe geltend
gemacht werden: Zum einen weitet sich der Kreis der Leser historischer
Literatur aus, so daß die Bekanntschaft der Leser mit der Person des
Autors, die zunächst mehr oder weniger einfach vorausgesetzt werden
konnte, zunehmend durch den Text selbst hergestellt werden muß. Ein
Werk wie das des Thukydides war für die kleine Gruppe aktiver Politiker
gedacht, denen die Beschäftigung mit der Geschichte konkreten Nutzen (τὸ

χρήσιμov) für ihre politische Arbeit bringen sollte. Es wurde tatsächlich auch nur von wenigen gelesen, und für diesen Kreis von Informierten mußte Thukydides nicht viele Worte über seine Person machen. Durch die athenische Demokratie des 4. Jahrhunderts erweiterte sich jedoch der Kreis der historisch Interessierten, und durch den Einfluß der Rhetorik wurde Bildung ein sozial breiter gestreutes Gut und Bedürfnis. Die Historiker konnten nun nicht länger davon ausgehen, daß sie ihren potentiellen Lesern bekannt sein würden. Zum anderen veränderte sich auch das soziale Milieu, aus dem die Historiker hervorgingen. Über Sueton erfahren wir von Cornelius Nepos, Lucius Voltacilius Plotus (oder M. Voltacilius Pitholaus) sei - zu Beginn der augusteischen Zeit - der erste Freigelassene gewesen, der ein Geschichtswerk (und zwar über die Eroberungszüge des Vaters von Pompeius) verfaßt habe; bis dahin sei die Geschichtsschreibung ein Privileg der obersten Klasse gewesen (*rhet* III). Natürlich lebte die ‚hohe’ Geschichtsschreibung fort: Noch Tacitus beruft sich vorwiegend auf Quellen senatorischer Abkunft, und die Erzählform bei Josephus ist als bewußte Anlehnung an die thukydideische Tradition zu verstehen. Daneben etablierte sich aber eine Geschichtsschreibung der Mittelschicht. Vielleicht darf man schon Velleius, der immerhin zum Prätor aufstieg, dazurechnen. Doch auch kleinere Lichter griffen zur Feder. In seinem Traktat *Wie man Geschichte schreiben müsse* geißelt Lukian die hemmungslose Schreiblust, zu der die Partherkriege in der Mitte des 2. Jahrhunderts n.Chr. Anlaß gaben, und den damit verbundenen Qualitätsverlust der historischen Literatur. Ob die von Lukian persiflierten Historiker wirklich existiert haben oder seine eigene Erfindung sind: Jedenfalls spiegelt sich in den Kostproben, die der ‚Voltaire des klassischen Altertums’ (F. Engels) liefert (c.14-30), ein - wenn auch polemisch verzerrtes - Bild dieser Literatur. Offenbar gehört dazu auch die verstärkte Verwendung eigener Reminiszenzen und Erlebnisse, auch wenn sie für die darzustellenden Ereignisse ohne Belang sind. Die gesteigerte Wertschätzung des Individuums im Hellenismus tat ihr übriges; hier herrscht das olympische Motto: ‚Dabei sein ist alles.’

Die Notwendigkeit, das eigene Verhältnis zur dargestellten Geschichte zu thematisieren, besteht nicht für jeden Historiker. Wer - wie Cäsar - jedem potentiellen Leser bekannt ist, braucht sich natürlich nicht vorzustellen. Man kennt ihn und seine Bedeutung für die Geschichte.

›Lukas‹ verzichtet auf jede Selbstaussage. Obwohl er ein Proömium schreibt, nutzt er es nicht dazu, sein Verhältnis etwa zur paulinischen Geschichte zu bestimmen. Man hat zwar versucht, im Proömium zu seinem Evangelium einen Hinweis auf die partielle Teilnahme des Erzählers am berichteten Geschehen zu erblicken: ἐμοὶ παρηκολουθηκότι ἄνωθεν πᾶσιν (Lk 1,3) soll auf die Wir-Stücke in Acta vorausdeuten und diese

gleichsam ‚vorbereiten'.[238] Doch scheint mir diese Interpretation von παρακολουθεῖν ausgeschlossen zu sein, und zudem würde der Satz herzlich
wenig über den Autor aussagen. Wenn ›Lukas‹ auf eine Selbstaussage verzichtet, so setzt er offenbar die Kenntnis der konkreten Umstände bei seinen
Lesern voraus; Theophilus, dem das Werk gewidmet ist, muß darüber
Bescheid gewußt haben.

2.3. Die Erzählweise in den Wir-Erzählungen

War ein Historiker an dem berichteten Geschehen in einer irgend
nennenswerten Funktion beteiligt, so konnte er über sich *erzählen*. Quintus
Fabius Pictor leitete im Jahr 216 v.Chr. im Auftrag des römischen Senats
eine Gesandtschaft zum Orakel nach Delphi, über die er in seinem Werk
berichtete (vgl. Liv. XXIII 11,1-6). Cato erzählte unter anderem von seiner
Kriegführung in Spanien. Polybius dokumentierte seine Rolle im Krieg
Mazedoniens gegen die Römer, Josephus setzte sich im *Bellum Judaicum*
selbst ein grandioses Denkmal. Aber auch weniger bedeutende Personen,
ausgesprochene Randfiguren der politischen Bühne, erzählten von sich,
sobald sie eine identifizierbare, wenn auch noch so marginale Funktion
übernahmen: Wurde Velleius immerhin noch die ehrenvolle Aufgabe
anvertraut, Tiberius ein Hilfsheer aus Rom zuzuführen, so war Ammians
Funktion als Leibwächter des Ursicinus nicht besonders eindrucksvoll. Für
unseren Geschmack hätte es ausgereicht, wenn Ammian im Proömium
oder in der Sphragis seine Funktion definiert hätte, um sein Verhältnis zur
Geschichte auszusagen; eine Person von historischem Interesse ist er ja
gewiß nicht. Aber er erzählt von sich, weil man Geschichte nicht nur
miterlebt, sondern auch mitgestaltet haben möchte. Vergleicht man seine
historische Bedeutung mit der des Thukydides und den Umfang seiner
Selbsterzählungen mit denen des Atheners, so zeigt sich darin ein eklatantes

---

[238] Vgl. nur H.J. Cadbury, 'We' and 'I' Passages in Luke-Acts, NTS 3, 1956/7,
S.128-132: "The puzzle of the 'we' passages is their unexplained beginnings and end-
ings. If the reader were prepared for these shifts they would seem less strange." (S.129)
Diese ‚Vorbereitung' soll durch das Verb παρακολουθεῖν in Lk 1,3 erfolgen, mit dem
Lukas seine persönliche Teilnahme signalisiere. Cadbury ist zwar darin Recht zu geben,
daß die gängige Übersetzung dieses Verbs mit ‚genau erforschen' korrigiert werden muß,
weil es dafür keinen lexikalischen Beleg gibt; aber auch seine Deutung von παρακολουθεῖν ist wegen der Verbindung mit ἀκριβῶς nicht aufrechtzuerhalten. M.E. bezieht
sich παρακολουθεῖν auf die schriftstellerische Darstellung von Ereignissen (‚den Geschehnissen entlanggehen'; zu diesem Gebrauch vgl. Polyb I 12,7) - vgl. Ciceros Urteil
über den Hannibalhistoriker Silen: *is autem diligentissume res Hannibalis persecutus est*
(*divin* I 24,49) - und erläutert das γράφειν.

Mißverhältnis; es dokumentiert die Verschiebung von der griechischen zur römischen Geschichtsschreibung, in welcher der Selbstdarstellung wesentlich mehr Raum gewährt wird.

Solche Selbsterzählungen werden freilich fast durchgehend durch eine Selbstbeschreibung eingeführt, in der ein Historiker seine Funktion und den Grund seines Auftretens nennt. ›Lukas‹ tut das bekanntlich nicht: Die Wir-Erzählungen setzen jeweils ebenso unvermittelt ein, wie sie dann wieder abbrechen. Zwar erfahren wir in Act 20,6 und 27,1 durch eine knappe Selbstbeschreibung[239] immerhin so viel, daß ›Lukas‹ von Philippi oder Alexandria Troas bzw. Cäsarea an in Begleitung des Paulus war; aber es findet keine Anknüpfung an frühere Daten statt, die uns das Eintreten des Erzählers in das Geschehen erklären könnten. Hätte ›Lukas‹ in 16,40 (Aufbruch des Paulus und des Silas aus Philippi) etwa hinzugefügt, er sei damals in Philippi geblieben, so stünde ein solches beschreibendes Datum in 20,6 („wir aber segelten ... von Philippi ab") erläuternd zur Verfügung[240]; oder er hätte in c.23-26 gelegentlich zu verstehen geben können, daß nicht nur Paulus (23,31-33), sondern auch er selbst nach Cäsarea gekommen sei und daß er den Apostel auf dessen Romreise zu begleiten beabsichtigte. In beiden Fällen wären die Leser dann auf die Wir-Erzählung vorbereitet gewesen. Noch merkwürdiger ist das Erzählverhalten freilich in 16,10f („Als er [sc. Paulus] aber die Vision gehabt hatte, da begehrten wir sogleich, nach Mazedonien zu reisen; denn wir folgerten: ‚Gott hat uns gerufen, ihnen das Evangelium zu verkündigen.' Da legten wir von Troas ab und kamen geradewegs nach Samothrake" etc.): Hätte ›Lukas‹ in 16,10 gesagt: ‚Als er aber die Vision gehabt hatte, da begehrten wir - ich war inzwischen zur Reisegruppe gestoßen - sogleich, nach Mazedonien zu reisen', so würde uns die deskriptive Parenthese[241] jedes Unbehagen nehmen. Oder ›Lukas‹ hätte im Anschluß an 16,8 („Da durchzogen sie Mysien und kamen hinab nach Troas") hinzufügen können: ‚Dort schloß ich mich ihnen an.' Auch dieser

---

[239] In Act 20,6 handelt es sich um eine Selbstbeschreibung, weil dort die ‚Solidarität der Fakten' (s.o.S.172 Anm.210) verletzt ist; in 27,1 liegt ein deskriptiver Temporalsatz (s.o.S.169 Anm.201) vor.

[240] Zur Qualität beschreibender Aussagen gehört ihre relative Stellungsungebundenheit: „Die vermittelten Daten haben die Eigenschaft, ihre Bedeutung über den unmittelbaren Kontext hinaus nach vorwärts, aber auch nach rückwärts zur Verfügung zu halten." (W.-D. Stempel, Erzählung, Beschreibung und der historische Diskurs, in: Geschichte - Ereignis und Erzählung, hg.v. R. Koselleck/ W.-D. Stempel, 1973, S.332) Eine Selbstbeschreibung hätte uns also Auskunft über den Verbleib des Erzählers gegeben.

[241] Die Aussage in Parenthese ist zwar ein Faktum, muß aber durch seine Nachstellung „als bloßer Umstand und damit als beschreibendes Datum erscheinen ... (äußerlich nachweisbar an einem Vorzeittempus)" (W.-D. Stempel, art. cit., S.333).

Satz wäre als beschreibendes Datum zu werten gewesen.[242] Indem ›Lukas‹ aber auf jedwede Qualifikation seiner selbst oder Explikation seiner eigenen Rolle verzichtet, läßt er bei uns notwendig Fragen offen. Die einzige wirkliche Parallele zu diesem Erzählverfahren findet sich in der Darstellung von Julians Perserfeldzug bei Ammianus Marcellinus. Möglicherweise verzichtete Ammian in diesem Zusammenhang auf eine Beschreibung seiner Tätigkeit, weil er die Kenntnis der näheren Umstände bei seinen Zuhörern voraussetzt; wir wissen es nicht. Vielleicht setzt auch ›Lukas‹ ein entsprechendes Wissen bei seinen Lesern voraus; aber auch das wissen wir nicht. Wir können zunächst lediglich festhalten, daß wir in diesen beiden analogen Fällen ein untypisches Erzählverfahren vor uns haben, das uns heutigen Lesern jedenfalls als mangelhaft erscheint.[243] Aber ›Lukas‹ hat sein Werk nicht für uns geschrieben. Daß es ein κτῆμα ἐς ἀεί werden würde, konnte er weder ahnen, noch hat er es je beabsichtigt. Die Leser, die er im Auge hatte, hatten mit seiner Erzählweise möglicherweise keinerlei Probleme.

2.4. Die Erzählform der Wir-Erzählungen

›Lukas‹ erzählt von sich in Ich-Form. Hätte er politische Geschichte geschrieben, er wäre vielleicht bei der traditionellen Er-Form geblieben; diese suggeriert den Lesern eine Objektivität des Historikers, die ihn vor dem Verdacht der Parteilichkeit schützen soll. Für die Art von Geschichte, die ›Lukas‹ schreibt, hielt er diese Form des Erzählens offenbar für ungeeignet. Er schließt sich aber auch nicht der alttestamentlichen Geschichtsschreibung an, die ihm ein abwechselndes Erzählen unter Nennung seines Namens und in der 1. Person hätte nahelegen können. Vielmehr dürfte er mit der Wahl der Ich-Form römischen Vorbildern folgen. Vielleicht waren schon Sullas *commentarii*, die der Diktator seinem ehemaligen Quästor und treuen Parteigänger Lucullus widmete (Plut. *Luc* 1), in der 1. Person geschrieben; in Velleius' kleinem Werk über die römische Geschichte, das

---

242 Die Regel, die Stempel hier benennt, lautet: Ist die „Referenzidentität des Subjekts, an dem oder durch das sich der Wandel vollzieht" (art. cit., S.329), nicht gegeben (wie in unserem Beispiel), so ist der narrative Modus nur dann gewahrt, wenn ein interaktioneller Prozeß dargestellt wird; darin „müssen die Prädikate so aufeinander bezogen sein, daß der resultative Charakter des Ablaufs unter Beteiligung der verschiedenen Subjekte gewährleistet ist (»X bat, Y gewährte«)" (ebd.). Dies ist in unserem Beispiel nicht der Fall (‚kommen, sich anschließen').

243 Zum Versuch einer Deutung dieses merkwürdigen Phänomens s.u.S.363ff.

er seinem Vorgesetzten M. Vinicius widmete, haben wir den ersten sicheren Beleg für die reine, wenn auch noch so periphere Ich-Erzählung.

Wenn auch im Falle der Apostelgeschichte Ich-Erzählung und Zueignung begegnen, so mag zwischen beidem ein innerer Zusammenhang bestehen. Wir können hier auf das Thema Widmung, das dringend einer eingehenden Untersuchung im Blick auf das Doppelwerk *ad Theophilum* (und weitere christliche Autoren des 2. Jahrhunderts) bedürfte, nicht näher eingehen. Klaus Bergers argloses Urteil, die Widmung gehöre zu den „Mittel(n), mit denen Historiographie gestaltet wird"[244], ist in seiner Pauschalität jedenfalls völlig falsch; bei den Griechen war die Widmung von Geschichtswerken gerade nicht gebräuchlich. Zunächst waren es zwei Ausländer gewesen, die ihre auf griechisch verfaßten historischen Werke dem regierenden König zueigneten: Berosos (FGH 680), ein Bel-Priester aus Babylon, widmete in der 1. Hälfte des 3. Jahrhunderts v.Chr. seine Chronik *Babyloniaka* dem Antiochos I. Soter, und Manetho (FGH 609), Hohepriester in Heliopolis, widmete etwa zur gleichen Zeit seine *Aigyptiaka* dem Ptolemaios II. Philadelphos. Erst in der römischen Geschichtsschreibung begegnet uns dann die Zueignung historischer Werke an Privatpersonen. Coelius Antipater, der seine Geschichte des 2. Punischen Krieges für L. Aelius schrieb (Cic. *orat* 69,229), ist für uns das erste greifbare Beispiel dieser Art; viele lateinisch schreibenden Historiker taten es ihm später nach. Soweit uns die radikale Selektion der Überlieferung ein solches Urteil erlaubt, sind die beiden ›lukanischen‹ Bücher und die *Antiquitates* des Josephus, die dem Epaphroditus gewidmet sind (*vit* 76,430), *die ersten Beispiele für die Widmung eines Geschichtswerks griechischer Sprache an eine Privatperson überhaupt.* Welche Bedeutung hat diese Praxis für die Form, in der eine historische Erzählung präsentiert wird? Cicero bemerkte einmal: „Wir schreiben nämlich anders, wenn wir annehmen dürfen, daß nur die, denen wir etwas zusenden, es zu lesen bekommen, anders, wenn vermutlich viele es lesen werden."[245] ›Lukas‹ schrieb die Apostelgeschichte gewiß nicht nur für Theophilus, dem er das Buch zueignet, aber ebenso gewiß auch nicht für die Allgemeinheit. Daß, wie Dibelius meinte, das Werk durch Theophilus über den offiziellen Buchmarkt vertrieben worden sein könnte, war eine viel zu weitgehende Vermutung. Ähnlich wie des Velleius kurzer Abriß der römischen Geschichte war die Apostelgeschichte im wesentlichen für den Widmungsträger gedacht, darüber hinaus wohl

---

[244] Hellenistische Gattungen im Neuen Testament, ANRW II 25.2, 1984, S.1276.

[245] *aliter enim scribimus, quod eos solos, quibus mittimus, aliter, quod multos lecturos putamus, fam* XV 21,4; vgl. die ähnliche Formulierung des Plinius in *ep* VI 16,22 (s.o.S.183f).

auch für dessen Freunde und Bekannte. Daß ›Lukas‹ in der Ich-Form erzählte, erscheint angesichts der intendierten Leser als angemessen.

2.5. Die ›lukanischen‹ Wir-Stücke: Authentische oder fingierte Selbsterzählungen?

Versuchen wir nun, aus dem bisher Erarbeiteten einige Schlüsse zu ziehen. Die Frage, ob die Wir-Erzählungen der Apostelgeschichte authentisch oder fingiert sind, kann, ich wiederhole es noch einmal, nicht allein auf der literarischen Ebene beantwortet werden; das erzählende Ich des Autors, der sich Lukas nannte, ist ein historisches Aussagesubjekt, und darum muß auch unser Urteil über diese Erzählungen historisch begründet werden. Es sind aber literarisch begründete Einwände gegen die Authentizität der Wir-Erzählungen erhoben worden, die wir nun auf ihre Stichhaltigkeit zu prüfen haben.

2.5.1. Die Erzählweise in den Wir-Stücken

Die Erzählweise des ›Lukas‹ in den Wir-Stücken verrät wenig Interesse an der Person des Erzählers. Wir erfahren weder genau wann, noch wo, noch in welcher Eigenschaft ›Lukas‹ mit Paulus zusammengekommen ist. Man hat dies als Hinweis auf eine *vorgetäuschte Augenzeugenschaft* interpretiert. Schon Schleiermacher hatte moniert, in der Erzählung eines wirklichen Paulusbegleiters „müßte dies doch mehr von einander geschieden sein, er müßte gesagt haben: Hier kam ich dazu, und nun ging ich weg"[246]. Nach seiner Vorstellung löst sich das Erzählproblem der Wir-Stücke dadurch, daß sie als Exzerpte aus einer - von einem Paulusbegleiter verfaßten - Quelle anzusehen sind; die vermißten Überleitungen könnten dann, so wird man Schleiermacher weiterdenken müssen, in denjenigen Partien gestanden haben, die der Kompilator von Acta beiseiteließ.[247] Das Unbehagen an der ›lukanischen‹ Erzählweise war damit aber nicht wirklich beseitigt, sondern lediglich auf eine andere Ebene geschoben[248]; denn nun

---

[246] F. Schleiermacher, Einleitung ins Neue Testament, SW I/8, S.348; vgl. auch H. Conzelmann, der meinte: Dafür, daß der Autor der Apostelgeschichte „den Bericht eines Augenzeugen (des Lukas?) einarbeitet", „spricht die abrupte Art, wie das ‚Wir' aufzutauchen pflegt" (Die Apostelgeschichte, ²1972, S.6).

[247] So ausdrücklich H.J. Holtzmann, Ueber den sogennanten Wirbericht der Apostelgeschichte, ZWTh 24, 1881, S.420: „Der Verfasser derselben (sc. der Wir-Quelle) wird aber seine Person am Anfange genannt oder angedeutet haben."

[248] Diesem Problem hat sich E. Zeller (Die Apostelgeschichte nach ihrem Inhalt und Ursprung kritisch untersucht, 1854) nicht wirklich gestellt. Einerseits soll der Verfasser

mußte die Frage offenbleiben, warum der Redaktor diese erklärenden Stücke nicht in seine Erzählung mitaufgenommen hat. Karl Schrader sprach sich deshalb dafür aus, einen Akt bewußter Fälschung anzunehmen: „Man könnte denken, daß der Verfasser der Apostelgeschichte hier nur den unveränderten Bericht eines Augenzeugen aufnähme; wahrscheinlicher aber ist, daß er hier (sc. in Act 16,10ff) und auch später bemerklich machen will, daß er die Begebenheiten, welche er erzähle, zum Theil als Augenzeuge wisse, und sie überhaupt ihm nicht fern lägen; er will dies nur eben errathen lassen, erweckt aber gerade dadurch Verdacht gegen sich. Es darf dies nicht befremden, weil eine solche Handlungsweise bei den christlichen Schriftstellern nur gar zu gewöhnlich in den ältesten Zeiten war."[249]

Freilich: Eine solche Annahme ist überhaupt nur dann sinnvoll, wenn man davon ausgeht, daß die Apostelgeschichte ursprünglich anonym erschienen ist. Wenn aber das Buch, wie wir gezeigt haben, mit Sicherheit nicht ohne Verfasserangabe herausgegeben wurde und höchstwahrscheinlich unter dem Namen des Lukas erschien, so mußte sich der Nachweis von Augenzeugenschaft von vornherein erübrigen; denn Lukas, der Paulusbegleiter, dürfte einigermaßen bekannt gewesen sein (vgl. II Tim 4,11), so daß die Leser ohne die Wir-Erzählungen wenigstens den gesamten Paulus-Teil der Apostelgeschichte als einen Augenzeugenbericht aufgenommen hätten. Will man den Verdacht auf Fälschung dennoch aufrechterhalten, so hätten wir es in der Apostelgeschichte mit einem pseudepigraphischen Werk zu tun, und tatsächlich ist die *Pseudepigraphie* - und nicht die

---

der Apostelgeschichte in den Wir-Erzählungen eine „Denkschrift" (S.456) des Lukas ausgeschrieben haben, „um sich selbst dadurch als Begleiter des Paulus zu bezeichnen" (S.457). „Dass ihm diese Absicht sehr gut gelungen wäre, zeigt der Augenschein, denn jenes Wir ist ja bis heute die Hauptstütze derer, welche die Augenzeugenschaft des Verfassers behaupten" (456): Der Autor wollte also fälschen, und er hat überzeugend gefälscht. Andererseits soll ihn nun aber die Tatsache, daß das ‚Wir' jeweils „ganz unvermittelt und unangekündigt eintritt" (S.455), doch als Fälscher entlarven: „Wenn man annimmt, dass unser Verfasser wirklich der hier sprechende Begleiter des Apostels sei, so hat diese Erscheinung viel Auffallendes. Denn es ist doch zu unnatürlich, dass Jemand, aus persönlicher Erinnerung schreibend, sich so ganz stillschweigend einführte, zurückzöge und wieder einführte, ohne auch nur mit Einem Wort anzudeuten, dass und wie er mit den handelnden Personen in Verbindung kam, und sich wieder von ihnen trennte. Viel leichter erklärt sich der fragliche Umstand, wenn wir voraussetzen, der Verfasser sei nicht wirklich ein Begleiter des Paulus gewesen, sondern er wolle sich nur durch den Gebrauch der ersten Person dafür ausgeben" (S.456f). Was würde das erklären? Muß nicht gerade ein Fälscher alles zu vermeiden suchen, was Verdacht erregen könnte? Wenn man in der Erzählweise der Wir-Stücke erzählerisches Ungeschick erblicken zu müssen meint, so ist dieses einem wirklichen Augenzeugen in gleichem Maße zuzutrauen wie einem Fälscher.

[249] Der Apostel Paulus V, 1836, S.549 (vgl. o:S.149).

(Augenzeugenschaft suggerierende) Wir-Erzählung - die ‚Handlungsweise', die ‚bei den christlichen Schriftstellern nur gar zu gewöhnlich in den ältesten Zeiten war': Apokryphe Evangelien wurden meist auf einen der Apostel oder auf Maria zurückgeführt (s.o.S.76), und apokryphe Apostelakten wurden entweder unter dem Namen eines Apostels (z.B. die gnostischen *Acta Petri und der 12 Apostel* unter dem Namen des Petrus) oder eines Apostelschülers (z.B. die Pseudoklementinen, oder die Barnabasakten als Erzählung des Johannes Markus) gefälscht. Der gefälschte Verfassername, nicht die beiläufige Selbsterzählung, die die Augenzeugenschaft des Autors ‚nur eben errathen' läßt, soll der Erzählung Autorität sichern.

2.5.2. Die Selbsterzählung als Fälschungsmittel?

Unter der Voraussetzung, daß Acta (fälschlich) unter dem Namen des Lukas herausgegeben wurde, ist nun zu fragen, ob die Wir-Stücke als ein ‚literarisches Mittel' aufgefaßt werden können, das die Verfasserfiktion unterstützen sollte. In seiner Arbeit über *Die literarische Fälschung im heidnischen und christlichen Altertum* zählte Wolfgang Speyer ‚Ich- oder Wir-Berichte und Augenzeugenschaft' zu den ‚Mitteln der Echtheitsbeglaubigung'. „Die Ich-Rede und die Augenzeugenschaft sind für die Wundererzählung und die Lügenerzählung geradezu kennzeichnend. Nicht weniger oft begegnet die Ich-Rede in Fälschungen, und meist ist sie hier mit der Angabe eines vorgetäuschten Verfassernamens verbunden."[250]

Bezeichnenderweise kann Speyer nur christliche Texte für seine These anführen, daß Ich-Erzählungen zu den Fälschungsmitteln gehören.[251] In der griechischen und römischen Literatur ist dies nämlich gerade nicht der Fall. Wir haben gesehen, daß die unter dem Namen des Dares publizierten *Tagebücher des Trojanischen Krieges* auf jede Selbsterzählung verzichten. Im Proömium schrieb ‚Dares' lediglich, er habe am Krieg teilgenommen; er bedient sich also des Mittels der Selbstaussage, das wir auch in der echten Geschichtsschreibung als die geläufige Form, Augenzeugenschaft und Miterleben zu beanspruchen, kennengelernt haben. Auch bei Dictys ist es die Selbstaussage, durch die er sich die Kompetenz eines Kriegsteilnehmers sichert. Im 6. Buch der lateinischen Übersetzung erzählt er zwar von sich in der Ich-Form, doch ist dieses Buch eine freie Bearbeitung durch den Übersetzer; der griechische Dictys dürfte - wie sein Vorbild Cäsar - in der

---

[250] Die literarische Fälschung im heidnischen und christlichen Altertum, 1971, S.51.

[251] W. Speyer verweist zwar auch auf Ktesias und Apion (op. cit., S.51), doch finden sich bei diesen beiden Autoren gerade keine Ich-Erzählungen; bei ihnen soll die Glaubwürdigkeit durch Selbstaussagen untermauert werden (s.o.S.137f.181).

Er-Form geschrieben oder vielleicht auf eine Selbsterzählung ganz verzichtet haben. Beide folgen den Vorbildern aus der authentischen Historiographie, wo die Augenzeugenschaft durch Selbstaussagen festgestellt und auf Selbsterzählungen entweder ganz (Xenophons *Hellenica*) oder doch weitgehend (Thukydides) verzichtet wurde. Das kann nicht überraschen. Muß doch gerade ein Fälscher darauf bedacht sein, möglichst genau das Echte nachzuahmen: „In dem Begriffe fingierte Wirklichkeitsaussage ist als konstituierendes Moment enthalten, daß hier die *Form* der Wirklichkeitsaussage vorliegt"[252].

Auch in den Ich-Erzählungen, die tatsächlich gefälscht sind, kann keine Rede davon sein, daß durch die Ich-Form die Glaubwürdigkeit des Erzählten unterstrichen werden soll. Was Käte Hamburger gegen Georg Misch vorbrachte, hat hier Gültigkeit: Die Ich-Erzählung ist kein „Garant für die Glaubhaftigkeit des Erzählten"[253]. Daß beispielsweise Johannes Markus, der Vetter des Barnabas, als Namensgeber für die *Barnabasakten* fungiert, ist unmittelbar plausibel; schließlich begleitete er Paulus und Barnabas auf der gemeinsamen Missionsreise (Act 13,5) und schloß sich nach deren Trennung dem Vetter an (Act 15,39). Deshalb kann sich der Autor in seinem Proömium damit begnügen, auf diese Verbindung mit Barnabas und Paulus lediglich hinzuweisen (συνακολουθῶν Βαρνάβᾳ καὶ Παύλῳ) und hinzuzufügen, er wolle aufgrund von Augenzeugenberichten und eigener Anschauung erzählen (ἃ ἤκουσα καὶ εἶδον μυστήρια). Autopsie muß er nicht mehr nachweisen: Sie ist ihm durch die den Lesern bekannte Tradition über den angeblichen Autor bereits gesichert. Wenn Johannes Markus in den Barnabasakten in Ich-Form erzählt, so tut er das nicht, um die Glaubwürdigkeit seines Berichtes zu erhöhen, sondern weil er sich der Form seines Vorbildes anschließt: Sein Proömium (vgl. Lk 1,1-4) zeigt eindeutig, daß er von ›Lukas‹ geprägt ist. Die fingierte Wirklichkeitsaussage hat auch in diesem Fall die Form der Wirklichkeitsaussage; nur heißt die erzählerische Norm, an der sich der Fälscher hier mißt, nicht Cäsar (wie bei Dictys), sondern ›Lukas‹.

Primäres Fälschungsmittel ist also die Wahl eines geeigneten Verfassernamens. Wofern dieser noch nicht ausreicht, für die Authentizität des Erzählten zu bürgen, also namentlich in pseudonymer Literatur, kommt die Selbstaussage hinzu. Gegebenenfalls wird auch ein Wissen zur Schau gestellt, das nur ein Augenzeuge haben kann; so geben Dares (bes. c.12f), aber auch die Thomas-, Johannes- und Paulusakten minutiöse äußerliche

---

252 K. Hamburger, Die Logik der Dichtung, ³1977, S.249.

253 Ebd., S.260 (s.o.S.141).

Beschreibungen ihrer Helden. Die Ich-Erzählung aber ist kein Fälschungsmittel: Ob und in welcher Form ein Autor den angeblichen Verfasser von
sich erzählen läßt, hängt allein von den (echten) literarischen Vorbildern
ab, die er imitiert. Daß die Ich-Erzählung gerade in christlicher Literatur
relativ häufig ist, dürfte zumindest teilweise auf die normative Kraft der
Apostelgeschichte zurückzuführen sein.

2.5.3. Die Apostelgeschichte - ein Pseudepigraphon?

Die Antwort auf die Frage, ob wir in den ›lukanischen‹ Wir-Stücken
authentische oder fingierte Selbsterzählungen vor uns haben, ist davon abhängig, ob der vorgebliche Verfassernamen ›Lukas‹ den realen Schreiber
des Textes bezeichnet oder nicht; denn die Möglichkeit, daß der Mitarbeiter
des Apostels Paulus mit dem Namen Lukas (Phlm 24) wirklich die Apostelgeschichte geschrieben hat, in den Wir-Erzählungen aber seine Reiseteilnahme nur vortäuscht, können wir getrost ausschließen.[254] Gegen die
Annahme, die Apostelgeschichte sei ein Pseudepigraphon, lassen sich aber
erhebliche Bedenken anmelden:

(a) Das Buch der Acta gehört in jedem Fall noch ins 1. Jahrhundert,
am ehesten in die Zeit des Kaisers Titus (79-81) oder in die Frühzeit
Domitians.[255] Nicht nur der historische Lukas, sondern auch weitere Personen wie etwa Timotheus waren zur Zeit der Publikation des Buches
vermutlich noch am Leben, so daß eine Fälschung zu diesem Zeitpunkt als
äußerst gefährlich, wenn nicht gar als unsinnig angesehen werden muß.

(b) Sollten die Wir-Erzählungen die Beteiligung des angeblichen
Autors am Geschehen fingieren, so wäre der Fälscher äußerst ungeschickt
vorgegangen. Denn anstatt sich der landläufigen Mittel (Selbstaussagen) zu
bedienen, führt er sich nur in Selbsterzählungen ins Geschehen ein, die für
die antiken Historiker gerade kein Mittel der Echtheitsbeglaubigung waren.

(c) Er wäre auch insofern ein ungeschickter Fälscher, als er eigene
Teilnahme nur für einen sehr geringen Abschnitt des von ihm erzählten
Lebens und Wirkens Pauli in Anspruch nimmt.

(d) Wäre der Autor von Acta ein Fälscher, so müßte auch die Zueignung Fiktion sein; denn daß jemand einer wirklichen Person ein Buch wid-

---

[254] Natürlich ist auch die Lüge, also die Fingierung des erlebenden Ich (im Gegensatz
zur Fingierung des erzählenden Ich in der Pseudepigraphie), prinzipiell möglich und wird
nicht selten vorgekommen sein; aber Lukas war ja tatsächlich mit Paulus unterwegs, so
daß er also von diesen Begegnungen erzählen konnte.

[255] Zur Datierung von Acta in der Forschung der vergangenen ca. 100 Jahre vgl. C.J.
Hemer, The Book of Acts in the Setting of Hellenistic History, 1989, S.367-370.

met, das er unter einem angemaßten Namen schrieb, läßt sich nicht denken. Aber auch hierin würde unser Autor ganz ungewöhnlich, ja sinnwidrig vorgehen. Denn abgesehen davon, daß die Widmung von Geschichtswerken überhaupt eher die Ausnahme war, so hätte er als Fälscher doch einen bekannten Namen herbeinehmen müssen, der das gefälschte Werk in die vorgetäuschte Abfassungszeit situiert (z.B. Seneca, Timotheus, Titus).

Kann bewußte Pseudepigraphie demnach mit einiger Sicherheit ausgeschlossen werden, so bleiben nach meiner Einschätzung zwei Möglichkeiten, das historische Verhältnis von Wir-Erzähler und Verfasser der Apostelgeschichte plausibel zu bestimmen: Entweder ist der aus den Paulusbriefen bekannte Lukas der Autor des Buches, der in den Wir-Stücken über seine Reisen mit dem Apostel erzählt, oder dieser Lukas hat den Grundstock des Paulusteils der Apostelgeschichte geschrieben, den ein Späterer erweitert und zum heute vorliegenden Buch ausgeweitet hat, ohne die ursprüngliche Verfasserangabe zu ändern. Diese zweite Erklärung war besonders in der 2. Hälfte des letzten Jahrhunderts recht beliebt; sie schien eine willkommene Möglichkeit zu bieten, die eigene kritische Sicht der Apostelgeschichte mit der einhelligen kirchlichen Zuschreibung des Buches an den Paulusbegleiter Lukas in eine gewisse Übereinstimmung zu bringen.[256] Carl Clemen wies dabei ausdrücklich „auf eine ähnliche successive Entstehung zahlreicher anderer jüdischer und christlicher Schriften"[257] hin. Nicht nur die sprachliche Einheit des Buches, sondern auch die Tatsache, daß es einem Empfänger zugeeignet wurde, läßt ein solches sukzessives Entstehen als wenig plausibel erscheinen; immerhin hängt alles davon ab, ob die Apostelgeschichte als Werk eines Paulusbegleiters historisch denkbar ist. Das wird von den meisten deutschsprachigen Exegeten bezweifelt. Die Zweifel richten sich gegen viele Aspekte; im folgenden Kapitel werden wir uns mit den kritischen Anfragen auseinandersetzen, die an die Wir-Erzählungen selbst gerichtet werden.

---

[256] So schon F.C. Baur, Paulus, der Apostel Jesu Christi I, ²1866, S.16f: „Wer ist es also, der in dieser Form selbst von sich redet? Er nennt sich nicht mit Namen, der Name des Lucas kommt nirgends in der Apostelgeschichte vor, wenn aber Lucas schon nach Col. 4,14 in so naher Verbindung mit Paulus stand, warum sollte der Verfasser nicht auch bei dem ,Wir' sich in die Stelle des Lucas gedacht und sich mit ihm identificirt haben? Vielleicht gab ein von Lucas Hand vorhandener Reisebericht die Veranlassung dazu. Der Verfasser liess es sich zwar in solchen Abschnitten gern gefallen, für eine Person mit Lucas gehalten zu werden, er wagte es aber doch nicht, in der angenommenen Gestalt des Lucas offener als Verfasser der Apostelgeschichte aufzutreten, da er sich seiner Zeitdifferenz sehr wohl bewusst war, und seinem Selbstbewusstsein nicht zu viel vergeben wollte." Vgl. E. Zeller, Die Apostelgeschichte, 1854, S.459f.516.

[257] C. Clemen, Prolegomena zur Chronologie der paulinischen Briefe, 1892, S.57.

Kapitel 3

Das historische Problem der Wir-Erzählungen in der Apostelgeschichte

Wir haben im zurückliegenden Kapitel verschiedene Möglichkeiten erwogen und diskutiert, wie der Umstand, daß der Autor der Apostelgeschichte phasenweise in Wir-Form erzählt, anders erklärt werden könne als dadurch, daß er dort jeweils aus eigener Anschauung berichtet. Gewiß, es ist *denkbar*, daß der Autor *ad Theophilum* gedankenlos eine Quelle kopierte, die in der 1. Person abgefaßt war, und so unbeabsichtigt den Eindruck erwecken konnte, er erzähle von sich selbst. Aber *vorstellbar* ist es nicht; denn nach unserer Kenntnis der griechisch-römischen Geschichtsschreibung wäre ein solches Versehen beispiellos und widerspräche überdies unserer Auffassung von den literarischen Qualitäten des Autors. Einem ähnlichen Einwand mußte die Überlegung begegnen, der Autor *ad Theophilum* wolle in den Wir-Passagen ganz bewußt kenntlich machen, wo er auf Erzählungen eines Augenzeugen zurückgreife. Auch das ist unvorstellbar: Es gab kein Erzählmodell, das den Lesern dieses Verständnis der fraglichen Erzählpartien hätte ermöglichen können. Die Wir-Stücke der Apostelgeschichte können folglich gar nicht anders verstanden werden, als daß der Autor des Buches in ihnen seinen eigenen Anteil am Geschehen kenntlich machen will.

Mit dieser Feststellung gewann die Frage an Bedeutung, wer der Verfasser der Apostelgeschichte zu sein beanspruche. Man hat sich daran gewöhnt, von der ursprünglichen Anonymität der neutestamentlichen Erzählbücher auszugehen, eine pauschalisierende Annahme, deren Überzeugungskraft allein in ihrer beständigen Wiederholung liegt. Tatsächlich kann jedenfalls die Apostelgeschichte, wie wir gesehen haben, nicht ohne Verfassernamen erschienen sein; denn eine Wir-Erzählung, die den Lesern die Identifizierung des erzählenden Subjekts nicht erlaubt, ist ein erzähltheoretisches Unding. Muß das Buch folglich seinen Autor genannt haben, so kommt eine Alternative zur traditionellen Zuschreibung an Lukas nicht ernsthaft in Betracht.

Damit ergaben sich für die Beurteilung der Wir-Erzählungen in Acta die beiden folgenden Möglichkeiten: Hat Lukas tatsächlich das Buch geschrieben, so machte er in den Wir-Stücken auf seinen eigenen Anteil am Geschehen aufmerksam. Ist die Apostelgeschichte aber das Werk eines

Späteren, der es unter dem Namen des Lukas herausgab, so dürfte die Wahl seines Pseudonyms darauf hinweisen, daß er in den Wir-Passagen authentische Lukaserinnerungen benutzt hat. In beiden Fällen hätten wir damit zu rechnen, daß es sich bei den Wir-Erzählungen im wesentlichen um eine historisch zuverlässige Quelle handelt. Gerade hier meint man aber die verfälschende Hand des Redaktors von der authentischen Quelle deutlich unterscheiden zu können.[1] Falls uns der Nachweis gelingen sollte, daß die Wir-Erzählungen ohne jeden Abzug als Augenzeugenberichte des Lukas verständlich sind, so wäre der Boden bereitet, die Apostelgeschichte insgesamt und damit auch das dritte Evangelium als Werk dieses Paulusbegleiters aufzufassen. Das ist bekanntlich ein weites Feld voller Probleme, zu weit, als daß wir hier das ganze Areal abschreiten könnten. Die Frage nach dem Verhältnis von lukanischer und paulinischer Theologie etwa muß ich ganz ausklammern; das müßte Gegenstand einer eigenen Studie sein, die im Licht der folgenden Untersuchungen zu wesentlich anderen - und methodisch gesicherteren - Ergebnissen führen würde, als sie heute zumindest in der deutschen Forschung weithin akzeptiert werden.[2] Das Folgende

---

1	Schon E. Zeller bemerkte angesichts von Act 16,16ff; 20,10.16; 27,21-26.34; 28,6: „Diese Züge beweisen uns, dass der Bericht eines paulinischen Reisegefährten in unserer Schrift nicht ohne Zusätze und Ueberarbeitung geblieben ist." (Die Apostelgeschichte nach ihrem Inhalt und Ursprung kritisch untersucht, 1854, S.515)

2	Um nur ein Beispiel zu nennen: Vielhauers außerordentlich wirksamer Aufsatz *Zum „Paulinismus" der Apostelgeschichte* (EvTh 10, 1950/1, S.1-15) mündet in das griffige, vielzitierte Fazit: „der Verfasser der Apg ist in seiner Christologie vorpaulinisch, in seiner natürlichen Theologie, Gesetzesauffassung und Eschatologie nachpaulinisch. Es findet sich bei ihm kein einziger spezifisch paulinischer Gedanke. Sein ‚Paulinismus' besteht in seinem Eifer für die universale Heidenmission und in seiner Verehrung für den größten Heidenmissionar." (S.15) Ganz abgesehen davon, daß man einige Texte anders bewerten kann, ist das eigentliche Problem von Vielhauers Aufsatz ein methodisches: Mit derselben Naivität, mit der ältere Ausleger die Paulusreden der Apostelgeschichte als eine Quelle *paulinischer* Theologie ansahen, verwendet Vielhauer sie als unmittelbare theologische Äußerungen des *Lukas*: „An der Art, wie hier (sc. in den Paulusreden) der Verf. die Theologie des Paulus zur Sprache bringt, wird nicht nur sein Paulusverständnis sichtbar, sondern muß es sich zeigen, ob er selbst theologisch zu Paulus gehört oder nicht." (S.1) Das heißt im Klartext: (1) Lukas läßt Paulus nach bestem Wissen und Gewissen so reden, wie der Missionar seiner Meinung nach gepredigt hat. (2) Der so redende Paulus drückt zugleich die innerste Überzeugung des Lukas aus. Beide Voraussetzungen sind falsch. Vielhauer übersieht, daß eine Rede innerhalb eines Geschichtswerks primär von ihrer Funktion im Erzählzusammenhang her interpretiert werden muß; sie will gerade nicht Zitat sein (vgl. die berühmte Rede des Kaisers Claudius für die Aufnahme der Gallier in den Senat, die inschriftlich erhalten ist [CIL XIII 1668] und von Tacitus [*ann* XI 24] stark modifiziert wurde). Außerdem ist die Frage, ob die Paulusreden der Apostelgeschichte nicht primär Aufschluß geben über das Paulusbild, das *die Leser gewinnen sollen*, als über das tatsächliche Paulusbild des Lukas; und wenn sie indirekt und partiell

kann also nur ein Vorstoß in die Richtung sein, die Apostelgeschichte als das Werk eines Augenzeugen zu verstehen. Wenn wir das behaupten wollen, müssen wir freilich auch in der Lage sein, die Art seiner Schriftstellerei im Licht seiner Erlebnisse zu verstehen.

1. Teil

Lukas und seine Reisen mit Paulus

Lukas erzählt von drei Reisen, auf denen er Paulus begleitet haben will: bei einem kleinen Teil der ersten Europareise (von Alexandria Troas nach Philippi), deren Beginn vielleicht in das Frühjahr 48 zu datieren ist[3],

---

auch das Paulusbild des Lukas spiegeln, so handelt es sich dabei um das gegenwärtige Bild des Schriftstellers und Kirchenmannes ca. 20 Jahre nach dem Tod des Heidenmissionars. Man vergleiche einmal, was Sallust in seinem 2. Brief an Cäsar (ca.51/50 v.Chr.; zur Echtheitsbestreitung vgl. W. Eisenhut, Sallust. Werke und Schriften, [6]1980, S.483-487) über Marcus Porcius Cato sagt, mit dem, wie er ihn wenige Jahre nach dem Tod der beiden Kontrahenten im *Bellum Catilinarium* (ca.42/41 v.Chr.) darstellt: Hier ist Cato ein Vertreter altrömischer *virtus*, streng, aber gerecht und selbstbeherrscht; er fordert die Todesstrafe für die Anhänger Catilinas, und als Lentulus als erster hingerichtet wird, fügt Sallust billigend hinzu, dieses Ende sei dessen Art und Taten auch würdig gewesen (*Cat* LII-LV). In dem früheren Brief aber gehört Cato zu jener brutalen Menschensorte, die 40 Senatoren und viele hoffnungsvolle junge Leute wie Opfertiere hinschlachten ließ und am Blut unglücklicher Bürger nicht satt werden konnte (*ep* II 4,2). Wenn Vielhauer läse, wie schiedlich-friedlich die ehemaligen Todfeinde Cäsar und Cato in *Cat* LIV nebeneinandergestellt sind, so müßte es ihm unmöglich erscheinen, daß ein früherer Parteigänger und Verehrer Cäsars diesen Vergleich anstellen konnte.

3 G. Lüdemanns Versuch, die erste Europareise des Paulus aufgrund einer Datierung des Claudius-Edikts (Act 18,2) in das Jahr 41 in die Zeit vor dem Apostelkonzil zu verlegen (Paulus, der Heidenapostel I, 1980, S.174ff; vgl. die chronologische Übersicht S.272f), ist nichts weniger als erschütternd; er erschüttert nicht die traditionellen Eckdaten der Pauluschronologie (Korinthmission ca. Spätjahr 49 bis Frühjahr 51; Datierung aufgrund der Erwähnung Gallios [Prokonsul Achaias 51/52] in Act 18,12, der Zeitangabe ,18 Monate' in 18,11 und des von Orosius ins Jahr 49 datierten Claudiusedikts, vgl. Act 18,2), sondern den Konsens historisch-kritischer Exegese, der Lüdemann *de facto* eine Absage erteilt. Man muß es sich selbst vor Augen führen, wie die (undatierte) Angabe Suetons, Claudius habe die Juden aus Rom vertrieben (*Claud* 25), und die Mitteilung des Cassius Dio (1. Drittel des 3. Jh.s), Claudius habe im Jahr 41 die Juden *nicht* aus Rom vertrieben (LX 6,6), sondern ihnen lediglich das Vereinsrecht entzogen, auf ,traditionsgeschichtlichem' Wege ineinsgesetzt werden. Daß Lüdemann die Dio-Stelle nicht verstanden hat (vgl. dazu P. Lampe, Die stadtrömischen Christen in den ersten beiden Jahrhunderten, [2]1989, S.8), kann natürlich passieren. Wenn er die Angabe des

auf der Jerusalemreise (Frühjahr 57?) und auf der Fahrt nach Rom (Spätsommer 59 bis Frühjahr 60?).[4] Auf die ersten beiden Reisen nimmt auch Paulus gelegentlich Bezug. Wenn Lukas dort jeweils dabei war, so müßte sich aus einem Vergleich seiner Darstellung mit den - eher zufälligen - Bemerkungen des Apostels ein Bild von diesen Reisen entwerfen lassen, wie

---

Orosius, der das Claudius-Edikt ins Jahr 49 datiert (*hist* VII 6,15), allein aufgrund einer falschen Quellenangabe (Josephus) von vornherein verwirft, stimmt das schon nachdenklich. Wenn er aber der Datierung eines römischen Historikers aus dem frühen 3. Jh. gegenüber der von Lukas wenige Jahrzehnte nach dem fraglichen Ereignis implizit gebotenen Datierung etwa ins Jahr 49 (Gallios Prokonsulat 51/52 abzüglich 18 Monate) *grundsätzlich* den Vorzug gibt, dann hat der Wahnsinn offenbar Methode: Christliche Autoren verzerren prinzipiell die historische Wirklichkeit (nach dem Motto: „heilsgeschichtlich ..., nicht historisch", a.a.O., S.38 Anm.54), während nichtchristliche Autoren - auch Josephus wird zu den „profanhistorischen", will wohl sagen: ‚objektiven' (vgl. S.33), „Quellen" (S.32) gerechnet - im Zweifelsfalle immer recht haben. Das ist ein dogmatisches Vorurteil, dessen geistiger Vater im übrigen unschwer zu erkennen ist; historisch-kritische Exegese, also möglichst unvoreingenommene Textauslegung, kann man damit nicht betreiben. Lüdemanns Willkür dokumentiert sich auch in der Form seiner ‚Argumentation': Die Überlegungen zum ‚traditionsgeschichtlichen' Zusammenhang zwischen Sueton- und Dio-Stelle werden zunächst rückblickend „nur als wahrscheinlich" bezeichnet (a.a.O., S.188). Gesetzt den Fall, das wäre richtig (was es nicht ist): So wäre damit nicht mehr gewonnen, als daß ein römischer Historiker zu Beginn des 3. Jh.s - zurecht oder zu Unrecht - das Claudius-Edikt ‚wahrscheinlich' ins Jahr 41 datierte. Ohne daß auch nur ein einziges weiteres Argument genannt worden wäre (auf S.188-194 befaßt sich Lüdemann mit Einwänden gegen die historische Möglichkeit eines Judenedikts des Claudius im Jahr 41), wird sieben Seiten weiter „mit großer Wahrscheinlichkeit" (S.195) angenommen, daß diese Datierung zutrifft. Weitere neun Seiten später, auf denen erneut keine weiteren Argumente beigebracht wurden, wird dann behauptet, daß „das absolute Datum des Judenediktes (41 n.Chr.) feststeht" (S.204). Das ist Betrug.

4   In der Datierung der Jerusalemreise und der Fahrt nach Rom folge ich R. Jewett, Dating Paul's Life, 1979, S.49-52.100-102. Er gewinnt diese Daten aufgrund folgender Überlegungen: (1) Den Tagesangaben von Act 20,6ff zufolge fiel der letzte Tag des ‚Festes der ungesäuerten Brote' (Act 20,6), nach dem die eine Reisegruppe von Philippi aus nach Alexandria Troas aufbrach, auf einen Donnerstag; das war in den Jahren 54 (19.4.) und 57 (15.4.) der Fall. (2) Falls die διετία in Act 24,27 auf die Zeit der Gefangenschaft des Paulus zu beziehen ist, befindet sich Paulus mehr als 2 Jahre nach Antritt der Jerusalemreise auf Kreta (Act 27,8f); das Ende der Schiffahrtssaison steht bevor, da das Versöhnungsfest bereits vorüber ist (Act 27,9), und nach der Abfahrt von Kreta vergehen nur ca. 3½ Monate (Act 27,27; 28,11), bis die Schiffahrt wiederaufgenommen wird. Da die Zeit des *mare clausum* normalerweise frühestens im März beendet ist (vgl. dazu u.S.319 Anm.266), muß das Versöhnungsfest im fraglichen Jahr möglichst spät gewesen sein; diese Überlegung führt auf das Jahr 59, in dem das Fest auf den 5. Oktober fiel. Damit ist auch die Alternative für das Jahr der Jerusalemreise zugunsten des späteren Datums entschieden. So auch C.J. Hemer, The Book of Acts in the Setting of Hellenistic History, 1989, S.255; R. Riesner, Die Frühzeit des Paulus, Habil. masch. 1990, S.184.185-189.189f (§§ 12.2; 12.4; 12.5.1).

es gewesen sein *könnte*. Eine sichere historische Rekonstruktion, ich nehme es vorweg, wird man nicht erwarten dürfen; auf beiden Seiten sind die Nachrichten zu spärlich und das jeweilige Interesse zu einseitig. Aber man müßte eine plausible Vorstellung vom möglichen Sinn, Zweck und Ablauf dieser Reisen gewinnen können. Etwas anders steht es um die Möglichkeit, die lukanische Darstellung der Romreise mit Aussagen des Paulus zu vergleichen. Paulus selbst sagt über diese Fahrt nichts; aber in einigen unter seinem Namen erschienenen Briefen machen die Verfasser Mitteilungen, die sich zu Lukas' Erzählung vielleicht in Beziehung setzen lassen.

1. Lukas und die Romreise des Paulus

In Act 27,1-28,16 schildert Lukas in minutiösen Details die Reise, die er mit Paulus von Cäsarea nach Rom unternommen haben will. Abgesehen von den römischen Soldaten unter dem Zenturio Julius und der Schiffsmannschaft erwähnt er nur noch den Thessalonicher Aristarch (27,2). Über diese Reise gibt es keinerlei Nachrichten von Paulus selbst, durch die wir die lukanische Darstellung überprüfen könnten. Wir können freilich überlegen, ob sich der lukanische Bericht durch die Personalangaben des *Corpus Paulinum* bestätigen läßt. Dreimal wird im Neuen Testament Lukas namentlich erwähnt. Im Philemon-, Kolosser- und dem 2. Timotheusbrief ist er jeweils am Ort des Paulus zu denken. Hinzu kommt die Erwähnung des Lukas in demjenigen Teil der Paulusakten, der als das Martyrium Pauli auch eine separate Existenz führte.

1.1. Lukas im Philemon- und im Kolosserbrief[5]

Der Philemonbrief ist das einzige Schreiben, das sicher aus der Hand des Paulus stammt und dessen Mitarbeiter Lukas nennt. Wenn wir wüßten, wo dieser Brief geschrieben wurde, wäre uns wenigstens eine Station aus dem Leben dieses Lukas bekannt. Komplizierter liegen die Dinge im Falle des Kolosserbriefes; sowohl die Verfasserfrage als auch die historischen und literarischen Beziehungen zum Philemonbrief sind umstritten.

---

[5] Eine eingehende Auseinandersetzung mit der Sekundärliteratur ist mir an dieser Stelle nicht möglich. Vgl. zum folgenden neben den einschlägigen Kommentaren und den Einleitungen in das Neue Testament v.a. W.-H. Ollrog, Paulus und seine Mitarbeiter, 1979, bes. S.42-50.236-242; P. Müller, Anfänge der Paulusschule, 1988, S.13-18.289-298; zuletzt J. Wehnert, Die Wir-Passagen der Apostelgeschichte, 1989, S.60-62.

1.1.1. Überlegungen zum möglichen Abfassungsort
des Philemonbriefes

Als Paulus den Brief an Philemon schreibt, ist der Apostel in Haft (V.1. 9.13). Er hat Onesimus, einen Sklaven des Philemon (V.16), kennengelernt und für den christlichen Glauben gewonnen (V.10). Paulus und Timotheus - dieser wird als Mitabsender genannt - senden Onesimus zu seinem Besitzer zurück und bitten diesen, den ans Herz gewachsenen Neuchristen gnädig aufzunehmen. Für sich selbst bittet Paulus um Bereitstellung eines Quartiers, da er bald ins Lykustal reisen zu können hofft (V.22). Grüße werden übermittelt von Epaphras, dem Mitgefangenen des Paulus, ferner von Markus, Aristarch, Demas und schließlich Lukas, allesamt Mitarbeiter (συνεργοί) des Apostels (V.23f).

An welchem Ort der Gefangenschaft mag Paulus diesen Brief geschrieben haben? Nach I Clem 5,6 trug Paulus insgesamt „siebenmal Ketten". Ob diese Zahl stimmt, wissen wir nicht; die Apostelgeschichte erwähnt Inhaftierungen des Paulus nur in Philippi (Act 16,23ff), Jerusalem (21,33ff), Cäsarea (23,23ff) und Rom (28,17ff). Darüber hinaus nimmt man in der Forschung häufig eine weitere Gefangenschaft in Ephesus an, auf die etwa II Kor 1,8 Bezug nehmen könnte.[6] Unter der (freilich nicht beweisbaren) Voraussetzung, daß der Philemonbrief aus einer dieser Gefangenschaften stammt, kommen - wegen der jeweils nur kurzen Haftzeiten in Philippi und Jerusalem - ernstlich nur Ephesus[7], Cäsarea[8] und Rom[9] in Betracht.

Diejenigen Forscher, die - in wachsender Zahl - eine ephesinische Abfassung des Philemonbriefes annehmen, machen unter anderem die Überlegung geltend, daß ein entflohener Sklave wie Onesimus (a) am ehesten in einer Großstadt untertauchen (damit fiele Cäsarea aus) und (b) keine allzu weite Reise auf sich nehmen würde (damit fiele Rom aus); folglich spreche alles für Ephesus, das von den Städten im Lykustal nur ca. 200 km entfernt

---

[6]   Zur Hypothese einer ephesinischen Gefangenschaft vgl. etwa W.G. Kümmel, Einleitung in das Neue Testament, [21]1983, S.289-291.

[7]   So von den neueren Autoren etwa A. Suhl, Der Brief an Philemon, 1981, S.14ff; W.-H. Ollrog, op. cit., S.42-44; P. Stuhlmacher, Der Brief an Philemon, [3]1989, S.21; J. Becker, Paulus, 1989, S.169.173.

[8]   So M. Krenkel, Paulus. Der Apostel der Heiden, 1869, S.214; E. Lohmeyer, Die Briefe an die Philipper, an die Kolosser und an Philemon, KEK IX[12], [5]1961, S.14.172; B. Reicke, Chronologie der Pastoralbriefe, ThLZ 101, 1976, Sp.89. Dazu tendiert auch W.G. Kümmel, op. cit., S.305f (Alternative Rom).

[9]   So R. Pesch, Die Apostelgeschichte II, 1986, S.289; zuletzt C.J. Hemer, The Book of Acts in the Setting of Hellenistic History, 1989, S.270-277.

ist. Nun hat Peter Lampe neuerdings in einer kurzen Miszelle[10] einige Beobachtungen mitgeteilt, die ein anderes Licht auf die Reise des Onesimus werfen. Die traditionelle Exegese geht davon aus, daß Onesimus sich im Hause des Philemon eines Deliktes (vielleicht einer Unterschlagung, vgl. V.18) schuldig gemacht habe; nachdem der Betrug aufgedeckt worden war, habe sich Onesimus der drohenden Strafe durch Flucht entzogen. Zufällig habe er dann Paulus kennengelernt, der den Sklaven zum Christentum bekehrte; der Apostel sende ihn nun zu seinem Herrn zurück und verwende sich für Onesimus, um dem flüchtigen Sklaven, dem theoretisch sogar der Tod drohen könnte[11], eine strenge Bestrafung zu ersparen. Demgegenüber hat Lampe zu zeigen versucht, daß Onesimus *kein flüchtiger Sklave* war; nachdem sein Vergehen bekannt geworden war, sei er gezielt zu Paulus gereist, um ihn zu seinem Fürsprecher zu gewinnen. Da Onesimus demnach von vornherein die Absicht hatte, zu seinem Herrn zurückzukehren, habe der Tatbestand der Sklavenflucht nicht vorgelegen. „Der von Paulus geforderte Strafverzicht bezieht sich nicht auf das Vergehen »Flucht«, sondern auf das Delikt, das Onesimus im Hause des Philemon begangen, das den Herrn materiell geschädigt hat ... Im Blick auf *dieses* Delikt soll Philemon den Zorn herunterschlucken; und Paulus hilft nach, indem er anbietet, den Schaden aus seiner eigenen Tasche zu begleichen, falls Philemon den materiellen Verlust nicht verschmerze: V.19 stellt eine rechtlich wirksame, eigenhändige Schuldverschreibung des Paulus dar, mit der Philemon bei jedem Gericht den Schadensbetrag von Paulus hätte einklagen können."[12]

Wenn diese Darstellung richtig ist, dann entfällt ein wichtiges Argument für eine ephesinische Abfassung des Briefes. Onesimus ist nicht ein flüchtiger Sklave, der in der nächstgelegenen Großstadt unterzutauchen versucht und dabei zufällig auf Paulus stößt. Vielmehr hat er im Hause des Philemon von Paulus gehört; obwohl er selbst nicht Christ ist, will er den Apostel zum Fürsprecher gegenüber seinem christlichen Herrn gewinnen. Der Sklave weiß demnach, wo Paulus sich aufhält, reist dorthin und kann ihn im Gefängnis besuchen. Sowohl in Ephesus als auch in Cäsarea und Rom hat sich Paulus (teilweise gezwungenermaßen) jeweils lange genug aufgehalten, damit Onesimus vom Aufenthaltsort des Apostels erfahren und zu ihm reisen konnte, um seinen Beistand zu erbitten. Aber nur für Cäsarea (24,23) und Rom (28,16ff) bezeugt uns die Apostelgeschichte großzügige

---

10 P. Lampe, Keine »Sklavenflucht« des Onesimus, ZNW 76, 1985, S.135-137.

11 Die mögliche Strafe reichte von der Auspeitschung bis zur Kreuzigung (s. P Stuhlmacher, op. cit., S.23); es darf freilich angenommen werden, daß der christliche Besitzer nicht auf der rechtlich zulässigen Höchststrafe bestanden hätte.

12 P. Lampe, art. cit., S.137.

Haftbedingungen, die Paulus ungehinderte Besuchsmöglichkeiten gestatteten, während wir über die Form der ohnehin hypothetischen ephesinischen Gefangenschaft natürlich gar nichts wissen[13]; falls der Philipperbrief aus dieser Haft stammen (vgl. Phil 1,12ff) und II Kor 1,8ff auf sie Bezug nehmen sollte, hätte es sich wohl kaum um leichten Gewahrsam gehandelt.

Könnten die Haftbedingungen in Cäsarea und Rom eine Abfassung des Philemonbriefes in einer dieser beiden Gefangenschaften nahelegen, so dürfte ein anderes Indiz zugunsten der erstgenannten Alternative sprechen. In Phlm 22 äußert Paulus die Hoffnung, bald ins Lykustal reisen zu können. Das würde prinzipiell gut zum nahegelegenen Ephesus passen; doch müßte dann erklärt werden, warum das Besuchsvorhaben nicht realisiert wurde (vgl. Kol 2,1). Auch aus Cäsarea ließe sich diese Ankündigung verstehen; Paulus konnte die Hoffnung haben, aus dieser Haft freizukommen, und mochte für diesen Fall planen, auf dem Landweg nach Rom in Kolossä bzw. Laodicea[14] eine Zwischenstation einzulegen. Die Besuchsankündigung verträgt sich aber schlecht mit der Annahme, daß der Apostel sich zu diesem Zeitpunkt bereits in Rom befinden könnte; denn Paulus sah mit der Jerusalemreise seinen Auftrag im Osten des römischen Reiches als erledigt an, weshalb er sich anschließend nach dem Westen (Spanien) orientieren wolle (Röm 15,23f). Gewiß *könnte* Paulus seine Pläne auch geändert haben - mit Sicherheit ausschließen läßt sich das natürlich nicht -, aber wir wissen jedenfalls nichts davon.[15] Außerdem wäre es fraglich, ob Paulus in seiner

---

13   A. Suhl, der eine Abfassung des Phlm in der ephesinischen Gefangenschaft annimmt, muß denn auch ins Blaue hinein behaupten, daß „das Wohlwollen zumindest einiger aus der Umgebung des Statthalters Phil 1,12ff., vgl. 4,22" dann „vermutlich ... auch eine Hafterleichterung zur Folge (hatte), die Paulus das Schreiben des Phil-Rahmenbriefes wie des Phlm (und Kol) ermöglichte" (Paulus und seine Briefe, 1975, S.250).

14   Der Wohnort des Philemon ist nicht sicher auszumachen. Kol 4,9 wird über Onesimus gesagt: ὅς ἐστιν ἐξ ὑμῶν. Das könnte darauf hindeuten, daß er (und damit natürlich auch Philemon) aus Kolossä stammt. Andererseits scheint Kol 4,17 darauf hinzuweisen, daß Archipp, der als Mitadressat des Phlm am selben Ort wie Philemon und Onesimus wohnen muß, nicht in Kolossä zu Hause ist; denn er wird dort nicht direkt angesprochen, sondern die Kolosser werden gebeten, dem Archipp etwas auszurichten (καὶ εἴπατε Ἀρχίππῳ; vgl. dagegen die direkte Anrede in Phil 4,2f). Man könnte deswegen überlegen, ob alle drei vielleicht im benachbarten Laodicea wohnhaft waren. Da Kol auch dort vorgelesen werden soll (4,16), könnte es sein, daß die Aussage über ‚euren Landsmann' Onesimus nicht speziell die Stadt Kolossä, sondern die ganze Gegend im etwas weiteren Sinne bezeichnet. Es wäre dann zu überlegen, ob mit dem sog. Laodizenerbrief (Kol 4,16) nicht vielleicht doch Phlm gemeint ist. Vgl. dazu W.-H. Ollrog, Paulus und seine Mitarbeiter, 1979, S.239 in Anm.14 zu S.238.

15   Zu der Annahme, Paulus sei aus der römischen Gefangenschaft noch einmal freigekommen und dann in den Osten des römischen Reiches zurückgekehrt, s.u.S.219. Ich halte das für sehr unwahrscheinlich. Eventuelle Rückkehrpläne des Paulus könnten mit

römischen Gefangenschaft, in der er mit einem Todesurteil zumindest rechnen mußte, guten Gewissens eine finanzielle Garantie (Phlm 18f) übernehmen konnte, die er möglicherweise gar nicht mehr würde leisten können. Die im Philemonbrief vorausgesetzte Situation des Paulus (großzügige Haftbedingungen und geplante Kolossä-/Laodicea-Reise) scheint also am ehesten auf Cäsarea zuzutreffen. Näheres läßt sich jedoch erst nach der Untersuchung des Kolosserbriefes sagen.

1.1.2. Das zeitliche Verhältnis zwischen Philemon- und Kolosserbrief

Wenden wir uns nun dem Kolosserbrief zu, so scheint sich ein ganz ähnliches Bild wie in dem Schreiben an Philemon zu ergeben. Auch hier ist der Apostel gefangen (4,18), und erneut wird Timotheus als Mitabsender genannt (1,1). Den Brief überreichen Tychikus und Onesimus (4,9); sie erhalten den Auftrag, die Gemeinde in Kolossä über die Situation des Paulus zu informieren (4,7-9). Grüße werden übermittelt von den Judenchristen Aristarch, dem Mitgefangenen des Paulus, von Markus, dem Vetter des Barnabas, und von Jesus Justus, ferner von den Heidenchristen Epaphras, einem Bürger von Kolossä, Lukas, dem geliebten Arzt, und Demas (4,10-14). Aufgrund der Übereinstimmungen zwischen Philemon- und Kolosserbrief wird meist angenommen, es sei ein und dieselbe Situation im Leben des Paulus reflektiert: Wenn Paulus beide Male in Haft ist, wenn er in beiden Briefen Onesimus nach Kolossä sendet und von weitgehend denselben Personen Grüße ausrichten läßt, dann meint man ausschließen zu müssen, daß sich eine solche Konstellation zweimal ergeben haben könnte. Diese Annahme wird unabhängig davon getroffen, wie die Verfasserfrage des Kolosserbriefs gelöst wird. Nach wie vor ist umstritten, ob er von Paulus stammt[16], im Auftrag bzw. mit Billigung des Apostels geschrieben wurde[17]

Sicherheit ausgeschlossen werden, wenn R. Riesner mit seiner Analyse des geographischen Rahmens der paulinischen Mission im Recht sein sollte: Seiner Meinung nach habe sich der Apostel in seiner Missionsstrategie zunehmend durch Jes 66,19 bestimmt gesehen, wo im Anschluß an Griechenland als siebte und letzte Station der eschatologischen Heidenmission die ,fernen Inseln', was Paulus auf Spanien deutete, vorgegeben war (Die Frühzeit des Paulus, Habil. masch. 1990, S.205-212 [§ 13.2.2]); eine Rückkehr in den Osten wäre dann sicher nicht in Betracht gekommen.

16 So z.B. W.G. Kümmel, Einleitung in das Neue Testament, [21]1983, S.298-305.

17 So A. Suhl, Paulus und seine Briefe, 1975, S.168 Anm.93: Epaphras soll den Brief mit Billigung des Paulus im Jahr 53 in Ephesus geschrieben haben. In seinem späteren Kommentar zum Philemonbrief hält Suhl den Kol freilich für ein Pseudepigraphon (Der Brief an Philemon, 1981, S.19).

oder nachpaulinischen Ursprungs[18] ist. Wurde er zu Lebzeiten des Paulus
verfaßt, so müßte er fast gleichzeitig mit dem Philemonbrief sein; ist das
Schreiben an die Kolosser dagegen ein Pseudepigraphon, so hätte man anzunehmen, daß der Autor den Brief fiktiv in die Situation versetzt, aus der
der Philemonbrief geschrieben wurde. Mit dieser Alternative wird die immerhin denkbare Möglichkeit, daß sich eine bestimmte Situation einige Zeit
später in ähnlicher Form wiederholt, prinzipiell ausgeschlossen: Entweder
ist der Kolosserbrief zur selben Zeit entstanden wie der Philemonbrief und
trägt dann zur Erhellung der äußeren Umstände des Paulus und seiner Mitarbeiter nichts Nennenswertes bei, oder er ist eine spätere Fälschung, die
einige Daten aus dem Philemonbrief übernimmt und darum historisch
wertlos ist. Ich halte es für methodisch bedenklich, die Untersuchung von
vornherein auf diese Alternative einzuschränken. Man darf nicht von der
(vermeintlich) *vorgeblichen Schreibsituation* des Kolosserbriefes ausgehen
und dann entscheiden, ob man sie für wirklich oder fingiert hält. Vielmehr
muß der umgekehrte Weg eingeschlagen werden; zunächst ist zu prüfen, ob
die *wirkliche Schreibsituation* in Philemon- und Kolosserbrief ein und
dieselbe ist. Wenn gezeigt werden kann, daß dies nicht der Fall ist, dann
muß die Alternative anders formuliert werden: Entweder hat sich dann im
Kolosserbrief eine ähnliche Situation wie im Philemonbrief wiederholt,
oder das spätere Schreiben fingiert die Situation des früheren und ist dann
in bezug auf die historischen Daten wertlos. Da eine Gleichzeitigkeit beider
Schreiben ohnehin nur möglich ist, wenn der Kolosserbrief noch zu Lebzeiten des Paulus geschrieben wurde, können wir die Annahme pseudepi-
graphischer Abfassungsverhältnisse vorläufig noch beiseite lassen.

Eine annähernd gleichzeitige Abfassung von Philemon- und Kolosserbrief, wie sie von Vertretern der paulinischen oder nebenpaulinischen Herkunft des letzteren angenommen wird, halte ich für völlig ausgeschlossen:
(a) Beide Briefe kündigen eine Kolossä-Reise des Onesimus an, aber
diese Ankündigungen konnten kaum zur selben Zeit über ein und dieselbe
Fahrt geschrieben werden. Im Philemonbrief ist von Tychikus keine Rede,
und Onesimus wird als ‚reuiger Sünder' zurückgeschickt, für den Paulus
bitten muß, um ihn vor strenger Bestrafung durch seinen Besitzer zu
bewahren. Im Kolosserbrief dagegen reisen Tychikus und Onesimus in
offizieller Mission, um die Gemeinden im Lykustal über die Geschicke des
Apostels zu unterrichten. Das läßt sich schwerlich zusammendenken.
(b) Im Philemonbrief ist vorausgesetzt, daß Paulus und Onesimus sich
erst kurze Zeit kennen. Der Sklave bittet Paulus um Fürsprache; Paulus

---

18 So zuletzt P. Müller, Anfänge der Paulusschule, 1988, S.18.297.

verwendet sich für ihn und schickt ihn mit einem Brief zu seinem Besitzer zurück. Gern hätte er Onesimus, der durch Paulus Christ geworden und nun ein „lieber Bruder" (V.16) ist, als seinen Mitarbeiter bei sich behalten, hält es jedoch für seine Pflicht, den Neubekehrten unverzüglich zu Philemon zurückzusenden. Im Kolosserbrief hingegen ist Onesimus ein „treuer und lieber Bruder" (4,9). Um πιστός genannt zu werden, bedarf es doch wohl einer längeren Bewährungszeit.

(c) Der Kolosserbrief nennt Onesimus „den treuen und lieben Bruder, der einer der Euren ist" (ὅς ἐστιν ἐξ ὑμῶν, 4,9). So schreibt man kaum über einen heidnischen Sklaven, der in derselben Stadt wohnt und eben erst durch Paulus Christ geworden ist, sondern über ein bekanntes und bewährtes Mitglied der Gemeinde; auch Epaphras, der Gründer der Gemeinde (1,7f), heißt ὁ ἐξ ὑμῶν (4,12). Peter Müller geht sogar so weit anzunehmen, daß Onesimus hier „als Gemeindegesandter verstanden"[19] sei.

(d) Wären beide Briefe etwa gleichzeitig geschrieben worden, so hätte Paulus die Ermahnung, die die Kolosser dem Archipp weitergeben sollen (Kol 4,17), diesem selbst ausrichten können; ist Archipp doch Mitadressat des Philemonbriefes (Phlm 2).

(e) Gegenüber Philemon kündigt Paulus einen Besuch an. Davon läßt der Kolosserbrief nichts verlauten. Kol 2,1 setzt nur voraus, daß dieser Besuch nicht stattgefunden hat; denn die Kolosser und die Laodizener gehören zu denen, „die mich nicht von Angesicht gesehen haben" (ὅσοι οὐχ ἑώρακαν τὸ πρόσωπόν μου ἐν σαρκί). Wäre die Situation dieselbe wie im Philemonbrief und ein baldiger Besuch fest geplant, so würde man etwa die Formulierung erwarten, daß die Gemeinden im Lykustal Paulus noch nicht (οὐδέπω) persönlich kennen.

(f) Auch die Versicherung, daß „in der Umgebung des Paulus nach Phlm und Kol die gleichen Personen genannt sind"[20] und beide Briefe deshalb dieselbe Situation voraussetzen müssen, stimmt so nicht ganz. Über die im Philemonbrief genannten Personen hinaus wird in Kol 4,11 der Judenchrist Jesus Justus genannt.[21] Andererseits scheint sich Markus, der noch

---

19 A.a.O., S.296.

20 W.G. Kümmel, Einleitung in das Neue Testament, [21]1983, S.307.

21 T. Zahn zog zwar in Erwähnung, ob Jesus Justus nicht ursprünglich auch im Phlm genannt und „in ᾽Ιησοῦ v.23 untergegangen" sei (Einleitung in das Neue Testament I, [3]1924, S.321; akzeptiert u.a. von W.-H. Ollrog, Paulus und seine Mitarbeiter, 1979, S.238 Anm.13). Ich halte eine solche Konjektur (᾽Ιησοῦς statt ᾽Ιησοῦ) für einen willkürlichen Harmonisierungsversuch; es scheint mir undenkbar, daß Paulus so mißverständlich formuliert hätte (Paulus hätte ἐν Κυρίῳ schreiben können statt ἐν Χριστῷ oder καί vor ᾽Ιησοῦς einfügen oder die Reihenfolge der Namen ändern können). Die Vermeidung von Doppeldeutigkeiten (ἀμφιβολίαι) gehörte zur rhetorischen Grundaus-

Grüße ausrichten läßt (Kol 4,10), nicht mehr in der Nähe des Paulus aufzuhalten. Die Bemerkung: „Ihr habt in bezug auf ihn die Anweisung erhalten, ihn aufzunehmen, wenn er zu euch kommt" (Kol 4,10), ist doch wohl
am ehesten so zu verstehen, daß Markus zwar vor nicht allzu langer Zeit bei
Paulus war, nun aber auf Reisen ist und voraussichtlich auch nach Kolossä
kommen wird. Die übrigen Personen (Timotheus, Aristarch, Epaphras,
Lukas, Demas) sind zwar dieselben, doch auch bei ihnen hat sich offenbar
einiges geändert. War zunächst Epaphras der Mitgefangene des Paulus
(Phlm 23), so ist es jetzt Aristarch (Kol 4,10). Lukas, der nun als „der
geliebte Arzt" des Paulus bezeichnet wird, hat an Bedeutung gewonnen und
ist in der Liste vor Demas gerückt. In Anbetracht der Tatsache, daß Demas
nach II Tim 4,10 vom Glauben abkam und Paulus in Rom verlassen hat[22], ja
später gar als ein Heuchler von Anfang an diffamiert wurde (Act PaulThecl
c.1), sollte man solche scheinbar geringfügigen Veränderungen in der Auflistung nicht unterbewerten.

All diese Beobachtungen lassen darauf schließen, daß der Brief an die
Kolosser in keinem Fall zur selben Zeit wie der an Philemon geschrieben
wurde. Unter der Voraussetzung, daß der Kolosserbrief zu Lebzeiten des
Paulus geschrieben wurde, müßte es sich in den beiden Schreiben um zwei
verschiedene Reisen des Onesimus nach Kolossä bzw. Laodicea handeln.
Onesimus wäre dann zunächst mit dem Philemonbrief zu seinem Besitzer
zurückgekehrt; Philemon hätte, dem Herzenswunsch des Paulus folgend,
Onesimus gnädig aufgenommen und ihn dem Apostel als persönlichen
Mitarbeiter zur Verfügung gestellt (vgl. Phlm 13f). Onesimus hätte sich in
dieser Eigenschaft bewährt (πιστός, Kol 4,9) und könnte darum später
zusammen mit Tychikus in offizieller Mission erneut nach Kolossä gesandt
werden (Kol 4,7-9). Da diese zweite Reise nur den einen Zweck hat, die
Gemeinden im Lykustal über das Ergehen des Paulus zu informieren, muß
seit der früheren Reise einige Zeit vergangen sein. Der zeitliche Abstand
zwischen Philemon- und Kolosserbrief darf m.E. kaum unter 1-2 Jahren
angesetzt werden.

---

bildung; der Rhetoriklehrer Theon (progymn c.4 [in: L. Spengel, Rhetores Graeci II,
S.81,30-82,7]) verdeutlicht das Problem an den Beispielen AULHTRIS (αὐλητρίς =
Flötenspielerin oder αὐλὴ τρίς) und OUKENTAUROIS (οὐ κενταύροις oder οὐκ
ἐν ταύροις).

[22] Δημᾶς γάρ με ἐγκατέλιπεν ἀγαπήσας τὸν νῦν αἰῶνα, καὶ ἐπορεύ-
θη εἰς Θεσσαλονίκην (II Tim 4,10). H. Binder wollte diese Aussage dahingehend
interpretieren, daß Demas durch „die Liebe (Gottes!) zu diesem Äon in den Missions-
dienst nach Thessalonich getrieben" worden sei (Die historische Situation der Pastoralbriefe, in: Geschichtswirklichkeit und Glaubensbewährung. FS F. Müller, 1967, S.80).
Das ist, zumal im Licht der Paulusakten, abwegig: Demas wurde zum Renegaten erklärt.

1.1.3. Die im Philemon- und im Kolosserbrief vorausgesetzten Situationen
im Leben des Paulus

Wenn zwischen der Abfassung von Philemon- und Kolosserbrief min-
destens etwa 1-2 Jahre liegen, dann muß die Frage, welche Situation im
Leben des Paulus jeweils vorausgesetzt wird, unter veränderten Vorzeichen
neu gestellt werden. Die Entscheidung darüber, ob man eine Abfassung des
Kolosserbriefes noch zu Lebzeiten des Paulus oder eine nachpaulinische
Herkunft dieses Schreibens annimmt, ist dabei von außerordentlicher
Bedeutung; denn wenn es sich um ein Pseudepigraphon handelt, könnte der
Autor die Situation des Philemonbriefes fingiert haben. Wir werden beide
Möglichkeiten zu berücksichtigen haben.

(1) Falls der Kolosserbrief von Paulus oder in seinem Auftrag geschrieben wurde, reflektiert er eine reale Situation, die nicht einfach mit
der des Philemonbriefes identifiziert werden darf. In beiden Situationen ist
Paulus in Haft, und acht Personen in seiner Umgebung sind jeweils identisch. Andererseits haben sich Veränderungen ergeben, die einige Zeit in
Anspruch genommen haben müssen. Es gibt zwei Möglichkeiten, diese
merkwürdige Mischung aus Kontinuität und Wandel zu erklären: Wurden
beide Briefe in derselben Haft verfaßt, so müßte der Brief an Philemon zu
Beginn einer langen Gefangenschaft geschrieben sein, aus deren Endphase
der an die Kolosser stammt. Setzen die beiden Briefe zwei verschiedene
Gefangenschaften voraus, so müßte die eine unmittelbar auf die andere
gefolgt sein.

(a) Philemon- und Kolosserbrief können nicht beide aus der hypothetischen ephesinischen Gefangenschaft stammen. Im Zusammenhang unserer
Überlegungen zum Abfassungsort des Philemonbriefes hatten wir gegen
Ephesus bereits eingewandt, daß wir über die Form dieser ohnehin nur angenommenen Gefangenschaft - der Brief setzt leichten Gewahrsam voraus -
nichts wissen. Nun kommt noch hinzu, daß wir wegen des zeitlichen Ab-
standes zwischen beiden Briefen eine sehr lange Haftzeit voraussetzen
müßten; das anzunehmen wäre bereits eine Hypothese dritten Grades. Falls
der Kolosserbrief in Ephesus geschrieben worden wäre, sollte man außerdem erwarten, daß das Thema ‚Besuch des Paulus' in der einen oder anderen Weise angesprochen würde. Stünde der Besuch noch aus, so müßte, wie
wir gesehen haben, Kol 2,1 anders formuliert werden; hätten sich dagegen
die in Phlm 22 geäußerten Pläne inzwischen zerschlagen, so dürfte man
annehmen, daß der Kolosserbrief darauf zu sprechen kommt. Man beachte
nur, wie wortreich sich Paulus in II Kor 1,17ff für die - als unumgänglich
empfunden - Änderung seiner Reisepläne rechtfertigt. Schließlich ist für

die ephesinische Zeit eine solche Konstanz der Mitarbeiter, wie die Grußlisten der beiden Briefe sie voraussetzen, gerade nicht bezeugt. Paulus erwähnt folgende Personen, die zeitweilig bei ihm in Ephesus waren[23]: Timotheus, Sosthenes, Chloe und ihre Leute, Stephanas, Fortunatus, Achaikus,
Apollos, Aquila und Priska (alle in I Kor); falls der Philipperbrief in Ephesus geschrieben wurde, käme noch Epaphroditus hinzu. Außer Timotheus
erscheint kein einziger von ihnen im Philemon- oder Kolosserbrief. Acta
erwähnt als ephesinische Mitarbeiter des Paulus nur Timotheus und Erastus
sowie Gaius und Aristarch als Reisegefährten des Apostels (19,22.29);
allerdings dürften auch die erst später genannten Ephesiner Tychikus und
Trophimus (20,4) hinzuzurechnen sein. Aristarch wird in beiden Briefen
genannt; er reiste freilich auch mit nach Jerusalem und begleitete Paulus auf
der Fahrt von Cäsarea nach Rom (Act 27,2). Tychikus, der nur im Kolosserbrief erwähnt wird, fuhr ebenfalls mit nach Jerusalem (Act 20,4) und
könnte auch in Cäsarea und/oder Rom bei Paulus gewesen sein. Unter den
Mitarbeitern, die im Philemon- und im Kolosserbrief aufgeführt werden,
ist jedenfalls kein einziger, der ausschließlich oder auch nur vorwiegend
für Ephesus bezeugt wäre.

Ist eine gemeinsame ephesinische Herkunft von Philemon- und Kolosserbrief mit ziemlicher Sicherheit auszuschließen, so scheint es schon eher
möglich zu sein, daß beide in Cäsarea geschrieben wurden. Paulus war dort
vermutlich etwa 2 Jahre inhaftiert (Act 24,27) und genoß großzügige Haft-
bedingungen (Act 24,23). Gegen eine Abfassung des Kolosserbriefes in
Cäsarea spricht eigentlich nur, daß Paulus von seinem Besuchsvorhaben im
Lykustal offenbar Abstand genommen hat; weder wird den Kolossern ein
Grund dafür angegeben, noch ist ein solcher für uns ersichtlich. Denn in
Cäsarea konnte Paulus bis zuletzt auf eine Freilassung hoffen und in diesem
Fall auf dem Landweg nach Rom in Kolossä Station machen; erst durch die
Appellation an den Kaiser[24] war dieser Weg versperrt.

Die Differenz, die zwischen dem Besuchsvorhaben im Philemonbrief
und dem diesbezüglichen Schweigen des Kolosserbriefes besteht, spricht
auch gegen eine gemeinsame römische Herkunft der beiden Briefe; man
wollte denn annehmen, daß Paulus entgegen allen früher geäußerten Plänen

---

[23] Zu den ephesinischen Mitarbeitern des Paulus vgl. W.-H. Ollrog, Paulus und
seine Mitarbeiter, 1979, S.41-52.

[24] Es handelt sich hier wahrscheinlich nicht um den erst für die spätere Zeit bezeugten Akt der *appellatio*, sondern um die sog. *provocatio* (so A.N. Sherwin-White, Roman
Society and Roman Law in the New Testament, 1963, S.57-69; zur Diskussion darüber
vgl. die bei R. Riesner, Die Frühzeit des Paulus, Habil. masch. 1990, S.133f in Anm.54
zu S.133 genannte Literatur.

(Röm 15,24) doch noch einmal in den Osten reisen wollte (Phlm 22) und einige Zeit später die Hoffnung aufgegeben hätte, aus der Haft entlassen zu werden. Von Hoffnungslosigkeit ist im Kolosserbrief allerdings nichts zu spüren (vgl. nur 4,3).

(b) Stammen Philemon- und Kolosserbrief aus zwei verschiedenen Gefangenschaften des Paulus, so kommen nach unserer Kenntnis nur Ephesus für ersteren und Cäsarea für letzteren oder die Kombination Cäsarea/ Rom in Betracht. Gegen die erste Alternative spricht die Tatsache, daß Paulus sein Besuchsvorhaben (Phlm 22) nicht realisiert hat (Kol 2,1); außerdem wäre die Kontinuität in der Umgebung des Paulus (Grußlisten) - zwischen dem ephesinischen Aufenthalt des Apostels und der Haft in Cäsarea liegen eine Griechenland- und die Kollektenreise - überhaupt nicht zu erklären. Dagegen vermittelt die zweite Annahme ein durchaus plausibles Bild. In Cäsarea (Phlm) konnte Paulus noch damit rechnen, daß er aus dem Gefängnis entlassen werden würde; in diesem Falle würde er auf dem Landweg nach Rom reisen und dabei auch im Lykustal Station machen (Phlm 22). Doch Paulus hatte sich getäuscht; der Prozeß wurde verschleppt, so daß der Apostel schließlich an den Kaiser appellierte und nach Rom überführt wurde. So erklärt sich, daß der Kolossä-Besuch ausgefallen ist (Kol 2,1). Einer Entschuldigung oder Erklärung bedarf das nicht; wenn Tychikus und Onesimus den Kolossern die Lage des Paulus schildern (Kol 4,7), versteht sich der Wegfall des Besuchs von selbst. Auch die Tatsache, daß in den beiden Briefen weitgehend dieselben Mitarbeiter bei Paulus sind, ist auf diesem Hintergrund m.E. durchaus verständlich. Wenn der Apostel nach zweieinhalb Jahrzehnten missionarischer Wirksamkeit im Osten des römischen Reiches nun als ein Gefangener nach Rom kommt, den ein Kapitalprozeß mit völlig ungewissem Ausgang erwartet, warum sollten ihn da nicht einige Mitarbeiter begleitet haben? Die Wir-Erzählung in Act 27f gibt ja zu verstehen, daß sich tatsächlich eine Reihe von Personen dem Gefangenentransport angeschlossen haben; zumindest Aristarch, der im Philemon- und im Kolosserbrief grüßen läßt, wird in Act 27,2 ausdrücklich erwähnt. Könnte nicht auch ein Teil der übrigen Mitarbeiter, die in beiden Schreiben übereinstimmend genannt werden, mit nach Rom gefahren sein? Daß etwa Timotheus, der langjährige enge Mitarbeiter des Paulus, den gefangenen Apostel nach Rom begleitet hat, fällt nicht schwer zu glauben. Ein anderer Teil könnte zu einem späteren Zeitpunkt in die Hauptstadt gekommen und zur Zeit der Abfassung des Kolosserbriefes bei Paulus sein. Der 1. Petrusbrief, der von paulinischen Nachrichten unabhängig ist, setzt beispielsweise voraus, daß Markus sich in Rom aufhielt (5,13). So würde sich das Problem letztlich auf Epaphras, Lukas und Demas reduzieren. Nach späteren Nachrichten waren die beiden Letztgenannten bei Paulus in Rom (II Tim 4,10f).

Von Epaphras hören wir außerhalb von Philemon- und Kolosserbrief überhaupt nichts. Was nun Onesimus betrifft: Paulus sandte ihn zwar zu Philemon zurück, gab aber auch unmißverständlich zu verstehen, daß er den Neubekehrten als neuen Mitarbeiter zur Verfügung gestellt haben möchte (Phlm 13f). Wenn Philemon diesem Wunsch entsprach, so konnte Onesimus später wieder bei Paulus sein, sei es, daß er nach Cäsarea zurückkehrte, sei es, daß er von Kolossä direkt nach Rom fuhr. Beweisen läßt sich von alledem nichts; aber unter den besonderen Umständen, die Paulus nach Rom geführt haben, scheint mir die Konstanz der Mitarbeiter auch dann erklärlich zu sein, wenn der Philemonbrief in Cäsarea und der Kolosserbrief in Rom geschrieben wurde.

(2) Wie liegen nun aber die Dinge, wenn der Kolosserbrief - wie ich freilich annehmen möchte - erst nach dem Tod des Paulus verfaßt wurde? Über den Kolossä-Besuch des Paulus brauchte dann aus naheliegenden Gründen nicht mehr gesprochen zu werden, und die Sendung des Onesimus (Phlm 12) könnte, zumindest aus einem Abstand von etlichen Jahren heraus, ganz anders (Kol 4,9) gedeutet worden sein. Falls das Schreiben nachpaulinisch ist, so ist zu überlegen, welche Situation der Autor des Briefes fingiert. Diese Frage kann historisch oder literarisch beantwortet werden: Entweder ist der Autor so gut über das Leben des Paulus unterrichtet, daß er sich in eine konkrete Situation versetzt, in der das Schreiben entstanden sein soll; oder er steht dem Apostel zeitlich so fern, daß er über keine eigene Anschauung verfügt und unter Verwendung des älteren Schreibens dessen persönliche Daten einfach aufnimmt und variiert.

(a) Wenn der Brief an die Kolosser ein Pseudepigraphon ist, so haben wir in diesem Schreiben jedenfalls den ältesten deuteropaulinischen Brief vor uns. Er ist der einzige, der „einen unmittelbaren Anlaß besitzt. ... Der Kolosserbrief kämpft nicht prophylaktisch, verketzert auch nicht seine Gegner, sondern befindet sich in *direkter Auseinandersetzung* mit denen, deren Werbekraft in der Gemeinde durchaus Erfolg erzielte (...)."[25] Während etwa der lukanische Paulus den Ephesern gleichsam prophetisch ankündigt, daß nach seinem Weggang „reißende Wölfe" in die Gemeinde eindringen werden (Act 20,29), geht der Kolosserbrief auf den realen Fall ein, daß sich die Gemeinde Speisevorschriften machen läßt (2,20-23). Ein solcher Brief, der in eine konkrete Situation hinein wirken will, muß doch wohl auch eine konkrete Situation vor Augen haben, aus der heraus er geschrieben worden sein soll. Falls er, wie Peter Müller annimmt, „bald nach

---

25   W.-H. Ollrog, op. cit., S.239f.

dem Tod des Apostels verfaßt worden ist"[26], könnte der Briefschreiber nur die Situation kurz zuvor, d.h. also die römische Gefangenschaft, vor Augen gehabt haben. Die Umstände der cäsareensischen Haft zu fingieren hätte nur dann einen Sinn ergeben, wenn die Warnung vor Irrlehrern als *vaticinium ex eventu* formuliert worden wäre. Ferner: Ein Brief, der konkrete Abfassungsverhältnisse offenbart, muß auch tatsächlich zugestellt werden. Als Überbringer kommen nur Tychikus und Onesimus in Frage (Kol 4,9). Was sollten diese beiden aber nach dem Tod des Apostels in Cäsarea zu suchen haben? Und wie sollten sie den Kolossern erklären, daß sie den Brief des Paulus mit mindestens dreijähriger Verspätung zustellen? Vorstellbar wird die Fiktion doch nur dann, wenn der Brief aus Rom überbracht wurde; Tychikus und Onesimus konnten dann sagen, Paulus habe den Brief kurz vor seiner Verurteilung und Hinrichtung geschrieben. Wurde er bald nach dem Tod des Apostels verfaßt, so spiegelt er also wie im Falle einer paulinischen oder nebenpaulinischen Herkunft römische Verhältnisse.

(b) Anders liegen die Dinge nur, wenn der Kolosserbrief etliche Jahre nach dem Tod des Apostels verfaßt wurde. Der Briefschreiber könnte dann das Motiv der Gefangenschaft aus dem Philemonbrief übernommen und dessen Personalangaben verwendet haben; diese hätte er - aus welchen Gründen auch immer - abgeändert.[27] In diesem Falle würde die im Kolosserbrief vorausgesetzte Situation die des Philemonbriefes einfach imitieren und wäre deshalb historisch wertlos. Auch wenn der literarische Charakter des Kolosserbriefes als eines situationsgebundenen Schreibens sowie seine inhaltliche Nähe zu Paulus[28] eine solche Überlegung als wenig plausibel erscheinen lassen, ist sie doch nicht mit letzter Sicherheit auszuschließen. Ich werde in der Zusammenfassung am Ende dieses Abschnittes begründen, warum ich sie für recht unwahrscheinlich halte.

1.1.4.   Lukas im Philemon- und im Kolosserbrief

Unsere Überlegungen zu den Briefen an Philemon und an die Kolosser haben uns zu dem Ergebnis geführt, daß das kleine Schreiben zugunsten des Sklaven Onesimus am ehesten in Cäsarea entstanden ist und der Kolosser-

---

[26] P. Müller, Anfänge der Paulusschule, 1988, S.18.

[27] So E. Lohse, Die Briefe an die Kolosser und an Philemon, KEK IX/2[15], [2]1977, S.236.246-248: „Wenn ... der Kolosserbrief von einem Paulusschüler abgefaßt worden ist, dann muß dieser den Philemonbrief gekannt und benutzt haben" (247); vgl. J. Wehnert, Die Wir-Passagen der Apostelgeschichte, 1989, S.60-62. Zur Kritik an Lohse vgl. W.-H. Ollrog, op. cit., S.238f in Anm.14 zu S.238; P. Müller, op. cit., S.296f.

[28] Vgl. dazu P. Müller, op. cit., S.18 und *passim*.

brief möglicherweise die Verhältnisse in Rom charakterisiert. Gewißheit läßt sich in dieser Frage freilich nicht mehr erlangen. Letzten Endes setzen unsere Schlußfolgerungen voraus, daß nur Ephesus, Cäsarea und Rom als (wirklicher oder vorgeblicher) Abfassungsort der beiden Briefe in Frage kommen, ferner, daß Paulus, nachdem er erst einmal in Rom angekommen war, nicht wieder in den Osten zu reisen plante, und schließlich, daß der Verfasser des Kolosserbriefes über authentische Informationen verfügte. Jede dieser Annahmen ist plausibel, plausibler als die jeweiligen Alternativen, nur beweisen lassen sie sich nicht. Für die uns interessierende Frage nach den biographischen Daten des Lukas können wir deshalb nur unter diesem Vorbehalt folgendes Bild skizzieren: Neben Timotheus, Epaphras, Markus, Aristarch und Demas war er bei Paulus in Cäsarea. Epaphras war mit Paulus gefangen, ist dann aber wieder freigekommen; umgekehrt ist nach Abfassung des Philemonbriefes Aristarch in Gefangenschaft geraten. Vielleicht ist seine namentliche Erwähnung in Act 27,2 als Hinweis darauf zu deuten, daß auch er als Gefangener nach Rom reiste. Timotheus, Demas und Lukas könnten Paulus als freie Passagiere auf dem Gefangenentransport nach Rom begleitet haben. Markus, Tychikus und Onesimus sind vielleicht über Kleinasien in die Hauptstadt gelangt. Wann, wo und wie Jesus Justus zu Paulus gestoßen ist, wissen wir nicht.

1.2. Lukas im 2.Timotheusbrief

Bei der Analyse der Personalangaben des 2. Timotheusbriefes setze ich voraus, daß der Brief nicht von Paulus stammt, sondern eine Fälschung ist[29] und mehrere Jahrzehnte nach dem Tod des Paulus, vielleicht im 1. oder 2. Jahrzehnt des 2. Jahrhunderts[30], geschrieben wurde. Freilich kann auch ein Fälscher wertvolle historische Information bieten; gerade ihm sollte ja daran gelegen sein, den Schein der Glaubwürdigkeit zu wahren. Wir werden mit besonderer Aufmerksamkeit zu prüfen haben, woher er seine Kenntnis erhalten haben mag.

---

[29]   Gegen die noch immer beliebten Versuche, die Pastoralbriefe v.a. aufgrund der angeblich unerfindlichen persönlichen Notizen direkt oder indirekt, ganz oder teilweise auf Paulus zurückzuführen, vgl. die m.E. überzeugenden Darlegungen von N. Brox, Zu den persönlichen Notizen der Pastoralbriefe, in: ders. (Hg.), Pseudepigraphie in der heidnischen und jüdisch-christlichen Antike, 1977, S.272-294.

[30]   Zur Datierung der Pastoralbriefe vgl. zuletzt J. Roloff, Der erste Brief an Timotheus, 1988, S.45f; seiner Meinung nach sind die Briefe „kaum sehr viel später als um das Jahr 100 entstanden" (S.46).

1.2.1. Die fingierte Situation des 2. Timotheusbriefes

Paulus ist als Gefangener (1,8) in Rom (1,17) und hat die erste Verhandlung seines Kapitalprozesses bereits hinter sich (4,16). Er schickt den Brief an Timotheus nach Ephesus; der Ort wird zwar nicht ausdrücklich erwähnt, ist aber eindeutig: Dafür spricht die Route der baldigen Romreise, die Timotheus über Troas führen wird (4,13), des weiteren die Person des Onesiphorus, der vor seinem Besuch bei Paulus in Ephesus wirkte (1,18) und nun wieder bei Timotheus ist (4,19), und schließlich auch die klare Aussage von I Tim 1,3.

Auf die Geschehnisse, die vor der angeblichen Schreibsituation liegen, geht der Verfasser - ich belasse es der Einfachheit halber bei ‚Paulus' - relativ ausführlich ein. Auf seiner Reise nach Rom ließ Paulus Erastus in Korinth zurück (4,20). In Troas, wo der Apostel bei Karpus logierte, blieben Mantel und Bücher liegen (4,13), in Milet mußte Trophimus infolge einer Krankheit zurückbleiben (4,20). Von Rom aus sandte der Apostel Tychikus nach Ephesus (4,12). Die Situation, die hier vorausgesetzt wird, ist offenbar die des (deuteropaulinischen) Epheserbriefes, den der Verfasser der Pastoralbriefe schon als Brief an die Gemeinde in Ephesus[31] kennt;

---

[31] Die Adresse in Eph 1,1 (τοῖς ἁγίοις [πᾶσιν] τοῖς οὖσιν ἐν Ἐφέσῳ, ℵ² A B² D F G etc.) ist textkritisch umstritten: P⁴⁶, ℵ*, B* sowie die Minuskeln 6 und 1739 lassen ἐν Ἐφέσῳ aus; zum Problem und zur Diskussion vgl. E. Best, Ephesians i.1, in: Text and Interpretation. FS M. Black, 1979, S.29-41. Einen originellen, aber kaum haltbaren Vorschlag, wie das Problem der Adresse des Eph zu lösen sei, hat jetzt D. Trobisch (Die Entstehung der Paulusbriefsammlung, 1989, S.80f) gemacht. T. rekonstruiert zwei Sammlungen von Paulusbriefen, die für die Textgeschichte und die Briefreihenfolge in den Handschriften maßgeblich gewesen seien: Der eine Überlieferungsstrom, der bei einer - noch zu Lebzeiten des Paulus veranstalteten - Ursammlung (Röm - I/II Kor - Gal) seinen Ausgang nimmt, mündet durch Hinzufügung von Eph - Phil - Kol - I/II Thess sowie I/II Tim - Tit - Phlm in die gängige 13-Briefe-Sammlung (*Corpus Paulinum* ohne Hebr); daneben soll eine andere, ‚katholische' Paulusausgabe mit Röm - Hebr - I Kor - Eph existiert haben, die diese Briefe ohne Adressaten zusammenstellte (vgl. die *variae lectiones* - das Fehlen der Adressen - in Röm 1,7 und Eph 1,1; für I Kor 1,2 muß T. mangels handschriftlicher Belege einen ursprünglich adressenlosen Text rekonstruieren [S.81f]; bei Hebr, der ohnehin kein Präskript hat, soll es sich um „den Traktat eines unbekannten aber vielversprechenden christlichen Autors [handeln], den er [sc. Paulus] während seines Romaufenthaltes kennenlernte" (S.131). Der Epheserbrief gehörte demnach *beiden* Sammlungen an (insofern widerspricht das Schaubild von S.132, das Eph nur der ‚katholischen' Ausgabe zuweist, T.s Rekonstruktion). Nun fehlt in P⁴⁶, dessen merkwürdige Reihenfolge Röm - Hebr - I/II Kor - Eph - Gal - Phil - Kol - I Thess auf die Verwendung der ‚katholischen' Ausgabe hinweise, in Eph 1,1 ἐν Ἐφέσῳ, dafür hat er die Überschrift Πρὸς Ἐφεσίους. Die Rekonstruktion der Textgeschichte ist damit vorgegeben: „Der ohne konkrete Adresse überlieferte Brief erhielt" - in der ‚katholischen' Sammlung - „als redaktionellen Zusatz die Überschrift An die Epheser." (S.81) In der 13-Briefe-Sammlung hingegen, die demnach die ‚katholische' Ausgabe voraussetzt, wird

denn die Bemerkung: Τύχικον δὲ ἀπέστειλα εἰς Ἔφεσον (II Tim 4,12) ist nur dann erklärlich, wenn Eph 6,21f: Τύχικος ... ὃν ἔπεμψα πρὸς ὑμᾶς in einem Brief an die *Epheser* gelesen wurde.[32] Auch in anderer Hinsicht erklärt sich die im 2. Timotheusbrief fingierte Situation aus der des Epheserbriefes: Hier wie dort ist Paulus ‚Gefangener des Herrn' (δέσμιος: Eph 3,1; 4,1; II Tim 1,8) und liegt in Ketten (ἅλυσις: Eph 6,20; II Tim 1,16). Wurde der Epheserbrief als ein Schreiben an die Gemeinde in Ephesus gelesen, in dem Timotheus weder als Mitabsender genannt noch von Paulus ausdrücklich gegrüßt wird, so soll der (doch wohl um 2 bis 3 Jahrzehnte jüngere) 2. Brief an Timotheus vielleicht als ein gleichzeitiges Schreiben an den Leiter der Gemeinde - vgl. die Ignatiusbriefe an die Gemeinde von Smyrna und an ihren Bischof Polykarp - aufgefaßt werden.

---

diese „Angabe aus der Überschrift ... an der für die Paulusbriefe typischen Stelle", nämlich in V.1 (ἐν Ἐφέσῳ), „eingesetzt" (S.80). Diese Hypothese steht auf ebenso tönernen Füßen wie die Theorie der Entstehung der Paulusbriefsammlung insgesamt. Zum einen müßte man verlangen, daß auch die übrigen Zeugen für das Fehlen der Adresse in Eph 1,1 durch ihre Briefreihenfolge eine Verwendung des ‚katholischen' Eph dokumentieren; das ist aber nach T. gerade nicht der Fall (א, B gehören nach S.18 zur Gruppe A 3 von S.62, die den Eph aus der 13-Briefsammlung übernommen haben soll; dieselbe Reihenfolge hat 1739). Zum andern fällt auf, daß die Verwendung der ‚katholischen' Briefsammlung, wie T. sie annimmt (vgl. die Liste auf S.62), seinen eigenen Beobachtungen zur Entstehung von Briefsammlungen widerspricht. Mit Ausnahme von P46 sollen alle übrigen Handschriften, die die ‚katholische' Ausgabe verwendet haben, ihr einzig den Hebr entnommen haben; T. behandelt Hebr in allen Paulusausgaben als einen Rest aus der ‚katholischen' Ausgabe, obwohl er einen Rest als „eine Sequenz von Briefen" definiert, „die dadurch entsteht, daß aus einer Vorlage nur noch die Briefe kopiert werden, die *noch nicht* abgeschrieben worden sind" (S.52; Hervorh. v. m.). Die wechselnde Stellung des Hebr müßte nach T. jedenfalls dadurch erklärt werden, daß es sich bei diesem Brief um einen späten Anhang handelt - als solchen bezeichnet er ihn denn auch S.57. P46 wiederum soll zunächst die ‚katholische' Sammlung (Röm - Hebr - I Kor [+ II Kor aus 13-Briefsammlung] - Eph) abgeschrieben haben und dann die noch fehlenden Briefe aus der größeren Sammlung nachgetragen haben. Dieses Vorgehen widerspricht aber T.s eigener Voraussetzung, „daß der geschickte Schreiber zunächst die längste Vorlage abschrieb und dann aus den anderen Vorlagen nur noch die Briefe nachtrug, die ihm noch fehlten, den sogenannten Rest" (S.47). Die „Zweiquellentheorie des Corpus Paulinum" (S.83) ist ein Phantom.

[32] Unverständlich ist mir darum die Auffassung W.G. Kümmels: „Wahrscheinlich hat Markion ebensowenig über die ursprüngliche Bestimmung des Briefes gewußt wie die Schöpfer der Überschrift *An die Epheser*, deren Meinung über die Adresse die kirchliche Tradition seit dem Ende des 2. Jh. sich zu eigen gemacht hat. Aufgrund dieser Tradition ist dann vor dem Ende des 4. Jh. ἐν Ἐφέσῳ in den Text des Präskripts eingedrungen." (Einleitung in das Neue Testament, [21]1983, S.311) Entweder kannte der Autor von II Tim die Adresse bereits, oder er fügte sie von sich aus hinzu.

Welche Situation im Leben des Paulus schwebt dem Fälscher vor? Die Stationen Troas (4,13), Korinth und Milet (4,20) sowie die Erwähnung von Erastus (4,20; vgl. Act 19,22) und Trophimus (4,20) erinnern an die Jerusalemreise in Act 20f.[33] Hätte der Briefschreiber diese Reise vor Augen, so wäre freilich problematisch, daß Trophimus in Milet zurückgeblieben sein soll (4,20), während er nach der Darstellung in Acta Anlaß für die Verhaftung des Paulus in Jerusalem war (21,29).[34] Zudem wäre nicht einzusehen, warum ‚Paulus' seinen Schüler über Ereignisse informieren müßte, die dieser wenigstens teilweise selbst miterlebt hat (Troas). Man hat deshalb an eine zweite Romreise und eine zweite Gefangenschaft des Paulus in der Hauptstadt denken wollen.[35] Doch entbehrt eine solche Annahme, wie wir schon gesehen haben, jeglicher Grundlage: Es ist äußerst unsicher, ob Paulus Rom je wieder verlassen konnte, und wenn doch, so weisen jedenfalls alle Spuren nach Spanien (Röm 15,24; I Clem 5,7; ActPetr 1; KanMur Z.38f); nichts deutet auf eine erneute Reise in den Osten. So bleibt nur die Annahme, daß der Briefschreiber die beiden Reisen von Ephesus über Mazedonien (vgl. I Tim 1,3) und Griechenland nach Jerusalem (Act 20f) und die Fahrt von Cäsarea nach Rom (Act 27f) ineinssetzte und zu einer einzigen großen Abschiedsreise des Heidenapostels von seinen Gemeinden im Osten des Reiches gestaltete. Milet (4,20) und Troas (4,13) - Korinth (4,20), das in der Apostelgeschichte nicht explizit genannt wird, lasse ich hier offen (s.u.S.254ff) -, Orte also, die Paulus nach der Darstellung des Lukas in umgekehrter Reihenfolge auf dem Weg nach Jerusalem aufsuchte, werden so zu Stationen auf der Fahrt von Jerusalem nach Rom. Diese Konzeption der Romreise ist zweifellos sekundär und künstlich: Paulus reiste als Gefangener nach Italien.[36] Sie gab dem Briefschreiber aber die Mög-

---

[33] B. Reicke, der Paulus für den Autor oder Auftraggeber der Pastoralbriefe hält, situiert die Abfassung der drei Briefe folgendermaßen: I Tim sei kurz vor dem Aufbruch aus Ephesus (Act 20,1) geschrieben worden, Tit auf der Jerusalemreise in Troas (Act 20,6) oder Milet (Act 20,15), schließlich II Tim in Cäsarea (Act 23,33-26,32), und zwar *nach* Phlm, Kol und Eph (Chronologie der Pastoralbriefe, ThLZ 101, 1976, Sp.81-94).

[34] Dieses Problem übergeht B. Reicke, obwohl er ausdrücklich davon ausgeht, daß der Verfasser der Apostelgeschichte die Jerusalemreise mitgemacht hat (art. cit., Sp.87).

[35] So z.B. P.C. Spicq, Saint Paul. Les Épîtres Pastorales I, [4]1969, S.121-146; die Briefe sollen in der Reihenfolge Tit - I Tim - II Tim geschrieben worden sein. Jetzt auch W. Rordorf, Nochmals: Paulusakten und Pastoralbriefe, in: Tradition and Interpretation in the New Testament. FS E.E. Ellis, 1987, S.319-327; C.J. Hemer, The Book of Acts in the Setting of Hellenistic History, 1989, S.390-404.

[36] In gewisser Weise macht sich W. Schmithals die Sicht der Pastoralbriefe zueigen, wenn er behauptet, „daß Paulus als freier Mann nach Rom reiste" (Die Apostelgeschichte des Lukas, 1982, S.238). Er gelangt zu diesem Ergebnis, nachdem er alle Hinweise auf die Gefangenschaft des Paulus und die Präsenz von Wachsoldaten in Act 27f als lukani-

lichkeit, Paulus an den genannten Orten jeweils einen legitimen Gemeindeleiter einsetzen zu lassen; denn daß darin der Zweck der entsprechenden
Notizen zu erblicken ist, scheint mir deutlich zu sein. Nimmt man nun noch
den Titusbrief hinzu, so lassen sich mit Kreta (1,5) und Nikopolis (3,12;
gemeint ist zweifellos das epirotische Nikopolis) vielleicht zwei weitere
Stationen auf dieser fingierten Strecke identifizieren. Charakteristisch für
diese Fiktion ist, daß in ihr Orts- und Personennamen verwendet wurden,
die uns auch aus Acta bekannt sind; sie sind jedoch zugunsten einer durch-
schaubaren Traditionshypothese neu miteinander kombiniert. Offenbar hat
diese relativ geradlinige Darstellung der paulinischen Romreise jedoch
größere Attraktivität besessen als die etwas kompliziertere Schilderung des
Lukas. Das zeigen die Paulusakten, die eine unmittelbare Verlängerung der
vor allem durch den 2. Timotheusbrief - die Stationen des Titusbriefes finden keine Berücksichtigung - propagierten Fiktion darzustellen scheinen[37]:
Nach der Reise von Damaskus nach Jerusalem, Antiochia (das syrische?),
Ikonium, Antiochia (das pisidische?) und Myra (vgl. Act 27,5; 21,1 D)
kehrt Paulus nach Sidon (vgl. Act 27,3) und Tyrus (vgl. Act 21,3) zurück;
nach einer Lücke im Text folgen die Stationen Smyrna[38], Ephesus, Philippi

---

sche Zutat zur ursprünglichen Quelle ‚erkannt' hat und dann unvermutet feststellen konnte: „Zurück bleibt ein literarisch einheitlicher Reisebericht: Eine kleine christliche Reisegruppe fährt ohne Bewachung nach Rom." (235)

[37] W. Rordorf hat zuletzt die Auffassung vertreten, die Paulusakten hätten von zwei
verschiedenen Griechenlandreisen des Paulus erzählt: Die erste stimme im wesentlichen
mit Act 19f zusammen, die zweite habe Paulus über Korinth nach Rom geführt und sei
hinter Act 28 anzusetzen; dazu muß Rordorf eine große Lücke zwischen den Seiten 5 und
6 des Hamburger Papyrus behaupten (art. cit. [o.S.219 Anm.35]). Dahinter steht die Annahme, der Verfasser der Paulusakten sei weder von den - im Kern echten - Pastoralbriefen noch von Acta abhängig, sondern verwerte z.T. gleiche Traditionen und verarbeite sie
selbständig; die Paulusakten müssen deshalb möglichst früh (Mitte des 2. Jh.s n.Chr.),
die Apostelgeschichte möglichst spät (1. Hälfte des 2. Jh.s) datiert werden (In welchem
Verhältnis stehen die apokryphen Paulusakten zur kanonischen Apostelgeschichte und zu
den Pastoralbriefen?, in: Text and Testimony. FS A.F.J. Klijn, 1988, S.225-241). Ich
halte diese Hypothese für äußerst fragwürdig; m.E. ist der Autor der Paulusakten von
den Pastoralbriefen (und anderen Paulusbriefen) literarisch abhängig und kennt auch die
Apostelgeschichte, die er aber nicht ersetzen, sondern ergänzen will. Beispiel: In II Tim
3,11 erwähnt ‚Paulus' die Verfolgungen ($\delta\iota\omega\gamma\mu o\iota$) und Leiden ($\pi\alpha\theta\acute\eta\mu\alpha\tau\alpha$), die ihn in
Antiochia, Ikonium und Lystra getroffen haben. Lukas erwähnt zwar Verfolgungen und
Schwierigkeiten in Antiochia (Act 13,50f) und Ikonium (Act 14,5), aber *leiden* muß
Paulus nur in Lystra, wo er gesteinigt wird (Act 14,19). Die Paulusakten nun übergehen
Lystra völlig und tragen die Leiden in Antiochia (Steinigung) und Ikonium (Inhaftierung,
Geißelung) nach. Ähnliches läßt sich über den ‚Tierkampf in Ephesus' (I Kor 15,32)
sagen, den die Paulusakten anschaulich schildern.

[38] Woher die Station Smyrna (vgl. Apk 1,11; 2,8) stammt, läßt sich nicht mehr
sicher sagen. Es könnte sich um eine Doppelung von Myra handeln ($\mu\acute\upsilon\rho\rho\alpha = \sigma\mu\acute\upsilon\rho\nu\alpha$,

und Korinth. Von dort fährt Paulus dann nach Rom. Kombiniert man diese Route mit den Einzelangaben in den Pastoralbriefen, so ergibt sich ein weitgehend folgerichtiges Bild: Paulus war von Smyrna in Richtung Süden zunächst nach Ephesus gekommen, wo er Timotheus zurückließ (I Tim 1,3), und dann nach Milet, wo Trophimus zurückblieb (II Tim 4,20). Von dort ging die Fahrt über Troas, wo Paulus bei Karpus logierte (II Tim 4,13), nach Mazedonien (I Tim 1,3) und Korinth, wo für Erastus die Reise beendet war (II Tim 4,20). Die nächsten Stationen - immer nach der Vorstellung des Verfassers der Pastoralbriefe - waren Kreta (Tit 1,5), wo Paulus Titus zurückließ, und Nikopolis in Epirus (Tit 3,12), bevor Paulus schließlich nach Rom kam (II Tim 1,17).[39]

1.2.2. Die Personalangaben im 2. Timotheusbrief

Ist die Vorstellung, die der Verfasser der Pastoralbriefe von der Romreise des Paulus hat, hier im wesentlichen richtig wiedergegeben, so ergibt sich für die Personalangaben im 2. Timotheusbrief folgendes Bild: Daß Paulus seinen Schüler Timotheus in Ephesus zurückgelassen haben soll, ist wohl eine Verfälschung der Realität; ihr Grund liegt in dem Interesse, den apostolischen Leiter der Gemeinde als vom Apostel höchstselbst eingesetzt erweisen zu wollen (vgl. nur I Clem 44,2). Dasselbe gilt für Titus, den Paulus mit kirchenamtlichen Funktionen auf Kreta betraut haben soll (Tit 1,5). Beide Male beeilt sich ,Paulus' freilich, die Angeschriebenen schleunigst zu sich zu zitieren (II Tim 4,9.21; Tit 3,12), da der Verfasser sie offensichtlich in der Nähe des Apostels weiß. Tychikus, der im Anschluß an Eph 6,21f von ,Paulus' in seine Heimatstadt zurückgesandt wird, habe ich bereits erwähnt. Seinen Landsmann Trophimus soll Paulus krank in Milet zurückgelassen haben; vielleicht galt er dem Verfasser als der erste ,Bischof' der dortigen Christengemeinde. Nach Ephesus weist die Erwähnung von Priska und Aquila (4,19). Sie kamen einst mit Paulus von Korinth (Act 18,2) nach Ephesus (Act 18,18), dürften von dort aber wieder nach Rom zurückgekehrt sein (Röm 16,3). Es ist freilich begreiflich, daß der Fälscher aus einem zeitlichen Abstand von mindestens 50 Jahren heraus den ephesinischen

---

,Myrrhe'; vgl. die *variae lectiones* Myrra [B 1175] bzw. Smyrna [69] für Myra in Act 27,5); vielleicht standen aber auch für die Romreise insgesamt die Ignatianen Pate (zu Smyrna vgl. IgnEph 21,1; Magn 15; Trall 1,1; 12,1; Röm 10,1; Sm *inscr*).

[39] Diese Vorstellung von der Romreise des Paulus unterscheidet sich so grundlegend von der Darstellung der Apostelgeschichte, daß der Versuch von A. Strobel, die Pastoralbriefe auf Lukas zurückzuführen (Schreiben des Lukas? Zum sprachlichen Problem der Pastoralbriefe, NTS 15, 1968/9, S.191-210), abgelehnt werden muß. S. auch o.S.80 mit Anm.211.

Aufenthalt des Ehepaares mit den biographischen Daten des Paulus nicht genau zu synchronisieren vermochte. Ein besonderes Problem stellt Onesiphorus dar. Während alle Kleinasiaten sich von Paulus abwandten, soll er allein, der in Ephesus große Dienste geleistet hatte, sich zu Paulus auch in seiner Gefangenschaft bekannt und ihn zwischenzeitlich in Rom besucht haben. Vielleicht verbirgt sich hinter diesem Namen Onesimus, der nach Kol 4,9 möglicherweise bei Paulus in Rom war und zusammen mit Tychikus nach Kolossä geschickt wurde. Mit diesem (Eph 6,21f; II Tim 4,12) könnte er dann nach Ephesus weitergereist sein. Vielleicht ist er mit dem Bischof Onesimus identisch, den Ignatius (IgnEph 1,3; vgl. 2,1; 6,2) dort bezeugt; die Variation des Namens - Ὀνήσιμος = der Nützliche, Ὀνησί-φορος = der Nutzbringer - mag ein nur leicht verschleierter Hinweis auf den aktuellen Gemeindeleiter in Ephesus sein, dessen apostolische Legitimität durch den 2. Timotheusbrief gegenüber seinen Gegnern gesichert werden soll. Aber das ist eine bloße Vermutung.

Wenden wir uns den römischen Mitarbeitern des Apostels zu. Demas, so klagt er, sei vom Glauben abgekommen und nach Thessaloniki gegangen; Kreskens sei nach Gallien, Titus nach Dalmatien gereist. „Lukas ist als einziger bei mir" (4,11). Timotheus soll Markus, der demnach auch in Ephesus ist, mitnehmen und bald (4,9), jedenfalls noch vor Winterbeginn (4,21), zu Paulus nach Rom kommen. Woher schöpft der Verfasser diese Informationen? Wegen der Namen Markus, Demas und Lukas ist man versucht, an den Philemon- oder Kolosserbrief zu denken. Wenn er aber tatsächlich einen dieser beiden Briefe kennen sollte, so hat er jedenfalls Neues zu bieten. Demas ist inzwischen abtrünnig geworden und nach Thessaloniki, möglicherweise seiner Heimatstadt, gereist. Markus ist in Ephesus, was sich als Verlängerung seiner Kolossä-Reise (Kol 4,10) gut begreifen läßt, aber keineswegs zwangsläufig aus ihr ergibt. Mit Kreskens erscheint ein ganz neuer Name, der uns erst wieder als Überbringer von Polykarps Philipperbrief (c.14) begegnet; ob es sich um dieselbe Person handeln soll, kann nicht entschieden werden. Interessant ist nun, daß der von Paulus nur Gal 2,1.3 und II Kor 2,13; 7,5; 8,6.16f.23; 12,18 erwähnte Titus genannt wird. Er soll offenbar bei Paulus in Rom gewesen und von dort nach Dalmatien (vgl. Röm 15,19) aufgebrochen sein. Während der Verfasser des 2. Timotheusbriefes über Demas und Markus gegenüber den Briefen an Philemon und an die Kolosser Neues zu berichten weiß und Titus selbst ins Spiel bringt, fallen umgekehrt Epaphras und Aristarch weg. Das könnte dafür sprechen, daß der Fälscher bei seinen Angaben über die römischen Mitarbeiter insgesamt eigenen Traditionen folgte. Im Falle des Demas und Markus könnten sie das bisher Bekannte ergänzen. Wie aber steht es mit Titus und Lukas?

Was führte den Briefschreiber dazu, beide nebeneinander zu stellen? Und warum betont er, daß Lukas als einziger bei Paulus gewesen sei?

1.3. Lukas in den Paulusakten

Im Martyrium Pauli, dem letzten Teil der von einem kleinasiatischen Presbyter ca. um das Jahr 180 gefälschten Paulusakten[40] (Tert. *bapt* 17,5), erscheinen Titus und Lukas neben Paulus in Rom. Bevor der Apostel dort ankommt, sind bereits Lukas aus Gallien und Titus aus Dalmatien angereist (c.1). Sie erleben das Ende des Paulus mit (c.5.7). Von Titus war schon zuvor, in den Akten des Paulus und der Thekla (c.2), die Rede; er war offenbar von Anfang an im Umkreis des Paulus. Ob auch Lukas vor seinem Eintreffen in Rom schon erwähnt war, läßt sich aufgrund des fragmentarischen Bestandes der Überlieferung - wir kennen nur ca. die Hälfte der ursprünglichen Paulusakten - nicht mehr entscheiden. In den frühmittelalterlichen Titusakten[41], die außer Acta auch die Paulusakten verwenden, ist neben Titus und Timotheus auch Lukas einer jener Reisebegleiter, die seit dem Ephesus-Aufenthalt ständig bei Paulus blieben. Nach dem Martyrium des Apostels unter Nero sollen die drei nach Griechenland zurückgekehrt sein, wo Titus und Timotheus Lukas als Bischof einsetzten.[42] Leider wissen wir nicht, ob bzw. inwieweit sich der Verfasser hier auf die Paulusakten stützt.

Betrachten wir das Wenige, was die Paulusakten über Lukas erzählen, so läßt sich darin keine selbständige Tradition erkennen. Zu deutlich sind die zahlreichen Rückgriffe auf den 2. Timotheusbrief: Demas (II Tim 4,10) und Hermogenes (II Tim 1,15) treten als scheinheilige Reisegenossen des Paulus auf; Paulus begegnet Onesiphorus (II Tim 1,16-18; 4,19) zu Beginn der Thekla-Geschichte. Wenn die Martyriumserzählung mit der Ankunft des Lukas aus Gallien und der des Titus aus Dalmatien beginnt, dürfte das auf eine allerdings merkwürdige Verwendung von II Tim 4,10f zurückzuführen sein. Die Darstellung des Martyriums, wonach Lukas und Titus vor Paulus in Rom gewesen sein sollen, ist darum historisch wertlos.

---

[40]   Zu den Paulusakten vgl. die Einleitung von W. Schneemelcher in: Neutestamentliche Apokryphen II[5], S.193-214 (mit Lit. S.194f). Der Versuch von S.L. Davies, an der genannten Tertullian-Stelle eine Bezugnahme auf die Paulusakten zu leugnen (Women, Tertullian and the Acts of Paul, in: D.R. MacDonald, Hg., The Apocryphal Acts of Apostles, 1986, S.139-143), ist abwegig; vgl. dazu W. Schneemelcher, op. cit., S.195.

[41]   Text der beiden Rezensionen der Titusakten bei F. Halkin, La légende crétoise de saint Tite, AnBoll 79, 1961, S.244-256; zur Datierung (ca. 6./7. Jh.) S.242.

[42]   1. Rez., c.6 (loc. cit., S.248). Daraufhin reisten Titus und Timotheus nach Kolossä weiter; von dort ging Timotheus nach Ephesus, Titus nach Kreta.

1.4. Lukas im Corpus Paulinum

(1) Die frühen Nachrichten über Lukas, den Arzt, zeigen ihn vielleicht schon in Cäsarea (Phlm 24) und sicher in Rom (eventuell Kol 4,14 und eindeutig II Tim 4,11) in der unmittelbaren Umgebung des Paulus. Wenn in den Personalangaben des Kolosser- und des 2. Timotheusbriefes historische Daten bewahrt sind, könnte das den lukanischen Wir-Bericht in Act 27,1-28,16 bestätigen, demzufolge der Autor der Apostelgeschichte die Reise von Cäsarea nach Rom mitmachte. Aber Herkunft und Zuverlässigkeit der Personalangaben in den beiden Briefen sind umstritten. Wir haben oben bereits die These angesprochen, daß der Brief an die Kolosser etliche Jahre nach dem Tod des Paulus unter Verwendung des Philemonbriefes verfaßt worden sei; in diesem Fall hätte der Briefschreiber ohne jeden Anhalt an der historischen Wirklichkeit die Mitarbeiter-Notizen seiner Vorlage einfach legendarisch fortgeschrieben. Falls der 2. Timotheusbrief diese Tendenz unter Verwendung des Kolosserbriefes fortsetzte, so böte die Erwähnung des Lukas im Philemonbrief die einzige historisch zuverlässige Nachricht über diesen Mitarbeiter.[43] Alles andere wäre spätere Ausschmückung. Wir haben nun also zu untersuchen, ob ein solches genealogisches Abhängigkeitsverhältnis der Personalangaben in den genannten drei Briefen wahrscheinlich zu machen ist.

(a) Der Philemonbrief nennt neben Timotheus (V.1) die Mitarbeiter Epaphras, Markus, Aristarch, Demas und Lukas (V.23f); überbracht wird der Brief wohl von Onesimus, den Paulus zu seinem Besitzer zurückschickt (V.12). Den Kolosserbrief überbringen Tychikus und Onesimus (Kol 4,7-9); bei Paulus befinden sich Timotheus (Kol 1,1), die Judenchristen Aristarch, Markus und Jesus Justus, ferner die Heidenchristen Epaphras, Lukas und Demas. Alle im Philemonbrief genannten Personen erscheinen auch im Kolosserbrief; hinzu kommen nun noch Jesus Justus und Tychikus. Von den bislang aufgeführten Personen nennt der 2. Timotheusbrief Timotheus als Adressaten des Briefes, ferner Demas, Lukas, Markus und Tychikus; falls Onesiphorus mit Onesimus identisch sein sollte, käme er als sechste Person hinzu. Epaphras, Aristarch und Jesus Justus sind ganz weggefallen. Über die im Philemon- und im Kolosserbrief Genannten hinaus werden erwähnt: die Apostaten, Häretiker bzw. Paulusgegner Phygelus und Hermogenes (1,15), Hymenäus und Philetus (2,17) sowie Alexander (4,14); ferner verschiedene Freunde, Bekannte und Mitarbeiter des Paulus wie Kreskens, Titus, Karpus, Priska und Aquila, Erastus, Trophimus sowie die römischen

---

43 Das ist die Auffassung von J. Wehnert, Die Wir-Passagen der Apostelgeschichte, 1989, S.60ff.

Christen Eubulus, Pudens, Linus und Klaudia (4,10-21). Bevor wir untersuchen, was jeweils über diese Personen gesagt wird, wollen wir zunächst lediglich ihre Auswahl näher betrachten.

Wenn der Kolosserbrief den Anfang der Legendenbildung über paulinische Mitarbeiter machen wollte, dann ist es außerordentlich schwer zu begreifen, warum sich der Autor ausschließlich auf solche Personen beschränkte, die Paulus nur in seinem kleinsten und unscheinbarsten Brief erwähnt. Über die im Philemonbrief Genannten hinaus nennt der Kolosserbrief nur Tychikus und Jesus Justus. Wie kommt der Autor des Briefes auf diese Namen? Keiner von beiden wird in den echten Paulinen genannt; andererseits bezeugt uns die Apostelgeschichte, daß Tychikus Paulus auf der Kollektenreise begleitet hat (Act 20,4). Der Name ist also nicht einfach erfunden, und es soll auch niemand fälschlich mit ‚apostolischen Weihen' ausgestattet werden. Verrät der Autor aber in diesem einen - dem einzigen nachprüfbaren - Fall historische Kenntnis, so kann man sie ihm in den anderen, unüberprüfbaren Fällen nicht gut prinzipiell absprechen.

Wenn der Verfasser des 2. Timotheusbriefes die legendarische Ausgestaltung von ‚Mitarbeiter-Biographien' fortsetzen wollte, so wäre es erneut merkwürdig, daß der Autor sich im wesentlichen auf die im Philemon- und im Kolosserbrief genannten Personen konzentriert. Ganz unverständlich wäre aber, daß er ausgerechnet Epaphras und Aristarch übergeht. Beide haben das Schicksal des Paulus geteilt und waren zeitweise mit ihm eingekerkert; Epaphras war darüber hinaus als der Gründer der kolossischen Gemeinde eine bedeutende Gestalt. Der Briefschreiber soll aber an diesen beiden Mitarbeitern kein Interesse gefunden haben und sich auf die weniger bedeutenden Personen der Grußlisten beschränkt haben? Von den im Philemon- und im Kolosserbrief nicht Genannten könnten Trophimus und Alexander aus der *Apostelgeschichte* (20,4; 19,33) stammen, Erastus, Priska und Aquila entweder ebenfalls aus Acta (19,22; 18,18f.26) oder aus den Paulusbriefen (Röm 16,3.23; I Kor 16,19), Titus nur aus dem *Galater- oder dem 2. Korintherbrief*. Kreskens, Karpus und die römischen Christen - keiner von ihnen erscheint in Röm 16 - kommen in jedem Fall neu hinzu. Nehmen wir uns zunächst Priska und Aquila vor: Sie sind wie in I Kor 16,19 und Act 18,26 (vgl. dagegen Röm 16,3[44]) in Ephesus. Die Namensform Priska erscheint aber nur in Röm 16,3 und I Kor 16,19; also müßte der *1. Korintherbrief* die Quelle des Autors sein. Da der Römerbrief weder für die Namen der römischen Christen noch für Priska und Aquila verwen-

---

[44] Daß dieses Kapitel wirklich nach Rom und nicht nach Ephesus gerichtet war, hat W. Lampe noch einmal ausführlich demonstriert (Die stadtrömischen Christen in den ersten beiden Jahrhunderten, [2]1989, S.124-135).

det wurde, dürfte er auch als Quelle für Erastus ausscheiden; dieser Name müßte dann ebenfalls der *Apostelgeschichte* entnommen sein. Der Autor des 2. Timotheusbriefes hätte demnach neben den Briefen an Philemon und die Kolosser auch Acta, den 1. Korintherbrief und den Galater- oder den 2. Korintherbrief gekannt. Aber warum wird dann nichts über Apollos (I Kor 16,12), Stephanas, Fortunatus und Achaikus (16,17), Krispus und Gaius (1,14) gesagt? Einen Gaius erwähnt auch die Apostelgeschichte, und zwar ausdrücklich als einen ‚Reisebegleiter' des Paulus (19,29; vgl. 20,4). Warum wurde dieser Name bei der angeblichen Legendenbildung übergangen? Und wie ist das Desinteresse an einer Gestalt wie Silas/Silvanus zu erklären? Daß er nicht einfach vergessen wurde, zeigt I Petr 5,12. Wenn der 2. Timotheusbrief ihn nicht erwähnt, so dürfte das kaum zufällig sein; eher wird seinem Autor bekannt gewesen sein, daß - etwas pauschal gesprochen - aus dem ehemaligen Paulusmitarbeiter ein ‚Petriner' geworden ist.[45]

(b) Betrachten wir die Personalangaben im Kolosser- und 2. Timotheusbrief unter dem inhaltlichen Aspekt, so läßt sich dort eine Tendenz zur Legendenbildung gerade nicht nachweisen. Gewiß, im Kolosserbrief werden gegenüber den bloßen Namen im Philemonbrief gelegentlich nähere Charakterisierungen hinzugefügt (Markus, der Vetter des Barnabas; Lukas, der Arzt; Epaphras, ‚der Eure', Knecht Jesu Christi); aber diese Attribute stellen die Mitarbeiter nicht als Beauftragte des Apostels vor. Im Kolosserbrief ist Epaphras nicht mehr gefangen, an seiner Stelle teilt nun Aristarch die Haft des Paulus; von einer Weiterentwicklung kann da keine Rede sein.

Auch im 2. Timotheusbrief kann von einer biographischen Fortschreibung von Mitarbeiter-Nachrichten zumindest nicht pauschal gesprochen werden. Von den Namen, die aus dem 1. Korinther- und dem Galater- bzw. 2. Korintherbrief entnommen sein *könnten* (Priska und Aquila, Titus), ist nach dem 2. Timotheusbrief keiner bei Paulus oder im Auftrag des Paulus tätig. Wenn Priska und Aquila nach II Tim 4,19 in Ephesus sind und von ‚Paulus' lediglich gegrüßt werden, so geben sie dem nach Ephesus gerichteten Schreiben gleichsam das Lokalkolorit, ohne daß ein persönliches Interesse an ihnen bestünde. Die Mitteilung, daß Titus bei Paulus in Rom gewesen und nun nach Dalmatien aufgebrochen sei (II Tim 4,10), zeigt zwar ein eigenständiges Interesse an diesem Mitarbeiter; doch steht sie gerade in keinerlei Zusammenhang mit dem, was die Paulinen (Gal und II Kor) über ihn berichten. Legendarische Ausschmückung und Weiterführung des aus den Paulinen Bekannten ist hier nicht zu beobachten.

---

[45]   Vgl. die ähnliche Überlegung bei J. Becker, Paulus, 1989, S.154: „Gab es eine Tradition im Urchristentum, wonach Silas in die petrinische Mission überwechselte?"

Die Nachricht über Tychikus wurde vielleicht einfach aus dem Epheserbrief übernommen; die Quelle der Mitteilungen über Trophimus, Erastus und Alexander ist nicht mehr zu erkennen. Wenden wir uns den aus
dem Philemon- und dem Kolosserbrief bekannten Personen zu, so wird die
Markus-Notiz - Timotheus soll ihn aus Ephesus nach Rom mitbringen -
etwa dadurch erklärt, daß „der in Kol und Phlm vorausgesetzte Zustand,
Timotheus und Markus befinden sich bei Paulus, ... damit wieder hergestellt"[46] wird. Das würde allerdings bedeuten, daß der Autor des 2. Timotheusbriefes die beiden Schreiben als Briefe aus der römischen Gefangenschaft kannte; dann würde er zu den Kleinasiaten, die sich von Paulus abge-
wandt haben (II Tim 1,15; vgl. 4,16), auch den Kolosser Epaphras (vgl.
Kol 4,12) rechnen müssen. Aus welchem Grunde sollte der Briefschreiber
das tun? Hätte er Epaphras nicht dadurch ‚retten’ können, daß er ihn zusammen mit Tychikus (4,12) nach Ephesus reisen läßt? Daß Demas zum Renegaten erklärt wird, läßt sich in keinem Fall als literarische Weiterbildung
von Phlm 24; Kol 4,14 erklären; eine solche willkürliche Beleidigung einer
bestimmten Person - von den namentlich genannten Feinden des Apostels ist
keiner aus den Paulusbriefen oder der Apostelgeschichte als ehemaliger
Mitarbeiter bekannt - wäre schlechterdings unbegreiflich. Die Nachrichten,
die der 2. Timotheusbrief bietet, lassen sich also im großen und ganzen
nicht einfach als ‚Weiterentwicklung’ älterer Mitteilungen verstehen.

(c) Das Bild, das die Mitarbeiter-Notizen im Philemon-, Kolosser- und
2. Timotheusbrief von der Geschichte einiger Personen vermitteln, ist z.T.
durchaus folgerichtig, ohne daß sich das spätere Stadium aus dem vorangegangenen einfach ableiten ließe. Das gilt insbesondere für Lukas und Demas: Im Philemonbrief wird Demas vor Lukas genannt, im Kolosserbrief
wird die Reihenfolge umgekehrt und Lukas als der ‚geliebte Arzt’ bezeichnet, und im 2. Timotheusbrief ist Lukas der letzte Getreue des Apostels und
Demas ein Renegat. Vom Schlußstadium her betrachtet, wie der 2. Timotheusbrief es repräsentiert, ist der Kolosserbrief gleichsam das Bindeglied
zum historischen Paulus; aber aus diesem ergibt sich keineswegs notwendig
das, was jener schreibt. Auch bei Markus könnten sich die Daten zu einem
schlüssigen Bild zusammenfügen lassen: Vielleicht war er zunächst bei Paulus in Cäsarea (Phlm 24), reiste dann nach Kolossä ab (Kol 4,10) und sollte
später mit Timotheus nach Rom kommen (II Tim 4,11; vgl. I Petr 5,13).

(d) Die Folgerung aus diesen Überlegungen muß lauten, daß die Personalangaben im Kolosser- und im 2. Timotheusbrief (vgl. den Titusbrief)
nicht als Ergebnis *rein* literarischer Arbeit aufgefaßt werden können. Das

---

46 J. Wehnert, op. cit., S.61.

Schreiben an die Kolosser steht Paulus zeitlich wohl so nahe, daß der Brief authentische Mitteilungen bietet, die dann nach Rom weisen. Komplizierter ist die Lage im 2. Timotheusbrief, der schon rund ein halbes Jahrhundert von den Ereignissen entfernt ist. Der Autor dürfte zum Teil über historische Einzelnachrichten verfügt haben, die er mitunter freilich falsch kombinierte (z.B. befanden sich Priska und Aquila zur Zeit der paulinischen Gefangenschaft wohl wieder in Rom). Andererseits ist auch ein aktuelles Interesse unübersehbar, das sich vor allem in den neuen Namen von Helfern und Gegnern dokumentiert. Wo Mitteilungen über Personen gemacht werden, die durch die Briefe an Philemon und die Kolosser als tatsächliche Mitarbeiter des Paulus bekannt sind, ist m.E. damit zu rechnen, daß einzelne Daten durchaus zuverlässig sind, auch wenn der Zusammenhang, in den sie gestellt werden, nicht stimmt. Das ist genau das, was man von einem Autor, der kein Historiker ist und keine Recherchen angestellt hat, nach ca. 50 Jahren erwarten kann: Einzelne Stationen und Daten sind noch erinnerlich, aber eine korrekte Rekonstruktion der Abfolge gelingt nicht mehr. Im wesentlichen entspricht dies auch dem Bild, das wir von der Darstellung der Romreise des Paulus im 2. Timotheusbrief gewonnen haben.

(2) Vom Philemon- über den Kolosser- zum 2. Timotheusbrief genießt Lukas eine kontinuierlich steigende Wertschätzung. In Phlm 24 ist er der fünfte und letzte Mitarbeiter in der Grußliste, in Kol 4,14 ist er vor Demas gerückt und wird als ὁ ἰατρὸς ὁ ἀγαπητός bezeichnet. In II Tim 4,11 ist er schließlich der letzte Getreue. Eine plausible Begründung dafür scheint mir zu sein, daß der Autor der Pastoralbriefe Lukas bereits als Verfasser des dritten Evangeliums (und der Apostelgeschichte?) kannte.[47]

(3) Auffällig ist, daß der 2.Timotheusbrief sowie die Paulusakten *Lukas mit Titus in Verbindung bringen*.[48] Weder der Philemon- noch der Kolosserbrief, in denen Titus nicht erscheint, noch die Apostelgeschichte, die beider Namen übergeht, konnten eine solche Verbindung nahelegen. Handelt es sich um einen Zufall, oder verbirgt sich dahinter eine Erinnerung an ein Zusammenwirken dieser beiden?

---

[47]   Auch die Markusnotiz (ἔστιν γάρ μοι εὔχρηστος εἰς διακονίαν, 4,11) ist vielleicht auf dem Hintergrund seiner Evangelienschrift zu erklären. Warum sollte man, ca. 50-60 Jahre nach der fingierten Situation, ausgerechnet diese beiden Mitarbeiter des Paulus so hervorheben, während andere, z.T. bedeutendere Leute aus derselben Zeit wie Epaphras oder Aristarch einfach unter den Tisch fielen? S. dazu auch o.S.79f.

[48]   Einer arabischen Version des Gal zufolge soll der Brief von Paulus in Rom geschrieben und durch Titus und Lukas zugestellt worden sein (vgl. NTG25 im Apparat zur *subscriptio* des Gal). Woher diese Angabe stammt, vermag ich nicht zu sagen.

2. Lukas und die Jerusalemreise des Paulus

Bevor Paulus zu seiner letzten Reise nach Jerusalem aufzubrechen beabsichtigt, schreibt er den Römern: „Nun reise ich nach Jerusalem und diene den Heiligen. Denn Mazedonien und Achaia haben beschlossen, eine Sammlung für die Armen unter den Heiligen in Jerusalem durchzuführen" (Röm 15,25f). Sobald er diese Angelegenheit zu Ende gebracht haben wird, will er nach Rom und von dort aus nach Spanien weiterreisen. Mit der Überbringung der Kollekte betrachtet Paulus seine Aufgabe im Osten des römischen Reiches als erfüllt. Freilich plagen ihn Zweifel, ob seine Gabe von den Heiligen in Jerusalem akzeptiert werden wird; darüber hinaus befürchtet er, daß die Juden in Judäa ihm große Schwierigkeiten bereiten könnten (15,31). Seine Vorahnung sollte ihn nicht trügen: Er hat Jerusalem nicht als freier Mann verlassen.

Durch das Zeugnis des Römerbriefes wissen wir, daß es sich bei der Reise, die Lukas in Act 20,3-21,18 schildert, um die Kollektenreise des Paulus handelt. Mit der Kollekte stoßen wir aber auf eines der geheimnisvollsten Kapitel aus der Wirksamkeit des Paulus. Vieles, was uns heute interessiert, läßt sich nicht mehr rekonstruieren. Wenn ich auf den folgenden Seiten dennoch versuche, mit groben Strichen ein Bild dieses Unternehmens zu zeichnen, so geschieht das unter dem ausdrücklichen Vorbehalt, daß uns die Quellenlage ein auch nur einigermaßen gewisses historisches Urteil nicht erlaubt. Wenn Lukas in Act 20,5ff aber wirklich seine Teilnahme an dieser Reise signalisiert, dann müßten wir uns eine Vorstellung davon machen können, wie es gewesen sein *könnte*. Um mehr als eine solche hypothetische Konstruktion kann und soll es sich also nicht handeln.

2.1. Die Vorgeschichte der Kollektenreise[49]

Auf dem Apostelkonzil in Jerusalem, zu dem Paulus seinerzeit zusammen mit Barnabas und Titus angereist war (Gal 2,1-10), hatten ihnen die ‚Säulen' nur das eine auferlegt, daß sie der Armen gedenken sollten; das hat

---

[49] Zu diesem Thema gibt es eine solche Fülle von Vermutungsliteratur, daß es mir auf dem knapp bemessenen Raum unmöglich ist, meine Sicht der Dinge durchgehend in ausdrücklicher Auseinandersetzung mit anderen Forschungshypothesen zu entwickeln. Einen Einblick in die Probleme und die Vielfalt der vorgeschlagenen Lösungen vermitteln W.G. Kümmel, Einleitung in das Neue Testament, [21]1983, S.217-219.243-249; D. Georgi, Die Geschichte der Kollekte des Paulus für Jerusalem, 1965, S.37-58; A. Suhl, Paulus und seine Briefe, 1975, S.202-282; G. Lüdemann, Paulus, der Heidenapostel I, 1980, S.110-151; N. Hyldahl, Die paulinische Chronologie, 1986, S.1-51.76-106.

Paulus in Galatien mit Eifer ins Werk gesetzt (Gal 2,10; vgl. I Kor 16,1). Ob die galatische Sammlung zur Zeit des Galaterbriefes bereits abgeschlossen und übergeben, ob das Unternehmen im Sande verlaufen ist[50] oder ob diese Gabe zusammen mit derjenigen der europäischen Gemeinden abgeliefert werden soll, wissen wir nicht. Jedenfalls spricht Paulus in Röm 15,26 nur von Mazedonien und Achaia. Damit muß auch die Frage, ob es eine kleinasiatische Kollekte gegeben hat, offenbleiben.[51] Konzentrieren wir uns also ganz auf Achaia und Mazedonien.

2.1.1. Der 1. Korintherbrief und Act 18,1-19,22

Am Ende des 1. Korintherbriefes spricht Paulus als letzten Punkt, zu dem die Korinther in ihrem vorangegangenen Brief Klarstellung oder Belehrung erbeten hatten[52], die Kollekte an (16,1-4). Ihre praktische Durchführung soll nach dem Modell der galatischen Sammlung erfolgen: Jeweils am ersten Tag der Woche, also am Sonntag, soll jeder so viel beiseitelegen, wie er zu entbehren vermag. Wenn Paulus dann nach Korinth kommt, soll die Sammlung bereits abgeschlossen sein. Die Gemeinde mag dann Vertrauensleute bestimmen, die Paulus entweder mit dem Geld und Begleitschreiben nach Jerusalem schicken oder mit denen zusammen er dorthin reisen wird, „falls es die Sache wert ist" (ἐὰν δὲ ἄξιον ᾖ τοῦ κἀμὲ πορεύεσθαι, 16,4). Wovon er die Entscheidung abhängig macht (etwa von der Höhe des Betrags?), wird nicht ersichtlich.

Welche Situation setzt der Brief voraus? Allem Anschein nach war Paulus zuvor erst ein einziges Mal in Korinth gewesen. Damals hatte er zusammen mit Silvanus und Timotheus die Gemeinde gegründet (II Kor 1,19; vgl. Act 18,5); er hatte Stephanas, den „Erstling Achaias" (I Kor 16,15), mitsamt Familie (1,16) getauft, ferner Krispus und Gaius (1,14). Nachdem er von Korinth abgereist war, hatte er bereits einen Brief geschrieben (5,9) und daraufhin ein Schreiben von der Gemeinde erhalten (7,1). Diesen Brief der Gemeinde überbrachten entweder Stephanas, Fortunatus und Achaikus (16,17) oder Sosthenes, der als Mitabsender genannt wird. Sie alle befinden sich nun bei Paulus in Ephesus (16,8). Timotheus dagegen ist auf dem Weg

---

50   In diesem Sinne äußerte sich G. Lüdemann, op. cit., S.117.

51   M. Dibelius überlegte, ob Paulus bei der Act 18,18ff angesprochenen Reise von Korinth über Ephesus nach Jerusalem „schon eine erste Rate der später völlig durchgeführten Kollekte für Jerusalem dorthin gebracht" hat (M. Dibelius/W.G. Kümmel, Paulus, ⁴1970, S.73). In diesem Falle müßte es sich um die kleinasiatische Kollekte gehandelt haben. Aber wir wissen es nicht.

52   Zu περὶ δέ vgl. I Kor 7,1.25; 8,1.4; 12,1; ferner I Thess 4,5; 5,1.

nach Korinth (4,17). Da er erst nach Eingang des 1. Korintherbriefes dort erwartet wird (16,10), scheint er zunächst eine Zwischenstation anzustreben. Von Korinth aus soll er wieder nach Kleinasien zurückkehren (16,11). Paulus selbst plant, bis Pfingsten noch in Ephesus zu bleiben (16,8) und danach über Mazedonien nach Korinth zu kommen (16,5). Dort will er längere Zeit bleiben, vielleicht sogar über Winter. Die Korinther sollen ihn dann geleiten, wohin auch immer er von dort reisen wird (16,6).

Was Paulus hier berichtet, fügt sich fast nahtlos in die Situation von Act 19,21f ein. Bei seinem ersten Besuch war er mit Silas/Silvanus und Timotheus in Korinth gewesen (Act 18,5). Damals hatten sich auch Priska und Aquila dort aufgehalten (18,2); später waren sie mit Paulus nach Ephesus gereist (18,19) und können deshalb nun Grüße ausrichten lassen (I Kor 16, 19). Paulus hatte den Synagogenvorsteher Krispus bekehren können (Act 18,8), dessen Nachfolger offenbar ein gewisser Sosthenes wurde (18,17); da Lukas dessen Bekehrung nicht erzählt, können wir bestenfalls überlegen, ob er vielleicht mit dem Mitabsender des 1. Korintherbriefes identisch ist. Von Korinth aus war Paulus nach Ephesus aufgebrochen (18,19); möglicherweise hatte ihn damals Silas/Silvanus verlassen, den Acta nach Korinth nicht mehr erwähnt und der auch von Paulus nicht wieder genannt wird. Von Ephesus aus soll Paulus zunächst nach Cäsarea und offenbar auch Jerusalem und dann nach Antiochien gereist sein, bevor er wieder nach Kleinasien kam (18,20-22; 19,1). Dort wirkte er zwei bis drei Jahre, bevor er nun den Entschluß faßt, durch Mazedonien nach Achaia zu ziehen (19,21). Einstweilen bleibt er aber noch in Kleinasien und sendet Timotheus und Erastus nach Mazedonien (19,22). Falls Timotheus den weitergehenden Auftrag erhalten haben sollte, über Mazedonien nach Achaia zu fahren, so würden sich die lukanische und die paulinische Angabe gegenseitig ergänzen (I Kor 4,17; 16,10).[53] Nach II Tim 4,20 soll auch Erastus nach Korinth gegangen sein. Die einzige Dissonanz zwischen dem 1. Korintherbrief und Acta besteht in den Aussagen über Apollos: Dieser war nach I Kor 16,12 zusammen mit Paulus in Ephesus, während Act 18,24-19,1 nichts von einem Zusammentreffen der beiden verlauten läßt.

---

[53] So etwa N. Hyldahl, Die paulinische Chronologie, 1986, S.41f. Es ist auch die Frage, ob die in I Kor 4,17; 16,10 vorausgesetzte Reise des Timotheus nach Korinth mit der in Phil 2,19-24 angekündigten Sendung des Timotheus nach Philippi in Zusammenhang steht. Das könnte dann der Fall sein, wenn (a) Phil in Ephesus und (b) vor I Kor geschrieben wurde; davon gehen z.B. A. Suhl (Paulus und seine Briefe, 1975, S.141-144.213-215) und N. Hyldahl (op. cit., S.22-26) aus, anders dagegen etwa W.-H. Ollrog, Paulus und seine Mitarbeiter, 1979, S.244f. Eine sichere Entscheidung ist m.E. nicht möglich.

Aus dem Vergleich der paulinischen Angaben mit der Darstellung in Acta ergibt sich folgendes Bild: Paulus schrieb den 1. Korintherbrief zur Zeit von Act 19,22, als er Timotheus über Mazedonien nach Achaia sandte und allein in Ephesus zurückblieb. Dort wird er noch wenige Wochen, nämlich bis Pfingsten, bleiben, bevor er über Mazedonien ebenfalls nach Korinth kommen will (I Kor 16,7f). Dann soll die Kollektenangelegenheit zum Abschluß gebracht werden. Noch ist keine Rede von der mazedonischen Kollekte; die achäische Sammlung ist allein Sache der Korinther.

2.1.2. Der 2. Korintherbrief und Act 20,1-6

Was sich zwischen unseren beiden Korintherbriefen abgespielt hat, gehört zu den undurchsichtigsten Kapiteln des Verhältnisses zwischen Paulus und seinen Gemeinden.[54] Betrachten wir zunächst die Darstellung der Apostelgeschichte, so scheint alles ganz einfach zu sein: Von Ephesus aus, wo Paulus den 1. Korintherbrief geschrieben hatte (I Kor 16,8), reiste der Apostel zunächst nach Mazedonien (Act 20,1); dort suchte er offenbar eine Reihe von Gemeinden auf (20,2), bevor er dann nach ‚Hellas‘ - die Ausleger verstehen das als Hinweis auf Korinth - weiterzog und dort drei Monate verbrachte (20,2). Im Anschluß daran machte sich Paulus auf den Weg nach Jerusalem, der ihn über Philippi, Troas und dann der kleinasiatischen Küste entlang nach Judäa führte (20,3ff). Wenden wir uns daraufhin dem 2. Korintherbrief zu, so vermittelt er auf den ersten Blick ein ganz analoges Bild: Paulus erwähnt selbst, er sei dem - aus Korinth abgereisten - Titus zunächst nach Troas, dann weiter nach Mazedonien entgegengezogen (II Kor 2,12f; 7,5-7). Wo Paulus sich zuvor aufgehalten hatte, sagt er zwar nicht ausdrücklich; aber sowohl die Reiseroute (Ausgangsort - Troas - Mazedonien) als auch der Bericht über die schlimmen Ereignisse in der Asia (II Kor 1,8) stellen es wohl außer Zweifel, daß Ephesus der Ausgangspunkt dieser Reise war. In Mazedonien war Paulus dann mit Titus zusammengetroffen (II Kor 7,5-7). Ihn sendet der Apostel nun erneut nach Korinth (II Kor 8,6.16f) und kündigt ferner an, daß er selbst bald nachkommen werde (12,14; 13,1); voraussichtlich werde Paulus in Begleitung einiger Mazedonier reisen

---

[54] Vgl. die o.S.229 Anm.49 genannte Literatur. Wie kompliziert die Sachlage ist, veranschaulicht die breite Diskussion bei A. Suhl, Paulus und seine Briefe, 1975, S.223-263. Bei der Lektüre dieses Abschnittes fällt es mitunter schwer, den Überblick über die verschiedenen Möglichkeiten, wie die bekannten Daten zu einem Bild zusammengesetzt werden können, zu behalten. Zu dieser sachlichen Schwierigkeit tritt erschwerend Suhls kaum erträglicher Schreibstil hinzu. Ein Beispiel: „Paulus erwartet, daß Timotheus *noch bis zur auf (gleich?) nach* Pfingsten festgesetzten Abreise bei ihm sein kann" (op. cit., S.253); die Hervorhebung ist von mir, bei Suhl steht: „noch bis zur auf (gleich?) nach".

(9,4f). Das alles scheint darauf hinzuweisen, daß der 2. Korintherbrief in Mazedonien geschrieben wurde. Zum Zeitpunkt des Schreibens hat Paulus die Fahrt von Ephesus nach Mazedonien hinter sich und plant die Abreise nach Korinth. Die Situation scheint sich also problemlos mit Act 20,1 zu decken. Doch der Schein trügt.

2.1.2.1. Die chronologischen Probleme der im 2. Korintherbrief *erwähnten Reisen.* Die Angaben, die Paulus im 2. Korintherbrief sowohl über seine eigenen Reisen (und Reisepläne) als auch über die Fahrten des Titus macht, vermitteln uns nämlich bei genauerem Hinsehen ein ungemein vieldeutiges Bild. Oft genug begnügt Paulus sich mit kurzen, rätselhaften Andeutungen, die in den Augen der Korinther sicherlich ausreichend waren, uns aber vor immense, wenn nicht gar unlösbare Probleme stellen; das wird der folgende Überblick deutlich machen. Da die meisten der hier in Betracht kommenden Formulierungen von den Exegeten verschieden übersetzt und interpretiert werden, gehe ich an dieser Stelle von der revidierten Lutherbibel[55] aus und stelle die Diskussion philologischer Fragen vorläufig noch zurück.

In II Kor 13,1f schreibt Paulus: „Jetzt komme ich zum dritten Mal zu euch (τρίτον τοῦτο ἔρχομαι πρὸς ὑμᾶς). ... Ich habe es vorausgesagt und sage es noch einmal voraus - damals bei meinem zweiten Besuch und nun aus der Ferne (ὡς παρὼν τὸ δεύτερον καὶ ἀπὼν νῦν) - ...: Wenn ich wiederkomme, dann kenne ich keine Schonung (ἐὰν ἔλθω εἰς τὸ πάλιν οὐ φείσομαι)." Paulus scheint hier auf einen zweiten Besuch in Achaia zurückzublicken, der im Zeichen eines schweren Konfliktes gestanden hatte, und erwartet auch für den angekündigten dritten Besuch eine harte Auseinandersetzung.

Betrachten wir zunächst den bevorstehenden Besuch, so vermittelt uns II Kor 9,3f ein ganz anderes Bild von der erwarteten Gesprächsatmosphäre: Paulus sendet einige ‚Brüder' - nach 8,16-24 handelt es sich um Titus und zwei anonyme ‚Gemeindeapostel' - von Mazedonien nach Korinth voraus, die dort die Bereitstellung der Kollekte vor seinem eigenen Eintreffen sichern sollen; wenn Paulus in Bälde mit einigen Mazedoniern nachkommen wird, so soll die Sammlung nach Möglichkeit schon abgeschlossen sein. Wenn auch ein gewisser mahnender Unterton nicht zu überhören ist, so lobt Paulus an dieser Stelle doch das Engagement der Korinther für die Kollekte. Von einer bevorstehenden ‚Standpauke', wie 13,1f sie ankündigt,

---

[55] Die Bibel oder die ganze heilige Schrift des Alten und Neuen Testaments nach der Übersetzung Martin Luthers. Revidierter Text 1975, Stuttgart 1978.

ist in 9,3f weder die Rede noch auch nur etwas zu ahnen. Können sich die
Ankündigungen in 13,1f und 9,3f auf ein und denselben Besuch beziehen?
Schwieriger noch sind die Fragen, die durch die Erwähnung des 2. Besuchs aufgeworfen werden. In II Kor 1,15-2,4 verantwortet sich Paulus vor
den Korinthern gegenüber Vorwürfen, die mit seinen Reiseplänen in Zusammenhang stehen: „... wollte ich zunächst zu euch kommen (ἐβουλόμην
πρότερον πρὸς ὑμᾶς ἐλθεῖν), damit ihr zum zweitenmal Gnade empfangen solltet. Von euch aus wollte ich dann nach Mazedonien reisen, aus
Mazedonien wieder zu euch kommen und mich von euch nach Judäa geleiten lassen." (1,15f) Dieses Vorhaben hat Paulus so jedenfalls nicht zur Ausführung gebracht; offenbar halten die Korinther ihm nun Leichtfertigkeit
und Unzuverlässigkeit vor (1,17-22). Paulus versichert jedoch mit einem
feierlichen Eid, daß sein Wortbruch andere Gründe habe, nämlich „daß ich
euch schonen wollte und darum nicht wieder nach Korinth gekommen bin
(φειδόμενος ὑμῶν οὐκέτι ἦλθον εἰς Κόρινθον, 1,23). ... Ich hatte
mich aber entschlossen, nicht zu euch zu kommen, damit nicht wieder Betrübnis entsteht" (ἔκρινα δὲ ἐμαυτῷ τοῦτο, τὸ μὴ πάλιν ἐν λύπῃ
πρὸς ὑμᾶς ἐλθεῖν, 2,1), eine Betrübnis, die mit dem ungeklärten Fall
eines ‚Übeltäters' (ἀδικήσας, 7,12; vgl. 2,5-11) in Zusammenhang stand.
Stattdessen habe er unter vielen Tränen einen Brief geschrieben, um die
Korinther zur Räson zu bringen und sie seiner Liebe zu versichern (2,3f;
vgl. 7,8-12); diesem Schreiben, das eine vorübergehende Irritation der
Gemeinde bewirkte (7,8), war letztendlich Erfolg beschieden (7,6f.9.11).
Welchen Reim soll man sich auf diese Aussagen machen? Mindestens drei
Möglichkeiten sind denkbar: (a) Der in II Kor 1,15f genannte Reiseplan
(Ephesus - Korinth - Mazedonien - Korinth) ist *älter* als der, den Paulus in I
Kor 16,5-7 (Ephesus - Mazedonien - Korinth) geäußert hatte. Paulus hätte
den Besuch aus Ephesus etwa im sog. Vorbrief (vgl. I Kor 5,9) in Aussicht
gestellt oder durch einen Mitarbeiter (z.B. Timotheus, vgl. I Kor 4,17;
16,10f) mitteilen lassen, dann aber (I Kor 16,5-7) ohne nähere Begründung[56] durch den neuen Reiseplan ersetzt. Daran hätte sich der Unmut der
Korinther entzündet (II Kor 1,17-22).[57] Setzt man diesen Fall voraus, so

---

[56] Paulus schreibt in I Kor 16,7 lediglich, er wolle die Korinther jetzt nicht auf der
Durchreise sehen (οὐ θέλω γὰρ ὑμᾶς ἄρτι ἐν παρόδῳ ἰδεῖν); das wäre dann als
Absage an den Reiseplan Ephesus - Korinth - Mazedonien - Korinth (II Kor 1,15f) zu
verstehen. Den Grund für diese Absage nennt Paulus nicht.

[57] So etwa C.F.G. Heinrici, Der zweite Brief an die Korinther, KEK VI[8], [3]1900,
S.74; zuletzt wieder N. Hyldahl, Die paulinische Chronologie, 1986, S.35 (vgl. ders.,
Die Frage nach der literarischen Einheit des Zweiten Korintherbriefes, ZNW 64, 1973,
S.298). Diese Möglichkeit wird häufig deshalb ausgeschlossen, weil Paulus in I Kor
16,6 *noch* offenlasse, ob er selbst nach Jerusalem reisen werde, in II Kor 1,16 dies aber

wäre der ‚Tränenbrief' vielleicht mit dem 1. Korintherbrief identisch; mit
dem ‚Übeltäter' könnte der ‚Blutschänder' von I Kor 5 gemeint sein. Unter
diesen Umständen dürfte der 2. Korintherbrief in die Situation von Act
20,1 - Paulus reist von Ephesus nach Mazedonien (vgl. II Kor 2,12f; 7,5) -
eingeordnet werden. Aber konnte eine solche Änderung der Reiseroute, die
nur eine geringfügige Aufschiebung des Korinth-Besuches mit sich bringen
würde - wollte Paulus sich doch in Mazedonien gar nicht erst lange aufhalten (I Kor 16,5) -, eine derartige Aufregung bei den Korinthern verur-
sachen, wie II Kor 1,17-22 sie reflektiert? Und setzt der 2. Korintherbrief
nicht voraus, daß der 2. Besuch tatsächlich bereits stattgefunden hat? (b) Ist
das in II Kor 1,15f angesprochene Vorhaben hingegen *jüngeren* Datums als
I Kor 16,5-7, so müßte Paulus nach Abfassung des 1. Korintherbriefes
seine Pläne geändert und dies den Korinthern durch einen Boten oder im
‚Tränenbrief' - der dann (zumindest z.T.) verlorengegangen wäre - mitgeteilt haben. Möglicherweise ist der neue Plan II Kor 1,15f zu dem Zeitpunkt, da Paulus den 2. Korintherbrief schreibt, nur erst teilweise zur Ausführung gekommen: Paulus könnte zu dem versprochenen zweiten Besuch
(1,15) nach Korinth gekommen sein; bei dieser Gelegenheit hätte ein ‚Übeltäter' den Apostel schwer beleidigt, und daraufhin hätte Paulus auf den 3.
Besuch verzichtet und stattdessen den ‚Tränenbrief' geschrieben. Da Paulus
später von Ephesus über Troas nach Mazedonien reiste und dort von Titus
Nachricht über den Erfolg des Tränenbriefes erhielt (7,5ff), müßte der 2.
Besuch von Kleinasien aus stattgefunden haben; nachdem er mit einem
Eklat geendet hatte, hätte Paulus auf die Reise nach Mazedonien und die anschließende Rückkehr nach Achaia verzichtet und wäre stattdessen wieder
nach Ephesus gefahren. Aber wenn tatsächlich ein solcher Vorfall zur
Änderung der Reisepläne Anlaß gegeben hatte, wie konnten die Korinther
dem Apostel dann den Vorwurf machen, er sei leichtfertig und unzuverläs-
sig (vgl. 1,17ff)? Außerdem scheint der Tränenbrief den Konflikt zwischen
Paulus und den Korinthern, der um den ἀδικήσας entstanden war, gelöst
zu haben (2,5ff; 7,8ff). Einer harmonischen Wiederbegegnung hätte
demnach nichts im Wege gestanden. In 12,21-13,2 kündigt Paulus jedoch
denselben Leuten, mit denen er zuvor schon aneinandergeraten war, eine

---

schon fest geplant sei (z.B. A. Suhl, Paulus und seine Briefe, 1975, S.243 Anm.72 u.ö.;
G. Lüdemann, Paulus, der Heidenapostel I, 1980, S.127f). Eine geradlinige
Entwicklung wird hier als selbstverständlich vorausgesetzt. Aber können wir mit
Sicherheit ausschließen, daß Paulus die Kollekte ursprünglich selbst abliefern wollte (II
Kor 1,16), dann - durch bedrohliche Nachrichten aus Judäa alarmiert? - wankend wurde
(I Kor 16,6), sich letztlich aber trotz dunkler Vorahnungen (Röm 15,30-32) doch wieder
zur Mitreise entschloß (Röm 15,25)? Oder könnte der Zusatz „und mich von euch nach
Judäa geleiten lassen" nicht auch als rückblickende Konkretisierung aufgefaßt werden?

schonungslose Abrechnung an. Läßt sich das wirklich zusammendenken? (c) Man könnte andererseits überlegen, ob der in 1,15f geäußerte Reiseplan vielleicht gänzlich unausgeführt geblieben war. Paulus wäre dann, da er ja tatsächlich von Ephesus nach Mazedonien gereist war (II Kor 2,12f; 7,5) und nun nach Korinth weiterzugehen beabsichtigte (9,4f; 10,11; 12,14.20f; 13,1.10), im wesentlichen zu seinem ursprünglichen Vorhaben (I Kor 16,5-7) zurückgekehrt, wenn sich auch sein Aufenthalt in Mazedonien in die Länge gezogen hätte. Erneut hätte er also umdisponiert und sich so den Vorwurf eingehandelt, er mache leere Versprechungen (1,17-22).[58] Auch in diesem Fall stünde der zweite Besuch wohl noch aus; das Vergehen des ἀδικήσας setzt ja die Anwesenheit des Paulus in Korinth nicht notwendig voraus - der ‚Übeltäter' könnte beispielsweise auch einen Mitarbeiter des Paulus beleidigt haben, was der Apostel als Angriff auf seine eigene Person empfunden haben mochte. Aber wenn Paulus zum 2. Mal seinen Besuch in Korinth aufschiebt: Warum wendet er dann in 1,23 („... nicht wieder [οὐκ-έτι] nach Korinth gekommen bin") den Blick zurück auf den Jahre zurückliegenden Gründungsaufenthalt, anstatt auf den unmittelbar bevorstehenden zweiten Besuch (‚noch nicht' [οὔπω]) vorauszuschauen? Wie man es auch dreht und wendet, wirkliche Klarheit über die Ereignisse nach Abfassung des 1. Korintherbriefes ist aus dem 2. Korintherbrief nicht zu gewinnen.

Ein ähnlich kompliziertes Bild ergibt sich, wenn man sich den Reisen des Titus zuwendet.[59] In II Kor 8,6 spricht Paulus zwei Korinth-Aufenthalte des Kollektenkommissars an: Der Apostel habe Titus gesandt, damit dieser dort das Kollektenwerk vollende (ἵνα ... ἐπιτελέσῃ), das er zuvor schon begonnen hatte (καθὼς προενήρξατο). Bereits zu einem früheren Zeitpunkt hatte Titus den Korinthern also einen Besuch abgestattet, der im Zeichen der Geldsammlung gestanden hatte. Auf der bevorstehenden Reise, die den Abschluß der Kollekte zum Ziel hat, werden ihn zwei namentlich nicht genannte Brüder begleiten (8,18ff). Nun spricht Paulus aber auch an zwei anderen Stellen von Korinth-Reisen des Titus, deren Verhältnis zu den beiden eben erwähnten Visiten unklar ist. Offenbar war Titus von Ephesus nach Korinth gefahren und hatte dort den ‚Tränenbrief' überreicht, bevor er in Mazedonien wieder mit Paulus zusammentraf (2,12f; 7,5ff). Ist diese Reise identisch mit dem ersten Kollektenbesuch, den 8,6 voraussetzt?[60]

---

[58]   So z.B. H. Windisch, Der zweite Korintherbrief, KEK VI[9], [1]1924, S.60.

[59]   S. die Diskussion bei N. Hyldahl, Die paulinische Chronologie, 1986, S.88-102.

[60]   So N. Hyldahl, Die Frage nach der literarischen Einheit des Zweiten Korintherbriefes, ZNW 64, 1973, S.305; ders., Die paulinische Chronologie, 1986, S.95f; G. Lüdemann, Paulus, der Heidenapostel I, 1980, S.130f.

Oder hatte sich Titus bei seiner ersten Visite um die Kollekte bemüht, die zweite galt der Überbringung des Tränenbriefes, und der angekündigte dritte Besuch soll die Kollektenangelegenheit zum Abschluß bringen? Dann wären in 8,6 der erste und dritte, in 2,12f; 7,5ff der zweite Besuch des Titus in Korinth angesprochen.[61] Um das Maß der Verwirrung vollzumachen, lesen wir in 12,17f: „Hab ich euch etwa übervorteilt durch einen von denen, die ich zu euch gesandt habe? Ich habe Titus zugeredet und den Bruder (Singular!) mit ihm gesandt: Hat euch etwa Titus übervorteilt?" Handelt es sich hier um den ‚früheren Kollektenbesuch' (προενήρξατο, 8,6)? Oder ist Titus zu dem Zeitpunkt, da Paulus II Kor 12 schreibt, von seinem in 8,6b.16f angekündigten zweiten Kollektenbesuch bereits zurückgekehrt?[62] In diesem Fall wäre ‚der Bruder' mit einem der ‚beiden Brüder' in 8,18ff identisch. Fragen über Fragen.

2.1.2.2. Einige neuere Rekonstruktionsversuche und ihre Probleme. Wir haben uns die verwirrende Vieldeutigkeit der Angaben im 2. Korintherbrief vor Augen geführt. Sie sollte unseren Optimismus dämpfen, eine „Chronologie des Paulus allein aufgrund der Briefzeugnisse"[63] für diesen Abschnitt der paulinischen Wirksamkeit zuversichtlich rekonstruieren zu können. So brennend uns viele Fragen interessieren mögen, wir müssen uns damit abfinden, daß sich in manchen Dingen schlechterdings keine Gewißheit mehr erreichen läßt. Diese Tatsache von vornherein und unumwunden einzugestehen, gehört zur wissenschaftlichen Verantwortung des Historikers. Freilich entbindet ein solches Eingeständnis nicht von der Pflicht, wenigstens den Versuch zu unternehmen, sich eine vage Vorstellung von dem möglichen Ereignisablauf zu machen. Das wurde vielfach unternommen; einige solcher hypothetischer Rekonstruktionen will ich auf den folgenden Seiten skizzieren. Die rigorose Auswahl ist dadurch bestimmt, daß ich mich auf neuere und möglichst verschiedenartige Ansätze beschränke.[64]

---

61 In diesem Sinne etwa D. Georgi, Die Geschichte der Kollekte des Paulus für Jerusalem, 1965, S.41-44.51-54; A. Suhl, Paulus und seine Briefe, 1975, S.248-263.

62 So etwa H. Windisch, Der zweite Korintherbrief, KEK VI[9], [1]1924, S.404f; C.K. Barrett, Titus, in: FS M. Black, 1969, S.1-12; ders., A Commentary on the Second Epistle to the Corinthians, 1973, S.5-21.

63 G. Lüdemann, Paulus, der Heidenapostel I, 1980, S.58 in der Überschrift zum 2. Teil seiner Arbeit.

64 Wer sich einen Überblick über die Forschungsgeschichte verschaffen will, sei auf den Kommentar zu II Kor 8.9 von H.D. Betz verwiesen (2 Corinthians 8 and 9, 1985, S.3-35).

Beginnen wir mit *Alfred Suhls* Habilitationsschrift aus dem Jahr 1968, die 1975 in überarbeiteter Form unter dem Titel *Paulus und seine Briefe. Ein Beitrag zur paulinischen Chronologie* erschien. Suhls literarkritische Entscheidungen - er rekonstruiert aus den beiden kanonischen Korintherbriefen insgesamt 6 unabhängige Schreiben - teile ich hier lediglich mit, ohne seine Gründe zu nennen und zu diskutieren.[65] Ich setze dort ein, wo wir oben (S.232) die Abfolge der Ereignisse verlassen haben.

Nachdem Paulus den Korinthern 2 Briefe aus Ephesus geschickt hatte - Suhl rekonstruiert den ‚Vorbrief' Kor A (I Kor 5,9) und das folgende Schreiben Kor B aus dem kanonischen 1. Korintherbrief -, brachte Timotheus (vgl. I Kor 4,17; 16,10 [Kor B]) ihm schlimme Nachrichten über die Zustände in der Gemeinde. Paulus sandte daraufhin Titus und einen namenlosen Bruder mit der ‚Apologie' Kor C (II Kor 2,14-6,13; 7,2-4) von Ephesus nach Korinth; auf diese erste - erfolglose - Titusreise nehmen später II Kor 8,6b (προενήρξατο) und 12,18 Bezug. Nachdem Titus enttäuscht nach Kleinasien zurückgekehrt war, entschloß Paulus sich zu einem Zwischenbesuch. Er endete mit einem Desaster (vgl. II Kor 2,1ff; 12,20-13,2). Wieder in Ephesus, schrieb Paulus den ‚Tränenbrief' (vgl. II Kor 2,3f; 7,8ff), den wiederum Titus zustellte (Kor D, teilweise erhalten in II Kor 10-13); diese zweite - erfolgreiche - Mission des Titus ist in II Kor 2,12f; 7,7.13ff angesprochen. Paulus hatte mit ihm vereinbart, daß man sich in Troas oder Mazedonien treffe. Nachdem man sich dort begegnet war und Titus die guten Nachrichten aus Korinth überbracht hatte, sandte Paulus seinen Mitarbeiter (zusammen mit zwei ungenannten Brüdern) zum dritten Mal in die Hauptstadt Achaias; diesmal gab er ihm den ‚Versöhnungsbrief' (Kor E = II Kor 1,1-2,13; 7,5-16; 8) mit auf den Weg. Das letzte Schreiben, der Kollektenbrief Kor F (= II Kor 9), folgte „mehrere Wochen, wenn nicht gar Monate später" (262) ebenfalls aus Mazedonien. Anschließend machte sich Paulus selbst auf den Weg nach Korinth.

In ausdrücklichem Widerspruch zu Alfred Suhl geht *Gerd Lüdemann* bei seinem Rekonstruktionsversuch[66] von der literarischen Einheit des 2. Korintherbriefes aus. Zwar ist er von der ursprünglichen Integrität dieses Schreibens nicht unbedingt überzeugt - er bezeichnet sie als „eine gar nicht so schlechte historische Möglichkeit"[67] -, hält es aber für methodisch

---

65 Auf Briefteilungshypothesen gehe ich im folgenden nur insofern ein, als sie für die Frage nach dem Ereignisablauf von Bedeutung sind; zur Briefteilung in den Korintherbriefen vgl. zuletzt W. Schenk, der die paulinische Korrespondenz mit Korinth auf insgesamt 8 Briefe verteilt (Art. Korintherbriefe, TRE 19, 1990, S.628-632).

66 G. Lüdemann, Paulus, der Heidenapostel I, 1980, S.127-131.

67 Op. cit., S.111 in Anm.121 zu S.110.

bedenklich, wenn man „seiner Chronologie von vornherein eine bestimmte Teilungshypothese des 2Kor zugrundelegt und von dieser Basis aus die Abfolge der Ereignisse rekonstruiert"[68].

Nachdem Paulus seinen Mitarbeiter Timotheus über Mazedonien nach Achaia gesandt und den 1. Korintherbrief geschrieben hatte, brachte Timotheus ihm böse Neuigkeiten aus Korinth mit. Paulus stattete einen Zwischenbesuch aus Ephesus ab, dessen Resultat bekannt ist. Nach seiner Rückkehr schickte er Titus mit dem (verlorengegangenen) Tränenbrief auf den Weg. In Mazedonien trafen beide wieder zusammen; Titus reiste mit II Kor 1-9.10-13 nach Korinth und kündigte die baldige Ankunft des Apostels an.

Ganz ähnlich sieht *Charles Kingsley Barrett*[69] die Abfolge der Ereignisse: Auf die Rückkehr des Timotheus folgte der Zwischenbesuch aus Ephesus und die Rückreise nach Kleinasien über Mazedonien; Titus reiste mit dem Tränenbrief nach Korinth (2,13; 7,5ff) und traf Paulus anschließend in Mazedonien. Anders als bei Lüdemann kehrte Titus (in Begleitung eines anonymen Bruders, II Kor 8,16.18; 12,17) nur mit II Kor 1-9 nach Korinth zurück, wo sich erneut eine Katastrophe ereignete. Wiederum eilte Titus nach Mazedonien; dort schrieb Paulus den drohenden Brief II Kor 10-13.

Noch einmal ein ganz anderes Bild zeichnet *Hans Dieter Betz*.[70] In seinen Augen fand die 1. Reise des Titus, die II Kor 8,6 andeutet und auf die 12,18 Bezug nimmt, noch vor Abfassung des 1. Korintherbriefes statt. Auf diesen Brief hin kam es dann in Korinth zur Krise. An dieser Stelle hatte Betz früher einen Zwischenbesuch des Paulus angenommen[71]; in seinem Kommentar zu II Kor 8.9, wo ihm freilich an einer vollständigen Rekonstruktion der Ereignisse nicht gelegen zu sein scheint, erwähnt er diesen Besuch nicht. Sei es nach seinem Zwischenbesuch, sei es an dessen Stelle schrieb Paulus aus Ephesus zwei Apologien: Die erste, der kein Erfolg beschieden war, ist teilweise in II Kor 2,14-6,13; 7,2-4 erhalten, die zweite in 10,1-13,10. Darauf folgten die 2. Titusreise (vgl. II Kor 2,13; 7,5ff), die Begegnung mit Paulus in Mazedonien und der - in II Kor 1,1-2,13; 7,5-16; 13,11-13 vollständig erhaltene - Versöhnungsbrief. Anschließend schrieb Paulus je einen Kollektenbrief an die Korinther (II Kor 8) und die Achäer (II Kor 9), die Titus und die beiden anonymen Brüder überreichten.

---

68 Ebd. im Blick auf A. Suhl.

69 C.K. Barrett, Titus, in: Neotestamentica et Semitica. FS M. Black, 1969, S.1-14; ders., A Commentary on the Second Epistle to the Corinthians, 1973, S.5-21.

70 H.D. Betz, 2 Corinthians 8 and 9, 1985.

71 H.D. Betz, Der Apostel Paulus und die sokratische Tradition, 1972, S.11.

Niels Hyldahl unternahm im Jahr 1973 den Versuch, den 2. Korintherbrief (mit der Ausnahme von 6,14-7,1) wieder konsequent als eine literarische Einheit zu interpretieren[72], ein Ansatz, den er 13 Jahre später in seiner
Monographie über *Die paulinische Chronologie* weiterentwickelte. Nach
seinem Modell sind die Vorgänge, die zwischen der Abfassung des 1. und 2.
Korintherbriefes liegen, viel unkomplizierter als allgemein angenommen.
Der ‚Tränenbrief‘, den Paulus den Korinthern durch Titus[73] und einen der
anonymen Brüder aus Ephesus senden ließ (II Kor 2,13; 7,5ff; 8,6a; 12,17),
ist nichts anderes als unser 1. Korintherbrief. Titus und der Bruder blieben
einige Wochen in Korinth, bevor sie nach Mazedonien weiterreisten; dort
trafen sie mit dem Apostel zusammen. Erneut sandte Paulus die beiden,
diesmal in Begleitung eines zweiten Bruders, nach Achaia (8,6b.16-23);
dabei überbrachten sie den 2. Korintherbrief, der den baldigen Besuch des
Apostels ankündigte. Die Situation deckt sich exakt mit Act 20,1.[74]

In dieser Darstellung war Paulus zu der Zeit, als er den 2. Korintherbrief schrieb, erst ein einziges Mal in Korinth gewesen. Das offensichtliche
Problem ist darum die Interpretation derjenigen Stellen, die einen zweiten
Besuch des Apostels vorauszusetzen scheinen. Der Entschluß des Paulus,
μὴ πάλιν ἐν λύπῃ πρὸς ὑμᾶς ἐλθεῖν (2,1; vgl. 12,21), läßt sich relativ ungezwungen dahingehend verstehen, daß die (erstmalige) Rückkehr
des Apostels (nach seinem Gründungsbesuch), also seine insgesamt zweite
Visite, nicht von vornherein unter einem ungünstigen Stern stehen solle.
Die spätere Aussage: ἰδοὺ τρίτον τοῦτο ἑτοίμως ἔχω ἐλθεῖν πρὸς
ὑμᾶς (12,14), interpretiert Hyldahl folgendermaßen: Während Paulus - im
Gegensatz zu seinen Ankündigungen im Vorbrief und im 1. Korintherbrief
(4,19-21) - in diesen beiden Fällen letztlich doch nicht bereit war, den
Korinthern den noch ausstehenden 2. Besuch abzustatten, ist er dieses dritte
Mal tatsächlich bereit, nach Korinth zu kommen.[75] Größte Schwierigkeiten
bereitet natürlich 13,1f: τρίτον τοῦτο ἔρχομαι πρὸς ὑμᾶς ... προείρηκα καὶ προλέγω, ὡς παρὼν τὸ δεύτερον καὶ ἀπὼν νῦν

---

[72] N. Hyldahl, Die Frage nach der literarischen Einheit des Zweiten Korintherbriefes, ZNW 64, 1973, S.289-306.

[73] N. Hyldahl, Die paulinische Chronologie, 1986, S.88ff; nach Hyldahls früherer
Auffassung war Titus erst nach Absendung von I Kor von Ephesus nach Korinth gereist
(art. cit., S.305).

[74] Dieser Darstellung folgt jetzt R. Riesner, Die Frühzeit des Paulus, Habil. masch.
1990, S.252 (§ 15.4.1).

[75] Op. cit., S.105f, in Korrektur seiner früheren Auffassung, Paulus erkläre nach II
Kor 1,15f und I Kor 16,5-7 zum dritten Mal seine Bereitschaft, nach Korinth zu kommen
(art. cit., S.303).

κτλ. Hyldahl übersetzt in V.1: „Dies dritte Mal komme ich zu euch", und fügt erläuternd hinzu: „Diesmal ist er also nicht nur zum Besuch bereit (12,14), sondern kommt wirklich."[76] Προείρηκα zu Beginn von V.2 soll sich nicht auf eine mündliche, sondern eine schriftliche Mitteilung, nämlich im 1. Korintherbrief (4,19-21), beziehen; προλέγω ώς παρὼν τὸ δεύτερον καὶ ἀπὼν νῦν bedeutet dann: »... und ich sage es voraus, „gleichsam schon zum zweitenmal anwesend und doch jetzt abwesend"[77]«.

Betrachten wir diese Darstellungen auf dem Hintergrund der oben angesprochenen Probleme, die durch die Reiseangaben im 2. Korintherbrief aufgeworfen werden, so lassen sich die jeweiligen Stärken und Schwächen folgendermaßen charakterisieren:

(1) Prinzipiell ist eine historische Rekonstruktion, die mit der Einheitlichkeit des 2. Korintherbriefes zu operieren vermag, gegenüber Briefteilungs-Lösungen im Vorteil; sie arbeitet mit weniger Unbekannten. Das macht die Stärke von Hyldahls und Lüdemanns Position aus. Doch bleiben auch bei diesen beiden Entwürfen Fragen offen.

(a) In Hyldahls Darstellung ergeben sich logische Probleme etwa aus der Identifizierung des ‚Tränenbriefs' mit dem 1. Korintherbrief. Der Tränenbrief hätte demnach, da er den neuen Reiseplan mitteilte (I Kor 16,5-7), gewaltigen Ärger bei den Korinthern hervorgerufen, den Paulus mühsam abwiegeln muß (II Kor 1,17-22); der Apostel empfindet aber über die Wirkung dieses Schreibens ungetrübte Freude (7,8-16).

(b) Diese Schwierigkeit vermeidet Lüdemann, indem er die Gleichsetzung von Tränenbrief und 1. Korintherbrief ablehnt. Er muß nun - mit der überwältigenden Mehrheit der Ausleger - vor Abfassung des ‚Tränenbriefes' einen Zwischenbesuch aus Ephesus annehmen, der mit einem Desaster endete. Von einer Reise Ephesus - Korinth - Ephesus, das muß allerdings betont werden, ist im 2. Korintherbrief mit keiner Silbe die Rede; sie wird lediglich behauptet, um die Ankündigung eines dritten Besuches (z.B. 13,1f) mit der Fahrt von Ephesus über Troas nach Mazedonien (2,12f; 7,5) in Übereinstimmung zu bringen. Zu diesem hypothetischen Charakter des ‚Zwischenbesuchs' kommen einige Schwierigkeiten hinzu, die eine solche Stippvisite schwer vorstellbar erscheinen lassen. Fand sie nach der Todesgefahr in der Asia statt, so fragt man sich, warum Paulus die Korinther dann *brieflich* davon in Kenntnis setzen muß (1,8-11); ereignete sich die tödliche Bedrohung dagegen erst im Anschluß an die Rückkehr nach Ephesus, so hätte der Apostel die Änderung der Reisepläne nicht selbst zu

---

[76] N. Hyldahl, op. cit., S.103 und 104.

[77] A.a.O., S.104.

verantworten; die Apologie in 1,17-22 wäre so kaum verständlich. Ferner:
Wenn Paulus entgegen seiner Ankündigung in I Kor 16,5 (Ephesus - Mazedonien - Achaia) von Ephesus aus direkt nach Achaia fuhr und es dort zum
Streit kam, warum fuhr er dann nach Ephesus zurück, anstatt seinem neuen
Plan entsprechend (II Kor 1,15f: Achaia - Mazedonien - Achaia - Jerusalem) nach Mazedonien zu reisen? In I Kor 16,5f hatte Paulus doch zu verstehen gegeben, daß er erst nach Abschluß seiner ephesinischen Wirksamkeit nach Korinth kommen wolle; warum sollte er nun also nach Ephesus
zurückfahren? Falls sich Paulus aber aus einem uns unbekannten aktuellen
Anlaß noch vor Abschluß seines Ephesus-Aufenthalts zu einem Zwischenbesuch in Korinth entschlossen hätte: Wie konnten die Korinther angesichts
dieses *donum superadditum* erwarten, daß der Apostel bald darauf erneut
diese Reise auf sich nehmen würde? Und wenn dieser Zwischenbesuch, wie
angenommen wird, mit einem Eklat geendet hätte, warum sollten die
Korinther sich darüber ereifern, daß Paulus nicht gleich wieder zurück-
gekommen ist (vgl. II Kor 1,17-22)? Die Änderung der Reisepläne wäre
unter diesen Umständen nicht nur verständlich, sondern den Korinthern
wohl auch durchaus willkommen gewesen.[78]

(2) Unter der Voraussetzung, daß der 2. Korintherbrief einheitlich ist,
bleibt zudem der harte Gegensatz zwischen drohender Besuchsankündigung
in 13,1f und dem konzilianten Ton in 9,3-5 bestehen; die Entschärfung dieses Gegensatzes gelingt durch die Abtrennung von II Kor 10-13. Suhl und

---

[78] Unbefriedigend ist der Lösungsvorschlag von D. Trobisch (Die Entstehung der
Paulusbriefsammlung, 1989, S.123-128), der am Ende seiner Überlegungen als „eine
Kuriosität am Rande" erfreut feststellen zu dürfen meint: „Es wird manchmal versucht,
den historischen Quellenwert der Paulusbriefe gegen die tendenziöse Darstellung der Apg
auszuspielen. Falls meine Analyse des 2Kor richtig ist, so zeichnen alle Quellen, nämlich
der Röm, 1Kor 16, die Apg und der 2Kor, das gleiche Bild der Ereignisse. Irgendwelche
Zwischenbesuche oder Zwischenbriefe kunstvoll zu rekonstruieren, ist nicht notwendig."
(S.128) Seine Analyse von II Kor lautet: Bei dem Brief handelt es sich um eine von Paulus selbst veranstaltete Rezension von ursprünglich vier Schreiben, bei denen lediglich
„die Absender- und Adressatangaben und die Schlußgrüße des Briefrahmens gestrichen"
(S.125f) wurden. Der 1. Brief (II Kor 1,3-2,11 = Tränenbrief) wurde aus Kleinasien zugestellt; der 2. (2,14-7,3), 3. (7,4-9,15) und 4. Brief (10,1-13,10) wurden in dieser Reihenfolge aus Mazedonien nach Korinth gesandt. Bei der Gesamtrezension wurden 1,1f;
2,12f; 13,11-13 von Paulus hinzugefügt. Was damit im Sinne des obigen Zitats für die
Rekonstruktion der Ereignisse gewonnen sein soll, ist mir unerfindlich; gegenüber Hyldahl, der an der Einheitlichkeit von II Kor festhält, ändert sich chronologisch nichts. Anders verhielte es sich, wenn II Kor 12,14; 13,1f zu lesen wäre: ‚Dies ist das 3. Mal, daß
ich euch brieflich meinen Besuch ankündige' - nämlich nach I Kor 16,5-7 und II Kor
9,4f; das steht aber nicht da. Gern wüßte man, wie T. II Kor 13,1f interpretiert; leider
bleibt er diese Erklärung schuldig.

Betz geben der Drohung (c.10-13) die zeitliche Priorität[79]; sie habe den Umschwung zugunsten des Apostels bewirkt, dessen Besuch darum nun unter günstigen Vorzeichen stehen kann (9,3-5). Durch diese Umstellung handelt man sich andererseits wieder neue Probleme ein. Da 12,17f auf einen Besuch des Titus in Korinth zurückblickt, muß es sich bei der Übergabe des Tränenbriefes (2,12f; 7,5ff) bereits um die zweite Achaiareise des Titus gehandelt haben. Nun schreibt Paulus aber, er habe, als er Titus mit dem Tränenbrief nach Korinth gesandt habe, gleichsam seine Hand für die Korinther ins Feuer gelegt (7,14); nun, da er weiß, daß Titus „mit Furcht und Zittern" aufgenommen worden ist (7,15), freut sich der Apostel, daß sein „Rühmen vor Titus der Wahrheit entsprach" (7,14). Das ‚Rühmen' des Paulus legt doch wohl nahe, daß Titus den Korinthern zu diesem Zeitpunkt noch nie begegnet war.[80] Ein zweites Problem kommt hinzu: Wenn Paulus nach seinem enttäuschend verlaufenen Zwischenbesuch Korinth wieder verließ und somit von seinem zuvor geäußerten Reiseplan (vgl. 1,15f) Abstand nahm, warum rechtfertigte er sich dafür (vgl. 1,17-22) nicht im folgenden ‚Tränenbrief', sondern erst nach erfolgter Aussöhnung im ‚Versöhnungsbrief'? Beide Einwände wiegen schwer gegen die Annahme, II Kor 10-13 sei früher geschrieben worden als 1,1-2,13; 7,5-16. Ich stimme hier Barrett zu: "It is impossible not to conclude that ch. 12 was written later than ch. 8,9, and it is probable that ch. 12 was written later than the whole of ch. 1-9"[81]. Barrett selbst geht den umgekehrten Weg und setzt c.10-13 geraume Zeit nach c.1-9 an: Titus sei von der Reise, die in 8,6.16f angekündigt wird, nach Mazedonien zurückgekehrt und habe die erschreckenden Neuigkeiten überbracht, die Paulus allererst zu dem drohenden Schreiben c.10-13 veranlaßt haben. Auf diesen Besuch des Titus, der dann katastrophal ausgefallen sein muß, blicke Paulus in 12,18 - παρεκάλεσα Τίτον καὶ συναπέστειλα τὸν ἀδελφόν - zurück. Hier bleibt allerdings die Schwierigkeit, daß in 12,18 nur von *einem* Bruder in Begleitung des Titus

---

[79] So zuletzt auch P. Rolland, La structure littéraire de la Deuxième Épître aux Corinthiens, Bibl 71, 1990, S.73-84.

[80] Suhl sieht diese Schwierigkeit, hält sie aber für nicht unüberwindlich: „Paulus bezieht sich 2 Kor 7,13f. nur darauf, daß er sein Zutrauen zu den Korinthern vor Titus geäußert hat, ohne es zeitlich zu differenzieren. Nötig war es vor beiden Reisen ... Daß ein Rühmen der Korinther vor der zweiten Reise, als Titus den Tränenbrief mitnahm, ausgeschlossen sei (...), ist angesichts von II 2,1ff. zumindest fraglich." (Paulus und seine Briefe, 1975, S.240f in Anm.64 zu S.240) Dagegen meint Barrett m.E. zurecht, daß das ‚Rühmen' des Paulus "virtually rules out the commonly accepted view that Titus had been sent to Corinth to put down a rebellion, and as the bearer of 2 Co 10-13" (Titus, in: Neotestamentica et Semitica. FS M. Black, 1969, S.9).

[81] C.K. Barrett, art. cit., S.12.

die Rede ist, während in 8,16ff ausdrücklich *zwei* Brüder angekündigt worden waren. Dennoch: Wenn man eine Briefteilung vornehmen will, scheint mir Barretts Vorschlag der Vorzug zu geben sein.

2.1.2.3. Überlegungen zum 2. Besuch des Paulus in Korinth.

Viel Scharfsinn ist darauf verwendet worden, die Ereignisse zwischen der Abfassung des 1. und des 2. Korintherbriefes aufzuklären. Jeder Entwurf löst, wie wir sehen konnten, einen Teil der unleugbaren Schwierigkeiten und schafft zugleich neue. Man kann mit gutem Grund bezweifeln, daß eine konsensfähige Lösung überhaupt noch gefunden werden kann. Letztlich wird man sich entscheiden müssen, mit welchen Problemen man besser leben kann als mit anderen. Auf den folgenden Seiten werde ich darlegen, was ich für die ,kleineren Übel' halte. Wenn man sie in Kauf nehmen kann, dann scheint mir eine hypothetische Rekonstruktion möglich zu sein, die in manchen Einzelheiten zwar höchst spekulativ und unbeweisbar ist, deren chronologische Eckdaten aber zumindest bedenkenswert sind.

(1) Beginnen wir mit den vier Schlußkapiteln des 2. Korintherbriefes. In II Kor 13,2 schreibt Paulus: προείρηκα καὶ προλέγω ὡς παρὼν τὸ δεύτερον καὶ ἀπὼν νῦν, τοῖς προημαρτηκόσιν καὶ τοῖς λοιποῖς πᾶσιν, ὅτι ἐὰν ἔλθω εἰς τὸ πάλιν οὐ φείσομαι. Paulus erklärt, er werde bei seiner bevorstehenden Rückkehr nach Achaia keine Schonung üben, und verweist zugleich auf eine frühere, gleichlautende Ankündigung. Bei welcher Gelegenheit könnte diese erste Ansage gemacht worden sein? In der Regel verweisen die Exegeten auf einen vorangegangenen Besuch: Bei seiner zweiten Anwesenheit (ὡς παρὼν τὸ δεύτερον) habe Paulus angekündigt, was er nun brieflich (καὶ ἀπὼν νῦν) wiederhole. Gegen diese Auffassung hat Niels Hyldahl Einspruch erhoben; „denn dann hätte ein οὕτως vor καὶ (*sic!*) nicht vermißt werden können"[82]. Προείρηκα müsse deshalb auf eine schriftliche Äußerung - Hyldahl denkt an I Kor 4,19-21[83] - verweisen. Der Satz II Kor 13,2 wäre dann folgender-

---

[82] N. Hyldahl, Die paulinische Chronologie, 1986, S.104; gern wüßte man, warum insbesondere Gal 1,9 (ὡς προειρήκαμεν καὶ ἄρτι πάλιν λέγω) und Phil 1,20 (ὡς πάντοτε καὶ νῦν) „keine überzeugende Parallelen" für das Fehlen von οὕτως sein sollen (ebd. Anm.62).

[83] Paulus wendet sich dort gegen einige aufgeblasene Personen, die behaupten, er werde ja doch nicht nach Korinth kommen; demgegenüber versichert der Apostel, er werde, wenn der Herr will, sogar bald eintreffen, und stellt die Korinther vor die Wahl, ob er mit dem Stock oder in Liebe kommen solle. Aus Hyldahls Perspektive wäre es vielleicht sinnvoller gewesen, bei προείρηκα an II Kor 1,23 („um euch zu schonen, bin ich nicht wieder nach Korinth gekommen") zu denken; dann wäre nämlich zugleich die behauptete Integrität des 2. Korintherbriefes untermauert. Ferner käme II Kor 10,10f

maßen zu paraphrasieren: ‚Ich habe es euch schon in I Kor 4,19-21 vorausgesagt und sage es nun noch einmal voraus, als wäre ich schon das 2. Mal bei euch, obwohl ich doch im Moment noch fern bin: Wenn ich wiederkomme, kenne ich keine Schonung.' Das würde bedeuten: „Paulus vergleicht den in Abwesenheit geschriebenen Zweiten Korintherbrief mit seinem angekündigten Besuch in Korinth, als ob er durch den Brief schon zum zweitenmal anwesend wäre."[84] Aber diese Interpretation, so scharfsinnig sie ist, scheint mir doch kaum haltbar zu sein: (a) Wenn Paulus sich in II Kor 13,2 in die Situation hineinversetzte, er sei bereits in Korinth, dann würde er etwas *sagen* und nicht eine *Voraus*sage machen; statt προείρηκα καὶ προλέγω κτλ. hätten wir etwa zu erwarten: προείρηκα, καὶ ἄρτι πάλιν λέγω (vgl. Gal 1,9) ὡς παρὼν τὸ δεύτερον καὶ ἀπὼν νῦν. (b) In einem solchen Moment würde Paulus sagen, daß seine Geduld jetzt am Ende sei, und nicht, daß er *bei seiner Wiederkehr* keine Schonung üben werde; statt ἐὰν ἔλθω εἰς τὸ πάλιν οὐ φείσομαι müßte er schreiben: οὐκέτι φείδομαι. (c) In Hyldahls Auslegung hätte der Satzteil ὡς παρὼν τὸ δεύτερον καὶ ἀπὼν νῦν die Funktion, der brieflichen Drohung des Apostels denselben Ernst zu verleihen, als würde er sie persönlich aussprechen. Eine solche Auffassung stünde freilich der Position, die Paulus in II Kor 10-13 einzunehmen sich gezwungen sieht, diametral entgegen. Die Vorwürfe, deren er sich zu erwehren hat, lauten genau andersherum: In seinen Briefen nehme er zwar den Mund voll; wenn er dann aber anwesend ist, trete er kläglich auf (vgl. 10,1f.9-11). Infolgedessen müßte Paulus in 13,2 gerade umgekehrt argumentieren, etwa: λέγω ὡς ἀπὼν νῦν (οὕτως) καὶ παρὼν ἐν τάχει (vgl. 10,11: οἷοί ἐσμεν τῷ λόγῳ δι' ἐπιστολῶν ἀπόντες, τοιοῦτοι καὶ παρόντες τῷ ἔργῳ). (d) Schließ-

---

in Betracht. Προείρηκα als Querverweis innerhalb eines Schriftstücks erscheint in II Kor 7,3, wo auf 3,2; 6,12 Bezug genommen wird.

[84] N. Hyldahl, op. cit., S.104. Man könnte zum Vergleich auf I Kor 5,3 hinweisen: ἐγὼ μὲν γάρ, ἀπὼν τῷ σώματι παρὼν δὲ τῷ πνεύματι, ἤδη κέκρικα ὡς παρὼν κτλ.; vgl. zu dieser Stelle K. Thraede, Grundzüge griechisch-römischer Brieftopik, 1970, S.97-102. Zur Formel ὡς παρὼν und zum Parusia-Motiv in der Epistolographie vgl. K. Thraede, op. cit., S.39-46 (Cicero). 52-55 (Ovid). 70f (Seneca). 79f (Papyrusbriefe). 84-86 (Briefe an Jamblich). 146-150 (spätantiker Brief); leider geht Thraede nicht auf II Kor 13,1f ein. Über das von Thraede genannte Material hinaus ist insbesondere die monumentale Inschrift des Epikureers Diogenes von Oinoanda (ed. C.W. Chilton) zu erwähnen: Da er durch eine Herzkrankheit am Verlassen des Hauses gehindert war (F 50; F 25 col.I), ließ er eine Reihe von Abhandlungen über Probleme der Naturphilosophie und der Ethik sowie Abschriften persönlicher Dokumente und einen Brief auf ca. 40 m Länge in einer Säulenhalle anbringen. In der Einleitung schreibt er: „Durch die(se) Schrift sage ich dies, als wäre ich anwesend" (διὰ τῆ[ς] [γ]ραφῆς καθάπερ παρὼν λέγω ταῦτα (F 2 col.I Z.5-7).

lich ist das gegnerische Zitat: „Die Briefe (des Paulus) sind zwar gewichtig
und kraftvoll, die leibhaftige Anwesenheit aber ist schwach und die Rede
kläglich" (10,10), kaum verständlich, wenn sich die Opposition dabei einzig
auf den anderthalbjährigen, gemeindegründenden Aufenthalt des Apostels
stützen kann. Nicht von ungefähr geht Hyldahl diesem Zitat aus dem Wege;
es setzt doch wohl zumindest einen zweiten Auftritt des Apostels in Achaia
voraus, bei dem er eine nicht eben glänzende Figur abgegeben hat und damit den Eindruck erwecken konnte, er sei κατὰ πρόσωπον ... ταπει-
νὸς ἐν ὑμῖν (10,1). Wir können, meine ich, als relativ gewiß festhalten:
Zu dem Zeitpunkt, da Paulus II Kor 10-13 schreibt, war er bereits (mindestens) ein zweites Mal in Achaia gewesen.

(2) Aus dieser Feststellung ergibt sich nun die Frage: Ist diese zweite
Anwesenheit schon in II Kor 1-9 vorausgesetzt? Oder kann sie auch erst
zwischen c.9 und 10 angesetzt werden? Die Schlüsselstellung in dieser Frage nimmt die Apologie des Paulus hinsichtlich seiner unausgeführten Reisepläne (II Kor 1,15-2,13) ein. Wenn man sich entscheiden kann, in 1,15f ein
gegenüber I Kor 16,5-7 jüngeres Reisevorhaben zu sehen, das zudem teilweise bereits zur Ausführung gekommen ist, so hätte ein Zwischenbesuch
aus Ephesus stattgefunden. Diese Auffassung ist möglich - rundweg abstrei-
ten läßt sie sich trotz der oben (S.241f) genannten Einwände nicht -, in meinen Augen aber nicht sehr wahrscheinlich. Laut II Kor 13,2 hätte Paulus
bei diesem Zwischenbesuch angekündigt, bei seiner Rückkehr schonungslos
vorgehen zu wollen. In 1,23 schreibt er indes, er sei bislang nicht zurückgekehrt, weil er die Korinther schonen wollte. Sollten diese beiden Aussagen
in ein und denselben Brief gehören, so gäbe Paulus hier eine merkwürdige
Figur ab: Wenn er wiederkomme, hatte er bei seinem Besuch angekündigt,
werde er schonungslos auftreten; da er die Korinther aber schonen wollte,
kam er nicht. Liefe Paulus mit einem solchen Zirkelschluß nicht denen ins
offene Messer, die ihn ohnehin für großsprecherisch halten? Die Vorwürfe, die hinter II Kor 10 sichtbar werden: daß er in seinen Briefen zwar
groß auftrumpfe, in der direkten Auseinandersetzung aber klein beigebe,
werden m.E. am ehesten verständlich, wenn zwischen II Kor 1-9 und 10-13
ein Besuch des Apostels in Korinth stattgefunden hat.[85] In den Augen der
Gegner hätte Paulus dann zunächst große Reden geschwungen („Was wollt
ihr? Soll ich mit dem Stock zu euch kommen oder in Liebe und im Geist der
Sanftmut?" [I Kor 4,21]), wäre aber schließlich doch nicht gekommen und
hätte dies damit begründet, daß er die Korinther schonen wollte (II Kor

---

85 Schon H. Windisch war der Meinung, „die Einschaltung des 2. Besuchs hinter
AB [sc. II Kor 1-9] (sei) als eine Möglichkeit ernstlich zu erwägen" (Der zweite Korintherbrief, KEK VI[9], [1]1924, S.17; vgl. auch S.28.416).

1,23). Als er zuletzt doch kam, hätte er einen kläglichen Auftritt gehabt (10,1.10) und erst für den Fall seiner Rückkehr mit schonungslosem Durchgreifen gedroht (13,2).

2.1.2.4. Act 20,1-3a und die möglichen Ereignisse vor Abfassung von II Kor 1-9.

Jeder Versuch, die Ereignisse zwischen dem paulinischen Ephesus-Aufenthalt und der Kollektenreise zu rekonstruieren, bewegt sich notgedrungen an der Grenze zu einem Paulus-Roman, überschreitet sie wohl auch hier und da. Dieses Risiko muß man auf sich nehmen, wenn man sich eine Vorstellung vom möglichen Gang der Ereignisse machen will. Die folgenden Überlegungen gehen von der Voraussetzung aus, daß im vorangegangenen Abschnitt die Grundzüge des Ablaufs (II Kor 1-9 - Besuch des Paulus - II Kor 10-13) richtig dargestellt sind.

(1) Als Paulus in Ephesus war, plante er vielleicht ursprünglich eine Reise nach Korinth, von dort nach Mazedonien und wieder zurück nach Korinth; von dort sollte es weiter nach Jerusalem gehen (II Kor 1,15f). Dieses Vorhaben könnte er den Korinthern im ‚Vorbrief' (vgl. I Kor 5,9) oder durch Timotheus, der vor Abfassung des 1. Korintherbriefes - wohl über Mazedonien (vgl. Act 19,22) - nach Korinth geschickt worden war (I Kor 4,17; 16,10), mitgeteilt haben. Möglicherweise hatte Paulus zu diesem Zeitpunkt die Hoffnung, dieses Programm in einer einzigen Reisesaison bewältigen zu können. Doch der Aufenthalt in Ephesus sollte sich in die Länge ziehen; missionarischer Erfolg sowie Anfeindungen, so läßt Paulus die Korinther wissen, werden den Abschied von Kleinasien bis Pfingsten, also bis weit in das Frühjahr hinein, verzögern (I Kor 16,8f). Paulus nimmt Abstand von dem zeitaufwendigen Doppelbesuch und plant nun eine Reise von Ephesus über Mazedonien nach Korinth, wo er vielleicht den Winter verbringen wird (I Kor 16,5-7). Falls der ‚Tränenbrief' mit dem 1. Korintherbrief identisch ist, hätte natürlich in erster Linie der Vorfall um den ‚Übeltäter' Paulus Anlaß gegeben, seinen Besuch in Korinth aufzuschieben; falls nicht - der ‚Tränenbrief' wäre dann als verloren zu betrachten -, hätte dieser Zwischenfall, der dann mit dem Timotheus-Besuch zusammenhängen könnte, einen baldigen Besuch erst recht unratsam erscheinen lassen.[86] Jedenfalls verzichtet Paulus vorläufig darauf, nach Korinth zu kommen;

---

[86] Die Entscheidung hängt davon ab, ob man den ἀδικήσας in II Kor 7,12 mit dem ‚Blutschänder' in I Kor 5 identifizieren darf oder nicht; vgl. dazu W.G. Kümmel, Einleitung in das Neue Testament, ²¹1983, S.245f, der diese Gleichsetzung ablehnt, und N. Hyldahl, Die Frage nach der literarischen Einheit des Zweiten Korintherbriefes, ZNW 64, 1973, S.305f, der sie befürwortet.

denn er hatte den Entschluß gefaßt, „nicht in Trauer zu euch zurückzukehren" (II Kor 2,1). Noch von Ephesus aus schickt er stattdessen Titus mit
einem geharnischten Schreiben nach Korinth (2,12f; 7,5ff), das seine Wirkung nicht verfehlte: Nach einer anfänglichen Krise in der Gemeinde (7,8)
distanzierte sich die Mehrheit der Korinther (οἱ πλείονες, 2,6) von dem
‚Übeltäter' und fand zu Paulus zurück (2,5ff; 7,7ff). Während Titus in Korinth war, machte sich Paulus - wohl im Frühsommer des Jahres 55[87] - noch
voller Ungewißheit auf den Weg von Ephesus nach Troas; dort hoffte er
Titus zu treffen (2,12). Ob er diesen Treffpunkt mit seinem Mitarbeiter
abgesprochen hatte oder ob er ihn aus anderen Gründen - etwa weil Titus in
Troas wohnte und von dort aus die Kollektenarbeit organisierte? - dort
erwarten konnte, muß dahingestellt bleiben. Als Paulus ihn jedoch nicht
antraf, reiste er ihm weiter nach Mazedonien entgegen (2,12; 7,6f; vgl. Act
20,1). Auf diesem Weg könnten ihn neben Timotheus die Mazedonier Gaius
und Aristarch (Act 19,29; vgl. 20,4), vielleicht auch schon die Kleinasiaten
Tychikus und Trophimus (vgl. Act 20,4) begleitet haben. Bald darauf traf
Titus mit den guten Nachrichten aus Korinth ein (II Kor 7,6f.15); anläßlich
dieses Besuches hatte Titus auch das Kollektenwerk vorangetrieben (8,6).

(2) Nun hätte dem längst versprochenen Besuch des Paulus in Achaia,
wie er zuletzt in I Kor 16,5-7 angekündigt worden war, eigentlich nichts
mehr im Wege gestanden; dennoch - und das ist m.E. der entscheidende
Punkt - nahm der Apostel offenbar Abstand davon. Hyldahl ist zwar der
Auffassung, der neue Besuchsplan sei gar nicht aufgegeben worden, „weil
er ja zur Ausführung gebracht worden war, als der Zweite Korintherbrief
geschrieben wurde"[88]; doch ist er hier, meine ich, im Irrtum. Diesem Plan
zufolge hatte Paulus sich nämlich in Mazedonien gar nicht erst aufhalten
(Μακεδονίαν γὰρ διέρχομαι, I Kor 16,5), sondern gleich nach Korinth weitergehen wollen; dann aber wäre II Kor 1-9 - oder, wenn unsere
Briefteilung falsch sein sollte, der ganze 2. Korintherbrief - nie geschrieben worden. Wenn Paulus also doch längere Zeit in Mazedonien blieb, so
können wir über seine möglichen Beweggründe zumindest teilweise nur
spekulieren. Vielleicht ist er in Ephesus länger aufgehalten worden, als er
ursprünglich (I Kor 16,8) gedacht hatte; die Todesgefahr in der Asia (II
Kor 1,8-11), die wohl kaum mit den früher erwähnten Anfeindungen (I
Kor 15,32; 16,9) gleichzusetzen ist, könnte seine sämtlichen Terminpläne
zunichte gemacht haben. Dann wäre es denkbar, daß er vor Winterbeginn

---

[87] Zur Einordnung in die absolute Chronologie vgl. R. Riesner, Die Frühzeit des
Paulus, Habil. masch. 1990, S.270 (§ 17.1.4).

[88] N. Hyldahl, Die paulinische Chronologie, 1986, S.106.

nicht mehr von Mazedonien wegkam. Oder das unerwartete Engagement der Mazedonier für die Kollekte (II Kor 8,1-5) gab Paulus Anlaß, sich noch eine gewisse Zeit in Mazedonien aufzuhalten. Den Winter, der auf die Reise von Ephesus über Troas nach Mazedonien folgte, hat der Apostel m.E. jedenfalls nicht in Korinth verbracht: Wenn er mindestens bis Pfingsten in Ephesus war, dann mit einem Zwischenaufenthalt in Troas (2,12) nach Mazedonien reiste, wo er einige Zeit blieb, so könnte er frühestens im Herbst II Kor 1-9 geschrieben haben.[89] Dann aber wäre die Zeit knapp geworden, noch vor Winterbeginn die weite Reise nach Korinth zu bewältigen; zudem wäre nicht einzusehen, was in diesem Fall die Mazedonier (9,4) den Winter über in Achaia zu suchen hätten. Ich halte es darum für wahrscheinlich, daß II Kor 1-9 erst im darauffolgenden Frühjahr geschrieben wurde[90]; darauf dürfte auch die Zeitangabe ἀπὸ πέρυσι (8,10; 9,2), die sich wohl auf die erste Titus-Mission (8,6 = 2,13; 7,5ff) bezieht, hinweisen.

Aus einer solchen Perspektive fällt ein anderes Licht auf die Reisepläne des Apostels und das Verhalten der Korinther. In dem Frühjahr, da Paulus II Kor 1-9 schreibt, hatte er eigentlich - nach einem Winteraufenthalt in Korinth - nach Jerusalem reisen wollen. Wenn er an diesem Terminplan für die Kollektenübergabe festzuhalten beabsichtigte - und das Sabbatjahr (55/56 n.Chr.) könnte ihm dazu Anlaß gegeben haben[91] -, so würde der längst versprochene und bereits zweimal verschobene Besuch in Korinth gänzlich ausfallen. Tatsächlich wird nur unter dieser Voraussetzung die Aufregung der Korinther verständlich: Da hatten sie sich den drohenden Worten des Paulus gefügt und die im ‚Tränenbrief' geforderte Bestrafung des ‚Übeltäters' vollzogen, sie hatten ihrer Sehnsucht nach dem Apostel Ausdruck gegeben (7,7.11), und dennoch wird er nicht zu ihnen kommen. Es ist kein Wunder, daß sie zu der Auffassung kommen konnten, bei Paulus sei „das Ja ja zugleich Nein nein" (1,17). Nicht die Aufschiebung, sondern die Streichung des Korinth-Besuchs erregte die Gemüter[92], und deswegen muß sich

---

89 N. Hyldahl nimmt eine Abfassung des 2. Korintherbriefes „etwa im Oktober" an (Die paulinische Chronologie, 1986, S.102). Rechnet man die Reisezeit des Titus, der den Brief überbrachte, hinzu und gewährt ihm einige Wochen für die Bereitstellung der Kollekte, so wäre Paulus im Winter aufgebrochen. Hätte er da nicht besser daran getan, auf den Brief zu verzichten und mit Titus zusammen nach Korinth zu reisen, oder eben seinen Aufbruch auf das Frühjahr zu verschieben?

90 So m.E. mit Recht G. Lüdemann, Paulus, der Heidenapostel I, 1980, S.133-135.

91 Zu dieser Datierung vgl. B.Z. Wacholder, Chronomessianism. The Timing of Messianic Movements and the Calendar of Sabbatical Cycles, HUCA 46, 1975, S.216; R. Riesner, Die Frühzeit des Paulus, Habil. masch. 1990, S.255 (§ 15.5).

92 Damit entfällt das Argument, das wir oben (S.241) gegen Hyldahls Identifizierung des ‚Tränenbriefs' mit I Kor geltend gemacht haben: Nicht der neue Reiseplan I Kor

der Apostel nicht dafür rechtfertigen, daß er ,noch nicht', sondern daß er überhaupt „nicht wieder nach Korinth gekommen" ist (1,23). Zwar wird er noch einmal kommen, aber nicht zu Besuch, sondern um die Kollektengelder abzukassieren, die bei seiner Ankunft abholbereit sein sollen (9,3-5). Ist es da so verwunderlich, daß die Korinther den Eindruck gewinnen konnten, Paulus gehe es nicht um sie, sondern nur um ihr Geld (vgl. 12,14)?

(3) Wo Paulus den Winter nach Abschluß seines Ephesus-Aufenthalts verbrachte, wissen wir nicht. Vielleicht ist er in Mazedonien geblieben. Vielleicht darf aber auch eine merkwürdige Formulierung im 2. Korintherbrief als Indiz dafür gewertet werden, daß Paulus sich doch noch einmal auf den Weg machte. Nachdem er in II Kor 1,15ff die Änderung seiner Reisepläne dargelegt und gerechtfertigt hat, schreibt er nämlich: „Ich rufe Gott als Zeugen für meine Seele an, daß ich, weil ich euch schonen wollte, nicht wieder nach Korinth gekommen bin" (οὐκέτι ἦλθον εἰς Κόριν-θον, 1,23). Diese Ausdrucksweise ist schlechterdings einzigartig: Nicht ein einziges Mal nennt Paulus sonst den Provinznamen oder gar die Stadt; immer sagt er, und zwar auch in der unmittelbaren Umgebung von 1,23, „ich komme *zu euch*" (vgl. 1,15f; 2,1).[93] Warum dann hier der pointierte Hinweis auf Korinth? Der Brief ist, wie neben der Adresse auch 6,11 (Κορίνθιοι) zeigt, in erster Linie an die Korinther gerichtet, doch werden daneben auch ,alle Heiligen in ganz Achaia' (1,1) angesprochen. Es ist m.E. überlegenswert, ob Paulus von Mazedonien aus zwar nach Achaia gereist ist, die Provinzhauptstadt dabei aber überging. Um die Korinther ,zu schonen', habe Paulus auf einen Besuch bei ihnen verzichtet (1,23); den genauen Grund erfahren wir nicht. Paulus mochte neue Nachrichten aus Korinth erhalten haben, die einen Besuch zu diesem Zeitpunkt nicht opportun erscheinen ließen; vielleicht hatten aber auch der ,Tränenbrief' und die erste Mission des Titus nur erst den Anstoß zum Wandel gegeben, und Paulus wollte den Korinthern Zeit lassen, die Angelegenheit in Ruhe zu regeln, bevor er eintreffen würde. Jedenfalls befürchtet Paulus, daß ein Besuch in Korinth zu diesem Zeitpunkt nur Probleme mit sich bringen würde; er hatte sich aber schon in Ephesus vorgenommen, „nicht in Trauer zu euch zurückzukehren" (2,1). Stattdessen hätte er dann möglicherweise einen

---

16,5-7 erboste die Korinther, sondern die Tatsache, daß Paulus auch diesmal seine Zusage nicht einlöste.

[93] Ob Paulus einen Besuch ankündigt oder auf einen solchen zurückblickt, ob er gerne einen Besuch gemacht hätte oder ob er jemand anderen schickt, immer heißt es ,zu euch' (meist ἐλθεῖν/πέμψαι πρὸς ὑμᾶς, vgl. auch Röm 1,13; 15,22f; I Kor 2,1.3; 4,17.19.21; 16,5-7.12; II Kor 9,5; 12,14.17; 13,1; Gal 4,20; Phil 1,26; 2,19.25; [Kol 4,8.10]; I Thess 1,9; 2,17f; 3,4; Phlm 12.22).

anderen Teil Achaias aufgesucht. Der Titusbrief erwähnt einen Winter-aufenthalt des Apostels in Nikopolis (3,12); wenn es sich denn um eine zuverlässige Nachricht handeln sollte, könnte er sich hier gut einfügen.[94]

(4) Unabhängig davon, ob diese - gewiß sehr spekulative - Überlegung zutrifft, besteht vielleicht die Möglichkeit, vor dem Winter des Jahres 55/56 noch eine Illyrienreise des Apostels unterzubringen.[95] In Röm 15,19 spricht Paulus davon, daß er „das Evangelium Christi bis Illyrien (μέχρι τοῦ Ἰλλυρικοῦ) erfüllt" habe. Die Provinz *Illyricum superius*, die später auch *Dalmatia* (vgl. II Tim 4,10: Titus ging nach Dalmatien) genannt wur-de, grenzte in der Nähe von Lissus an die Provinz Mazedonien. Auch wenn der Ausdruck „bis Illyrien" vielleicht exklusiv zu verstehen ist[96], setzt er zumindest eine missionarische Tätigkeit im Nordwesten Mazedoniens, bei-spielsweise in Dyrrhachium, voraus.

(5) Blicken wir an dieser Stelle auf die Darstellung in Acta, so sticht, wie schon Alfred Suhl feststellte, die „so auffallend knappe Zeichnung der Reise nach Griechenland Ag 20,1-3"[97] ins Auge. Nachdem Paulus Abschied von Ephesus genommen hatte, „reiste er ab und ging nach Mazedonien. Nachdem er jene ‚Gebiete' (τὰ μέρη ἐκεῖνα) - der Codex Bezae spricht gar von ‚allen Gebieten' - durchzogen hatte ..., kam er nach Griechenland (Ἑλλάς) und blieb dort drei Monate." Beides wird allzu rasch dahin-gehend interpretiert, daß τὰ μέρη ἐκεῖνα mit dem Nordosten Griechen-lands und Ἑλλάς mit der Landschaft Achaia gleichgesetzt wird; dann ergibt sich das einfache Bild einer Reise von Mazedonien nach Korinth[98],

---

[94] So z.B. G. Stählin, Die Apostelgeschichte, NTD 5[14], [5]1975, S.263; erwogen auch von R. Riesner, Die Frühzeit des Paulus, Habil. masch. 1990, S.253f (§ 15.5.1).

[95] So z.B. I.H. Marshall, The Acts of the Apostles, 1980, S.323; C.J. Hemer, The Book of Acts in the Setting of Hellenistic History, 1989, S.260f. Im Gegensatz dazu ver-legt A. Suhl die Illyrienreise in die Anfänge der Europamission (nach den Gründungsauf-enthalten in Philippi und Thessaloniki und vor Athen und Korinth); dagegen spricht doch wohl die auffällige Übereinstimmung in der Stationenfolge (s.o.S.115f) zwischen Lukas (Act 16,12-18,17) und Paulus (I Thess 2,1f; 3,1; II Kor 1,19).

[96] So U. Wilckens, Der Brief an die Römer III, 1982, S.119 Anm.583; R. Riesner, op. cit., S.203 (§ 13.2.1).

[97] A. Suhl, Paulus und seine Briefe, 1975, S.82. Suhl interpretiert dies als das Bemühen des Lukas, jeden Hinweis auf die Kollekte zu unterdrücken. Das reicht m.E. als Erklärung nicht aus: Lukas hätte doch auch die Griechenlandreise - wie im Anschluß daran die Jerusalemreise - eingehend schildern können, ohne die Kollekte zu erwähnen.

[98] Vgl. z.B. A. Loisy, Les Actes des Apôtres, 1920, S.757: „«Or, ayant traversé ces régions» -, c'est-à-dire la Macédoine, - «et les ayant exhortés ... par longs discours, il vint en Hellade», - entendons à Corinthe ...".

wo Paulus den Winter verbracht und den Römerbrief geschrieben haben soll. Aber τὸ μέρος war - neben ἡ μερίς (vgl. Act 16,12) - auch *terminus technicus* für die vier Distrikte der Provinz Mazedonien[99], zu denen auch der illyrische Westen gekommen war (s.u.S.300-301); und ῞Ελλας meint nicht nur das eigentliche Griechenland, sondern bezeichnet etwa bei Cassius Dio (LIII 12,4) die senatorische Provinz Achaia, zu der auch der südliche Teil des Epirus mitsamt der augusteischen Gründung Nikopolis gehörte.[100] Vielleicht verschleiert Lukas mit seiner knappen Darstellung in Act 20,1-3 ganz bewußt eine Paulusreise in den Westteil der beiden griechischen

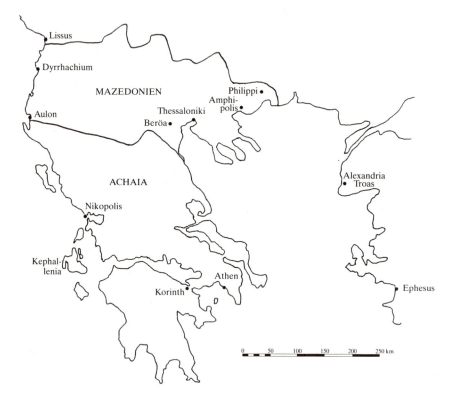

Abb.1: Die senatorischen Provinzen Mazedonien und Achaia[101]

---

99   Vgl. F. Papazoglou, Les villes de Macédoine à l'époque romaine, 1988, S.67.

100   Nach PsSkylax (4. Jh. v.Chr.) beginnt Hellas übrigens in Ambrakia am ambrakischen Golf (*peripl* § 33 = GGM I S.35); in der Nähe Ambrakias, an der Mündung des Golfes, gründete Augustus später Nikopolis. Für Strabo liegt hier die Grenze zwischen barbarischen Epiroten und hellenischen Akarnanen (VII 7,6).

101   Mit den Grenzen Mazedoniens von der Zeit des Augustus bis Diocletian.

Provinzen, die aus dem ursprünglich geplanten Rahmen (I Kor 16,5f; Act 19,21) fiel. Wissen können wir es freilich nicht.

(6) Wo auch immer Paulus den fraglichen Winter verbracht hat, im darauffolgenden Frühjahr des Jahres 56 - also ungefähr ein Jahr nach Abfassung des 1. Korintherbriefes - hätte er dann II Kor 1-9 geschrieben und diesen Brief durch Titus sowie zwei namentlich nicht bekannte Brüder zustellen lassen.

2.1.2.5. Act 20,3b-6 und die möglichen Ereignisse nach Abfassung von II Kor 1-9. Die nun folgende Epoche war von der Vorbereitung der Kollektenreise und der Klärung des Verhältnisses mit den Korinthern geprägt. Welchen Zeitraum das beanspruchte, können wir nur erschließen. Wenn II Kor 1-9 tatsächlich, wie wir angenommen haben, in einem Frühjahr geschrieben und die Kollektenreise ebenfalls in einem Frühjahr angetreten wurde (Act 20,6), so stünde für die folgenden Ereignisse erneut ein volles Jahr - es würde sich um das Jahr 56-57 handeln[102] - zur Verfügung.

(1) Nachdem Paulus II Kor 1-9 geschrieben hatte, sandte er Titus und zwei namentlich nicht aufgeführte Brüder nach Korinth voraus; diese sollten die Bereitstellung der achäischen Kollekte sichern, bevor der Apostel selbst nachkommen würde (9,3-5). Offenbar plante Paulus zu diesem Zeitpunkt, in absehbarer Zeit zusammen mit den mazedonischen Kollektendelegierten (vgl. 9,4) von Mazedonien über Korinth nach Jerusalem zu reisen. Aber erneut hatte er sich geirrt. Noch bevor er sich auf den Weg machen konnte, kehrte Titus mit alarmierenden Nachrichten aus Korinth zurück: Daß Paulus seinen seit langem versprochenen und mehrfach aufgeschobenen Besuch nun ganz unterlassen würde, hatte die Korinther aufs äußerste brüskiert. Vielleicht drohten sie damit, die Beteiligung an der Kollekte zu verweigern. Paulus entschloß sich nun doch, die Jerusalemreise um ein Jahr aufzuschieben. Um die Wogen zu glätten, stattete er einen Zwischenbesuch in Korinth ab, der zu einem Fiasko wurde (II Kor 10,1ff; 12,21; 13,1f); der Apostel reiste ab - wohin, wissen wir nicht; in Frage käme etwa Athen -, drohte aber mit seiner baldigen Rückkehr, bei der er keine Schonung mehr üben werde (13,1f). Paulus schrieb II Kor 10-13, wobei er seine Drohung noch einmal schriftlich wiederholte (13,1f; vgl. 12,14; 13,10). Daß er sie

---

102 Daß die lapidaren Sätze des Lukas in Act 20,1-3 einen Zeitraum von zwei vollen Jahren - zwischen dem Ende des Ephesus-Aufenthalts im Jahr 55 und dem Beginn der Kollektenreise im Jahr 57 (s. dazu o.S.202 Anm.4) - abdecken könnten, wird häufig angenommen; vgl. zuletzt R. Riesner, Die Frühzeit des Paulus, Habil. masch. 1990, S.253-256.270 (§§ 15.5.1-2; 17.1.4).

wahrgemacht hat, wird man annehmen dürfen; ob es ihm gelingen konnte, eine Aussöhnung mit den Korinthern herbeizuführen, muß angesichts des harten Tones in II Kor 10-13 zweifelhaft sein.

(2) Einer solchen Abfolge, wie wir sie eben skizziert haben, scheint nun allerdings der Bericht der Apostelgeschichte entgegenzustehen. Nachdem Paulus von Ephesus durch Mazedonien nach ‚Griechenland' gereist und dort drei Monate geblieben war (Act 20,1-3a), wollte er sich eigentlich nach Syrien einschiffen. Aufgrund eines Anschlags ‚der Juden' beschloß er dann jedoch, durch Mazedonien hindurch zurückzukehren (V.3b). Lukas zählt sieben Personen auf, die Paulus begleiteten (V.4). Zwar bleiben in seiner Darstellung, wie wir schon notiert haben (s.o.S.89-91), manche Details undeutlich. Grundsätzlich scheint aber insoweit Klarheit zu bestehen, als Paulus sich offenbar in Kenchreä hatte an Bord begeben und von dort über Ephesus nach Jerusalem fahren wollen (vgl. Act 18,18ff); während er selbst infolge des Anschlags umdisponieren mußte, könnten dann die Sieben (oder ein Teil derselben) an der ursprünglichen Reiseroute festgehalten haben. Wenn Paulus tatsächlich schon im Begriff war, sich in Kenchreä in Begleitung der Kollektenvertreter nach Jerusalem einzuschiffen, so würde das unsere bisherigen Überlegungen zum 2. Korintherbrief und den Korinth-Besuchen des Paulus *ad absurdum* führen. Paulus hätte demnach die - in II Kor 9,4 angekündigte - Achaia-Reise unternommen mit dem Ziel, im folgenden Frühjahr von Kenchreä über Ephesus nach Jerusalem zu segeln; dabei hätten ihn außer Timotheus, Tychikus und Trophimus auch die mazedonischen Kollektendelegierten Sopater, Aristarch und Sekundus - Gaius Derbaios (oder Doberios) muß für den Moment noch außer Betracht bleiben - begleitet. Gemeinsam wäre man den Winter über in Korinth geblieben; in dieser Zeit hätte Paulus dann den Römerbrief geschrieben. Es bliebe uns somit kein Raum für eine Abfassung von II Kor 10-13 und einen neuerlichen Besuch des Apostels; wir wären dann doch gezwungen, einen früheren Zwischenbesuch aus Ephesus anzunehmen.

Aber die übliche Deutung von Act 20,3b-6 hält einer genauen Analyse nicht stand. Sollte die Jerusalemreise der Kollektendelegation tatsächlich von Korinth ausgehen, so bliebe nämlich vieles unverständlich. Paulus und seine Begleiter hätten dann wegen eines Anschlags auf den Apostel die über 500 km weite Reise von Korinth nach Mazedonien auf sich genommen. Hätte man sich nicht auch in Piräus einschiffen können?[103] Und während

---

[103] J. Roloff meint zu diesem ‚Umweg': „Sein (sc. des Paulus) ursprünglicher Plan war, mit dem ersten Beginn der Reisesaison, d.h. wohl etwa Mitte März, mit einem direkten Schiff nach Syrien-Palästina (...) zu reisen. ... Er mußte diesen Plan jedoch kurzfristig fallen lassen, weil er erfuhr, daß man auf dem in Aussicht genommenen Schiff -

Paulus es bald darauf sehr eilig hat (Act 20,16), soll er jetzt etliche Wochen für einen gigantischen Umweg opfern, nur um ja kein Risiko einzugehen? Völlig undurchsichtig würde die Erzählung aber in Bezug auf die Reiseangaben: Paulus „beschloß, durch Mazedonien hindurch zurückzukehren. Es begleiteten ihn Sopater, Sohn des Pyrrhus, aus Beröa; von den Thessalonichern Aristarch und Sekundus; und Gaius Derbaios (oder Doberios); und Timotheus; von den Kleinasiaten Tychikus und Trophimus. Diese gingen voraus und warteten auf uns in Troas. Wir aber segelten nach dem Fest der ungesäuerten Brote von Philippi ab und kamen binnen fünf Tagen zu ihnen nach Troas" (V.3b-6). Wer begleitete Paulus, und von wo nach wo? Und wer ging hier wem voraus? Nach dem gängigen Verständnis wären die Sieben schon von Mazedonien nach Korinth mitgegangen; sie hätten deshalb in V.2, wo Lukas die Reise des Apostels von Mazedonien nach Hellas berichtet, Erwähnung finden müssen. Nun aber werden sie ausgerechnet in dem Augenblick aufgeführt, wo zumindest ein Teil von ihnen - ‚diese' - Paulus gerade *nicht* begleitete, sondern ihm vorausging? Ferner: Der Wir-Bericht setzt erst in Philippi ein. Hat Lukas ‚vergessen', seine Reise von Hellas nach Mazedonien zu erzählen? Oder muß man gar annehmen, daß er seine Teilnahme an der Jerusalemreise einzig dem Anschlag auf Paulus zu verdanken hatte? Ist es möglich, daß die Planung der Kollektenreise solchen Zufälligkeiten unterlag? Ich halte diese Probleme für unüberwindlich; die lukanische Darstellung wird überhaupt nur verständlich, wenn die Sieben und der Wir-Erzähler eben nicht in Korinth waren und Paulus damit, wo immer der Anschlag sich ereignet haben soll, von vornherein eine Reise von Mazedonien über Kleinasien nach Jerusalem geplant hatte. Dafür spricht nun auch positiv ein Indiz, das den Auslegern offenbar entgangen ist. Die Liste der Reisebegleiter nennt zunächst drei oder vier Mazedonier: erst einen Vertreter aus Beröa, dann zwei Thessalonicher; Gaius Derbaios (oder Doberios) ist unsicher. Anschließend kommt eine Gruppe aus Philippi hinzu. Diese Anordnung dürfte kein Zufall sein; sie entspricht genau der geographischen Reihenfolge einer Reise (von Achaia) durch Mazedonien hindurch nach Kleinasien: Von Beröa aus, wo Sopater zu Paulus kam, waren es knapp 40 km in Richtung Nordosten auf die *Via Egnatia*; diese führte über Thessaloniki, wo Aristarch und Sekundus hinzustießen, nach Philippi. Während die bisher Genannten ihre Reise auf der *Via Egnatia* in Richtung Osten

---

vielleicht einem Schiff mit jüdischen Festpilgern - einen Anschlag gegen sein Leben geplant hatte. Da er damit rechnen mußte, auch auf jedem anderen von Korinth auslaufenden Schiff in die gleiche Gefahr zu geraten, entschloß er sich zu dem Umweg über Mazedonien" (Die Apostelgeschichte, [2]1988, S.295f). Aber es gab doch wahrhaftig weniger aufwendige Alternativen!

fortsetzten und durch Thrakien hindurch nach Alexandria Troas gelangten (οὗτοι δὲ προελθόντες, V.5), nahmen die Philipper einige Zeit später ein Schiff und trafen mit Paulus und den übrigen in Troas wieder zusammen. In diese geographische Anordnung der mazedonischen Kollektenvertreter könnte sich nun auch Gaius bestens einfügen, wenn wir mit den Codices Bezae und Gigas Do(u)berios statt Derbaios lesen dürften: Die Gegend um das Pangäus-Gebirge, zwischen Amphipolis und Philippi gelegen, war ein Siedlungsgebiet der Δόβηρες (Hdt. VII 113[104]).

Die Liste der Reisebegleiter in 20,4 setzt ein: συνείπετο δὲ αὐτῷ (sc. Παύλῳ) Σώπατρος Πύρρου Βεροιαῖος[105], Θεσσαλονικέων δὲ 'Αρίσταρχος καὶ Σεκοῦνδος καὶ Γάϊος Δερβαῖος (D: Δουβ<ε>ριος; d: Doverius; gig: Doberius; Vg[I]: Derberius). Bereits in 19,29 hatte Lukas zwei Reisebegleiter (συνέκδημοι) des Paulus mit Namen Gaius und Aristarch erwähnt, die ausdrücklich als „Mazedonier" bezeichnet werden. Sollte man da den Gaius in 20,4 nicht für einen vierten mazedonischen Vertreter halten? Dagegen wird die Bezeichnung Δερβαῖος ins Feld geführt: Sie weise den Gaius von 20,4 als einen Bewohner des lykaonischen Derbe aus; dieser Gaius sei vielleicht ein galatischer Kollektenvertreter und könne jedenfalls kein Mazedonier sein. Diese Folgerung ist jedoch unhaltbar. (a) Zunächst ist festzustellen: Selbst wenn Δερβαῖος das lykaonische Derbe bezeichnen sollte, so wäre damit prinzipiell noch nicht mehr gesagt, als daß dies die πατρίς dieses Gaius ist; daß er dort noch immer seinen Wohnsitz hat, ist damit nicht notwendig zum Ausdruck gebracht.[106] Als Kollektenvertreter Galatiens kommt er aber schon deshalb nicht in Frage, weil Paulus in Röm 15,26 nur die Kollekte von Mazedonien und Achaia erwähnt. (b) Nun ist es aber äußerst zweifelhaft, ob Δερβαῖος überhaupt Derbe bezeichnet; denn ein Einwohner von Derbe wird Δερβήτης (Strabo XII 6,3; Cic. *fam* XIII 73,2; IGRR IV 1694) genannt, daneben ist die Form Δερβείτης (Steph. Byz. s.v. Δέρβη) belegt, nicht aber Δερβαῖος. (c) Man könnte auch überlegen, ob die Form Derbaios mit dem illyrischen Volksstamm der Derbaner (Appian *Illyr* 28,82) in Verbindung zu bringen sei; Augustus unterwarf sie im Jahr 33 v.Chr., nachdem er zuvor die Dalmater unterjocht hatte. Appians latinisierendes Δερβανοί - lateinisch *Derbani* - entspricht dem griechischen Δερβαῖοι (vgl. *Romani* und 'Ρωμαῖοι).[107] Δερβαῖος könnte dann Gaius als einen Abkömmling dieses illyrischen

---

[104] Bei M.E. Boismard/A. Lamouille, Le Texte occidental des Actes des Apôtres II, 1984, S.139 ist versehentlich Thukydides angegeben.

[105] Neben Βεροιαῖος (SEG 27, 1977, Nr.263 [42-44 n.Chr.]; Nr.314 [27 n.Chr.]; vgl. SEG 32, 1982, Nr.650) ist die Form Βεροιεύς belegt (SEG 34, 1984, Nr.614).

[106] Vgl. z.B. IG X/II/1 Nr.150: Dort wird ein Text zitiert, in dem ein Bürger der Stadt Aquileia bei Ravenna, der den Zusatz 'Εφέσιος erhält, geehrt wird.

[107] J. Dobias vermutete in den ‚Derbanern' eine Verschreibung der in c.17,49 genannten Daisier (Studie k Appianove Knize Illyrské. Études sur le livre Illyrien d'Appien, 1929, S.292). Das ist jedoch kaum wahrscheinlich. Vermutlich sind die Derbaner mit den von Plinius erwähnten *Deuri* (*n.h.* III 26,142) und den Δέρριοι bei Ptolemaios (*geogr* II 16,8) zu identifizieren (vgl. G. Winkler/R. König, C. Plinius Secundus d.Ä. Natur-

ἔθνος charakterisieren und wäre in diesem Fall keine Bezeichnung seines Wohnsitzes. Falls Δερβαῖος nicht den Wohnort, sondern ein ἔθνος (Stephanus von Byzanz erwähnt übrigens einen thrakischen Stamm namens Δερραῖοι, s.v.) bezeichnen sollte, so wäre Gaius wohl mit zu den Thessalonichern zu rechnen.[108] (d) Sollte das Adjektiv Derbaios - was mir allerdings wahrscheinlicher ist - doch den Wohnort des Gaius bezeichnen, so könnte es sich auch auf einen uns nicht mehr bekannten mazedonischen Ort beziehen. Eine unvollständig erhaltene Inschrift aus dem Jahr 114 n.Chr., in dem die Grenzen zwischen zwei mazedonischen Volksgruppen festgelegt werden, bezeugt einen Stamm der Δεβ...αῖοι, deren Identität fraglich ist (SEG 24 Nr.486; vgl. dazu J. und L. Robert, REG 79, 1966, Nr.239, S.389f). (e) Vielleicht ist aber auch in Act 20,4 die »westliche« Variante *Doberius* zu bevorzugen.[109] Das Hauptsiedlungsgebiet der Doberer lag in Paionien; Thukydides (II 98.100), der Geograph Ptolemaios (*geogr* III 13,28) und andere erwähnen dort eine Stadt namens Δόβηρος (Δήβορος, Δίβορος und andere Varianten).[110] Sie kann zwar nicht eindeutig identifiziert werden, lag jedoch in unmittelbarer Nähe von Idomene ca. 80 km nordnordwestlich von Thessaloniki.[111] (f) Daneben siedelten die Doberer, wie oben erwähnt, in der Nähe des Pangäus-Gebirges. Das *Itinerarium Hierosolymitanum* (604,3) erwähnt auf der *Via Egnatia* eine Station Domeros - das dürfte eine Verschreibung bzw. eine sprachliche Variante für Doberos sein[112] -, 19 römische Meilen (ca. 28 km) westlich von Philippi und 13 Meilen östlich von Amphipolis. Aus den oben genannten geographischen Gründen halte ich eine Verbindung des Gaius mit der Station Domeros für ansprechend, wenn sie auch unbeweisbar bleibt. Aus all dem ergibt sich: Was auch immer in Act 20,4 zu lesen und wie auch immer es zu verstehen ist[113], die Bezeichnung des Gaius als Derbaios/Doberios kann nicht prinzipiell gegen eine Identität der beiden von Lukas genannten Männer namens Gaius eingewandt werden; deshalb steht der vom Kontext her naheliegenden Gleichsetzung nichts entgegen.

Wenn diese Interpretation von Act 20,3b-6 richtig ist - und m.E. muß der Text so verstanden werden -, dann kann man überlegen, ob der dreimonatige Hellas-Aufenthalt in 20,3 vielleicht doch erst auf dieses zweite

---

kunde. Lateinisch-Deutsch. Bücher III/IV, 1988, S.322). Sie siedelten am Oberlauf des Urbus (heute Werbas), ca. 50 km westlich des heutigen Sarajewo.

[108] So W. Neil, The Acts of the Apostles, 1973, S.210.

[109] So z.B. A.C. Clark, The Acts of the Apostles, 1933, S.374-376; M.E. Boismard/A. Lamouille, Le Texte occidental des Actes des Apôtres II, 1984, S.139.

[110] Vgl. dazu A. Philippson, Art. Doberos, PRE V/1, 1903, Sp.1249f; A.C. Clark, op. cit., S.374.

[111] Ein neugefundener Meilenstein aus dem heutigen Marvinci am Axios besagt: „Von Idomene nach Doberos 20 Stadien." (SEG 35, 1985, Nr.752) Entweder Doberos ist Marvinci (so die Herausgeberin der Inschrift), oder es lag knapp 4 km davon entfernt.

[112] Vgl. dazu A.C. Clark, op. cit., S.374f.

[113] A.C. Clark (op. cit., S.375) weist ferner auf die thrakische Stadt Topeiros am Nestos, rund 30 km östlich von Philippi, hin. Diese Stadt dürfte jedoch aus orthographischen (*Topeirios* statt *Doberios*?) und geographischen Gründen (Thrakien statt Mazedonien) nicht als Wohnort für Gaius in Frage kommen.

Spätjahr nach dem Aufbruch aus Ephesus zu beziehen ist. Lukas könnte mit seiner merkwürdig knappen Darstellung die unerfreulichen Ereignisse um den Zwischenbesuch des Paulus in Korinth, die vorübergehende Abreise, die Abfassung von II Kor 10-13 und die neuerliche Rückkehr kaschieren; vielleicht ist der ,Anschlag' auf Paulus die lukanische Art, über das Scheitern des Apostels in Korinth hinwegzugehen. Jedenfalls kehrte Paulus, wie geplant, durch Mazedonien hindurch, also auf dem Landweg, nach Kleinasien zurück.[114] Unterwegs schlossen sich ihm die Sieben an; in Alexandria Troas stieß eine Gruppe aus Philippi hinzu. Es ist auffällig, daß sich unter den Europäern kein Achäer befindet; das dürfte ein Indiz dafür sein, daß Achaia entweder die Beteiligung an der paulinischen Kollekte verweigerte oder aber beschloß, seinen Beitrag in eigener Regie nach Jerusalem zu bringen.

(3) Wenn die Eckdaten dieser Rekonstruktion richtig sind, dann hat das Folgen für die Lokalisierung und Datierung des Römerbriefes. Am Ende schreibt dort Paulus: „Nun reise ich nach Jerusalem und diene den Heiligen. Denn Mazedonien und Achaia haben beschlossen, eine Sammlung für die Armen unter den Heiligen in Jerusalem durchzuführen." (15,25f) Jürgen Becker steht hier für die überwältigende Mehrheit der Exegeten, wenn er dazu erklärt: „Diese Situation paßt nur zu Korinth, dem letzten Aufenthalt des Paulus in Achaja auf der sog. Kollektenreise unmittelbar vor dem Aufbruch nach Jerusalem"[115]. Daß mit Jason (Röm 16,21; vgl. Act 17,5) und Sosipater (Röm 16,21), der wohl mit dem Beröer Sopater (Act 20,4) identisch ist, zwei Mazedonier bei Paulus sind, sei „mit der in Mazedonien abgeschlossenen Kollekte in Verbindung zu bringen"[116]. Nun hat

---

[114] In Act 20,1 hieß es, daß Paulus aus Kleinasien aufbrach (ἐξῆλθεν), um nach Mazedonien zu reisen (πορεύεσθαι εἰς Μακεδονίαν); einige Zeit später will er ὑποστρέφειν διὰ Μακεδονίας (20,3). Normalerweise korrespondiert ὑποστρέφειν, eine typisch lukanische Vokabel (32 von 35 neutestamentlichen Belegen), einem vorhergehenden ἐξέρχεσθαι (vgl. Lk 9,6.10; 11,24; Act 24,20f; 21,5f) bzw. ἔρχεσθαι, πορεύεσθαι etc. Lukas dürfte also bei der ,Rückkehr' in 20,3 nicht an Jerusalem, sondern an Kleinasien, genauer vielleicht an Alexandria Troas, denken: Bis dorthin begleiteten ihn die Sieben, dann kamen weitere Reisegefährten (,Wir') aus Philippi hinzu. Ἄχρι τῆς Ἀσίας, wie von zahlreichen Handschriften (A E Ψ 𝔐 gig vg^mss sy) in 20,4 nach συνείπετο δὲ αὐτῷ gelesen wird, ist dann erzählerisch durchaus sinnvoll und könnte m.E. ursprünglich sein. Die Streichung von ἄχρι τῆς Ἀσίας (P74 ℵ B 33 pc vg co) ist übrigens leicht erklärlich: Wenn der Ausdruck exklusiv verstanden wurde (,nur bis Asien und nicht weiter'), mußte die spätere Erwähnung des Trophimus in Jerusalem (21,29) Schwierigkeiten bereiten.

[115] J. Becker, Paulus, 1989, S.358.

[116] Op. cit., S.359.

unsere hypothetische Rekonstruktion allerdings ergeben, daß ungefähr seit
dem Sommer des Jahres 56, als Titus mit den verheerenden Nachrichten aus
Korinth zurückkam, der Aufbruch nach Jerusalem gar nicht mehr von
Achaia, sondern von Mazedonien aus erfolgen sollte; ferner waren wir der
Auffassung, daß die mazedonischen Kollektendelegierten Paulus nicht nach
Achaia begleitet haben, und ob die Achäer sich überhaupt noch an der Kollekte beteiligten, schien uns äußerst fraglich. Wenn diese Überlegungen
richtig waren, dann kann der Römerbrief nicht am Vorabend der Kollektenreise geschrieben worden sein; er müßte auf einen früheren Zeitpunkt
zurückgehen, als Paulus - irrtümlich, wie sich herausstellen würde - der
Meinung war, er werde in den nächsten Tagen aufbrechen. Diese Situation
war im Frühsommer des Jahres 56, nämlich nach Abfassung von II Kor 1-9
und vor der Rückkehr des Titus aus Korinth, gegeben. Dann müßte der Römerbrief in Mazedonien geschrieben worden sein, und tatsächlich scheint
mir das Schreiben selbst dorthin zu weisen.[117] In Röm 15,26 nennt Paulus
Mazedonien *vor* Achaia, obwohl die Mazedonier sich doch erst nachträglich zur Beteiligung an der Kollekte entschlossen; diese Reihenfolge weist
in die Situation wenige Wochen nach Abfassung von II Kor 1-9, als der
Apostel in Begleitung der mazedonischen Kollektenvertreter nach Achaia
und von dort mit den Achäern nach Jerusalem reisen wollte (II Kor 9,1-5).
Vor allem aber enthält die Grußliste des Römerbriefs ein untrügliches Indiz
für dessen mazedonische Herkunft. Daß der Beröer So(si)pater bei Paulus
ist, ließe sich noch mit dem Hinweis abtun, daß die mazedonischen Kollektenvertreter - entgegen unserer Darstellung - eben doch mit nach Achaia
gereist waren; bei Jason (Röm 16,21) aus Thessaloniki (vgl. Act 17,5) aber
versagt diese Erklärung: Lukas nennt ja zwei Delegierte aus der Provinzhauptstadt (Act 20,4), Jason jedoch ist nicht unter ihnen. Der Römerbrief
wurde also aller Wahrscheinlichkeit nach in Mazedonien geschrieben; bei
dem Gastgeber Gaius, in dessen Haus Paulus sich seinerzeit aufhielt (Röm
16,23), handelt es sich nicht um den Korinther (I Kor 1,14), sondern um
den Mazedonier (Act 19,29), also um Gaius Derbaios/Doberios (Act 20,4).

Demgegenüber sind die Gründe, die neben der vermeintlich eindeutigen, tatsächlich aber
mißverstandenen Situation von Act 20,3f für eine Abfassung des Römerbriefs in Korinth
angeführt werden, äußerst schwach:

---

[117] Eine Abfassung des Röm in Mazedonien wird vertreten durch: A. Suhl, Paulus
und seine Briefe, 1975, S.264ff (bes. S.265f und 278f), der sich auf einen genauen Abfassungsort nicht festlegt; H. Binder (Die historische Situation der Pastoralbriefe, in:
Geschichtswirklichkeit und Glaubensbewährung. FS F. Müller, 1967, S.74) und T.M.
Taylor (The Place of Origins of Romans, JBL 67, 1948, S.294f) plädierten für Philippi.

(1) Für Korinth soll die Empfehlung der Phoebe, einer Diakonin der Gemeinde von Kenchreä (Röm 16,1f), die vielleicht als Überbringerin des Briefes zu denken ist, sprechen. Falls sie von Korinth (bzw. Lechaion) aus ein Schiff nach Rom nahm, so könnte Paulus den Brief nicht in Mazedonien geschrieben haben. Phoebe konnte aber auch den Landweg nehmen, wofür ihr zwei Möglichkeiten offenstanden: entweder die epirotische Küstenstraße über Nikopolis oder die Hauptstraße entlang der Ägäis über Larissa nach Thessaloniki, wo sie ihre Reise auf der *Via Egnatia* nach Dyrrhachium fortsetzen konnte. Den Römerbrief, wenn Phoebe ihn überhaupt zustellen sollte, kann Paulus der Diakonin ebensogut in Mazedonien mitgegeben haben.

(2) Nach Korinth soll ferner die Erwähnung des Erastus, des οἰκονόμος τῆς πόλεως (Röm 16,23), weisen. Dort wurde 1928 eine Inschrift aus den 50er Jahren des 1. Jh.s n.Chr. gefunden[118]: Ein Erastus hatte anläßlich seiner Ädilität auf eigene Kosten (*s[ua] p[ecunia]*) einen Weg gepflastert. Die Inschrift bestand ursprünglich aus 3 Steinen. Der linke ist verloren, der Text der beiden übrigen Steine sieht folgendermaßen aus:

ERASTUS PRO AED LIT   E

S.P STRAVIT

Der Längsbalken des E, der auf dem äußersten linken Ende des mittleren Steines eingemeißelt war, fehlt. War die Inschrift symmetrisch angelegt, so müßten auf der oberen Zeile des linken Steines 7 weitere Buchstaben (inkl. der Zwischenabstände zwischen den einzelnen Teilen des Namens) gestanden haben. Dabei soll es sich nach Auffassung des Herausgebers um den 1. Buchstaben des *praenomen* und um das *nomen gentile* handeln, das dann abgekürzt worden sein müßte.[119] Als zweite Möglichkeit käme in Betracht, daß nur ein Name, und zwar ein sechsbuchstabiger Vor- oder Gentilname, auf dem linken Stein stand. Angesichts der Tatsache, daß der mittlere Stein unmittelbar mit dem E von Erastus einsetzt, erscheint es mir zweifelhaft, ob der Beiname wirklich als Erastus zu identifizieren ist. Hätte man in diesem Fall den Namen nicht etwas einrücken können? Vielleicht ist -erastus nur das Ende des *cognomen*. Der einzige mir bekannte Beiname, der auf -erastus ausgeht, ist Eperastus. Aus einer athenischen Prytanenliste aus dem Jahr 148 oder 149 n.Chr. ist z.B. ein Πο. Ἐπέραστος bekannt.[120] Falls Eperastus der Beiname des korinthischen Ädils ist, verblieben 3 Buchstaben für den abgekürzten Vornamen. Da der Beiname des korinthischen Ädils nicht sicher ist, hat die vorgeschlagene Identifizierung mit dem Erastus in Röm 16,23 noch nicht einmal hypothetischen Charakter. Für die Bestimmung des Abfassungsortes des Römerbriefs trägt die Inschrift deshalb nichts aus.

---

[118] Veröffentlicht bei J.H. Kent, Corinth. Results of Excavations Conducted by the American School of Classical Studies at Athens VIII/3, 1966, Nr.232.

[119] Für das - regelmäßig auf *-ius* ausgehende - *nomen gentile* bleiben nur 4 Buchstaben. J.H. Kent, op. cit., S.100, geht von 5 oder 6 Buchstaben aus. Er läßt bei dieser Rechnung aber außer acht, daß die Abstände zwischen der Initiale und dem *nomen* und zwischen dem *nomen* und dem *cognomen* von den (hypothetischen) 7 fehlenden Buchstaben abzuziehen sind.

[120] SEG 28 (1978) Nr.166. Weitere Beispiele für diesen Beinamen: SEG 11 Nr.1274 (Achaia, 3./4. Jh. n.Chr.); SEG 18 Nr. 53 (Athen, 1. Jh. n.Chr.); SEG 21 Nr.603 (Attika, 2. Jh. n.Chr.) und 639 (Attika); Die Inschriften von Ephesos III Nr.860; Pausanias VI 17,5f (Wahrsager aus Elis).

2.2. Die Kollektenreise

2.2.1. Die Zusammensetzung der Reisegruppe

Unabhängig davon, ob die hier konstruierte mögliche Abfolge der Ereignisse tatsächlich im wesentlichen richtig ist, können wir aufgrund der paulinischen Briefe die folgende Zusammensetzung der Reisegruppe annehmen: (a) Sicher ist, daß Paulus sich letztlich entschieden hat, selbst nach Jerusalem zu reisen (Röm 15,25). (b) Die Mitnahme von persönlichen Mitarbeitern (z.B. Timotheus) stand ihm selbstverständlich frei, ist angesichts der erwarteten Schwierigkeiten in Jerusalem und der weitergehenden Rom- und Spanienpläne sogar wahrscheinlich. (c) Hinzu kommen Vertreter derjenigen Gemeinden, die sich an der Kollekte beteiligten (vgl. I Kor 16,3; II Kor 9,4). (d) Sicherlich ist der eigens zu diesem Zweck gewählte Reisebegleiter (II Kor 8,18-21) mitgekommen. (e) Anzunehmen ist außerdem, daß Titus, der den Jerusalemern vom Apostelkonzil her bekannt war und die Kollektenorganisation innehatte, Paulus begleitete, vielleicht auch der zweite anonyme Bruder (II Kor 8,22).

(1) Die beiden Brüder als ‚Apostel der Gemeinden' geben einige Rätsel auf. Welche Gemeinden wurden durch sie vertreten? In der Regel gehen die Exegeten diskussionslos davon aus, daß es sich bei ihnen um die offiziellen Repräsentanten der mazedonischen Christenheit handeln müsse.[121] Das Ratespiel um die Identität der beiden *Anonymi* knüpft dann gern an die Namen in Act 20,4 an. Erst unlängst behauptete Rudolf Pesch wieder, Sopater, Aristarch und Sekundus gehörten „zu den »Abgesandten der Gemeinden«, von denen Paulus 2Kor 8,23 spricht"[122]. Dieter Georgi räumte zwar bezüglich des an erster Stelle genannten Gemeindeapostels ein: „Von welchen Gemeinden er gewählt worden war, ist nicht gesagt. Möglich wären auch andere als die mazedonischen (Ephesus? Galatien?)." Freilich relativierte

---

[121] A. Plummer, A Critical and Exegetical Commentary on the Second Epistle of St. Paul to the Corinthians, 1915, S.251; H. Lietzmann, An die Korinther I.II, ⁴1949, S.137; F. Lang, Die Briefe an die Korinther, NTD 7¹⁶, ¹1986, S.321; M. Carrez, La deuxième épitre de Saint Paul aux Corinthiens, 1986, S.187; J. Becker, Paulus, 1989, S.272. Ebenfalls für Mazedonien, aber wenigstens fragend, sprachen sich aus: C.F.G. Heinrici, Der zweite Brief an die Korinther, KEK VI⁸, ³1900, S.288; H. Windisch, Der zweite Korintherbrief, KEK VI⁹, ¹1924, S.263 („wohl Maz."); F.F. Bruce, 1 and 2 Corinthians, 1971, S.224 ("presumably those of Macedonia"); C.K. Barrett, A Commentary on the Second Epistle to the Corinthians, 1973, S.228f. W.-H. Ollrog (Paulus und seine Mitarbeiter, 1979, S.79-84) behandelt die Bezeichnung ἀπόστολος ἐκκλησιῶν ausführlich, ohne im Falle von II Kor 8,23 auch nur die Frage aufzuwerfen, *welche* Gemeinden die beiden Brüder entsandt haben.

[122] R. Pesch, Die Apostelgeschichte II, 1986, S.185.

er diese Überlegung sogleich wieder: „In diesem Fall hätten ihn die mazedonischen Gemeinden bestätigt."[123]

Aber ist es denn wirklich so sicher, daß Paulus von Abgesandten der *mazedonischen* Gemeinden spricht? Allein schon die Tatsache, daß Paulus nur zwei ἀπόστολοι ἐκκλησιῶν erwähnt, Act 20,4 aber mindestens drei, wahrscheinlich sogar vier mazedonische Vertreter nennt, macht eine solche Identifizierung eher unwahrscheinlich. Auch ist die Art und Weise, wie Paulus von den beiden Gemeindeaposteln spricht, auffällig. Der erstgenannte ‚Bruder' ist χειροτονηθεὶς ὑπὸ τῶν ἐκκλησιῶν συνέκδημος ἡμῶν (II Kor 8,19); wenn er ein mazedonischer Kollektenvertreter war, warum schreibt Paulus dann nicht ὑπὸ τῶν Μακεδόνων (vgl. 9,4: ἐὰν ἔλθωσιν σὺν ἐμοὶ Μακεδόνες) bzw. ὑπὸ τῶν ἐκκλησιῶν τῆς Μακεδονίας (vgl. II Kor 8,1)? Merkwürdig ist außerdem die Bestimmung seiner Funktion: Der Bruder erscheint als eine Art Buchhalter, der die finanzielle Seite der Kollektenreise zu überwachen hat; niemand soll Paulus vorwerfen können, daß es zu Unregelmäßigkeiten gekommen sei (II Kor 8,20f). Da diese Vorsichtsmaßnahme nicht von Paulus selbst, sondern auf Initiative ‚der Gemeinden' getroffen wurde, scheinen die fraglichen Gemeinden eine gewisse kritische oder sogar mißtrauische Distanz gegenüber Paulus gewahrt zu haben. Von seiten der Korinther wäre das nicht weiter verwunderlich (vgl. II Kor 12,14ff); aber daß ausgerechnet die mazedonischen Gemeinden - die Philipper hatten Paulus des öfteren großzügig unterstützt (Phil 4,15ff; vgl. II Kor 11,8f) - Paulus in finanzieller Hinsicht mißtrauen würden, ist schwer vorzustellen. Außerdem ist der 2. Bruder (II Kor 8,22f), von dessen Wahl zum Reisebegleiter überhaupt nicht die Rede ist, gegenüber dem bedeutenderen συνέκδημος auffällig abgesetzt; wie wäre das zu rechtfertigen, wenn es sich bei beiden um Vertreter mazedonischer Gemeinden, die einander doch wohl gleichgestellt waren, handelte?

Hans-Dieter Betz ist das rätselhafte Licht, in dem die beiden Gemeindeapostel bei Paulus erscheinen, nicht entgangen. Die distanziert-respektvolle Art, wie Paulus von dem ersten Bruder spricht, sei ein Anzeichen dafür, daß die Mazedonier auf der Entsendung eines Vertreters bestanden hätten, den Paulus erst nach einigen Verhandlungen notgedrungen akzeptiert habe; den Namen dieses Supervisoren habe der Apostel weggelassen, um dessen Rolle nicht unnötig aufzuwerten.[124] Umgekehrt soll nun Paulus bei den mazedonischen Gemeinden die Delegierung des zweiten Bruders durchgesetzt

---

[123] D. Georgi, Die Geschichte der Kollekte des Paulus für Jerusalem, 1965, S.54.

[124] H.D. Betz, 2 Corinthians 8 and 9, 1985, S.73.

haben, damit die Personen seiner Wahl (Titus und dieser - ebenfalls mazedonische - Bruder) gegenüber dem offiziellen Repräsentanten der Mazedonier in der Überzahl seien. Damit wird ein "conflict of authority"[125] zwischen Paulus und den Mazedoniern konstruiert, der Betz einige Probleme bereitet. Zuvor hatte er nämlich festgestellt: "No doubt the apostle Paul was closest to the churches of Macedonia, for whom he had the greatest trust."[126] Da sich dieses Bild mit dem Machtkampf um die Kollektendelegation nicht zusammenreimt, muß Betz die Existenz einer Minderheit in Mazedonien behaupten, die Paulus gegenüber in kritischer Distanz geblieben sei und "may also have insisted on sending a Macedonian representative to Corinth (8:18-21)"[127]. Für eine solche Annahme gibt es keinen positiven Anhaltspunkt; außerdem bereitet sie zwei unüberwindliche Probleme, von denen Betz das erste gewaltsam beseitigt und das zweite gar nicht erst wahrnimmt. Die erste Schwierigkeit besteht darin, daß die Sendung des Titus in II Kor 8 den Zweck hat, die Kollekte in Korinth zum Abschluß zu bringen (8,6); wenn die beiden Brüder, die Titus begleiten und die Bereitstellung der achäischen Sammlung sichern sollen, Mazedonier waren, so wäre Mazedonien in der Organisation der europäischen Kollekte eine überregionale, gesamtgriechische Bedeutung zugekommen. Tatsächlich ist dies Betz' Auffassung: Als Paulus den Korinthern schrieb, ὅταν δὲ παραγένωμαι, οὓς ἐὰν δοκιμάσητε, δι' ἐπιστολῶν τούτους πέμψω ἀπενεγκεῖν τὴν χάριν ὑμῶν εἰς Ἰερουσαλήμ (I Kor 16,3), soll er an *Mazedonier* gedacht haben, mit deren Entsendung die Korinther einverstanden sein würden.[128] Diese Behauptung ist schlechterdings absurd: Paulus sprach eindeutig davon, daß die Korinther Vertrauensleute *ihrer* Wahl bestimmen sollen; die achäische Sammlung war also eine Angelegenheit, die nur Paulus und die Achäer betraf. Es wäre ein unerhörter Affront gegenüber den Achäern, wenn nun die mazedonischen Gemeinden über die Köpfe der Achäer hinweg für die Organisation der Kollekte in Achaia zuständig erklärt würden. Andererseits: Da Paulus schon den Korinthern den Vorschlag gemacht hatte, ihren Kollektenbeitrag durch Vertreter ihrer Wahl nach Jerusalem zu bringen, so wäre es nun unerklärlich, warum die Mazedonier die Entsendung eines eigenen Repräsentanten (II Kor 8,18ff) nur gegen erheblichen Widerstand seitens des Paulus durchzusetzen vermochten. Das alles gibt keinen rechten Sinn; es ist darum äußerst unwahr-

---

[125] A.a.O., S.76.

[126] A.a.O., S.49.

[127] A.a.O., S.93.

[128] A.a.O., S.94 Anm.36.

scheinlich, daß es sich bei dem rätselhaften συνέκδημος um einen mazedonischen Vertrauensmann handelte. Eine zweite, größere Schwierigkeit,
die merkwürdigerweise von fast allen Exegeten ignoriert wird, kommt
hinzu. In II Kor 9,3-5 begründet Paulus die Sendung der ‚Brüder' - auch
Betz identifiziert sie mit den beiden Gemeindeaposteln in 8,18ff - folgendermaßen: Bei der Bereitstellung der Kollekte in Mazedonien hatte Paulus
auf das vorbildliche Engagement der Achäer hingewiesen; da der Apostel
bei seiner baldigen Korinth-Reise vermutlich in Begleitung einiger Mazedonier sein werde, wäre es ihm diesen Leuten gegenüber außerordentlich
peinlich, wenn die achäische Sammlung bei ihrem Eintreffen noch nicht
abgeschlossen wäre. Um eine solche Situation zu vermeiden, schickt Paulus
‚die Brüder' voraus; sie sollen dafür sorgen, daß die von den Korinthern in
Aussicht gestellte Sammlung auch wirklich abholbereit ist, wenn Paulus mit
den mazedonischen Kollektenvertretern eintrifft. Diese Aktion ergäbe
überhaupt keinen Sinn, wenn es sich bei den ἀδελφοί (9,3.5) und den Μακεδόνες (9,4) beide Male um mazedonische Delegationen handelte; Paulus
wäre in jedem Fall ‚beschämt worden' (vgl. 9,4) und hätte besser daran getan, Titus allein vorauszusenden. Mit anderen Worten: Bei den Gemeinden,
die den ‚Bruder' zum Reisebegleiter gewählt und auch den 2. Bruder entsandt haben (II Kor 8,18-23), kann es sich nicht um die Gemeinden Mazedoniens handeln; achäische Gemeinden kommen ohnehin nicht in Frage, da
Paulus ihnen sonst die Rolle der ‚Brüder' nicht erläutern müßte.[129] Schon
Johannes Munck hatte gemeint, zu den ἐκκλησίαι von II Kor 8,19.23
„gehört natürlich nicht Achaja, auch nicht Macedonien, aber am natürlich-
sten erscheint, dass Gemeinden ausserhalb dieser beiden Provinzen gemeint
sind"[130]. Europa scheidet damit aus. Überlegungen dazu, welche Gemeinden einen συνέκδημος für Paulus gewählt haben könnten, wollen wir
später anstellen (s.u.S.311f).

(2) Betrachten wir die Reisegruppe in Act 20,4-6, so haben wir dort
neben dem persönlichen Mitarbeiter Timotheus Vertreter der mazedonischen Gemeinden Beröa (Sopater) und Thessaloniki (Aristarch, Sekundus)

---

[129] Wenn J. Roloff erklärt, die Gemeindeapostel seien „von den Gemeinden Achaias
zur Überbringung der Kollekte nach Jerusalem bestimmt worden" (Art. Apostel/Aposto-
lat/Apostolizität I, TRE III, 1978, S.436), so mag es sich um ein Versehen des Autors
handeln; nach seiner früher geäußerten Ansicht waren sie „offenbar Abgesandte der
makedonischen Gemeinden" (Apostolat - Verkündigung - Kirche, 1965, S.39 Anm.4).

[130] J. Munck, Paulus und die Heilsgeschichte, 1954, S.291. In der Ablehnung von
Mazedonien und Achaia sekundiert ihm Ph.E. Hughes (Paul's Second Epistle to the Corinthians, [6]1977, S.311-316), der sich im übrigen auf die kleinasiatischen Gemeinden
festlegt ("no doubt the churches of Asia Minor", S.316).

vor uns; Gaius Derbaios/Doberios ist unsicher. In welcher Eigenschaft die
beiden Kleinasiaten mitreisen - es wäre denkbar, daß sie die in II Kor 8,18ff
genannten Brüder sind[131]; aber das ist rein spekulativ -, wissen wir nicht.
Für die Wir-Gruppe ergeben sich *a priori* drei Möglichkeiten: Sie könnten
Vertreter der achäischen Gemeinden sein, falls diese sich an der Kollekte
beteiligten; falls jede mazedonische Gemeinde Vertreter entsandte, kommt
ferner Philippi in Frage; als letzte Möglichkeit sind die übergemeindlichen
Kollektenorganisatoren, Titus und die ἀπόστολοι ἐκκλησιῶν, in Betracht zu ziehen. Darüberhinaus ist natürlich jede beliebige Kombination
dieser drei Gruppen denkbar. Ersteres ist mir, wie oben schon angedeutet,
am wenigsten wahrscheinlich. Die bekannten Probleme zwischen Paulus
und den Korinthern, das merkwürdige Schweigen über Korinth in Act 20,3
und das Fehlen von achäischen Kollektendelegierten in Act 20,4 könnten
darauf hinweisen, daß Korinth die Beteiligung an der Kollekte verweigert
hat. Für Philippi spricht die Rolle dieser Stadt in den Wir-Erzählungen insgesamt (Act 16,11ff; 20,6) sowie die Tatsache, daß sich der Wir-Erzähler
hier erstmals wieder erwähnt. Für die 3. Möglichkeit ist geltend zu machen,
daß man sich die Kollektenreise ohne Titus schwerlich vorstellen kann. Am
plausibelsten scheint mir zu sein, hinter den Wir-Leuten in Act 20,6 Titus,
den oder die Gemeindeapostel und die Vertreter Philippis zu sehen. Aber
beweisen läßt sich das natürlich nicht. Wichtig ist, daß es genügend plausible Möglichkeiten gibt, der Wir-Gruppe eine historische Rolle zuzuweisen.

2.2.2. Der Reiseverlauf

Nach unserer oben versuchten hypothetischen Rekonstruktion reiste
Paulus vielleicht von Achaia aus in Richtung Norden durch Mazedonien; in
Beröa schloß sich ihm Sopater, in Thessaloniki Aristarch und Sekundus,
Gaius möglicherweise auf dem Weg von Amphipolis nach Philippi an. Wo
Timotheus, Tychikus und Trophimus hinzukamen, wissen wir nicht. Diese
achtköpfige Reisegruppe nahm von Philippi aus den Landweg nach Alex-
andria Troas, während die Wir-Gruppe das Osterfest noch in Philippi
feierte und dann per Schiff nachkam.

Der einwöchige Aufenthalt in Troas (20,6) endete mit dem Gemeinde-
gottesdienst, der in der Nacht von Sonntag auf Montag gefeiert wurde. Die
Gruppe um Paulus trennte sich vorübergehend vom Apostel, ging zum
Schiff voraus und fuhr um das Kap Lekton herum nach Assus. Derweil
nahm Paulus den Fußweg auf der großen Straße von Dardanos nach Adra-

---

[131] So J.A. Blaisdell, The Authorship of the "We" Sections of the Book of Acts,
HThR 13, 1920, S.147.

myttion[132], der ihn am Smintheion, dem Heiligtum des Apollo Smintheus, vorbei in das äolische Assus, den Geburtsort des Stoikers Kleanthes, führte. Nachdem man sich dort wieder getroffen hatte, ging die Reise weiter nach Mitylene; dort blieb man über Nacht. Dann segelte man weiter, und zwar zunächst an Chios vorbei (Dienstag), tags darauf nach Samos (Mittwoch) - dem »westlichen« Text zufolge soll man in Trogilos, einem Küstenvorsprung am Kap Mykale, die Nacht verbracht haben -, bis man schließlich in Milet ankam (Donnerstag). Von dort aus ließ Paulus die Ältesten aus Ephesus kommen; dort war er vorbeigesegelt, weil er Zeit sparen wollte. Man ist etwas ratlos, wie man sich die Szene vorzustellen habe: Schließlich liegt Ephesus ca. eine Tagesreise per Schiff und fast zwei zu Fuß von Milet entfernt, eine Strecke, die zuerst die Boten und dann die Ältesten zurücklegen mußten.

Nach II Tim 4,20 soll Paulus hier Trophimus krank zurückgelassen haben. Dagegen steht freilich das Zeugnis von Act 21,29: Trophimus war mit Paulus in Jerusalem und wurde dort unfreiwilliger Anlaß für die Verhaftung des Apostels. Wenn Lukas damals dabei war, dann darf ihm hierin kein Fehler unterlaufen sein. Aber das Zeugnis des 2. Timotheusbriefes ist gewiß nicht so hoch zu bewerten, daß man ihm hier gegen Acta folgen müßte. Der Grund dieser Aussage ist ohnehin nicht einsehbar: Paulus soll den Brief von Rom aus geschrieben haben, also über 2 Jahre nach der Jerusalemreise. Welchen Sinn mag es haben, daß der Apostel aus Rom den Timotheus im 60 km von Milet entfernten Ephesus aufklärt, daß er dort Trophimus krank zurückgelassen habe? Die Notiz könnte mit der *varia lectio* in Act 20,4 zusammenhängen, nach der die sieben dort Genannten Paulus „bis zur Asia" begleitet haben sollen (s.o.S.258 Anm.114); wenn dieser Ausdruck exklusiv verstanden wurde, konnte man dem entnehmen, daß die Sieben oder ein Teil derselben - etwa Tychikus und Trophimus - nicht die ganze Reise mitgemacht haben.

Paulus hielt ihnen eine Abschiedsrede. Schließlich setzte man die Reise fort (Act 21,1). Zunächst gelangten die Reisenden nach Kos, tags darauf nach Rhodos und von dort gleich weiter nach Patara. Bis hierher scheinen die Reisenden ein kleines Privatschiff benutzt zu haben, was ihnen einerseits erlaubte, auch kleine Häfen anzulaufen[133], andererseits eine freie Planung der Reise ermöglichte. In Patara bestiegen sie dann ein Handelsschiff, das Paulus und seine Begleiter an Zypern vorbei nach Tyrus beförderte. Dort spürten sie die Christen auf und blieben 7 Tage bei ihnen. Auch die kurze Strecke nach Ptolemais, wo sie einen Tag bei der Gemeinde blieben, legten sie noch mit dem Schiff zurück. Dann reisten sie zu Land weiter nach Cäsa-

---

132 Vgl. K. Miller, Itineraria Romana, 1916, Sp.697f.

133 In Assus gab es z.B. nur eine kleine Mole, „an welcher kleinere Schiffe anlegen konnten" (R. Merkelbach, in: ders., Hg., Inschriften griechischer Städte aus Kleinasien. Die Inschriften von Assos, 1976, S.106).

rea, wo sie im Haus des Evangelisten Philippus einige Tage verbrachten. Einige Christen aus Cäsarea begleiteten Paulus und die Seinen nach Jerusalem und verschafften ihnen dort[134] Quartier bei einem alten zypriotischen Christen namens Mnason. Am nächsten Tag fand das Treffen mit Jakobus und den Jerusalemer Ältesten statt. Bei diesem Anlaß müßte Paulus die Kollekte übergeben haben; doch Lukas schweigt darüber. Welche Gründe er dafür gehabt haben mag, werden wir später (s.u.S.348-351) diskutieren.

3. Lukas und die erste Europareise des Paulus

Nach dem Zerwürfnis mit Barnabas, das als Folge des antiochenischen Zwischenfalls (Gal 2,11-14) zu werten ist, brach Paulus zusammen mit Silas zur sog. 2. Missionsreise auf (Act 15,40). Vom syrischen Antiochien aus führte sie der Weg in das nördliche Syrien und nach Kilikien (15,41). Durch die kilikische Pforte nördlich von Tarsus gelangten sie auf der *Via Sebaste* zu den provinzgalatischen Städten Derbe und Lystra, wo Paulus schon bei seiner vorigen Reise mit Barnabas gewesen war (14,20f). Dort nahmen sie Timotheus mit (16,1-3). Offenbar gingen sie nun weiter in Richtung Nordwesten bis nach Antiochia bei Pisidien (s.o.S.87 mit Anm.6). Der weitere Weg der Missionare bis nach Alexandria Troas (16,6-8) wird von Lukas nur in sehr groben, rätselhaften Strichen skizziert.[135] „Sie durchzogen aber das phrygische (oder: Phrygien) und galatische(s) Land" (16,6). Ist hier, wie häufig angenommen wird, an die Landschaft Galatien gedacht? Dagegen spricht doch wohl die Erwähnung der Asia, Mysiens und Bithyniens (16,6f), die einen westlicheren Kurs vermuten lassen. Colin J. Hemer interpretierte den Ausdruck ἡ Φρυγία καὶ Γαλατικὴ χώρα (16,6) im Sinne von Phrygo-Galatien; dann wären damit die phrygischen Städte im Südwesten der Provinz Galatien, nämlich Ikonium und Antiochia bei Pisidien, gemeint, und V.6 wäre dann in Fortsetzung von V.1 (Derbe und Lystra) eine Spezifizierung von V.4 (‚die Städte').[136] Diese Hypothese

---

134 Dem »westlichen« Text zufolge soll Mnason als Quartiergeber auf einer Zwischenstation vor Jerusalem aufgefaßt werden.

135 Vgl. zum folgenden die Diskussion bei R. Riesner, Die Frühzeit des Paulus, Habil. masch. 1990, S.237-241.245-247 (§§ 15.2.1; 15.2.3).

136 C.J. Hemer, The Adjective 'Phrygia', JThS NS 27, 1976, S.122-126; ders., Phrygia: A Further Note, JThS NS 28, 1977, S.99-101; ders., The Book of Acts in the Setting of Hellenistic History, 1989, S.280ff. Ihm schließt sich jetzt R. Riesner an (op. cit., S.240 [§ 15.2.1]). Vgl. dagegen o.S.87f mit Anm.5-7.

scheint mir jedoch aus erzählerischen Gründen nicht haltbar zu sein: Für
Lukas ist mit der Übergabe des Aposteldekrets (16,4) die ‚Inspektionsreise‘
(vgl. 15,36) beendet; 16,5, das 15,36 entspricht, markiert deutlich einen
Abschluß, dem in 16,6 ein Neuanfang folgt. Außerdem hatten wir (o.S.85
Anm.4) bereits festgestellt, daß Lukas Antiochia und Ikonium offenbar
irrtümlich zu Pisidien rechnete; dann kann er sie nun nicht plötzlich zum
phrygischen Teil der Provinz Galatien gezählt haben. Wie mir scheint, darf
man die Detailkenntnis des Lukas hier nicht überbewerten. Wenn „der heilige Geist" es den Missionaren verwehrte, in der Asia zu predigen, so wird
man an die Straße von Apamea über Philadelphia nach Ephesus zu denken
haben, die den Reisenden verschlossen blieb; stattdessen bewegten sie sich
vielleicht in nordwestlicher Richtung nach Kotyaeum (h. Kütahya).[137]
Damit waren sie auf der Höhe von Mysien (κατὰ τὴν Μυσίαν, 16,7)
angelangt. Von Kotyaeum oder vom Verkehrsknotenpunkt Dorylaeum (h.
Eskischehir) aus strebten sie in Richtung Norden nach Bithynien, etwa nach
Nikomedien (h. Izmit); auch das wurde ihnen jedoch vom „Geist Jesu"
verwehrt (16,7). So zogen sie in Richtung Westen, durchquerten Mysien
und gelangten nach Alexandria Troas. Dort hatte Paulus eine nächtliche Vision: Ein Mazedonier bat ihn, nach Europa zu kommen. Daraufhin reisten
‚wir‘ von Troas nach Philippi.

Wo und weshalb stößt der Wir-Erzähler zur Reisegruppe? Drei Möglichkeiten sind denkbar: (1) Entweder war er schon im Gefolge des Paulus,
bevor die Reisenden nach Troas kamen; er wäre dann von Anfang an dabei
gewesen oder auf dem Weg nach Troas dazugestoßen. (2) Oder er lebte in
Troas, lernte dort Paulus kennen und schloß sich ihm an. (3) Oder er hatte -
auf welche Weise auch immer - von Paulus gehört, reiste ihm von Philippi
aus entgegen und holte ihn aus Troas ab, so wie später römische Christen
dem Apostel nach Forum Appii und Tres Tabernae entgegenkamen (Act
28,15).

Einige Zeugen des »westlichen« Textes lassen den Wir-Erzähler erstmals in Antiochien zu Wort kommen: „Als wir versammelt waren (συνεστραμμένων δὲ ἡμῶν), sprach einer von ihnen mit Namen Agabus etc."
(Act 11,28). Der lateinische Irenäus faßt Act 15,39; 16,8 folgendermaßen
zusammen: „Nachdem Barnabas und Johannes mit dem Beinamen Markus
sich von Paulus getrennt hatten und nach Zypern gesegelt waren, ‚kamen

---

[137] Zur folgenden Route vgl. die m.E. überzeugenden Überlegungen von R. Riesner,
Die Frühzeit des Paulus, Habil. masch. 1990, S.231.240f (§§ 14.5.1; 15.2.1).

wir nach Troas'"[138]. Vielleicht hat man sich in beiden Fällen vorzustellen, daß Lukas schon von Antiochien an in Begleitung des Paulus gewesen sei. Das könnte mit der Tradition, daß Lukas Antiochener war, zusammenhängen. Gleichwohl kann Lukas, auch wenn er aus Antiochien stammen sollte, seinerzeit anderswo gelebt haben. Diverse geographische und politische Unklarheiten in bezug auf das sog. pisidische Antiochien und Ikonium (s.o.S.85 Anm.4) könnten Zweifel daran wecken, ob Lukas die Reise tatsächlich von Anfang an mitgemacht hat.

William Mitchell Ramsay war wohl der erste, der die zweite Variante mit einer rationalistischen Deutung der Vision des Paulus (Act 16,9) verband: Der Mazedonier soll Lukas, also der Wir-Erzähler selbst, sein, der damals in Troas wohnte, ursprünglich aber aus Philippi stammte.[139] Adolf von Harnack, der - was die rationalistische Deutung der Vision anbetrifft - unabhängig von Ramsay zunächst dieselbe Überlegung angestellt hatte, hielt sie später zwar für eine unbeweisbare, aber immer noch „ansprechende Vermutung"[140]. Auch Martin Dibelius zog diese Möglichkeit in Erwägung; seiner Meinung nach ist die Vision „mit dem Auftreten dieses Gefährten (sc. des Wir-Erzählers), vielleicht des Lukas, in psychologische Verbindung zu bringen"[141]. Nun steht die Frage, ob der Erzähler zu irgendeinem Zeitpunkt seines Lebens in Philippi gewohnt hat, hier gar nicht zur Debatte. Die Frage muß lauten, ob er vor Act 16,10 dort gewohnt hat. Das wäre mit Sicherheit auszuschließen, wenn in 16,13 mit B, A^c, C u.a. ἐνομίζομεν oder mit ℵ, P^74 ἐνομίζετο zu lesen wäre: Denn wenn der Wir-Erzähler zuvor schon in Philippi gewohnt hat, dann muß keiner der Reisenden Vermutungen darüber anstellen, ob und gegebenenfalls wo sich in der Stadt eine Synagoge befindet. Doch ist dieser Passus textkritisch umstritten[142], eine sichere Entscheidung kann darum nicht getroffen werden.

Martin Dibelius folgerte aus der Tatsache, daß die Wir-Erzählung in Philippi abbricht, der Erzähler sei „also in Mazedonien beheimatet"[143]. Wenn der Erzähler Mazedonier war, so hatte er seinen Wohnsitz jedenfalls kaum in Philippi: Denn dort ist er bei Lydia zu Gast (16,15), verfügt also

---

138 *Separatis enim, inquit (sc. Lucas), a Paulo et Barnaba et Iohanne qui vocabatur Marcus et cum navigassent Cyprum »nos venimus in Troadam«, haer* III 14,1.

139 W.M. Ramsay, Paulus in der Apostelgeschichte, 1898, S.167ff.

140 A. v.Harnack, Beiträge zur Einleitung in das Neue Testament III, 1908, S.89.

141 M. Dibelius/W.G. Kümmel, Paulus, ⁴1970, S.70.

142 Für eine ausführliche textkritische Diskussion dieser Stelle vgl. J. Wehnert, Die Wir-Passagen der Apostelgeschichte, 1989, S.12-15.

143 M. Dibelius, Aufsätze zur Apostelgeschichte, ⁵1968, S.177 Anm.3; vgl. ders./ W.G. Kümmel, Paulus, ⁴1970, S.69f.

offenbar über keine eigene Wohnung; zudem scheint er kurze Zeit später, als Paulus und Silas aus der Haft entlassen werden und in das Haus Lydias zurückkehren (16,40), schon wieder zurück- oder weitergereist zu sein (vgl. auch 16,12: ἦμεν δὲ ἐν ταύτῃ τῇ πόλει διατρίβοντες ἡμέρας τινάς).[144] Natürlich wäre es denkbar, daß der Wir-Erzähler in einer anderen mazedonischen Stadt wohnte. In diesem Falle wäre es aber verwunderlich, daß er zwar Paulus aus Alexandria Troas nach Philippi holte, ihn dann aber nicht in seine Heimatstadt führte; denn Philippi war offensichtlich die einzige Station der Europareise, die der Wir-Erzähler miterlebt hat. Ich halte es deshalb eher für unwahrscheinlich, daß er zu diesem Zeitpunkt in Mazedonien wohnhaft war.

Letztlich wissen wir also nicht genau, wo der Wir-Erzähler mit Paulus zusammengetroffen ist, wenn auch manches für Alexandria Troas sprechen könnte.[145] Wir stehen hier vor einem ähnlichen Problem wie zu Beginn von Ammians Schilderung des Persienfeldzuges (s.o.S.179): Auch dort ist unsicher, ob Ammian schon seit dem Aufbruch aus Antiochien dabei war (XXIII 2,4) oder erst ca. einen Monat später mit der Flotte über den Abora (XXIII 5,6) hinzustieß (Wir-Erzählung ab XXIII 5,7).

4. Lukas und die paulinische Kollekte

Wir haben gesehen, daß sich die Annahme lukanischer Teilnahme in den Wir-Berichten durchaus mit den paulinischen Angaben in Deckung bringen läßt: Lukas kann demnach dabei gewesen sein, wo er in der 1. Person erzählt; es gibt jedenfalls kein überzeugendes Argument, daß er innerhalb dieser Erzählungen nicht zur Begleiterschaft des Paulus gehört

---

[144] Wenn der Wir-Erzähler zum Zeitpunkt von Act 16,40 noch in Philippi und also Lydias Gast wäre, so müßte es dort von Paulus und Silas nach ihrer Rückkehr in Lydias Haus statt: „sie trösteten die Brüder und reisten ab", heißen: ‚Sie trösteten (die Brüder und) uns und reisten ab'. Das übersieht E. Norden, wenn er meint, „daß der Verfasser nach der Abreise des Paulus aus Philippi dort mit einigen anderen zurückgeblieben ist" (Agnostos Theos, 1913, S.315 in Anm.2 zu S.314).

[145] Der Scholiast (10.Jh. n.Chr.) der Minuskel 1739 notiert zu Act 16,10: ἀπὸ Τρωάδος ἀκολουθεῖ ὁ Λουκᾶς καὶ τῶι Παύλωι (E. v.d.Goltz, Eine textkritische Arbeit des zehnten bezw. sechsten Jahrhunderts, 1899, S.43). Der Herausgeber bemerkt dazu: „dass aber Lukas von Troas aus dem Paulus gefolgt sei, sieht er daraus, dass mit V. 10 das ‚wir' in der Erzählung beginnt." (S.44) Das ist sicher richtig; immerhin macht uns dieses einsame Zeugnis deutlich, wie wenig selbstverständlich angesichts des Textes der Apostelgeschichte die Tradition von Lukas, dem Antiochener, ist.

haben könne. Wir haben ferner gesehen, daß einige Indizien auf eine Verbindung zwischen Lukas und der paulinischen Kollekte hinweisen. Obwohl Acta den Kollektenkommissar Titus nicht erwähnt und die Briefe des Paulus Titus und Lukas nie zusammen nennen, werden beide später (II Tim 4,10f; MartPaul c.1) assoziiert, und die Jerusalemreise (Act 20,1-21,18) ist ohnehin als Kollektenreise sichergestellt.

Die genaue Rolle des Lukas bestimmen zu wollen, ist angesichts der spärlichen und unklaren Nachrichten in jedem Falle spekulativ. Wir haben drei Möglichkeiten in Erwägung gezogen. Am stärksten bezeugt ist die Version, wonach er eine Art Helfer des Titus bei der Kollektenorganisation war. Origenes hat ihn mit dem ungenannten Bruder in II Kor 8,18, dem ἀπόστολος ἐκκλησιῶν und Begleiter des Paulus auf der Kollektenreise, identifiziert (*hom in Luc* I 6). Der älteste Prolog zum 3. Evangelium erklärt ihn - wie auch Titus - zu einem Antiochener. Der »westliche« Text von Act 11,28 und vielleicht auch der lateinische Irenäus in Act 16,8 könnten diese Auffassung schon für das 2. Jahrhundert voraussetzen. Ein lateinischer Text aus der Bibliothek von St. Gallen (9. Jh.)[146] nennt in Act 13,1 unter den Propheten und Lehrern in Antiochien neben Lucius von Kyrene auch einen gewissen Ticius; vielleicht hat er Lucius mit Lukas identifiziert und ihm Titus an die Seite stellen wollen. Als nächstes kommt die Möglichkeit in Betracht, daß Lukas Kollektenvertreter der Gemeinde von Philippi war.[147] Die Wir-Erzählung in Act 16,10-17 endet in Philippi, in Act 20,5f setzt sie dort ein. Ob das Zufall ist? Unter den namentlich genannten Kollektendelegierten in Act 20,4 sind zwar Vertreter aus Beröa und Thessaloniki, vielleicht auch aus Domeros/Doberos, aber keine aus Philippi. Das überrascht; angesichts der besonders engen Beziehungen zwischen Paulus und den Philippern (vgl. Phil 4,14ff) ist es relativ unwahrscheinlich, daß ein Beröer und zwei Thessalonicher, aber niemand aus der Lieblingsgemeinde des Apostels die Reise nach Judäa mitgemacht haben soll. Wenn es philippische Kollektendelegierte gegeben hat, so müßten sie in den mit ,wir' bezeichneten Personen inbegriffen sein. Schließlich könnte Lukas auch ein Vertreter der achäischen Gemeinden sein, falls diese sich an der paulinischen Kollekte beteiligten; aber das erscheint nach allem, was wir über die mögliche Vorgeschichte der Kollektenreise zusammengetragen haben (s.o.S.247-260), fast als ausgeschlossen.

---

[146] Zitiert bei C.K. Barrett, Titus, in: Neotestamentica et Semitica. FS M. Black, 1969, S.2.

[147] So W. Neil, The Acts of the Apostles, 1973, S.23. Vielleicht ist so schon die *subscriptio* des II Kor in K L u.a. zu deuten, wonach der Brief in Philippi geschrieben wurde und durch Titus, (Barnabas) und Lukas zugestellt wurde.

2. Teil

Die lukanischen Wir-Erzählungen und antike Reiseberichte

1. Die Frage nach der Quelle des Lukas

Die quellenkritisch orientierte Actaforschung hatte zu Beginn des 19. Jahrhunderts die lukanischen Wir-Erzählungen aufgrund ihrer Erzählform meist als Relikte einer nicht-lukanischen schriftlichen Vorlage gedeutet. Das ,Wir' lasse uns die Stimme eines Augenzeugen vernehmen, die der literarisch unfähige Kompilator des Buches ungebrochen übernommen habe. Mit dem Umschwung in der Beurteilung des Schriftstellers Lukas verlor diese Quellenhypothese ihre Grundlage. Wenn man den Autor der Apostelgeschichte in unserem Jahrhundert in mitunter etwas allzu euphorischer Weise als einen „Schriftsteller von erheblicher Potenz"[148] zu feiern begann, so mußte die Erzählform der Wir-Stücke ihre Rolle als Quellenindiz verlieren; schmilzt doch der gute Historiker seine Quellen in seine eigene Diktion um. Die völlige Ablösung des Problems der Wir-Form von der Frage nach den Quellen für die Schilderung der Paulusreisen ist bei Martin Dibelius vollzogen. Seinen Acta-Studien, die er seit 1922 in einer Reihe von Aufsätzen darlegte, verdanken wir die wirkungsvollsten form- und redaktionskritischen Anstöße. Der Kern seiner These lautet: Lukas habe für die Darstellung der paulinischen Missionsreisen (Act 13,1-14,28; 15,35-21,16) „ein Stationenverzeichnis der Reisen, vermutlich mit kurzen Angaben über Gemeindegründung und Missionserfolg versehen"[149], verwendet. Dieses Itinerar habe Lukas durch eigene Zutaten (z.B. 14,22f; 19,20) und anderes Material (z.B. 14,8-18) ergänzt; es stamme „letztlich aus der Reisegesellschaft selbst"[150]. Lukas habe es als Grundlage seiner Darstellung benutzt und das ,Wir' wahrscheinlich selbst eingefügt, um seinen eigenen Anteil deutlich zu machen. Ursprünglich sei das Verzeichnis angefertigt worden, „um bei einer Wiederholung der Reise die Wege und die alten Gastfreunde wiederzufinden"[151]. Ganz anders dagegen der Romreisebericht Act 27f:

---

[148] E. Plümacher, Wirklichkeitserfahrung und Geschichtsschreibung bei Lukas, ZNW 68, 1977, S.9.

[149] M. Dibelius, Aufsätze zur Apostelgeschichte, ⁵1968, S.12.

[150] A.a.O., S.71.

[151] A.a.O., S.169.

Ihn habe Lukas profanen literarischen Vorbildern entnommen und durch Eintragung des Paulus und der ‚Wir' seinem Zwecke adaptiert.

Die Itinerarhypothese hat viel Anklang gefunden und ist in modifizierter Form verschiedentlich aufgegriffen worden. Drei grundsätzliche Einwände können dagegen erhoben werden und sind teilweise auch geltend gemacht worden:

(1) Zweifellos richtig ist Dibelius' Erkenntnis, daß das ‚Wir' als solches die Herauslösung einer besonderen Quelle noch nicht erlaubt. Das bedeutet nun aber keineswegs, daß es keine Wir-Quelle, die im wesentlichen auf die in Wir-Form erzählten Partien zu beschränken wäre, gegeben haben kann. Die Frage nach einer solchen Vorlage stellt sich erneut, wenn man die angebliche Gleichförmigkeit der Reiseverzeichnisse in c.13-21 in Zweifel zieht. Zu keiner Zeit hatte sich die Annahme einer Wir-Quelle lediglich auf die Tatsache gestützt, daß an den betreffenden Stellen in der 1. Person erzählt wird; immer war auch aufgefallen, daß die Wir-Stücke gegenüber den übrigen Erzählungen viel detaillierter sind. Stellvertretend für viele mag hier Julius Wellhausen stehen: „Das Itinerar wird mit dem Eintritt des W i r ungleich genauer"[152]. Eduard Zeller wollte aus diesem und anderen Gründen annehmen, „der Verfasser unserer Schrift habe eben nur für die bezeichneten Parthieen einen auf die erste Person lautenden Bericht vor sich gehabt, diese aber auch in demjenigen zu setzen, was er aus sonstigen Quellen oder aus eigenen Mitteln beifügte, habe er sich nicht entschliessen können"[153].

(2) Widerspruch wurde laut gegen den Gattungsbegriff ‚Itinerar'. So meint Gottfried Schille zu sehen, daß „Itinerare, die die Antike durchaus gekannt hat (Caesar; Xenophon), ... in älterer Zeit gerade nicht auf Reise-

---

[152] J. Wellhausen, Kritische Analyse der Apostelgeschichte, 1914, S.42 zu Act 20,6ff. E. Zeller meinte etwa zu Act 20f: „An dem Bericht über die letzte Reise nach Jerusalem und die Gefangenschaft des Apostels muss in Vergleichung mit dem Bisherigen die unverhältnissmässig grössere Ausführlichkeit auffallen." (Die Apostelgeschichte nach ihrem Inhalt und Ursprung kritisch untersucht, 1854, S.384) Die Beobachtung, daß mit dem Übergang in die Wir-Form die Erzählung zugleich detaillierter wird, ist durch die Dibelius'sche Fassung der Itinerarhypothese, die von der Erzählform völlig absah, zu Unrecht vernachlässigt worden. Häufig wurde diese Tatsache entweder übersehen, oder man maß ihr keine Bedeutung zu. Demgegenüber stellt jetzt J. Roloff zu Act 21,1ff zurecht wieder fest, daß diesem Reisebericht „eine geradezu pedantisch genaue Schilderung des Reiseverlaufes mit allen Tagesetappen und Übernachtungsstationen eigentümlich" sei (Die Apostelgeschichte, [2]1988, S.308), und zieht daraus die Konsequenz, daß in Act 20f eine alte Quelle - ein „Rechenschaftsbericht aus der Kollektendelegation" (S.239) - verwendet wurde.

[153] E. Zeller, op. cit., S.513.

notizen zurückzuführen sind (...), sondern als nachträgliche kartographische Stilisierung der Schriftsteller gedeutet werden müssen"[154]. Jürgen Wehnert macht unter Hinweis auf das *Itinerarium Antonini* und die *Peutingeriana Tabula* geltend, daß unter einem Itinerar „in der Antike nicht die Beschreibung individueller Reisen zu Wasser und zu Lande verstanden (wird), sondern ein (öffentliches) normiertes Wegstreckenverzeichnis, das der Reiseplanung dient und über vorhandene Straßenverbindungen und Raststellen sowie über die Entfernungen zwischen den Reisestationen in knappster Weise informiert"[155]. Darüber hinaus sei die - für die Reiseerzählungen in Act 16; 20f; 27f charakteristische - Kombination von Landund Seereiseerzählung „als (anderweitig unbekannte) Mischung aus Itinerar und Periplus"[156] formkritisch problematisch. Dieses Veto ist, wie wir sehen werden, unbegründet.

(3) Schließlich lassen sich schwerwiegende Einwände gegen den angeblichen »Sitz im Leben« des Verzeichnisses erheben. Zwar vermag uns Schilles Versicherung, Paulus und seine Begleiter hätten für ein Itinerar gar keine Verwendung gehabt, „da sie doch Christi Wiederkunft noch zu Lebzeiten erwarteten und den Gedanken einer Wiederholung der Reise (...), gar für die Gesamtstrecke der paulinischen Wegfahrt, vermutlich nicht einmal erwogen haben"[157], bestenfalls zu amüsieren; trotz seiner Parusieerwartung plant Paulus immerhin über Jerusalem nach Rom und Spanien zu reisen (Röm 15,25.28). Tatsächlich aber sah Paulus selbst seine Wirksamkeit im Osten als abgeschlossen an. Man könnte freilich überlegen, ob die Kollektenvertreter der Gemeinden sich die Stationen für die Rückreise notierten; aber es ist doch äußerst fraglich, ob die dürren Angaben des Reiseverzeichnisses ausgereicht hätten, ‚die Wege und die alten Gastfreunde wiederzufinden'. Man darf das getrost bezweifeln.

Mit diesen Einwänden gegen Dibelius' Itinerarhypothese, als deren gravierendste Jürgen Wehnert „das Fehlen eines plausiblen ‚Sitzes im Leben' sowie brauchbarer Parallelen für diese literarische Form"[158] bezeichnete, scheint für die Wir-Erzählungen die Quellenfrage endgültig negativ beschieden zu sein. Zweifellos kann Lukas Selbsterlebtes auch aus dem Gedächtnis berichten. Manche Eigenheiten der Wir-Stücke wären aber leichter verständlich, wenn wir eine schriftliche Vorlage annehmen dürften.

---

[154] G. Schille, Die Apostelgeschichte, ³1989, S.4.

[155] J. Wehnert, Die Wir-Passagen der Apostelgeschichte, 1989, S.107.

[156] A.a.O., S.108.

[157] G. Schille, op. cit., S.4.

[158] J. Wehnert, op. cit., S.110.

Schon vor mehr als 100 Jahren mutmaßte Bernhard Weiß, Lukas habe „sich selbst Aufzeichnungen gemacht oder eine Reihe von Erlebnissen bereits früher zu anderem Zweck aufgezeichnet"[159]. Eine solche Annahme ist prinzipiell weder zu beweisen noch zu widerlegen. Ihre Plausibilität hängt davon ab, ob sich ein einleuchtender Zweck für solche Aufzeichnungen angeben und der literarische Charakter der Wir-Stücke daraus erklären läßt. Dabei sehe ich zunächst von Act 27f weitgehend ab; diese Erzählung ist, wie Hans Conzelmann formulierte, eine „Größe sui generis"[160], deren Analyse ich von der Behandlung der beiden anderen Wir-Stücke absondere.

1.1. Der mutmaßliche Bestand der hypothetischen Wir-Quelle(n) in Act 16 und 20f

Darüber, welche Stücke zu den hypothetischen Vorlagen des Lukas gehören, wurde unter ganz anderen Voraussetzungen schon im 19. Jahrhundert eingehend debattiert; eine Einigung unter den Gelehrten zeichnete sich dabei nicht einmal von ferne ab. Eine Rekonstruktion dieser Quelle(n) ist in jedem Falle außer Reichweite. Ich meine aber, daß es gute Gründe gibt, zwischen den Wir-Stücken in Act 16,11ff; 20,6ff und den sie umgebenden Pauluserzählungen in c.13-21 einen größeren Trennungsstrich zu markieren, als man es heutzutage zu tun pflegt.

(1) Im Verlauf der drei paulinischen Missionsreisen (vgl. auch Act 28,7) teilt uns Lukas nur vier Mal die *Namen von Quartiergebern* mit. Drei von ihnen werden in den Wir-Stücken genannt, obwohl diese sowohl vom Textumfang (ca.1/5 der Missionsreiseberichte) als auch vom beschriebenen Zeitraum her (ca. 5 Wochen von etwa 10 Jahren) nur einen kleinen Anteil an den in c.13,1-14,28; 15,36-21,17 geschilderten Reisen bilden: Lydia ist die Gastgeberin in Philippi (16,15.40), Philippus in Cäsarea (21,8) und der Zypriote Mnason in (oder auf dem Weg von Cäsarea nach) Jerusalem (21,16); nur für die jeweils einwöchigen Aufenthalte in Troas (20,6) und Tyrus (21,3), wo die Reisenden bei Gemeindegliedern Herberge finden, werden keine Namen genannt. Außerhalb der Wir-Stücke sind uns nur Priska und Aquila als Gast- (und v.a. Arbeit-)geber in Korinth bekannt (18,2f), bei denen Paulus 11/2 Jahre lebte und teilweise auch arbeitete.

(2) Von erstaunlicher Präzision sind die *Zeitangaben* in den Wir-Stücken. Anderswo begnügt Lukas sich mit ungenauen bzw. pauschalisierenden

---

159 B. Weiß, Lehrbuch der Einleitung in das Neue Testament, 31897, S.558.
160 H. Conzelmann, Die Apostelgeschichte, 21972, S.6.

Angaben: Paulus bleibt ἱκανὸν χρόνον in Ikonium (14,3) und verbringt
χρόνον οὐκ ὀλίγον in Antiochien (14,28); ἡμέραι ἱκαναί vergehen
zwischen dem Vorfall bei Gallio und dem Aufbruch des Paulus aus Korinth
(18,18), und wiederum bleibt der Apostel χρόνον τινά in Syrien (18,23).
Auch wo Lukas Zahlen nennt, sind sie durchweg gerundet: Ein Jahr und
sechs Monate währt der Gründungsaufenthalt in Korinth (18,11), drei Monate und noch einmal zwei Jahre lebt Paulus in Ephesus (19,8.10), und für
den letzten Griechenland-Aufenthalt werden 3 Monate angegeben (20,3).
Nur einmal scheint Lukas ganz genau informiert zu sein: τῇ ἐπαύριον
ging Paulus nach Derbe weiter (14,20). Nachdem der Missionar eben noch
von den Bewohnern Lystras gesteinigt worden ist, empfiehlt sich freilich
auch ein unverzüglicher Aufbruch; wirklicher Sachkenntnis bedarf es zu
einer solchen Angabe nicht. Ganz anders ist das Bild in den Wir-Stücken: 5
Mal wird die Weiterreise „am nächsten Tag" notiert (16,11; 20,15 [3x];
21,1; vgl. 27,3), einmal wird die Reisezeit mit 5 Tagen angegeben (20,6;
vgl. 28,13), dreimal die Dauer eines Zwischenaufenthalts (7 Tage in Troas
20,6, ebenfalls eine Woche in Tyrus 21,4, ein Tag in Ptolemais 21,7; vgl.
28,12.14). Nur für 2 Stationen werden generalisierende Angaben gemacht:
‚Wir' verbrachten ἡμέρας τινάς in Philippi (16,12) und ἡμέρας πλεί-
ους in Cäsarea (21,10). Diese detaillierten Angaben erklären sich m.E. am
ehesten, wenn Notizen gemacht wurden, als die Reisen noch frisch im
Gedächtnis waren; aus einem Abstand von 2 oder 3 Jahrzehnten heraus sind
sie mir unbegreiflich.

(3) Auch in anderer Hinsicht demonstriert Lukas in den Wir-Erzählungen eine Liebe nicht nur für unscheinbare, sondern auch für unwichtige
Details, die in den übrigen Texten nicht oder kaum je zu spüren ist. Die
Assus-Notiz habe ich bereits erwähnt; daß sich jemand nach 20 Jahren noch
erinnern soll, daß Paulus seine Begleiter mit dem Schiff von Troas nach
Assus vorausgesandt hat und selbst zu Fuß gegangen ist, scheint mir schwer
vorstellbar. Auch die Akribie, mit der Lukas in den Wir-Stücken die Reiseroute beschreibt und dabei Orte nennt, die ausschließlich der Wegmarkie-
rung dienen (16,11; 20,14f; 21,1.3), ist auffällig. In den anderen Texten
kommt dem nur die Reise des Paulus auf der *Via Egnatia* von Philippi nach
Thessaloniki[161] über Amphipolis und Apollonia gleich (17,1). Man be-

---

161 Neben der genauen Bezeichnung der Reiseroute von Philippi nach Thessaloniki
weist auch die Verwendung der Amtsbezeichnung πολιτάρχης für die thessalonichen
Ratsherren (Act 17,8) darauf hin, daß Lukas spezifische Ortskenntnisse besitzt. Erst ein
neuerer Inschriftenfund (SEG 35, 1985, Nr.697) hat uns gelehrt, daß es sich bei der Politarchie um "a pre-Roman Macedonian institution" handelt (loc. cit., S.184). Außerhalb
Mazedoniens erscheint der Begriff „nur ganz vereinzelt" (F. Gschnitzer, Art. Politarches,

trachte nur einmal die erste Griechenlandreise - Paulus kommt von Thessaloniki (17,1) nach Beröa (17,10), wird von dort ans Meer geleitet (17,14) und kommt so nach Athen (17,15) - und vergleiche sie mit der ausführlichen Streckenbeschreibung der Jerusalemreise. Hinzu kommt die Erwähnung der Reisebedingungen, auf die das Verb εὐθυδρομέω (16,11; 21,1) - ‚geraden Kurs fahren'[162] - Bezug nimmt: Auf der ersten Europareise kam der Wind aus einer östlichen Richtung, so daß man auf geradem Wege, d.h. ohne zu kreuzen, auf das Ziel zusteuern konnte. Deshalb konnte man Philippi schon nach zwei Tagen erreichen, während man für dieselbe Strecke in umgekehrter Richtung später fünf Tage benötigt (Act 20,6). Das Verhältnis von 2 zu 5 Tagen entspricht genau den Berechnungen von Lionel Casson für die durchschnittliche Fahrtgeschwindigkeit bei günstigem Wind, der einen geraden Kurs erlaubt (4-6 Knoten), und bei ungünstigem Wind, der ständig zum Wenden zwingt (unter 2-2$_{1/2}$ Knoten)[163]; die Annahme, die Missionare hätten in Act 16,11f „ein offenbar schnelles Schiff"[164] zur Verfügung gehabt, ist verfehlt. Auf die Windbedingungen kommt auch die Erzählung von der Romreise verschiedentlich zu sprechen (βραδυπλοέω, 27,7; vgl. die Formulierungen in V.4.7.8.13); außerhalb der in Wir-Form erzählten Partien sucht man solche Details vergeblich.

Diese Besonderheiten der Wir-Stücke scheinen mir den Schluß nahezulegen, daß ihnen Aufzeichnungen zugrundeliegen, die in geringem zeitlichem Abstand zum Geschehen stehen. Schon Theodor Zahn hatte aufgrund der detailreichen Schilderung in den Wir-Stücken gefolgert, sie könnten „nicht erst bei Abfassung des Werks von Lc neu entworfen sein; er muß sie

---

PRE Suppl. XIII, 1973, Sp.495), wobei zumindest teilweise auch dort mazedonischer Einfluß geltend zu machen ist (vgl. F. Papazoglou, Politarques en Illyrie, Historia 35, 1986, S.438-448). Die meisten älteren Belege, die in Gschnitzers Artikel zusammengestellt sind, stammen aus Thessaloniki; einige neuere Inschriftenfunde weisen die Politarchie auch in etlichen anderen Städten Mazedoniens nach: Beröa (SEG 27, 1977, Nr.261 A Z.42; B Z.110 aus der Mitte des 2. Jh.s v.Chr.); Drymos (SEG 29, 1979, Nr.579); Kranochori (SEG 30, 1980, Nr.568 Z.1f.24f.27.42); Serrai (SEG 30, 1980, Nr.616); Amphipolis (SEG 31, 1981, Nr.614 [zwischen 179 und 171 v.Chr.]); Gevgelia (SEG 33, 1983, Nr.520).

[162] Vgl. *StadMarMagn* §§ 137.158.159.165 = GGM I S.473.479.481: Es werden jeweils die Richtung, in der der angestrebte Ort liegt, und der Wind erwähnt, mit dem die gerade Fahrt möglich ist. Der Wind kommt jeweils genau von achtern (zu § 137 vgl. Müllers Kommentar z.St.). ‚Den direkten Weg nehmen' (also ohne Umwege über andere Orte) heißt ἐπ' εὐθείας πλεῖν (§ 164 = GGM I S.481).

[163] L. Casson, Ships and Seamanship in the Ancient World, 1971, S.282-288 und 289-291 (s.u.S.337 Anm.321).

[164] G. Stählin, Die Apostelgeschichte, NTD 5[14], 5[1975], S.217.

vorgefunden und mit alle dem Detail, welches an sich für ihn und seine Leser entbehrlich war, in sein Werk herübergenommen haben"[165]. Ob Lukas auch an anderer Stelle diese Vorlage verwendet hat, läßt sich nicht mehr entscheiden. Ich möchte annehmen, daß er jeweils im Vorspann (16,1ff und 20,1ff) einen ausführlicheren Bericht auf wenige, dürre Worte zusammengestrichen hat, um zielgerecht auf den Punkt zuzusteuern, der ihn interessiert: der Übergang nach Europa und die Reise in die Gefangenschaft.

1.2. Inhalt und Struktur der hypothetischen Wir-Quelle(n)

(1) Hauptmerkmal der Wir-Erzählungen ist eine *lückenlose Reiseroute*. Meist mit Verbformen von (ἀν)άγεσθαι, ἔρχεσθαι, πλεῖν wird Ort an Ort gereiht, gelegentlich durch ἐκεῖθεν oder ἀπό mit Ortsnamen verbunden. Dabei werden auch Stationen genannt, die lediglich der Identifizierung der Reiseroute dienen.

(2) Fast durchgehend wird eine *relative Chronologie* der Reisedauer gegeben (τῇ ἐπιούσῃ, τῇ ἑτέρᾳ, τῇ ἐχομένῃ, τῇ ἐπαύριον, τῇ ἑξῆς, ἄχρι ἡμερῶν πέντε), zweimal die Reise in den (jüdischen Fest-) *Kalender* eingeordnet (μετὰ τὰς ἡμέρας τῶν ἀζύμων, 20,6 und ἡ ἡμέρα τῆς πεντεκοστῆς, 20,16; vgl. 27,9). Bei Orten, an denen die Reisegesellschaft die Fahrt unterbricht, wird häufig die *Aufenthaltsdauer* (διατρίβειν oder ἐπιμένειν mit Zeitangabe) genannt; dabei überwiegen exakte Angaben (20,6; 21,4.7) gegenüber pauschalen Formulierungen (16,12; 21,10).

(3) Desgleichen wird in der Regel das *Quartier* bzw. die Existenz einer Gemeinde angegeben (μένειν παρά oder ξενισθῆναι), dreimal auch der Name des Gastgebers. Wenn der Name in Troas (20,6), Tyrus (21,4) und Ptolemais (21,7) nicht fällt, so könnte das damit zusammenhängen, daß eine so große Reisegesellschaft wohl des öfteren auseinandergerissen und in verschiedenen Häusern untergebracht werden mußte.

(4) Unter Umständen kann auch eine *Episode* erzählt werden, die sich an einem Ort zugetragen hat.

Die Lydia-Episode (16,13-15) gehört zweifelsfrei zur Quelle.

Anders steht es um die mantische Magd: Das Verschwinden der ,Wir' in 16,18 und die Diskrepanz zwischen den Zeitangaben in 16,12 und 16,18 lassen darauf schließen, daß der Verfasser der Quelle den Exorzismus und die anschließende Verhaftung des Paulus und des Silas nicht miterlebt hat. Als Paulus und Silas aus dem Gefängnis entlassen werden und in das Haus

---

165 T. Zahn, Einleitung in das Neue Testament II, [3]1924, S.413.

Lydias zurückkehren (16,40), ist der Wir-Erzähler offenbar nicht mehr am Ort. Der ganze Komplex 16,16-40 könnte Lukas aus mündlicher Mitteilung (mitsamt der legendären Ausgestaltung) zugeflossen sein. Indem er das ‚Wir' in V.16f einträgt, verknüpft er diese Geschichte mit seiner Wir-Quelle. Übrigens behauptet er in 16,16f lediglich, daß die Magd ihnen auf dem - in V.13 erwähnten - Gang zur Synagoge gefolgt sei und wiederholt gerufen habe: „Diese Menschen sind Diener des höchsten Gottes, die euch den Weg des Heils verkündigen." Erst dann sagt er, sie habe das viele Tage lang getan (V.18); daß er selbst auch weiterhin dabei war und es mehrere Tage lang gehört habe, behauptet er nicht. Er mag also den Anfang der Geschichte miterlebt haben, deren Fortgang ihm durch seine Abreise verborgen blieb, und diese Erinnerung konnte er in V.16f durch das ‚Wir' in die ihm vorliegende Geschichte eintragen.

Schwierig ist die Beurteilung der Eutychus- und der Agabus-Geschichte.

Dibelius hält die Eutychus-Episode in Troas (20,7-12) für einen Einschub in den Reisebericht, der durch V.7.11 mit dem Kontext verknüpft wurde.[166] Doch müßte dann auch V.13 umgeschrieben worden sein: ἡμεῖς προελθόντες ἐπὶ τὸ πλοῖον setzt die Differenzierung zwischen Paulus und den ‚wir' schon voraus, die nur durch die Eutychus-Geschichte (οὕτως ἐξῆλθεν sc. ὁ Παῦλος, V.11), nicht aber durch den vorangegangenen Reisebericht gegeben war. Das aber scheint mir unwahrscheinlich zu sein: Dann müßte Lukas nämlich durch eine komplizierte Operation - „wir gingen voraus und trafen Paulus in Assus" - die Vereinigung mit Paulus wiederherstellen, die er selbst (V.11 soll ja lukanisch sein!) aufgelöst hat. V.13f ist aber ein in seiner Belanglosigkeit völlig unerfindbarer Zug. Die Eutychus-Geschichte gehört dann wohl in den Wir-Bericht.

Schwieriger noch ist die Beurteilung der Agabus-Geschichte. Sie weist so deutlich auf das kommende Geschick des Paulus hin, daß man versucht sein könnte, an ein *vaticinium ex eventu* zu denken. Allerdings hegte Paulus selbst ernsthafte Befürchtungen hinsichtlich seines Empfangs durch die Juden in Jerusalem (Röm 15,31). Die Geschichte mag im Kern - vielleicht hat Lukas die ihm nun wichtigen Züge noch herausgestrichen - auf die Quelle zurückgehen.

---

[166] M. Dibelius, Aufsätze zur Apostelgeschichte, [5]1968, S.22 Anm.4. Auch Ernst Haenchen hält die Eutychus-Geschichte für eine Einschaltung in das „Tagebuch" (Die Apostelgeschichte, [7]1977, S.561), desgleichen R. Bultmann (Zur Frage nach den Quellen der Apostelgeschichte, in: New Testament Essays, hg.v. A.J.B. Higgins, 1959, S.75f) und G. Schneider (Die Apostelgeschichte I, 1980, S.91 Anm.54); anders zuletzt R. Pesch, Die Apostelgeschichte II, 1986, S.188f.

Sicher nicht zur Quelle gehört dagegen die Abschiedsrede an die ephesinischen Ältesten in Milet. Zu offensichtlich ist ihr testamentarischer Charakter auf das Ganze der Paulusgeschichte hin konzipiert. Hinzu kommt,
daß Reden bekanntlich ein Mittel des Historikers sind, mit dem er das Ge-
samtgeschehen beleuchtet. Das schließt freilich nicht aus, daß authentische
Erinnerungen miteinfließen können; gerade 20,28, der einzige Hinweis auf
Sühnetheologie in Acta, ist auffällig. Aber als ganze ist die Rede einige Zeit
nach dem Tod Pauli komponiert worden, als die detaillierten Reiseangaben
längst in Vergessenheit geraten wären, wenn niemand sie aufgeschrieben
hätte.

(5) Zweimal schildert Lukas eine *Abschiedsszene* (ἀποσπᾶσθαι
20,36-21,1, ἀπασπάζειν 21,5f).

1.3. Ergebnis

Wir sind weit davon entfernt, die mutmaßliche Quelle in ihrem Wortlaut rekonstruieren zu wollen; das wäre besonders dann absurd, wenn Lukas auch diese Vorlage verfaßt hätte. Aber wir haben hier Strukturelemente
aufgezählt, die den Wir-Stücken eigentümlich sind und die sie großenteils
von den übrigen Reiseerzählungen (c.13f; 17-19) abheben. Im folgenden
will ich untersuchen, ob wir durch einen formgeschichtlichen Vergleich
mit Reiseerzählungen in der Antike Aufschlüsse über die hypothetische(n)
Wir-Quelle(n) und ihren möglichen »Sitz im Leben« gewinnen können.

2. Antike Reiseerzählungen

Wenn einer eine Reise tut, so kann er was erzählen; aufmerksame
Zuhörer sind ihm gewiß. Das weiß nicht nur der homerische Odysseus, der
den Phäaken in aller Breite seine abenteuerlichen Erlebnisse schildert (*Od*
IX-XII), sondern auch der Epiker, der einen großen Teil seines Werkes mit
den Erzählungen seines Helden füllt. Euhemeros erzählt von seiner Reise zu
den Sonneninseln, um einen philosophischen Gedanken wirkungsvoll zu
propagieren (s.o.S.138), die Reisefabulisten unterhalten ihre Leser mit
unzähligen Reiseabenteuern (s.o.S.139), und für die Romanciers bildet die
Reiseerzählung häufig gleichsam den Rahmen der ganzen Geschichte.
Manche dieser Reisen sind blanke Erfindungen, andere sind literarischen
Vorbildern nachempfunden, wieder anderen mögen Erlebnisse des Autors
zugrundeliegen, die er in seiner Erzählung mitverwertet. Das Bild ist bei
den Historikern nicht nennenswert anders. Auch ihnen stehen für die

Schilderung einer Reise im wesentlichen ihre Phantasie, Erinnerung und schriftliche Quellen zur Verfügung. Uns interessieren hier die Quellen, die ein Historiker verwenden konnte, die Form dieser Schriftstücke und der Zweck ihrer Abfassung. Aus der Fülle von Reiseerzählungen, die sich in Geschichtswerken finden, habe ich nur einige wenige herausgegriffen, und zwar solche, die sowohl den lukanischen Wir-Erzählungen formal ähnlich sind als auch nach Meinung der Fachgelehrten auf schriftlichen, aber nicht im strengen Sinne literarischen Vorlagen beruhen. Diese nichtliterarischen Schriftstücke, die von Reisen handeln, nenne ich Reise*berichte*, um sie so von literarischen Reise*erzählungen* zu unterscheiden. Die verschiedenen Arten von Reiseberichten, die als Quellen eines Historikers in Frage kommen, stelle ich dann im einzelnen vor und rekonstruiere zuletzt die möglichen Zwischenstufen von dem Ereignis der Reise bis zu ihrer erzählerischen Ausgestaltung in einem historischen Werk. Damit ist dann die Grundlage geschaffen, um in den folgenden Abschnitten 3 und 4 *begründete* Hypothesen über die Herkunft der Wir-Erzählungen bei Lukas zu wagen.

2.1. Reiseerzählungen in historischer Literatur und ihre Quellen

In der Seeschlacht von Chios (201 v.Chr.) standen sich der Mazedonierkönig Philipp V. und Attalos I. Soter von Pergamon gegenüber. Auf Attalos' Seite kämpfte eine Flotte der Rhodier unter der Leitung des Admirals Theophiliskos. Nachdem POLYBIUS seine Darstellung der Gefechte gegeben hat (XVI 1-9), kritisiert er die Versionen der rhodischen Historiker Zenon und Antisthenes (XVI 14-20). Obwohl sie Zeitgenossen der damaligen Ereignisse waren, sprachen sie fälschlicherweise den Rhodiern den Sieg zu. Das, so der Megalopolit, sei leicht zu widerlegen: Schreiben sie doch selbst, daß einige rhodische Schiffe das Notsegel hißten, um aus der Schlacht zu entkommen, und daß schließlich auch der Admiral Theophiliskos gezwungen war, sich ihrem Beispiel anzuschließen; „daß sie zunächst durch ungünstige Winde an die Küste von Myndos abgetrieben wurden und dort vor Anker gingen, am nächsten Tag nach Kos hinüberfuhren" (τότε μὲν εἰς τὴν Μυνδίαν ἀπουρώσαντας καθορμισθῆναι, τῇ δ' ἐπαύριον ἀναχθέντας εἰς Κῶ διᾶραι, XVI 15,4).

Die Quelle dieser Darstellung ist ein Brief des Admirals Theophiliskos, in dem dieser am Tag nach der Schlacht und unmittelbar vor seinem Tod (XVI 9,1) dem Rat und den Prytanen seiner Heimatstadt über die Seeschlacht Bericht erstattete. Dieser *Rechenschaftsbericht*, den vielleicht auch Polybius eingesehen hat, ist zu dessen Zeit noch im Prytaneion von Rhodos erhalten (XVI 15,8).

Als Hannibal im Jahr 211 v.Chr. durch Mittelitalien hindurch auf die Hauptstadt zusteuerte, soll er nach der Darstellung des COELIUS ANTIPA-TER (HRR I S.158-177) einen Zickzack-Kurs verfolgt haben. Dem Referat des Livius zufolge hat Coelius „einen genauen Streifzug Hannibals über-liefert"[167]:

„Coelius berichtet, Hannibal sei auf dem Weg nach Rom von Eretum aus seitwärts dort-hin gezogen, sein Marsch beginnt von Reate, Cutiliae und Amiternum aus. Von Kampa-nien sei er nach Samnium, von da zu den Paelignern gelangt, und an der Stadt Sulmo vorbei sei er zu den Marrucinern hinübergegangen; von da sei er durch das Gebiet von Alba ins Land der Marser und dann nach Amiternum und zu dem Flecken Foruli gekom-men."

Coelius Romam euntem ab Ereto devertisse eo Hannibalem tradit, iterque eius ab Reate Cutiliisque et ab Amiterno orditur: ex Campania in Samnium, inde in Paelignos pervenisse, praeterque oppidum Sulmonem in Marrucinos transisse; inde Albensi agro in Marsos, hinc Amiternum Forulosque vicum venisse (Liv. XXVI 11,10-11 = HRR I S.167 F 28).

Da Coelius mit der Version des - gleichzeitig, aber unabhängig von ihm schreibenden - Polybius übereinstimmt, beide aber den Hannibal-historiker Silenos verwendet haben, vermutet man in ihm die Quelle für die Streckenbeschreibung bei Coelius.[168] Hannibal hatte den Lakedämonier Silen als den künftigen Historiker seiner Kriegstaten auf den Feldzug mit-genommen. Dieser wird sich dabei Notizen gemacht haben, auf die er sich später stützen konnte.

Im Jahr 168 v.Chr. übernahm Lucius Aemilius Paullus die römische Kriegführung gegen den Mazedonier Perseus. APPIAN berichtet, Paullus sei „binnen eines Tages von Brundisium nach Korkyra gesegelt, von Kor-kyra innerhalb von fünf Tagen nach Delphi marschiert und habe dort dem Gott geopfert, in weiteren fünf Tagen sei er nach Thessalien gelangt und habe dort das Heer übernommen, und 15 Tage später habe er Perseus ergriffen und Mazedonien in Besitz genommen" (ἐς μὲν Κέρκυραν ἐκ Βρεντεσίου διαπλεῦσαι μίας ἡμέρας, ἐκ δὲ Κερκύρας πέντε μὲν ἐς Δελφοὺς ὁδεῦσαι καὶ θῦσαι τῷ θεῷ, ε΄ δὲ ἄλλαις ἐς Θεσσαλίαν παραγενέσθαι καὶ παραλαβεῖν τὸν στρατόν, ἀπὸ δὲ ταύτης πεντεκαίδεκα ἄλλαις ἑλεῖν Περσέα καὶ Μακεδό-νας παραλαβεῖν, *Mak* 19,2). Appian gibt diese Sätze als indirekte Rede des Paullus wieder; sie ist Teil eines *Berichtes seiner Kriegstaten* (der sog.

---

167 W. Herrmann, Die Historien des Coelius Antipater, 1979, S.133.

168 F.W. Walbank, A Historical Commentary on Polybius II, 1967, S.122: "The most likely explanation of P.'s route is that he is following Silenus, and that Coelius did the same"; vgl. W. Herrmann, op. cit., S.133f.

contio[169]), den der römische Heerführer nach der Sitte der Generäle auf dem Forum erstattete und, wie bis zum Jahre 14 v.Chr. üblich, hernach veröffentlicht haben wird.[170]

Gegen Ende des Winters 69/70 n.Chr. sandte Vespasian seinen Sohn Titus von Alexandria nach Judäa, damit er dort dem Krieg ein Ende mache. JOSEPHUS gibt einen genauen Marschplan der Reise, die Titus ca. binnen drei Wochen nach Cäsarea führte:

„Dieser marschierte zu Land bis Nikopolis, das 20 Stadien von Alexandria entfernt liegt, ließ hier sein Heer Kriegsschiffe besteigen und segelte auf dem Nil bis zur Stadt Thmuis im Mendesischen Nomos. Dort stieg er aus, zog zu Fuß weiter und übernachtete bei einem Städtchen namens Tanis. Das zweite Nachtlager hielt er in Herakleopolis, das dritte bei Pelusion, wo er sich zwei Rasttage gönnte. Am dritten Tage setzte er über die Mündungsarme bei Pelusion, zog dann eine Tagesreise weit durch die Wüste und lagerte bei dem Tempel des Zeus Kasios, tags darauf bei Ostrakine. Diese Station hat kein Wasser, so daß die Einwohner es von auswärts holen müssen. Hierauf rastete er in Rhinokorura, erreichte am vierten Tag Raphia, die erste Stadt Syriens, schlug am fünften Tag sein Lager in Gaza auf, am folgenden bei Askalon, marschierte von da nach Jamnia, dann nach Joppe und schließlich von Joppe nach Cäsarea, wo er die übrigen Streitkräfte an sich ziehen wollte." (*bell* IV 659-663)

659 ὁ δὲ (sc. Τίτος) προελθὼν πεζῇ μέχρι Νικοπόλεως ..., κἀκεῖθεν ἐπιβήσας τὴν στρατιὰν μακρῶν πλοίων ἀναπλεῖ διὰ τοῦ Νείλου κατὰ τὸν Μενδήσιον νομὸν μέχρι πόλεως Θμούεως. 660 ἐκεῖθεν δ' ἀποβὰς ὁδεύει καὶ κατὰ πολίχνην [τινὰ] Τάνιν αὐλίζεται. δεύτερος αὐτῷ σταθμὸς Ἡρακλέους πόλις καὶ τρίτος Πηλούσιον γίνεται. 661 δυσὶ δ' ἡμέραις [ἐνταῦθα] τὴν στρατιὰν ἀναλαβὼν τῇ τρίτῃ διέξεισι τὰς ἐμβολὰς τοῦ Πηλουσίου, καὶ προελθὼν σταθμὸν ἕνα διὰ τῆς ἐρήμου πρὸς τῷ τοῦ Κασίου Διὸς ἱερῷ στρατοπεδεύεται, τῇ δ' ὑστεραίᾳ κατὰ τὴν Ὀστρακίνην ... 662 μετὰ ταῦτα πρὸς Ῥινοκορούροις ἀναπαύεται, κἀκεῖθεν εἰς Ῥάφειαν προελθὼν σταθμὸν τέταρτον, ἔστι δ' ἡ πόλις αὕτη Συρίας ἀρχή, τὸ πέμπτον ἐν Γάζῃ τίθεται στρατόπεδον, μεθ' ἥν εἰς Ἀσκάλωνα 663 κἀκεῖθεν εἰς Ἰάμνειαν, ἔπειτα εἰς Ἰόππην κἀξ Ἰόππης εἰς Καισάρειαν ἀφικνεῖτο ...

Welche Quellen standen Josephus für diese Erzählung zur Verfügung? Der Historiker könnte aus dem *Gedächtnis* berichten. Er hat nämlich, was er in diesem Zusammenhang übergeht, die Reise selbst mitgemacht (*vit* 75,415f; *Ap* I 48). Doch ist die Marschroute so detailliert beschrieben, daß

---

[169] Vgl. Vell. Pat. I 10,4: Die Heerführer gaben, bevor sie im Triumph in die Stadt einzogen, außerhalb der Stadt einen Rechenschaftsbericht (*contio*) vor der Volksversammlung, in dem sie die Reihenfolge ihrer Taten (*ordo actorum suorum*) anführten.

[170] Zu den Kriegsbulletins vgl. H. Peter, Die geschichtliche Litteratur über die römische Kaiserzeit bis Theodosius I und ihre Quellen I, 1897, S.361ff.

man lieber an eine schriftliche Vorlage denken möchte. Josephus könnte sich auf eigene *Notizen* stützen. In der Schrift gegen Apion (I 48f) berichtet er, er sei von seinen Ketten befreit worden und habe Titus als freier Mann begleitet. Vom Aufbruch aus Alexandria an bis zur Belagerung Jerusalems habe er Aufzeichnungen über die Vorgänge im römischen Lager gemacht, die er später in der Zeit der Muße seinem *Bellum Judaicum* zugrundelegte. Diese Selbstdarstellung spricht dafür, daß Titus den ehemaligen feindlichen Heerführer als den Historiker der Belagerung Jerusalems mitnahm. Dann hätte Josephus ein Reisetagebuch geführt, um es später für sein Geschichtswerk zu verwenden. Dagegen spricht freilich die Kargheit des Itinerars. „Schlicht und trocken, ohne Beiwerk gibt es einen militärisch einwandfreien Rapport, der aus der lebhaft schildernden Umgebung herausfällt."[171] Hinzu kommt eine gewisse Verwandtschaft mit der Schilderung der Belagerung Jerusalems bei Tacitus (*hist* V 1.11ff), die eine gemeinsame Quelle vermuten läßt. Wilhelm Weber denkt darum an „das offizielle Itinerar der Truppen des Titus"[172], das Josephus in den *commentarii* des Heerführers (vgl. *Ap* I 56; *vit* 65,358) vorlag.[173] Andere denken an den *Reisebericht des Generalstabs*, der in den kaiserlichen Archiven aufbewahrt wurde.[174]

Die Ägyptenreise des Germanicus, des Neffen des Kaisers Tiberius, im Jahr 19 n.Chr. ist uns mit gewisser Ausführlichkeit nur bei TACITUS (*ann* II 59-61) geschildert. Germanicus sei mit dem Ziel, die ägyptischen Altertümer kennenlernen zu wollen, in die Provinz gereist, habe dann aber die Fürsorge für die Provinz vorgeschützt; Tiberius beobachtete die Reise seines Kontrahenten mit skeptischer Zurückhaltung. Ich setze den Teil des Textes hierher, der uns in unserem Zusammenhang interessiert:

„Aber Germanicus, der noch nicht erfahren hatte, daß seine Reise mißbilligt wurde, fuhr von der Stadt Canopus aus den Nil hinauf (II 60,1) ... Von dort aus besuchte er die zunächst liegende Nilmündung, die dem Herakles geweiht ist (60,2) ... Anschließend besichtigte er die gewaltigen Ruinen des alten Theben ... (Es folgt die Beschreibung einer ägyptischen Tempelinschrift, die ein Priester übersetzt: eine Episode, die „beinahe mit Notwendigkeit zu der Annahme von an Ort und Stelle entstandenen Aufzeichnungen"[175]

---

[171] W. Weber, Josephus und Vespasian, 1921, S.191.

[172] Ebd.

[173] So K. Büchner, Die Reise des Titus, in: ders., Studien zur römischen Literatur IV, 1964, S.95: „Die Quelle für die Reise des Titus für Josephus sind die *commentarii* Vespasians".

[174] A. Pelletier (Hg.), Flavius Josèphe. Guerre des Juifs Livres IV-V, 1982, S.239 (Anm.2 zu S.105).

[175] D.G. Weingärtner, Die Ägyptenreise des Germanicus, 1969, S.20.

führt.) Endlich kam man nach Elephantine und Syene, der ehemaligen Grenzfestung des römischen Reiches, das sich jetzt bis zum Roten Meer erstreckt (61,2)".
Sed Germanicus ... Nilo subvehebatur, orsus oppido a Canopo ... inde proximum amnis os dicatum Herculi ... mox visit veterum Thebarum magna vestigia. ... exim ventum Elephantinen ac Syenen, claustra olim Romani imperii, quod nunc rubrum ad mare patescit.

Das Problem der Quellenidentifizierung bei Tacitus ist sattsam bekannt. Auch im Falle des Itinerars der Ägyptenreise des Germanicus läßt sich die Vorlage nicht sicher bestimmen. Letztlich aber, so Dieter Weingärtner im Anschluß an ältere Forscher, steht „der Augenzeugenbericht des ,journal de voyage'"[176] dahinter. Allerdings hat Tacitus ihn frei bearbeitet und seiner Tendenz dienstbar gemacht, so daß sich das ursprüngliche Reisejournal nicht mehr rekonstruieren läßt.

Woher könnte die Quelle stammen? Im Anschluß an H.G. Pflaum trug Weingärtner eine These zum Autor und Entstehen des ,journal de voyage' vor, die für uns von Interesse ist. Im Papyrus Germanicus (SGUÄ I 3924 Z.13f.16) nennt Germanicus seinen Bevollmächtigten Baebius φίλος καὶ γραμματεύς. Nun ist der Begriff des γραμματεύς vieldeutig; wie Appian uns mitteilt, wurde nach römischer Sitte der Triumphator von seinen γραμματεῖς, den Sekretären, begleitet (*Karth* 66,298). Wenn Baebius hier in erster Linie als ,Freund' apostrophiert wird, so dürfte er nicht berufsmäßiger Sekretär gewesen sein, sondern als Freund des Germanicus die Ägyptenreise (ob auch weitere Reisen im Osten, wissen wir nicht) mitgemacht und dabei bestimmte Aufgaben übernommen haben. Es ist bekannt, daß ein literarischer Kreis um Germanicus nachzuweisen ist, zu dem etwa Ovid, Pompeius Macer, Albinovanus Pedo und der Rhetor Salanus Pedo zu zählen sind. Da die Möglichkeit besteht, Baebius mit dem Verfasser der *Ilias Latina* zu identifizieren, könnte man in ihm „einen Archivar und Chronisten der Mission des Prinzen im Orient erkennen"[177]. Auf Baebius geht dann möglicherweise das Reisejournal zurück, aus dem Tacitus exzerpiert. War er bei der gesamten Mission des Germanicus im Osten des Reiches dabei, so könnten auch die exakten Reiseangaben in *ann* II 53-58 der Schilderung des Baebius entnommen sein.

AMMIANUS MARCELLINUS berichtet in XXIII 2,6 den Aufbruch Julians aus Antiochien zum Feldzug gegen die Perser. Während sich der Kaiser in Kerkusium aufhält, trifft eine Verpflegungsflotte ein. An dieser Stelle setzt die Wir-Erzählung ein: „Nachdem wir von dort aufgebrochen waren, kamen wir nach dem Orte Zaitha" (*Profecti exinde Zaithan venimus*

---

[176] A.a.O., S.25.
[177] A.a.O., S.20.

locum, XXIII 5,7). Im folgenden ist die Darstellung etwas verwirrend. Ein Vorzeichen, das Julian auf dem Weg nach Dura widerfuhr, nimmt Ammian zum Anlaß, einige Bemerkungen über Prodigien und Orakel einzuschieben (5,9-14). Anschließend greift er vor den Aufbruch aus Kerkusium zurück und läßt den Kaiser eine Rede vor seinen Soldaten halten (5,15-25); den Rest des Buches (c.6) füllt ein ausführlicher Exkurs über die Lage Persiens. Erst zu Beginn des 24. Buches nimmt Ammian den Erzählfaden wieder auf: „So wurden zwei Tagesmärsche zurückgelegt, und wir kamen bei der verlassenen Stadt Dura an, die am Ufer des Flusses liegt" (XXIV 1,5). Danach wird die Marschroute bis Ktesiphon angegeben; von dort erfolgt am 16. Juni der Rückzug (8,5). In Phrygien findet der Kaiser den Tod (XXV 3,21-23). ‚Wir' beginnen mit dem Aufbruch (6,2) und erreichen schließlich am 1. Juli wieder Dura (6,9-11) und endlich Antiochien (10,1). Damit endet die Wir-Erzählung.

Die Beschreibung des Perserfeldzugs von Kerkusium an bis zur Rückkehr nach Antiochien ist nicht durchgehend Wir-Erzählung. Manche Reiseabschnitte werden in der 1., andere in der 3. Person erzählt. Welche Quelle(n) hat Ammian verwendet? Die Frage ist hauptsächlich, ob er seiner Darstellung *das offizielle Feldzugsjournal* zugrundelegte. Guy Sabbah sieht darin die einzige Quelle in den Büchern XXIII-XXV; er macht dafür die typischen Elemente eines ‚journal de l'armée' geltend, die auch die Erzählung Ammians aufweist, nämlich: „Noms des lieux d'étape, longueur et allure de la marche, durée du séjour dans chaque lieu d'étape, dates précises d'arrivée ou de départ"[178]. Demgegenüber besteht E.A. Thompson darauf, daß Ammian hier wie auch sonst "is drawing mainly on his own memory and notes and on the evidence supplied to him by fellow-soldiers"[179].

Wenn Ammian eigene Aufschriebe (mit-)verwendet hat, zu welchem Zweck hatte er sie angefertigt? Aus dem Text geht nicht hervor, wo und in welcher Eigenschaft Ammian zu Julians Heer stieß. War er vom Aufbruch aus Antiochien an dabei? Oder ist er erst mit der Euphratflotte zum Kaiser gekommen?[180] War er für den Verpflegungsnachschub verantwortlich[181]

---

[178] G. Sabbah, La méthode d'Ammien Marcellin, 1978, S.200 Anm.122. In diesem Sinne spricht auch K. Rosen (Studien zur Darstellungskunst und Glaubwürdigkeit des Ammianus Marcellinus 1970, S.151 u.ö.) vom „Itinerar".

[179] E.A. Thompson, The Historical Work of Ammianus Marcellinus, 1947, S.33.

[180] So W. Ensslin, Zur Geschichtsschreibung und Weltanschauung des Ammianus Marcellinus, 1923, S.5; E.A. Thompson, op. cit., S.10.29 mit Anm.5.

[181] L. Dillemann, Ammien Marcellin et les pays de l'Euphrate et du Tigre, Syr. 38, 1961, S.95f.

oder darüber hinaus mit weiteren Aufgaben betraut?[182] Wenn dem so ist, dann könnten die eigenen Notizen des Ammian *dienstliche Aufschriebe* sein. Vielleicht hat er sowohl den offiziellen Bericht Julians als auch seine eigenen (dann wohl amtlichen) Notizen verwendet.

2.2. Der private Reisebericht als Quelle des Historikers

Ein Historiker, der in seinem Geschichtswerk eine bestimmte Reise beschreiben will, kann sich an einen Teilnehmer wenden und einen Bericht erbitten. Daß Freunde oder Bekannte einem Geschichtsschreiber Material zur Verfügung stellten, ist verschiedentlich belegt. Plinius schrieb seinem Freund Tacitus einen langen Brief, in dem er ihm über die letzten Tage und den Tod seines Onkels berichtete (*ep* VI 16); Tacitus hat diese Schilderung wohl für seine *Historien* verwendet, doch ist dieser Abschnitt seines Werkes leider nicht erhalten. Cicero stellte Lucius Lucceius, den er zum Historiker seines Konsulats auserwählte, *commentarii rerum omnium* als Vorarbeit in Aussicht (*fam* V 13,10).

Daß zu solchen Vorarbeiten, die ein Kundiger einem Historiker zur Verfügung stellt, auch ein brieflicher Reisebericht gehören kann, ist prinzipiell anzunehmen. Ein Beispiel dafür haben wir in einem Brief JULIANs an den Rhetoriker und Sophisten Libanios vor uns (*ep* 24 399B-402B). Am 5. März 363 war der Kaiser vom syrischen Antiochien aus zu seinem Feldzug gegen die Perser aufgebrochen. Aus Hierapolis, wo er sich zwischen dem 10. und 12. März aufhielt, beschrieb er dem designierten Historiker seiner Kriegstaten den Beginn der Reise: „Ich gelangte bis nach Litarba" (Μέχρι τῶν Λιτάρβων ἦλθον, 399B), eröffnet er seinen Bericht. Er unterstreicht die Beschwerlichkeit der Reise, die auf den schlechten Straßenzustand zurückzuführen sei, und erwähnt ein Gespräch mit Mitgliedern des antiochenischen Rates, das er in Litarba geführt hat. „Von Litarba zog ich nach Berroia" (ἀπὸ τῶν Λιτάρβων εἰς τὴν Βέρροιαν ἐπορευόμην, 399D), wo Zeus ihm glückverheißende Zeichen gesandt habe. „Dort hielt ich mich einen Tag auf" (ἐπιμείνας δὲ ἡμέραν ἐκεῖ, 399D), den Julian mit der Besichtigung der Burg, einem Opfer und einem Gespräch über die Götterverehrung zubrachte. „Danach nahm mich Batnae gastlich auf" (ἔνθεν ὑποδέχονταί με Βάτναι, 400A). Julian beschreibt die Stadt ausführlich (400A-401A). Am Abend des 8. und am Morgen des 9.

---

[182] N.J.E. Austin hält Ammian für einen "officer occupied on the strategic side to provide accurate information on the availability of supplies (...), the topography, and seasonal climatology among others" (Julian at Ctesiphon: A Fresh Look at Ammianus' Account, At. NS 50, 1972, S.308).

März brachte er dort ein Opfer dar. Da sie günstige Vorzeichen brachten, „zogen wir auf Hierapolis zu" (τῆς ‹Ἱερᾶς› πόλεως εἰχόμεθα, 401B). Dort ist der Kaiser Gast im Hause des Schwiegersohnes des Jamblichos-Schülers Sopatros.

Höchstens eine Woche ist seit dem Aufbruch aus Antiochien vergangen. Libanios soll vom Beginn des Perserfeldzugs erfahren, solange die Details noch frisch im Gedächtnis sind. Julian beschränkt sich in seiner Schilderung ausdrücklich auf die persönlichen Umstände und Erlebnisse (τὰ ἐμαυτοῦ, 401C); die militärischen und politischen Vorkehrungen läßt er - mit Ausnahme einiger knapper Mitteilungen am Ende des Briefes (401D-402A) - beiseite, da der Brief sonst leicht den dreifachen Umfang annähme.[183]

Das nächste Beispiel für einen privaten Reisebericht ist vor allem um der Reiseroute willen für uns von Interesse. Es handelt sich um einen Bericht, den GALEN in das 9. Buch seiner Abhandlung *de simplicium medicamentorum temperamentis ac facultatibus* einfügte. Er erzählt dort von einer Forschungsreise, die ihn nach Hephaistion auf der ägäischen Insel Lemnos führen sollte. Ursprünglich wollte er die Stadt auf der Hinreise von Pergamon nach Rom aufsuchen. In Alexandria Troas (vgl. Act 16,11) trieb er ein Schiff auf, das nach Thessaloniki fuhr. Er vereinbarte mit dem Kapitän, er solle ihm einen kurzen Zwischenstop auf Lemnos ermöglichen. Auf der Insel angelangt, mußte Galen zu seiner Überraschung feststellen, daß es dort *zwei* Städte gab und er sich in der falschen befand. So setzte er seine Reise nach Rom unverrichteter Dinge fort und beschloß, sein Vorhaben auf der Rückreise zu verwirklichen. Davon berichtet er kurz darauf:

„Als ich nämlich von Italien nach Mazedonien übergesetzt war und es fast ganz zu Fuß durchschritten hatte, gelangte ich nach Philippi, einer Grenzstadt zu Thrakien; von dort ging ich zum nahegelegenen Meer, das 120 Stadien entfernt ist. Zuerst segelte ich nach Thasos, das ca. 200 Stadien entfernt liegt, von dort nach Lemnos 700 Stadien, und von Lemnos wiederum 700 Stadien bis Alexandria Troas."
Ὡς γὰρ ἀπὸ τῆς Ἰταλίας διαβαλὼν εἰς τὴν Μακεδονίαν καὶ σχεδὸν ὅλην αὐτὴν ὁδοιπορήσας ἐν Φιλίπποις ἐγενόμην, ἥπερ ἐστὶν ὅμορος τῇ Θρᾴκῃ πόλις, ἐντεῦθεν ἐπὶ τὴν πλησίον θάλατταν εἴκοσιν ἐπὶ τοῖς ἑκατὸν ἀπέχουσαν στάδια κατελθών, ἔπλευσα πρότερον μὲν εἰς Θάσον ἐγγὺς πού διακοσίους σταδίους, ἐκεῖθεν δὲ εἰς Λῆμνον ἑπτακοσίους,

---

[183] Einen brieflichen Reisebericht, freilich ohne den Hintergedanken einer literarischen Verwendung durch den Empfänger, sandte P. Servilius Isauricus, Prokonsul der Provinz Asia, an Cicero. Cicero bedankt sich „für Deinen Brief, aus dem ich die einzelnen Etappen Deiner Seefahrten ersehe" (*Gratae mihi vehementer tuae litterae fuerunt, ex quibus cognovi cursus navigationum tuarum, fam* XIII 68,1). Vgl. auch den Brief des Asklas SGUÄ X 10529 B.

εἶτ' αὖθις ἀπὸ Λήμνου τοὺς ἴσους ἑπτακοσίους εἰς Ἀλεξανδρείαν Τρωάδα.[184]

Die Fahrt von Philippi nach Alexandria Troas, die in Act 20,6 fünf Tage dauerte und in Act 16,11f in umgekehrter Richtung über Samothrake geführt hatte, führt hier über Thasos und Lemnos. Galen beschreibt nach eigener Aussage die Überfahrt und die Entfernungen deshalb so genau, damit, wer selbst nach Hephaistion auf Lemnos fahren will, die Lage kennt und die Reise entsprechend vorbereiten kann.

Nur bedingt gehören hierher die Berichte über die Reisen des Philosophen und Wundertäters Apollonius von Tyana, die aber gerade wegen ihrer Ungewöhnlichkeit von besonderem Interesse sind. PHILOSTRATOS, der auf Drängen der Julia Domna, der Mutter Caracallas und Frau des Septimius Severus, ca. 120 Jahre nach dem Tod des Apollonius dessen Biographie verfaßte, behauptet im Proömium, er habe unter anderem eine Quelle aus dem Schülerkreis des Tyanensers verwendet.[185] Ein gewisser Damis, der mit Apollonius philosophischen Gedankenaustausch pflegte, habe „dessen Reisen aufgezeichnet, an denen er nach eigener Aussage selbst teilgenommen hat" (ἀποδημίας τε αὐτοῦ ἀναγέγραφεν, ὧν κοινωνῆσαι καὶ αὐτός φησι, I, c.III), und dabei auch dessen Gedanken, Reden und Weissagungen erwähnt. Ein Verwandter des Damis habe nun „die Täfelchen mit diesen Aufzeichnungen (τὰς δέλτους τῶν ὑπομνημάτων τούτων), die bislang nicht bekannt waren, der Kaiserin Julia zur Kenntnis gebracht." Diese habe sie Philostrat zur Verfügung gestellt und ihn aufgefordert, „diese Aufsätze umzuschreiben" (μεταγράψαι ... τὰς διατριβὰς ταύτας) und dabei besonders auf die Ausdrucksweise zu achten; denn Damis' Darstellung sei zwar sachlich korrekt, aber stilistisch ungenügend. Bei der Schrift des Damis, die dieser ἐκφατνίσματα (‚Speisereste', I, c.XIX) genannt habe und Philostrat als ὑπόμνημα (ebd.) bezeichnet, ist an private Aufzeichnungen zu denken.

Nun ist ja das grundsätzliche Damis-Problem sattsam bekannt; die Mehrheit der Forscher hält ihn wohl zurecht für eine Erfindung des Philostrat.[186] Wenn es ihn aber doch gab, so ist damit die Authentizität der

---

184 IX 2 (K.G. Kühn, Hg., Claudii Galeni opera omnia t.XII = Medicorum Graecorum opera quae exstant Vol.XII, 1826, S.172).

185 Den Zitaten liegt folgende Ausgabe zugrunde: Philostratos. Das Leben des Apollonios von Tyana. Griech.-dt., hg., übers. und erl. von V. Mumprecht, 1983.

186 So schon E. Schwartz (Fünf Vorträge über den griechischen Roman, ²1943, S.135) und E. Meyer (Apollonios von Tyana und die Biographie des Philostratos, Hermes 52, 1917, S.371-424). E.L. Bowie kam in seinem Artikel *Apollonius of Tyana:*

Quelle noch nicht gesichert; denn auch die Fingierung von Quellen ist verschiedentlich nachgewiesen.[187]

Greifen wir aus den zahlreichen Reisen des Apollonius die Indienreise des 2. Buches heraus. Durch das wiederholte φάσιν (c.I.IV.VIII.XII.XIX. XX.XXIII-XXV.XLII.XLIII) bzw. γράφουσιν (c.XVIII) - nur einmal steht das singularische φησιν ὁ Δάμις (c.X) - weist Philostrat seine (angebliche) Quelle als einen Wir-Bericht aus. Die Reise geht von Babylon aus, wo Apollonius, Damis und einige andere am Hofe des Arsaziden Vardanes zu Gast waren (I, c.XL). Von dort ritten sie in Richtung Kaukasus (προσ-ϊόντες δὲ τῷ Καυκάσῳ, II, c.I), überstiegen ihn (παραμείψαντες δὲ τὸν Καύκασον, c.IV) und zogen weiter in Richtung Indien (c.VI). Sie überquerten den Fluß Kophen (c.VIII) und stießen auf dem Berg Nysa auf das Heiligtum des Dionysos, überquerten den Indus (c.XVIII) und kamen nach Taxila, wo der Königspalast der Inder ist (c.XX). Drei Tage lang waren sie dort Gäste des Königs (c.XXIII). Dann verließen sie Taxila und gelangten nach zwei Tagesreisen in eine Ebene, in der Poros gegen Alexander gekämpft haben soll (δύο ἡμερῶν ὁδὸν διελθόντες ἀφίκοντο ἐς τὸ πεδίον ..., c.XLII). Schließlich erreichten sie den Hyphasis und die Alexanderaltäre (c.XLIII). In den Reisebericht eingelagert sind Gespräche mit Apollonius, bemerkenswerte Begebenheiten, ethno- bzw. geographische Erläuterungen etc.

Die Frage nach der Quelle Philostrats für die recht pauschale und ungenaue Schilderung der Indienreise ist natürlich umstritten. Jarl Charpentier vertrat die Auffassung, die Darstellung gehe im Kern auf einen Reisebegleiter des Apollonius zurück. "Why this traveller should not have been a certain Damis, the companion of Apollonius of Tyana, we cannot explain."[188] Dagegen hielt Hans Rommel den ganzen Reisebericht für fingiert: „Wenn Ap. je in Indien war, so hatte Ph. bezw. Damis keine nähere Kenntnis dieser Reise."[189] Vorbild sei der Zug Alexanders gewesen, die Quelle sei vielleicht mit der Arrians identisch. Philostrat habe sie benutzt und mit selbsterfundenen Zügen ausgeschmückt, „einmal um den Anschein eines echten Reiseberichtes zu erwecken, dann aber auch, um Neues und Unter-

---

Tradition and Reality (ANRW II 16.2, 1978, S.1652-1699) zu dem Ergebnis, "that 'Damis' was most probably an invention of Philostratus himself" (S.1665).

[187] Vgl. W. Speyer, Die literarische Fälschung im heidnischen und christlichen Altertum, 1971, S.67-70.75-78.

[188] J. Charpentier, The Indian Travels of Apollonius of Tyana, 1934, S.66.

[189] H. Rommel, Die naturwissenschaftlich-paradoxographischen Exkurse bei Philostratos, Heliodoros und Achilleus Tatios, 1923, S.45.

haltendes zu bieten"[190]. In unserem Zusammenhang ist es ohne Bedeutung, ob der Wir-Bericht des Damis echt oder fingiert ist. In jedem Fall hielt Philostrat die Abfassung eines privaten Reiseberichtes in Wir-Form durch einen Begleiter seines Helden für möglich und plausibel; die Frage nach dem Zweck einer solchen Niederschrift - geht es um persönliche Erinnerung? oder sollten andere Apollonius-Schüler informiert werden? - wird nicht gestellt.

2.3. Der amtliche Reisebericht als Quelle des Historikers

Eine weitere Quelle für den Historiker sind Reiseberichte amtlichen Charakters. Amtspersonen, die zu einer bestimmten Reise beauftragt wurden, hatten nach Beendigung der Reise Berichtspflicht. Die römischen Feldherren erstatteten dem Senat schriftlichen Bericht über ihre Kriegsführung.[191] Sogenannte Kriegsbulletins wurden zu propagandistischen Zwecken offiziell verbreitet, und in den kaiserlichen Kommentarien haben wir eine quasi-literarische Ausgestaltung solcher Berichte vor uns.

2.3.1. Der dienstliche Brief

Im 1. Teil seines *Periplus Euxini Ponti* (§§ 1-11) verarbeitete ARRIAN, Prokonsul der kaiserlichen Provinz Kappadokien, seinen schriftlichen Bericht (τὰ Ῥωμαϊκὰ γράμματα, §§ 6,2; 10,1) an seinen Dienstherrn Trajan über eine Reise im Schwarzen Meer. „Wir kamen nach Trapezunt, einer griechischen Stadt ..., die am Meer gelegen ist, einer Kolonie von Sinope" (εἰς Τραπεζοῦντα ἥκομεν, πόλιν Ἑλληνίδα ..., ἐπὶ θαλάττῃ ᾠκισμένην, Σινωπέων ἄποικον, § 1,1), eröffnet er seinen Bericht. Dort veranlaßte er unter anderem die verbesserte Ausführung der kaiserlichen Altäre und bittet zu diesem Zweck um Zusendung einer Trajans-Statue. „Nachdem wir von Trapezunt aufgebrochen waren, landeten wir am 1. Tag in Hyssou Limen" (ἐκ Τραπεζοῦντος δὲ ὁρμηθέντες τῇ μὲν πρώτῃ εἰς Ὕσσου λιμένα κατήραμεν, § 3,1). „Von dort segelten wir zunächst mit den Winden, die von den Flüssen her wehten, frühmorgens los, wobei wir zugleich die Ruder gebrauchten" (ἐνθένδε ἐπλέομεν τὰ μὲν πρῶτα ..., § 3,2). Arrian berichtet über die nautischen Probleme dieser Seereise, bevor man schließlich mit Mühe zum Ziel gelangte und „nach vielen Strapazen nach Athenai kam" (πολλὰ παθόντες

---

190 Ebd.

191 Vgl. Cic. *Pison* 16,38: „Wer hat jemals eine Provinz mit Heeresmacht in Besitz genommen, der nicht dem Senat einen Brief geschickt hätte?"

ἥκομεν εἰς τὰς 'Αθήνας, § 3,4). Infolge des rauhen Windes zerschellte dort eine Triere (§ 5,1); man war gezwungen, zwei Tage zu bleiben (§ 5,3). Schließlich konnte man ablegen (ἐνθένδε ἄραντες) und gelangte nach Apsaros (ἤλθομεν ... εἰς Ἄψαρον, § 6,1). Von dort fuhr man am Akampsis vorbei und segelte schließlich den Fasis hinauf (ἐνθένδε εἰς τὸν Φᾶσιν εἰσεπλεύσαμεν, § 8,1). Die Reise endete zuguterletzt in Sebastopolis, einer Kolonie von Milet (§ 10,3f).

Der ursprüngliche Brief an Trajan enthielt ein lückenloses Verzeichnis der Reiseroute und berichtete über die jeweiligen Amtshandlungen Arrians. Diese hat er teilweise in den Periplus übernommen, zum Teil aber auch übergangen. Zu einer Station bemerkt er nur: „Weswegen wir dort vor Anker gingen und was wir dort getan haben (ὅσα ἐνταῦθα ἐπράξαμεν), wird dir der Römische Brief darlegen" (10,1). Der Reisebericht bildete also den äußeren Rahmen für die Darstellung der amtlichen Tätigkeit.

2.3.2. Der Rechenschaftsbericht vor Gericht

MARCUS PORCIUS CATO wurde für das Jahr 195 v.Chr. zum Konsul gewählt und erhielt Spanien als Provinz zugelost. Sogleich machte er sich auf den Weg zur iberischen Halbinsel, um dort einen Aufstand niederzuschlagen. Als er Jahre später (191/190) wieder einmal unter Anklage steht, gibt er einen Rechenschaftsbericht über sein Konsulat, in dem er auch auf seine Reise nach Spanien zu sprechen kommt. Nur wenige Fragmente sind erhalten, von denen eines den Beginn der Reise beschreibt: „Als wir dann an Massilia vorbeifuhren, trägt von dort die ganze Flotte ein milder Südwind dahin; du hättest das Meer von Segeln blühen gesehen. Über die gallische Bucht trägt es uns hinaus zum Illiberis und Ruscino. Von dort brachen wir in der Nacht mit einer Brise auf" (*Deinde postquam Massiliam praeterimus, inde omnem classem ventus auster lenis fert; mare velis florere videres. Ultra angulum Gallicum ad Illiberim atque Ruscinonem deferimur: inde nocte aura profecti sumus*, ORF I S.21 F 29). Ob Cato diese Rede für seine *Origines* verwendet hat, wissen wir leider nicht. Sicher ist, daß sie - vermutlich durch Spätannalisten vermittelt - Livius' Quelle bei der Behandlung von Catos Kriegsführung in Spanien (XXXIV 8,4-21,8) wurde.

2.3.3. Die Kriegsbulletins

Kriegsbulletins sind bereits stilistisch geformte Kriegsberichte, die der Höchstkommandierende als die offizielle Darstellung seiner Kriegsführung verstanden wissen will. Das bekannteste Beispiel für ein solches Bulletin ist das FRAGMENT AUS DEM 3. SYRISCHEN KRIEG (FGH 160),

vermutlich ein in Briefform gekleideter[192] Bericht des Höchstkommandie-
renden der Ägypter (des Ptolemaios III. Euergetes oder seines jüngeren
Bruders Lysimachos), der leider nur sehr fragmentarisch erhalten ist und
viele Fragen offenläßt. Unter dem Vorbehalt, daß die Rekonstruktion des
Papyrus unsicher ist, zitiere ich einen Abschnitt aus der 2. Kolumne nach
dem von Jacoby abgedruckten Text:

„Und sie fuhren nach Soloi in Kilikien, nahmen die dorthin gebrachten Gelder an sich
und überbrachten 1500 Talente Silber nach Seleukia. Das Geld gedachte Aribazos, der in
Kilikien stationierte Stratege, den Leuten um Laodike nach Ephesus zu senden. Als nun
die Soloer und die einheimischen Soldaten untereinander einig waren und die Leute um
Pythagoras und Aristokles ihnen mit einer großen Streitmacht zu Hilfe kamen ... und es
allesamt gute Männer waren, geschah es, daß sie das Geld an sich nahmen und die Stadt
und die Burg in unsere Hand fielen ... Als Aribazos aber einen Ausfall machte und beim
Tauros-Paß eine Schlacht anzettelte, schlugen ihm einige der Einwohner den Kopf ab und
brachten ihn nach Antiochien. Wir aber, nachdem wir die Schiffe gerüstet hatten, gingen
zu Beginn der ersten Stunde der Nachtwache an Bord so vieler Schiffe, wie der Hafen
von Seleukia würde aufnehmen können, und segelten zu einer Festung namens Posideon
und landeten um die achte Stunde des Tages. Von dort brachen wir frühmorgens auf und
gelangten nach Seleukia."

καὶ παραπλεύσαντες ει‹ς› Σόλους τοὺς [Κιλικίο]υς ἀ[νέ]λαβον τὰ ἐ[κεῖ]-
σε κατασχεθέντ[α χρή]ματα καὶ παρεκόμισαν εἰς Σελεύκειαν ὄντα Αφ
[ἀργ(υρίου)] (τάλαντα), [ἃ διε]νοεῖτο μὲν 'Αρίβαζος ὁ ἐν Κιλι‹κί›αι
στρατ[ηγὸς] ἀποστέλλειν εἰς "Εφεσον τοῖς περὶ τὴν Λαοδίκην, [σ]υν-
φωνησάντων δ[ὲ] πρὸς αὐτοὺς τῶν τε Σολείων καὶ ‹τῶν› στρατ[ιωτῶν]
τῶν [αὐ]τόθεν καὶ μετ[ὰ] β[ίας] ἐπιβοηθησάντ[ων τ]ῶν περὶ τὸν Πυθαγό-
ρα[ν] καὶ 'Αριστοκλῆ.υ [[..]]..θρων καὶ γενομένων ἀνδρῶν ἀγαθῶν ἁπάν-
των, συνέβη ταῦτά τε κατασχεθῆναι καὶ τὴν πόλιν καὶ τὴν ἄκραν
καθ' ἡμᾶς γενέσθαι... τοῦ 'Αριβάζου δὲ ἐκπεπηδηκότος καὶ πρὸς τὴν
ὑπερβολὴν τοῦ Ταύρου συνάπτοντος, τῶν ἐγχωρίων τινὲς τὴν [κε]φα-
λὴν] ἀποτεμόντες ἀν[ήνεγκαν εἰς 'Αντιόχεια[ν. ἡμεῖς δὲ] ἐπεὶ τὰ κατὰ
τὰς ν[αῦς] ἐ[στειλάμεθα, πρώτης φυλακῆς ἀρχομένης [ἐμ]βάντες εἰς τοσ-
αύτας ὅσας ἤμελλεν ὁ ἐν Σελευκείαι λι[μὴν δέξ]ασθαι παρεπλεύσαμεν
εἰς φρούριον τὸ καλούμενον [Π]οσίδεον καὶ καθωρμίσθημεν τῆς ἡμε-
[τέ]ρας περὶ ὀγδ[όην ὥ]ραν. ἐντεῦθεν δὲ ἑωθινῆς [ἀ]ναχθέντες παρεγενό-
μεθα εἰς τὴν Σελεύκειαν.

In Seleukia sei den Ägyptern von den Syrern ein begeisterter Empfang
bereitet worden, und nach kurzem Aufenthalt seien den Ptolemäern die
syrischen Satrapen und Feldherrn bis vor die Tore Antiochiens entgegen-
gekommen und haben sie feierlich in die Stadt geleitet. Dort angekommen,
gingen sie sogleich in den Palast der syrischen Königin Berenike, der Wit-

---

[192] F. Jacoby vermutet für den Papyrus Briefform (FGH 160 Komm., 1930, S.590).

we des Seleukidenherrschers Antiochos II. und Schwester des Berichterstatters.

Der Papyrus ist nicht Teil eines Geschichtswerkes, sondern, „wie
inhalt und ton zeigen", ein offizieller Bericht aus der ptolemäischen
Kommandozentrale, der wahrscheinlich offizielle Verbreitung fand.[193] Er
konnte und sollte wohl auch zukünftigen Historikern dieses Krieges als
Vorarbeit einer entsprechend tendenziösen Geschichtsdarstellung dienen.

2.3.4. Die kaiserlichen Kommentarien

Diesen Kriegsbulletins vergleichbar sind die kaiserlichen Kommentarien. *Commentarii* = ὑπομνήματα sind zunächst nicht für die Öffentlichkeit bestimmt, sondern, wie Hans Drexler zutreffend bemerkte, „Aufzeichnungen von ganz bestimmtem, nämlich dienstlichem und amtlichem
Charakter"[194]. Sie können dann freilich dem Historiker als Quelle dienen.
So hat Cäsar seinem *Bellum Gallicum* seine eigenen Senatsberichte (*commentarii*) zugrundegelegt. Dabei nahm er den nichtliterarischen Begriff
commentarii in den Titel des Werkes - Appian spricht von Cäsars *commentarii* auch einmal als ἀναγραφαὶ τῶν ἐφημέρων ἔργων (*Kelt* 18,3) -
und stellte dieses damit „in die lange Reihe griechischer und römischer
Memoirenwerke, die sich ihrerseits wiederum sowohl tatsächlich wie in der
Form an die Hof- oder Beamtenjournale anschließen, denen im besonderen
die Bezeichnung ὑπόμνημα zukommt"[195]. Josephus verwendete für sein
Bellum Judaicum die *commentarii* Vespasians (*vit* 65,342) und Titus' (*vit*
65,358); Kriton, Trajans Hofarzt, der den Kaiser auf dem Dakerfeldzug
begleitete, standen vermutlich „die offiziellen aufzeichnungen des haupt-
quartiers"[196] zur Verfügung; Fronto erhielt die Kommentarien der Feldherrn und des Kaisers für die Darstellung der Perserkriege.[197]

Was die Form dieser Kommentarien anbetrifft, so waren sie wohl
durchweg in der 1. Person verfaßt. Aus Trajans *commentarii* ist uns ein
einziger Satz erhalten, der ein Fragment aus dem Bericht über den Daker-
krieg ist: „Von dort rückten wir nach Bersovia, dann weiter nach Aizisis
vor" (*Inde Berzobim, deinde Aizi processimus*, HRR II S.117).

---

[193] F. Jacoby, op. cit., S.589.

[194] H. Drexler, Parerga Caesariana. 3. Zum Begriff *commentarii*, Hermes 70, 1935,
S.232.

[195] Art. cit., S. 231.

[196] F. Jacoby, FGH 200 Komm., 1930, S.626.

[197] M. Cornelii Frontonis Epistulae, ed. van den Hout, 1988, S.108 Z.7ff.

2.4. Vom Reisetagebuch zur Reiseerzählung

Die früheste denkbare Form einer schriftlichen Quelle, die einer späteren Reiseerzählung zugrundegelegt werden kann, sind Aufzeichnungen, die noch während der Reise selbst gemacht werden. Ohne daß wir uns hier auf den unergiebigen Streit um Gattungsbegriffe einlassen wollen, mag man derlei Notizen als REISETAGEBUCH bezeichnen. Lukian schalt einmal einen Pseudohistoriker, er habe nicht wirklich ein Geschichtswerk geschrieben, sondern „ein nacktes Hypomnema der Ereignisse in einer Schrift zusammengestellt, äußerst prosaisch und platt, wie es etwa ein einfacher Soldat, der die täglichen Begebenheiten notiert (τὰ καθ' ἡμέραν ὑπογραφόμενος), hätte zusammenschreiben können, oder ein Zimmermann oder Marketender vom Troß der Armee" (*hist conscr* 16).[198] Solche tagebuchartigen Aufzeichnungen dürfte sich schon Xenophon angefertigt haben; auf sie konnte er ca. 15 Jahre später, als er die *Anabasis* verfaßte, zurückgreifen. Nearch, der im Auftrag Alexanders des Großen die sog. Stromflotte nach Indien befehligte und später einen Fahrtbericht (FGH 133) publizierte, verwendete dabei, wie Otto Seel[199] vermutet, das Logbuch, das im Auftrag des Flottenkommandeurs geführt worden sein dürfte. Schilles oben (S.273f) zitierte Behauptung, Itinerare seien „in älterer Zeit gerade nicht auf Reisenotizen zurückzuführen", „sondern als nachträgliche kartographische Stilisierung der Schriftsteller" aufzufassen, muß auf diesem Hintergrund zurückgewiesen werden.[200] Was Reisende in ihrem Tagebuch notierten (Reisestationen, Entfernungsangaben, Übernachtungsgelegenheiten etc.), hing natürlich von den jeweiligen Interessen der Reisenden und v.a. dem Zweck der Reise ab.[201]

---

[198] Vgl. etwa die *Hypomnemata* des Arat (FGH 231): Nach Plutarchs Urteil waren sie kein wirklich literarisches Werk, sondern Arat schrieb sie eher beiläufig und ohne sprachlichen Glanz (παρέργως καὶ ὑπὸ χεῖρα διὰ τῶν ἐπιτυχόντων ὀνομάτων ἁμιλλησάμενος, *Arat* 3,2 = FGH 231 T 6).

[199] O. Seel, Antike Entdeckerfahrten, 1961, S.67.

[200] Wie unsinnig Schilles Behauptung ist, zeigt das oben zitierte Beispiel Galens. Hätten ihm taugliche Land- bzw. Seekarten zur Verfügung gestanden, so wäre ihm der zeitraubende und teure Irrtum, auf Lemnos gebe es nur eine Stadt, nicht unterlaufen. Das Fehlen solcher Hilfsmittel veranlaßt ihn sogar, in seinen medizinischen Traktat einen Reisebericht einzufügen, damit denjenigen seiner Leser, die die gleiche Forschungsreise unternehmen wollen, ein solcher Fehler erspart bleibt. Daß Galen die Entfernungsangaben zwischen Philippi, Neapolis, Thasos, Lemnos und Alexandria Troas sich über die Jahre hinweg im Gedächtnis behalten haben soll, ist nicht anzunehmen. Also hat er sich schon während der Reise Notizen gemacht.

[201] U. Wilcken beschrieb und deutete einen Papyrus, wonach im Jahre 232 v.Chr. der Sekretär des Strategen in kurzem Geschäftsstil alle Amtshandlungen (v.a. die

Wurden derlei Aufschriebe nicht unmittelbar literarisch verarbeitet, so konnten sie, falls die Reise dienstlichen Charakter hatte, als Grundlage für einen REISEBERICHT dienen, der bald nach Beendigung der Reise erstattet werden mußte und dem Auftraggeber schriftlich vorgelegt wurde. Hannos *Periplus*, der Bericht von der ersten Expedition entlang der Westküste Afrikas, die Hanno vermutlich gegen Ende des 6. Jahrhunderts v.Chr. im Auftrag seiner Vaterstadt durchführte, wurde ursprünglich vielleicht inschriftlich im Kronostempel in Karthago aufbewahrt und von dort möglicherweise im 3. oder frühen 2. Jahrhundert ins Griechische übersetzt.[202] Nearchs Fahrtbericht, den er später publizierte, war zunächst ein Rapport an Alexander. Quintus Fabius Pictor, der 216 v.Chr. im Auftrag des Senats eine römische Gesandtschaft zum delphischen Orakel leitete, dürfte der Darstellung in seiner römischen Geschichte seinen Senatsbericht zugrundegelegt haben, so wie Cäsar die seinigen für seine *Commentarii Belli Gallici* verwendete. Alle diese amtlichen Berichte waren zunächst nicht für das Auge der Öffentlichkeit bestimmt. Sie wurden in Archiven aufbewahrt, also zu den Akten gelegt; die Verfasser selbst dürften sich eine Kopie angefertigt haben. Einer weitergehenden literarischen Verwendung, sei es durch den Berichterstatter selbst oder durch andere, stand freilich nichts im Wege, im Falle der Kriegsbulletins und der kaiserlichen Kommentarien war sie im Gegenteil sogar erwünscht. Formal schließen sich diesen dienstlichen Reiseberichten private Reiseschilderungen an (z.B. Julians Brief an Libanios).

Ein solcher Reisebericht konnte in verschiedenster Form publiziert werden. Die sog. *contio* der römischen Feldherren, die, wie wir gesehen haben, naturgemäß einen Reisebericht enthielt, wurde ursprünglich veröffentlicht; erst M. Vipsanius Agrippa wich von dieser Praxis ab (Cassius Dio LIV 24,7), und seit 14 v.Chr. wurde sie wegen der Eifersucht der Kaiser wohl ganz eingestellt.[203] Reine Reiseberichte konnten in Gestalt einer objektiven chorographisch-topographischen Beschreibung verfaßt werden, in

---

Gerichtsverhandlungen) während einer Geschäftsreise in den elephantinischen Gau aufzeichnete, die der Stratege mit ἀνέγνων abzeichnete (Ὑπομνηματισμοί, Ph. 53, 1894, S.80-126). Daß die Reisenotizen dieses Sekretärs ganz anders aussahen als die, denen wir letztlich die Beschreibung der - von kulturellen Interessen geleiteten - Ägyptenreise des Germanicus verdanken, ist klar. Wenn Arrian seinen dienstlichen Bericht an Trajan später zu einem *Periplus Euxini Ponti* ausarbeiten konnte, so verfolgte er wohl von Beginn der Reise an eine doppelte Absicht, nämlich eine amtliche und eine wissenschaftliche; dementsprechend müssen die Reisenotizen ausgesehen haben.

[202] O. Seel, op. cit., S.52.

[203] Vgl. H. Peter, Die geschichtliche Litteratur über die römische Kaiserzeit bis Theodosius I und ihre Quellen I, 1897, S.362f.

der, wie Jürgen Wehnert zutreffend formulierte, „über vorhandene Straßenverbindungen und Raststellen sowie über die Entfernungen zwischen
den Reisestationen in knappster Weise informiert"[204] bzw. nautische Auskunft über „Reisestrecken, Handelsgüter, Hafenverhältnisse etc."[205] erteilt
wird; daneben gab es aber auch die Form eines Fahrtberichtes, der „wohl
meist in der ersten Person"[206] abgefaßt war und eine *bestimmte* Reise schil-
derte, gleichgültig, ob es sich dabei um eine wirkliche Reise (die Expedition
Hannos), lediglich als wirklich ausgegebene (wie in der utopischen Reise-
literatur, z.B. Euhemeros und Jambulos) oder erklärtermaßen erfundene
Reise (z.B. Lukians *verae historiae*) handelte.

Wurden auf einer solchen Reise sowohl Land- als auch Seewege
zurückgelegt, so spiegelte natürlich der Bericht diesen Sachverhalt wider
(z.B. die *contio* des Aemilius Paullus, Lukians *verae historiae* etc.). Das
Problem, daß die von Dibelius angenommene Quelle der lukanischen Wir-
Stücken eine „(anderweitig unbekannte) Mischung aus Itinerar und Periplus"[207] darstellen würde und folglich nicht existiert haben könne, ist konstruiert; es besteht nur, wenn man die Begriffe Periplus und Itinerar unzu-
lässigerweise auf die objektive chorographisch-topographische Schilderung
einengt.

Am Ende der Reihe kann dann die REISEERZÄHLUNG in dem für die
Öffentlichkeit bestimmten Geschichtswerk stehen. Beschreibt ein Historiker eine Reise, über die er von verschiedenen Seiten Kenntnis hat, so steht
ihm natürlich die Wahl seiner Version ebenso frei wie die Art der Darstellung. Zweierlei ist hier im Blick auf die Wir-Stücke bei Lukas festzuhalten:

(1) Schreibt der Historiker über eine Reise, die er selbst mitgemacht
hat, so kann er sich gleichermaßen auf das eigene Gedächtnis, eigene Notizen oder einen eigenen Bericht stützen wie auf die Niederschrift eines anderen Reiseteilnehmers. Josephus hätte etwa für seine Schilderung der Titusreise von Alexandria nach Cäsarea jedenfalls auf seine Erinnerung und
vielleicht auch auf eigene Aufzeichnungen, die er während der Fahrt gemacht hat, zurückgreifen können. Doch exzerpierte er stattdessen in *bell* IV
659-663 einen militärischen Bericht, den auch jeder andere, der die Fahrt
nicht selbst mitgemacht hat, hätte verwenden können. Vielleicht spielte bei
dieser Entscheidung, auf Eigenes in diesem Zusammenhang zu verzichten,

---

[204] J. Wehnert, Die Wir-Passagen der Apostelgeschichte, 1989, S.107 (vgl.
o.S.274).

[205] A.a.O., S.108.

[206] R. Güngerich, Die Küstenbeschreibung in der griechischen Literatur, ²1975,
S.13.

[207] J. Wehnert, op. cit., S.108 (vgl. o.S.274).

die Tatsache eine Rolle, daß sich Josephus 6 bis 10 Jahre später[208] nicht mehr so genau erinnern konnte. Ob seine Aufzeichnungen noch zur Hand und in welchem Zustand sie waren, wissen wir natürlich nicht.

(2) Das zweite betrifft die Art der Darstellung. Von einem Historiker erwarten wir nicht die beliebige Anhäufung von Details, sondern daß er den Sinn des Geschehens herausarbeitet. Handelt er von einer Reise, so interessieren uns Einzelheiten des Reiseverlaufes nur insofern, als sie für das Verständnis der geschichtlichen Vorgänge von Bedeutung sein mögen. Polybius formulierte ausdrücklich den Grundsatz, Orte und Flüsse nur dann namentlich zu erwähnen, wenn sie den Lesern bekannt sein können und sie dadurch einen ungefähren Einblick in die geographischen Umstände der historischen Abläufe gewinnen mögen (III 36,1ff). Dementsprechend läßt er die einzelnen Stationen des Hannibal-Zuges auf Rom weg, „weil ihm die genauen Marschrouten überflüssig erscheinen"[209]; anders Silen, der diesen Marsch selbst mitgemacht hat und, wenn er die Quelle für Coelius und Polybius ist, von ihm in minutiösen Details berichtete. Wie es scheint, *finden wir exakte Reiseangaben vor allem in monographischen Behandlungen von Feldzügen, an denen die Autoren teilgenommen hatten und wo sie deshalb eigene Erinnerungen und Notizen sowie die Feldherrnjournale verwerten konnten.* Bezeichnend ist hier die Aussage Herodians, viele Biographen des Kaisers Septimius Severus hätten ihrer Darstellung folgendes Schema zugrundegelegt: die Marschroute (τῆς ὁδοιπορίας οἱ σταθ- μοί), seine Reden in jeder Stadt, die Zeichen göttlicher Vorsorge, topographische Angaben und die Zahl der in einer Schlacht gefallenen Soldaten (II 15,6). Wenn wir von den Erzählelementen absehen, die das Thema ‚Krieg' mit sich bringt, springt hier die Analogie zur lukanischen Darstellung der paulinischen Missionsreisen in die Augen. Die Reiseangaben boten den Historikern einerseits ein relativ leicht zu handhabendes Dispositionsprinzip, andererseits entsprachen sie auch der Natur der Quellen. Anders liegt der Fall bei Coelius, der an einer bestimmten Stelle, nämlich bei Hannibals Marsch auf Rom, die genaue Reiseroute aus seiner Quelle übernimmt: Im ersten Buch hatte Coelius, wiederum aus Silen, von einer nächtlichen Erscheinung Hannibals erzählt, dem Juppiter vor der Götterversammlung den Auftrag zur Kriegsführung gegen Italien gegeben und die *vastitas Italiae* in Aussicht gestellt hatte (F 11 = HRR I S.160f). Von Hannibals Zug auf Rom

---

[208] Nach der gängigen Datierung entstand das *Bellum Judaicum* zwischen 75 und 79. Shaye Cohen versuchte dagegen wahrscheinlich zu machen, daß die ersten 6 Bücher z.Zt. des Kaisers Titus (79-81), das letzte Buch erst unter Domitian geschrieben wurde (Josephus in Galilee and Rome, 1979, S.84-90).

[209] W. Herrmann, Die Historien des Coelius Antipater, 1979, S.133.

erzählt Coelius im zweiten Buch deshalb so detailliert, weil es sich dabei um „die Erfüllung der göttlichen Vorausschau"[210] handelte. Die Akkuratesse der Darstellung hat hier also den Zweck, die geschichtliche Bedeutung des Geschehens zu unterstreichen.

3. Die lukanischen Wir-Erzählungen im Rahmen antiker Reiseberichte

(1) Vorliterarische Reiseberichte, ob es sich nun um private Mitteilungen wie im Falle des Julianbriefes oder um amtliche Dokumente handelte, waren vermutlich durchgehend in der 1. Person Singular oder Plural verfaßt. Erst durch ihre literarische Verarbeitung konnte sich ihre Erzählform ändern. So schrieb Cäsar seine Senatsberichte, die er für seine *Commentarii Belli Gallici* verwendete, konsequent in die 3. Person um. Josephus, der im gesamten *Bellum Judaicum* von sich namentlich erzählt, setzte den militärischen Bericht von Titus' Aufbruch zum entscheidenden Schlag gegen Jerusalem in die 3. Person um; da er die Reise selbst mitgemacht hat, hätte er ebensogut die Wir-Form wählen können. Falls Ammianus Marcellinus für seine Darstellung des Perserfeldzuges den offiziellen Kriegsbericht (mit-)verwendet hat, so hätte er sich in gleicher Situation für die von Josephus abgelehnte Alternative entschieden.

Hat Lukas einen vorliterarischen Reisebericht für seine Wir-Erzählungen verwendet, so dürfte schon dieser in der 1. Person abgefaßt worden sein. Nach allem, was wir von derlei Berichten wissen, ist es recht unwahrscheinlich, daß Lukas die 1. Person in seine Quelle eingetragen hat, um seinen eigenen Anteil deutlich zu machen; es ist daher anzunehmen, daß er das ‚Wir' aus seiner Vorlage übernommen hat. Freilich hätte er die Möglichkeit gehabt, den Text in die 3. Person umzuschreiben. Daß er das nicht getan hat, ist seine freie schriftstellerische Entscheidung; doch darauf müssen wir später (u.S.360ff) zu sprechen kommen.

(2) Allen von uns genannten Reiseberichten ist eine *lückenlose Route* eigen. Dabei können auch Orte Erwähnung finden, die lediglich Durchgangsstationen darstellten und allenfalls für die Identifizierung der genauen Wegstrecke von Belang waren. Die Städte werden häufig durch Präpositionen wie ἀπό, μετά, ἐξ oder durch Adverbialbestimmungen wie ἐκεῖθεν, ἔνθεν etc. miteinander verbunden.

---

210 A.a.O., S.134.

Oft finden sich Erläuterungen zu Ortsnamen, die entweder einen wenig bekannten Ort lokalisieren, lokalhistorische Information bieten oder sonstige Nachrichten bringen. Julian bemerkt zu Litarba: ἔστι δὲ ἡ κώμη Χαλκίδος (*ep* 24 399B). In seinem *Periplus* nennt Pseudo-Skylax Herakleion (h. Platamona) πρώτη πόλις Μακεδονίας, d.h. die erste Stadt Mazedoniens, zu der man von Thessalien kommend gelangt.[211] In dem nun schon öfter angesprochenen Bericht von der Titusreise nach Cäsarea fügt Josephus (bzw. seine Quelle) nach der Erwähnung von Raphia hinzu: ἔστι δ᾽ ἡ πόλις αὕτη Συρίας ἀρχή (*bell* IV 662). Olympiodor erwähnt Prima, ἥτις τὸ παλαιὸν πρώτη πόλις τῆς Θηβαΐδος ἀπὸ τοῦ βαρβαρικοῦ ἐτύγχανε[212] (d.h. es war in früheren Zeiten die erste Stadt der Thebais, zu der man von Äthiopien kommend gelangte). Schließlich bemerkt Galen zu Philippi: ἥπερ ἐστὶν ὅμορος τῇ Θρᾴκῃ πόλις[213], d.h. eine mazedonische Stadt an der Grenze zu Thrakien. Gelegentlich wird der koloniale Status einer Stadt hervorgehoben: Josephus (bzw. wiederum seine Quelle) bemerkt zu Berytos: ἡ δέ᾽ στιν ἐν τῇ Φοινίκῃ πόλις Ῥωμαίων ἄποικος (*bell* VII 39), und Arrian weiß zu Sebastopolis zu berichten: ἡ δὲ Σεβαστόπολις πάλαι Διοσκουριὰς ἐκαλεῖτο, ἄποικος Μιλησίων (*peripl* § 10,4).

Die lukanische Angabe zu Philippi: ἥτις ἐστὶν πρώτη τῆς μερίδος Μακεδονίας πόλις, κολωνία (Act 16,12 nach P⁷⁴, ℵ u.a.) ist textkritisch umstritten und bietet bekanntlich auch inhaltliche Probleme. Codex Vaticanus hat den Artikel vor Μακεδονίας (statt vor μερίδος), andere Handschriften bieten weitere Varianten.

Die Römer hatten 167 v.Chr. Mazedonien in vier autonome Regionen (μερίδες) eingeteilt, denen neue Verfassungen aus der Hand des Paullus diktiert wurden: Die erste bildete im wesentlichen das Gebiet zwischen den Flüssen Nestos und Strymon, wozu die in der Apostelgeschichte erwähnten Städte Neapolis, Philippi, Apollonia und - als Hauptstadt - Amphipolis gehörten. Die zweite Region umfaßte weitgehend das Land zwischen dem Strymon und dem Axios und erhielt Thessaloniki als Hauptstadt. Der dritte Teil Mazedoniens reichte vom Axios bis zum Grenzgebirge Bora im Nordosten und dem Peneios im Süden (Hauptstadt Pella; Beröa gehört zu dieser 3. Region), der vierte mit der Hauptstadt Pelagonia schloß sich westlich des Boragebirges an und wurde von Illyrien und dem Epirus begrenzt (Liv.

---

[211] § 66 = GGM I S.52; vgl. auch § 34 = GGM I S.36 zu Akarnanien: πρώτη πόλις αὐτόθι Ἄργος.

[212] R.C. Blockley, The Fragmentary Classicising Historians of the Later Roman Empire II, 1983, F 35.2 = Phot. *bibl* cod. 80.

[213] *de simplic med temp ac fac* IX 2 (s.o.S.288f).

XLV 29,5-9). Im Jahr 146 v.Chr. wurde Mazedonien wiedervereinigt und zur römischen Provinz gemacht, wobei die vier μερίδες weiterbestanden.[214] Im Westen wurden die illyrischen Gebiete bis zum adriatischen Meer mit Mazedonien vereinigt; Provinzhauptstadt wurde Thessaloniki.

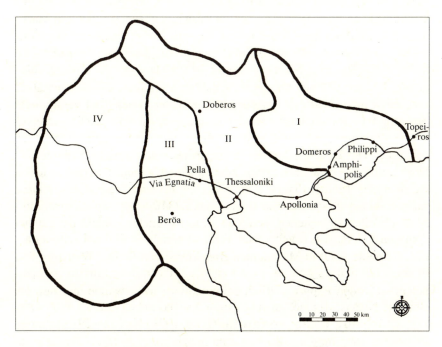

Abb.2: Mazedonien und seine vier Distrikte[215]

Philippi, eine zunächst kleine Siedlung, wurde nach der Niederlage von Brutus und Cassius im Jahr 42 v.Chr. durch Antonius mit Römern besiedelt und durch Octavian nach dem Sieg von Actium gewaltig vergrößert (*Colonia Iulia Augusta Philippiensis*). In den Inschriften ist im Zusammenhang mit Philippi häufig von der *res publica*, was vielleicht dem lukanischen πόλις entsprechen könnte, und der *colonia* der Philipper die Rede.[216]

---

[214] So Geyer, Art. Makedonia (Μακεδονία). VII. Geschichte, PRE 1.R. XIV/1, 1928, Sp.764.

[215] Unter Zugrundelegung der Karte von F. Papazoglou, Les villes de Macédoine à l'époque romaine, 1988, Karte 20; die ungefähren Grenzen zwischen den vier Distrikten sind nach Papazoglous Angaben S.67-71 eingezeichnet.

[216] Zu den von F. Papazoglou (Le territoire de la colonie de Philippes, BCH 106, 1982, S.105f) genannten Beispielen vgl. ferner AE 1948, Nr.207 (*r. p. coloniae Philip-*

Fanoula Papazoglou will zwischen beiden Begriffen unterscheiden: „le terme de *colonia* s'applique à la collectivité des citoyens à pleins droits, aux *Philippenses* ..., tandis que par *res publica* on désigne le domaine communal de la colonie"[217].

Schwierigkeiten bereitet die Bezeichnung Philippis als πρώτη τῆς μερίδος Μακεδονίας πόλις, κολωνία, da die Kolonie weder die Hauptstadt (das kann πρώτη πόλις in derlei Zusammenhängen bedeuten) Mazedoniens noch eines ihrer Distrikte war. Man hat darum wieder die alte Konjektur des Johannes Clericus, nämlich πρώτης μερίδος Μακεδονίας πόλις (NTG[26]), „eine Stadt im ersten Distrikt Mazedoniens", vorgeschlagen.[218] Johanna Schmidt interpretierte die Notiz im Sinne eines Gegensatzes von ‚einst' und ‚jetzt': „Als vielleicht erst später in den Text verarbeitete ursprüngliche Randnotiz würde der Zusatz kurz die historische Entwicklung P.s seit der römischen Besitzergreifung angeben: Zuerst eine Stadt des ersten der vier Distrikte Makedoniens, später eine römische Kolonie."[219] Doch müßte das sprachlich anders zum Ausdruck gebracht werden, wie das Beispiel des Tacitus (Syene: *claustra olim Romani imperii, quod nunc rubrum ad mare patescit*, ann II 61,2; s.o.S.284f) zeigt. Mir scheinen drei Möglichkeiten zu bestehen, den Satz zu interpretieren. Beläßt man es bei dem von P[74], ℵ, A u.a. gebotenen Text, so könnte er Philippi schlicht als eine führende Stadt in Mazedonien charakterisieren.[220] Der Wettstreit von Städten, die sich als πρώτη, μεγίστη, καλλίστη ihrer Provinz bezeichneten, ist in den Papyri deutlich dokumentiert; ich erwähne hier nur das Beispiel Nicäas, das sich in Inschriften aus flavischer Zeit als ἡ πρώτη τῆς ἐπαρχείας πόλις Νικαία (SEG 28, 1978, Nr.1026-29) titulierte. Es ist aber auch möglich, die Notiz im geographischen Sinne als die erste Stadt Mazedoniens, wenn man von Alexandria Troas her kommt, zu

---

pensium) und AE 1952, Nr.223 (*r. pub. c Philippensium*). Der Latinismus ἡ κολωνεία für Philippi erscheint in einer Inschrift aus der Zeit Vespasians (AE 1979, Nr.565). Die Zusammenstellung von πόλις und κολωνία begegnet übrigens auch bei Claudius Ptolemaios: die westsardinische Οὔσε(λ)λις πόλις, κολωνία (*geogr* III 3,2) und die mauretanische Σίγα πόλις, κολωνία (IV 2,2, hier vielleicht im Unterschied zum Fluß Siga); ferner Αὐατικῶν πόλις μαριτίμα, κολωνία (II 10,8) und πόλις Οὐαλεντία, κολωνία (II 10,12).

[217] Art. cit., S.106.

[218] E. Haenchen, Die Apostelgeschichte, [7]1977, S.474; vgl. die ausführliche Diskussion von K. Lake/H.J. Cadbury in: The Beginnings of Christianity IV, 1933, S.188f.

[219] J. Schmidt, Art. Philippoi, PRE 1.R. XIX/2, 1938, Sp.2235.

[220] So K. Lake/H.J. Cadbury, op. cit., S.188; J. Munck, The Acts of the Apostles, 1967, S.161 ("an honorary title"); R. Pesch, Die Apostelgeschichte II, 1986, S.104.

deuten[221]; so könnte die Lesart des Codex Bezae aufzufassen sein, der an unserer Stelle κεφάλη τῆς Μακεδονίας liest.[222] Man hat dagegen eingewandt, daß die Reisenden nicht zuerst nach Philippi, sondern nach Neapolis gelangten.[223] Freilich war Neapolis in der Kaiserzeit zu einem bloßen Hafen von Philippi herabgesunken. Wie weit die Abhängigkeit ging und ob sich die Neapolitaner noch als solche empfanden, ist nicht recht klar.[224] Galen erwähnt es in seinem Bericht jedenfalls nicht. Ob man nun πρώτη im Sinne des Ranges oder der Geographie interpretiert, Schwierigkeiten bereitet in jedem Falle das Wort μερίς. Es kann jedenfalls nicht Provinz bedeuten; in den Papyri ist es häufig belegt als Unterteilung einer Provinz oder eines Gaues. Hermann Wolfgang Beyer übersetzte: die erste Stadt „ihres Bezirks in Mazedonien"[225], eine Übersetzung, die nur schwer erträglich ist (warum schrieb Lukas nicht πρώτη τῆς πρώτης μερίδος?). Vielleicht sollte man darum doch πρώτης (τῆς) μερίδος lesen? Aus Beröa ist eine Inschrift aus flavischer Zeit bekannt, in der der 1. und 4. Distrikt (μερίς) des mazedonischen κοινόν erwähnt werden.[226] Wenn aber Philippi als eine Stadt des 1. Distrikts von Mazedonien charakterisiert wird, warum nennt Lukas dann später nicht den 2. (Thessaloniki) und 3. Distrikt (Beröa)? Man wird die Entscheidung zwischen diesen drei Interpretationen offenlassen müssen.

---

221 Vgl. dazu PsSkyl. *peripl* §§ 34.47 (GGM I S.36.42).

222 So interpretiert A. Hilgenfeld, Lucas und die Apostelgeschichte, ZWTh 50, 1908, S.207; normalerweise versteht man κεφάλη allerdings im Sinne von ‚Hauptstadt'.

223 J. Schmidt, art. cit., Sp.2234.

224 Vgl. dazu F. Papazoglou, Le territoire de la colonie de Philippes, BCH 106, 1982, S.104f. Was die Stadtbegrenzung anbetrifft, werden die Ergebnisse im wesentlichen zustimmend beurteilt von J. und L. Robert, BE XII, 1983, Nr.263 (S.119f).

225 H.W. Beyer, Die Apostelgeschichte, NTD 5, [4]1947, S.100f; vgl. H.H. Wendt, Die Apostelgeschichte, KEK III[9], [5]1913, S.244f („die erste Koloniestadt des betreffenden Bezirkes Macedoniens").

226 RAr, 3.Ser.37, 1900, S.489, Nr.130:

μ ΑΚΕΔΟΝΩΝ ΤΟ ΚΟΙΝΟΝ ΚΑΙ

... διεποντος τHN ΕΠΑΡΧΕΙΑΝ Λ ΒΑΙΒΙΟΥ ΟΝΟΡΑΤΟΥ

.... ΟΥ ΑΜΥΝΤΑ ΕΚ ΤΩΝ ΙΔΙΩΝ ΙΕΡΩ

σαμενου .... ΣΥΝΕΔΡΙΟΥ ΠΡΩΤΗΣ ΜΕΡΙΔΟΣ ΑΠΛ

.... ΑΙΡΟΥ ΤΟΥ ΚΛΕΩΝΟΣ ΤΕΤΑΡΤΗΣ ΜΕ

ριδος ....

Die Inschrift stammt aus der Zeit des Kaisers Titus oder aus den ersten Jahren Domitians (vgl. dazu F. Papazoglou, Les villes de Macédoine à l'époque romaine, 1988, S.65 Anm.58 mit weiterer Literatur).

Wie auch immer der Satz zu verstehen sei, in jedem Falle fügt er sich in das Bild solcher Reiseberichte ein. Die Annahme, Lukas habe ihn in seine Quelle erst eingetragen[227], ist darum recht unwahrscheinlich.

(3) Meist wird eine relative Chronologie gegeben, nur gelegentlich absolute Daten, und mitunter wird die Dauer eines Aufenthalts notiert.

Die *relative Chronologie* besteht zumeist aus exakten Angaben der Reisedauer wie τῇ ἐπιούσῃ (Luk. *ver hist* I 29; II 2) bzw. δυοῖν (oder ähnlich) ἡμερῶν (Hanno *peripl* § 2, vgl. §§ 8.11.13.14.16 = GGM I S.1.6. 9f.13; Appian *Mak* 19,2; Philostrat *Apoll* II, c.XLII etc.) etc., gelegentlich aber auch aus Pauschalbegriffen wie ἡμέραι τινές (Luk. *ver hist* II 2).

Zuweilen wird eine Reise in den *Kalender* eingeordnet. Ammians Darstellung des Perserfeldzugs nennt von Zeit zu Zeit fixe Daten (XXIII 2,6: 5. März; 3,7: 27. März; XXIV 8,5: 16. Juni u.ö.), die insonderheit für den militärischen Bericht bezeichnend sein dürften.

Die *Aufenthaltsdauer* wird in der Regel mit (ἐπι)μένειν angegeben, verbunden entweder mit der genauen Zahl der Tage (Julian *ep* 24 399D: ἐπιμείνας δὲ ἡμέραν ἐκεῖ; Luk. *ver hist* II 4: μείναντες δὲ ἡμέρας ἐν τῇ νήσῳ πέντε), pauschalen Angaben (Hanno *peripl* § 6 = GGM I S.6: ἐμείναμεν ἄχρι τινός) oder - im Falle längerer Aufenthalte - gerundeten Zahlen (Jambulos bei Diodor II 60: ἑπτὰ δ' ἔτη μείναντες).

(4) Selten, aber ebenfalls belegt ist die Angabe von *Gastgebern*. Julian wohnte in Hierapolis bei Sopatros' Schwiegersohn (*ep* 24 401B.C), Lukian auf seiner phantastischen Reise bei Endymion (*ver hist* I 13: παρ' αὐτῷ ... ἐμείναμεν; vgl. I 29), Apollonius und seine Begleiter beim indischen König (Philostrat *Apoll* II, c.XXIII), Hanno und seine Gefährten bei den Lixitern (*peripl* § 6 = GGM I S.6: παρ' οἷς ἐμείναμεν ἄχρι τινός, φίλοι γενόμενοι).

Werden Gastgeber genannt, so kann auch eine *Abschiedsszene* berichtet werden; vgl. etwa Luk. *ver hist* I 27: ἀσπασάμενοι τὸν βασιλέα ... ἀνήχθημεν; II 32: ἀσπασάμενος τὸν Ναύπλιον ἀπέπλευσα.

(5) Schließlich können in den Rahmen des Reiseberichts *Episoden*, Anekdoten, Mirabilia, geo-, ethno-, topographische Besonderheiten, lokalhistorische Nachrichten etc. eingebaut werden. Im dienstlichen Bericht erwartet man einen Nachweis der Tätigkeit: „Weswegen wir dort waren und was wir dort getan haben (ἐπράξαμεν), wird dir der *Römische Bericht* darlegen" (*peripl* § 10,1), schreibt Arrian an Trajan.

---

[227] So etwa Ph. Vielhauer, Geschichte der urchristlichen Literatur, 1975, S.389; G. Schneider, Die Apostelgeschichte I, 1980, S.91 Anm.55; II, 1982, S.213.

4. Der mögliche Sitz im Leben der Wir-Quelle

Nach allem, was wir über antike Reiseerzählungen in historischer Literatur und ihre möglichen Quellen erfahren haben, kommen für die lukanischen Wir-Erzählungen, wenn sie denn auf schriftlichen Vorlagen beruhen[228], drei Arten von Quellen in Frage: Entweder hat sich Lukas selbst private Aufzeichnungen gemacht, die er - wie Xenophon und vielleicht Ammianus Marcellinus - über die Jahre hinweg aufbewahrte und auf die er nun bei Abfassung der Apostelgeschichte zurückgreifen konnte[229], oder es standen ihm fortlaufende Mitteilungen privaten Charakters zur Verfügung[230], oder er konnte einen dienstlichen Reisebericht verwenden. In der zuletzt genannten Richtung meine ich die Lösung für c.16.20f sehen zu können.

(1) Beginnen wir bei der Kollektenreise Act 20,3-21,17. Obwohl Wolf-Henning Ollrog den Verfasser der Apostelgeschichte nicht als einen Paulusbegleiter anzusehen vermag, hielt er den Bericht von der Jerusalemreise des Paulus für eine „historisch zuverlässige Quelle", „die vermutlich von einem Kollektenvertreter selber abgefaßt wurde. Dann ist in Rechnung zu stellen, daß sich im (echten) »Wir« der Erzählung ein Teil der Kollektenvertreter verbirgt"[231]. Dabei soll es sich seiner Meinung nach um „die Vertreter der korinthischen und philippischen Gemeinde"[232] handeln. Ganz ähnlich hatte schon Ernst Haenchen hinter Act 20,5ff das Reisetagebuch von der Hand eines Mitgliedes der philippischen Kollektendelegation gesehen.[233] Zuletzt war es Jürgen Roloff, der in Act 20,2b-6.14-16; 21,1-17 ein nur wenig überarbeitetes „offizielles Protokoll über die Kollektenreise"[234]

---

[228] Manche Exegeten nehmen an, Lukas erzähle in den Wir-Stücken aus der Erinnerung; so neuerdings C.J. Hemer, Luke the Historian, BJRL 60, 1977/8, S.48 und ders., The Book of Acts in the Setting of Hellenistic History, 1989, S.312ff.336, bei dem sich diese Annahme mit einer Frühdatierung von Acta ca. in das Jahr 62 verbindet (S.365-410).

[229] So erwogen von A. v.Harnack, Beiträge zur Einleitung in das Neue Testament III, 1908, S.177; vgl. F.F. Bruce, The Acts of the Apostles, 21952, S.21; M. Hengel, Der Historiker Lukas und die Geographie Palästinas in der Apostelgeschichte, ZDPV 99, 1983, S.183.

[230] So É. Trocmé, Le „Livre des Actes" et l'Histoire, 1957, S.138ff.

[231] W.-H. Ollrog, Paulus und seine Mitarbeiter, 1979, S.57.

[232] Ebd., Anm.261.

[233] E. Haenchen, Die Apostelgeschichte, 71977, S.97f. 557 Anm.5.

[234] J. Roloff, Die Apostelgeschichte, NTD 516, 21988, S.294.

erblickte. Lukas habe lediglich den Namen des Timotheus, die Eutychus-Episode und die Abschiedsrede in Milet eingefügt, andererseits die Namen der korinthischen und philippischen Kollektendelegierten gestrichen. Darüber, von wem und zu welchem Zweck dieses ‚Protokoll' aufgenommen wurde, äußert sich Roloff leider nicht.

In der Tat erscheint es mir naheliegend, den Bericht von der Jerusalemreise des Paulus einem Kollektendelegierten zuzuweisen. Die Präzision der Reiseangaben, verbunden mit der durch paulinische Aussagen gesicherten Tatsache, daß es sich bei dieser Fahrt um die Kollektenreise handelte, bietet ausreichend Anlaß zu einer solchen Vermutung. Es ist nun freilich ein methodisch außerordentlich fragwürdiges Unterfangen, die redaktionelle Hand des Lukas für all das verantwortlich zu machen, was man hier nicht vorfindet, von einem authentischen Bericht aber erwarten würde. Lukas soll die Namen der korinthischen und philippischen Kollektendelegierten getilgt haben, die man nach I Kor 16,1-4 und II Kor 8f im Gefolge des Paulus vermutet. Aber aus welchem Grunde sollte er so etwas tun? Ferner: Lukas verschweigt Titus, der diese Reise aller Wahrscheinlichkeit nach mitgemacht hat. Ollrog erklärt diesen Sachverhalt damit, daß Lukas „entweder die Bedeutung der Kollekte der paulinischen Gemeinden für Jerusalem nicht mehr (kannte)" oder daß er sie (und damit auch Titus als den Organisator dieses Unternehmens) bewußt überging, „weil ihr Ausgang die von ihm mit soviel Sorgfalt erstellte Harmonie zwischen Juden- und Heidenkirche fragwürdig werden ließ"[235]. Muß man wiederum annehmen, Lukas habe Titus aus seiner Quelle gestrichen? Das wäre selbst dann kaum einzusehen, wenn Lukas wirklich Grund gehabt hätte, die Kollekte aus theologischen Erwägungen heraus zu verschweigen. Denn informierte Leser wußten ohnehin um den wahren Grund der Jerusalemreise des Paulus, und Unwissenden wäre bei der Nennung des Titus kein Verdacht gekommen. Lassen sich aber derlei Streichungen durch Lukas nicht einsichtig machen, so muß der Reisebericht entweder in seinem vorliegenden Umfang verständlich sein, oder wir müßten auf die Annahme einer authentischen Quelle verzichten. Darüber hinaus müßten wir die Frage zu beantworten imstande sein, wer zu welchem Zweck einen Reisebericht abgefaßt haben könnte. Beides scheint mir möglich zu sein.

Wenn die hypothetische Wir-Quelle den Namen des Titus nicht nannte, so kann es dafür nach meiner Einschätzung nur eine sinnvolle Erklärung geben, nämlich die, daß Titus in den ‚Wir' miteingeschlossen ist. Er käme dann als Verfasser des Reiseberichts in Betracht. Als nächstes ist an den

---

[235] W.-H. Ollrog, op. cit., S.37.

ominösen ‚Apostel der Gemeinden' (II Kor 8,23), der eigens für die Jerusalemreise zum Begleiter des Paulus bestimmt wurde (II Kor 8,19), zu denken. Unter Umständen kämen noch der zweite Gemeindeapostel (II Kor 8,22f) und ein Kollektenvertreter aus Philippi oder Korinth[236] in Frage. So weit handelt es sich um reine Spekulation aufgrund unserer Kenntnis von der Zusammensetzung der Reisegruppe. Doch für einen der hier Genannten lassen sich gute Gründe für die Abfassung eines Reiseberichts anführen, nämlich für den anonymen ‚Apostel der Gemeinden'. Er war zum Reisebegleiter des Paulus gewählt worden, um über dem ordnungsgemäßen Umgang mit dem Geld zu wachen. Wie groß die Geldsammlung war, wissen wir nicht. Der enorme Personalaufwand, der für die Jerusalemreise aufgebracht wird, spricht aber dafür, daß es sich um eine bedeutende Summe handelte; die beträchtlichen Fahrtkosten für die Hin- und Rückreise[237] der

---

[236] Falls ein Kollektenvertreter aus Philippi oder Korinth den Reisebericht verfaßt hätte, so hätte er wohl für die Gemeinde, die ihn entsandte, geschrieben. Ich habe es oben als wahrscheinlich bezeichnet, daß die Notiz über Philippi als πρώτη τῆς μερίδος Μακεδονίας πόλις, κολωνία (Act 16,12) auf die Quelle zurückgeht. In diesem Falle könnte der Bericht sicher nicht für die Gemeinde in Philippi und auch kaum für die Korinther geschrieben worden sein, da die Adressaten einer solchen Information schwerlich bedurften.

[237] Über die finanzielle Seite der paulinischen Wirksamkeit wissen wir viel zu wenig Bescheid. Die zahlreichen Reisen des Paulus und seiner Mitarbeiter müssen Unsummen verschlungen haben. Leider wissen wir über die Kosten von Schiffsreisen in der Kaiserzeit so gut wie nichts. Mitte des 5. Jh.s v.Chr. scheint der Fahrpreis zwischen 3 Städten Euböas folgendermaßen festgelegt worden zu sein: Von Chalkis nach Oropos 2 Obolen, von Oropos nach Hestiaia eine Drachme, von Chalkis nach Hestiaia 4 Obolen (SEG 21, Nr.26; s. J. Vélissaropoulos, Les nauclères grecs, 1980, S.75 mit Anm.145). Im 4. Jh. v.Chr. kostete die kurze Überfahrt von Aigina nach Piräus 2 Obolen (Plato *Gorg* 511 d), z. Zt. Lukians das doppelte (*navig* 15). In diesen Fällen scheint es sich um reine Fährschiffe bzw. gecharterte Boote gehandelt zu haben. Plato erwähnt aber auch, daß für eine Fahrt von Ägypten oder dem Pontus nach Athen mitsamt Familie und beweglichem Besitz nur zwei Drachmen zu entrichten seien (*Gorg* 511 d-e). In Anbetracht des vergleichsweise niedrigen Fahrpreises und der Strecke kann es sich hier nur um Mitnahme auf Frachtschiffen handeln; im Preis inbegriffen war übrigens lediglich das Trinkwasser, für Verpflegung mußten die Passagiere selbst sorgen (vgl. O. Höckmann, Antike Seefahrt, 1985, S.90). Wir wissen nicht, wie sich die Preise entwickelten. Die Preisverdoppelung für die Strecke Aigina-Piräus legt wohl eine generelle Preissteigerung nahe; angesichts der enorm gestiegenen Ladekapazität kaiserzeitlicher Frachtschiffe scheint jedoch auch eine Stabilität oder gar Senkung der Mitfahrpreise denkbar. Wie dem auch sei: Jedenfalls reichte die Berufstätigkeit des Paulus auch nicht im entferntesten dazu aus, seine eigenen Reisekosten zu decken, von seinen Mitarbeitern ganz zu schweigen. Lukas spricht den finanziellen Aspekt der paulinischen Wirksamkeit nicht direkt an. Wenn aber gerade er immer wieder finanzkräftige Personen, die den Christen nahestehen, erwähnt, dann hat das seinen guten Grund; ohne großzügige Zuwendungen nicht nur von Gemeinden, sondern wohl auch von betuchten Gönnern wäre die paulinische Mission in dieser Form

Gemeindevertreter waren nur dann zu verantworten, wenn der Ertrag der Sammlung wesentlich höher war. Mit einer solchen Geldmenge durfte man nicht leichtsinnig umgehen. Bei manchen konnte der Verdacht aufkommen, Paulus wolle sich persönlich bereichern (vgl. II Kor 12,17). Darum war es zweifellos empfehlenswert, einen von Paulus relativ unabhängigen Gesandten zu seinem Reisebegleiter zu bestimmen, der die Übergabe des Geldes zu überwachen hatte. Wir wissen beispielsweise nicht, ob die Reisekosten von der Kollekte abgezogen wurden. Wenn dies der Fall gewesen sein sollte, so mußte darüber Buch geführt werden. In jedem Falle hatte der Gemeindeapostel nach Erfüllung seiner Aufgabe seinen Auftraggebern Bericht zu erstatten. Das wird jedenfalls durch eine Analogie aus der Apostelgeschichte nahegelegt: Nachdem Barnabas und Paulus seinerzeit von ihrer gemeinsamen Missionsreise, zu der sie als ἀπόστολοι (Act 14,4.14) der antiochenischen Gemeinde (Act 13,1-3) aufgebrochen waren, nach Hause zurückgekehrt waren, beriefen sie sogleich eine Gemeindeversammlung ein und erstatteten Bericht (ἀναγγέλλειν, Act 14,27). Das war ihre Pflicht und Schuldigkeit. Es ist anzunehmen, daß sie dies mündlich taten. Möglicherweise wurde aber auch ein Protokoll angefertigt und zu den Akten gelegt. Es kann nicht mehr als eine Vermutung sein, daß sich die lukanische Darstellung dieser Reise in Act 13f teilweise auf protokollarische Unterlagen aus dem antiochenischen Gemeindearchiv stützt. Schon Theodor Zahn hatte zu bedenken gegeben, daß Paulus und seine Gefährten „vor versammelter Gemeinde von ihren Erlebnissen in zusammenhängender und viele Einzelheiten hervorhebender Erzählung berichteten (AG 14,27 ...). Daß Hörer solcher Erzählungen oder daß Lc nach solchen Gesprächen sich Aufzeichnungen gemacht haben, ist ... möglich ...; aber beweisen läßt sich von alledem nichts."[238] Bezeichnenderweise fehlt in Acta die Notiz eines Berichtes vor der Gemeinde nach Abschluß der zweiten Missionsreise des Paulus (Act 18,22f): Paulus hatte sie nicht mehr als Abgesandter Antiochiens durchgeführt. Bestand nun auch für den von Paulus genannten ‚Abgesandten der Gemeinden' eine Berichtspflicht gegenüber seinen Auftraggebern wie einst für Paulus und Barnabas vor der antiochenischen Gemeinde, so liegt es nahe, diesen dienstlichen Bericht mit dem ‚Reisetagebuch' in Verbindung zu bringen. Die Analogie zu den Rechenschaftsberichten von Amtspersonen in der griechischen und römischen Welt scheint sich hier aufzudrängen:

---

sicher nicht möglich gewesen. Zu einer möglichen Polemik gegen diesen Missionsstil im Jakobusbrief vgl. M. Hengel, Der Jakobusbrief als antipaulinische Polemik, in: Tradition and Interpretation in the New Testament. FS E.E. Ellis, hg.v. G.F. Hawthorne/O. Betz, 1987, S.255-259).

238 T. Zahn, Einleitung in das Neue Testament II, ³1924, S.419.

Wie diese gegenüber ihren Dienstherren Rechenschaft abzulegen hatten und einen schriftlichen Rapport für das Archiv anfertigten, so läßt sich auch für den Gemeindeapostel vermuten, daß er nach Beendigung der Reise über den Verlauf der Ereignisse zu berichten hatte. Daß auch er dies schriftlich getan hätte, läßt sich nicht beweisen. War er aber von mehreren Gemeinden (man beachte den Plural in II Kor 8,19.23) autorisiert, so legt sich die Annahme eines Rundschreibens bzw. die Versendung von Kopien eher nahe als die einer Berichts-Rundreise.

(2) Trifft diese Annahme so weit zu, so darf vielleicht auch der kurze Wir-Bericht in Act 16,11-15 dieser Quelle zugeordnet werden. Mit Alexandria Troas und Philippi werden dort zwei Städte genannt, die auch auf der Kollektenreise eine herausragende Rolle spielen: In Philippi, der östlichsten Stadt Mazedoniens, war die Reisebegleitung um Paulus endlich komplett; nachdem man sich vorübergehend in zwei Gruppen aufgespalten hatte, traf man in Alexandria Troas wieder zusammen (s.o.S.255f). Außerdem haben wir (o.S.248) bereits gesehen, daß offenbar eine besondere Verbindung zwischen Titus und Alexandria Troas bestand. Nachdem Titus den Tränenbrief des Paulus in Korinth überbracht hatte, wurde er vom Apostel in Troas erwartet (II Kor 2,12); als Paulus ihn dort nicht vorfand, reiste er ihm ohne jede Absprache nach Mazedonien entgegen. Das bedeutet nicht nur, daß Titus zuvor schon einmal in Mazedonien war, sondern auch - Mazedonien ist groß! - daß nur eine Stadt als Treffpunkt in Frage kam. Eine mögliche Erklärung für diese eigenartige Suchaktion wäre, daß Titus auf der ersten Europareise von Troas nach Philippi mitgefahren ist; neben ihm könnte schon damals ein zweiter gestanden haben, der ihm beim Kollektenwerk zur Hand ging und später zum ‚Apostel der Gemeinden' gewählt wurde. Dies anzunehmen ist schon deshalb sinnvoll, weil nach jüdischem Recht das Einsammeln der Armengelder durch Zwei geschieht (mPea 8,7).

(3) Wenn auch Act 16,11-15 dem Rechenschaftsbericht dieses namentlich nicht bekannten Gemeindeapostels zugewiesen werden darf, so könnte es sich bei der Quelle, die Lukas verarbeitete, vielleicht um einen umfassenden Bericht über das gesamte Kollektenwerk aus der Feder dieses Anonymus handeln. Auch die Anfänge wären demnach miteinbezogen gewesen. Diese hypothetische Annahme provoziert erneut die Frage, welche Gemeinden den anonymen Bruder (II Kor 8,18ff) entsandten.

(4) Indem wir uns nun dieser Frage zuwenden, begeben wir uns notgedrungen auf ein Gebiet, das nur äußerst hypothetische Aussagen erlaubt.

Unter diesem ausdrücklichen Vorbehalt will ich zu skizzieren versuchen, wie sich mir die Sache darstellt. Dieses Bild weicht in mancher Hinsicht von gängigen Vorstellungen ab; vielleicht ist es dennoch geeignet, einige bedenkenswerte Gesichtspunkte zur Geltung zu bringen.

Wenn die beiden ‚Gemeindeapostel' in II Kor 8,18-23, wie wir oben (S.261-264) zu zeigen versuchten, keine Repräsentanten europäischer Gemeinden waren, dann wirft das ein merkwürdiges Bild auf die paulinische Kollekte. Es würde bedeuten, daß entweder kleinasiatische (Ephesus), provinzgalatische oder syrische Gemeinden (Antiochien) eine Art Schirmherrschaft für dieses Unternehmen übernommen sowie organisatorische Präsenz beansprucht und erhalten hätten (χειροτονηθεὶς ὑπὸ τῶν ἐκκλησιῶν συνέκδημος ἡμῶν, II Kor 8,19). Das widerspräche dem, was wir von den Anfängen der Kollektenorganisation wissen. Blicken wir auf die Kollektenanordnung in I Kor 16,1-4 zurück, so erschien die Sammlung für Jerusalem zu diesem Zeitpunkt als eine interne Angelegenheit zwischen Paulus und den einzelnen kirchlichen ‚Provinzen': Wie der Apostel es den Gemeinden Galatiens angeordnet hat, so sollen auch die Korinther bei der Sammlung vorgehen. Später sollen sie ihre Gabe selbst abliefern; Paulus würde Empfehlungsbriefe schreiben, nur unter (nicht näher spezifizierten) Umständen würde er die Gemeindevertreter begleiten. Ca. 1 Jahr später, als der Apostel II Kor 1-9 und bald darauf den Römerbrief schreibt, sieht die Sache wesentlich anders aus: Nun ist plötzlich von einer gesamtgriechischen Kollekte die Rede (Μακεδονία καὶ Ἀχαία, Röm 15,26), und Paulus wird sie in jedem Fall persönlich überbringen, auch wenn er befürchten muß, daß die Jerusalemer Gemeinde seinen Liebesdienst nicht akzeptieren werde, und ihm zudem Gefahr „von den Ungläubigen in Judäa" (15,31) droht. Dieter Georgi interpretierte die Passage Röm 15,25-32 als einen Ausdruck der Stärke des Paulus: „Als Paulus Röm. 15,25ff. schrieb, spielte für ihn und für seine Gemeinden das Selbstverständnis der Jerusalemer Christen keine Rolle mehr. ... Die judenchristlichen Gemeinden einschließlich der Jerusalemer waren an den Rand gedrängt worden."[239] Ich kann in den Worten des Paulus nur das Gegenteil sehen: Ähnlich wie der Heidenapostel seinerzeit auf dem Apostelkonzil unbedingt eine Einigung mit den Jerusalemern erreichen wollte, „damit ich nicht etwa ins Leere laufe oder gelaufen bin" (Gal 2,2), so macht er in Röm 15,30ff den Wert seines missionarischen Wirkens in gewissem Maße davon abhängig, daß ‚die Heiligen' seine Gabe akzeptieren. Nur an dieser einen einzigen Stelle spricht er über die Kollekte als „*meine* Liebesgabe für Jerusalem" (Röm

---

239 D. Georgi, Die Geschichte der Kollekte des Paulus für Jerusalem, 1965, S.82.

15,31)[240], und er fleht die Römer gleichsam an „durch unseren Herrn Jesus Christus und durch die Liebe des Geistes, mit mir zu kämpfen in euren Gebeten für mich zu Gott" (Röm 15,30), damit Paulus vor den Nichtchristen in Judäa gerettet und die Kollekte von den Heiligen in Jerusalem akzeptiert werde. Vergleicht man diese von Zweifeln geprägte Situation mit den lapidaren Anweisungen in I Kor 16,1-4, so müssen sich in den Augen des Paulus dramatische Veränderungen in seinem Verhältnis zu den Jerusalemern ergeben haben. Was geschehen ist, wissen wir nicht; Tatsache ist, daß sich das Klima deutlich verschlechtert hat. Man kann m.E. überlegen, ob ein Zusammenhang besteht zwischen der Tatsache, daß entgegen allen ursprünglichen Plänen nun namentlich nicht genannte außereuropäische Gemeinden zwei ebenfalls ungenannte ‚Apostel' zur Überwachung des Kollektentransports entsenden, und dem Zweifel des Paulus, ob die Jerusalemer die Kollekte überhaupt akzeptieren würden. Vielleicht hat sich Paulus in der kritischen Situation, die in Röm 15,30-32 zum Ausdruck kommt, um die Unterstützung durch Gemeinden bemüht, die zwischen ihm und den Jerusalemern vermitteln könnten. Diese Gemeinden hätten dann mit der Entsendung zweier ‚Gemeindeapostel' reagiert, die die Kollektenübergabe beaufsichtigen sollten. Eine solche Vorstellung könnte das merkwürdig zwiespältige Verhältnis, das Paulus zu diesen beiden Personen (zumindest zur ersten) hat, erklären: Einerseits wird der συνέκδημος in den höchsten Tönen gelobt (οὗ ὁ ἔπαινος ἐν τῷ εὐαγγελίῳ διὰ πασῶν τῶν ἐκκλησιῶν, II Kor 8,18), andererseits bewahrt Paulus, wie Betz richtig gesehen hat, eine kritische Distanz, die sich unter anderem im Fehlen von Namen äußert.

Welche Gemeinden wären für eine solche Mittlerrolle in Frage gekommen? Die beiden Vertreter aus Kleinasien, die Lukas in Act 20,4 nennt, könnten darauf hinweisen, daß Ephesus diesen Part übernahm. Wir haben bereits (o.S.264 Anm.130) erwähnt, daß Philip Hughes sich für diese Möglichkeit ausgesprochen hat. Dagegen spricht freilich, daß diese Gemeinde viel zu sehr paulinisch geprägt war; außerdem war Paulus zum Zeitpunkt des 1. Wir-Berichts noch gar nicht in Ephesus gewesen. Man wird daher eine Alternative in Erwägung zu ziehen haben, die allerdings provozierend wirken muß: Gewiß wäre keine Gemeinde geeigneter gewesen, zwischen

---

[240] Sonst spricht Paulus entweder absolut von ἡ χάρις, ἡ λογεία, ἡ διακονία etc. (s. die Zusammenstellung der Ausdrücke bei D. Georgi, op. cit., S.58f in Anm.215a zu S.58) oder von ‚eurer' Gabe (I Kor 16,3), gelegentlich auch von dem „von uns besorgten Liebeswerk" (II Kor 8,19f); ἡ διακονία μου ἡ εἰς Ἰερουσαλήμ (Röm 15,31) aber ist einmalig bei Paulus und macht deutlich, wie wichtig ihm die Entgegennahme dieser Gabe durch die Jerusalemer ist. Bezeichnenderweise fehlt dieser Ausdruck in der Zusammenstellung bei Georgi.

Paulus und den Jerusalemern zu vermitteln, als die Gemeinde von Antiochien; ihr Vertreter Barnabas hatte auf dem Apostelkonzil dieselbe Verpflichtung wie Paulus auf sich genommen (Gal 2,10). Freilich: Wenn Paulus die Gemeinde von Antiochien um eine Mittlerrolle zwischen ihm und den Jerusalemern gebeten und diese mit der Entsendung zweier Gemeindeapostel reagiert hätte, dann käme dies einem paulinischen Gang nach Canossa gleich; war er doch in einem Streit von seiner Heimatgemeinde geschieden (Gal 2,11-14), in dem er „die Wahrheit des Evangeliums" (Gal 2,14) bedroht gesehen hatte. Wenn diese Lage der Dinge unverändert geblieben wäre, käme eine Annäherung natürlich nicht in Betracht. Aber vielleicht haben beide Seiten seit jenem Streit dazugelernt. Es ist doch immerhin auffällig, daß am Ende der paulinischen Wirksamkeit mit Markus (Phlm 24; vgl. Kol 4,10) wieder eine Person in den Mitarbeiterkreis des Apostels eintrat, die seinerzeit die erste, im Auftrag Antiochiens durchgeführte Missionsreise teilweise mitgemacht hatte und auch in die Trennung zwischen Paulus und Barnabas verwickelt war (Act 15,39); und auch Lukas, der von Paulus erstmals im Philemonbrief zusammen mit Markus genannt wird, soll schon nach dem ältesten Evangelienprolog aus Antiochien stammen. Falls dies ein Anzeichen dafür sein sollte, daß die Antiochener seit jenen Vorgängen ein bedingungsloses Ja zur gesetzesfreien Heidenmission gesprochen haben, dann halte ich es für durchaus denkbar, daß auch Paulus etwas mehr Konzilianz zu zeigen bereit war. Unter der genannten Voraussetzung dürfte ihm die Einheit der Kirche aus Heiden- und Judenchristen wichtiger gewesen sein als etwaige persönliche Eitelkeit.

  Wer als ‚Apostel der Gemeinden' und damit als Urheber des Kollektenberichtes in Frage kommt, muß Spekulation bleiben. Es ist allerdings bemerkenswert, daß in der alten Kirche zwei ‚antiochenische' Namen genannt werden: Origenes identifizierte den anonymen Bruder von II Kor 8,18 mit Lukas[241], Johannes Chrysostomus mit Barnabas oder Lukas.[242] Es ist natürlich verlockend, für die beiden Gemeindeapostel, die zusammen mit Titus

---

241 Diese Identifizierung übernahm Origenes aus der Tradition (*hom in Luc* I 6). Ihr dürfte die häufig belegte *subscriptio* des II Kor (z.B. K L) entsprechen, wonach der Brief durch Titus und Lukas aus Philippi zugestellt wurde (s.o.S.271 Anm.147).

242 Johannes Chrysostomus erwähnt in den *Homilien zum 2. Korintherbrief* (ca. 392 n.Chr.) zunächst, daß einige den anonymen Bruder mit Lukas, andere mit Barnabas identifizieren (*hom* XVIII [PG 61, Sp.523]), und spricht sich dann selbst für Barnabas aus (Sp.524); einige Jahre später (400 n.Chr.) plädierte er in seinen *Acta-Homilien* (*hom* I 1 = PG 60, Sp.15) freilich für Lukas (zur Datierung der Homilien vgl. L. Meyer, Saint Jean Chrysostome, 1933, S.XXXI und XXXVI). Aus ihrer *subscriptio* zu II Kor zu schließen dürften einige wenige Handschriften, darunter die Minuskel 205, die beiden Brüder mit Barnabas und Lukas identifiziert haben (vgl. NTG25 z.St.).

für die Kollekte verantwortlich waren (II Kor 8,16-24), die Namen Markus und Lukas einzutragen, Lukas insbesondere deshalb, weil er später ohne ersichtlichen Grund mit Titus in Verbindung gebracht wird (s.o.S.222f.228). Aber letztlich wissen wir es nicht; Lukas konnte auch den Bericht eines anderen benutzen und unverändert, nämlich in der 1. *pluralis*, übernehmen, wenn er auf den betreffenden Reisen in anderer Eigenschaft mit von der Partie war.

5. Der Romreisebericht Act 27f und seine mögliche Quelle

Wenden wir uns nun noch der letzten großen Reiseschilderung im lukanischen Werk zu, die wir bisher weitgehend außer acht gelassen haben. Der ausführliche und lebhaft schildernde Bericht von der Romreise des Paulus galt gerade der kritischen Forschung lange Zeit als eine in hohem Maße authentische Wiedergabe der tatsächlichen Ereignisse. Ferdinand Christian Baur, in dessen Augen der Autor *ad Theophilum* ein später Redaktor ist, sieht diesen „Vorarbeiten, Sammlungen, Relationen, Tagebücher, wie *namentlich über die letzte Reise des Apostels*, von der Hand des Lucas"[243] verwenden. „Die wahrscheinlich aus einem Reisebericht des Lucas genommene, obgleich da und dort noch eine andere Hand verrathende ausführliche Relation über diese Reise ist das am meisten Authentische, was die Apostelgeschichte über das Leben des Apostels gibt"[244].

Die Beurteilung der Quellenlage und der Glaubwürdigkeit des Reiseberichts hat sich in unserem Jahrhundert schlagartig geändert. Im Jahre 1914 trug der Alttestamentler Julius Wellhausen eine Quellentheorie zum Romreisebericht vor[245], die einen beispiellosen Siegeszug in der deutschen

---

[243] F.C. Baur, Paulus, der Apostel Jesu Christi I, ²1866, S.16 (Hervorh. v. m.).

[244] A.a.O., S.243; vgl. auch S.262: „Die Apostelgeschichte, welche gerade in dem Bericht der Reise des Apostels nach Rom am meisten einen urkundlichen Charakter an sich trägt ...".

[245] J. Wellhausen, Kritische Analyse der Apostelgeschichte, 1914. Wellhausens literarkritische Dekomposition war übrigens nicht ohne Vorbereitung; schon 1854 hatte E. Zeller zu bedenken gegeben: „die kleine Episode 27,21-26, die ohne Unterbrechung des Zusammenhangs fehlen könnte, sieht einem tendenzmässigen *vaticinium ex eventu* sehr ähnlich; ebenso V.34 die Worte, welche mit L. 21,18 in bedenklicher Verwandtschaft stehen" (Die Apostelgeschichte nach ihrem Inhalt und Ursprung kritisch untersucht, S.515). Vgl. auch o.S.200 Anm.1.

Actaforschung angetreten hat.[246] Sie geht von der Beobachtung aus, daß
Act 27,12 „unmittelbar an [V.] 8" anschließt und „[V.] 9-11 nicht voraus-
(setzt)"[247]. Diese Beobachtung, die zunächst noch gar nichts besagt, weitet
Wellhausen nun in interessanter Weise aus: „Die Leute wissen nichts von
Paulus und tun nicht das Gegenteil von dem was er rät: sie haben ebenfalls
die Absicht, die Reise zu unterbrechen, wollen das auch zunächst in Schön-
hafen tun, geben es indessen auf, um einen benachbarten Hafen aufzu-
suchen, der besser zum Überwintern taugt."[248] Daraus zieht Wellhausen die
Konsequenz: „Der Passus 9-11 *sprengt* also den Zusammenhang und
erscheint als Einschub; die Zeitbestimmung ἡ νηστεία kann ihn nicht
retten."[249] Die nächsten Schritte sind damit vorgezeichnet: V.9-11 steht „in
unlöslicher Beziehung zu 21-26; also sind auch diese Verse eingeschoben."
Und weiter: „Wenn aber diese Stellen (...) sekundär sind, so erhebt sich
dringender Verdacht auch gegen die beiden anderen, an denen Paulus eingreift", nämlich V.31.33-38 und V.43. „Am wenigsten schade ist es um
Vers 31, wo er (sc. Paulus) sich recht überflüssig vordrängt. Von Vers 33-
38 scheint der ersten Hand nur anzugehören: ‚als es nun eben Tag werden
wollte (33), leichterten sie das Schiff, indem sie das Getreide in die See
warfen (38); als es aber Tag geworden war, erkannten sie das Land nicht
u.s.w.'". Die Melite-Episode sei schon daran als Einschub zu erkennen, daß
„die nichtchristlichen W i r (Kap.27) ... ohne weiteres in die christlichen
über(gehen)"[250]. „Vielleicht war in der Vorlage gar nicht von Malta die
Rede, sondern von einem anonymen barbarischen Eiland (freilich auch im
Mittelmeere)."[251]

Die quellenkritische Konsequenz aus alledem muß lauten: „Vermutlich
hat hier also der Vf. der AG (ähnlich wie in 19,23 ss.) eine fertig vor-
gefundene Beschreibung einer stürmischen Überfahrt vom Osten nach Rom
von anderswo übernommen und auf Paulus zugepaßt. Sie stammt von einem

---

[246] G. Schille (Die Apostelgeschichte des Lukas, [3]1989, S.456f) hält an der Einheitlichkeit des Reiseberichts (jedenfalls für c.27) fest: Hier operiere der Schriftsteller Lukas
‚ungehindert' durch „Traditionszwang" (S.456). Im Ergebnis pflichtet ihm jetzt M. Oberweis (Ps. 23 als Interpretationsmodell für Act 27, NT 30, 1988, S.169-183) bei: Eine ab-
wegige gematrische Auslegung der Zahl 276 (Act 27,37; 276 = וטן = „sie haben gewei-
det" = προσελάβοντο τροφῆς, V.36) belegt ihm die Zugehörigkeit der Paulusszene
27,31ff zur Seefahrtschilderung (hier S.172f).

[247] J. Wellhausen, Kritische Analyse der Apostelgeschichte, 1914, S.53.

[248] A.a.O., S.53f.

[249] A.a.O., S.54 (Hervorh. v. m.).

[250] Ebd.

[251] A.a.O., S.55.

der Navigation bis ins Detail kundigen Mann, der alle nautischen Maß-
nahmen versteht und alle Kunstausdrücke kennt."²⁵² Damit ist es möglich,
alle (vermeintlichen) Fehler, Versehen oder anderweitig als störend emp-
fundenen Erzählzüge der Hand des Redaktors zuzuweisen.

Die Hypothese, der Autor *ad Theophilum* habe die Paulus-Partien in
einen fertigen Seereisebericht eingeschoben, hat sich in der deutschsprachigen Actaforschung fast unwidersprochen durchgesetzt. Leichte Differenzen in der genauen Abgrenzung der interpolierten Passagen in V.9-11 und
V.31-38 können das Bild der Einigkeit nicht trüben. Stärker sind die Unterschiede in der Beurteilung des literarischen Charakters und der Herkunft
der mutmaßlichen Quelle: Die Mehrheit der Ausleger geht mit Martin
Dibelius davon aus, daß die Vorlage des Lukas in einer profanen literarischen Schilderung zu sehen sei; sie habe mit der Reise des Paulus nichts zu
tun gehabt und sei erst von Lukas auf den Apostel zugeschnitten worden.²⁵³
Dibelius selbst ging von einer einheitlichen Vorlage für Act 27,1-28,16 aus.
In seinem Gefolge werden häufig auch zwei verschiedene Quellen für die
Reise nach Melite in c.27 und die Reise nach Rom in c.28 angenommen.²⁵⁴
Demgegenüber besteht Ernst Haenchen darauf, daß Lukas einen Erinnerungsbericht verwendet habe; er habe den „Erlebnisbericht eines Paulus-
gefährten ... bearbeitet und durch Einfügung des »Wir« als auf Augen-

---

252 A.a.O., S.54.

253 M. Dibelius, Aufsätze zur Apostelgeschichte, ⁵1968, S.14. 93 Anm.1. 95. 117f.
173f; G. Schneider, Die Apostelgeschichte II, 1982, S.382.

254 G. Schneider (op. cit. II, S.381f) läßt die Frage, ob die Vorlage für c.27 ihre
Fortsetzung in der Vorlage von c.28 („etwa die VV 1f.10 und 11.13.14b", S.382) fand,
offen. Tatsächlich muß man, wenn man die Pauluspassagen für interpoliert hält, einen
Zusammenhang zwischen den Quellen für die beiden Reiseabschnitte bestreiten bzw.
c.28 ganz auf das Konto des Redaktors schlagen: 28,1 („da erfuhren wir, daß die Insel
Melite heißt") setzt nämlich bei den Lesern das Wissen voraus, daß es sich bei dem
rettenden Ufer um eine *Insel* handelt. In der angeblichen Vorlage war aber nur von einer
χώρα (27,27) bzw. der γῆ (27,39.43.44) die Rede. Nur durch V.26, dem Schlußvers
der 2. Paulusszene, wissen die Leser, daß damit eine Insel gemeint ist. Ältere Exegeten
haben das Problem noch gesehen, konnten aber nur unbefriedigende Lösungen anbieten:
Wellhausen meinte, der Redaktor habe vielleicht 28,1 (in der hypothetischen Vorlage
habe etwa gestanden: ‚Wir erkannten, daß wir auf eine Insel stießen') mit Rücksicht auf
27,26 geändert (Kritische Analyse der Apostelgeschichte, 1914, S.55). Solche Erklärun-
gen sind immer mißlich; man begreift nicht, warum Lukas 27,26, wo er angeblich Eigenes in die Quelle einträgt, so formuliert, daß ihm der Wortlaut der Quelle in 28,1 Probleme bereitet. Vgl. auch A. Loisy, Les Actes des Apôtres, 1920, S.923: Entweder habe der
Redaktor 28,1 umformuliert, oder der Reisegefährte, der den Bericht schrieb, drückte zugleich die Beschaffenheit des Landes (‚Insel') und den Namen aus - eine sehr künstliche
Erklärung für ein selbstgeschaffenes Problem.

zeugen zurückgehend kenntlich gemacht"[255]. Bei dem Berichterstatter habe
es sich vielleicht um Aristarch gehandelt. Gelegentlich werden auch Misch-
formen propagiert. So spricht Gerd Lüdemann im Zusammenhang mit
27,1-28,10 von einer ,Lesefrucht' des Lukas: Die Reise nach Melite gehe
auf einen alten Bericht zurück, „der nichts mit Paulus zu tun hatte"[256]; die
Episode mit der Giftschlange sei vielleicht eine „spät entstandene Personal-
legende"[257]. „Traditionell dürfte" dagegen „die Reise von Malta nach Rom
sein. Vielleicht kommt Aristarchus als Berichterstatter in Frage"[258]. Was
den Verfasser der Apostelgeschichte dazu bewogen haben mag, seine Darstellung der paulinischen Romreise aus zwei so unterschiedlichen Vorlagen
zusammenzustückeln, ist offenbar eine Frage, die man sich nicht zu stellen
braucht.

5.1. Schiffbruch und Strandung bei Melite

Nun hat Heinz Warnecke[259] in jüngster Zeit einen herausfordernden
Versuch unternommen, dem historischen Aspekt der Reiseschilderung und
damit auch dem Quellenproblem eine neue Grundlage zu verschaffen:
Während man bisher meist davon ausging, das Schiff sei nach dem Unwetter südlich von Kreta zwei Wochen lang in Richtung Westen getrieben
und schließlich auf Malta gelandet, versuchte er nun nachzuweisen, daß das
nahe der Südküste Kretas in Seenot geratene Schiff weder in eine strikt
westliche Richtung abgedriftet sein kann noch innerhalb von 14 Tagen 1000
km zurücklegen konnte. Mit Μελίτη (so P[74], ℵ, B u.a.) bzw. Μελιτήνη
(B*, lat, sy[h], bo) könne demzufolge nicht Malta gemeint sein. Aus der
vermutlichen Driftgeschwindigkeit und -richtung folgert Warnecke nun,
daß es sich bei dem Strandungsort um die westgriechische Insel Kephallenia
handeln müsse.[260] Er macht eine Fülle von topographischen, meteorologischen und zoologischen Details geltend, durch die diese Identifizierung
zunächst bestechend wirkt. Für Einzelheiten muß ich hier auf sein Buch

---

[255] E. Haenchen, Das »Wir« in der Apostelgeschichte und das Itinerar, in: ders., Gott und Mensch. Gesammelte Aufsätze, 1965, S.260.

[256] G. Lüdemann, Das frühe Christentum nach den Traditionen der Apostelgeschich-te, 1987, S.267.

[257] A.a.O., S.272.

[258] A.a.O., S.274.

[259] H. Warnecke, Die tatsächliche Romfahrt des Apostels Paulus, 1987.

[260] Ihm folgt jetzt J. Becker, Paulus, 1989, S.504.

verweisen, das ausgesprochen spannend und provokativ geschrieben ist.[261] Für die Quellenkritik interessant wird Warneckes Arbeit an folgendem Punkt: Auffälligerweise spricht Lukas nämlich von einem dreimonatigen Aufenthalt auf Melite. Da man dort wohl im Oktober angekommen war, wäre der Aufbruch demzufolge im Januar erfolgt. Das ist eigentlich viel zu früh, da die Schiffahrt nach der Zeit des *mare clausum* im Normalfall erst im Mai, gegebenenfalls im März (Vegetius IV 39), frühestens jedoch im Februar (Plinius *n.h.* II 47) wiederaufgenommen wurde. Nun macht Warnecke darauf aufmerksam, daß um die Jahreswende für gewöhnlich eine kurze Schönwetterperiode, die sog. Alkyonischen Tage, im jonisch-sizilischen Meer zu beobachten sei. Diese konnte dazu ausreichen, nach Italien überzusetzen. Möglicherweise planten nun die Reisenden, zunächst in die nur 60 km nördlich von Kephallenia gelegene bedeutende römische Garnisonsstadt Nikopolis aufzubrechen. Das konnte noch vor Winterbeginn ins Werk gesetzt werden. In Nikopolis konnte man dann die nächsten beiden Wintermonate verbringen, dann auf der epirotischen Küstenstraße nach Aulon oder Dyrrhachium marschieren und die freundlichen Eisvogeltage zur Überfahrt nach Otranto oder Brundisium nutzen. So war es möglich, Rom noch im Januar zu erreichen. Ist diese Annahme richtig, so läßt sich

---

[261] In den Lutherischen Monatsheften (Jg.28, 1989, H.3, S.98-100) hat J. Wehnert dieses Buch besprochen und sein Gesamturteil in der vernichtenden Überschrift: *Vom neuesten Schiffbruch des Paulus. Wie „Die Zeit" auf ein haarsträubendes Buch hereinfiel* zum Ausdruck gebracht (vgl. nun auch Wehnerts umfangreiche Kritik: Gestrandet, ZThK 87, 1990, S.67-89). M.E. ist Wehnert sowohl in seinen sachlichen Kritikpunkten als auch in der Ablehnung der propagandistischen Art und Weise, wie dieses (mißlungene) Buch in Szene gesetzt wurde, völlig im Recht. Dennoch kann ich seinem Urteil so nicht ganz zustimmen: In meinen Augen ist Warneckes Versuch, die Schilderung der Romreise des Paulus als historisches Dokument zu würdigen, im Prinzip ein wohltuendes Korrektiv gegenüber den immer selbstgefälliger werdenden Auslegungen einiger neuerer Kommentatoren, die - unter Verweis auf den ‚literarischen Charakter' von Act 27f - historische Fragen zunehmend tabuisieren (und tabuisieren müssen), weil ihre Kenntnis der antiken Wirklichkeit für eine kritische Prüfung der Erzählung gar nicht mehr ausreicht. Daß Warneckes Versuch mißlungen ist (und angesichts seiner philologischen, exegetischen und auch argumentativen Defizite mißlingen mußte), kann nicht bezweifelt werden. Allerdings würde ich das nicht vorrangig dem Autor anlasten, der als Autodidakt und ‚Quereinsteiger' nicht über das entsprechende wissenschaftliche Handwerkszeug verfügt und, um nur ein Beispiel zu nennen, Quellen vorzugsweise aus der Sekundärliteratur zitiert. Der eigentliche Skandal ist m.E. darin zu sehen, daß diese Arbeit von einem neutestamentlichen Lehrstuhlinhaber begleitet, gefördert und im Vorwort gepriesen wurde, ohne daß sich diese Betreuung auf einen sachgemäßen und verantwortungsvollen Umgang mit antiken Texten ausgewirkt hätte. Freilich: Dieser Neutestamentler brachte es auch fertig, im Register der Druckfassung seiner Habilitationsschrift unter dem Namen Plinius in schöner alphabetischer Ordnung die beiden Werke *Epistulae* und *Naturalis Historia* aufzuführen (A. Suhl, Paulus und seine Briefe, 1975, S.379).

der lukanische Bericht vielleicht mit der Nikopolis-Tradition des Titusbriefes in Verbindung bringen. ‚Paulus' schreibt dort bekanntlich, er wolle
Artemas oder Tychikus nach Kreta schicken; wenn sie dort angekommen
sind, solle Titus schleunigst zu Paulus nach Nikopolis kommen, „denn ich
habe beschlossen, dort den Winter zu verbringen." (3,12) Sollte diese
Angabe ihren historischen Haftpunkt in der Situation von Act 28,1ff haben,
so wäre die Person des Paulus aus dem Romreisebericht nicht zu entfernen.

So schlüssig Warneckes Kephallenia-Theorie auf den ersten Blick wirken mag, so wenig läßt sie sich jedoch bei genauerem Hinsehen aufrechterhalten. Problematisch ist schon seine Begründung für eine nordwestliche
Abdrift: Nach seiner Auffassung soll es sich bei dem Sturm um eine ost-
wärts wandernde Zyklone (ἄνεμος τυφωνικός, Act 27,14) gehandelt haben, bei deren Durchzug die Winde sich von Nordost (εὐρακύλων, V.14)
über Ost und Süd nach West gedreht hätten. Da die Oberflächenströmung,
die die Richtung des manövrierunfähigen Schiffes bestimmte, von den
herrschenden Winden abhängig ist, ergebe sich somit eine nordwestliche
Abdrift. Die Richtigkeit dieser meteorologischen Analyse zu beurteilen bin
ich nicht kompetent. Wenn Warnecke jedoch von der Voraussetzung ausgeht, der Eurakylon solle (im Sinne seiner Theorie) „keine statische Wind-
richtung ausdrücken (sonst hätte man wohl einen nichtzusammengesetzten
Windnamen gewählt), sondern einen dynamischen, sich von Nordost auf
Ost drehenden Wind"[262] bezeichnen, so trifft das jedenfalls nicht zu: *Euroaquilo* ist auf einer in Nordafrika gefundenen Windrose als Name für den
Wind 30º nördlich von Ost belegt.[263] Zudem ist zumindest für den Beginn
der Irrfahrt ein südlicherer Kurs anzunehmen, als Warnecke es in seiner
Skizze darstellt: Der Sturm trieb das Schiff *südlich* an Kauda vorbei, nicht
nördlich.[264] Wenn die Seeleute befürchteten, in die Große Syrte abgetrieben zu werden (V.17), so war man jedenfalls bis zu diesem Zeitpunkt auf
einem südwestlichen Kurs. Schwierig ist ferner die Identifizierung der
Strandungsstelle auf Kephallenia. Warnecke möchte unter dem κόλπος
(Act 27,39), den die Seeleute am Morgen der Rettung erblickten, den ca. 17
km langen Livadi-Golf verstehen, der das westliche Paliki von der östlichen
Inselhälfte trennt. Wenn man den Ort nicht erkennt (V.39), muß man den

---

262 A.a.O., S.39.

263 CIL VIII Suppl.4 Nr.26652. Darauf hat C.J. Hemer aufmerksam gemacht
(Euroaquilo and Melita, JThS NS 26, 1975, S.103f).

264 Vgl. seine Skizze a.a.O., S.140. Ὑποδραμεῖν Καῦδα (Act 27,16) heißt: ‚Im
Windschatten Kaudas fahren'. Bei einem Nordostwind bedeutet das, daß die Insel südlich passiert wurde.

Golf freilich für eine Meeresstraße (πορθμός) halten, die zwei Inseln trennt. Die Formulierung des Lukas: „Sie erkannten das Land nicht, nahmen aber eine Art Meeresbusen wahr" (V.39) spricht gegen eine Örtlichkeit wie den Livadi-Golf. Widersprüchlich ist die Identifizierung des τόπος διθάλασσος bei Warnecke. Zurecht weist er die Interpretation dieses schwierigen Ausdrucks als ‚Untiefe' oder ‚Sandbank' ab und versteht darunter die schmale Landzunge von Argostoli, auf die das Schiff auflief (S.89f). Wenn das richtig ist, dann ist nicht einzusehen, weshalb sich die Reisenden schwimmend in Sicherheit bringen (Act 27,43f). Deshalb muß Warnecke nun doch eine Untiefe ins Spiel bringen, die 20 bis 50 m vom Strand entfernt sei (S.95f). Das Hauptproblem scheint mir freilich der Act 28,1 genannte Namen der Insel zu sein: Warnecke rechtfertigt die Identifizierung von Κεφαλληνία mit Μελίτη dadurch, daß er die Insel Melite der Argonautensage mit Kephallenia ineinssetzt. Zwar räumt er selbst ein, daß Apollonios Rhodios sein Melite mit dem dalmatischen Mljet gleichgesetzt habe, doch soll die Argonautensage ursprünglich im westgriechischen Inselraum beheimatet gewesen sein, und Melite habe dort Kephallenia bezeichnet. Das ist viel zu spekulativ: Nirgends erscheint die Bezeichnung Melite für (das heutige) Kephallenia oder einen der - in der Antike selbständigen - vier Teile der Insel (Pale, Krane, Same, Pronnoi), weder in der Literatur (Homer, Herodot, Thukydides, Polybius; Scholien zu Homer, Thukydides und Apollonios Rhodios) noch in Inschriften noch auf Münzen. Übrigens ist auch der Hinweis auf die ‚Eisvogeltage' verfehlt. Wenn man im Januar noch nach Italien wollte, so hätte man vielleicht die relativ kurze Überfahrt von Aulon nach Otranto gewagt, aber gewiß nicht eine Reise von Nikopolis über Syrakus und Rhegium nach Puteoli. Tatsächlich hatte diese Schönwetterperiode allenfalls Bedeutung für die Küstenschiffahrt. „Geringen Wert (sc. für die Seefahrt) hatte die Beobachtung der Halkyonischen Tage um die Wintersonnenwende, wo die Winde ruhen sollten (...), zumal sie auf abergläubischem Grunde ruhte"[265]. Die „drei Monate", die man auf Melite verbrachte (Act 28,11), bezeichnen die ganz reguläre Winterpause.[266] Und noch an einem weiteren Punkt erfüllt die Kephallenia-Hypothese

---

[265] W. Kroll, Art. Schiffahrt, PRE 2.R. II/1, 1921, Sp.409.

[266] In der Definition des *mare clausum* standen 2 Konzepte nebeneinander: Ein engeres, demzufolge die Schiffahrt nur vom 27.5.-14.9. sicher war, und ein weiteres, nach dem das Mittelmeer vom 11.11.-10.3. für die Schiffahrt geschlossen war (J. Rougé, La marine dans l'Antiquité, 1975, S.23). Nur im Ausnahmefall war auch winterliche Schiffahrt möglich (s.u.S.331 Anm.302). Wann das alexandrinische Schiff aus Kreta aufbrach, wissen wir nicht; Lukas schreibt lediglich, daß die Fastentage vorüber waren. Rechnet man die zwei Wochen auf dem Meer (Act 27,27) und die

die durch den Text vorgegebenen Bedingungen nicht: Die Kephallenen
konnten ganz gewiß nicht als Barbaren (Act 28,2) bezeichnet werden. Pseudo-Skylax (4. Jh. v.Chr.) und Strabo (1. Jh. n.Chr.) sagen übereinstimmend, daß mit dem ambrakischen Golf Griechenland beginne. Nach den
barbarischen Epiroten, die nordwestlich des Golfes beheimatet waren, sind
die Akarnanen, die auch auf Kephallenia siedelten, der erste griechische
Volksstamm, auch wenn sie als rückständig galten.[267]

Ist die Identifizierung des lukanischen Melite mit Kephallenia auch
unhaltbar, so bedeutet Warneckes Arbeit doch einen gewissen Schlag gegen
die Malta-Theorie. Daß die Seeleute Malta hätten erkennen müssen (vgl.
dagegen Act 27,39), daß es auf dieser Insel auch in der fraglichen Jahreszeit
kaum regnet und dort die wärmsten klimatischen Bedingungen des Mittelmeeres herrschen (vgl. dagegen Act 28,2)[268], sind sicher noch keine schla-
genden Beweise gegen diese Gleichsetzung. Schwerer wiegen da schon einige andere Einwände: Während die Schlangenbiß-Episode die Existenz von
Giftschlangen auf Melite voraussetzt, gibt es zumindest heute - aber das
kann sich seitdem geändert haben - nur drei, und zwar sämtlich ungiftige
Schlangenarten auf Malta.[269] Zumindest fraglich ist, ob die Malteser als
Barbaren bezeichnet werden konnten (vgl. Act 28,2); Malta war seit 218
v.Chr. römisch und wurde später der Provinz Sizilien angegliedert.[270]
Schließlich bereitet das Überwintern des alexandrinischen Schiffes (Act
28,11), mit dem die Reisenden im Frühjahr von Melite nach Syrakus auf
Sizilien fahren, wo offenbar die Ladung gelöscht wird (vgl. den dreitägigen
Aufenthalt, 28,12), Schwierigkeiten; von Malta nach Syrakus war es lediglich eine Tagesreise, eine Strecke, die das Schiff auch im Spätherbst noch -
wir wissen freilich nicht, wann es auf Melite angekommen war - hätte
zurücklegen können.[271] Zugunsten der Identifizierung des lukanischen
Melite mit der Insel Malta wird gerne angeführt, daß Act 28,7 den πρῶτος
τῆς νήσου nennt, dieser Titel aber als die offizielle Bezeichnung für den

---

(gerundeten) drei Monate auf der Insel (Act 28,11) zusammen, so ergibt sich die normale
Zeit der Winterpause von Mitte November bis Anfang März.

[267] PsSkyl. *peripl* § 33 = GGM I S.35; Strabo VII 7,1.6 (s.o.S.253 Anm.101).

[268] Vgl. H. Warnecke, Die tatsächliche Romfahrt des Apostels Paulus, 1987, S.98.
100.102.

[269] A.a.O., S.108f.

[270] Der Sikeliote Diodor (ca. 40/20 v.Chr.), der Malta als eine ursprünglich phönizische Kolonie erwähnt (V 12,3), bezeichnete die Phönizier als Barbaren (V 16,3); aber
das bedeutet noch nicht, daß er die Malteser für barbarisch hielt.

[271] A.a.O., S.104f.

Gouverneur Maltas bezeugt sei. Das ist freilich nicht ganz richtig: Bezeugt ist ein πρῶτος Μελιταίων (IG XIV 601; vgl. CIL X/2 Nr.7495), also ein »Erster *der Malteser*«, nicht aber ein »Erster *Maltas*«. Πρῶτος in Verbindung mit einem Gebietsnamen kann eine bloße Ehrenbezeichnung sein.[272] Nach Warneckes Ausführungen scheint es mir in der Tat zweifelhaft zu sein, ob die gängige Gleichsetzung von Melite mit Malta aufrechterhalten werden kann. Der Name allein ist nicht hinreichend; ist doch „*melit* ... ein häufiger griechischer Namensstamm, vorzugsweise in Inselnamen"[273]. Aufgrund der - zumeist fehlinterpretierten - lukanischen Erzählung läßt sich folgendes Phantombild entwerfen:

„Als es Tag wurde, erkannten sie das Land (τὴν γῆν) nicht[274], bemerkten aber eine Art Meerbusen (κόλπον τινά) mit einem Flachstrand, auf den sie das Schiff treiben lassen wollten." (Act 27,39) Das Land, auf das sich die Reisenden später schwimmend retten (27,44), ist die Insel Melite (28,1). Κόλπος bezeichnet normalerweise nicht eine Bucht, sondern ist bei den Geographen stereotyp für einen Golf.[275] Wenn die Örtlichkeit hier, die offenbar eine Bucht sein muß, „*eine Art* κόλπος" genannt wird, so deutet der uneigentliche Sprachgebrauch darauf hin, daß die *Form* der Bucht beschrieben werden soll: Laut Hesych (s.v.) ist κόλπος „ein am Meer gelegener hohler Ort" (κοῖλος τόπος παραθαλάσσιος), also eine annähernd runde Bucht. Sowohl ἡ γῆ als auch κόλπος sind betont voran- und dadurch einander gegenübergestellt. Muß man annehmen, daß die Bucht nicht zu Melite, sondern zum Festland oder zu einer zweiten Insel gehört, daß folglich Melite in der Nähe des Festlandes oder einer anderen Insel lag?

---

272 Vgl. SEG 34, 1984, Nr.678 col.III Z.7f: Nach Auffassung des Kommentators ist ὁ πρῶτος τῆς ἐπαρχείας ein "purely honorific title" (S.186). Dieselbe Bezeichnung erscheint in einer mazedonischen Inschrift aus dem 2./3.Jh. n.Chr. (AE 1985 Nr.772).

273 Fluss, Art. Melitussa, PRE 1.R. XV/1, 1931, Sp.554; die früher gelegentlich erwogene Identifizierung Melites mit der jugoslawischen Insel Mljet (Ptolemaios *geogr* II 16,14) scheitert u.a. daran, daß sie zu weit von Kreta entfernt ist. Melite ist ferner belegt als früherer Name der Insel Samothrake (Strabo X 3,19).

274 E. Haenchen behauptet, die Seeleute hätten das Land nicht erkannt, „weil die gewöhnliche Reiseroute nicht an Malta vorbeiführte" (Die Apostelgeschichte, [7]1977, S.677); dementsprechend meint auch R. Pesch, daß „die übliche Route Malta auch nicht berührte" (Die Apostelgeschichte II, 1986, S.293). Tatsache ist, daß Kyrene die einzige sicher bezeugte Station auf dem Wege von Alexandria nach Sizilien ist (PMich 490); ansonsten wissen wir einfach nichts. Übrigens folgert der Althistoriker Lionel Casson aus Act 28,11, daß die nördliche Route Alexandria-Rom üblicherweise über Malta führte (The Isis and her Voyage, TPAPA 81, 1950, S.43-51).

275 Ptolemaios (*geogr* III 16,1-12) nennt z.B. die folgenden 5 Golfs der Peloponnes: den korinthischen, den messenischen, den lakonischen, den argolischen (G. v. Nauplion) und den sarynischen κόλπος (G. v. Aegina).

Oder hatte Melite selbst eine annähernd kreisrunde Bucht, die allein einen Flachstrand aufzuweisen hatte? Nachdem man die Ankertaue gekappt, die Riemen der Steuerruder gelöst und das Vorsegel gesetzt hatte, hielten die Seeleute auf den Flachstrand, also auf die Bucht, zu (V.40). „Als sie auf einen τόπος διθάλασσος gerieten (περιπεσόντες[276]), brachten sie das Schiff zur Strandung" (V.41); der Bug rammte sich fest und blieb stecken, das Heck aber zerbrach.[277] Die einen retteten sich schwimmend, die anderen trieben auf Wrackteilen an Land (ἐπὶ τὴν γῆν). Das eigentliche Problem ist der Ausdruck τόπος διθάλασσος. Διθάλασσος meint weder eine Sandbank[278] (θῖνες) noch eine Untiefe[279] (βράχεα), noch viel weniger einen Sund oder Meereskanal[280] (πορθμός), sondern einen Landstrich zwischen zwei Gewässern.[281] Vielleicht ist τόπος διθάλασσος hier das,

---

[276] Περιπίπτω ist nicht unproblematisch. Vom Schiff ausgesagt würde es ,Schlagseite haben' bedeuten (Plut. *Anton* 67,4 mit πλάγιος; vgl. auch PsLuk. *asin* 29). Auf Menschen bezogen wird es normalerweise mit dem Dativ konstruiert; Hdt. VII 188,3 mit περί + Akk. meint es ,an einem Ort stranden'. Mit der lukanischen Formulierung ist der Gebrauch von προσπίπτω bei Polyb I 39,2f zu vergleichen: Als Gnaeus Servilius und Gaius Sempronius 253 v.Chr. zur Lotosinsel Meninx (das heutige Djerba) in der Kleinen Syrte kamen, gerieten sie dort in eine Untiefe (προσπεσόντες εἴς τινα βράχεα).

[277] Seit der ersten Umarbeitung seines Acta-Kommentars hält sich bis in dessen letzte Auflage beharrlich ein bemerkenswerter Fehler Ernst Haenchens: V.41 übersetzt er richtig: „das Vorderteil rammte sich ein und blieb unbeweglich sitzen, das Hinterdeck aber zerbrach" (Die Apostelgeschichte, [3]1959, S.622 = [7]1977, S.665); im Kommentar z.St. schreibt er dann: „das *Vorderteil* aber zerbricht" ([3]1959, S.633 = [7]1977, S.677, Hervorh. v. m.; vgl. dagegen [1]1956, S.638: „das *Hinterteil* des Schiffes aber zerbrach", Hervorh. v. m.). J. Roloff übernimmt diesen Fehler unbesehen: Nach seiner Übersetzung zerbricht das Heck (Die Apostelgeschichte, [2]1988, S.357), im Kommentar z.St. schreibt er dann, daß das „*Vorderteil* ... zerbricht" (S.364; Hervorh. v. m.). Wenn Roloff, dessen literarische Vorlage bekannt ist, Lukas für den sachlich inkompetenten Redaktor einer ihm vorliegenden Quelle hält, so kann ich nur in leichter Abwandlung mit dem Äthiopier bei Lukas (Act 8,34b) fragen: ,Ich bitte dich, über wen sagt der Exeget das, über sich oder über einen anderen?'

[278] So W. Bauer, Griechisch-deutsches Wörterbuch zu den Schriften des Neuen Testaments und der frühchristlichen Literatur, [6]1988 (hg.v. K. und B. Aland), Sp.392; J. Roloff, Die Apostelgeschichte, [2]1988, S.357; R. Pesch, Die Apostelgeschichte II, 1986, S.293.

[279] E. Haenchen, Die Apostelgeschichte, [7]1977, S.677.

[280] H. Balmer, Die Romfahrt des Apostels Paulus und die Seefahrtskunde im römischen Kaiserzeitalter, 1905, S.413-416.

[281] Im lateinischen ist *bimaris* 4 Mal Bezeichnung für den Isthmus von Korinth bzw. für die Stadt selbst (Horaz *carm* I 7,2; Ovid *met* V 407; VI 405.419f), einmal für die (Atlantik und Mittelmeer trennenden) Pyrenäen (Ausonius *ep* XXVII 69). Die Bedeutung ,Isthmus' hat διθάλαττος bei Strabo I 1,8 (es sei unwahrscheinlich, daß der Atlantik, durch Isthmoi geschieden, ,zweimeerig' sei), in der uneigentlichen Redeweise II 5,22

was Dio Chrysostomus als ταvίαι μακραί bezeichnete und für die Syrte als typisch empfand.[282] Auf dem Weg zur Bucht gerieten die Seeleute also auf einen schmalen Streifen Land, den sie zuvor (V.39) offenbar nicht gesehen hatten und auf den sie das Schiff nun absichtlich auflaufen lassen. Von dort retten sie sich schwimmend auf die *Insel* (ἐπὶ τὴν γῆν, V.43.44), nicht an den Sandstrand in der Bucht (dann müßte ἐπὶ τὸν αἰγιαλόν stehen). Sollte unsere Interpretation so weit richtig sein, so hätten wir es hier mit insgesamt drei Begriffen zu tun, die festes Land bezeichnen: die Insel (ἡ γῆ, 27,39.43.44), eine kreisförmige Bucht mit Flachstrand (V.39.40) und eine langgedehnte Landzunge (V.41). Man steuert auf die Bucht zu (αἰγιαλός, V.40; vgl. V.39); bevor man sie jedoch erreicht, strandet man an einer Landzunge und schwimmt von dort ans Ufer der Insel (ἐπὶ τὴν γῆν). Ich kann mir das nur entweder so vorstellen, daß die Bucht zum Festland gehört und durch eine lange, schmale Landzunge weitgehend vom Meer getrennt ist; unmittelbar am Eingang der Bucht müßte sich dann eine Insel befinden, zu der die Gestrandeten schwimmen. Oder die Landzunge gehört zur Insel, in deren Nähe eine zweite Insel mit einem Flachstrand ist.

(das euxinische Meer sei ‚in gewisser Weise zweimeerig', insofern die Südspitze der Krim und das nördliche Vorgebirge Paphlagoniens den Zwischenraum eng machen und so gleichsam zwei große Meere bilden) ist sie vorausgesetzt (vgl. auch Dionys Periegetes 156 [= GGM II S.111]: Πόντος ... διθάλασσος; zum ‚zweimeerigen Pontus' vgl. ferner *Geographiae expositio compendiaria* 51 [= GGM II S.509]); *Paraphrasis* 156 [= GGM II S.411]). In den *Or Sib* V 334 (GCS 8, S.120) ist von einem τεῖχος διθάλασσον die Rede, nämlich der von Miltiades errichteten, ca. 6 km langen Mauer am Hals der thrakischen Chersonesos, die vom Hellespont zum Golf von Saros reichte. Zur Annahme einer weiteren Bedeutung hat eine Passage bei Dio Chrysostomus (V 9f) Anlaß gegeben: In der Syrte erschweren βράχεα (Untiefen) und διθάλαττα und große ταινίαι (Landzungen) das Segeln. Durch den lockeren Meeresgrund komme es zu großen θῖνες (Sandbänken) und χώματα τῆς ψάμμου (Sandaufschüttungen). Liddell/Scott (A Greek-English Lexicon, ⁹1968, s.v.) übersetzen διθάλαττα hier mit "meetings of currents". Nicht zu erkennen ist die Bedeutung von τόποι διθάλασσοι bei PsClem. (*epClem* § 14,4 = GCS 42² S.17), wo in einem breit ausgeführten Vergleich zwischen Schiffahrt und der Kirche διθάλασσοι δὲ καὶ θηριώδεις τόποι den Unbesonnenen und Zweiflern an der Verkündigung der Wahrheit gegenübergestellt werden. Καὶ θηριώδεις (‚fischreich'), das die lateinische Übersetzung Rufins wegläßt, gibt keinen Sinn; vielleicht ist θινώδεις (‚sandig') zu lesen. Als weitere Gefahren werden übrigens Gegenwinde, Brandung, ablandige Winde, Vorgebirge und Klippen genannt.

282 Strabo berichtet, die Karthager hätten zwischen Leptis und dem Kap Kephalae, etwa auf halber Strecke zwischen den beiden Syrten in der Nähe des heutigen Misurata in Libyen, eine Art Zwischenmauer (διατείχισμά τι, XVII 3,18) gebaut, um einige Abgründe zu überbrücken, die bis ins Landesinnere reichten. Ob ein solches διατείχισμα auch τόπος διθάλασσος genannt werden konnte? Übrigens besteht nach Strabo das Problem der Syrten in ihren Untiefen; die Segler können bei dem Wechsel von Ebbe und Flut dort steckenbleiben (ἐμπίπτειν εἰς τὰ βράχη καὶ καθίζειν, XVII 3,20).

Es stellt sich nun die Frage, wo die Insel Melite ungefähr zu suchen sei. Wenn sie in der Nähe des Festlandes liegt, so könnte das m.E. für eine der beiden Syrten sprechen. Diese waren, wie wir bei Dio Chrysostomus gesehen haben, bekannt für ihre langgestreckten schmalen Landzungen, die dem eigentlichen Festland vorgelagert waren. Problematisch wäre in diesem Fall - wie übrigens auch im Falle der Malta-Theorie - der Name ‚Adria' (Act 27,27). Ursprünglich bezeichnete man damit den innersten Golf der heutigen Adria, später diese selbst, bei Pseudo-Skylax wird der Begriff auf das Ionische Meer ausgedehnt. Bei Ptolemaios bildet die Linie Sizilien-Kreta die Südgrenze der Adria, südlich von Sizilien beginnt das afrikanische (*geogr* III 4,1), südlich von Kreta das libysche Meer (III 17,1). Wäre der Begriff Adria in dieser Definition gebraucht, so schlösse seine Verwendung nicht nur eine der beiden Syrten als möglichen Ort für die Insel Melite, sondern auch Malta aus, das im afrikanischen Meer lag. Freilich beginnt die Irrfahrt mit einer Abdrift südlich von K(l)auda in Richtung Syrte (27,16f), so daß schon hier der Bereich der Adria im obigen Sinne verlassen war. Darüber hinaus fährt man nach der Überwinterung auf Melite mit einem alexandrinischen Schiff nach Rom weiter (28,11). Die normale Route Alexandria-Rom führte aber entlang der afrikanischen Küste, so daß auch diese Tatsache gegen eine Verwendung des landläufigen Adria-Begriffs spricht. Nun wissen wir, daß jedenfalls im 5. nachchristlichen Jahrhundert ‚Adria' in ganz anderem Sinne gebraucht werden konnte: Paulus Orosius läßt im Süden Kretas das *mare Libycum* beginnen, *quod et Hadriaticum vocant*, und nennt im Norden von Tripolis das *mare Siculum vel potius Hadriaticum*.[283] Die Adria wäre demnach *südlich* der Linie Sizilien-Kreta angesetzt. Das sind freilich recht späte Belege. Es gibt allerdings eine Passage in größter zeitlicher Nähe zu Lukas, die einen derartigen Adria-Begriff schon für das 1. Jahrhundert vorauszusetzen scheint: der vielzitierte Schiffbruch des Josephus, den er zu Beginn seiner *Vita* erwähnt. Auf dem Weg von Judäa nach Rom - vermutlich fuhr man zunächst nach Alexandria und nahm von dort eines der Getreideschiffe - erlitt das Schiff des Josephus Schiffbruch „mitten in der Adria" (*vit* 3,15). Eine ganze Nacht lang versuchten die Reisenden, sich schwimmend über Wasser zu halten, bevor ein Schiff am nächsten Morgen 80 der 600 Passagiere retten konnte. Hier kann nur

---

[283] *Historiae adversus Paganos* I, F 50 und 44 = GLM S.68.67 (vgl. dazu den Scholiasten zu Dionys Periegetes, der zu Dionys 83 bemerkt: ... τὴν Σικελικὴν θάλασσαν, ἣν καλοῦσι νῦν Ἀδριατικὸν πέλαγος, GGM II S.435). In F 52 plaziert Orosius das *mare Hadriaticum* östlich von Sizilien (GLM S.69). Nach Julius Honorius mündet der Nil teilweise in das *Adriaticum mare* und teilweise in das Karpathische Meer (*Cosmographia*, rec. B, F 45 = GLM S.51).

das libysche oder afrikanische Meer gemeint sein: Denn abgesehen von der normalen Romroute handelt es sich bei dem rettenden Schiff um ein *kyrenisches*, so daß sich der Schiffbruch westlich von Cyrene[284] in sicherem Abstand zu den gefährlichen Syrten ereignet haben muß.[285] Dieser Sinn von ‚Adria' dürfte meiner Ansicht nach auch in Act 27,27 vorliegen. Eine Strandung an einer Insel im ‚afrikanischen Meer' verträgt sich besser mit der lukanischen Erzählung als die Annahme, das Schiff sei nördlich der Linie Sizilien-Kreta im Meer getrieben: Die von Lukas genannte Driftrichtung (SW oder WSW) - eine Änderung der Richtung erwähnt er jedenfalls nicht - läßt die Seeleute befürchten, daß man in die Große Syrte geraten könnte (27,17); auf der Insel überwintert ein alexandrinisches Schiff, das nach Italien fährt (28,11); und die Verbindung von barbarischen Inselbewohnern (28,2) und römischem Gutsbesitzer (28,7) würde gut z.B. zu *Africa proconsularis* passen. Eine genaue Identifizierung ist m.E. kaum möglich; die größte Schwierigkeit besteht darin, daß der Name der Insel von den gastlichen ‚Barbaren'[286], also von der heimischen Bevölkerung, als Melite[287] angegeben wird, die Römer möglicherweise aber eine andere Bezeichnung für sie hatten.[288]

---

284 Cyrene wird als Zwischenstation eines Annonenschiffes aus Alexandria genannt in PMich 490 (2. Jh. n.Chr.); vgl. L. Casson, Ships and Seamanship in the Ancient World, 1971, S.297 Anm.4.

285 ‚Adria' wäre bei Josephus allenfalls dann im sonst belegten Sinne verwendet, wenn sich der Schiffbruch genau östlich von Sizilien ereignet hätte. Das wird durch die Formulierung κατὰ μέσον τὸν ᾿Αδρίαν jedoch ausgeschlossen.

286 Der Begriff φιλανθρωπία bezeichnet in Act 28,2 keine allgemeine Menschenfreundlichkeit, sondern speziell die Gastlichkeit der Barbaren. Wie man sich ggf. die φιλανθρωπία τῶν βαρβάρων sichern kann, beschreibt der *Periplus Maris Erythraei*: In bestimmten Gegenden des Erythräischen Meeres empfiehlt es sich, Wein und Getreide mitzubringen (§ 17).

287 Der Name Melite - K. Müller will ihn von der hellen Farbe des Gestades herleiten (GGM I S.5 in seinem Kommentar zu Hanno *peripl* § 5, wo Müller Melite statt Melitta lesen möchte) - könnte, wie im Falle Maltas und der nordafrikanischen Küstenstadt Melitta, auf eine ursprünglich phönizische Besiedlung hinweisen.

288 Kieperts Handatlas von 1860 gibt der kleineren der beiden Hauptinseln der Kerkennah-Gruppe (östlich von Sfax vor der Ostküste Tunesiens) den Zweitnamen ‚Melita'; heute gibt es dort eine Stadt Melita. Die Insel ist von der größeren Nachbarinsel durch einen schmalen Sund getrennt, den einst eine römische Straße überbrückte (Plin. *n.h.* V 41: *Cercinitis ponte iungitur* mit Cercina; Agathemeros *geogr inf* § 21 = GGM II S.483 spricht von einer γέφυρα). Im NW der größeren Insel befindet sich eine große halbkreisförmige Bucht, deren längliche Mündung ebenfalls durch eine aufgeschüttete Römerstraße überbrückt wurde. Diodor hebt an Kerkina hervor, daß diese Insel „äußerst brauchbare Häfen ... auch für große Schiffe" habe (V 12,4). Wie Malta und Gozzo verfügt sie über „Häfen, die den von Unwetter betroffenen Schiffen Sicherheit gewähren können"

Wo auch immer Melite liegt, jedenfalls läßt sich eine Verbindung mit der Nikopolis-Notiz des Titusbriefes nicht nachweisen.

5.2. Der Aufbruch von Kaloi Limenes

Läßt sich die Verankerung des Paulus im Romreisebericht auf diese Weise also nicht erweisen, so kann man m.E. dennoch schlüssig zeigen, daß die literarkritische Eliminierung der Person des Paulus unhaltbar ist und wir es folglich mit einem Augenzeugenbericht zu tun haben. Dreh- und Angelpunkt der Exegeten, die hinter Act 27 eine Erzählung ohne Bezug auf den Apostel vermuten, ist die erste Paulusszene in V.9-11. „Daß die in 27,9-11 geschilderte Szene völlig irreal ist, hat man längst erkannt. Der wegen *seditio* (στάσις) gefangene Paulus konnte unmöglich als christlicher Prophet - denn er spricht nicht auf Grund seiner Reiseerfahrungen! - mit dem Reeder und dem Kapitän als Autorität über Dableiben oder Weiterfahren diskutieren ... Einen solchen Beschluß konnte nur das kleine Gremium der wirklich Sachverständigen fassen ... Diese Erkenntnis, daß V.9-11 offensichtlich vom Autor eingeschoben sind, um Paulus zu verherrlichen, ist besonders wichtig und folgenreich."[289] Folgenreich in der Tat: Denn allein auf diese fragwürdige Beurteilung der Ereignisse in Kaloi Limenes stützt sich die These von dem Redaktor, der einen ihm vorliegenden Reisebericht umstrittener Provenienz um die Person des Paulus bereichert habe. Als ‚irreal', ich kann es nicht zurückhaltender sagen, läßt sich die Szene nur bezeichnen, wenn man selbst von der Realität antiker Schiffahrt nicht die leiseste Ahnung hat. Das soll im folgenden gezeigt werden; zuvor fasse ich noch einmal die Kritikpunkte, die sich gegen die lukanische Darstellung in V.9-11 richten, zusammen:

(1) Daß Paulus das Wort ergreift und vor der Abreise aus Kreta warnt (V.9f), sei „frei erfunden. Diese Rolle eines Gefangenen ist undenkbar."[290]

(V 12,1). Auch im NW Djerbas (früher Μῆνιγξ) gibt es heute eine Stadt Melita und einen gleichnamigen See und im Norden und Süden jeweils eine 4-5 km lange Landzunge. Wie alt die Namen sind, vermag ich nicht zu sagen; arabischen Ursprungs sind sie jedenfalls nicht, so daß sie vielleicht auf die Antike zurückgehen mögen. Damit soll freilich kein neuer Identifizierungsvorschlag für das lukanische Melite unterbreitet werden; die Beispiele sollten nur zu bedenken geben, daß möglicherweise auch andere Inseln als Malta und Mljet in Frage kommen. Gerade die Küstenlinien der beiden Syrten und der Tripolitana haben sich in den vergangenen zwei Jahrtausenden ganz gewaltig verändert.

[289] E. Haenchen, Acta 27, in: Zeit und Geschichte. FS R. Bultmann, 1964, S.250f.

[290] H. Conzelmann, Die Apostelgeschichte, ²1972, S.151; vgl. P. Pokorný, Die Romfahrt des Paulus und der antike Roman, ZNW 64, 1973, S.239.

(2) „Lukas nimmt an, daß der Centurio über die Fahrt des Schiffes bestimmen kann (...). Aber in Wirklichkeit konnte er nur für seinen Gefangenentransport Plätze beanspruchen; er wäre auch für die Entscheidung seetechnischer Probleme ungeeignet gewesen."[291]

(3) Zwischen V.11 und V.12 wird eine auffällige Spannung notiert. Während nach V.12 eine Mehrheit (οἱ πλείονες), offenbar aller an Bord befindlichen Personen, über die Weiterfahrt entscheidet, ist dies nach V.11 Sache eines Führungsstabs. Ernst Haenchen folgert: „Der von Lukas übernommene (und z.T. stilistisch überarbeitete) Erinnerungsbericht ging von V.9a direkt zu V.12 über. V.12 sprach von einer Mehrheit, die zum Überwintern nach Phönix weiterfahren wollte. Lukas hat sich diese Worte genau überlegt. Er entnahm aus ihnen: Eine Beratung hat stattgefunden. Natürlich nahmen daran nur die maßgebenden Männer teil. Das waren für Lukas: Paulus, der Centurio, der Reeder und der Kapitän. Die Mehrzahl war für die verhängnisvolle Weiterfahrt - also war Paulus dagegen, der das Kommende voraussah. Nicht als Meteorologe oder dank großer Reiseerfahrung (diese Strecke hatte er nie befahren!), sondern aus prophetischer Verbundenheit mit Gott. Er hat also gewarnt: das Schiff wird mit Mann und Maus untergehen!"[292]

Die literarkritische Ausscheidung der Paulusszene erscheint als die notwendige Konsequenz aus der Annahme, daß dieser Passus in sich problematisch sei und im Zusammenhang keinen rechten Sinn ergebe. Die Kommentatoren machen dafür Lukas verantwortlich. Ich werde das Gegenteil zeigen: V.9-11 ist völlig stimmig; wird diese Szene richtig verstanden, so ist sie aus dem Kontext nicht wegzudenken.

(1) Resümieren wir zunächst die Vorgeschichte der Landung in Kaloi Limenes: Die Reisenden waren mit einem adramyttenischen Handelsschiff, das die kleinasiatischen Häfen anlaufen sollte, von Cäsarea aufgebrochen. Die neuentdeckte kleinasiatische Zollinschrift aus dem Jahre 62 n.Chr., das sogenannte *Monumentum Ephesenum*[293], klärt uns darüber auf, welche Orte mit οἱ κατὰ τὴν Ἀσίαν τόποι (Act 27,2) gemeint sein können.

---

[291] E. Haenchen, Die Apostelgeschichte, [7]1977, S.670.

[292] A.a.O., S.679; im Wortlaut der 1. Auflage zustimmend zitiert von H. Conzelmann, op. cit., S.152.

[293] Die Inschrift wurde publiziert, übersetzt und kommentiert von H. Engelmann und D. Knibbe unter dem Titel: Das Zollgesetz der Provinz Asia. Eine neue Inschrift aus Ephesos, Epigraphica Anatolica 14, 1989. Die Datierung ergibt sich aus dem Präskript. Den Hauptteil bildet jedoch das alte kleinasiatische Zollgesetz aus dem Jahr 75 v.Chr.

Von Adramy(t)tion an in Richtung Süden werden für den Import zur See
die folgenden Zollstationen genannt (mit den Ergänzungen der Herausgeber): „Adramytion, Atarneus, Pitane, Elaia, Myrina, das frühere [Kyme,
das heutige Kaisareia Kyme, Phokaia, Erythrai, Smyrna, K]olophon, Teos,
Ephesos, Priene an der Mündung des Mäander, Milet, Iasos, Bargylia,
Keramos, [Halikarnassos, Myndos, Knidos, Physkos, Kaunos, Attaleia, As-
pendos], Perge, Magydos, Phaselis, Promonturium Side" (§ 9). Das Schiff
mit dem Zielhafen Adramyttion sollte Zypern zunächst westlich passieren
(Act 27,4), um dann vielleicht zuerst Kaunos[294] und danach einige weitere
der genannten Häfen anzulaufen. Doch es kam anders: Ungünstige Windbedingungen brachten das Schiff auf einen Kurs östlich von Zypern, so daß
man an der gefährlichen kilikisch-pamphylischen Küste entlangsegeln mußte. Durch äußere Umstände - vielleicht mußten die Trinkwasservorräte erneuert werden?[295] - gezwungen, gingen die Seeleute im lykischen Myra vor
Anker.[296] Für den römischen Hauptmann mit seinem Gefangenentransport
bedeutete diese unverhoffte Zwischenstation einen Glücksfall: Zufällig[297]

---

[294] Das lykische Myra, wo man schließlich ankern mußte, liegt östlich von Kaunos
und westlich von Attalia. Kaunos ist deshalb das erste kleinasiatische Reiseziel, das sich
für das Schiff denken läßt.

[295] L. Casson (Ships and Seamanship in the Ancient World, 1971, S.90 Anm.67)
zitiert ein Beispiel aus Prokop (*Bell Vand* I 13,22f), wo das Trinkwasser nach 16 Tagen
an Bord schlecht wurde. Einige Vertreter des »westlichen« Textes veranschlagen für die
Reise von Sidon nach Myra zwei Wochen (s. den Apparat von NTG[26] zu Act 27,5).

[296] Myra gehörte nicht zum kleinasiatischen, sondern zum lykischen Zollgebiet. Wie
uns eine in Myra gefundene Inschrift (Text und Übersetzung: M. Wörrle, Zwei neue Inschriften aus Myra zur Verwaltung Lykiens in der Kaiserzeit, in: Myra, hg.v. J. Borchhardt, 1975, S.287) belehrt, mußten auch Waren auf dem Transitweg, die in Myra nicht
einmal entladen wurden, mit dem einfachen Importzoll von 2,5% an das lykische Koinon
verzollt werden (H. Engelmann, Die Zollinschrift von Myra, ZPE 59, 1985, S.115-117).
Der Zwischenstop eines Handelsschiffes, das die kleinasiatischen Häfen anlaufen wollte,
in einem Hafen des lykischen Zollgebiets konnte also teuer kommen und wird nicht beabsichtigt gewesen sein. Möglicherweise gab es auch eine Regelung wie in Kaunos, wonach Zollfreiheit für den Fall zugestanden wurde, daß ein Schiff in Gefahr gerät und im
Hafen Schutz vor schlechtem Wetter sucht (SEG XIV 639 E Z.18ff [1. Jh. n.Chr.]). Wie
dem auch sei, die Ankerung in Myra kann jedenfalls nicht aus freien Stücken erfolgt sein.

[297] In nahezu wörtlicher Übereinstimmung wird von den Acta-Kommentatoren der
letzten Jahre versichert, daß „der Getreidetransport von Ägypten nach Rom wegen der
Windverhältnisse häufig über Myra lief" (J. Roloff, Die Apostelgeschichte, [2]1988,
S.361; vgl. G. Schneider, Die Apostelgeschichte II, 1982, S.384 Anm.29: „Zwischenstation für Getreideschiffe von Alexandria nach Rom"; R. Pesch, Die Apostelgeschichte
II, 1986, S.289: „beliebte Zwischenstation der zwischen Alexandria und Rom verkehren-
den Getreideschiffe"; G. Schille, Die Apostelgeschichte des Lukas, [3]1989, S.461: „Myra
war für den Schiffswechsel wegen der Getreidelinie günstig"; A. Weiser, Die Apostelgeschichte II, 1985, S.661f: „Myra war ein für den Schiffswechsel geeigneter Hafen;

lag nämlich in Myra ein alexandrinisches Getreideschiff[298] vor Anker, das die Reisenden noch vor Winterbeginn nach Rom zu bringen versprach. Nachdem sie abgelegt hatten, verhinderten erneut schlechte Segelbedingungen eine zügige Fahrt. Viele Tage lang kamen sie nur schleppend voran, und nur unter Schwierigkeiten erreichten sie die Höhe von Knidos (V.7a). Durch die Windverhältnisse gezwungen, mußten sie das Ostkap Kretas, Salmone, linker Hand passieren und somit an der Südküste der Insel entlangsegeln (V.7b). In unvermindert langsamer Fahrt erreichten sie schließlich den Hafen Kaloi Limenes ungefähr in der Mitte der Südküste, wo sie anlegten (V.8a); in der Nähe befand sich die Stadt Lasaia (V.8b).[299]

Offenbar hielt die Flaute eine geraume Zeit an. Da die Fastenzeit inzwischen vorüber war und damit die Schiffahrt schon gefährlich zu werden

---

denn in ihm pflegten die von Ägypten kommenden Getreideschiffe anzulegen.'"). Die neuzeitliche Quelle dieser Aussagen ist bekannt (E. Haenchen, Die Apostelgeschichte, [7]1977, S.668: „Da der Getreidetransport von Ägypten nach Rom wegen der Windverhältnisse regelmäßig über Myra lief ..."), nicht dagegen die antike: Die Fahrt der Isis bei Lukian (*navig* 7-9) ist tatsächlich (neben Act 27) das einzige uns bekannte Beispiel für die nördliche Route eines alexandrinischen Getreideschiffes entlang der kleinasiatischen Küste, und die Isis legte eben nicht in Myra an. (Dieselbe Route für die Strecke Alexandria - Rom wählte übrigens Herodes im Winter des Jahres 40 v.Chr.; bei Pamphylien geriet er in einen Sturm und rettete sich nach Rhodos, Jos. *bell* I 280). Außerdem fand die Reise von Act 27 offenbar im Spätsommer, also nach den widrigen Etesien, statt; zu dieser Zeit aber nahm man den direkten Weg entlang der afrikanischen Küste (J. Rougé, Actes 27,1-10, VigChr 14, 1960, S.196). M.a.W., daß man in Myra ein Schiff mit Kurs auf Italien fand, war reiner Zufall (vgl. art. cit., S.198).

[298] Man rechnet in der Regel mit einem Schiff der offiziellen Annonenflotte, die bekanntlich im Verbund nach Puteoli bzw. Ostia segelte. Jean Rougé warnt vor dieser voreiligen Folgerung: „rien ne permet de dire, comme on le fait d'ordinaire, que nous avons affaire à un navire de la flotte des blés" (art. cit., S.196).

[299] Die erzählerische Funktion dieses Nachsatzes ist in unserem Zusammenhang von einiger Bedeutung. Lukas schreibt über den Ort (ὁ τόπος) Kaloi Limenes: ᾧ ἐγγὺς πόλις ἦν Λασαία. Warum erwähnt er das? In der Regel geht man stillschweigend davon aus, Lukas wolle die Lage des sonst nicht bekannten Hafens verdeutlichen; so übersetzt etwa J. Roloff: „‚Guthafen' in der Nähe der Stadt Lasäa" (Die Apostelgeschichte, [2]1988, S.356; ähnlich G. Stählin, Die Apostelgeschichte, [5]1975, S.313). In diesem Falle müßte es allerdings heißen: (ὃς) ἐγγὺς (ἦν) τῇ πόλει Λασαίᾳ (vgl. z.B. Joh 3,23: Αἰνὼν ἐγγὺς τοῦ Σαλείμ). In der lukanischen Formulierung ist die Perspektive freilich eine andere: Nicht die Tatsache, daß Kaloi Limenes bei Lasaia lag, wird hervorgehoben, sondern daß es in seiner Nähe eine Stadt gab, daß man also nicht in einer Einöde vor Anker gegangen war. Nimmt man nun V.9-11 als ‚lukanischen Einschub' heraus, so wird V.8b dadurch ohne erzählerische Funktion und damit überflüssig. Dagegen ist die Erwähnung einer nahegelegenen Stadt im Blick auf die Folgescene (V.9-11), die einen mehrtägigen Aufenthalt und sogar die Möglichkeit eines mehrmonatigen Verbleibs in oder bei Kaloi Limenes voraussetzt, sinnvoll: Nur eine Stadt konnte den Trinkwasser- und Lebensmittelbedarf der Reisenden sicherstellen.

begann, riet Paulus von der Weiterfahrt ab (27,9f). Der Zenturio Julius aber glaubte den Worten des Naukleros und des Kapitäns (V.11), die also eine Weiterreise für vertretbar hielten. Da der Hafen für die Überwinterung ungeeignet war, beschloß die Mehrheit, nach Möglichkeit noch einmal die Anker zu lichten: Phönix, ein λιμὴν τῆς Κρήτης, βλέπων κατὰ λίβα καὶ κατὰ χῶρον, sollte das Winterziel werden (V.12). Als nun ein Südwind aufkam, stachen die Reisenden sofort in See (V.13); doch schon nach kurzer Zeit geriet das Schiff in einen Sturm und trieb, 14 Tage lang Wind und Wellen preisgegeben, durch das ,adriatische Meer'.

(2) Der Aufbruch aus Kaloi Limenes ist die *crux interpretationis*. Man hat den Entschluß, trotz der fortgeschrittenen Jahreszeit noch einmal in See zu stechen, in rühriger Weise interpretiert. „Am wahrscheinlichsten scheint mir die Annahme zu sein, daß man ungeduldig war und noch ein Stück weiter nach Westen vorwärtskommen wollte", schreibt Benedikt Schwank, nachdem er sich mit eigenen Augen davon überzeugt hat, daß das mutmaßliche Winterziel auch „nicht mehr Abwechslung für die Wintermonate"[300] zu bieten hatte als Kaloi Limenes. Tatsächlich ging es um etwas anderes, nämlich um die Sicherheit des Schiffes. Die Getreideschiffe hatten eine solche Kapazität, daß bei weitem nicht jeder Hafen hinreichend Sicherheit bieten konnte. Nachdem Hiero von Syrakus um die Mitte des 3. vorchristlichen Jahrhunderts das gigantischste Schiff der Antike hatte bauen und mit Getreide, Fisch, Wolle und weiterer Fracht beladen lassen, erfuhr er, daß die Häfen im Mittelmeer das Schiff entweder überhaupt nicht würden aufnehmen können oder zumindest erhebliche Risiken böten. Da beschloß er, es dem König Ptolemaios in Alexandria zum Geschenk zu machen. Die Fahrt von Syrakus nach Alexandria war die erste und letzte des Superfrachters; dort ging er ins Dock (Athen. V 206d-209b). Das Schiff, auf dem Paulus sich befand, hatte natürlich bei weitem nicht diese Ausmaße. Immerhin schätzt man die Ladefähigkeit der römischen Getreidefrachter auf durchschnittlich ca. 340 Tonnen[301]; die Vorstellung, daß ein solcher Koloß mehr oder weniger in jeder Bucht überwintern könnte, ist reichlich naiv. Gewiß gab es nur wenige, an maximal zwei Händen abzählbare Häfen zwischen Kreta und Rom, wo ein solches Frachtschiff einigermaßen

---

[300] B. Schwank, »Wir umsegelten Kreta bei Salmone«, EuA 48, 1972, S.21.

[301] L. Casson, Ships and Seamanship in the Ancient World, 1971, S.172 Anm.25: "The size the Roman Imperial government preferred for its fleet of grain carriers was 340 tons". Auch wenn das alexandrinische Schiff in Act 27 nicht zur Getreideflotte gehörte: Mit seinen 276 Personen an Bord war es jedenfalls ein großes Schiff.

ungefährdet den Winter überstehen konnte. Selbst im modernen Hafen von
Ostia, den Claudius seit 42 n.Chr. bauen ließ und den dann Nero einweihte,
wurden bei einem schweren Sturm im Jahre 62 n.Chr. rund 200 (!) Anno-
nenschiffe zerstört (Tac. *ann* XV 18). Ein zweiter Gesichtspunkt für die
Frage, warum man trotz der fortgeschrittenen Jahreszeit einen Aufbruch
aus Kaloi Limenes in Erwägung zog, könnte sich aus der versicherungs-
rechtlichen Situation ergeben. Wenn man den Winter über in besagtem
Hafen liegenbliebe und das Schiff mitsamt seiner Fracht durch einen Sturm
Schaden nähme, wer hätte dann die finanziellen Folgen zu tragen? Bei den
Getreideschiffen kam der römische Staat für Verluste, die im Zusammenhang mit dem (privaten) Getreidetransport entstanden, auf. Die Haftpflicht
des Staates hatte aber dort ihre Grenzen, wo ein Fehlverhalten der Schiffsführung für den Schaden verantwortlich war. Das ist etwa dann der Fall,
wenn ein Annonenschiff nach dem 11.11., dem normalen Beginn des *mare
clausum*, noch unterwegs war.[302] War die staatliche Haftung auch dann ausgeschlossen, wenn ein Schiff mit seiner Fracht in einem ungeeigneten Hafen
überwinterte? Wir wissen es nicht. In einigen ägyptischen Papyri ist uns
jedenfalls ein weitgehend einheitlicher Vertragstext bekannt, in dem der
Kapitän eines Handelsschiffes darauf verpflichtet wird, „nicht nachts zu
segeln, auch nicht während des Winters; jeden Tag soll er anlegen an den
sichersten Häfen."[303] Man könnte in Erwägung ziehen, ob es eine Reihe von
Häfen gab, die nicht nur erfahrungsgemäß als wintergeeignet galten, sondern auf die sich auch die staatliche Haftpflicht beschränkte. Lukas läßt
Paulus vor einem Aufbruch aus Kaloi Limenes warnen, da die Weiterreise
„mit Ungemach und großen Verlusten nicht nur mit Blick auf die Fracht
und das Schiff, sondern auch auf unser Leben" verbunden sei; mit diesen
Worten läßt er durchschimmern, daß Naukleros und Kapitän - „Aufgabe
des Kapitäns ist es nämlich, das Schiff zu retten"[304] - Fracht und Schiff in
Gefahr sahen für den Fall, daß man den Winter in Kaloi Limenes verbringt.
Möglicherweise trüge in diesem Fall der Schiffseigner - Naukleros und Kapitän waren mitunter Sklaven des Schiffseigners - die finanziellen Folgen;

---

302 J. Rougé, La marine dans l'Antiquité, 1975, S.23.199. Claudius machte im Jahr
51 eine Ausnahme von dieser Regelung, als drohender Getreidemangel in Rom ihn dazu
bewog, die Kaufleute zu Winterfahrten aufzufordern (Suet. *Claud* 18,2-19; vgl. Tac. *ann*
XII 43,2).

303 μὴ ἐξέστω αὐτῷ νυγτοπλοεῖν μηδὲ χειμῶνος ὄντος. ἀνορμίτω καθ'
ἑκάστην ἡμέραν ἐπὶ τῶν ἀσφαλεστάτων ὅρμων (POx 3250 Z.25f); weitere
Texte bei J. Vélissaropoulos, Les nauclères grecs, 1980, S.332 mit Anm.71.

304 κυβερνάτα μὲν γὰρ ἔργον ἐντὶ τὰν ναῦν σῶζεν (PsDiotogenes *de reg-
no* F 1, zitiert nach: The Pythagorean Texts of the Hellenistic Period, hg.v. H. Thesleff,
1965, S.72 Z.6).

wir wissen es nicht genau. Jedenfalls ist es verständlich, daß ausgerechnet
die beiden verantwortlichen Personen an Bord daran interessiert waren,
einen geeigneten Winterhafen anzupeilen; möglicherweise ging es um ihr
persönliches Risiko.

Das Ziel für den Winter soll „Phönix, ein Hafen von Kreta, der in
südwestliche Richtung und in nordwestliche Richtung ‚blickt‛", sein. Diese
Angabe beinhaltet eine Fülle schwieriger Probleme.[305] Abgesehen davon,
daß keine der in Frage kommenden Buchten im westlichen Bereich der
Südküste Kretas (Lutro-Bucht, Phineka-Bai, Plakas-Bucht) der lukanischen
Schilderung auch nur im entferntesten entspricht, ist v.a. nicht einzusehen,
inwiefern eine andere Bucht an Kretas Südküste für die Überwinterung wesentlich geeigneter gewesen sein sollte als Kaloi Limenes. Aubyn Trevor-
Battye behauptete zwar, Lutro sei "the only place on the southern coast of
Crete where a boat can lie almost in any weather and at any season of the
year"[306]. Doch das ist schlicht unrichtig; die *Sailing Directions* der US-
amerikanischen Marine stellen klipp und klar fest: "there are no secure
harbors on the S coast"[307]. Besonders gefährlich ist die Küste im Winter:
"The S coast of Kriti during the winter is subject to bad weather from the S,
and in summer violent N winds descend from the high mountains. As a
result of these weather conditions, the S coast lacks good anchorages."[308]
Das große Getreideschiff lief in jedem beliebigen Hafen an dieser Küste Gefahr, zerstört zu werden. Daß die Verhältnisse in der Antike nicht wesentlich anders waren, belegt der *Stadiasmus Maris Magni*, die byzantinische
Überarbeitung eines Mittelmeerhandbuches aus dem 3. oder 4. Jahrhundert
n.Chr. Er nennt nur einen einzigen wintertauglichen Hafen auf Kreta,
Amphimales[309], und dieser liegt an der westlichen *Nordküste* der Insel
(vermutlich das heutige Almyro). Das ist umso bemerkenswerter, als der
Stadiasmus den kretischen Hafen Phönix kennt. Wenn Lukas in V.7 andeu-
tete, daß man eigentlich - entgegen der üblichen Route - an Kretas Nordküste entlangfahren wollte, so könnte das darauf hinweisen, daß die Schiffsleitung schon zu diesem Zeitpunkt einen Winterhafen, eben Amphimales,

---

[305] Zum folgenden vgl. vorläufig noch den Anhang (Der Hafen Phönix und der
Aufbruch aus Kreta [Act 27,12f]) in meiner maschinenschriftlichen Dissertation, S.298-
313, der in überarbeiteter Form für eine gesonderte Veröffentlichung vorgesehen ist.

[306] A. Trevor-Battye, Camping in Crete, 1913, S.210.

[307] Sailing Directions (Enroute) For the Eastern Mediterranean, Pub. No.132, [3]1980,
S.108.

[308] A.a.O., S.98.

[309] Der Text bietet Amphimatrion (§§ 345-347 = GGM I S.512f); doch ist hier mit
Ptol. *geogr* III 17,7 Amphimales zu lesen.

anpeilte.[310] Der Aufbruch von Kaloi Limenes nach „Phönix, einem Hafen Kretas" (V.12), wäre demnach völlig unverständlich. Nun gibt es aber Indizien dafür, daß der Erzähler bei Phönix gar nicht an einen kretischen Hafen gedacht hat.[311] Wenn er Paulus später sagen läßt, man hätte auf ihn hören und „nicht von Kreta aufbrechen" sollen (V.21), so hielt er die Reise von Kaloi Limenes nach Phönix offenbar nicht für einen bloßen Hafenwechsel innerhalb Kretas. Da alle Handschriften jedoch einstimmig von einem ‚Hafen Kretas' sprechen, würde das bedeuten, daß der Text korrupt ist. So ungern man prinzipiell eine solche Annahme treffen will, zwingt doch bereits der Ausdruck βλέπων κατὰ λίβα καὶ κατὰ χῶρον dazu. Jacquier bezeichnete diesen Passus als „un des plus difficiles du N.T. à expliquer"[312]. In Wirklichkeit ist er unsinnig: Denn βλέπειν πρός/κατά bzw. *spectare/ respicere ad* bezeichnet immer die *eine* Richtung, nach der ein Ort ausgerichtet ist, nicht den Horizont, den er erfaßt; dementsprechend wird dieser Ausdruck durchgehend mit nur einer Himmelsrichtung verbunden. Eine Bucht, deren Uferlinien in südwestlicher und nordwestlicher Richtung verlaufen, wäre also *nach Westen* ausgerichtet (βλέπων κατὰ δυσμάς). Der überlieferte Text der Apostelgeschichte stellt uns also vor ein doppeltes Problem: Einerseits ist da die Rede von einem Hafen Phönix auf Kreta, der aus den verschiedensten erzählerischen und sachlichen Gründen gar nicht auf Kreta liegen kann; andererseits soll besagter Hafen ‚nach Südwesten und Nordwesten blicken', während βλέπειν κατά doch nur mit einer einzigen Himmelsrichtung verbunden werden kann. Ein sinnvolles Verständnis des Textes scheint mir nur dann möglich zu sein, wenn wir eine geringfügige Umstellung in V.12 vornehmen: κατὰ χῶρον kann nicht von βλέπειν

---

[310] Die Exegeten sehen in V.7 einen Beweis für die Inkompetenz des Lukas, weil der übliche Weg nach Rom an der Südküste Kretas entlangführte (vgl. Luk. *navig* 7-9): „der Erzähler scheint anzunehmen, daß der Kurs wegen besonderer Windverhältnisse geändert werden mußte. Aber die normale Route ging bis in Nelsons Zeit über Myra, Rhodos und dann südlich an Kreta vorbei." (E. Haenchen, Die Apostelgeschichte, [7]1977, S.669; vgl. H. Conzelmann, Die Apostelgeschichte, [2]1972, S.151; G. Schneider, Die Apostelgeschichte II, 1982, S.389) Damit ist für den Exegeten die Ignoranz des Erzählers unter Beweis gestellt. Daß Lukas nicht nur mehr gewußt haben kann, als viele seiner Ausleger ihm zubilligen, sondern auch mehr, als sie selbst wissen, muß den in der Kritik Geübten, in der Selbstkritik jedoch eher Zurückhaltung Übenden als ausgeschlossen erscheinen.

[311] Das ist zuerst H. Warnecke aufgefallen, dessen Beobachtungen ich hier teilweise aufgreife; in dieser Überlegung sehe ich das wichtigste Verdienst seiner Arbeit. Warneckes Versuch, das lukanische Phönix mit der Bucht von Pylos (h. Navarino) zu identifizieren (Die tatsächliche Romfahrt des Apostels Paulus, 1987, S.19ff), ist dagegen aus sachlichen und sprachlichen Gründen nicht aufrechtzuerhalten; vgl. dazu meine maschinenschriftliche Dissertation, S.303-305.

[312] E. Jacquier, Les Actes des Apôtres, [2]1926, S.729.

abhängig sein, sondern muß vor τῆς Κρήτης gestellt werden. Lukas hätte demzufolge von einem Hafen Phönix *nordwestlich* von Kreta, der *nach Südwesten hin* ausgerichtet ist, gesprochen. M.E. könnte der ursprüngliche Text folgendermaßen ausgesehen haben (bei Abweichung vom Text des NTG[26] steht dieser in der rechten Spalte):

ἀνευθέτου δὲ τοῦ λιμένος ὑπάρχοντος πρὸς παραχειμασίαν οἱ πλείονες ἔθεντο βουλὴν ἀναχθῆναι ἐκεῖθεν, εἴ πως δύναιντο καταντήσαντες εἰς Φοίνικα παραχειμάσαι,

λιμένα <u>κατὰ χῶρον</u> τῆς Κρήτης,	λιμένα τῆς Κρήτης,
βλέποντα κατὰ λίβα. καὶ	βλέποντα κατὰ λίβα καὶ
	<u>κατὰ χῶρον</u>.
ὑποπνεύσαντος (δὲ) νότου κτλ.	ὑποπνεύσαντος δὲ νότου κτλ.

Tatsächlich gab es nordwestlich von Kreta eine Bucht Φοινικοῦς[313] (Xen. *hell* IV 8,7), und zwar an der Südostküste der Insel Kythera, ca. ein bis zwei Tagesreisen von Kaloi Limenes entfernt; es handelt sich um eine auffällige, an ihrer Einfahrt ca. 90 m breite Bucht, die etwa 700 m tief ins Land ragt und von Südwest nach Nordost verläuft. Schon zur Zeit des Thukydides war der Nachbarhafen Skandeia, der bald völlig versandete und an Bedeutung verlor, ein Notlandeplatz und Winterhafen für die aus Libyen und Ägypten kommenden lakedämonischen Frachtschiffe. Da die Bucht von Phoinikus sich in Richtung Festland öffnet, konnte sie dem alexandrinischen Annonenschiff Schutz vor den Winterstürmen gewähren. Es ist daher anzunehmen, daß die für die Sicherheit des Schiffes und seiner Fracht verantwortliche Schiffsführung auf eine Abreise aus Kreta drängten.

Damit stellt sich nun die Frage, auf welchem Wege die Entscheidung über Aufbruch oder Verbleib in Kaloi Limenes getroffen wurde. Ernst Haenchen meinte, Lukas habe seine Vorlage so verstanden, daß ein Viererkollegium, bestehend aus Schiffsherr, Kapitän, Zenturio und Paulus über die Weiterfahrt beraten und abgestimmt habe. Die meisten Ausleger pflich-

---

313 Die Variation des Namens (Phönix/Phönikus) ist auch für das kretische Phönix und anderweitig belegt und deshalb ohne Bedeutung (s. meine maschinenschriftliche Dissertation, S.299 und 310 mit Anm.39). Daß die Bucht sonst nicht mehr genannt wird, heißt nicht, daß es sich um einen bedeutungslosen Hafen gehandelt habe. Es ist einerseits Zufall, daß etwa vom *Stadiasmus Maris Magni* nur die Beschreibungen der nordafrikanischen, der syrischen und der kleinasiatischen Küste bis Milet sowie die Zyperns und Kretas erhalten sind, die nördliche Hälfte des Mittelmeeres dagegen fehlt. Andererseits war die bis zum 4. Jh. v.Chr. bedeutende Insel Kythera, deren damals wichtigster Hafen Skandeia von Homer an häufig genannt wird, später aus dem Blickpunkt des Interesses gerückt. Daß das kretische Phönix relativ oft erwähnt wird, liegt nicht an der Bedeutung seines Hafens, sondern der Insel.

ten ihm darin bei.[314] Damit unterstellt man Lukas freilich einen peinlichen Anachronismus: Die ersten gesetzgeberischen Versuche, einen solchen Führungsstab an Bord einzurichten, datieren aus dem hohen Mittelalter (!). Das venetianische Statut Zenos schreibt z.B. ein Fünferkollegium vor, bestehend aus Schiffseigner, Schiffsherr und drei Kaufleuten. *In der gesamten Antike jedoch wurden im Falle der Gefahr demokratische Beschlüsse getroffen.* Da Haenchens absurde Behauptung inzwischen zum allgemeinen Zitiergut zu werden droht, möchte ich hier einen Fachmann auf unserem Gebiet, den Juristen und Altphilologen Walter Ashburner, etwas ausführlicher zu Wort kommen lassen: "There was very little difference, as regards knowledge of navigation, between the different persons on board ship. Scientific knowledge there was none; and in point of experience every one was on much the same level. It was not merely that there was little difference between officers and crew. The merchants had often made many voyages accompanying their goods, and were as well qualified to give an opinion in matters of wind and weather, of coasts and harbours, of shoals and quicksands, as the oldest mariner on board. The inevitable result was that *in times of emergency every one did give an opinion, and that the movements of the ship were decided upon in the last resort by a majority.*"[315] Wenn Lukas vom Beschluß der πλείονες spricht (V.12), so hat das also seine seerechtliche Richtigkeit. Er wußte sehr wohl darum, daß es sich um einen Mehrheitsbeschluß aller Personen an Bord handelte. Was hatte es dann mit der vorangegangenen Debatte auf sich? Aus der kurzen Paulusrede wird noch deutlich, daß die Interessen von Naukleros und Kapitän - aus ihrer Sicht verständlich - vornehmlich an Fracht und Schiffssicherheit orientiert waren. Auch wenn Lukas nichts davon verlauten läßt, dürften sie zunächst, wie das Votum des Paulus noch erahnen läßt, ihre Meinung kundgetan und auf eine Weiterreise gedrängt haben. Für Paulus dagegen stand das Wohl der Reisenden im Vordergrund; er riet darum von einem Aufbruch aus Kreta ab. Daß ein Passagier sich dergestalt mit der Schiffsführung anlegt, kennen wir von Aelius Aristides (*hier log* II 67f). Als dieser im September 144 n.Chr. von Rom nach Smyrna zurückkehrte, geriet das Schiff in der

---

[314] R. Pesch, Die Apostelgeschichte II, 1986, S.285. Auch G. Stählin, der von einem Augenzeugenbericht des Lukas ausgeht (Die Apostelgeschichte, [5]1975, S.2f), erwägt an unserer Stelle, ob Lukas nicht „zwei verschiedene Berichte ineinander gearbeitet" (S.316) habe.

[315] W. Ashburner, Νόμος Ῥοδίων Ναυτικός. The Rhodian Sea-Law, 1908, S.cxli (Hervorh. v. m.); vgl. auch O. Höckmann, Antike Seefahrt, 1985, S.87: „Die Passagiere (...) dürfen durch Mehrheitsbeschluß direkten Einfluß auf die Schiffsführung nehmen".

Nähe von Rhion in eine gefährliche Situation, „als die Seeleute von Patras ablegten, obwohl ich von Anfang an dagegen war". „Was sich in der Ägäis abspielte, war fast dasselbe und geschah infolge der Unfähigkeit des Kapitäns (κυβερνήτης) und der Seeleute, die beschlossen, trotz ungünstiger Windverhältnisse abzusegeln, und die nicht auf mich hören wollten" (μηδὲν ἀκούειν ἐθελόντων ἐμοῦ, vgl. Act 27,21). Daß Paulus das Wort nicht habe ergreifen können, weil er Gefangener war, ist eine willkürliche Behauptung.[316] Paulus war kein rechtskräftig verurteilter Verbrecher, sondern ein römischer Bürger in Untersuchungshaft. Abgesehen davon, daß der römische Hauptmann ihn recht zuvorkommend behandelt hat (V.3), wird man in einer schwierigen Situation mehr Wert auf See-Erfahrung als auf den Status einer Person gelegt haben[317]; auch die Matrosen hatten natürlich ein Mitspracherecht, obwohl sie oft genug Sklaven waren.[318] Bleibt uns noch der Zenturio Julius. Lukas stellt lapidar fest, er habe dem Naukleros und dem Kapitän mehr Glauben geschenkt als den warnenden Worten des Paulus. Damit, so deutet seine Erzählung an, war eine bestimmte Entscheidung getroffen. Aber welche? Nach dem rhodischen Seerecht konnten die Passagiere das Ankern in einem bestimmten Hafen gegen den Willen des Schiffsherrn *erzwingen*. Einer der Paragraphen (III 4) setzt das eindeutig voraus: „Wenn der Schiffsherr an einem Ort vor Anker geht, wo es Räuber und Piraten gibt, die Passagiere diesen Sachverhalt aber dem Schiffsherrn zuvor kundgetan haben, und es wird nun jemand bestohlen, so soll der Schiffsherr den Schaden ersetzen. Wenn aber *die Passagiere, obwohl der Schiffsherr sie gewarnt hat, das Schiff zur Landung bringen* und etwas geschieht, so müssen sie für den Schaden aufkommen."[319] Offenbar hatten

---

316 Bemerkenswert ist wiederum die Auskunft J. Roloffs: „Paulus reiste nicht als bevorzugter, vornehmer Passagier, sondern als Glied eines Gefangenentransports und brachte vermutlich die meiste Zeit angekettet unter Deck zu." (Die Apostelgeschichte, ²1988, S.358) Woher er das weiß, vermag ich nicht zu sagen. ‚Unter Deck' befand sich in der Regel nur die Fracht, Kabinen gab es, wenn überhaupt, nur für die Schiffsleitung. Daß Paulus die Freiheit erhielt, an Land Mitchristen zu besuchen (27,3), an Bord aber angekettet wurde (damit er nicht weglaufen konnte?), ist sinnlos.

317 Vgl. C.K. Barrett (Paul Shipwrecked, in: Scripture: Meaning and Method. FS A.T. Hanson, 1987, S.55): "in the stress of a storm any man who keeps his head may be listened to".

318 L. Casson, Ships and Seamanship in the Ancient World, 1971, S.328: "various passages from the Digest reveal that, in the Roman Imperial period, it was by no means unusual for officers as well as men, the shipmaster included, to be slave".

319 Ἐὰν ἐν τόπῳ συλωμένῳ ἢ ληστευομένῳ κατάξῃ πλοῖον, μαρτυρουμένων τῶν ἐπιβατῶν τῷ ναυκλήρῳ τὴν τοῦ τόπου αἰτίαν καὶ συμβῇ συληθῆναι, ἀποδιδότω ὁ ναύκληρος τὰ σύλα τοῖς συληθεῖσιν. ἐὰν δὲ τοῦ ναυκλήρου ἀπομαρτυρουμένου καταγάγωσιν οἱ ἐπιβάται τὸ

die Passagiere nicht nur Mitbestimmungsrecht an Bord, sondern mußten ggf. auch die Konsequenzen ihres Votums tragen. Je nachdem, wie groß die Zahl der Soldaten an Bord war, konnte die Entscheidung des Zenturio bei der Abstimmung den Ausschlag geben. Die andere Möglichkeit ist, daß der Zenturio entscheiden mußte, ob er mit den Soldaten und den Gefangenen in Kaloi Limenes von Bord gehen wollte. In diesem Falle konnte er den Winter bequem in der nur rund 25 km entfernten Haupt- und Garnisonsstadt Gortyn verbringen, wo die Gefangenen in sicherem Gewahrsam gewesen wären; andererseits mußte er aber, da die Besatzung noch nach Kythera weitersegeln wollte, voraussichtlich mindestens bis Mai warten, bevor er wieder ein Schiff nach Rom finden würde. Blieb er dagegen bis Phönix an Bord, so konnte er den Winter in der Stadt Kythera verbringen und nach Wiedereröffnung der Schiffahrt im März, vielleicht sogar schon im Februar mit demselben alexandrinischen Schiff die Reise nach Rom fortsetzen. Das würde ihm mindestens zwei bis drei Monate ersparen. Ich halte diese zweite Möglichkeit für die wahrscheinlichere: Julius beschloß wohl, für den Fall, daß das Schiff die Reise fortsetzen sollte, an Bord zu bleiben. Als ein günstiger Südwind aufkam und die Überfahrt nach Phönikus beschlossen wurde, waren der Zenturio, die Soldaten und die Gefangenen mit von der Partie. Auch die Freunde des Paulus, die als freie Passagiere an Bord waren, nahmen das Wagnis auf sich. Der Titusbrief könnte andeuten wollen, daß Titus damals in Kreta zurückgeblieben sei (1,5); es ist nicht völlig auszuschließen, daß er damit vielleicht sogar recht hat.[320]

Als der Südwind einsetzte, hielten die Seeleute die Voraussetzung für günstig, das Vorhaben in die Tat umsetzen zu können. Sofort lichteten sie die Anker und versuchten, in gerader Fahrt an der Westküste Kretas vorüberzusegeln (V.13). Da das Westkap Kretas genau westnordwestlich von Kaloi Limenes liegt und antike Schiffe in einem Winkel von äußerstenfalls 80° zum Wind segeln konnten, war es möglich, ohne zeitraubende Wendemanöver[321] in gerader Fahrt an Kreta vorüberzusegeln und von dort einen nordnordwestlichen Kurs in Richtung Kythera einzuschlagen. Auch für die

---

πλοῖον καὶ συμβῇ τι, ὑποκείσθωσαν οἱ ἐπιβάται τὴν ζημίαν (a.a.O., S.13).

[320] Den späten Titusakten zufolge galt Titus als der 1. Bischof von Gortyn, das, wie gesagt, in der Nähe von Kaloi Limenes lag (F. Halkin, La légende crétoise de saint Tite, AnBoll 79, 1961, S.244.252).

[321] L. Casson berechnet für Seereisen mit günstigem Wind, die eine gerade Fahrt ermöglichen, eine durchschnittliche Geschwindigkeit von 4-6 Knoten (Ships and Seamanship in the Ancient World, 1971, S.282-288), bei ungünstigem Wind, der nur einen Zickzack-Kurs erlaubt, hingegen lediglich knapp 2-2 1/2 Knoten (S.289-291).

Einfahrt in den Hafen, einen weiteren Risikofaktor der Schiffahrt, war der Südwind ideal. Denn Φοινικοῦς ist in südwestlicher Richtung offen. Die Gelegenheit schien also in jeder Beziehung günstig, vor Winterbeginn noch den einigermaßen sicheren Hafen von Kythera anlaufen zu können.

(3) Ist der Sinn der Passage V.9-13 hier richtig wiedergegeben, so wird deutlich, daß die Paulusszene V.9-11 keinesfalls aus dem Kontext entfernt werden darf. Das in V.12 erwähnte Mehrheits*votum* (ἔθεντο βου-λήν, V.12), womöglich nach Phönix weiterzusegeln, das erst zum Mehrheits*beschluß* wird (δόξαντες, V.13), als der Südwind aufkam, ist ohne die Erwähnung einer vorangegangenen Debatte erzählerisch sinnlos. Die Schilderung der Lage des Hafens und die Erwähnung des νότος wären ohne V.9-11 entbehrlich. Im Anschluß an V.8 hätte es ausgereicht, etwa folgendermaßen fortzufahren: ‚Da der Hafen nicht für die Überwinterung geeignet war, legten wir ab und versuchten, nach Phönix zu gelangen, einem Hafen nordwestlich von Kreta. Nach kurzer Zeit aber etc.' Die detaillierte Darstellung von V.12f und der Übergang in die 3. Person in V.13 sind nur sinnvoll, wenn zuvor von einem Disput die Rede war, in dem Paulus (und seine Begleiter) den Kürzeren zogen.

(4) Wenn es kaum einem Zweifel unterliegen kann, daß die Seeleute - gegen den Rat des Apostels - den Winterhafen Phönix auf Kythera anpeilten, so muß man sich fragen, woher der Erzähler solch präzise Information über eine Bucht hat, die er vermutlich nie zu sehen bekam. Hans Balmer hielt es für „das Nächstliegende ..., daß diese Quelle aus den Mitteilungen des Schiffers floß"[322]. Lassen sich gute Gründe für eine solche Vermutung beibringen?

An Bord eines Schiffes muß man selbstverständlich über Anlegeplätze, Häfen, Hafeneinfahrten, Wasservorräte am Landeplatz etc. Bescheid wissen. Neben praktischer Erfahrung standen Hafenverzeichnisse und Segelhandbücher zur Verfügung, die über solche Dinge Auskunft gaben. Bekannt waren vor allem die Werke περὶ λιμένων des Timosthenes und des Timagetos, die geographischen Arbeiten des M. Vipsanius Agrippa, den Plinius und Strabo ausschrieben, und Varros Werk über die Mittelmeerküste (*de ora maritima*); doch sind von all diesen Werken nur kleine Fragmente auf uns gekommen. „Von den erhaltenen Schriften ist der Periplus des Erythräischen Meeres für Kaufleute, der Stadiasmus maris magni (...) für Schiffer bestimmt. Außer den Entfernungen, die in älterer Zeit

---

[322] H. Balmer, Die Romfahrt des Apostels Paulus und die Seefahrtskunde im römischen Kaiserzeitalter, 1905, S.321.

nach Tagen, später nach Stadien gegeben werden, finden sich genaue Mitteilungen über Häfen und Schwierigkeiten bei der Landung, Trinkwasser, Landmarken, Leuchttürme usw."[323]

In unserem Zusammenhang sind v.a. die folgenden Merkmale von Interesse:

Zweimal erwähnt der *Stadiasmus Maris Magni* einen *Winterhafen*. Neben dem oben (S.332) genannten Hafen Amphimales auf Kreta einen weiteren im Norden Karthagos: Castra Cornelii, ca. 5 km südlich von Utica, sei ein λιμὴν .... παραχειμαστικός. ἐν τούτῳ παραχειμάζει μεγάλα πλοῖα (§ 125 = GGM I S.472). Der *Periplus* des Pseudo-Skylax nennt zweimal einen Winterhafen (λιμὴν χειμερινός), nämlich Salamis und Soloi auf Zypern (§ 103 = GGM I S.77f). Gelegentlich wird angegeben, in welcher *Richtung* eine Bucht verläuft: Borion, ein Dorf an der Großen Syrte mit einem verlassenen Kastell, soll einen schönen Hafen in südwestlicher Richtung haben[324]; die Einfahrt in den Hafen von Neapolis bei Karthago erfolgt in westlicher Richtung.[325] Relativ häufig werden die *Winde* genannt, die für eine gefahrlose Einfahrt in den Hafen benötigt werden. Bei manchem Hafen kann gesagt werden: λιμήν ἐστι παντὶ ἀνέμῳ[326]; ein anderes Mal wird vermerkt: „bei Westwinden"[327] oder „bei den Etesien"[328]. Bei einem Ort wird ausdrücklich vor dem Südwind gewarnt, der offenbar die Einfahrt in den Hafen gefährlich machte.[329] Strabo schreibt hinsichtlich der Seereise von der Cyrenaika nach Kriu Metopon, dem Südwestkap Kretas, lapidar: ὁ πλοῦς Λευκονότῳ (XVII 3,21).

Es kann demnach nicht zweifelhaft sein, daß die Angabe des Lukas in V.12f mehr oder minder spezifisches nautisches Wissen reproduziert: das Wissen, daß die Bucht Phönix/Phönikus auf Kythera wintertauglich sei; die

---

[323] W. Kroll, Art. Schiffahrt, PRE 2.R. II/1, 1921, Sp.414.

[324] ὅρμος καλὸς ἀπὸ λιβός (§ 78 = GGM I S.455).

[325] Ἔχει λιμένα πρὸς ζέφυρον (§ 17 = GGM I S.470). Das Beispiel verdeutlicht, wie die jeweilige Perspektive des Betrachters zum Ausdruck kommt: Neapolis nähert man sich von S kommend, der Hafen liegt dann - vom Schiff aus betrachtet - in westlicher Richtung (πρὸς ζέφυρον). Von der Landestelle aus betrachtet ist der Hafen nach O zu offen; statt λιμὴν πρὸς ζέφυρον könnte also auch λιμὴν βλέπων πρὸς ἀνατολάς stehen. Vielleicht kann der Ausdruck βλέπων κατὰ λίβα in Act 27,12 als Hinweis darauf verstanden werden, daß an Bord eine See*karte* zur Verfügung stand; aber das müßten die Fachgelehrten untersuchen.

[326] § 16 = GGM I S.433; § 20 = S.435; § 29 = S.438.

[327] τοῖς ἀφ' ἑσπέρας ἀνέμοις (§ 14 = GGM I S.433; § 53 = S.447; desgleichen Markian *Epitome Peripli Menippei* § 10 = GGM I S.571).

[328] τοῖς ἐτησίοις (§ 63 = GGM I S.452).

[329] φυλάσσου νότον (§ 18 = GGM I S.433).

Richtung, die man von Kreta aus einzuschlagen habe (NW); die Öffnung
der Bucht in südwestlicher Richtung; und schließlich der Südwind als ge-
eignete Voraussetzung, um den Winterhafen zu erreichen. Die einzige plausible Erklärung dafür, daß der Erzähler über diese Information verfügt, ist
die, daß er seinerzeit selbst auf dem Schiff war und die Beratungen mitan-
gehört hat. Denn insbesondere Steuermann und Kapitän, die um der Sicherheit des Schiffes willen vorzüglich am Aufsuchen eines wintertauglichen
Hafens interessiert sein mußten, werden ihre Argumente für einen Aufbruch in Richtung Phönix/Phönikus auf Kythera entsprechend vorgetragen
haben. Es kann damit als sehr wahrscheinlich angesehen werden, daß Act
27 ein Seereisebericht über die Schiffsreise des Apostels Paulus ist, den ein
Reisegefährte und Augenzeuge verfaßt hat.[330]

5.3. Die Quellenfrage

Liegt der lukanischen Erzählung eine schriftliche Vorlage zugrunde?
Jürgen Roloff meinte, die Schilderung der Romreise in der Apostelgeschichte gehe auf einen Bericht zurück, mit dem „den Gemeinden über
ihren Verlauf Rechenschaft gegeben"[331] wurde. Das ist durchaus denkbar.
Im Kolosserbrief schreibt ‚Paulus' den Gemeinden im Lykustal, Tychikus
werde ihnen die Neuigkeiten aus Rom mitteilen (τὰ κατ᾽ ἐμὲ πάντα
γνωρίσει ὑμῖν Τύχικος, 4,7). Der Epheserbrief kündigt den Ephesern
dasselbe an (6,21). Zweifellos bestand in den paulinischen Gemeinden
Interesse am Ergehen des Apostels. Es ist durchaus möglich, daß eine ausführliche Schilderung der Reiseerlebnisse niedergeschrieben und an die
Gemeinden geschickt wurde. Wenn Lukas einen solchen Bericht aufgenommen hat, so ist es jedenfalls ausgeschlossen, dessen genauen Umfang zu
rekonstruieren. Auch über den potentiellen Berichterstatter läßt sich nichts
Gewisses sagen. Rudolf Pesch will an Timotheus denken; die meisten halten
dagegen die ausdrückliche Erwähnung Aristarchs (Act 27,2) für einen
Hinweis auf den Garanten der Erzählung.[332] In Wirklichkeit hob Lukas

---

[330] Diese historisch begründete Zurückweisung der traditionellen literarkritischen Dekomposition des Romreiseberichts steht in Übereinstimmung mit den - auf ganz anderem
Wege gewonnenen - Ergebnissen von Susan Marie Praeder (The Narrative Voyage: An
Analysis and Interpretation of Acts 27-28, Diss. Berkeley 1980, 1984): Sie interpretierte
den gesamten Text als erzählerische Explikation der Erfahrung von σωτηρία; die
Geschlossenheit der narrativen Entfaltung dieser Erfahrung sei nicht vorstellbar, wenn
eine vorgeformte Erzählung durch Einschübe auf Paulus hin zugepaßt wurde.

[331] J. Roloff, Die Apostelgeschichte, ²1988, S.359.

[332] Abenteuerlich ist folgende These Hans Conzelmanns: Lukas habe einen profanen
Bericht verwendet, der nichts mit der Fahrt des Paulus zu tun hatte, und habe Aristarch in

Aristarch vielleicht deswegen aus der Gruppe der christlichen Reiseteilnehmer hervor, weil er, wie Paulus, als Gefangener an Bord war[333], während die übrigen, deren Namen wir nicht kennen, als reguläre Passagiere
mitreisten.

Ich halte es freilich für denkbar, daß die einzige Quelle für Act 27f das
Gedächtnis des Lukas war. Gewiß, auch diese Erzählung enthält eine Fülle
von Details, die ich im Falle von Act 16,11ff; 20,6ff für die Annahme einer
Quelle, die in zeitlicher Nähe zu den Ereignissen steht, geltend gemacht habe. Aber hier handelt es sich doch um eine außergewöhnliche, aufregende
und erlebnisreiche Fahrt, die sich in ganz anderem Maße ins Gedächtnis
einprägt als die zuvor beschriebenen routinemäßigen Fahrten. Die Annahme einer schriftlichen Vorlage erscheint mir zwar plausibler, aber es kann
m.E. auch nicht ausgeschlossen werden, daß die Reiseschilderung aus dem
Gedächtnis formuliert wurde.

3. Teil

Lukas als Historiker seiner Reisen mit Paulus

Wir haben in den zurückliegenden beiden Teilen versucht, den historischen Aspekt der Wir-Erzählungen aufzuhellen. Es hat sich dabei gezeigt,
daß die Kritik, die gerade von seiten historisch wenig beschlagener Exegeten vorgebracht wird, teils voreilig, teils gänzlich ungerechtfertigt ist.
Lukas, der Mitarbeiter des Paulus, kann an den drei Reisen, die er in Wir-
Form erzählt, durchaus teilgenommen haben; in c.16.20f und vielleicht
auch in c.27f konnte er möglicherweise Quellen benutzen, die er selbst oder
ein anderer Reiseteilnehmer angefertigt hat. Wir müssen uns nun noch der
Frage zuwenden, ob sich die Schilderung, die der Historiker Lukas von
diesen Erlebnissen gibt, als Darstellung eines Augenzeugen begreifen läßt.

V.2 eingetragen, um den Lesern die angebliche Herkunft seiner Erzählung von einem
Paulusbegleiter zu suggerieren (Die Apostelgeschichte, ²1972, S.151). Daß Aristarch der
Berichterstatter sei, sagt aber nicht Lukas, sondern ein Teil der Exegeten. Für die Leser
war natürlich Lukas selbst der Erzähler.

[333] Daß Aristarch als Gefangener die Reise mitmachte, legt ein Vergleich von Phlm
23f und Kol 4,10 nahe (s.o.S.216; vgl. H. Conzelmann, op. cit., S.150).

1. Lukas als Historiker der ersten Europareise des Paulus

Nach dem Jerusalemer Apostelkonzil, das im Sinne des Lukas den Ausgangspunkt für die weltweite Heidenmission bildet, brachen Paulus und Silas vom syrischen Antiochien aus in Richtung Norden auf und suchten die syrischen und kilikischen Missionsgebiete auf. Im lykaonischen Lystra, wo Paulus auf seiner vorherigen Reise mit Barnabas bereits tätig gewesen war, lernte er Timotheus kennen, den er beschneiden ließ[334] und auf die Reise mitnahm. In den Städten der bislang besuchten Gemeinden sollen Paulus und Silas den Christen das sog. Aposteldekret übergeben haben. Auf die Problematik von Act 15 und Gal 2 kann ich im einzelnen hier nicht eingehen. Seit Ferdinand Christian Baur notiert man in der Regel einen schroffen und unüberwindlichen Gegensatz zwischen der Aussage des Paulus, daß ihm auf dem Apostelkonzil keine Verpflichtung auferlegt worden sei (Gal 2,6), und der lukanischen Darstellung, wonach der Apostel selbst den Brief der Jerusalemer, der die Heidenchristen zur Übernahme einiger gesetzlicher Bestimmungen verpflichtete, an die Gemeinden weitergegeben habe (Act 16,4). Lukas mag hier ein Fehler unterlaufen sein, und wir müßten dann folgern - was mir wegen seiner falschen geographischen Vorstellungen (s.o.S.85-88 mit Anm.4.5.7; S.269) ohnehin wahrscheinlich ist -, daß er sich zu diesem Zeitpunkt noch nicht in Begleitung des Paulus befand. Es ist freilich auch zu bedenken, daß der von Lukas erwähnte Brief ausdrücklich nur an „die Heidenchristen in Antiochien, Syrien und Kilikien" (Act 15,23) gerichtet ist. Paulus soll ihn lediglich in den Städten weitergegeben haben, in denen damals schon Gemeinden bestanden; er hatte sie zusammen mit Barnabas als Missionsdelegierter der antiochenischen Gemeinde gegründet (vgl. Act 15,41-16,5 mit Act 13f). Sobald der Heidenapostel aber missionarisches Neuland betritt (Act 16,6ff), ist von dem Aposteldekret keine Rede mehr. Daß Lukas mit der partiellen Verbreitung des Dekrets

---

334 Häufig nimmt man an, daß Timotheus als Sohn einer jüdischen Mutter (Act 16,3) nach jüdischem Recht Jude war. S.J.D. Cohen versuchte unlängst den Nachweis zu erbringen, daß diese Rechtsauffassung erst auf das 1. Viertel des 2. Jh.s zurückgeht, Timotheus also *kein* Jude war und Lukas jedenfalls mit keinem Wort zu verstehen gebe, daß er selbst Timotheus für einen Juden hielt (Was Timothy Jewish [Acts 16:1-3]? Patristic Exegesis, Rabbinic Law, and Matrilineal Descent, JBL 105, 1986, S.251-268). C. Bryan akzeptiert im wesentlichen Cohens Argumentation, gibt aber zu bedenken, daß der rechtlichen Fixierung eine verbreitete Praxis vorangegangen sein muß. Seiner Meinung nach läßt Lukas Paulus den Timotheus beschneiden, um ein Exempel gegen spätere Anklagen wie Act 21,21 zu statuieren: Vielleicht wollte er zeigen, daß "Paul ... himself require(s) circumcision even for a Gentile *if there were the slightest evidence of Jewish connection?*" (A Further Look at Acts 16:1-3, JBL 107, 1988, S.294).

durch Paulus im Recht sei, soll gar nicht behauptet werden. Aber man könnte immerhin überlegen, ob der auffällige Wechsel zwischen Singular und Plural in Gal 2,1-10 vielleicht dahingehend gedeutet werden darf, daß Paulus *als Apostel Jesu Christi* auf dem Apostelkonzil für sich selbst zwar keine Verpflichtung auf sich genommen hat; falls aber die Gemeinde Antiochiens den Jerusalemer Beschluß als bindend anerkannt hat, so mußte Paulus ihn möglicherweise, ob er wollte oder nicht, für diejenigen Gebiete akzeptieren, die er *im Auftrag der Antiochener* auf seiner früheren Reise mit Barnabas missioniert hatte.[335] Vielleicht hat schon die Tatsache, daß Antiochien in die Übernahme des Aposteldekrets einwilligte, zu Spannungen zwischen Paulus und seiner Heimatgemeinde geführt; der sog. antiochenische Zwischenfall (Gal 2,11-14) bewirkte dann den Bruch. Eine weitere missionarische Zusammenarbeit mit Barnabas im Auftrag Antiochiens war nunmehr ausgeschlossen; Paulus mußte von nun an in eigener Verantwortung Mission treiben. Lukas läßt noch deutlich erkennen, daß die sog. 2. Missionsreise nicht mehr von der antiochenischen Gemeinde verantwortet wurde (vgl. Act 15,36 mit 13,1-3 und 18,22f mit 14,27). Er motiviert das mit dem Konflikt um Johannes Markus; das muß keine Erfindung sein, trifft aber sicher nicht den Kern der Sache. Doch läßt das weniger auf Unkenntnis schließen als vielmehr auf den festen Willen, von den tatsächlichen Zerreißproben der apostolischen Zeit abzulenken.

Ab Act 16,6 dringt Paulus in neue Gebiete vor. Zweimal greift der ‚Geist' ein und lenkt so die Missionare nach Alexandria Troas. Entweder schon in Antiochien, auf dem Weg in die Troas oder wohl doch erst dortselbst stößt Lukas zu den drei Missionaren hinzu; zunächst erwähnt er seine Anwesenheit jedoch nicht. In Alexandria Troas hat Paulus dann die Vision eines Mazedoniers, der den Apostel nach Europa ruft. Daraufhin begeben ‚wir' ‚uns' unverzüglich nach Europa. Mit dieser Überfahrt ist Lukas an dem zentralen Punkt seines Buches angekommen. Zu Beginn der Apostelgeschichte hatte der Auferstandene den Aposteln angekündigt, sie würden seine Zeugen sein in Jerusalem, Judäa, Samaria und „bis ans Ende der Welt" (ἕως ἐσχάτου τῆς γῆς, 1,8). Daß Paulus, der später als »der dreizehnte Zeuge« (Christoph Burchard) zu den Zwölfen hinzustieß, bei der Ausbreitung des Evangeliums eine einzigartige Rolle zukommen sollte, war schon in der Geschichte von seiner Bekehrung angesprochen worden: Er ist der Auserwählte des Auferstandenen, der den Namen Jesu „vor Heiden und

---

[335] In Gal 2,6 schreibt Paulus betont: ἐμοὶ γὰρ οἱ δοκοῦντες οὐδὲν προσανέθεντο, mit Ausnahme der Kollekte, die sowohl Paulus als auch Barnabas akzeptierten (V.10).

Könige und Israeliten tragen" (9,15) soll.[336] Im sog. pisidischen Antiochia war vollends klar geworden, wie untrennbar die Person des Paulus von der Weltmission war (13,47: ἕως ἐσχάτου τῆς γῆς). In Alexandria Troas steht Paulus vor dem wichtigsten Schritt zur Erfüllung dieser Ankündigungen. In einer nächtlichen Erscheinung fordert ein Mazedonier ihn auf, diesen Schritt zu vollziehen.

Durch die Visionserzählung legitimiert Lukas den Übergang nach Europa als göttlichen Auftrag. Er bedient sich damit eines Mittels, das in der griechisch-römischen Historiographie eine bedeutende Rolle spielte.[337] Als Nero Claudius Drusus Germanicus im Jahre 12 v.Chr. zur Eroberung Germaniens ansetzte und drei Jahre später mit einem römischen Heer an der Elbe stand, stellte sich ihm nach der Schilderung des Cassius Dio „eine Frau von übermenschlicher Größe ... in den Weg und sagte: ‚Wohin willst du denn, unersättlicher Drusus? Dir ist es nicht vergönnt, alle diese Lande zu schauen. Zieh also ab; denn schon ist das Ende deiner Taten und deines Lebens da!'"[338] Drusus ignorierte diese Warnung und verunglückte auf dem Rückweg tödlich. Aber nicht nur aus großem zeitlichem Abstand heraus wurden solche übernatürlichen Begebenheiten berichtet; auch Zeitgenossen scheuten sich nicht, ihre Leserschaft damit zu konfrontieren. Der Hannibal-Historiker Silen erzählte, wie wir oben (S.298f) gesehen haben, von einer Erscheinung des Karthagers; nachdem der Feldherr Sagunt eingenommen hatte, ließ Juppiter ihn im Traum vor die Götterversammlung holen. Der Gott befahl ihm, Italien mit Krieg zu überziehen (bei Cic. *divin* I 24,49). Coelius übernahm diese Erscheinung von Silen und fügte eine weitere der Juno hinzu (bei Cic. *divin* I 24,48). Vom jüngeren Gracchus berichtete er nach den Worten Ciceros: „Gaius Gracchus erzählte, wie bei

---

336 Daß es sich hier nicht um Missions-, sondern um Märtyrerterminologie handelt, hat Ch. Burchard betont (Der dreizehnte Zeuge, 1970, S.100-103). Freilich muß Paulus eben wegen seiner missionarischen Tätigkeit leiden. „Der Verfolger wird also zum Verfolgten werden. Daß er es dadurch wird, daß er verkündigt, weiß, wer Paulus kennt, und wird merken, wer weiterliest; gesagt ist es nicht" (a.a.O., S.103), aber eben dennoch gemeint. Zudem dienen für Lukas gerade auch die Leiden des Apostels der Verkündigung des Evangeliums: Das zeigen die Kerkergeschichte in Philippi (16,19ff) und die Gefangenschaft in Jerusalem und Cäsarea.

337 Schon Herodot hatte Träume und Erscheinungen verwendet, um das weitere Handeln der Person, der die Erscheinung gilt, von den Göttern bestimmt sein zu lassen; bei ihm wurden solche Erscheinungen nur Königen zuteil (vgl. I 34.107.108; II 139.141; III 30; VII 12ff.19). Vgl. hierzu und insgesamt F. Loretto, Traum und Traumglaube in den Geschichtswerken der Griechen und Römer, Diss. masch. 1956, S.240ff.

338 LV 1,3; vgl. dazu K. Sallmann, Der Traum des Historikers: Zu den ‚Bella Germaniae' des Plinius und zur julisch-claudischen Geschichtsschreibung, ANRW II 32.1, 1984, S.578-601.

dem nämlichen Coelius geschrieben steht, vielen, ihm sei, als er überlegte, ob er für die Quästur kandidieren solle, im Schlaf sein Bruder Tiberius erschienen und habe ihm gesagt: So sehr er auch wünsche, es möge ihm erspart bleiben, dennoch müsse er desselben Todes sterben wie er selbst. Dies geschah, bevor Gaius Volkstribun wurde, und Coelius schreibt, er habe es selbst von Gaius gehört, und dieser habe es vielen erzählt."[339] Bei Coelius dokumentiert sich, wie Wolfgang Herrmann ausführt, in seinem Interesse für Traumerscheinungen seine religiöse Weltsicht: „Leitmotiv seiner Darstellung war die Abhängigkeit der Geschichte von göttlicher Einwirkung"[340]. Träume und Erscheinungen fanden in der Zeit des frühen Prinzipats zunehmend Beachtung. Dafür ist neben der Geschichtsschreibung eines Dionys von Halikarnass[341] und auch eines Livius die Tatsache bezeichnend, daß Valerius Maximus von seinen 9 Büchern *Factorum et dictorum memorabilia* immerhin eines dem Thema Träume widmete, „ein Zeichen des großen Interesses, welches das (gebildete!) Publikum derlei wunderbaren Dingen entgegenbrachte"[342]. Ein weiteres Beispiel möchte ich wegen seiner offenkundigen Verwandtschaft mit der lukanischen Erzählung hier anführen. In seiner Cäsar-Biographie schildert Sueton die sprichwörtliche Überschreitung des Rubikon, mit der Cäsar im Jahr 49 v.Chr. den Bürgerkrieg auslöste und schließlich die Alleinherrschaft errang. Als Cäsar mit seinen Soldaten am Ufer des Flusses, der die Grenze seiner Provinz bildete, angelangt war, habe er zunächst gezögert; die Bedeutung des bevorstehenden Schrittes war offenkundig. Doch da habe sich ein Wunderzeichen (*ostentum*) ereignet: Ein ausnehmend großer und schöner Mann saß plötzlich in der Nähe und blies die Flöte. Als alle zu ihm strömten, entriß er einem Soldaten die Trompete, sprang zum Fluß und begann, das Signal zum Angriff zu blasen. Damit sei für Cäsar die Entscheidung gefallen gewesen: „Man soll gehen, wohin die Zeichen der Götter und die Ungerechtigkeit der Gegner rufen. *Iacta alea est.*" (c.32)

---

[339] HRR I S.174 F 50 (= Cic. *divin* I 26,56): *Gaius vero Gracchus multis dixit, ut scriptum apud eundem Coelium est, sibi in somnis quaesturam pete<re dubita>nti Tiberium fratrem visum esse dicere, quam vellet cunctaretur, tamen eodem sibi leto, quo ipse interisset, esse pereundum. hoc, ante quam tribunus plebi C. Gracchus factus esset, et se audisse scribit Coelius et dixisse eum multis.*

[340] W. Herrmann, Die Historien des Coelius Antipater, 1979, S.209.

[341] Vgl. z.B. V 54,2ff, wo Dionys - übrigens anders als Livius (II 4) - Traumgesichte die Handlung voranbringen läßt.

[342] F. Loretto, Traum und Traumglaube in den Geschichtswerken der Griechen und Römer, Diss. masch. 1956, S.238; vgl. auch Appian *Mithr* 9,27; 27,106; 83,371f.

Auch in Alexandria Troas sind die Würfel gefallen: Gott ruft die Missionare nach Europa. An dieser - literarisch und historisch - zentralen Stelle der Apostelgeschichte wird ein visionäres Erlebnis des Paulus zum Motor des Geschehens. Wenn zuvor zweimal der Geist bzw. der Geist Jesu die Reisepläne des Apostels vereitelte und diesem nun die Erscheinung eines Mazedoniers, der Paulus nach Europa holt, zuteil wird, so ist für die Leser der Übergang des Evangeliums auf europäischen Boden gleichsam von Gott selbst herbeigeführt. Auch wenn Paulus zweifellos visionäre Erlebnisse hatte und sich in seiner Mission von Gott geführt wußte, so ist die kunstvoll gestaltende Hand des Historikers Lukas hier doch nicht zu verkennen[343]; denn die bloße Tatsache, daß Paulus und seine Begleiter nach Troas reisten, läßt deren Willen erkennen, von dort nach Europa überzusetzen. Wir haben oben (S.288f) gesehen, daß für Galen der Weg von Pergamon nach Rom über Troas und Thessaloniki, der Rückweg über Philippi und Troas führte. W.P. Bowers hat völlig recht, wenn er sagt: "The geographical considerations make the journey to Troas most readily explicable as an intended first stage of a journey to Macedonia (if not also beyond)."[344] Wer nach Troas fährt, will entweder dort bleiben oder nach Mazedonien weiterreisen. Wenn Lukas eine Vision für den Aufbruch nach Europa verantwortlich macht, so zeigt sich darin, daß er den Entschluß des Paulus als göttliche Leitung interpretierte.

Dem Zweck, die historische Bedeutung dieses Schrittes zu unterstreichen, dient auch die detaillierte Darstellung in Act 16,11ff. Wir haben oben (S.298f) festgestellt, daß Lukas die präzisen Reiseangaben hätte weglassen können. Wenn er dies nicht tat, so hat das seinen Grund. Daß die Seereise von Alexandria Troas nach Neapolis unter optimalen Windverhältnissen außerordentlich schnell vonstatten ging (εὐθυδρομέω, 16,11), hat nach dem scheinbar planlosen Zickzackkurs der vorangegangenen Landreise *auch* symbolischen Charakter und ist darum erwähnenswert: Selbst die Elemente begünstigten den Siegeszug des Evangeliums und wirkten bei der Erfüllung des göttlichen Planes mit.

---

[343] Dagegen nahm M. Krenkel, in dessen Augen der Redaktor der Apostelgeschichte die authentische Schrift eines Paulusbegleiters unter dem schriftstellerischen Einfluß des Josephus überarbeitete, an, die Paulus-Träume seien schon „in den von Lucas benutzten Aufzeichnungen seines Reisebegleiters" enthalten gewesen (Josephus und Lucas, 1894, S.219).

[344] W.P. Bowers, Paul's Route through Mysia, JThS NS 30, 1979, S.511.

2. Lukas als Historiker der Kollektenreise des Paulus

Am Ende des mehr als zwei Jahre währenden Aufenthaltes in Ephesus hatte Paulus den Beschluß gefaßt, durch Mazedonien und Achaia nach Jerusalem zu reisen. Danach - aber eben erst danach (μετὰ τὸ γενέσθαι με ἐκεῖ)! - sei es ihm bestimmt, Rom zu sehen (Act 19,21). Italien ist das eigentliche Ziel des Apostels; er wird es am Ende des Buches erreichen und so die Ankündigung des Auferstandenen (1,8) erfüllen. Warum er zuvor noch nach Jerusalem fahren wird, begründet Lukas hier nicht. Diese Reise erscheint als unabdingbare Voraussetzung für das Erreichen Roms. Gottes Plan (μετὰ τὸ γενέσθαι με ἐκεῖ δεῖ με καὶ ῾Ρώμην ἰδεῖν, V.21) verknüpft das eine mit dem andern; Paulus ‚muß' nicht nur nach Rom, sondern auch nach Jerusalem, so daß sein eigenes Planen (V.21a) sich nur auf die *Route* nach Jerusalem erstrecken kann. Daß und wie die beiden Stationen miteinander verbunden sind, wird der Fortgang der Erzählung zeigen.

In Mazedonien und Griechenland angekommen (20,2f), wartet auf Paulus die Erfüllung des göttlichen Planes. Ein Anschlag auf sein Leben vermag zwar die von ihm avisierte Route zu ändern (20,3), nicht aber das von Gott bestimmte Ziel. Auch auf dieser Reise hat Lukas den Apostel begleitet - hier ist zumindest nicht eindeutig gesagt, wann, wo und warum er zu Paulus gestoßen ist[345] -, und wieder greift er auf seine ausführliche Quelle zurück, um den schicksalhaften Charakter dieses Abschnittes zu unterstreichen. In der Rede vor den ephesinischen Ältesten, die Lukas in den Reisebericht einfügt, läßt er Paulus gleichsam das Motto dieser Reise formulieren: „Und nun siehe, gebunden durch den Geist gehe ich nach Jerusalem, und ich weiß nicht, was mir dort zustoßen wird; nur bezeugt mir der heilige Geist in jeder Stadt, daß Gefangenschaft und Bedrängnisse mich erwarten ... Und nun siehe, ich weiß, daß ihr mich nicht wieder sehen werdet" (20,23.25). Ein Blick auf Röm 15,30-32 lehrt uns, daß Lukas an dieser Stelle keineswegs phantasiert: Paulus rief die Römer zur Fürbitte auf, „damit ich vor den Ungläubigen in Judäa errettet werde". Lukas macht diese düstere Vorahnung zum beherrschenden Motiv seiner Erzählung; in allen Einzelheiten berichtet er vom Verlauf dieser Fahrt, die zunehmend die Stimmung einer Abschiedsreise annimmt: Weinend nehmen die Ephesiner Abschied von Paulus, schmerzlich berührt von der Ankündigung, daß sie ihn nicht mehr sehen würden (20,37f). Von den tyrischen Christen, bei

---

345 Vgl. aber o.S.254-256; ich nehme an, daß Paulus und die sieben Begleiter auf dem Landweg nach Troas gelangten, während Lukas und einige andere von Philippi aus mit dem Schiff nachkamen.

denen die Reisegesellschaft eine ganze Woche verbringt, berichtet Lukas
nur, daß sie Paulus davor warnten, nach Jerusalem zu gehen (21,4). In Cäsarea demonstriert der Prophet Agabus durch eine prophetische Zeichen-
handlung, was in Jerusalem geschehen wird: Die Juden werden den Apostel
fesseln und „in die Hände der Heiden geben" (21,10f im Vorblick auf 28,17;
vgl. Lk 9,44; 18,32; 24,7!). Nun warnen selbst die Begleiter des Apostels
vor einer Fortsetzung der Reise (21,12); aber Paulus weist alle Einwände
ab und erklärt sich bereit, „für den Namen des Herrn Jesus" auch den Tod
auf sich zu nehmen (21,13). So wird den Lesern zunehmend deutlich, warum Paulus nach Jerusalem ‚muß': Auch diese Reise wird ihn in die Gefangenschaft führen, auch vor die Juden in Jerusalem muß er ‚den Namen Jesu
tragen' (vgl. 9,15).

Wenn Lukas seiner Darstellung der Jerusalemreise des Paulus den
Kollektenbericht zugrundelegte, so stellt sich die Frage, warum er diesen
Zweck der Reise nicht erwähnt. Prinzipiell gibt es ja sowohl die Möglichkeit, daß er nicht darum wußte, wie auch die, daß er Anlaß hatte, die
Kollekte zu verschweigen. Da er bei der Reise anwesend war, kommt nur
letzteres in Frage. Dafür spricht auch Act 24,17, wo Lukas Paulus in der
Anhörung vor Felix sagen läßt, er sei nach Jerusalem gekommen, um „Almosen für mein Volk zu bringen und Opferhandlungen vornehmen zu lassen". Welchen Grund mag Lukas gehabt haben, die Kollekte im Zusammenhang mit der Jerusalemreise zu verschweigen? Zweierlei dürfte hier eine
Rolle gespielt haben:
(1) In Röm 15,26 geht Paulus davon aus, daß Mazedonien *und* Achaia
sich an seinem Kollektenwerk beteiligen. Wir haben oben (S.258) gesehen,
daß Paulus sich in bezug auf Achaia getäuscht haben könnte. Möglicherweise hat sich Korinth letztlich doch nicht an dieser Sammlung beteiligt; vielleicht haben die Achaier aber auch ihren Beitrag unabhängig von Paulus -
und damit gegen ihn - überbracht. In beiden Fällen müßte das Kollektenwerk des Paulus im wesentlichen als gescheitert betrachtet werden[346]; denn
er hatte diese Verpflichtung, die die Einheit der heidenchristlichen mit den
judenchristlichen Gemeinden dokumentieren sollte, auf dem Apostelkonzil
auf sich genommen. Konnte er ihr nicht in dem vereinbarten Maße nachkommen, so mußte das einen dunklen Schatten auf sein gesamtes Missions-
werk werfen. Aber auch wenn wir von solchen hypothetischen Überlegungen, die letztlich unbeweisbar bleiben müssen, absehen: Nachweislich hegte
Paulus schon vor seiner Abreise nach Jerusalem, als er noch von einer

---

[346] Auch J. Becker stellt sich die Frage: „Sollte Lukas auch darum von der Kollekte
praktisch schweigen, weil sie ein Mißerfolg wurde?" (Paulus, 1989, S.485)

geschlossenen Beteiligung seiner europäischen Gemeinden am Kollektenwerk ausging (Röm 15,26), Zweifel, ob die Geldsammlung von den Jerusalemern wohlwollend aufgenommen werden würde (Röm 15,31). Die Darstellung von Acta könnte durchschimmern lassen, daß diese Zweifel begründet waren; vielleicht schuf Jakobus mit dem Vorschlag, Paulus solle die Kosten des Nasiräats für vier Judenchristen übernehmen (Act 21,23f), eine Ersatzlösung für die Verwendung des Geldes.[347] Dafür könnte zum einen die Überlegung sprechen, daß Paulus so viel persönliche Barschaft kaum (besessen und) mit sich geführt haben kann, um die (hohen) Kosten für das Nasiräat aus eigenen Mitteln zu bestreiten; hat er aber das Geld irgendwoher genommen, so ist es naheliegend, an die Kollekte zu denken. (Die Kollektenvertreter der Gemeinden mußten in diesem Falle zweifellos ihre Zustimmung geben.) Zum anderen stellt auch Act 24,17, das im ersten Teil (ἐλεημοσύναι) an die Kollekte, im zweiten Teil (προσφοραί, vgl. 21,26) an das Nasiräat erinnert, eine Verbindung zwischen beiden her.[348] Sollten die Jerusalemer die Liebesgabe der paulinischen Gemeinden nicht entgegengenommen haben, so hatte Lukas allen Grund, diesen Makel von Paulus fernzuhalten. Vielleicht entschied er sich deshalb dafür, die Kollekte gar nicht erst zu erwähnen; das würde seiner allgemeinen Tendenz entsprechen, innerkirchliche Konflikte entweder zu verschweigen oder zu bagatellisieren.[349] Er interpretiert die Jerusalemreise darum als den von Gott

---

[347] So auch E. Haenchen, Die Apostelgeschichte, [7]1977, S.587.

[348] K. Schrader verstand Act 24,17 lediglich als Hinweis auf die Nasiräatskosten; von der Kollekte habe Lukas dagegen nichts gewußt (Der Apostel Paulus V, 1836, S.556). Aber eine solche Entgegensetzung ist nicht sinnvoll: Auch Lukas mußte wissen, daß Paulus die Nasiräatskosten nicht ‚aus der Portokasse' bestreiten konnte.

[349] Ich erinnere hier nur an den παροξυσμός zwischen Paulus und Barnabas, für den Lukas eine wesentlich harmlosere Begründung (Act 15,37-40) gibt als Paulus selbst (Gal 2,11-14). Die Erklärung, Lukas habe nicht mehr Bescheid gewußt und den παροξυσμός erfunden, um Paulus und Barnabas getrennte Wege gehen lassen zu können (E. Haenchen, Die Apostelgeschichte, [7]1977, S.460), befriedigt nicht. Lukas hätte zu diesem Zweck keinen Streit erfinden müssen, sondern etwa missionspraktische Gründe angeben (‚Arbeitsteilung') oder auch kommentarlos darüber hinweggehen können; er läßt ja auch Silas - immerhin ein Jerusalemer und Zeuge des Aposteldekrets (Act 15,32)! - noch während der ersten Europareise sang- und klanglos verschwinden. Die Tatsache, daß Silas zuletzt in Korinth erwähnt wird (Act 18,5), wo sich auch in den Paulusbriefen seine Spur verliert (II Kor 1,19), während er später mit Petrus in Verbindung gebracht wird (I Petr 5,12), könnte übrigens darauf hinweisen, daß das Ende der missionarischen Zusammenarbeit zwischen Paulus und Silas handfeste (theologische?) Gründe hatte. Nur sagt Lukas (wie auch Paulus) nichts darüber, und ebensogut hätte er auch die Trennung von Paulus und Barnabas mit Stillschweigen übergehen können. Da Lukas den Konflikt erwähnt, ließ er sich wohl nicht verschweigen; Lukas zieht es aber vor, statt der theologischen Hintergründe persönliche Differenzen in den Vordergrund zu stellen, die durchaus

bestimmten Weg in das Leiden; der Apostel scheitert nicht, sondern erfüllt die ihm zugeteilte Aufgabe, als Märtyrer den Namen Jesu „vor Heiden und Könige und Israeliten" zu tragen (9,15).

(2) Auffälligerweise läßt Lukas Paulus sagen, er habe Almosen *für sein Volk* - und nicht für seine Glaubensbrüder! - nach Jerusalem gebracht. Das ist zwar nicht direkt falsch - die Loslösung der Jerusalemer Judenchristen vom Tempel war noch nicht vollzogen -, aber doch auch keine zutreffende Beschreibung des Kollektenwerks. Warum schreibt Lukas so etwas?

Während seines Prokonsulats in Bithynien trat die freie und föderierte Stadt Amisa auf Plinius zu und übergab ihm eine Bittschrift bezüglich der ἔρανοι (Gesellschafts- bzw. Vereinsbeitrag oder Armensammlung). Plinius reichte das *libellum* an Trajan weiter mit der Bitte zu entscheiden, in welchem Maße diese Sammlungen zu erlauben oder zu verbieten seien (*ep* X 92). Trajan erwiderte darauf: Wenn es den Amisenern nach dem Bundesvertrag erlaubt sei, Armensammlungen durchzuführen, so könne man das nicht verhindern, umso weniger, wenn ein solcher Beitrag (*collatio*) nicht zu Unruhen und verbotenen Zusammenkünften, sondern zur Unterstützung Hilfsbedürftiger (*ad sustinendam tenuiorum inopiam*) verwendet werde. In allen übrigen Städten, die den römischen Gesetzen verpflichtet sind, sei das aber zu verbieten (*ep* X 93). Nun ist zwar bekannt, daß das Vereinsrecht unter Trajan verschärft worden ist. In welchem Maße Vereine und vereinsartige Gruppierungen in neronischer Zeit staatlicher Kontrolle unterlagen, wissen wir nicht. Es ist immerhin fraglich, ob die paulinische Kollekte rechtlich überhaupt zulässig war. Als ‚Almosen für mein Volk' deklariert, stand sie freilich unter dem Schutz der Privilegien, die zunächst Cäsar und dann Augustus den Juden eingeräumt hatte.

Im Jahre 61 v.Chr., also noch zur Zeit der späten Republik, hatte Flaccus, der Prokonsul der Asia, ein Edikt herausgegeben, das den Goldexport aus seiner Provinz untersagte. Da die jüdische Tempelsteuer aus Italien und den Provinzen in Form von Gold nach Jerusalem geliefert wurde, beschlagnahmte Flaccus die Tempelgelder. Dabei handelte es sich um bedeutende Summen: In Apamea wurden fast 100 Pfund Gold beschlagnahmt, in Laodicea etwas mehr als 20 Pfund, in Adramyttium 100 Pfund, in Pergamon nur eine unbedeutende Menge (Cic. *Flacc* 66-69). Im Jahr 59 kam es zum Prozeß, in dem Cicero die Verteidigung des Flaccus übernahm. Zu einer Rechtssicherheit dürfte dieser Prozeß, dessen Ausgang uns nicht bekannt ist, nicht geführt haben. Augustus erließ später Dekrete, die es den Juden gestattete, ihre ἱερά nach Jerusalem zu senden (Jos. *ant* XVI 162-173), ein Zugeständnis, das bis zur Zerstörung des Tempels gültig war (Jos. *bell* VI 335).

---

nicht erfunden sein müssen (vgl. Kol 4,10, wo Markus offenbar besonderer Fürsprache vor der Gemeinde von Kolossä bedarf).

Lukas schreibt seine beiden Bücher für einen Leserkreis, der unter gebildeten Gottesfürchtigen und Sympathisanten für das Judentum und Christentum zu suchen ist. Dabei ist er bestrebt, die neue messianische Bewegung als eine staatsloyale Gruppierung darzustellen, die noch innerhalb des durch staatliche Privilegien geschützten Judentums steht. Möglicherweise hatte er allen Grund dazu, dieses Bild nicht durch die Darstellung einer rechtlich zumindest bedenklichen Geldsammlung in Frage zu stellen. Eine karitative Maßnahme zugunsten des eigenen Volkes mußte dagegen für die römische Staatsgewalt wie auch für jeden frommen jüdischen und christlichen Leser als eine legitime oder sogar lobenswerte Tat erscheinen.

3. Lukas als Historiker der Romreise des Paulus

Nachdem der Prokurator Felix den Prozeß des Paulus zwei Jahre lang verschleppt hatte und sich unter seinem Nachfolger Festus eine bedrohliche Situation abzuzeichnen schien, appellierte Paulus an den Kaiser (Act 25,11). Damit stand fest, unter welchen Umständen der Apostel nach Rom reisen ‚müsse'. Festus übergab Paulus und einige andere Gefangene, unter ihnen vielleicht den thessalonischen Christen Aristarch (27,2), dem Hauptmann Julius. Diesem stand es frei, die Route festzusetzen. Vermutlich plante er eine Landreise; denn der normale Seeweg von Judäa nach Rom führte nicht über Kleinasien (vgl. 27,2), sondern über Alexandria.[350] Als man im Hafen von Cäsarea jedoch zufällig ein Schiff fand, das die kleinasiatischen Häfen anlaufen würde, sollte dieser Reiseabschnitt - ohne Zweifel auf Kosten der Reisenden - zur See zurückgelegt werden. In Myra angekommen, stieß man - erneut ein Zufall - auf ein Getreideschiff aus Alexandria, das die Möglichkeit zu eröffnen schien, noch im selben Jahr nach Rom zu gelangen. So ging man an Bord und trat eine abenteuerliche Fahrt in die ferne Reichshauptstadt - ἡ ὁδὸς πολλὴ σφόδρα (I Makk 8,19) - an.

Auch auf der Reise von Cäsarea nach Rom hat Lukas Paulus begleitet. Seine Erzählung von dieser Fahrt „hebt sich bekanntlich durch die fachmännische Behandlung und durch die dramatische Schilderung der Seefahrt" von „der übrigen Erzählung der Apostelgeschichte als eine selbständige Größe ab"[351]. Hier sieht man bei Lukas am ehesten eine Nähe zum Roman bzw. zur Unterhaltungsliteratur am Werk: In der Übernahme sei-

---

[350] Vgl. J. Rougé, Actes 27,1-10, VigChr 14, 1960, S.198.

[351] P. Pokorný, Die Romfahrt des Paulus und der antike Roman, ZNW 64, 1973, S.233 und 234.

ner Vorlage habe er die Möglichkeit gesehen, „den Geschmack hellenistischer Leser zu berücksichtigen und sich erneut mit einem weiteren damals
höchst beliebten Thema bekannt zu zeigen. Hatte doch der Inhalt der lukanischen Quelle größte Ähnlichkeit mit den damals in Romanen und anderer
Unterhaltungsliteratur geradezu stereotyp auftretenden Erzählungen von
Seeabenteuern, wie jene von Seesturm und oft auch Schiffbruch berich-
tend."[352] Die Nähe der lukanischen Erzählung zu vergleichbaren Partien in
der Romanliteratur ist nicht von der Hand zu weisen. Verfälscht wird das
Bild von dem Schriftsteller Lukas jedoch, wenn man einen mehr oder weniger direkten „Einfluß der antiken Romanliteratur auf unsere Darstel-
lung"[353] behauptet und ihren Autor in die Nähe eines Romanciers rückt.
Das ist schon aus chronologischen Gründen problematisch: Zumindest die
Blüte des griechischen und lateinischen Romans setzt erst im 2. Jahrhundert
ein.[354] Ferner hat Ernst Haenchen zurecht auf einige Unterschiede hin-
gewiesen, die zwischen der lukanischen Seefahrtschilderung und analogen
Erzählstücken etwa bei Achilleus Tatios oder Heliodor bestehen.[355]
Schließlich: Wenn Richard Pervo erst jüngst wieder behauptete, "historians
had no need to liven up their material with a shipwreck, but composers of
fiction did"[356], dann ist das einfach nicht richtig. In Wahrheit ist weder das
Thema der lukanischen Erzählung noch die Art seiner Behandlung ein
Spezifikum der Unterhaltungsliteratur.

Auch zu Act 27f läßt sich eine - in diesem Zusammenhang bislang
unbeachtete - Passage aus der römischen Historiographie beibringen. Als
Livius auf Scipios Überfahrt nach Nordafrika im Jahr 204 zu sprechen
kommt, schreibt er: „Daß die Überfahrt glücklich vonstatten ging, ohne
Schrecknis und Sturm, habe ich von sehr vielen griechischen und lateinischen Autoren übernommen. Einzig Coelius beschreibt alle Schrecknisse
des Himmels und des Meeres; es fehlt nur noch der Untergang der Schiffe
in den Fluten. Er erzählt, daß die Flotte schließlich durch den Sturm von
Afrika weg zur Insel Ägimurus [ca. 50 km nordöstlich von Karthago] ver-
schlagen wurde und von dort nur mühsam auf den rechten Kurs zurück-
fand. Und als die Schiffe kurz vor dem Sinken waren, hätten sich die Soldaten ohne Anweisung des Befehlshabers in kleinen Booten, ohne Waffen und

---

352 E. Plümacher, Lukas als hellenistischer Schriftsteller, 1972, S.14; H. Koester
spricht von der „romanhaft ausgestaltete(n) Geschichte des Schiffbruchs" (Einführung in
das Neue Testament, 1980, S.483).

353 G. Schille, Die Apostelgeschichte, ³1989, S.460.

354 Vgl. B.P. Reardon, The Greek Novel, Phoe. 23, 1969, S.294 Anm.10.

355 E. Haenchen, Acta 27, in: Zeit und Geschichte. FS R. Bultmann, 1964, S.240.

356 R. Pervo, Profit with Delight, 1987, S.51.

in größter Unordnung, an Land geflüchtet, gerade so wie Schiffbrüchige."[357] Mit Hilfe dieser „in bildhafter Deutlichkeit ins Unvorstellbare"[358] gesteigerten Darstellung versucht Coelius, den entscheidenden Wendepunkt im 2. Punischen Krieg hervorzuheben: „Mit Scipios Überfahrt (...) wird der Sieg über Karthago eingeleitet"[359]. Neben dieser Funktion in der οἰκο-νομία des Werkes ist ein weiterer Aspekt zu berücksichtigen. Cicero lobte Coelius einmal dafür, daß er nicht nur ein *narrator*, sondern auch ein *exornator rerum* war (*or* II 12,54). Ein Historiker muß nicht nur sagen, was geschehen ist (τὸν ἐόντα λέγειν λόγον, Hdt. I 95,1), sondern er muß es auch schön und manchmal sogar spannend sagen. Als Cicero seine eigene Geschichte von der Verschwörung bis zur Rückkehr aus der Verbannung von Lucius Lucceius literarisch verewigt haben will, schreibt er dem Historiker: „Eine annalistische Aufreihung von Tatsachen nämlich, gleichsam eine tabellarische Aufzählung, vermag uns doch nur mäßig zu interessieren; eines hervorragenden Mannes oft gefahrvolle und wechselhafte Erlebnisse dagegen wecken Bewunderung, Spannung, Freude, Unbehagen, Hoffnung und Furcht, und finden sie dann gar ihren Abschluß mit einem denkwürdigen Ausgang, dann empfindet man bei der Lektüre ein ungetrübtes Entzücken."[360] Um dieses Gefühl zu erregen, darf ein Historiker auch ein wenig übertreiben, eventuell sogar etwas hinzudichten. Cicero ermun-

---

357 *Prosperam navigationem* [sc. *Scipionis in Africam*] *sine terrore ac tumultu fuisse permultis Graecis Latinisque auctoribus credidi. Coelius unus, praeterquam quod non mersas fluctibus naves, ceteros omnis caelestis maritimosque terrores, postremo abreptam tempestate ab Africa classem ad insulam Aegimurum, inde aegre correctum cursum exponit et prope obrutis navibus iniussu imperatoris scaphis, haud secus quam naufragos, milites sine armis cum ingenti tumultu in terram evasisse.* (HRR I S.171 F 40 = Liv. XXIX 27,13-15)

358 W. Herrmann, Die Historien des Coelius Antipater, 1979, S.183.

359 A.a.O., S.48.

360 *Etenim ordo ipse annalium mediocriter nos retinet quasi enumeratione fastorum; at viri saepe excellentis anticipites variique casus habent admirationem, exspectationem, laetitiam, molestiam, spem, timorem; si vero exitu notabili concluduntur, expletur animus iucundissima lectionis voluptate* (*fam* V 13,5). Vgl. auch die vorangegangenen Bemerkungen Ciceros: „Meine Schicksale werden dir auch reiche, nicht ganz reizlose Abwechslung bieten, die die Menschen in deiner Darstellung beim Lesen in ihren Bann ziehen könnte. Nichts ist ja besser geeignet, den Leser zu fesseln, als der bunte Wechsel von Ereignissen und Schicksalen. Freilich, ich persönlich habe, als ich mich ihm ausgesetzt sah, nicht eben viel Freude daran gehabt, aber davon zu lesen, ist doch nicht unangenehm; hat doch die sorglose Erinnerung an vergangene Leiden etwas Angenehmes an sich. Bei allen andern aber, die persönlich keine Unbill erfahren haben und fremde Schicksale ohne Schmerz betrachten können, löst gerade das Nachempfinden ein Gefühl der Lust aus." (13,4)

terte L. Lucceius geradezu, „die Gesetze der Geschichtsschreibung" einmal außer acht zu lassen und seine Taten krasser herauszustreichen, sogar „ein wenig mehr, als die Wahrheit es gestattet"[361]. In diesem Sinne hat Coelius Antipater gehandelt, wenn er die Überfahrt Scipios nach Nordafrika dramatisch überhöht.

Mit der ausführlichen Seefahrt-Erzählung markiert Lukas einen weiteren wichtigen Schritt in der Geschichte des Christentums. Die Ankündigung des Auferstandenen, daß seine Zeugen „bis ans Ende der Welt" (1,8) gelangen würden, konnte von den Lesern bereits als Hinweis auf Rom verstanden werden. Spätestens ab 19,21 war es dann deutlich, daß Paulus in die Hauptstadt gelangen ‚müsse'. Nun war der Augenblick gekommen, von der Erfüllung dieser Ankündigungen zu erzählen. Lukas trägt der Bedeutung dieses Geschehens dadurch Rechnung, daß er ihm breiten Raum zumißt.

Darüber hinaus waren die Umstände dieser Reise dazu angetan, seine Leser in Atem zu halten. Für unser Verständnis von Geschichtsschreibung ist die lukanische Darstellung des Sturms und der diversen Manöver der Seeleute, die das Schiff zu retten versuchen, vielleicht entbehrlich; antike Historiker jedoch mußten ihre Leser auch fesseln. Dionys von Halikarnass kritisierte Thukydides dafür, daß er immer nur Ähnliches, nämlich Schlachten, Gefechte und Reden, beschrieben habe und so seine Leser (bzw. Zuhörer) ermüde; dagegen sei an Herodot zu loben, daß er durch die Vielgestaltigkeit des von ihm dargebotenen Materials für Abwechslung gesorgt habe (*Pomp* 3,11f). Mit der dramatischen Schilderung des Seesturms und Schiffbruchs in Act 27 konnte Lukas dem Unterhaltungsbedürfnis der Leser zweifellos gerecht werden. „Nichts eignet sich nämlich mehr zur Unterhaltung des Lesers", schrieb Cicero, „als die Mannigfaltigkeit der Zeiten und die Wechselfälle des Glücks."[362] Daß dies nicht nur im Roman, sondern auch in der historischen Literatur gefragt war, zeigt uns neben Cicero der Hinweis auf Coelius Antipater; auch der Epitomator der 5 Bücher des Jason von Kyrene äußerte am Schluß des 2. Makkabäerbuches die Hoffnung, daß die Art und Weise seiner Darstellung „die Ohren derer, die dieses Buch zur Hand nehmen, erfreue" (II Makk 15,39). Gerade die „Gattung der historischen Monographie", der Acta zuzurechnen ist[363], dient „auch der *delectatio*"[364].

---

[361] *fam* V 13,3: *plusculum etiam, quam concedet veritas.*

[362] *Nihil est enim aptius ad delectationem lectoris quam temporum varietas fortunaeque vicissitudines* (Cic. *fam* V 13,4).

[363] So richtig E. Plümacher, Art. Apostelgeschichte, in: TRE III, 1978, S.515.

[364] W. Herrmann, op. cit., S.49.

Damit soll freilich nicht behauptet werden, daß die lukanische Erzählung von Sturm und Schiffbruch ein reines Phantasieprodukt ihres Autors darstelle. Wenn er seine Teilnahme an diesem Geschehen zu verstehen gibt, so ist seine persönliche Glaubwürdigkeit automatisch mit der Historizität des Reiseverlaufs verknüpft. Auch Cicero sagt übrigens, daß, wenn er über sich selbst schriebe, er seine Taten nicht in dem Maße herausstreichen könnte, wie es Lucius Lucceius als Unbeteiligter tun dürfe (*fam* V 13,8). Aber die Erzählung des Lukas ist auch kein getreues Protokoll der tatsächlichen Ereignisse. Zweifellos hat er die Gestalt des Paulus glorifiziert. Ob der Apostel wirklich den Schiffbruch und die Rettung an einer Insel vorausgesagt hat, wissen wir nicht; es ist denkbar, aber nicht notwendig. Ebensowenig wissen wir, welchen Hintergrund die Episode vom Schlangenbiß auf Melite hat. Auch der Alexanderhistoriker Kallisthenes von Olinth und der Hannibalhistoriker Silen, die beide ihren Helden begleitet hatten, fügten Wundererzählungen in ihre Darstellungen ein[365], und Coelius lockerte übrigens „den historischen Handlungsablauf durch Reden"[366] (vgl. Act 27,21-26) auf. In Act 27f zieht Lukas gleichsam alle Register historiographischer Mittel, um seinem Werk in einem grandiosen Finale den Schlußpunkt zu setzen.

4. Der Zeuge Lukas als Historiker der Paulusreisen

4.1. Lukas und die tragische Geschichtsschreibung

Eckhard Plümacher hat Lukas als einen Schriftsteller beschrieben, der in Erzähltechnik und -stil Anleihen bei verschiedenen Zweigen der hellenistischen Literatur machte. Mit der *tragischen Geschichtsschreibung* verbinde ihn namentlich Form und Funktion der in Acta eingestreuten Reden und

---

365 Kallisthenes erzählte z.B., das Pamphylische Meer habe sich vor dem nahenden Alexander emporgehoben, um ihm den Weg freizumachen und ihn als Herrscher anzuerkennen (FGH 124 F 31). „Ein charakteristisches Merkmal dieser Geschichtsschreibung sind die eingefügten Wundererzählungen und die Verwandtschaft zu den Tragödienschreibern." (W. Herrmann, op. cit., S.51 Anm.5 mit weiterer Literatur; vgl. auch M. Hengel, Entstehungszeit und Situation des Markusevangeliums, in: Markus-Philologie, hg.v. H. Cancik, 1984, S.16f mit Anm.70-72). Der von Kallisthenes wunderhaft ausgemalte Sachverhalt wird rationalistisch gedeutet von Arrian (*anab* I 26,1-2), eine andere Fassung ist bei Strabo (XIV 14,9) zu finden. Josephus verweist auf diese Geschichte, um die historische Möglichkeit, daß Mose und die Israeliten das Rote Meer trockenen Fußes durchschreiten konnten, zu untermauern (*ant* II 347f).

366 W. Herrmann, op. cit., S.97.

der sog. dramatische Episodenstil.[367] Mit Hilfe der Reden, so hatte bereits
Martin Dibelius festgestellt, wolle Lukas „die Kräfte sichtbar machen …,
die hinter den Ereignissen wirksam sind"[368]. Plümacher hat gerade auch die
von Dibelius ausgegrenzten Missionsreden in diesem Sinne interpretiert:
„Der Leser soll an den Wendepunkten, oder besser: den Fortschrittsmo-
menten der Kirchengeschichte nachdrücklich auch etwas von dem erfahren
und behalten, was diese Fortschritte nach der Meinung des Lk überhaupt
erst bewirkt hat: der apostolischen Predigt."[369] Ist dies der kompositorische
Zweck der Reden in Acta, so steht Lukas damit in der Tradition eines Dionys von Halikarnass oder Titus Livius. Ähnliches gilt für die Technik des
Lukas, einzelne Episoden (z.B. den Gallio-Vorfall) weniger für den Fortgang des Geschehens als vielmehr zur Veranschaulichung einer Idee oder
eines Postulates (‚These von der Nicht-Zuständigkeit staatlicher Organe in
religiösen Fragen') zu beanspruchen. Plümacher spricht hier vom ‚dramatischen Episodenstil', dessen Merkmale „gewollter Mangel an Kontext-
bezogenheit, oder wenigstens merkliche Hervorhebung des Geschehens aus
seiner Umgebung sowie dramatische Gestaltung der Szene"[370] seien; in der
Verwendung dieser Erzähltechnik berühre sich Lukas z.B. mit dem Alexanderhistoriker Kleitarch, mit Duris von Samos, Livius oder dem Alexanderhistoriker Quintus Curtius Rufus, einem Zeitgenossen des Lukas.

Ist das zweite Buch des Lukas somit weitgehend in der Tradition der
tragischen Geschichtsschreibung anzusiedeln, so folge er in manchen Teilen
Vorbildern aus der *Unterhaltungsliteratur*. „Deutlich zeigt sich dies z.B. in
Ag 27. Das ‚Bildungsmotiv', das Lk hier aufzugreifen meint, vermag in
Wirklichkeit wohl kaum mehr als einen höchst durchschnittlichen Leser-
geschmack zu befriedigen - begegnet es im Bereich hellenistischer Literatur doch *lediglich* in der Unterhaltungsliteratur, in Roman und Mimus."[371]
Nun hat uns freilich das Referat einer Coelius-Passage bei Livius gezeigt,
daß Plümacher hier irrt: Auch die dramatische Schilderung von Seefahrt
und -sturm hat ihren Platz in einem Werk der tragischen Geschichtsschreibung. Dasselbe hat sich für andere Erzählzüge gezeigt, die nach unserem -
an Thukydides orientierten - Verständnis von Geschichtsschreibung aus

---

367 Zu den Reden in Acta und dem dramatischen Episodenstil vgl. auch H. Steichele,
Vergleich der Apostelgeschichte mit der antiken Geschichtsschreibung, Diss. München
1971, S.71-84; D.E. Aune, The New Testament in Its Literary Environment, 1987,
S.124-130.

368 M. Dibelius, Aufsätze zur Apostelgeschichte, ⁵1968, S.142.

369 E. Plümacher, Lukas als hellenistischer Schriftsteller, 1972, S.35.

370 A.a.O., S.132.

371 A.a.O., S.30 (Hervorh. v. m.).

deren Gebiet herausfallen: die Visionserzählung in Act 16,9 und die - gewiß mit einem Augenzwinkern erzählten - Wundergeschichten (Act 20,7ff; 28,3ff), die doch keine sein müssen. Lukas ist nicht ein hellenistischer Schriftsteller, der sich bei allerlei Literaturgattungen etwas abgeschaut hat und zu etwas eigenem vermischt, sondern er ist *ganz und gar ein hellenistischer Historiker*, Historiker in einer Tradition freilich, die anderen Regeln folgt als die pragmatische Geschichtsschreibung.

Die pragmatische Geschichtsschreibung[372], von Thukydides begründet und später von Polybius wiederbelebt, hat es sich zum Ziel gemacht, die Mechanismen politischer Prozesse zu analysieren und künftigen Politikern so das Verständnis der eigenen, noch offenen Gegenwart zu ermöglichen. Sie geht von der Kohärenz des historischen Gewebes und der prinzipiellen Gleichartigkeit geschichtlicher Vorgänge aus. Ihr primäres Ziel ist die Unterweisung; die Leser sollen einerseits informiert werden, andererseits zu einer Bewertung des Geschehens befähigt werden. Ganz anders die tragische Geschichtsschreibung. Sie hält die bloße Mitteilung von Fakten für unzureichend, um Geschichte zu verstehen; sie gründet vielmehr auf der „These, daß Geschichte ihren vollen Wirklichkeitsgehalt nur habe und fruchtbar nur werden könne *als Erlebnis*"[373]. Anders ausgedrückt: Der Primat des Intellekts für das Verständnis der Wirklichkeit wird bestritten; an seine Stelle tritt das Gefühl. Miterleben und Mitleiden werden zu dem Schlüssel, der die Tür zur Vergangenheit öffnet. Die tragischen Historiker versuchen, ihren Lesern diesen Schlüssel durch eine drastische, im Einzelfall stark übertreibende Darstellung in die Hand zu geben. *Mimesis*, wie Duris diese Erzählweise nannte (FGH 76 F 1), meint „Nachahmung der Wirklichkeit wie im Schauspiel, durch die der Leser zum Miterlebenden gemacht wird wie ein Zuschauer im Theater"[374]. Um seinen Lesern diesen

---

[372] Zum Verhältnis von pragmatischer und tragischer Geschichtsschreibung vgl. B. Gentili/G. Cerri, History and Biography in Ancient Thought, 1988, S.7-33.

[373] H. Strasburger, Die Wesensbestimmung der Geschichte durch die antike Geschichtsschreibung, [3]1975, S.78. Diese Erkenntnis ist übrigens nicht davon abhängig zu machen, ob sich die Historiker dieser geschichtsphilosophischen Implikation bewußt waren oder nicht. Für Duris von Samos handelte es sich bei der tragischen Geschichtsschreibung zweifellos um ein *Programm*. Andere mögen diesem Vorbild einfach deshalb gefolgt sein, weil ihnen diese Art der Darstellung gefälliger erschien. Das ändert nichts an der Tatsache, daß sie damit zugleich eine bestimmte Vorstellung von Geschichte verraten. Das Maß der Reflexion auf das eigene Tun ändert nicht dessen Qualität.

[374] H. Strasburger, op. cit., S.78. F.W. Walbank spricht von "vivid presentation of events, emotive writing" (History and Tragedy, Historia 9, 1960, S.219). Zur *Mimesis* vgl. auch B. Gentili/G. Cerri, History and Biography in Ancient Thought, 1988, S.14ff.

Eindruck zu vermitteln, sind dem tragischen Historiker Mittel erlaubt, die
in der pragmatischen Geschichtsschreibung verpönt sind: „Den Rhetoren ist
es zuzugestehen, in Geschichtswerken Unwahres mitzuteilen (*ementiri*),
wenn sie damit etwas präziser sagen können", läßt Cicero einmal Atticus
sagen.[375] Das klingt für unsere Ohren äußerst problematisch, und gewiß
war damit häufig eine parteiliche Verzerrung der Wirklichkeit verbunden.[376] Was im günstigen Falle damit gemeint ist, führt uns Quintilian vor
Augen: Die lapidare Aussage, daß eine Stadt gestürmt wurde, enthält im
Kern alle Umstände, unter denen ein solches Geschehen zu verlaufen pflegt:
Brennende Häuser, einstürzende Dächer, eine panische Menschenmenge.
Aber erst wenn diese Umstände erzählt werden, wenn die Leser das konkrete Bild vor Augen sehen, erhalten sie einen (emotionalen) Zugang zu
den Schrecknissen des Vorgangs. Deshalb müssen Historiker ‚wirklich-
keitsgemäß' (*verisimilia*) erzählen; „und es ist ihnen auch erlaubt, etwas
Falsches hinzuzudichten, wenn es den aus der Erfahrung bekannten Um-
ständen entspricht."[377] Das Unwahre bzw. Falsche, das ein Historiker nach
dieser Auffassung erfinden darf, ist in den typischen Details zu suchen;
Zweck und Rechtfertigung solcher Typisierung ist die Vermittlung eines
Gesamteindrucks, in dem die Wahrheit eines Geschehens ergriffen wird.

Man hat Lukas mitunter pauschal mit der antiken Geschichtsschreibung verglichen und dabei fast ausschließlich an Herodot, Thukydides und
Polybius bzw. an Cäsar, Sallust, Livius und Tacitus gedacht. Nimmt man
noch Lukians Traktat *Quomodo historia conscribenda sit* hinzu, so mußte
die pragmatische Geschichtsschreibung als die historiographische Norm
schlechthin erscheinen, der die genannten Historiker teils mehr (Thukydides, Polybius, Tacitus), teils weniger (Herodot, Livius) genügten. Für
Lukas konnte dann eigentlich kein rechter Platz gefunden werden. So eröff-
nete Hanneliese Steichele ihre Dissertation, die den *Vergleich der Apostelgeschichte mit der antiken Geschichtsschreibung* zum Gegenstand hat, mit

---

Schon Strabo stellte den Vergleich mit der Tragödie an (XVII 1,43 = FGH 124 F 14a:
προστραγῳδεῖ ... ὁ Καλλισθένης).

[375] *concessum est rhetoribus ementiri in historiis, ut aliquid dicere possint argutius*
(*Brut* 11,42).

[376] Strabo erhob im Blick auf Kallisthenes gegen die Alexanderhistoriker insgesamt
den Vorwurf, sie hätten vieles um der Schmeichelei willen hinzugefügt (προστιθέντες
μὲν πολὺ καὶ τὸ τῆς κολακείας εἶδος, XVII 1,43 = FGH 124 F 14a); vgl.
Luk. *hist conscr* 11f über den Alexanderhistoriker Aristobulos: Er habe dem König durch
die lügenhafte Darstellung eines Zweikampfs schmeicheln wollen, Alexander habe ihm
jedoch das Buch aus der Hand gerissen und es in den Hydaspes geworfen.

[377] *et licebit etiam falso adfingere quidquid fieri solet* (*Inst or* VIII 3,70).

dem bezeichnenden Satz: „Wenn in der folgenden Untersuchung die Apostelgeschichte mit der antiken Geschichtsschreibung verglichen wird, so geht es nicht darum, die Apostelgeschichte gattungsmäßig in die antike Geschichtsschreibung einzuordnen - der Unterschied zwischen volkstümlichem Erbauungsbuch und antiker Hochliteratur ist offenkundig"[378]. Ist dieser Graben erst einmal aufgerissen, so kann sich der - eigentlich überflüssig gewordene[379] - Vergleich nur noch auf Einzelzüge, eben die *Erzählkunst in der Apostelgeschichte*, wie Steichele es im Untertitel ihrer Dissertation formuliert, erstrecken. Diese eklektische Kenntnisnahme antiker Geschichtsschreibung verzerrt allerdings das wirkliche Bild bis zur Unkenntlichkeit. Tatsächlich war die tragische Geschichtsschreibung, "aimed at stirring the emotions by the vivid representation of scenes sensational in themselves"[380], die Regel; für derlei Geschichten "there was a growing taste, stimulated of course by the Alexander-historians, and such figures as Pytheas of Marseilles"[381]. Es waren nur wenige, wie z.B. Polybius und Lukian, die zwischen Geschichtsschreibung und Tragödie streng trennen wollten. "As a result we have had to invent the expression 'tragic history' in order to reunite what few Greek writers were interested in dividing."[382]

Wenn die tragische Gestaltung des historischen Stoffes den Normalfall antiker historiographischer Praxis repräsentiert, *dann können wir Lukas*

---

[378] H. Steichele, Vergleich der Apostelgeschichte mit der antiken Geschichtsschreibung, Diss. München 1971, S.1.

[379] Daß der Vergleich unter der genannten Voraussetzung eigentlich überflüssig sei, mag überzogen klingen, ist es aber nicht. Wenn die Werke von Thukydides und den anderen *die* antike Geschichtsschreibung repräsentieren und die Apostelgeschichte damit nicht zu vergleichen ist, dann ist nicht einzusehen, warum Sinn und Funktion der Reden oder des dramatischen Episodenstils bei Lukas mit ihrem Gebrauch etwa bei Livius identisch sein sollen; die antike Geschichtsschreibung trüge dann überhaupt nichts zum Verständnis des Schriftstellers Lukas bei.

[380] F.W. Walbank, History and Tragedy, Historia 9, 1960, S.233.

[381] A.a.O., S.233f.

[382] A.a.O., S.233. Diese Auffassung von Geschichtsschreibung ist übrigens auch der Grund dafür, warum es den antiken Literaturtheoretikern so schwerfiel, den Roman in ihr Literatursystem einzuordnen. Wenn die Rhetoren die „Erzählung" als eine Darstellung von „Geschehnissen, die sich ereignet haben oder sich hätten ereignen können" (λόγος ἐκθετικὸς πραγμάτων γεγονότων ἢ ὡς γεγονότων, Theon *progymn* c.4 = L. Spengel, Rhetores Graeci II, S.78 Z.15), definierten, so vermochten sie offenbar das nicht zu trennen, was nach unserer Auffassung in Historie und Roman auseinanderfällt. Deswegen haben wir nun Probleme damit, den antiken Roman gattungsmäßig eindeutig zu identifizieren. Was wir als Geschichts*roman* bezeichnen (z.B. Dictys, Dares, der Alexanderroman), galt in der Antike als Geschichts*schreibung*.

ohne jede Einschränkung als einen hellenistischen Historiker bezeichnen.
Es liegt kein Grund vor, ihm dieses Attribut streitig zu machen oder es
beispielsweise im Blick auf die Wir-Erzählungen deshalb einzuschränken,
weil Lukas ‚romanhaft dramatisiere' und dabei die Gestalt des Paulus über
das Maß des Erträglichen hinaus glorifiziere. Auch in diesen Partien seines
Werkes bedient er sich der Mittel, die der tragischen Geschichtsschreibung
als legitim galten. Es ist gewiß kein Zufall, daß gerade in den wenigen
Fragmenten des Coelius, die uns überliefert sind, so viele Analogien zu den
lukanischen Wir-Erzählungen festzustellen waren; denn Coelius war es, der
die dramatisierende Gestaltung des historischen Stoffes in die römische
Geschichtsschreibung einführte. Coelius aber konnte die Geschichte des 2.
Punischen Krieges nicht etwa nur deshalb „in ein geschichtliches Drama"[383]
verwandeln, weil er aus einer Distanz von rund einem Jahrhundert zum
berichteten Geschehen schrieb. Schon der Hannibalhistoriker Silen von
Kaleakte, der den Karthager begleitet hatte und dessen Geschichtswerk
Coelius nachweislich folgte, hatte das Bild des Karthagers legendarisch
überhöht, und der Alexanderhistoriker Kallisthenes, selbst am Asienfeld-
zug beteiligt, hatte es mit dem Mazedonier nicht anders gemacht. Die dramatische Gestaltung des geschichtlichen Stoffes kann geradezu als „in der
Gattung der historischen Monographie beheimatet"[384] gelten, eine literarische Gattung, die überwiegend von Teilnehmern am Geschehen gewählt
wurde. Selbst Ammianus Marcellinus, der doch die taciteischen *Historien*
fortsetzen wollte und sich somit stärker an der pragmatischen Geschichtsschreibung orientieren mußte, stellte in den letzten drei Büchern seines
ursprünglich geplanten Werkes Julians „Perserfeldzug als Tragödie dar.
Sie sollte Höhepunkt und Abschluß der *Res gestae* bilden"[385]. Es ist diese
historiographische Tradition, die Lukas aufnahm.

4.2. Der Zeuge des Zeugen

Ist damit die literarische Heimat des Lukas präzise bestimmt, so bleibt
uns noch die Frage zu erörtern, warum er phasenweise in der 1. Person
Plural erzählt. Die Annahme ist verbreitet, Lukas wolle damit *Autopsie* für
seine Darstellung beanspruchen: Die Wir-Stücke „sollten als durch Augen-

---

[383] D. Flach, Einführung in die römische Geschichtsschreibung, 1985, S.81.

[384] W. Herrmann, Die Historien des Coelius Antipater, 1979, S.49.

[385] K. Rosen, Studien zur Darstellungskunst und Glaubwürdigkeit des Ammianus
Marcellinus, 1970, S.178.

zeugen verbürgte Erzählung gelten"[386]. Nun ist gewiß richtig, daß Augenzeugenschaft eine wichtige Anforderung an den antiken Historiker darstellt; nichts würde die Authentizität seiner Erzählung besser verbürgen, als wenn er aus eigener Anschauung berichten kann. Ebenso richtig ist, daß sich Lukas in den Wir-Erzählungen seinen Lesern als Augenzeuge darstellt. Aber es ist dennoch äußerst fraglich, ob darin der vornehmliche Zweck dieser Partien zu erkennen ist. Alfons Weiser behauptet, Lukas erwecke „durch den Wir-Stil *gemäß antiker historiographischer Konvention* den Eindruck von Augenzeugenschaft und damit zuverlässiger Berichterstattung"[387]. Wir haben im 2. Kapitel bereits gesehen, daß von einer solchen Konvention keine Rede sein kann. Die Ich- oder Wir-Erzählung ist in der historischen Literatur ausgesprochen selten: Antike Historiker beanspruchten Autopsie explizit; sie sagten, daß sie das Geschehen selbst miterlebt haben. An Lukas aber fällt gerade das auf, daß er auf jegliche Selbstaussage und eine nähere Selbstbeschreibung verzichtet. An der Darstellung seiner Person scheint er überhaupt nicht interessiert zu sein; nicht ein einziges Mal erzählt er im Singular. Wollte Lukas tatsächlich betonen, daß er aus eigener Anschauung berichten kann, so würde Schleiermachers anders gemeinte Forderung ihren Platz haben: „da müßte dies doch mehr von einander geschieden sein, er müßte gesagt haben: Hier kam ich dazu, und nun ging ich weg."[388] Hinzu kommt, daß insbesondere die Schilderung der Romfahrt bereits durch die Akkuratesse der Berichterstattung als Darstellung eines Reiseteilnehmers ausgewiesen ist. Zurecht hatte schon Adolf Hilgenfeld darauf aufmerksam gemacht, daß eine solche Erzählung „schon an und für sich das Gepräge der Augenzeugenschaft" trägt. „Bloss um sich den Schein eines Augenzeugen zu geben, kann der Verfasser nicht hin und wieder das ‚Wir' eingeführt haben."[389]

Dasselbe gilt *mutatis mutandis* für die Annahme, Lukas wolle den Nachweis von *Autopathie* erbringen. In einem gelehrten und materialreichen Aufsatz hat Eckhard Plümacher zwar zurecht darauf hingewiesen, daß es zu den Anforderungen an einen Historiker der hellenistischen Zeit gehört, daß er see-erfahren sei und viel erlebt und erlitten habe.[390] Als Vorbild des Historikers hat Polybius den homerischen Odysseus vor

---

[386] G. Schneider, Die Apostelgeschichte I, 1980, S.95.

[387] A. Weiser, Die Apostelgeschichte II, 1985, S.406 (Hervorh. v. m.; s.o.S.152).

[388] S.o.S.192.

[389] A. Hilgenfeld, Historisch-kritische Einleitung in das Neue Testament, 1875, S.607.

[390] E. Plümacher, Wirklichkeitserfahrung und Geschichtsschreibung bei Lukas, ZNW 68, 1977, S.2-22; vgl. ders., Art. Apostelgeschichte, TRE III, 1978, S.514f.

Augen. Schon in der Antike hatte der Begriff der Odyssee (Ὁ δύσσεια)
sprichwörtliche Bedeutung für eine Irrfahrt auf See.[391] Wenn noch Olympiodor erzählt, er habe zur See „viel erlitten" (πολλὰ παθών) und „kaum
überlebt" (μόλις διασώζεται)[392], so zeigt sich darin, wie lange dieses
Vorbild seine Gültigkeit behielt. Zweifellos qualifizieren die Wir-Erzählungen (insbesondere in c.27) den Autor der Apostelgeschichte als einen
Historiker mit der erforderlichen Autopathie. Nur ist auch hier wieder zu
bezweifeln, daß dies der eigentliche Grund dafür war, daß Lukas in Wir-
Form erzählte. Plümacher gesteht selbst zwei Schwachpunkte einer solchen
Annahme ein: Zum einen wird Autopathie normalerweise von einem pragmatischen Geschichtsschreiber erwartet, der aus Erfahrung sprechen muß,
um angehenden Politikern einen praktischen Leitfaden an die Hand geben
zu können; Lukas aber ist ein tragischer Historiker, in dessen Werk der
Nachweis von See-Erfahrung folglich keine Funktion hätte. (Wenn Lukas
im übrigen seine Erfahrung hätte demonstrieren wollen, so hätte er angesichts des Themas der Apostelgeschichte seine Missions- und Predigt-
tätigkeit, nicht aber seine See-Erfahrung herausstreichen müssen!) Zum
anderen hat Lukas „seinen Anspruch, über die für den Historiker notwendige αὐτοπάθεια zu verfügen, nicht expressis verbis angemeldet, sondern
sich dazu stilistischer Mittel - eben des »Wir« - bedient. Hierfür sind
Muster, nach denen Lk sich hätte richten können, nicht bekannt."[393] Ein
drittes kommt noch hinzu: Wenn Lukas den Nachweis von Autopathie
führen wollte, so hätte er dasselbe Ziel erreicht, wenn er seine Person ausgeklammert hätte; denn wer so fachmännisch erzählen kann, wie Lukas es
besonders in c.27f tut, muß offenbar über einschlägige Kenntnisse verfügen, die nur durch eigenes Erleben zu gewinnen waren. Deswegen hatte
Polybius, wie wir oben (S.161f) gesehen haben, gefordert, „die Erzählung
müsse so lebendig sein, daß man bei einem Bericht über politische Vorgänge sofort ausriefe, der Verfasser habe bestimmt im politischen Leben
gestanden und auf diesem Gebiet Erfahrungen gesammelt; bei Kriegen und
Kämpfen, er sei selbst Kriegsteilnehmer gewesen und habe dem Feind ins
Auge gesehen; bei Dingen aus dem privaten Leben, er habe eine Ehe

---

[391] Aelius Aristides *hier log* II 65.

[392] R.C. Blockley, The Fragmentary Classicising Historians of the Later Roman
Empire II, 1983, F 35.1 (= Photius *bibl* cod.80); vgl. auch F 28: „Als der Historiker seine Seereise beschreibt, sagt er, daß er viel erlitten habe (πολλὰ παθεῖν) und Unglücks-
schläge empfing". Πολλὰ παθεῖν (vgl. z.B. Arrian *peripl* § 3,4) und μόλις διασώ-
ζεσθαι (vgl. z.B. Jos. *bell* I 280) sind stereotype Formeln.

[393] E. Plümacher, Wirklichkeitserfahrung und Geschichtsschreibung bei Lukas,
ZNW 68, 1977, S.22.

geführt und Kinder aufgezogen; und ebenso bei allen anderen Bereichen des menschlichen Lebens" (XII 25h.5-6). Dieser Text, den auch Plümacher zitiert, zeigt deutlich: Nicht die Erzähl*form*, sondern die *Anschaulichkeit und Lebendigkeit der Darstellung* vermitteln den Lesern den Eindruck, daß der Autor über entsprechende Erfahrungen verfüge.

Warum erzählt Lukas teilweise in der Wir-Form? Und warum erzählt er ohne jeden klaren Hinweis auf die Umstände, unter denen er am Geschehen teilgenommen hat? Wir konnten oben (S.179.189f) bereits beobachten, daß es in der griechischen und lateinischen Geschichtsschreibung nur eine echte Parallele zu den lukanischen Wir-Erzählungen gibt. Die letzten drei Bücher seines ursprünglichen Werkes (XXIII-XXV) widmete Ammianus Marcellinus dem Perserfeldzug Julians, an dem er selbst teilgenommen hatte. Er verweigert uns jede Auskunft darüber, wann, wo und in welcher Funktion er zum kaiserlichen Heer gestoßen ist; seine Wir-Erzählung beginnt genau dort, wo der Kaiser die persisch-römische Grenze überschreitet und der Katastrophe entgegengeht (XXIII 5,7). War das Bild, das Ammian zuvor von dem glücklosen Kaiser gezeichnet hatte, zwar von grundsätzlicher Sympathie, aber doch keineswegs kompromißloser Verehrung geprägt, so wird Julian ab Buch XXIII „plötzlich zum tragischen Helden, den alle Erfolge doch nicht vor dem Tode retten"[394]. Eine Kette ungünstiger Prodigien (vgl. Act 20,23) läßt gleich zu Beginn des Feldzugs das böse Ende erahnen; indem Julian in seiner Rede an die Soldaten das Wohl des Staates über das eigene stellt und zum Opfertod bereit ist (XXIII 5,19; vgl. Act 21,13), erhält der Ausgang des Krieges eine tragische Dimension. Ammian hat diesen Feldzug miterlebt; gleichwohl ist seine Darstellung in manchem Punkte alles andere als authentisch.[395] Um nur ein besonders auffälliges Beispiel zu nennen: Während Ammian ausschließlich von ungünstigen Vorzeichen berichtet, versichert der Kaiser selbst in dem oben (S.287f) erwähnten Brief an Libanios, Zeus habe ihm in Berroia „in jeder Hinsicht glückverheißende Zeichen gesandt", und auch in Batnae brachten die Opfer günstige Vorzeichen (*ep* 24 399D; 401B). Ammian muß gewußt haben, daß seine Aufzählung von ausschließlich ungünstigen Prodigien dem wirklichen Sachverhalt nicht entsprach; er ist von den Tatsachen abgewichen, um seiner Deutung des Perserfeldzugs erzählerische Überzeugungskraft zu verleihen. „Das Bild vom tragischen Helden ist mehr das

---

[394] K. Rosen, Studien zur Darstellungskunst und Glaubwürdigkeit des Ammianus Marcellinus, 1970, S.149-166 (das Zitat auf S.158).

[395] Zur historischen Kritik vgl. a.a.O., S.167-178.

Werk des bewundernden Künstlers als des kritischen Historikers."[396] Möglicherweise hat Ammian deshalb darauf verzichtet, auf seine Autopsie zu pochen und so die Zuverlässigkeit seiner Darstellung zu untermauern. Wenn er in den letzten 3 Büchern seines ursprünglichen Werkes in Wir-Form erzählt, so will er vielleicht weniger als Augenzeuge im Sinne historischer Autopsie erscheinen, sondern vielmehr als *Zeuge* für die Tragik des Geschehenen verstanden werden.

Lukas macht erstmals auf seine Teilnahme am Geschehen aufmerksam, als der Übergang des Evangeliums nach Europa bevorsteht. Diesen bedeutsamen Augenblick hatte er miterlebt. In Antiochien, auf dem Weg nach Alexandria Troas oder dortselbst war er (zusammen mit Titus?) zu Paulus, Silas und Timotheus gestoßen; er erwähnt seine Anwesenheit zunächst freilich nicht. Das läßt darauf schließen, daß ihm nicht daran gelegen ist, sich selbst in den Vordergrund zu schieben; Paulus, und niemand sonst, soll im Mittelpunkt seiner Erzählung stehen. Hätte Lukas seine eigene Rolle im Geschehen betonen wollen, so hätte er wohl mitgeteilt, wann, wo und weshalb er zu den drei Missionaren stieß. Ebensowenig will er die Zuverlässigkeit seiner Darstellung dadurch unter Beweis stellen, daß er Autopsie für sich reklamiert; sonst hätte er nach guter Historikermanier explizit auf sich hingewiesen. Da er einen solchen Hinweis unterläßt, wird man annehmen dürfen, daß die intendierten Leser über die historische Rolle des Autors Bescheid wußten. Von Bedeutung ist für Lukas hier offenbar nicht die Tatsache, daß er den Übergang des Evangeliums nach Europa miterlebt hat und darum bezeugen kann; Zeuge ist er vielmehr dafür, daß dieser Schritt nicht menschlichem Planen, sondern dem Willen Gottes entsprang. Bevor er seine Quelle zu Wort kommen läßt, schreibt er deshalb: „Als er die Vision gehabt hatte, da begehrten wir sogleich, nach Mazedonien zu reisen; denn wir folgerten: ‚Gott hat uns gerufen, ihnen das Evangelium zu verkündigen'" (προσκέκληται ἡμᾶς ὁ θεὸς εὐαγγελίσασθαι αὐτούς, 16,10). Nur darauf kommt es Lukas an: Nicht missionarischer Ehrgeiz des Paulus oder eine zufällige Reisegelegenheit brachten das Evangelium nach Europa, sondern Gott selbst hat diesen Schritt initiiert. Dafür ist Lukas Zeuge; das aber ist keine Zeugenschaft im Sinne historischer Autopsie, sondern ein *Zeugnis des Glaubens*, daß die miterlebte Vergangenheit von Gott geleitete Geschichte ist.

Analoges gilt für die beiden anderen Wir-Erzählungen. Auch auf der Jerusalemreise hat Lukas Paulus begleitet. Wiederum zeigt er kein Interesse an autobiographischer Selbstdarstellung oder dem Nachweis von Autopsie.

---

[396] A.a.O., S.178.

Die Wir-Erzählung beginnt erst dort, wo Paulus den Weg zu dem ihm von Gott gewiesenen Ziel antritt. Lukas will als Zeuge dafür verstanden sein, daß sich in der Reise in die Gefangenschaft das göttliche δεῖ vollstreckt. Weder die dunklen Vorahnungen des Paulus (20,22ff) noch die Warnung der tyrischen Christen (21,4), noch nicht einmal die eindeutige Prophetie des Agabus (21,11) und die dadurch provozierten Bitten der Begleiter des Paulus, auf die Weiterreise zu verzichten (21,12), können den Plan Gottes durchkreuzen. Paulus ‚muß' nach Jerusalem, und wenn ihn dort die Gefangennahme erwartet, dann wird er dazu bereit sein, das auf sich zu nehmen (21,13). Wieder übernimmt Lukas aus seiner Vorlage die Wir-Form, weil er Zeuge dafür ist, daß und wie sich in dem berichteten Geschehen Gottes Plan erfüllt: „Da er sich nicht überzeugen ließ, wurden wir still und sagten: ‚Des Herrn Wille geschehe!'" (21,14)

Auch die letzte große Reise erzählt Lukas in der 1. Person. Durch die Umstände der Reise ist deutlich, daß Lukas von Cäsarea an mit von der Partie war und außerdem den Apostel nur als privater Passagier begleitet haben kann. Eine explizite Aussage über seine Person und die Gründe, warum er Paulus begleitete, verweigert er uns aber auch an dieser Stelle. Aus welchem Grund erzählt er dann in der 1. Person? Man hat darauf hingewiesen, daß die lukanische Erzählung durch die Wahl der Wir-Form abwechslungsreicher wirke. Wenn z.B. Arrian im 1. Teil seines *Periplus*, der auf seinem Rechenschaftsbericht an Trajan basiert, die 1. Person beibehalten hat, so kann man dafür vielleicht „das damals so starke Streben nach Buntheit und Abwechslung der Darbietung"[397] verantwortlich machen. Hat vielleicht auch Lukas in Wir-Form erzählt, um seine Erzählung abwechslungsreicher und spannender zu machen? Freilich ist zu bedenken, daß die lukanische Erzählung durch die Wir-Form *ein* Spannungsmoment jedenfalls verliert: Die Dramatik der Reise-Erzählung besteht nun nicht in der Frage, *ob* Paulus das ihm gesetzte Ziel erreichen werde. Allein schon die Tatsache, daß ein Reiseteilnehmer über diese Odyssee erzählt, läßt von Anfang an keinen Zweifel daran aufkommen, daß die Abenteuer letztlich glimpflich ausgingen; sonst könnte er ja nicht mehr erzählen. Worin besteht dann die Dramatik dieser Darstellung? Wiederum scheint mir das göttliche δεῖ der Schlüssel zu sein. Paulus ‚muß', wie der Engel ihm mitteilt, vor den Kaiser gestellt werden (Καίσαρί σε δεῖ παραστῆναι, 27,24; vgl. schon 19,21; 23,11). Deswegen, so spricht Paulus den Reisenden Mut zu, können sie gar nicht im Meer untergehen, sondern sie ‚müssen' auf eine Insel stoßen (εἰς νῆσον δέ τινα δεῖ ἡμᾶς ἐκπεσεῖν, 27,26). Für die

---

[397] R. Güngerich, Die Küstenbeschreibung in der griechischen Literatur, ²1975, S.20.

Leser besteht die Spannung der Erzählung in der Frage, *wie* dieser glückliche Ausgang zustandekommen wird. Lukas antwortet beide Male mit ‚so': „Und so (καὶ οὕτως) geschah es, daß wir alle an Land gerettet wurden." (27,44) „Und so (καὶ οὕτως) kamen wir nach Rom." (28,14) Diese Beziehung zwischen Ankündigung und Erfüllung des göttlichen δεῖ, die meines Wissens noch gar nicht zur Kenntnis genommen wurde, prägt die Struktur des ganzen Romreiseberichts. Lukas erzählt in der Wir-Form, nicht weil er Zeuge des Seeabenteuers war und die Authentizität seiner Schilderung unterstreichen wollte, sondern weil er Zeuge dafür ist, *wie* sich das göttliche δεῖ erfüllte.

Erst wenn wir diese Funktion der lukanischen Wir-Erzählungen erkannt haben, öffnet sich uns der Blick für das eigentliche Anliegen der Geschichtsschreibung des Lukas. Hätte er im Sinne der antiken Historiographie Autopsie beanspruchen wollen, so wäre er anders vorgegangen: Es hätte genügt, im Proömium darauf hinzuweisen, daß er Paulus auf einigen seiner Reisen begleitet hatte und darum teilweise aus eigener Anschauung berichten könne; aufgrund der detaillierten Darstellung der Europa-, Jerusalem- und Romreise hätten die Leser selbstverständlich gewußt, wo der Erzähler am Geschehen beteiligt war. Allenfalls hätte er am gegebenen Ort jeweils hinzugefügt, daß er dies oder jenes miterlebt habe. Aber Lukas ging es gar nicht darum, seinen Anteil an den Ereignissen im Stile eines Polybius, Velleius oder Josephus herauszustreichen; das erlaubt den Schluß, daß die intendierten Leser über das Verhältnis des Lukas zum Berichteten informiert waren. Lukas schreibt nicht für ein allgemeines, anonymes Publikum, sondern für einen relativ begrenzten und überschaubaren Kreis. Diesen Lesern gegenüber will er sich als *Zeuge dafür* verstanden wissen, *daß und wie sich in entscheidenden Momenten der Geschichte des Christentums der göttliche Plan verwirklichte.* Darin erweist sich Lukas als Geschichtstheologe; er begreift die Geschichte als einen Prozeß, in dem sich Gottes heilsamer Wille gegen alle Widerstände durchsetzt. Lukas will nicht Historiker und daneben auch Theologe sein, sondern er kann gar nicht anders Historiker sein, als daß er die Geschichte eben theologisch versteht.

Dieser Satz ist leicht gesagt; tatsächlich ist er von abgründiger Tragweite. Hier tut sich eine Kluft zwischen Lukas als einem Menschen der Antike und uns Heutigen auf, die vielleicht nur noch um den Preis zu überbrücken ist, daß wir seine Geschichtsschreibung gegen seinen eigenen Willen zu verstehen suchen. Hans Conzelmann hat das lukanische Geschichtsverständnis so zu interpretieren versucht, daß Weltgeschichte und Heilsgeschichte bei ihm wie zwei unverbundene Fäden nebeneinander herlaufen; nur in der christlichen Existenz, also in der Individualgeschichte, werden sie miteinander verknüpft. Vielleicht müssen *wir* so mit der Geschichte umgehen. Vielleicht ist es auch unvermeidbar, zwischen lukanischer Aussageabsicht und den historiographischen Mitteln, durch die er sie zu erreichen sucht, zu unterscheiden. Dann müssen wir uns freilich bewußt machen, daß wir in dem Maße, wie wir die von ihm beschriebene Geschichte nach unseren heutigen Maßstäben zu verstehen suchen, den Geschichtsschreiber selbst mißverstehen. Wir behandeln Lukas, als habe er das Geschehene durch eine bestimmte Brille betrachtet. Wir versuchen, ihm diese Brille abzunehmen und die *bruta facta* vom Interpretament zu trennen. Ob wir uns dabei mehr auf die Fakten konzentrieren und uns so den Vorwurf des Positivismus zuziehen, oder ob wir die Frage nach den historischen Tatsachen tabuisieren und im sicheren Gefühl hermeneutischer Überlegenheit von den Realien abstrahieren, macht an dieser Stelle keinen Unterschied. Dem Menschen und christlichen Historiker Lukas werden wir in keinem Falle gerecht. Sein theologisches Geschichtsverständnis ist nicht ein Interpretationsschema, das er nachträglich ‚objektiven' Fakten gleichsam überstülpen könnte. *Seine Sicht der Geschichte ergibt sich ihm zugleich mit ihrem Erleben.* Er trägt keine Brille, durch die er die Geschichte betrachtet, die er aber auch absetzen könnte. Seine Wahrnehmung erfolgt durch seine Augen. Er will Augenzeuge sein für den, der mit seinen Augen zu sehen vermag.

Bibliographie und Abkürzungen

Die Abkürzungen, die im Text für Zeitschriften sowie Lexika und im Literaturverzeichnis für Serien sowie Reihen gebraucht werden, desgleichen allgemeine Abkürzungen und die Namen der biblischen und apokryphen Bücher, richten sich nach: Siegfried Schwertner, Internationales Abkürzungsverzeichnis für Theologie und Grenzgebiete, Berlin-New York 1974. Auf die Aufführung von Hilfsmitteln wurde verzichtet; vgl. dazu die Auflistung bei W.G. Kümmel, Einführung in das Neue Testament, Heidelberg [21]1983, S.1ff.

1. Quellen

Das nachstehende Quellenverzeichnis gibt Aufschluß über die benutzten Ausgaben; darüber hinaus werden die im Text verwendeten Abkürzungen der antiken Autorennamen, der Werktitel sowie der Inschriften- und Papyrusausgaben aufgeschlüsselt. Übersetzungen wurden zwar häufig zu Rate gezogen, werden hier jedoch nur dort eigens aufgeführt, wo ich den Originaltext nicht eingesehen oder aus einer Übersetzung zitiert habe. Erschien ein Textband in einer bestimmten Reihe, so verzichte ich, wenn der Erscheinungsort damit eindeutig festgelegt ist, auf dessen Nennung. Für die Reihen werden folgende Abkürzungen verwendet:

BSGRT: Bibliotheca Scriptorum Graecorum et Romanorum Teubneriana, B.G. Teubner Verlagsgesellschaft, Leipzig bzw. Stuttgart
GCS: Die Griechischen christlichen Schriftsteller der ersten Jahrhunderte, Leipzig bzw. Berlin
LCL: Loeb Classical Library, Harvard University Press, Cambridge (Massachusetts) -William Heinemann Ltd., London (auf die Nennung von Nachdrucken wird verzichtet)
PG: Patrologiae cursus completus. Series Graeca, 161 Bde., hg.v. J.-P. Migne, Paris 1857-1866
PL: Patrologiae cursus completus. Series Latina, 217 Bde., hg.v. J.-P. Migne, Paris 1844-1855
SC: Sources Chrétiennes, Les Éditions du Cerf, Paris
SCBO: Scriptorum Classicorum Bibliotheca Oxoniensis, Clarendon Press, Oxford
SQAW: Schriften und Quellen der Alten Welt, Akademie-Verlag, Berlin
ST: Sammlung Tusculum, Artemis Verlag, München-Zürich
TB: Tusculum-Bücherei, Heimeran-Verlag, München (jetzt ST)

Achilleus Tatios *Leukippe und Kleitophon*: Achilles Tatius, hg.u.übers.v. S. Gaselee, LCL, [2]1969 (dt. Übers.: Karl Plepelits, Achilleus Tatios. Leukippe und Kleitophon, Bibliothek der Griechischen Literatur 11, Stuttgart 1980)
Acta Pauli et Theclae, s. Apostelakten, Bd.I, S.235-272

Adam(antius) *dial*: Adamantius, Dialogus de recta in deum fide, hg.v. W.H. van de Sande Bakhuyzen, GCS 4, Leipzig 1901

Aelian *n.a.* (*de natura animalium*): Aelian, On the Characteristics of Animals, 3 Bde., hg.u.übers.v. A.F. Scholfield, LCL, 1958-1959

Aelian *v.h.*: Claudii Aeliani Varia Historia, hg.v. M.R. Dilts, BSGRT, Leipzig 1974

Julius Africanus *ep Or*: Die Briefe des Sextus Julius Africanus an Aristides und Origenes, hg.v. Walther Reichardt, TU 34/3, Leipzig 1909, S.78-80

Ambrosiaster: Pseudo-Augustini Quaestiones Veteris et Novi Testamenti CXXVII, hg.v. A. Souter, CSEL 50, Wien-Leipzig 1908

Ammianus Marcellinus, Römische Geschichte. Lat.u.dt. hg.v. W. Seyfarth, SQAW, Bd.1: [5]1983, Bd.2: [3]1986

Andreas-Martyrium, s. Apostelakten, Bd.II/1, S.46-57 (prius).58-64 (alterum)

Annales Mediolanenses: F.-J. Schmale, Hg., Italische Quellen über die Taten Kaiser Friedrichs I. in Italien und der Brief über den Kreuzzug Kaiser Friedrichs I., Ausgewählte Quellen zur deutschen Geschichte des Mittelalters XVII a, Darmstadt 1986

Aphthonius Sophistes *progymn(asmata)*, in: Rhetores Graeci, hg.v. L. Spengel, Bd.II, Leipzig 1854, S.21-56

Apokryphen, Neutestamentliche: Neutestamentliche Apokryphen in deutscher Übersetzung, hg.v. W. Schneemelcher, Bd.I: Tübingen [6]1990, Bd.II: Tübingen [5]1989

Apostelakten: Acta Apostolorum Apocrypha, hg.v. Richard Adelbert Lipsius/Maximilian Bonnet, Bd.I: Acta Petri. Acta Pauli. Acta Petri et Pauli. Acta Pauli et Theclae. Acta Thaddaei, hg.v. R.A. Lipsius, Leipzig 1891; Bd.II/1: Passio Andreae. Ex Actis Andreae - Martyria Andreae - Acta Andreae et Matthiae - Acta Petri et Andreae - Passio Bartholomaei - Acta Ioannis - Martyrium Matthaei, hg.v. M. Bonnet, Leipzig 1898; Bd.II/2: Acta Philippi et Acta Thomae accedunt Acta Barnabae, hg.v. M. Bonnet, Leipzig 1903 (Nachdr. der Bände WBG, Darmstadt 1959)

Apostolische Väter:

(1) Schriften des Urchristentums. 1. Teil: Die Apostolischen Väter, eingeleitet, hg., übertragen und erläutert von J.A. Fischer, WBG, Darmstadt 1981; 2. Teil: Didache (Apostellehre). Barnabasbrief. Zweiter Klemensbrief. Schrift an Diognet, eingel., hg., übertr. u. erl.v. K. Wengst, WBG, Darmstadt 1984

(2) J.B. Lightfoot, The Apostolic Fathers, Part II/2. S. Ignatius. S. Polycarp. A Revised Text with Introductions, Notes, Dissertations, and Translations, London [2]1889; Part II/3, London [2]1889 (Nachdr. Georg Olms Verlag, Hildesheim-New York 1973)

(3) Die Apostolischen Väter. I. Der Hirt des Hermas, hg.v. M. Whittaker, GCS 48[2], Berlin 1967

Appian: Appiani historia romana. Vol.I. Prooemium. Iberica. Annibaica. Libyca. Illyrica. Syriaca. Mithridatica. Fragmenta, hg.v. P. Viereck/A.G. Roos (Editio stereotypa correctior, addenda et corrigenda adiecit E. Gabba), BSGRT, Leipzig 1962 (dt. Übers.: O. Veh/K. Broderson, Appian von Alexandria. Römische Geschichte, Erster Teil. Die römische Reichsbildung, Bibliothek der Griechischen Literatur 23, Stuttgart 1987)

Apul(eius) *met*: Apuleius, Der goldene Esel. Metamorphosen. Lat.u.dt. hg.v. E. Brandt/W. Ehlers, ST, [3]1980

Aelius Aristides *hier(oi) log(oi)* I-VI: Aelii Aristidis Smyrnaei quae supersunt omnia, hg.v. B. Keil, Bd.II: Orationes XVII-LIII continens, Berlin 1958 (*hier log* I-VI = *orationes* XLVII-LII)

Aristides *apol(ogia)*: E.J. Goodspeed, Die ältesten Apologeten. Texte mit kurzen Einleitungen, Göttingen 1984 (Nachdr. der 1. Auflage 1914), S.2-23

Arrian *anab(asis)*: Arrian. Der Alexanderzug - Indische Geschichte. Griech.u.dt. hg.v. G. Wirth/O.v. Hinüber, ST, 1985

Arrian *peripl*: Arriani Periplus Euxini Ponti, in: Flavius Arrianus. II. Scripta Minora et Fragmenta, hg.v. A.G. Roos, BSGRT, Leipzig 1968, S.103-128

Athen(aios): Athenaei Naucratitae Dipnosophistarum Libri XV, Vol.I-III, hg.v. G. Kaibel, BSGRT, Stuttgart 1965-1966

Ausonius *ep(istulae)*: Ausonius, Bd.2, hg.u.übers.v. H.G. Evelyn White, LCL, 1921, S.3-153

Barnabasakten: s. Apostelakten (1), Bd.II/2, S.292-302

Bavli: s. Talmud, babylonischer

Bibel, Altes Testament:

    (1) Biblia Hebraica Stuttgartensia, hg.v. K. Elliger/W. Rudolph, Stuttgart 1977

    (2) Septuaginta, id est Vetus Testamentum graece iuxta LXX interpretes, 2 Bde., hg.v. A. Rahlfs, Stuttgart 1935

Bibel, Neues Testament:

    (1) Novum Testamentum Graece, post Eberhard Nestle et Erwin Nestle communiter ediderunt K. Aland/M. Black/C.M. Martini/B.M. Metzger/A. Wikgren, Stuttgart [26]1979

    (2) Novum Testamentum Domini Nostri Jesu Christi Latine, Teil 3: Actus Apostolorum - Epistulae canonicae - Apocalypsis Iohannis, hg.v. Iohannes Wordsworth/Henricus Iulianus White, Clarendon Press, Oxford 1954

Caesar *bell civil*: Cäsar, Der Bürgerkrieg. Lat.u.dt. hg., übers.u.erl.v. O. Schönberger, ST, 1984

Caesar *bell gall*: Cäsar. Der Gallische Krieg. Lat.u.dt. hg.v. G. Dorminger, ST, [8]1986

PsCaesar *bell Alex*: C.Iulius Caesar, Commentarii, Bd.3: Bellum Alexandrinum. Bellum Africum. Bellum Hispaniense. Fragmente, hg.v. A. Klotz, BSGRT, Stuttgart 1966

Cassius Dio: Dio's Roman History, 9 Bde., hg.u.übers.v. E. Cary, LCL, 1914-1927

Cato *orig(ines)*: Marcius Porcius Cato, Vom Landbau. Fragmente. Alle erhaltenen Schriften, lat.u.dt. hg.v. O. Schönberger, TB, 1980

Chariton *Chaireas und Kallirrhoe*: Chariton, Le Roman de Chairéas et Callirhoé, hg.u.übers.v. G. Molinié, Société d'Édition «Les Belles Lettres», Paris 1979

Chron. Pasch.: Chronikon Paschale, Bd.I, hg.v. Ludwig Dindorf, Corpus Scriptorum Historiae Byzantinae, Bonn 1832

Cic(ero) *Att*: Cicero, Atticus-Briefe. Lat.u.dt. hg.v. H. Kasten, ST, [3]1980

Cic(ero) *Brut*: Cicero, Brutus. Lat.u.dt. hg.v. B. Kytzler, ST, [3]1986

Cic(ero) *or*: Cicero, De oratore. Über den Redner, hg.v. H. Merklin, Stuttgart 1978

Cic(ero) *(de) divin(atione)*: Cicero, Bd.XX: De senectute, de amicitia, de divinatione, hg.u.übers.v. W.A. Falconer, LCL, 1923

Cic(ero) *(ad) fam(iliares)*: Cicero, An seine Freunde. Lat.u.dt. hg.v. H. Kasten, ST, [4]1989

Cic(ero) *(pro) Flacc(o)*, in: Cicero, Bd.X: In Catilinam I-IV. Pro Murena. Pro Sulla. Pro Flacco, hg.u.übers.v. C. MacDonald, LCL 324, 1977, S.434-557

Cic(ero) *leg*, in: Cicero, Staatstheoretische Schriften (De re publica. De legibus). Lat.u.dt. hg.v. K. Ziegler, SQAW, [4]1988

Cic(ero) *orat*: Cicero, Orator. Lat.u.dt. hg.v. B. Kytzler, ST, [3]1988

Cic(ero) *(in) Pison(em)*, in: Cicero, Staatsreden. Lat.u.dt. hg.v. H. Kasten, SQAW, Teil 2, [5]1988

PsClemens, *ep(istula) Clem(entis ad Jacobum)*: Die Pseudoklementinen. I. Homilien, hg.v. B. Rehm, zum Druck besorgt durch J. Irmscher, 2., verbesserte Auflage besorgt v. F. Paschke, GCS 42[2], Berlin 1969

Dares: Daretis Phrygii de Excidio Troiae Historia, hg.v. F. Meister, Leipzig 1873

Dem(osthenes): Demosthenes, 3 Bde., hg.u.übers.v. J.H. Vince (Bd.2 gemeinsam mit C.A. Vince), LCL, 1930-1935

Dictys Cretensis, Ephemeridos Belli Troiani Libro a Lucio Septimio ex Graeco in Latinum sermonem translati, accedunt papyri Dictys graeci in Aegypto inventae, hg.v. W. Eisenhut, BSGRT, Leipzig 1973

Dio Chrysostomus: Dio Chrysostom in Five Volumes, Bd.I, hg.u.übers.v. J.W. Cohoon, LCL, 1932

Diod(orus) Sic(ulus): Diodorus of Sicily, 12 Bde. (Bd.1-6 hg.u.übers.v. C.H. Old-father, Bd.7 v. C.L. Sherman, Bd.8 v. C. Bradford Welles, Bd.9-10 v. R.M. Geer, Bd.11 v. F.R. Walton, Bd.12 v. F.R. Walton/R.M. Geer), LCL, 1933-1967

Diog(enes) Laert(ius): Diogenis Laertii Vitae Philosophorum, hg.v. H.S. Long, 2 Bände, SCBO, 1964

Diogenes von Oinoanda: Diogenis Oenoandensis Fragmenta, hg.v. C.W. Chilton, BSGRT, Leipzig 1967

Dion(ys von) Hal(ikarnass) *ant*: The Roman Antiquities of Dionysius of Halicarnassus, 7 Bde., hg.u.übers.v. E. Cary, LCL, 1937-1950

Dion(ys von) Hal(ikarnass) *(epistula ad) Pomp(eium Geminum)*, in: Dionysius Halicarnaseus quae exstant, Bd.VI: Opuscula II, hg.v. H. Usener/L. Radermacher, BSGRT, Stuttgart 1965, S.219-248

Dion(ys von) Hal(ikarnass) *(de) Thuc(ydide)*, in: ebd., Bd.V: Opuscula I, 1965, S.323-418

PsDiotogenes: H. Thesleff, The Pythagorean Texts of the Hellenistic Period, Åbo 1965, S.71ff

Ephraem: Éphrem de Nisibe. Commentaire de l'Évangile concordant ou Diatessaron. Traduit du syriaque et de l'arménien. Introduction, traduction et notes par Louis Leloir, SC 121, 1966

Epiph(anius) *pan(arion)*: Epiphanius (Ancoratus und Panarion), Erster Band Ancoratus und Panarion Haer. 1-33, GCS 25 (Epiphanius I), hg.v. K. Holl, Leipzig 1915; Panarion haer. 34-63, GCS 59,2 (Epiphanius II), hg.v. K. Holl, 2. bearbeitete Auflage hg.v. J. Dummer, Berlin 1980

Erotian: Erotiani vocum Hippocraticarum collectio cum fragmentis, hg.v. E. Nachmanson, Appelbergs Boktryckers-Aktiebolag, Uppsala 1918

Eus(ebius) *h.e.*: Eusèbe de Césarée, Histoire Ecclésiastique, 3 Bde., hg.v. G. Bardy, SC 31 (1952). 41 (1955). 55 (1967)

Evangelienprologe: Texte bei J. Regul, Die antimarcionitischen Evangelienprologe, BVLI 6, Freiburg 1969

Die Fragmente der Griechischen Historiker (FGH), hg.v. F. Jacoby, 3 Teile, Berlin bzw. Leiden 1926-1958

Fronto *ep*: M. Cornelii Frontonis Epistulae, hg.v. M.P.J. van den Hout, BSGRT, Leipzig 1988

Galen *de simplicium medicamentorum temperamentis ac facultatibus* Liber IX (K.G. Kühn, Hg., Claudii Galeni opera omnia, Bd.12 = Medicorum Graecorum opera quae exstant Bd.12, Leipzig 1826 [reprogr. Nachdr. Georg Olms Verlagsbuchhandlung, Hildesheim-New York 1965], S.159-244)

Gell(ius) *noct(es) Att(icae)*: The Attic Nights of Aulus Gellius, 3 Bde., hg.u.übers.v. J.C. Rolfe, LCL, Bd.1: [2]1946, Bd.2: 1927, Bd.3: [2]1952

Geographi Graeci Minores (GGM), hg.v. K. Müller, Bd.1: Paris 1855, Bd.2: Paris 1861 (reprogr. Nachdr. Georg Olms Verlagsbuchhandlung, 2 Bde., Hildesheim 1965)

Geographi Latini Minores (GLM), hg.v. Alexander Riese, Heilbronn 1878 (reprogr. Nachdr. Georg Olms Verlagsbuchhandlung, Hildesheim 1964)

Hermas: s. Apostolische Väter (3)

Hermogenes *progymn(asmata)*, in: Rhetores Graeci, hg.v. L. Spengel, Bd.II, Leipzig 1854, S.3-18

Herodian: Herodian, 2 Bde., hg.u.übers.v. C.R. Whittaker, LCL, 1969-1970

H(ero)d(o)t: Herodot, Historien. Griech.u.dt. hg.v. J. Felix, 2 Bde., ST, [4]1988

Hesiod *theog*: Hesiodi Theogonia. Opera et Dies. Scutum, hg.v. F. Solmsen, Fragmenta selecta hg.v. R. Merkelbach/M.L. West, SCBO, 1970

Hesychii Alexandrini Lexicon, hg.v. K. Latte, Hauniae Ejnar Munksgaard Editore, 1953-1966

Hieron(ymus) *(de) vir(is) inl(ustribus)*: Hieronymus und Gennadius de viris inlustribus, hg.v. C.A. Bernoulli, Sammlung ausgewählter kirchen- und dogmengeschichtlicher Quellenschriften, 1.R. H.11, Freiburg-Leipzig 1895 (Unv. Nachdr.: Minerva G.m.b.H., Frankfurt/M. 1968)

Hippol(yt) *ref*: Hippolytus. Refutatio omnium haeresium, hg.v. Miroslav Marcovich, Patristische Texte und Studien 25, Berlin/New York 1986

Homer *Il*: Homer, Ilias. Griech.u.dt. hg.v. H. Rupé, ST, [9]1989

Homer *Od*: Homer, Odyssee. Griech.u.dt. hg.v. A. Weiher, ST, [8]1986

Horaz *carm(ina)*: Horaz, Sämtliche Werke, lat.u.dt. hg.v. H. Färber, TB, 1967

HRR: Historicorum Romanorum Reliquiae, hg.v. H. Peter, Bd.1: Leipzig [2]1914, Bd.2: Leipzig 1906 (Nachdruck, ergänzt durch bibliographische Hinweise von W. Schaub/J. Kroymann, Stuttgart 1967)

Ignatiusakten, antiochen.: s. Apostolische Väter (2), Bd.II/2, S.477-495

Ignatiusbriefe: s. Apostolische Väter (1), 1.Teil, S.143-225

Inschriften:

　　AE: L'Année Épigraphique. Revue des publications épigraphiques relatives à l'antiquité romaine, Années 1948-1985, Presses Universitaires de France, Paris 1949-1988

　　CIL: Corpus Inscriptionum Latinarum, Bd.VI/4,3: Inscriptiones Urbis Romae Latinae, hg.v. M. Bang, Berlin 1967; Bd.VIII Suppl.4: Inscriptionum Africae

Proconsularis Latinarum Supplementum alterum, Berlin 1916; Bd. X/2: Inscriptiones Siciliae et Sardiniae, hg.v. Th. Mommsen, Berlin 1883

IG: Inscriptiones Graecae, Bd.X: Inscriptiones Graecae Epiri, Maeconiae, Thraciae, Scythiae, Pars II: Inscriptiones Macedoniae, Fasc.1: Inscriptiones Thessalonicae et Viciniae, hg.v. C. Edson, Berlin 1972; Bd.XIV: Inscriptiones Italiae et Siciliae, hg.v. G. Kaibel, Berlin 1890

IGRR IV: Inscriptiones Graecae ad Res Romanas pertinentes, Teil IV, hg.v. R. Cagnat, Rom 1964

Inschriften griechischer Städte aus Kleinasien:

Bd.4: Die Inschriften von Assos, hg.v. R. Merkelbach, Bonn 1976

Bd.11.1: Die Inschriften von Ephesos. Teil I a. Nr.1-47 (Texte), hg.v. H. Wankel , Bonn 1979

Bd.13: Die Inschriften von Ephesos. Teil III. Nr.600-1000 (Repertorium), hg.v. H. Engelmann u.a., Bonn 1980

Inschriften von Korinth: John Harvey Kent, Corinth. Results of Excavations Conducted by the American School of Classical Studies at Athens, Vol. VIII, Part III: The Inscriptions 1926-1950, The American School of Classical Studies at Athens, Princeton, New Jersey, 1966

Monumentum Ephesenum: Das Zollgesetz der Provinz Asia. Eine neue Inschrift aus Ephesos, hg.v. H. Engelmann/D. Knibbe, *Epigraphica Anatolica* 14, 1989

New Documents Illustrating Early Christianity, Bd.IV. A Review of the Greek Inscriptions and Papyri published in 1979 by G.H.R. Horsley, The Ancient History Documentary Research Centre, Macquairie University 1987

Revue Archéologique, 3o série, t.37, Juillet-Décembre 1900, Paris 1900

SEG: Supplementum Epigraphicum Graecum, Bd.1-25: A.W. Sijthoff, Leiden 1923-1971; Bd.26 (1976-77) - 27 (1977): Sijthoff & Noordhoff, Alphen aan den Rijn/Germantown, Maryland, 1979-1980; Bd.28 (1978) - 36 (1986): J.C. Gieben, Amsterdam 1982-1989

Iren(äus) *(adversus) haer(eses)*: Bücher I-III hg.u.übers.v. A. Rousseau/L. Doutreleau, SC 264 (1979). 294 (1982). 211 (1974). Buch IV hg.u.übers.v. A. Rousseau/B. Hemmerdinger/Ch. Mercier/L. Doutreleau, SC 100 (1965). Buch V hg.u.übers.v. A. Rousseau/L. Doutreleau/Ch. Mercier, SC 153 (1969)

Iren(äus) *dem(onstratio)*: Irénée de Lyon, Démonstration de la prédication apostolique, hg.u.übers.v. L.M. Froidevaux, SC 62, 21971

Itinerarium Hierosolymitanum: Itineraria Romana, Bd.I. Itineraria Antonini Augusti et Burdigalense, hg.v. Otto Cuntz, Teubner, Leipzig 1925

2. Jakobusapokalypse: Dt. Übers. v. Oscar Cullmann in: W. Schneemelcher, Hg., Neutestamentliche Apokryphen, Bd.I: Tübingen 61990, S.269-275

Joh(annes) Chrys(ostomos) *hom(iliae) in Act(a apostolorum)*, in: PG 60, Sp.13-384

Joh(annes) Chrys(ostomos) *comm(entarii) in II Cor hom* XVIII. In secundam ad Corinthios epistolam commentarius. Homilia XVIII, in: PG 61, Sp.523-530

Johannesakten: Acta Iohannis. [Bd.I:] Praefatio - Textus, [Bd.II:] Textus alii - Commentarius. Indices, hg.v. E. Junod/J.-D. Kaestli, Corpus Christianorum. Series Apocryphorum 1.2, Brepols, Turnhout 1983

Jos(ephus) *ant(iquitates)*: Josephus, Bd.4-9, hg.v. H.S.J. Thackeray (4-5), R. Marcus (Bd.6-7), R.Marcus/A. Wikgren (Bd.8), L.H. Feldman (Bd.9), LCL, 1930-1965

Jos(ephus) *(contra) Ap(ionem)* I.II: Josephus, Bd.1, hg.u.übers.v. H.S.J. Thackeray, LCL, 1926

Jos(ephus) *bell(um Judaicum)*: Josephus, Bd.2-3, hg.u.übers.v. H.S.J. Thackeray, LCL, 1927-1928

Jos(ephus) *vit(a)*: Flavius Josèphe, Autobiographie. Texte établi et traduit par André Pelletier, Collection des Universités de France, Société d' Édition «Les belles Lettres», Paris ²1983

Julian *ep(istulae)*: Julian, Briefe. Griech.-dt. hg.v. B.K. Weis, ST, 1973

Justin *apol(ogie)*: Saint Justin. Apologies. Introduction, texte critique, traduction, commentaire et index par A. Wartelle, Études Augustiniennes, Paris 1987

Justin *dial(ogus cum Tryphone)*: Die ältesten Apologeten. Texte mit kurzen Einleitungen, hg.v. E.J. Goodspeed, Göttingen 1984 (Nachdr. der 1. Aufl. 1914), S.90-265

Kelsos *aleth(es) log(os)*: R. Bader, Der ἀληθὴς λόγος des Kelsos, Stuttgart/Berlin 1940

Klem(ens Alexandrinus) *strom(ata)*: Clemens Alexandrinus. Dritter Band. Stromata Buch VII und VIII. Excerpta ex Theodoto - Eclogae Propheticae - Quis dives salvetur - Fragmente, hg.v. O. Stählin, in zweiter Auflage neu hg.v. L. Früchtel, zum Druck bes.v. U. Treu, GCS 17² (Clemens Alexandrinus III), Berlin 1970

Liv(ius): Livius, Römische Geschichte, Bücher I-III. XXXI-XXXIV.XXXV-XXXVIII. XXXIX-XLI.XLII-XLIV hg.u.übers.v. H.J. Hillen, Bücher XXI-XXIII.XXIV-XXVI hg.u.übers.v. J. Feix, TB bzw. ST, 1977-1988; die übrigen Bücher nach: Livy, Bd.2-4, hg.u.übers.v. B.O. Foster; Bd.13, hg.u.übers.v. A.C. Schlesinger, LCL, 1922-1951

Luk(ian) *(quomodo) hist(oria) conscr(ibenda sit)*: Lukian, Wie man Geschichte schreiben soll. Griech.u.dt. hg., übers.u.erl.v. H. Homeyer, München 1965

Luk(ian) *navig(ium)*, in: Luciani opera, Bd.4, hg.v. M.D. MacLeod, SCBO, 1987

Luk(ian) *ver(ae) hist(oriae)* I.II, in: Luciani opera, Bd.1, hg.v. M.D. MacLeod, SCBO, 1972

Ps(eudo-)Luk(ian) *asin(us)*, in: Luciani opera, Bd.2, hg.v. M.D. MacLeod, SCBO, 1974

Johannes Malalas (*Chronographia*): A.S. Graf von Stauffenberg, Die römische Kaisergeschichte bei Malalas. Griechischer Text der Bücher IX-XII und Untersuchungen, Stuttgart 1931; für die übrigen Bücher: Ioannis Malalae Chronographia, hg.v. L. Dindorf, Corpus Scriptorum Historiae Byzantinae, Bonn 1831

Marcus Diaconus *Vita Porphyrii:* Marc le Diacre, Vie de Porphyre, Évêque de Gaza, hg.v. H. Grégoire/M.-A. Kugener, Société des Belles-Lettres, Paris 1930

Mischna: Shishsha sidre mishna, ed. Ch. Albeck/Ch. Yalon, 6 Bde., Jerusalem 1952-58

Nag Hammadi: The Nag Hammadi Library in English, hg.v. J.A. Robinson, San Francisco 1977

Olympiodor: R.C. Blockley, The Fragmentary Classicising Historians of the Later Roman Empire. Eunapius, Olympiodorus, Priscus and Malchus, Vol.II, ARCA Class and Medieval Texts, Papers and Monographs 10, Liverpool 1983

Or Sib: Die Oracula Sibyllina, hg.v. J. Geffcken, GCS 8, Leipzig 1902

ORF: Oratorum Romanorum Fragmenta. Liberae rei publicae, hg.v. H. Malcovat, G.B. Paravia & C., Turin ⁴1976

Orig(enes) *hom(iliae) in Luc(am)*: Origène, Homélie sur S. Luc. Texte latin et fragments grecs, hg.u.übers.v. H. Crouzel/F. Fournier/P. Périchon, SC 87, 1962

Oros(ius) *hist*: Paulus Orosius, Historiarum adversum paganos libri VII, hg.v. C. Zangemeister, Wien 1882 (reprogr. Nachdr. Georg Olms Verlagsbuchhandlung, Hildesheim-New York 1967)

Ovid *met*: Ovid, Metamorphosen. Lat.u.dt. hg.v. E. Rösch, ST, [11]1988

Papyri:

> New Documents Illustrating Early Christianity, Bd.IV. A Review of the Greek Inscriptions and Papyri published in 1979 by G.H.R. Horsley, The Ancient History Documentary Research Centre, Macquairie University 1987

> L. Mitteis/U. Wilcken, Grundzüge und Chrestomathie der Papyruskunde, Bd.I: Historischer Teil, 2. H.: Chrestomathie, Leipzig-Berlin 1912

> P[52] = PRyl III 457

> P[75] = PBodm XIV-XV

> PBodm V: Papyrus Bodmer V. Nativité de Marie, hg.v. M. Testuz, Köln-Genf 1958

> PBodm XIV-XV: Papyrus Bodmer XIV-XV, hg.v. V. Martin/R.Kasser, Köln-Genf 1961

> PDubl C 3 (Herpyllis-Bruchstück): F. Zimmermann, Griechische Roman-Papyri und verwandte Texte, Quellen und Studien zur Geschichte und Kultur des Altertums und des Mittelalters B 2, Heidelberg 1936, S.68-78

> PGermanicus (= SGUÄ I 3924): Sammlung Griechischer Urkunden aus Ägypten, Bd.I. Urkunden Nr.1-6000 [2. Teil], hg.v. F. Preisigke, Verlag von Karl J. Trübner, Straßburg 1915

> PMich 490: H.Ch. Youtie/J.G. Winter, Papyri and Ostraca from Karanis. Second Series, Michigan Papyri Bd.VIII, The University of Michigan Press, Ann Arbor - Geoffrey Cumberledge, Oxford University Press, London 1951

> PMichaelidae I: Papyri Michaelidae, Being a Catalogue of the Greek and Latin Papyri, Tablets and Ostraca in the Library of Mr. G.A. Michaelidis of Cairo, hg.v. D.S. Crawford, Aberdeen 1955

> POx: The Oxyrhynchus Papyri, Part III.X (hg.v. B.P. Grenfell/A.S. Hunt, London 1903.1914). Part XXXI (hg.v. J.W.B. Barns u.a., London 1966). Part XLV.L (hg.v. A.K. Bowman u.a., London 1977.1983)

> PRyl III 457: Catalogue of the Greek Papyri in the John Rylands Library, Bd.3: Theological and Literary Texts, hg.v. C.H. Roberts, Manchester 1938

> PTebt 268: The Tebtunis Papyri, Pt.II, London 1907

> SGUÄ X: Sammelbuch Griechischer Urkunden aus Ägypten, Bd.X (Nr.10209-10763), hg.v. E. Kießling, Wiesbaden 1971

Paulusakten:

> (1) s. Apostelakten, Bd.I, S.23-44 (Acta Pauli). S.104-117 (Martyrium Pauli). S.235-272 (Acta Pauli et Theclae)

> (2) PHamb: Πράξεις Παύλου. Acta Pauli, nach dem Papyrus der Hamburger Staats- und Universitätsbibliothek, unter Mitarbeit von Wilhelm Schubart hg.v. Carl Schmidt, Glückstadt/Hamburg 1936

> (3) PCopt: Dt. Übersetzung von R. Kasser in: W. Schneemelcher, Hg., Neutestamentliche Apokryphen II, Tübingen [5]1989, S.241-243

Paus(anias) *(Graeciae descriptio)*, hg.v. M.H. Rocha-Pereira, BSGRT, Leipzig, Bd.1: [2]1989, Bd.2: 1977, Bd.3: [2]1989

Periplus Maris Erythraei: The Periplus Maris Erythraei. Text with Introduction, Translation, and Commentary by Lionel Casson, Princeton University Press, Princeton 1989 (Text auch in: Geographi Graeci Minores I, S.257-305)

Petron(ius) *Sat*: Petronius, Satyrica - Schelmengeschichten. Lat.u.dt. hg.v. K. Müller/ W. Ehlers, ST, 1983

Petrusakten: s. Apostelakten, Bd.I, S.45-103

Petrusevangelium: Évangile de Pierre. Introduction, texte critique, traduction, commentaire et index par M.G. Mara, SC 201, 1973

Philippusakten: s. Apostelakten, Bd.II/2, S.1-98

Philo *leg ad Gaium*: Philon, Legatio ad Gaium, hg.u.übers.v. A. Pelletier, Les Œuvres de Philon d'Alexandrie 32, Éditions du Cerf, Paris 1972

Philo *spec leg*: Philon, De specialibus legibus, Bücher 1-2: hg.u.übers.v. S. Daniel, Bücher 3-4: hg.u.übers.v. A. Mosès, Les Œuvres de Philon d'Alexandrie 24-25, Les Éditions du Cerf, Paris 1975.1970

Philodem *Akademika*: Konrad Gaiser, Philodems Academica. Die Berichte über Platon und die Alte Akademie in zwei herkulanensischen Papyri, Supplementum Platonicum. Die Texte der indirekten Platonüberlieferung, Bd.I, Stuttgart-Bad Cannstatt 1988

Philostrat *Apoll*: Philostratos. Das Leben des Apollonios von Tyana. Griech.-Dt., hg., übers. u.erl.v. V. Mumprecht, ST, 1983

Phot(ius) *amphil(ochia)*: Photii Patriarchae Constantinopolitani Epistulae et Amphilochia, Bd.V: Amphilochiorum pars altera, hg.v. L.G. Westerink, BSGRT, Leipzig 1986

Phot(ius) *bibl*: Photius, Bibliothèque, 8 Bde., hg.u.übers.v. R. Henry, Société d'Édition «Les Belles Lettres», Paris 1959-1977

Plato *Gorg*: Platon. Des Sokrates Apologie. Kriton. Euthydemos. Menexenos. Gorgias. Menon, bearbeitet v. H. Hofmann. Griech. Text v. A. Croiset/L. Bodin/M. Croiset/L. Méridier. Dt. Übers.v. F. Schleiermacher, Platon. Werke Bd.2, WBG, Darmstadt 1973, S.269-503

Plin(ius d.Ä.) *n.h.*: Bücher II-IV.X: Plinius d.Ä., Naturkunde, hg.u.übers.v. R. König in Zusammenarbeit mit G. Winkler, ST, Bd.2: 1974; Bd.3/4: 1988; Bd.10: 1986; Bücher V-VI: Pliny, Natural History, Bd.2, hg.u.übers.v. H. Rackham, LCL, 1942

Plin(ius d.J.) *ep*: C. Plini Caecili Secundi Epistularum libri decem, hg.v. R.A.B. Mynors, SCBO, 1976

Plut(arch) *de gloria Athen* (= Moralia 345 C - 351 B): Plutarque, De Gloria Atheniensium. Édition critique et commentée par J.C. Thiolier, Presses de l'Université de Paris-Sorbonne, Paris 1985

Plut(arch) *Luc(ullus)*: Plutarque, Vies, Bd.VII, hg.v. R. Flacelière/É. Chambry, Société d'Édition «Les Belles Lettres», Paris 1972

Plut(arch) *Anton(ius)*: ebd., Bd.XII, Paris 1976

Plut(arch) *Arat(us)*: ebd., Bd.XIV, Paris 1978

Polyb(ios): Polybe, Histoires, Bücher I.II.V.XII hg.u.übers.v. P. Pédech; Bücher III.IV hg.u.übers.v. J. de Foucault; Buch VI hg.u.übers.v. R. Weil/C. Nicolet; Bücher VII-IX hg.u.übers.v. R. Weil, Société d'Édition «Les Belles Lettres», Paris 1969-1982; die übrigen Bücher nach: Polybii Historiae, Bd.3 (Libri IX-XIX). Bd.4 (Libri XX-XXIX. Fragmenta), hg.v. Th. Buettner-Wobst, BSGRT, Stuttgart 1893.1904

Polykarp-Brief: s. Apostolische Väter (1), 1.Teil, S.247-265

Polykarp-Martyrium: s. Apostolische Väter (2), Part II/3, S.363-403

Porphyrius *Gegen die Christen*: Porphyrius, »Gegen die Christen«, 15 Bücher. Zeugnisse, Fragmente und Referate, hg.v. Adolf von Harnack, APAW.PH 1.1916, Berlin 1916

Prokop, *Bell Vand*: Procopii Caesariensis opera omnia rec. Jacobus Haury, Bd.I: De bellis libri I-IV, editio stereotypa correctior addenda et corrigenda adiecit Gerhard Wirth, BSGRT, Leipzig 1962

Protevangelium Jacobi: La forme la plus ancienne du Protévangile de Jacques. Recherches sur le Papyrus Bodmer 5 avec une édition critique du texte grec et une traduction annotée, hg.v. É. de Strycker, SHG 33, 1961

Ptol(emaios) *geogr*: Claudii Ptolemaei Geographia, Bd.I-III, hg.v. C.F.A. Nobbe, Leipzig 1843-1845 (Nachdr. Georg Olms Verlagsbuchhandlung, Hildesheim 1966)

Quint(ilian) *Inst(itutio) or(atoria)*: Quintilian, Ausbildung des Redners. Lat.u.dt. hg.u. übers.v. H. Rahn, Bd.I: TzF 2, Darmstadt 21988; Bd.II: TzF 3, Darmstadt 21988

Sall(ust) *(de) Cat(ilinae coniuratione)*; *(bellum) Jug(urthinum)*; *ep(istulae ad Caesarem senem de re publica)* I.II, in: Sallust, Werke. Lat.u.dt. hg.v. W. Eisenhut/J. Lindauer, ST, 1985

Seerecht, rhodisches: W. Ashburner, Νόμος Ῥοδίων Ναύτικος. The Rhodian Sea-Law, Oxford 1909

Sen(eca d.Ä.) *suas(oria)*: The Elder Seneca, Declamations in two Volumes, Bd.2, hg.u. übers.v. M. Winterbottom, LCL, 1974

Serv(ius) Gramm(aticus): Servii Grammatici qui feruntur in Vergilii carmina commentarii, hg.v. G. Thilo/H. Hagen, Vol.I. Aeneidos Librorum I-V Commentarii, hg.v. G. Thilo, Leipzig 1878 (reprogr. Nachdr. Georg Olms Verlagsbuchhandlung, Hildesheim 1961)

Sextus Empiricus *(adversus) math(ematicos)*: Sextus Empiricus, Bd.4: Against the Professors, hg.u.übers.v. R.G. Bury, LCL, 1949

Silius Italicus *Punica*:: Silius Italicus, 2 Bde., hg.u.übers.v. J.D. Duff, LCL, 1934

Steph(anus von) Byz(anz): Stephani Byzantii Ethnicorum quae supersunt, hg.v. A. Meincke, Bd.1, Berlin 1849

Strabo: The Geography of Strabo, 8 Bde., hg.u.übers.v. H.L. Jones, LCL, 1917-1932

Suet(on) *Aug Tib Claud Ner*: Suétone, Vies des douze Césars, 3 Bde., hg.u.übers.v. H. Ailloud, Société d'Édition «Les Belles Lettres», Paris, Bd.1: 21954, Bd.2: 31961, Bd.3: 1932

Suet(on) *(de) gramm(aticis)*, in: Suetonius, Bd.2, hg.u.übers.v. J.C. Rolfe, LCL, 1914, S.396-433

Suet(on) *(de) rhet(oricis)*, in: ebd., S.434-439

Tabula Peutingeriana: K. Miller, Itineraria Romana. Römische Reisewege an der Hand der Tabula Peutingeriana, Stuttgart 1916

Tac(itus) *ann*: Tacitus, Annalen. Lateinisch-deutsch hg.v. E. Heller, ST, 1982

Tac(itus) *german*: Tacitus, Germania. Zweisprachig, hg.u.übers.v. A. Mauersberger, Sammlung Dieterich 100, Leipzig 31978

Tac(itus) *hist*: P. Cornelius Tacitus. Historiae - Historien, Lat.u.dt. hg.v. J. Borst unter Mitarbeit v. H. Hross und H. Borst, ST, 51984

Talmud, babylonischer: Der Babylonische Talmud mit Einschluß der vollstaendigen Misnah, hg.u.übers.v. L. Goldschmidt, Bd. 6: Baba Qamma, Baba Meçiâ, Baba Bathra; Bd.7: Synhedrin, Makkoth, Sebuôth, Âboda-Zara, Horajoth, Edijoth, Aboth, Martinus Nijoff, Haag 1933

Tat(ian) *or(atio) ad Gr(aecos)*: Tatian. Oratio ad Graecos and Fragments, edited and translated by Molly Whittaker, Clarendon Press, Oxford 1982

Tert(ullian) *(de) bapt(ismo)*: Tertulliani Opera, Pars I. Opera catholica. Adversus Marcionem, Corpus Christianorum. Series Latina Vol.I, Turnhout 1954, S.275-295

Tert(ullian) *(de) carn(e Christi)*: Tertulliani Opera, Pars II. Opera Montanistica, Corpus Christianorum. Series Latina Vol.II, Turnhout 1954, S.871-917

Tert(ullian) *(adversus) Marc(ionem)* = CC.SL I, S.437-726

Tert(ullian) *(de) praescr(iptione haereticorum)* = CC.SL I, S.185-224

PsTert(ullian) *Carmen adversus Marcionem* = CC.SL II, S.1417-1454

PsTert(ullian) *(adversus omnes) haer(eticos)* = CC.SL II, S.1399-1410

Testament Hiobs: Testamentum Iobi, hg.v. Sebastian P. Brock, Pseudepigrapha Veteris Testamenti Graece, Vol.II, E.J. Brill, Leiden 1967, S.19-59 (dt. Übers.: B. Schaller, Das Testament Hiobs, *Jüdische Schriften aus hellenistisch-römischer Zeit* III/3, Gütersloh 1979)

Theon *progymn(asmata)*, in: Rhetores Graeci, hg.v. L. Spengel, Bd.II, Leipzig 1854, S.59-130

Thomasakten, s. Apostelakten, Bd.II/2, S.99-291

Thuk(ydides *Historiae*): Thucydide, La Guerre du Péloponnèse, hg.v. J. de Romilly (Bücher 3 und 8 zus. m. R. Weil, Bücher 6-7 zus. m. L. Bodin), Société d'Édition «Les Belles Lettres», Paris 1967-1972

Scholia in Thucydidem, hg.v. K. Hude, Leipzig 1927 (Nachdr. Arno Press, New York 1973)

Titusakten: F. Halkin, La légende crétoise de saint Tite, AnBoll 79, 1961, S.241-256

Töpferorakel: Ludwig Koenen, Die Prophezeiungen des „Töpfers", *Zeitschrift für Papyrologie und Epigraphik* 2, 1968, S.178-209

Veg(etius): Flavius Renatus Vegetius, Epitoma Rei Militaris. Das gesamte Kriegswesen, hg.u.übers.v. F. Wille, Aarau-Frankfurt/M.-Salzburg 1986

Vell(eius Pat(erculus *Historia romana*): Vellei Paterculi Historiarum ad M. Vinicium consulem libri Duo, hg.v. W.S. Watt, BSGRT, Leipzig 1988

Vita Ptolemaei, in: Catalogus Codicorum Astrologorum Graecorum, Bd. VIII: Codicum Parisinorum, T.III, Brüssel 1912

Vitruv *arch*: Vitruv, Zehn Bücher über Architektur, hg.u.übers.v. C. Fensterbusch, WBG, Darmstadt ²1976

Xen(ophon) *(Cyri) anab(asis)*: Xenophon, Der Zug der Zehntausend, griech.u.dt. hg.v. W. Müri, TB, 1954

Xen(ophon) *hell(enica)*: Xenophon, Hellenika. Griech.u.dt. hg.v. G. Strasburger, ST, ²1988

2. Sekundärliteratur

ABRAMOWSKI, Luise, διαδοχή und ὀρθὸς λόγος bei Hegesipp, *Zeitschrift für Kirchengeschichte* 87, 1976, S.321-327

ABRAMOWSKI, Luise, Irenaeus, *Adv. Haer.* III 3,2: Ecclesia Romana and Omnis Ecclesia; and ibid. 3,3: Anacletus of Rome, *Journal of Theological Studies* NS 28, 1977, S.101-104

ABRAMOWSKI, Luise, Die »Erinnerungen der Apostel« bei Justin, in: Das Evangelium und die Evangelien, hg.v. P. Stuhlmacher, WUNT 28, Tübingen 1983, S.341-353

ALAND, Barbara, Entstehung, Charakter und Herkunft des sog. westlichen Textes untersucht an der Apostelgeschichte, *Ephemerides Theologicae Lovanienses* 62, 1986, S.5-65

ALY, Wolf, Art. Timokles.6, *Paulys Real-Encyclopädie der classischen Alterthumswissenschaft*, 2.R. VI/1, Stuttgart 1936, Sp.1262

ANDRESEN, Carl, Justin und der mittlere Platonismus, *Zeitschrift für die neutestamentliche Wissenschaft* 44, 1952/3, S.157-195

ASHBURNER, Walter, Νόμος Ῥοδίων Ναύτικος. The Rhodian Sea-Law, Clarendon Press, Oxford 1909 (Reprint: Scientia Verlag, Aalen 1976)

ASTIN, Alan E., Cato the Censor, Clarendon Press, Oxford 1978

AUNE, David E., The New Testament in Its Literary Environment, Library of early Christianity 8, The Westminster Press, Philadelphia 1987

AUSTIN, N.J.E., Julian at Ctesiphon: A Fresh Look at Ammianus' Account, *Athenäum* NS 50, 1972, S.301-309

AVENARIUS, Gert, Lukians Schrift zur Geschichtsschreibung, Meisenheim 1956

BACON, B.W., Le témoignage de Luc sur lui-même, *Revue d'Histoire et de Philosophie Religieuses* 8, 1928, S.209-226

BALMER, Hans, Die Romfahrt des Apostels Paulus und die Seefahrtskunde im römischen Kaiserzeitalter, Verlag von Eugen Sutermeister, Bern-Münchenbuchsee 1905

BARDENHEWER, Otto, Geschichte der altkirchlichen Literatur, Bd. I: Vom Ausgang des apostolischen Zeitalters bis zum Ende des zweiten Jahrhunderts, Freiburg i. Br. ²1913 (Nachdr. WBG, Darmstadt 1962)

BARNIKOL, Ernst, Verfaßte oder benutzte Justin das um 140 entstandene, erste und antimarcionitische Syntagma gegen die Häresien?, *Theologische Jahrbücher. Halle* 6,1938, S.17-19

BARRETT, Charles Kingsley, Titus, in: Neotestamentica et Semitica. Studies in Honour of Matthew Black, hg.v. E. Earle Ellis/Max Wilcox, T. & T. Clark, Edinburgh 1969

BARRETT, Charles Kingsley, A Commentary on the Second Epistle to the Corinthians, BNTC, Adam & Charles Black, London 1973

BARRETT, Charles Kingsley, Paul Shipwrecked, in: Scripture: Meaning and Method. Essays presented to Anthony Tyrrell Hanson for his seventieth birthday, ed. Barry P. Thompson, Hull University Press, Hull 1987, S.51-64

BAUR, Ferdinand Christian, Paulus, der Apostel Jesu Christi. Sein Leben und Wirken, seine Briefe und seine Lehre. Ein Beitrag zu einer kritischen Geschichte des Urchristenthums, Erster Theil, hg.v. E. Zeller, Leipzig ²1866, (Neudr. Otto Zeller, Osnabrück 1968)

BECKER, Jürgen, Paulus. Der Apostel der Völker, Tübingen 1989

BENOIT, André, Saint Irénée. Introduction à l'étude de sa théologie, EHPhR 52, Presses Universitaires de France, Paris 1960

BERGER, Klaus, Hellenistische Gattungen im Neuen Testament, *Aufstieg und Niedergang der römischen Welt* II 25.2, Berlin-New York 1984, S.1031-1432

BERRES, Thomas, Die geographischen Interpolationen in Cäsars Bellum Gallicum, *Hermes* 98, 1970, S.154-177

BEST, Ernest, Ephesians i.1, in: Text and Interpretation. Studies in the New Testament presented to Matthew Black, hg.v. Ernest Best/R. McL. Wilson, Cambridge University Press, Cambridge 1979, S.29-41

BETZ, Hans Dieter, Der Apostel Paulus und die sokratische Tradition. Eine exegetische Untersuchung zu seiner „Apologie" 2 Korinther 10-13, BHTh 45, Tübingen 1972

BETZ, Hans Dieter, 2 Corinthians 8 and 9. A Commentary on two Administrative Letters of the Apostle Paul, Hermeneia, Fortress Press, Philadelphia 1985

BÉVENOT, Maurice, Clement of Rome in Irenaeus's Succession-List, *Journal of theological studies* NS 17, 1966, S.98-107

BEYER, Hermann Wolfgang, Die Apostelgeschichte, NTD 5, Göttingen ⁴1947

BEYSCHLAG, Die Bekehrung des Apostels Paulus, mit besonderer Rücksicht auf die Erklärungsversuche von B a u r und H o l s t e n erörtert, *Theologische Studien und Kritiken* 37, 1864, S.197-264

BEYSCHLAG, Karlmann, Simon Magus und die christliche Gnosis, WUNT 16, Tübingen 1974

BINDER, Hermann, Die historische Situation der Pastoralbriefe, in: Geschichtswirklichkeit und Glaubensbewährung. Festschrift für Bischof D. Dr. h.c. Friedrich Müller, hg.v. Franklin Clark Frey, Stuttgart 1967, S.70-83

BIRT, Theodor, Die Buchrolle in der Kunst. Archäologisch-antiquarische Untersuchungen zum antiken Buchwesen, Leipzig 1907

BLAISDELL, James A., The Authorship of the "We" Sections of the Book of Acts, *Harvard theological review* 13, 1920, S.136-158

BLEEK, Friedrich, Rez. Dr. Ernst Theodor Mayerhoff, historisch-kritische Einleitung in die petrinischen Schriften. Nebst einer Abhandlung über den Verfasser der Apostelgeschichte, *Theologische Studien und Kritiken* 9, 1836, S.1021-1072

BLUM, Rudolf, Kallimachos und die Literaturverzeichnung bei den Griechen. Untersuchungen zur Geschichte der Biobibliographie, Sonderdruck aus: *Archiv für Geschichte des Buchwesens* 18, 1977, Sp.11-360, Frankfurt/M. 1977

BLUM, Rudolf, Die Literaturverzeichnung im Altertum und Mittelalter. Versuch einer Geschichte der Biobibliographie von den Anfängen bis zum Beginn der Neuzeit, Sonderdruck aus: *Archiv für Geschichte des Buchwesens* 24, 1983, Sp.1-256

BOEHMER, H., Zur altrömischen Bischofsliste, *Zeitschrift für die neutestamentliche Wissenschaft* 7, 1906, S.333-339

BORSE, Udo, Die Wir-Stellen der Apostelgeschichte und Timotheus, *Studien zum Neuen Testament und seiner Umwelt* 10, Linz 1985, S.63-92

BOWERS, W. P., Paul's Route through Mysia. A Note on Acts XVI.8, *Journal of theological studies* NS 30, 1979, S.507-511

BOUWMAN, Gijs, Der Anfang der Apostelgeschichte und der ‚westliche' Text, in: Text and Testimony. Essays on New Testament and Apocryphal Literature in Honour of A.F.J. Klijn, hg.v. T. Baarda/A. Hilhorst/G.P. Luttikhuizen/A.S. van der Woude, Uitgeversmaatschappij J.H. Kok, Kampen 1988, S.46-55

BOWIE, Ewen Lyall, Apollonius of Tyana: Tradition and Reality, *Aufstieg und Niedergang der römischen Welt* II 16.2, Berlin-New York 1978, S.1652-1699

BREITENBACH, H.R., Art. Xenophon von Athen, *Paulys Real-Encyclopädie der classischen Alterthumswissenschaft*, 2.R. IX/2, Stuttgart 1967, Sp.1569-2052

BROX, Norbert, Zu den persönlichen Notizen der Pastoralbriefe, *Biblische Zeitschrift* NF 13, 1969, S.76-94 (wiederabgedr. in und zitiert nach: Pseudepigraphie in der heidnischen und jüdisch-christlichen Antike, hg.v. N. Brox, WdF 484, WBG, Darmstadt 1977, S.272-294

BRUCE, F.F., The Acts of the Apostles, NIC 5, Wm. B. Eerdmans Publishing Company, Grand Rapids, Michigan 2 1952 (repr. 1960)

BRUCE, F.F., 1 and 2 Corinthians, NCB, Oliphants, London 1971 (repr. 1978)

BRYAN, Christopher, A Further Look at Acts 16:1-3, *Journal of biblical literature* 107, 1988, S.292-294

BÜCHNER, Karl, Die Reise des Titus, in: ders., Studien zur römischen Literatur. IV. Tacitus und Ausklang, Wiesbaden o.J. [1964], S.83-99

BULTMANN, Rudolf, Zur Frage nach den Quellen der Apostelgeschichte, in: New Testament Essays. Studies in Memory of Thomas Walter Manson, hg.v. A.J.B. Higgins, Manchester University Press, Manchester 1959, S.68-80

BURCHARD, Christoph, Der dreizehnte Zeuge. Traditions- und kompositionsgeschichtliche Untersuchungen zu Lukas' Darstellung der Frühzeit des Paulus, FRLANT 103, Göttingen 1970

CADBURY, Henry J., The Identity of the Editor of Luke and Acts. I. The Tradition, in: The Beginnings of Christianity, Part I. The Acts of the Apostles, hg.v. F.J. Foakes Jackson/Kirsopp Lake, Vol.II. Prolegomena II. Criticism, Macmillan and Co., Limited, London 1922, S.209-264

CADBURY, Henry J., 'We' and 'I' Passages in Luke-Acts, *New testament studies* 3, 1956/7, S.128-132

CAMERLYNCK, Achille, Saint Irénée et le Canon du Nouveau Testament, J.B. Istas, Leiden 1896

von CAMPENHAUSEN, Hans, Die Entstehung der christlichen Bibel, BHTh 39, Tübingen 1968

von CAMPENHAUSEN, Hans, Lehrerreihen und Bischofsreihen im 2. Jahrhundert, in: In memoriam Ernst Lohmeyer, hg.v. W. Schmauch, Stuttgart 1951, S.240-249

CARREZ, Maurice, La deuxième épitre de Saint Paul aux Corinthiens, CNT(N), deuxième série, VIII, Labor et Fides, Genf 1986

CARROLL, Kenneth L., The Creation of the Fourfold Gospel, *Bulletin of the John Rylands library* 37, 1954/5, S.68-77

CASEY, P. Maurice, Porphyry and the Origin of the Book of Daniel, *Journal of theological studies* NS 27, 1976, S.15-33

CASPAR, Erich, Die älteste römische Bischofsliste. Kritische Studien zum Formproblem des eusebianischen Kanons sowie zur Geschichte der ältesten Bischofslisten und ihrer Entstehung aus apostolischen Sukzessionenreihen, SKG.G 4,1926, Berlin 1926 (Reprogr. Nachdr.: Verlag Dr. H.A. Gerstenberg, Hildesheim 1975)

CASSON, Lionel, The Isis and her Voyage, *Transactions and proceedings of the American philological association* 81, 1950, S.43-56

CASSON, Lionel, Ships and Seamanship in the Ancient World, Princeton University Press, Princeton, New Jersey 1971

CHALMERS, W.R., An alleged doublet in Ammianus Marcellinus, *Rheinisches Museum für Philologie* 102, 1959, S.183-189

CHAPMAN, John, St Irenaeus on the Dates of the Gospels, *Journal of theological studies* 6, 1905, S.563-569

CHAPMAN, John, La chronologie des premières listes épiscopales de Rome, *Revue Bénédictine* 18, 1901, S.399-417; 19, 1902, S.13-37.145-170

CHARPENTIER, Jarl, The Indian Travels of Apollonius of Tyana, SHVU 29:3, Almqvist & Wiksells Boktryckeri-A.-B. - Otto Harassowitz, Uppsala-Leipzig 1934

CLEMEN, Carl, Prolegomena zur Chronologie der paulinischen Briefe, Halle 1892

CLEMEN, Carl, Paulus. Sein Leben und Wirken. I. Teil: Untersuchung, Gießen 1904

CLEMEN, Carl, Die Apostelgeschichte im Lichte der neueren text-, quellen- und historisch-kritischen Forschungen, Gießen 1905

COHEN, Shaye J.D., Josephus in Galilee and Rome. His Vita and Development as a Historian, Columbia Studies in the Classical Tradition VII, E.J. Brill, Leiden 1979

COHEN, Shaye J.D., Was Timothy Jewish (Acts 16:1-3)? Patristic Exegesis, Rabbinic Law, and Matrilineal Descent, *Journal of biblical literature* 105, 1986, S.251-268

CONZELMANN, Hans, Die Mitte der Zeit. Studien zur Theologie des Lukas, BHTh 17, Tübingen 51964

CONZELMANN, Hans, Die Apostelgeschichte, HNT 7, Tübingen 21972

CORSSEN, Peter, Warum ist das vierte Evangelium für ein Werk des Apostels Johannes erklärt worden? I. Die Presbyter des Irenaeus, *Zeitschrift für die neutestamentliche Wissenschaft* 2, 1901, S.202-227

DAVIES, Stevan L., Women, Tertullian and the Acts of Paul, in: The Apocryphal Acts of Apostles, hg.v. Dennis Ronald MacDonald, Semeia 38, Society of Biblical Literature, Scholars Press, Decatur, Georgia 1986, S.139-143

DIBELIUS, Martin, Aufsätze zur Apostelgeschichte, hg.v. Heinrich Greeven, FRLANT 60 (NS 42), Göttingen 51968

DIBELIUS, Martin, Die Pastoralbriefe, HNT 13, Tübingen 41966

DIBELIUS, Martin/KÜMMEL, Werner Georg, Paulus, Berlin 41970

DIHLE, Albrecht, Art. Velleius Paterculus, *Paulys Real-Encyclopädie der classischen Alterthumswissenschaft*, 2.R. VIII/1, Stuttgart 1955, Sp.637-659

DILLEMANN, L., Ammien Marcellin et les pays de l'Euphrate et du Tigre, *Syria* 38, 1961, S.87-158

DOBIAS, Josef, Studie k Appianove Knize Illyrské. Études sur le livre Illyrien d'Appien, Facultas Philosophica Universitatis Carolinae Pragensis. Sbírka Pojednání Rozprav XV, Nákladem Filosofické Fakulty University Karlovy v Komisi Fr. Rivnáce, Knihkupce Karlovy University, Prag 1929

DREXLER, Hans, Parerga Caesariana. 3. Zum Begriff *commentarii*, *Hermes* 70, 1935, S.227-234

DURST, Michael, Hegesipps „Hypomnemata" - Titel oder Gattungsbezeichnung? Untersuchungen zum literarischen Gebrauch von „Hypomnema" - „Hypomnemata", *Römische Quartalschrift* 84, 1989, S.299-330

EARL, Donald, Prologue-form in Ancient Historiography, *Aufstieg und Niedergang der römischen Welt* I.2, Berlin-New York 1972, S.842-856

EFFE, Bernd, Entstehung und Funktion ‚personaler' Erzählweisen in der Erzählliteratur der Antike, *Poetica* 7, 1975, S.135-157

EHRHARD, Albert, Die altchristliche Litteratur und ihre Erforschung von 1884-1900, 1.Abt.: Die vornicänische Litteratur, StrThS, Suppl.Bd.1, Freiburg 1900

ENGELMANN, Helmut, Die Zollinschrift von Myra, *Zeitschrift für Papyrologie und Epigraphik* 59, 1985, S.113-119

ENSSLIN, Wilhelm, Zur Geschichtsschreibung und Weltanschauung des Ammianus Marcellinus, Klio Beiheft 16 (NS 3), Wiesbaden 1923 (Neudr. Scientia Verlag, Aalen 1963)

FARMER, William Reuben, Jesus and the Gospel. Tradition, Scripture, and Canon, Fortress Press, Philadelphia 1982

FARMER, William Reuben, The Patristic Evidence Reexamined: A Response to George Kennedy, in: ders. (Hg.), New Synoptic Studies. The Cambridge Gospel Conference and Beyond, Mercer University Press, Macon, Georgia 1983, S.3-15

FLACH, Dieter, Einführung in die römische Geschichtsschreibung, WBG, Darmstadt 1985

FLUSS, Art. Melitussa, *Paulys Real-Encyclopädie der classischen Alterthumswissenschaft*, 1.R. XV/1, Stuttgart 1931, Sp.554

FOAKES JACKSON, F.J./LAKE, Kirsopp (Hg.), The Beginnings of Christianity. Part I. The Acts of the Apostles, Vol. IV. English Translation and Commentary, Macmillan and Co., Limited, London 1933

FRAZER, R.M., The Trojan War. The Chronicles of Dictys of Crete and Dares the Phrygian, Indiana University Press, Bloomington-London 1966

von FRITZ, Kurt, Die griechische Geschichtsschreibung, Bd.I. Von den Anfängen bis Thukydides, Berlin 1967

FUNK, Franz Xaver, Zur Frage nach dem Papstkatalog Hegesipps, in: ders., Kirchengeschichtliche Abhandlungen und Untersuchungen, Bd.I, Paderborn 1897, S.373-390

GAMBA, Giuseppe Giovanni, La Testimonianza di S. Ireneo in *Adversus Haereses III,1,1* e la data di composizione dei quattro vangeli canonici, *Salesianum* 39, 1977, S.545-585

GELZER, Matthias, Der Anfang römischer Geschichtsschreibung, *Hermes* 9, 1934, S.46-55 (wiederabgedr. in: ders., Kleine Schriften. Bd.III, Wiesbaden 1964, S.93-103)

GENTILI, Bruno/CERRI, Giovanni, History and Biography in Ancient Thought, London Studies in Classical Philology 20, J.C. Gieben, Amsterdam 1988

GEORGI, Dieter, Die Geschichte der Kollekte des Paulus für Jerusalem, ThF 38, Hamburg-Bergstedt 1965

GESCHE, Helga, Caesar, EdF 51, Darmstadt 1976

GEYER, Art. Makedonia (Μακεδονία). VII.Geschichte, *Paulys Real-Encyclopädie der classischen Alterthumswissenschaft*, 1.R. XIV/1, Stuttgart 1928, Sp.697-769

GFRÖRER, A. Fr., Geschichte des Urchristenthums. II. Haupttheil. Die heilige Sage. Zweite Abtheilung, Stuttgart 1838

GINZBERG, Louis, The Legends of the Jews, Bd.VI, The Jewish Publication Society of America, Philadelphia ³1946

GISINGER, F., Art. Meropia. 1, *Paulys Real-Encyclopädie der classischen Alterthums-wissenschaft*, 1.R. XV/1, Stuttgart 1931, Sp.1056-1065

von der GOLTZ, Ed. Freiherr, Eine textkritische Arbeit des zehnten bezw. sechsten Jahrhunderts, hg. nach einem Kodex des Athosklosters Lawra, TU 17/4, Leipzig 1899

GRANT, Robert M., Early Episcopal Succession, *Studia Patristica* 11 (= TU 108), Berlin 1972, S.179-184

GSCHNITZER, Fritz, Art. Politarches, *Paulys Real-Encyclopädie der classischen Alterthumswissenschaft*, Suppl. XIII, München 1973, Sp.483-500

GÜNGERICH, Rudolf, Die Küstenbeschreibung in der griechischen Literatur, Orbus Antiquus 4, Münster [2]1975

GUNNEWEG, Antonius H.J., Esra, KAT XIX 1, Gütersloh 1985

GUTZEN, Dieter/OELLERS, Norbert/PETERSEN, Jürgen H., Einführung in die neuere deutsche Literaturwissenschaft. Ein Arbeitsbuch, unter Mitarbeit von Eckart Strohmaier, Berlin [6]1989

HÄGG, Tomas, The Novel in Antiquity, University of California Press, Berkeley-Los Angeles 1983

HAENCHEN, Ernst, Das »Wir« in der Apostelgeschichte und das Itinerar, in: *Zeitschrift für Theologie und Kirche* 58, 1961, S.329-366 (wiederabgedr. in: ders., Gott und Mensch. Gesammelte Aufsätze, Tübingen 1965, S.227-264)

HAENCHEN, Ernst, Acta 27, in: Zeit und Geschichte. Dankesgabe an Rudolf Bultmann zum 80. Geburtstag, hg.v. E. Dinkler, Tübingen 1964, S.235-254

HAENCHEN, Ernst, Die Apostelgeschichte, KEK III[16], Göttingen [7]1977 ([11]1956, [3]1959, [5]1965)

HAENCHEN, Ernst, The Book of Acts as Source Material for the History of Early Christianity, in: Studies in Luke-Acts. Essays presented in honor of Paul Schubert, hg.v. Leander E. Keck/J. Louis Martyn, S.P.C.K., London [3]1978

HAMBURGER, Käte, Die Logik der Dichtung, Stuttgart [3]1977

von HARNACK, Adolf, Das Neue Testament um das Jahr 200. Theodor Zahn's Geschichte des Neutestamentlichen Kanons (Erster Band, Erste Hälfte), Freiburg 1889

von HARNACK, Adolf, Bruchstücke des Evangeliums und der Apokalypse des Petrus, TU IX/2, Leipzig [2]1893

von HARNACK, Adolf, Geschichte der altchristlichen Literatur bis Eusebius, 2. Teil: Die Chronologie, Bd.1: Die Chronologie der Literatur bis Irenäus nebst einleitenden Untersuchungen, Leipzig 1897 ([2]1958)

von HARNACK, Adolf, Beiträge zur Einleitung in das Neue Testament. I. Lukas der Arzt. Der Verfasser des dritten Evangeliums und der Apostelgeschichte, Leipzig 1906; III. Die Apostelgeschichte, Leipzig 1908; IV. Neue Untersuchungen zur Apostelgeschichte und zur Abfassungszeit der synoptischen Evangelien, Leipzig 1911

von HARNACK, Adolf, Marcion: Das Evangelium vom fremden Gott. Eine Monographie zur Geschichte der Grundlegung der katholischen Kirche, TU 45[2], Leipzig [2]1924

von HARNACK, Adolf, Entstehung und Entwickelung der Kirchenverfassung und des Kirchenrechts in den zwei ersten Jahrhunderten. Nebst einer Kritik der Abhandlung R. Sohm's: „Wesen und Ursprung des Katholizismus" und Untersuchungen über „Evangelium", „Wort Gottes" und das trinitarische Bekenntnis, Leipzig 1910 (reprogr. Nachdr. WBG, Darmstadt 1990)

von HARNACK, Adolf, Die Mission und Ausbreitung des Christentums in den ersten drei Jahrhunderten, Bd.I. Die Mission in Wort und Tat. Bd.II. Die Verbreitung, Leipzig 41924

von HARNACK, Adolf, Die ältesten Evangelien-Prologe und die Bildung des Neuen Testaments, SPAW.PH 24, Berlin 1928, wiederabgedr. in: ders., Kleine Schriften zur Alten Kirche. [Bd.2] Berliner Akademieschriften 1908-1930, Opuscula. Sammelausgaben seltener und bisher nicht selbständig erschienener wissenschaftlicher Abhandlungen, Bd.IX/2, Zentralantiquariat der Deutschen Demokratischen Republik, Leipzig 1980, S.803-822

HEARD, Richard, The ἀπομνημονεύματα in Papias, Justin, and Irenaeus, *New testament studies* 1, 1954/5, S.122-129

HEINRICI, C.F.G., Der zweite Brief an die Korinther, KEK VI8, Göttingen 31900

HEMER, Colin J., Euroaquilo and Melita, *Journal of theological studies* NS 26, 1975, S.100-111

HEMER, Colin J., 'The Adjective Phrygia', *Journal of theological studies* NS 27, 1976, S.122-126

HEMER, Colin J., Phrygia: A Further Note, *Journal of theological studies* NS 28, 1977, S.99-101

HEMER, Colin J., Luke the Historian, *Bulletin of the John Rylands library* 60, 1977/78, S.28-51

HEMER, Colin J., The Book of Acts in the Setting of Hellenistic History, hg.v. C.H. Gempf, WUNT 49, Tübingen 1989

HENGEL, Martin, Anonymität, Pseudepigraphie und «Literarische Fälschung» in der jüdisch-hellenistischen Literatur, in: Pseudepigrapha I. Pseudopythagorica - Lettres de Platon - Littérature pseudépigraphique juive, Fondation Hardt, Entretiens sur l'Antiquité Classique XVIII, Vandœuvres, Genf 1971, S.229-308 (mit Diskussion S.309-329)

HENGEL, Martin, Zur urchristlichen Geschichtsschreibung, Stuttgart 21984

HENGEL, Martin, Probleme des Markusevangeliums, in: Das Evangelium und die Evangelien, hg.v. Peter Stuhlmacher, WUNT 28, Tübingen 1983, S.221-265

HENGEL, Martin, Der Historiker Lukas und die Geographie Palästinas in der Apostelgeschichte, *Zeitschrift des deutschen Palästina-Vereins* 99, 1983, S.147-183

HENGEL, Martin, Die Evangelienüberschriften, SHAW.PH 1984.3, Heidelberg 1984

HENGEL, Martin, Entstehungszeit und Situation des Markusevangeliums, in: Markus-Philologie. Historische, literargeschichtliche und stilistische Untersuchungen zum zweiten Evangelium, hg.v. Hubert Cancik, WUNT 33, Tübingen 1984, S.1-45

HENGEL, Martin, Der Jakobusbrief als antipaulinische Polemik, in: Tradition and Interpretation in the New Testament. Essays in Honor of E.Earle Ellis for His 60th Birthday, hg.v. Gerald F. Hawthorne/Otto Betz, Grand Rapids, Michigan-Tübingen 1987, S.248-278

HENGEL, Martin, Judentum und Hellenismus. Studien zu ihrer Begegnung unter besonderer Berücksichtigung Palästinas bis zur Mitte des 2. Jh.s v.Chr., WUNT 10, Tübingen 31989

HENGEL, Martin, The Johannine Question, SCM Press/Trinity Press International, London/Philadelphia 1989

HENNELL, C.C., Untersuchung über den Ursprung des Christenthums (dt. Übersetzung aus dem Englischen), Stuttgart 1840

HERRMANN, Wolfgang, Die Historien des Coelius Antipater. Fragmente und Kommentar, BKP 104, Meisenheim am Glan 1979

HERTER, Hans, Art. Kallimachos aus Kyrene, *Paulys Real-Encyclopädie der classischen Alterthumswissenschaft*, Suppl. V, Stuttgart 1931, Sp.386-452

HILGENFELD, Adolf, Historisch-kritische Einleitung in das Neue Testament, Leipzig 1875

HILGENFELD, Adolf, Die Apostelgeschichte nach ihren Quellenschriften untersucht. Art. VI, *Zeitschrift für Wissenschaftliche Theologie* 39, 1896, S.177-216

HILGENFELD, Adolf, Lucas und die Apostelgeschichte, *Zeitschrift für Wissenschaftliche Theologie* 50, 1908, S.176-214

HÖCKMANN, Olaf, Antike Seefahrt, Beck's Archäologische Bibliothek, München 1985

HOFMANN, Johannes, Die amtliche Stellung der in der ältesten römischen Bischofsliste überlieferten Männer in der Kirche von Rom, *Historisches Jahrbuch* 109, 1989, S.1-23

HOH, Josef, Die Lehre des Hl. Irenäus über das Neue Testament, NTA 7, 4./5. Heft, Münster 1919

HOLTZMANN, Heinrich Julius, Ueber den sogenannten Wirbericht der Apostelgeschichte, *Zeitschrift für Wissenschaftliche Theologie* 24, 1881, S.408-420

HUGHES, Philip Edgcumbe, Paul's Second Epistle to the Corinthians, NIC, Wm.B. Eerdmans Publishing Co., Grand Rapids, Michigan [6]1977

HYLDAHL, Niels, Die Frage nach der literarischen Einheit des Zweiten Korintherbriefes, *Zeitschrift für die neutestamentliche Wissenschaft* 64, 1973, S.289-306

HYLDAHL, Niels, Die paulinische Chronologie, E.J. Brill, Leiden 1986

IHM, Art. Aedui, *Paulys Real-Encyclopädie der classischen Alterthumswissenschaft*, 1.R. I/1, Stuttgart 1893 (Nachdr. 1958), Sp.475

JACOBY, Felix, Art. Ktesias von Knidos, *Paulys Real-Encyclopädie der classischen Alterthumswissenschaft*, 1.R. XI/2, Stuttgart 1922, Sp.2032-2073

JACOBY, Felix, Art. Euemeros von Messene, *Paulys Real-Encyclopädie der classischen Alterthumswissenschaft*, 1.R. VI, Stuttgart 1907, Sp.952-972

JACQUIER, E., Les Actes des apôtres, EtB, Librairie Victor Lecoffre, Paris [2]1926

JEWETT, Robert, Dating Paul's Life, SCM Press Ltd, London 1979

JUNOD, Eric/KAESTLI, Jean-Daniel, L'histoire des Actes apocryphes des apôtres du IIIe au IXe siècle. Le cas des Actes de Jean, Cahiers de la Revue de Théologie et de Philosophie 7, Genf/Lausanne/Neuchâtel 1982

KAYSER, Wolfgang, Das sprachliche Kunstwerk. Eine Einführung in die Literaturwissenschaft, Bern-München [18]1978

KEMLER, Herbert, Hegesipps römische Bischofsliste, *Vigiliae Christianae* 25, 1971, S.182-196

KIERDORF, Wilhelm, Catos ‹Origines› und die Anfänge der römischen Geschichtsschreibung, *Chiron* 10, 1980, S.205-224

KLAUSER, Theodor, Die Anfänge der römischen Bischofsliste, *Bonner Zeitschrift für Theologie und Seelsorge* 8, 1931, S.193-213 (wiederabgedruckt in: ders., Gesammelte Arbeiten zur Liturgiegeschichte Kirchengeschichte und christlichen Archäologie, hg.v. Ernst Dassmann, JAC.E 3, Münster 1974, S.121-138)

KLOTZ, Alfred, Cäsarstudien nebst einer Analyse der strabonischen Beschreibung von Gallien und Britannien, Leipzig-Berlin 1910

KNEUCKER, J. J., Die Anfänge des Römischen Christenthums, Karlsruhe 1881

KNOCHE, Ulrich, Das historische Geschehen in der Auffassung der älteren römischen Geschichtsschreiber, in: Römische Geschichtsschreibung, hg.v. V. Pöschl, WdF 90, Darmstadt 1969, S.241-255

KNOX, John, Marcion and the New Testament. An Essay in the Early History of the Canon, The University of Chicago Press, Chicago, Illinois 1942 (Nachdr. AMS Press, New York 1980)

KÖHLER, Wolf-Dietrich, Die Rezeption des Matthäusevangeliums in der Zeit vor Irenäus, WUNT 2.R. 24, Tübingen 1987

KOENIGSMANN, Bernhard Ludwig, de fontibus commentariorum sacrorum, qui Lucae nomen praeferunt deque eorum consilio et aetate, Altona 1798, wiederabgedr. in: David Julius Pott (Hg.), Sylloge commentationum theologicarum, Bd.3, Helmstadt 1802, S.215-239

KOEP, Leo, Art. Bischofsliste, *Reallexikon für Antike und Christentum* 2, Stuttgart 1954, Sp.407-415

KÖSTER, Helmut, Synoptische Überlieferung bei den Apostolischen Vätern, TU 65, Berlin 1957

KÖSTER, Helmut, Einführung in das Neue Testament im Rahmen der Religionsgeschichte und Kulturgeschichte der hellenistischen und römischen Zeit, Berlin-New York 1980

KOHLREIFF, Gottfried, Chronologia sacra a mundo condito usque ad ipsius interitum etc., Hamburg 1724

KRENKEL, Max, Paulus. Der Apostel der Heiden. Vorträge gehalten in den Protestantenvereinen zu Dresden und Leipzig, Leipzig 1869

KRENKEL, Max, Josephus und Lucas. Der schriftstellerische Einfluss des jüdischen Geschichtsschreibers auf den christlichen, Leipzig 1894

KROEHNERT, Otto, Canonesne poetarum scriptorum artificum per antiquitatem fuerunt?, Königsberg 1897

KROLL, Wilhelm, Art. Schiffahrt, *Paulys Real-Encyclopädie der classischen Alterthumswissenschaft*, 2.R. II/1, Stuttgart 1921, Sp.408-419

KÜMMEL, Werner Georg, Einleitung in das Neue Testament, Heidelberg 21 1983

KÜRZINGER, Josef, Das Papiaszeugnis und die Erstgestalt des Matthäusevangeliums, *Biblische Zeitschrift* NS 4, 1960, S.19-38 (wiederabgedr. in: ders., Papias von Hierapolis und die Evangelien des Neuen Testaments. Gesammelte Aufsätze. Neuausgabe und Übersetzung der Fragmente. Kommentierte Bibliographie, Eichstätter Materialien Bd.IV, Regensburg 1983, S.9-32)

KÜRZINGER, Josef, Irenäus und sein Zeugnis zur Sprache des Matthäusevangeliums, *New testament studies* 10, 1963/4, S.108-115 (wiederabgedr. in: ders., Papias von Hierapolis und die Evangelien des Neuen Testaments. Gesammelte Aufsätze. Neuausgabe und Übersetzung der Fragmente. Kommentierte Bibliographie, Eichstätter Materialien Bd.IV, Regensburg 1983, S.33-42)

KUNTZE, Claudia, Zur Darstellung des Kaisers Tiberius und seiner Zeit bei Velleius Paterculus, Europäische Hochschulschriften. 3.R. Bd.247, Frankfurt/M.-New York 1985

LAGRANGE, Marie-Josèphe, Évangile selon Saint Luc, EtB, Paris 1921

LAMPE, Peter, Keine »Sklavenflucht« des Onesimus, *Zeitschrift für die neutestamentliche Wissenschaft* 76, 1985, S.135-137

LAMPE, Peter, Die stadtrömischen Christen in den ersten beiden Jahrhunderten, WUNT 2.R. 18, Tübingen [2]1989

LANG, Friedrich, Die Briefe an die Korinther, NTD 7[16], Göttingen-Zürich [1]1986

LECLERQ, Henri, Art. Bibliothèques, *Dictionnaire d'Archéologie chrétienne et de Liturgie* II/1, Librairie Letouzey et Ané, Paris 1925, Sp.842-904

LEKEBUSCH, Eduard, Die Composition und Entstehung der Apostelgeschichte von Neuem untersucht, Gotha 1854

LIEBERICH, Heinrich, Studien zu den Proömien in der griechischen und byzantinischen Geschichtschreibung. I. Teil. Die griechischen Geschichtschreiber, Diss. München 1899

LIETZMANN, Hans, Petrus und Paulus in Rom. Liturgische und archäologische Studien, AKG 1, Berlin/Leipzig [2]1927

LIETZMANN, Hans, An die Korinther I.II, HNT 9, Tübingen [4]1949

LIGHTFOOT, Joseph Barber, The Apostolic Fathers, Part I: S. Clement of Rome, Vol. 1-2, London 1890; Part II/2. S.Ignatius. S.Polycarp. A Revised Text with Introductions, Notes, Dissertations, and Translations, London [2]1889 (Nachdr. Georg Olms Verlag, Hildesheim-New York 1973)

LINK, Jürgen, Literaturwissenschaftliche Grundbegriffe. Eine programmierte Einführung auf strukturalistischer Basis, UTB 305, München [2]1979

LOHMEYER, Ernst, Die Briefe an die Philipper, an die Kolosser und an Philemon, KEK IX[12], Göttingen [5]1961

LOHSE, Eduard, Die Briefe an die Kolosser und an Philemon, KEK IX/2[15], Göttingen [2]1977

LOISY, Alfred, Les Actes des Apôtres, EtB, Librairie Victor Lecoffre, Paris 1920 (Unveränd. Nachdr. Minerva Gmbh, Frankfurt 1973)

LOOFS, Friedrich, Theophilus von Antiochien Adversus Marcionem und die anderen theologischen Quellen bei Irenaeus, TU 46/2, Leipzig 1930

LORENZ, Ottokar, Deutschlands Geschichtsquellen im Mittelalter seit der Mitte des dreizehnten Jahrhunderts, Bd.I, Berlin [3]1886

LORETTO, Franz, Traum und Traumglaube in den Geschichtswerken der Griechen und Römer, Diss. (masch.) Graz 1956

LÜDEMANN, Gerd, Untersuchungen zur simonianischen Gnosis, GTA 1, Göttingen 1975

LÜDEMANN, Gerd, Paulus, der Heidenapostel, Bd.I. Studien zur Chronologie, FRLANT 123, Göttingen 1980

LÜDEMANN, Gerd, Das frühe Christentum nach den Traditionen der Apostelgeschichte. Ein Kommentar, Göttingen 1987

LUZ, Ulrich, Das Evangelium nach Matthäus. 1.Teilband. Mt 1-7, EKK I/1, 1985

MARSHALL, I. Howard, The Acts of the Apostles. An Introduction and Commentary, TNTC 5, Inter-Varsity Press - William B. Eerdmans Publishing Company, Leicester - Grand Rapids, Michigan 1980 (repr. 1983)

MARXSEN, Willi, Einleitung in das Neue Testament. Eine Einführung in ihre Probleme, Gütersloh [4]1978

MASSAUX, Édouard, Influence de l'Évangile de saint Matthieu sur la littérature chrétienne avant saint Irénée, DGMFT, 2. Ser. 42, Louvain-Gembloux 1950

MAYERHOFF, Ernst Theodor, Historisch-critische Einleitung in die petrinischen Schriften. Nebst einer Abhandlung über den Verfasser der Apostelgeschichte, Hamburg 1835

McCUE, James F., Orthodoxy and Heresy: Walter Bauer and the Valentinians, *Vigiliae Christianae* 33, 1979, S.118-130

Mc.GIFFERT, A.C., The earliest papal catalogue, *Theologische Literaturzeitung* 12, 1887, Sp. 435-436

MEYER, Eduard, Apollonios von Tyana und die Biographie des Philostratos, *Hermes* 52, 1917, S.371-424 (wiederabgedr. in: ders., Kleine Schriften 2, Halle 1924, S.131-191)

MEYER, Louis, Saint Jean Chrysostome. Maître de perfection chrétienne, Études de Théologie Historique, Gabriel Beauchesne et ses Fils, Paris 1933

MISCH, Georg, Geschichte der Autobiographie, 1. Band. Das Altertum. 1. Hälfte, A. Francke A.-G. Verlag, Bern 31949

MITTELMEERHANDBUCH, hg.v. Deutschen Hydrographischen Institut Hamburg, IV. Teil. Jugoslawien, Albanien und Griechenland, Hamburg 61982

MÜHLENBERG, Ekkehard, Art. Basilides, *Theologische Realenzyklopädie* V, Berlin/ New York 1980, S.296-301

MÜLLER, Carl Werner, Chariton von Aphrodisias und die Theorie des Romans in der Antike, *Antike und Abendland* 22, 1976, S.115-136

MÜLLER, Peter, Anfänge der Paulusschule. Dargestellt am zweiten Thessalonicherbrief und am Kolosserbrief, AThANT 74, Theologischer Verlag Zürich, Zürich 1988

MUNCK, Johannes, Paulus und die Heilsgeschichte, AJut.T 6, Universitetsforlaget i Aarhus. Ejnar Munksgaard, Kopenhagen 1954

MUNCK, Johannes, The Acts of the Apostles. Introduction, Translation and Notes, revised by William F. Albright and C.S. Mann, The Anchor Bible, Doubleday & Company, Inc., Garden City, New York 1967

NEIL, William, The Acts of the Apostles, NCB 5, Oliphants, London 1973

NORDEN, Eduard, Agnostos Theos. Untersuchungen zur Formengeschichte religiöser Rede, Berlin-Leipzig 1913 (repr. Nachdr. WBG, Darmstadt 1971)

NORTH, J.L., Μάρκος ὁ κολοβοδάκτυλος: Hippolytus, Elenchus, vii. 30, *Journal of theological studies* NS 28, 1977, S.498-507

OBERWEIS, Michael, Ps. 23 als Interpretationsmodell für Act 27, *Novum Testamentum* 30, 1988, S.169-183

OHLIG, K.-H., Die theologische Begründung des neutestamentlichen Kanons in der Alten Kirche, KBANT, Düsseldorf 1972

OLLROG, Wolf-Henning, Paulus und seine Mitarbeiter. Untersuchungen zu Theorie und Praxis der paulinischen Mission, WMANT 50, Neukirchen-Vluyn 1979

PAPAZOGLOU, Fanoula, Le territoire de la colonie de Philippe, *Bulletin de Correspondence Hellénique* 106, 1982, S.89-106

PAPAZOGLOU, Fanoula, Politarques en Illyrie, *Historia* 35, 1986, S.438-448

PAPAZOGLOU, Fanoula, Les villes de Macédoine à l'époque romaine, BCH Suppl. XVI, École Française d'Athènes - Boccard, Athen-Paris 1988

PERKINS, Pheme, Ireneus and the Gnostics. Rhetoric and Composition in Adversus Haereses Book One, *Vigiliae Christianae* 30, 1976, S.193-200

PERRY, Ben Edwin, The Ancient Romances: A Literary-Historical Account of Their Origins, Sather Classical Lectures 37, Berkeley/Los Angeles 1967

PERVO, Richard I., Profit with Delight. The Literary Genre of the Acts of the Apostles, Fortress Press, Philadelphia 1987

PESCH, Rudolf, Die Zuschreibung der Evangelien an apostolische Verfasser, *Zeitschrift für Katholische Theologie* 97, 1975, S.56-71

PESCH, Rudolf, Die Apostelgeschichte. 1.Teilband (Apg 1-12), 2. Teilband (Apg 13-28), EKK V/1-2, Zürich u.a. 1986

PETER, Hermann, Die geschichtliche Litteratur über die römische Kaiserzeit bis Theodosius I und ihre Quellen, 2 Bde., Leipzig 1897

PETERSEN, Jürgen H., Kategorien des Erzählens. Zur systematischen Deskription epischer Texte, *Poetica* 9, 1977, S.167-195

PHILIPP, Art. Luceria, *Paulys Real-Encyclopädie der classischen Alterthumswissenschaft*, XIII/2, Stuttgart 1927, Sp.1565f

PHILIPPSON, Alfred, Art. Doberos, *Paulys Real-Encyclopädie der classischen Alterthumswissenschaft*, V/1, Stuttgart 1903, Sp.1249f

PILHOFER, Peter, Justin und das Petrusevangelium, *Zeitschrift für die neutestamentliche Wissenschaft* 81, 1990, S.60-78

PLÜMACHER, Eckhard, Lukas als hellenistischer Schriftsteller. Studien zur Apostelgeschichte, StUNT 9, Göttingen 1972

PLÜMACHER, Eckhard, Wirklichkeitserfahrung und Geschichtsschreibung bei Lukas. Erwägungen zu den Wir-Stücken der Apostelgeschichte, *Zeitschrift für die neutestamentliche Wissenschaft* 68, 1977, S.2-22

PLÜMACHER, Eckhard, Art. Apostelgeschichte, *Theologische Realenzyklopädie* III, Berlin/New York 1978, S.483-528

PLÜMACHER, Eckhard, Art. Bibliothekswesen. II. Von der griechisch-römischen Antike bis zur Neuzeit, *Theologische Realenzyklopädie* VI, Berlin/New York 1980, S.413-426

PLUMMER, Alfred, A Critical and Exegetical Commentary on the Second Epistle of St Paul to the Corinthians, ICC, T. & T. Clark, Edinburgh 1915 (Nachdr. 1956)

POHLMANN, Karl-Friedrich, Studien zum dritten Esra. Ein Beitrag zur Frage nach dem ursprünglichen Schluß des chronistischen Geschichtswerkes, FRLANT 104, Göttingen 1970

POKORNÝ, Peter, Die Romfahrt des Paulus und der antike Roman, *Zeitschrift für die neutestamentliche Wissenschaft* 64, 1973, S.233-244

PORTER, J.R., Old Testament Historiography, in: Tradition and Interpretation. Essays by Members of the Society for Old Testament Study, hg.v. George Wishart Anderson, Clarendon Press, Oxford 1979, S.125-162

PRAEDER, Susan Marie, The Narrative Voyage: An Analysis and Interpretation of Acts 27-28, University Microfilms International, Ann Arbour, Michigan 1980

PRAEDER, Susan Marie, The Problem of First Person Narration in Acts, *Novum Testamentum* 29, 1987, S.193-218

RAJAK, Tessa, Josephus. The Historian and His Society, Gerald Duckworth & Co. Ltd., London 1983

RAMSAY, William Mitchell, Paulus in der Apostelgeschichte (= dt. Übersetzung der 3. Aufl. des Titels: St. Paul the Traveller and the Roman Citizen), Gütersloh 1898

RASMUSSEN, Detlef, Caesars Commentarii. Stil und Stilwandel am Beispiel der direkten Rede, Göttingen 1963

REARDON, B.P., The Greek Novel, *Phoenix* 23, 1969, S.291-309

REGENBOGEN, Otto, Art. Pinax. 3. Literarisch, *Paulys Real-Encyclopädie der classischen Alterthumswissenschaft*, 1.R. XX/2, Stuttgart 1950, Sp.1409-1482

REGUL, Jürgen, Die antimarcionitischen Evangelienprologe, BVLI 6, Freiburg 1969

REICKE, Bo, Chronologie der Pastoralbriefe, *Theologische Literaturzeitung* 101, 1976, Sp.81-94

RENDTORFF, Rolf, Beobachtungen zur altisraelitischen Geschichtsschreibung anhand der Geschichte vom Aufstieg Davids, in: Probleme biblischer Theologie. Gerhard von Rad zum 70. Geburtstag, hg.v. Hans Walter Wolff, München 1971, S.428-439

REYNDERS, Bruno, Lexique comparé du texte grec et des versions latine, arménienne et syriaque de l'„Adversus Haereses" de Saint Irénée. I. Introduction. Index des mots grecs, arméniens et syriaques. II. Index des mots latins, CSCO Vol. 141-142, Subs. 5-6, Imprimerie Orientaliste L. Durbecq, Louvain (Leiden) 1954

RIESNER, Rainer, Die Frühzeit des Paulus. Studien zur Chronologie, Missionsstrategie und Theologie des Apostels bis zum ersten Thessalonicherbrief, Habil. masch. Tübingen 1990

ROBBINS, Vernon K., By Land and By Sea: The We-Passages and Ancient Sea Voyages, in: Charles H. Talbert (Hg.), Perspectives on Luke-Acts, PRSt 1978, Association of Baptist Professors of Religion, Danville, Virginia - T. & T. Clark Ltd., Edinburgh 1978, S.215-242

ROBERTS, Colin H., Early Christianity in Egypt: Three Notes, *Journal of Egyptian archaeology* 40, 1954, S.92-96

ROBERTS, Colin H./SKEAT, T.C., The Birth of the Codex, Oxford University Press, London 1983 (repr. 1985)

ROBERTS, Ethel D., Notes on Early Christian Libraries in Rome, *Speculum* 9, 1934, S.190-194

ROLLAND, P., La structure littéraire de la Deuxième Épître aux Corinthiens, *Biblica* 71, 1990, S.73-84

ROLOFF, Jürgen, Apostolat - Verkündigung - Kirche. Ursprung, Inhalt und Funktion des kirchlichen Apostelamtes nach Paulus, Lukas und den Pastoralbriefen, Gütersloh 1965

ROLOFF, Jürgen, Art. Apostel/Apostolat/Apostolizität, I. Neues Testament, *Theologische Realenzyklopädie* III, Berlin-New York 1978, S.430-445

ROLOFF, Jürgen, Die Apostelgeschichte, NTD 5[18], Göttingen [2]1988

ROLOFF, Jürgen, Der erste Brief an Timotheus, EKK XV, Zürich u.a. 1988

ROMBERG, Bertil, Studies in the Narrative Technique of the First-Person Novel, Almqvist & Wiksell, Stockholm-Göteborg-Uppsala 1962

ROMMEL, Hans, Die naturwissenschaftlich-paradoxographischen Exkurse bei Philostratos, Heliodoros und Achilleus Tatios, Stuttgart 1923

RORDORF, Willy, Was heißt: Petrus und Paulus haben die Kirche in Rom «gegründet»? Zu Irenäus, Adv. haer. III,1,1; 3,2.3, in: Unterwegs zur Einheit. Festschrift für Heinrich Stirnimann, hg.v. Johannes Brantschen/Pietro Selvatico, Freiburg (Schweiz)-Freiburg-Wien 1980, S.609-616

RORDORF, Willy, In welchem Verhältnis stehen die apokryphen Paulusakten zur kanonischen Apostelgeschichte und zu den Pastoralbriefen?, in: Text and Testimony. Essays on New Testament and Apocryphal Literature in Honour of A.F.J. Klijn, hg.v. T. Baarda/A. Hilhorst/G.P. Luttikhuizen/A.S. van der Woude, Uitgeversmaatschappij J.H. Kok, Kampen 1988, S.225-241

RORDORF, Willy, Nochmals: Paulusakten und Pastoralbriefe, in: Tradition and Interpretation in the New Testament. Essays in Honor of E.Earle Ellis for His 60th Birthday, hg.v. Gerald F. Hawthorne/Otto Betz, Grand Rapids, Michigan-Tübingen 1987, S.319-327

ROSEMAN, Christina Horst, Pytheas of Massalia. A Critical Examination of Texts, Ph.D. thesis Washington D.C. 1983, University Microfilms International, Ann Arbor, Michigan 1988

ROSEN, Klaus, Studien zur Darstellungskunst und Glaubwürdigkeit des Ammianus Marcellinus, Habelts Dissertationsdrucke. Reihe Alte Geschichte, Heft 8, Bonn 1970

ROUGÉ, Jean, Actes 27,1-10, *Vigiliae Christianae* 14, 1960, S.193-203

ROUGÉ, Jean, La marine dans l'Antiquité, L'Historien 23, Collection Sup, Presses Universitaires de France, o.O. 1975

RUDOLPH, Wilhelm, Esra und Nehemia samt 3. Esra, HAT I,20, Tübingen 1949

SABBAH, Guy, La méthode d'Ammien Marcellin. Recherches sur la construction du discours historique dans les *Res gestae*, Collection d'Études Anciennes, Société d'édition «Les Belles Lettres», Paris 1978

SAILING DIRECTIONS (Enroute) For the Eastern Mediterranean. Published by the Defense Mapping Agency Hydrographic/Topographic Center, Pub. No. 132, o.O. [3]1980

SALLMANN, Klaus, Der Traum des Historikers: Zu den ‚Bella Germaniae' des Plinius und zur julisch-claudischen Geschichtsschreibung, *Aufstieg und Niedergang der römischen Welt* II 32.1, Berlin-New York 1984, S.578-601

SCHADEWALDT, Wolfgang, Die Anfänge der Geschichtsschreibung bei den Griechen. Herodot · Thukydides, Tübinger Vorlesungen Bd.2, STW 389, Frankfurt/M. 1982

SCHALLER, Berndt, Zur Komposition und Konzeption des Testaments Hiobs, in: Studies on the Testament of Job, hg.v. Michael A. Knibb/Pieter W. van der Horst, SNTS Monograph Series 66, Cambridge University Press, Cambridge 1989, S.46-92

SCHELLER, Paul, de hellenistica historiae conscribendae arte, Diss. Leipzig 1911

SCHENK, Wolfgang, Art. Korintherbriefe, *Theologische Realenzyklopädie* XIX, 1990, S.620-640

SCHENKE, Hans-Martin/FISCHER, Karl Martin, Einleitung in die Schriften des Neuen Testaments, II. Die Evangelien und die anderen neutestamentlichen Schriften, Gütersloh 1979

SCHILLE, Gottfried, Die Apostelgeschichte des Lukas, ThHK 5, Berlin [3]1989

SCHISSEL VON FLESCHENBERG, Otmar, Dares-Studien, Halle 1908

SCHLEIERMACHER, Friedrich Daniel Ernst, Ueber die Schriften des Lukas, ein kritischer Versuch. Erster Theil 1817, in: Friedrich Schleiermacher's sämmtliche Werke. Erste Abtheilung. Zur Theologie. Zweiter Band, Berlin 1836, S.1-220

SCHLEIERMACHER, Friedrich Daniel Ernst, Einleitung ins Neue Testament. Aus Schleiermacher's handschriftlichem Nachlasse und nachgeschriebenen Vorlesungen, mit einer Vorrede von Dr. Friedrich Lücke, hg. von G. Wolde, in: Friedrich Schleiermacher's sämmtliche Werke. Erste Abtheilung. Zur Theologie. Achter Band, Berlin 1845

SCHMIDT, Johanna, Art. Philippoi (Φίλιπποι), *Paulys Real-Encyclopädie der classischen Alterthumswissenschaft*, 1.R. XIX/2, Stuttgart 1938, Sp.2206-2244

SCHMIDT, Johanna, Art. Phoinikus (Φοινικοῦς).1, *Paulys Real-Encyclopädie der classischen Alterthumswissenschaft*, 1.R. XX/1, Stuttgart 1941, Sp.383

SCHMITHALS, Walter, Die Apostelgeschichte des Lukas, Zürcher Bibelkommentare 3,2, Theologischer Verlag Zürich, Zürich 1982

SCHNEIDER, Gerhard, Die Apostelgeschichte, HThK V/1.2, Freiburg-Basel-Wien 1980.1982

SCHRADER, Karl, Der Apostel Paulus. Erster Theil, oder chronologische Bemerkungen über das Leben des Apostels Paulus, Leipzig 1830. Fünfter Theil, oder Uebersetzung und Erklärung der Briefe des Apostels Paulus an die Thessalonicher, die Epheser, die Colosser, den Philemon, die Philipper, die Galater, den Timotheus und den Titus, und der Apostelgeschichte, Leipzig 1836

SCHWANBECK, Eugen Alexis, Ueber die Quellen der Schriften des Lukas. Ein kritischer Versuch, 1. Band. Ueber die Quellen der Apostelgeschichte, Darmstadt 1847

SCHWANK, Benedikt, »Wir umsegelten Kreta bei Salmone«. Reisebericht zu Apg 27,7-12, *Erbe und Auftrag* 48, 1972, S.16-25

SCHWARTZ, Eduard, Einiges über Assyrien, Syrien, Koilesyrien, *Philologus* 86, 1931, S.373-399

SCHWARTZ, Eduard, Fünf Vorträge über den griechischen Roman. Das Romanhafte in der erzählenden Literatur der Griechen, Berlin [2]1943

SEEL, Otto, Antike Entdeckerfahrten. Zwei Reiseberichte, Artemis-Verlag, Zürich 1961

SEUFERT, W., Titus Silvanus (ΣΙΛΑΣ) und der Verfasser des ersten Petrusbriefes, *Zeitschrift für Wissenschaftliche Theologie* 28, 1885, S.350-371

SHERWIN-WHITE, A.N., Roman Society and Roman Law in the New Testament, The Sarum Lectures 1960-1961, Clarendon Press, Oxford 1963

SIMPSON, W.K. (Hg.), The Literature of Ancient Egypt. An Anthology of Stories, Instructions, and Poetry, New Haven-London 1972

SMITH, Morton, Pseudepigraphy in the Israelite Literary Tradition, in: Pseudepigrapha I. Pseudopythagorica - Lettres de Platon - Littérature pseudépigraphique juive, Fondation Hardt, Entretiens sur l'Antiquité Classique XVIII, Vandœuvres/Genf 1971, S.189-215 (mit Diskussion S.216-227)

SPEYER, Wolfgang, Religiöse Pseudepigraphie und literarische Fälschung im Altertum, *Jahrbuch für Antike und Christentum* 8/9, 1965/6, S.88-125

SPEYER, Wolfgang, Die literarische Fälschung im heidnischen und christlichen Altertum. Ein Versuch ihrer Deutung, München 1971

SPICQ, P.C., Saint Paul. Les Épîtres Pastorales, Bd.I, J. Gabalda et Cie, Paris [4]1969

STÄHLIN, Gustav, Die Apostelgeschichte, NTD 5[14], Göttingen [5]1975

STEICHELE, Hanneliese, Vergleich der Apostelgeschichte mit der antiken Geschichtsschreibung. Eine Studie zur Erzählkunst in der Apostelgeschichte, Diss. München 1971

STEMPEL, Wolf-Dieter, Erzählung, Beschreibung und der historische Diskurs, in: Geschichte - Ereignis und Erzählung, hg.v. Reinhart Koselleck/Wolf-Dieter Stempel, Poetik und Hermeneutik V, München 1973, S.325-346

STRASBURGER, Hermann, Die Entdeckung der politischen Geschichte durch Thukydides, in: Thukydides, hg.v. H. Herter, WdF 98, Darmstadt 1968, S.412-476

STRASBURGER, Hermann, Homer und die Geschichtsschreibung, SHAW.PH 1, 1972, Heidelberg 1972

STRASBURGER, Hermann, Die Wesensbestimmung der Geschichte durch die antike Geschichtsschreibung, Wiesbaden [3]1975 (wiederabgedr. in: ders., Studien zur Alten Geschichte, Bd.II, hg.v. W. Schmitthenner/R. Zoepffel, Collectanea XLII/2, Hildesheim-New York 1982)

STROBEL, August, Schreiben des Lukas? Zum sprachlichen Problem der Pastoralbriefe, *New testament studies* 15, 1968/69, S.191-210

de STRYCKER, Émile, Die griechischen Handschriften des Protevangeliums Iacobi, in: Griechische Kodikologie und Textüberlieferung, hg.v. Dieter Harlfinger, Darmstadt 1980, S.577-612

STUHLMACHER, Peter, Der Brief an Philemon, EKK XVIII[3], Zürich u.a. [3]1989

SUHL, Alfred, Paulus und seine Briefe. Ein Beitrag zur paulinischen Chronologie, StNT 11, Gütersloh 1975

SUHL, Alfred, Die Brief an Philemon, Zürcher Bibelkommentare 13, Theologischer Verlag Zürich, Zürich 1981

SUSEMIHL, Franz, Geschichte der griechischen Litteratur in der Alexandrinerzeit, Bd.II, Leipzig 1892 (reprogr. Nachdruck: Georg Olms Verlagsbuchhandlung, Hildesheim 1965)

TAYLOR, Theophilus Mills, The Place of Origins of Romans, *Journal of biblical literature* 67, 1948, S.281-295

THOMPSON, Edward Arthur, The Historical Work of Ammianus Marcellinus, Cambridge University Press, London 1947 (Reprint: Bouma's Boekhuis N.V. Publishers, Groningen 1969)

THRAEDE, Klaus, Grundzüge griechisch-römischer Brieftopik, Zetemata 48, München 1970

TOMBERG, Karl-Heinz, Die Kaine Historia des Ptolemaios Chennos. Eine literarhistorische und quellenkritische Untersuchung, Habelts Dissertationsdrucke. Reihe Klassische Philologie H.4, Bonn 1968

TREGELLES, Samuel Prideaux, Canon Muratorianus. The Earliest Catalogue of the Books of the New Testament, The Clarendon Press, Oxford 1867

TREVOR-BATTYE, Aubyn Bernard Rochford, Camping in Crete. With Notes upon the Animal and Plant Life of the Island, Witherby &. Co., London 1913

TROBISCH, David, Die Entstehung der Paulusbriefsammlung. Studien zu den Anfängen christlicher Publizistik, Novum Testamentum et Orbis Antiquus 10, Freiburg (Schweiz)/Göttingen 1989

TROCMÉ, Étienne, Le „Livre des Actes" et l'histoire, EHPhR 45, Presses Universitaires de France, Paris 1957

UEBERWEG, Fritz/PRAECHTER, Karl, Grundriß der Geschichte der Philosophie. 1. Teil. Die Philosophie des Altertums, Tübingen [13]1953

ULRICH, Melchior, Kommt Lukas wirklich in der Apostelgeschichte vor?, *Theologische Studien und Kritiken* 10, 1837, S.369-377 van UNNIK, W.C., Two Notes on Irenaeus, *Vigiliae Christianae* 30, 1976, S.201-213

van der VALK, H.L.M., On the Edition of Books in Antiquity, *Vigiliae Christianae* 11, 1957, S.1-10

VÉLISSAROPOULOS, Julie, Les nauclères grecs. Recherches sur les institutions maritimes en Grèce et dans l'Orient hellénisé, Centre de Recherches d'Histoire et de Philologie de la IVe Section de l'École pratique des Hautes Études, III. Hautes Études du monde gréco-romain, Vol. 9, Librairie Droz - Librairie Minard, Genf-Paris 1980

VIELHAUER, Philipp, Zum „Paulinismus" der Apostelgeschichte, *Evangelische Theologie* 10, 1950/1, S.1-15 (wiederabgedruckt in: ders., Aufsätze zum Neuen Testament, TB 31, München 1965, S.9-27)

VIELHAUER, Philipp, Geschichte der urchristlichen Literatur. Einleitung in das Neue Testament, die Apokryphen und die Apostolischen Väter, Berlin-New York 1975 (durchg. Nachdr. 1978)

van VLOTEN, G., Lucas und Silas, *Zeitschrift für Wissenschaftliche Theologie* 10, 1867, S.223-224

VOGT, Jochen, Aspekte erzählender Prosa, Grundstudium Literaturwissenschaft 8, Opladen [4]1979

WACHOLDER, B.Z., Chronomessianism. The Timing of Messianic Movements and the Calendar of Sabbatical Cycles, *Hebrew Union College Annual* 46, 1975, S.201-218

WACHSMUTH, Curt, Einleitung in das Studium der Alten Geschichte, Leipzig 1895

WALBANK, F.W., History and Tragedy, *Historia* 9, 1960, S.216-234

WALBANK, F.W., A Historical Commentary on Polybius. Vol.II. Commentary on Books VII-XVIII, Clarendon Press, Oxford 1967

WARNECKE, Heinz, Die tatsächliche Romfahrt des Apostels Paulus, SBS 127, Stuttgart 1987

WASZINK, Jan Hendrik, Some observations on the appreciation of "the philosophy of the barbarians" in early Christian literature, in: Mélanges offerts à Mademoiselle Christine Mohrmann, Spectrum Éditeurs, Utrecht-Anvers 1963, S.41-56

WEBER, Wilhelm, Josephus und Vespasian. Untersuchungen zu dem Jüdischen Krieg des Flavius Josephus, Berlin-Stuttgart-Leipzig 1921 (Unveränd. Nachdr.: Georg Olms Verlag, Hildesheim-New York 1973)

WEHNERT, Jürgen, Die Wir-Passagen der Apostelgeschichte. Ein lukanisches Stilmittel aus jüdischer Tradition, GTA 40, Göttingen 1989

WEHNERT, Jürgen, Vom neuesten Schiffbruch des Paulus. Wie „Die Zeit" auf ein haarsträubendes Buch hereinfiel, *Lutherische Monatshefte* 28, 1989, H.3, S.98-100

WEHNERT, Jürgen, Gestrandet. Zu einer neuen These über den Schiffbruch des Apostels Paulus auf dem Wege nach Rom (Apg 27-28), *Zeitschrift für Theologie und Kirche* 87, 1990, S.67-99

WEINGÄRTNER, Dieter Georg, Die Ägyptenreise des Germanicus, Papyrologische Texte und Abhandlungen 11, Bonn 1969

WEISER, Alfons, Die Apostelgeschichte, ÖTK 5/1.2, Gütersloh-Würzburg 1985

WEISS, Bernhard, Lehrbuch der Einleitung in das Neue Testament, Berlin [3]1897

WELLHAUSEN, Julius, Kritische Analyse der Apostelgeschichte, AGWG.PH 15.2, Berlin 1914

WENDEL, Carl, Die griechisch-römische Buchbeschreibung verglichen mit der des Vorderen Orients, HM 3, Halle (Saale) 1949

WENDEL, Carl, Art. Bibliothek, *Reallexikon für Antike und Christentum* 2, Stuttgart 1954, Sp.231-274

WENDT, Hans Hinrich, Die Apostelgeschichte, KEK III[9], Göttingen [5]1913

de WETTE, Wilhelm Martin Leberecht, Lehrbuch der historisch-kritischen Einleitung in die kanonischen Bücher des Neuen Testaments, Berlin [1]1826, [2]1830, [4]1842, [6]1860 (letzte Auflage besorgt von Hermann Messner und Gottlieb Lünemann)

WIKENHAUSER, Alfred, Die Apostelgeschichte und ihr Geschichtswert, NTA 8, 3.-5. Heft, Münster i.W. 1921

WILCKEN, Ulrich, Ὑπομνηματισμοί, *Philologus* 53, 1894, S.80-126

WILCKENS, Ulrich, Der Brief an die Römer, Bd.III, EKK VI, Zürich u.a. 1982

WINDISCH, Hans, Der zweite Korintherbrief, KEK VI[9], Göttingen [1]1924 (Neudruck 1970)

WINKLER, John J., Auctor & Actor: A Narratological Reading of Apuleius's *Golden Ass*, University of California Press, Berkeley-Los Angeles-London 1985

WÖRRLE, M., Zwei neue Inschriften aus Myra zur Verwaltung Lykiens in der Kaiserzeit. 2. Regelung von Zollfragen durch eine unbekannte römische Autorität des 2. Jhs. n. Chr., in: Myra. Eine lykische Metropole in antiker und byzantinischer Zeit, hg.v. J. Borchhardt, Istanbuler Forschungen 30, Berlin 1975, S.286-300

WOLFF, Hans Walter, Dodekapropheton 2. Joel und Amos, BK XIV/2, Neukirchen-Vluyn 1969

WRIGHT, D.F., Clement and the Roman Succession in Irenaeus, *Journal of theological studies* NS 18, 1967, S.144-155

ZAHN, Theodor, Geschichte des Neutestamentlichen Kanons, Bd.II: Urkunden und Belege zum ersten und dritten Band, 1. Hälfte, Erlangen-Leipzig 1890 (Nachdr. der 1. und 2. Hälfte: Georg Olms Verlag, Hildesheim-New York 1975)

ZAHN, Theodor, Das Schreiben des Irenaeus an Victor, in: Forschungen zur Geschichte des neutestamentlichen Kanons und der altkirchlichen Literatur, Bd.IV, hg.v. J. Haussleiter/T. Zahn, Erlangen-Leipzig 1891, S.283-308

ZAHN, Theodor, Forschungen zur Geschichte des neutestamentlichen Kanons und der altkirchlichen Literatur, VI. Teil: I. Apostel und Apostelschüler in der Provinz Asien. II. Brüder und Vettern Jesu, Leipzig 1900

ZAHN, Theodor, Art. Irenäus v. Lyon, *Realencyclopädie für protestantische Theologie und Kirche* IX, 1901, S.401-411

ZAHN, Theodor, Das Evangelium des Matthäus, KNT 1, Leipzig [4]1922 (Nachdr. R. Brockhaus Verlag, Wuppertal 1984)

ZAHN, Theodor, Einleitung in das Neue Testament, Bd.I.II, Sammlung Theologischer Lehrbücher, Leipzig [3]1924

ZELLER, Eduard, Die Apostelgeschichte nach ihrem Inhalt und Ursprung kritisch untersucht, Stuttgart 1854

ZIEGLER, Ueber den Zweck, die Quellen und die Interpolationen der Apostelgeschichte, *Neuestes theologisches Journal*, hg.v. Johann Philipp Gabler, Bd.7. Zweites Stück, Nürnberg 1801, S.125-157

Stellenregister

Wurde eine Stelle lediglich in der Anmerkung einer Seite erwähnt, so ist die Anmerkungsziffer hinzugefügt. Verwendete Abkürzungen sind im Literaturverzeichnis aufgeschlüsselt. Doppelnennungen sind dort möglich, wo ein Autor bei einem anderen Schriftsteller zitiert wird und zugleich eine zitierbare Ausgabe seiner Fragmente (z.B. HRR oder FGH) existiert. Fehlt eine solche Fragmentensammlung, so erfolgt der Eintrag bei dem zitierenden Autor (z.B. Irenäus, Brief an Florin, bei Euseb, *h.e.* V 20,4-8); in diesem Falle ist das Sachregister zu vergleichen.

I. Altes Testament (mit Anhängen der Septuaginta)

(Apostelgeschichte)		(Apostelgeschichte)		(Apostelgeschichte)	
15,41-16,5	342	16,11ff	265.275.341.346	18,2f	275
15,41	87.115.267	16,11-15	309	18,5	92.115.230f.349[349]
16-21	106	16,11f	277.289	18,8	231
16	92.135.274f.305.341	16,11	131.276f.288.346	18,11	201[3].276
16,1ff	278	16,12-18,17	251[95]	18,18ff	230[51] 254
16,1-5	87[5]	16,12ff	115	18,18f	225
16,1-4	87	16,12	252.270.276.278.300.302f.307[236]	18,18	89.221.276
16,1-3	92.114.267	16,13-15	278	18,19f	89
16,1	88[7].114.267	16,13	92.269.279	18,19	231
16,3	87.342[334]	16,14	92	18,20-22	231
16,4	87[5].88[7].115.267f.342	16,15	269.275	18,21	89
16,5	88[7].268	16,16-40	279	18,22f	308.343
16,6ff	342	16,16ff	200[1]	18,22	89
16,6-8	267	16,16f	279	18,23	89.276
16,6f	267	16,17	92.98.114	18,24-19,1	231
16,6	86[4].88.267f.343	16,18ff	107	18,26	225
16,7	268	16,18	88.278f	19f	220[37]
16,8ff	107	16,19-17,13	92.115	19,1	89.231
16,8	189.268.271	16,19ff	344[336]	19,8-10	89
16,9ff	98[19]	16,23ff	204	19,8	276
16,9	109.114.269.357	16,40	189.270.275.279	19,10	276
16,9a	107	17-19	280	19,20	272
16,9b	107	17,1ff	115	19,21f	231
16,9c	107	17,1	276f	19,21	92.231.253.347.354.365
16,10ff	92.95.111.131.147[150].193	17,2	88		
16,10-17	107.271	17,5	258f	19,21a	347
16,10f	189	17,8	276[161]	19,22	89.212.219.225.231f.247
16,10	88.92.115.132.189.269.270[145].364	17,10ff	115	19,23ff	314
		17,10	277	19,29	212.226.248.256.259
		17,14	88.92.115.277		
		17,15	277	19,33	225
		17,16ff	88.115	20f	116.135.273[152].274f.305.341
		18,1-19,22	230		
		18,1ff	89		
		18,1	115	20,1-21,18	271
		18,2	201[3].221.231	20,1ff	278
				20,1-6	232

III. Apokryphe Apokalypsen, Apostelakten, Evangelien, Testamente

IV. Verschiedenes jüdisches und christliches Schrifttum

Oracula Sibyllina

V 334   323[281]

Talmud

bBB 14b   108[56]

bBB 15a   111.113.119[73]
bSan 93b   111.112
bSan 94a   140[133]

V. Schriftsteller

Anonym überlieferte Schriften sind unter dem Anfangsbuchstaben des Titels aufgeführt. Werktitel, die einem Autor zu Unrecht zugeschrieben wurden, stehen in eckigen Klammern.

Achilleus Tatios

I 2,1   136
I 3,1ff   123
I 3,1   136

Adamantius

dial I 5   75.77

Aelian

n.a. XVII 29   137
v.h. 11,2   180[231]

Aelius Aristides

hier log II 65   362[391]
hier log II 67f   335f

Agathemeros (GGM II 471-487)

geogr inf I 1   41
geogr inf 21   325[288]

Ambrosiaster

Quaestiones   13[22.24]

Ammian

XIV 9,1   178.182
XIV 11,5   178.179
XV 5,22   179
XV 5,23f   179
XV 12,3   65[173]
XVI 10,21   178f
XVIII 4,7   179
XVIII 6,5   179
XVIII 6,7-8   179

XVIII 6,10-13   179
XVIII 6,14-17   179
XVIII 6,21-7,2   179
XVIII 8,1-10   179
XVIII 8,11-14   179
XIX 1-9   179
XIX 9   179
XXIII-XXV   286.363
XXIII   363
XXIII 2,4   179.270
XXIII 2,6   285.304
XXIII 3,7   304
XXIII 5,1   179
XXIII 5,5   179
XXIII 5,6   179.270
XXIII 5,7   179.270.285f.363
XXIII 5,9-14   286
XXIII 5,15-25   286
XXIII 5,19   363
XXIII 6   286
XXIV 1,5   286
XXIV 8,5   286.304
XXV 3,21-23   286
XXV 6,2   286
XXV 6,9-11   286
XXV 10,1   179.286
XXXI 16,9   165

Aphthonius

progymn 2   119[74].153[166]

Apion von Oasis (FGH 616)

F 5-6   181

VI. Inschriften und Papyri

Namen- und Sachregister

Kursiv gesetzte Seitenzahlen verweisen auf Einträge, an denen der Sprachgebrauch des entsprechenden Begriffs festgelegt wird. Der Zusatz „Abb." weist auf ein Vorkommen in einer Abbildung hin.

Wissenschaftliche Untersuchungen zum Neuen Testament

Alphabetisches Verzeichnis
der ersten und zweiten Reihe

Köhler, Wolf-Dietrich: Rezeption des Matthäusevangeliums in der Zeit vor Irenäus. 1987. *Band II/24.*

Kuhn, Karl G.: Achtzehngebet und Vaterunser und der Reim. 1950. *Band 1.*

Lampe, Peter: Die stadtrömischen Christen in den ersten beiden Jahrhunderten. 1987, [2]1989. *Band II/18.*

Maier, Gerhard: Mensch und freier Wille. 1971. *Band 12.*

– Die Johannesoffenbarung und die Kirche. 1981. *Band 25.*

Marshall, Peter: Enmity in Corinth: Social Conventions in Paul's Relations with the Corinthians. 1987. *Band II/23.*

Meade, David G.: Pseudonymity and Canon. 1986. *Band 39.*

Mengel, Berthold: Studien zum Philipperbrief. 1982. *Band II/8.*

Merkel, Helmut: Die Widersprüche zwischen den Evangelien. 1971. *Band 13.*

Merklein, Helmut: Studien zu Jesus und Paulus. 1987. *Band 43.*

Metzler, Karin: Der griechische Begriff des Verzeihens. 1991. *Band II/44.*

Niebuhr, Karl-Wilhelm: Gesetz und Paränese. 1987. *Band II/28.*

Nissen, Andreas: Gott und der Nächste im antiken Judentum. 1974. *Band 15.*

Okure, Teresa: The Johannine Approach to Mission. 1988. *Band II/31.*

Pilhofer, Peter: Presbyteron Kreitton. 1990. *Band II/39.*

Probst, Hermann: Paulus und der Brief. 1991. *Band II/45.*

Räisänen, Heikki: Paul and the Law. 1983, [2]1987. *Band 29.*

Rehkopf, Friedrich: Die lukanische Sonderquelle. 1959. *Band 5.*

Reinmuth, Eckhardt: siehe *Holtz.*

Reiser, Marius: Syntax und Stil des Markusevangeliums. 1984. *Band II/11.*

Richards, E. Randolph: The Secretary in the Letters of Paul. 1991. *Band II/42.*

Riesner, Rainer: Jesus als Lehrer. 1981, [3]1988. *Band II/7.*

Rissi, Mathias: Die Theologie des Hebräerbriefs. 1987. *Band 41.*

Röhser, Günter: Metaphorik und Personifikation der Sünde. 1987. *Band II/25.*

Rüger, Hans Peter: Die Weisheitsschrift aus der Kairoer Geniza. 1991. *Band 53.*

Sänger, Dieter: Antikes Judentum und die Mysterien. 1980. *Band II/5.*

Sandnes, Karl Olav: Paul – One of the Prophets? 1991. *Band II/43.*

Sato, Migaku: Q und Prophetie. 1988. *Band II/29.*

Schimanowski, Gottfried: Weisheit und Messias. 1985. *Band II/17.*

Schlichting, Günter: Ein jüdisches Leben Jesu. 1982. *Band 24.*

Schnabel, Eckhard J.: Law and Wisdom from Ben Sira to Paul. 1985. *Band II/16.*

Schutter, William L.: Hermeneutic and Composition in I Peter. 1989. *Band II/30.*

Schwemer, A. M. –siehe *Hengel.*

Siegert, Folker: Drei hellenistisch-jüdische Predigten. Teil 1 1980. *Band 20.* – Teil 2 1991.

– Nag-Hammadi-Register. 1982. *Band 26.*

– Argumentation bei Paulus. 1985. *Band 34.*

– Philon von Alexandrien. 1988. *Band 46.*

Simon, Marcel: Le christianisme antique et son contexte religieux I/II. 1981. *Band 23.*

Snodgrass, Klyne: The Parable of the Wicked Tenants. 1983. *Band 27.*

Speyer, Wolfgang: Frühes Christentum im antiken Strahlungsfeld. 1989. *Band 50.*

Stadelmann, Helge: Ben Sira als Schriftgelehrter. 1980. *Band II/6.*

Strobel, August: Die Studie der Wahrheit. 1980. *Band 21.*

Stuhlmacher, Peter (Hrsg.): Das Evangelium und die Evangelien. 1983. *Band 28.*

Tajra, Harry W.: The Trial of St. Paul. 1989. *Band II/35.*

Theißen, Gerd: Studien zur Soziologie des Urchristentums. 1979, [3]1989. *Band 19.*

Thornton, Claus-Jürgen: Der Zeuge des Zeugen. 1991. *Band 56.*

Wedderburn, A. J. M.: Baptism and Resurrection. 1987. *Band 44.*

Wegner, Uwe: Der Hauptmann von Kafarnaum. 1985. *Band II/14.*

Wolff, Christian: siehe *Holtz.*

Zimmermann, Alfred E.: Die urchristlichen Lehrer. 1984, [2]1988. *Band II/12.*

Ausführliche Prospekte schickt Ihnen gern der Verlag
J. C. B. Mohr (Paul Siebeck), Postfach 2040, D-7400 Tübingen